Enregistré la présente permission & déclaration, sur le Registre XV de la Chambre Royale & Syndicale des Libraires & Imprimeurs de Paris, N° 341, fol. 316, conformément au Règlement de 1723. A Paris, ce 21 Juillet 1762.

LE BRETON, Syndic.

Le propriétaire du présent Privilége, a cédé tous ses droits au sieur Bertrand, Imprimeur-Libraire à Compiegne.

HISTOIRE

A

MONSEIGNEUR

LE DUC D'ORLÉANS

PREMIER PRINCE DU SANG,

DUC DE VALOIS.

ONSEIGNEUR,

Le Duché de Valois est de tous les apanages que vous tenez de la Couronne, celui que vous

ã ij

HISTOIRE
DU DUCHÉ
DE VALOIS

ORNÉE DE CARTES ET DE GRAVURES

CONTENANT

CE QUI EST ARRIVÉ DANS CE PAYS

Depuis le temps des Gaulois, & depuis l'origine de la Monarchie Françoise, jusqu'en l'année 1703.

TOME PREMIER.

A PARIS,
Chez GUILLYN, Libraire, Quai des Augustins, au Lys d'or.
Et à COMPIEGNE,
Chez LOUIS BERTRAND, Libraire-Imprimeur du Roi & de la Ville.

M. DCC. LXIV.
AVEC APPROBATION ET PRIVILEGE DU ROI.

Approbation de M. l'Abbé BELLEY, *Censeur, Membre de l'Académie des Inscriptions & Belles-Lettres, quaire & Secrétaire ordinaire de Monseigneur le Duc d'Orléans.*

J'AI lû par ordre de Monseigneur le Chancelier, le Manuscrit qui a pour titre : *Histoire du Duché de Valois.* Cet Ouvrage m'a paru rempli de recherches curieuses & savantes, qui peuvent servir à l'Histoire générale de France. A Paris ce 4 Mai 1761. BELLEY.

PRIVILEGE DU ROI.

LOUIS, par la grace de Dieu, Roi de France & de Navarre : A nos amés & féaux Conseillers les gens tenans nos Cours de Parlement, Maître des Requêtes ordinaires de notre Hôtel, Grand-Conseil, Prevôt de Paris, Baillifs, Sénéchaux, leurs Lieutenans Civils, & autres nos Justiciers qu'il appartiendra : Salut. Notre amé PIERRE GUILLYN, Libraire à Paris, Nous a fait exposer qu'il désireroit faire imprimer & donner au public, un Ouvrage qui a pour titre : *Histoire du Duché de Valois*, s'il nous plaisoit lui accorder nos Lettres de permission pour ce nécessaires. A ces causes, voulant favorablement traiter l'Exposant, Nous lui avons permis & permettons par ces Présentes, de faire imprimer ledit Ouvrage autant de fois que bon lui semblera, & de le vendre, faire vendre & débiter par-tout notre Royaume pendant le temps de trois années consécutives, à compter du jour de la date des présentes : Faisons défenses à tous Imprimeurs, Libraires & autres personnes de quelque qualité & condition qu'elles soient, d'en introduire d'impression étrangere dans aucun lieu de notre obéissance : à la charge que ces Présentes seront enregistrées tout au long sur le Registre de la Communauté des Imprimeurs & Libraires de Paris dans trois mois de la date d'icelle : que l'impression dudit Ouvrage sera faite dans notre Royaume, & non ailleurs, en bon papier & beaux caracteres, conformément à la feuille imprimée attachée pour modéle sous le contre-scel des Présentes : que l'Impétrant se conformera en tout aux Réglemens de la Librairie, & notamment à celui du 10 Avril 1725 : qu'avant de l'exposer en vente, le Manuscrit qui aura servi de copie à l'impression dudit Ouvrage, sera remis dans le même état où l'approbation y aura été donnée, ès mains de notre très-cher & féal Chevalier Chancelier de France le sieur de Lamoignon, & qu'il en sera ensuite remis deux Exemplaires de chacun dans notre Bibliothéque publique, un dans celle de notre Château du Louvre, un dans celle dudit sieur de Lamoignon, & un dans celle de notre très-cher & féal Chevalier Garde des Sceaux de France le sieur Berryer ; le tout à peine de nullité des Présentes. Du contenu desquelles vous mandons & enjoignons de faire jouir ledit Exposant & ses ayans cause, pleinement & paisiblement, sans souffrir qu'il leur soit fait aucun trouble ou empêchement. Voulons qu'à la copie des Présentes, qui sera imprimée tout au long au commencement ou à la fin dudit Ouvrage, foi soit ajoutée comme à l'Original. Commandons au premier notre Huissier ou Sergent sur ce requis, de faire pour l'exécution d'icelles tous actes requis & nécessaires, sans demander autre permission, & nonobstant clameur de Haro, Charte Normande & Lettres à ce contraires : Car tel est notre plaisir. Donné à Paris le septiéme jour du mois de Juillet, l'an de grace mil sept cent soixante-deux, & de notre regne le quarante-septiéme. Par le Roi en son Conseil.

LE BEGUE.

ÉPITRE.

honorez le plus souvent de votre présence.

Cet avantage répand sur la Province un éclat d'autant plus flatteur, que les motifs & les attraits qui vous y conduisent, y amenoient presqu'habituellement nos plus grands Rois des deux premieres races; le plaisir de la chasse, dans la belle & immense forêt, qui vous appartient; de vastes plaines, des vallées abondantes, un air pur, & tout ce qui est nécessaire à l'entretien & à l'amusement d'une Cour nombreuse.

Les mêmes agrémens, depuis le commencement de la troisiéme race jusqu'au siécle où nous vivons, y ont fixé les puissans Comtes du Vexin, issus du sang de Charlemagne : les Princes des deux branches Royales de Vermandois & de Valois passoient avec un plaisir égal, tantôt à Villers-Cotteretz, tantôt à Crépy, les temps de l'année

EPITRE.

où les affaires de l'Etat ne les obligeoient pas de se porter ailleurs.

L'Histoire que j'ai l'honneur de vous présenter, MONSEIGNEUR, n'étant que l'exposition des évenemens qui se sont passés dans le Valois, sous le Gouvernement de ces Princes, ne pouvoit paroître que sous vos auspices.

D'autres motifs m'ont encore engagé, MONSEIGNEUR, à vous en offrir l'hommage : c'est à la faveur de votre auguste nom, que je dois les secours importans, qui ont accéléré & facilité mes recherches : Vous êtes le successeur des Monarques & des Seigneurs puissans, pour qui le Valois a été une source de délassemens & de plaisirs, & un vaste champ où ils aimoient à répandre leurs bienfaits.

EPITRE.

Puisse cet Ouvrage, qui est le fruit d'un long travail, vous être aussi agréable, que votre protection lui a été avantageuse.

Je suis, avec un très-profond respect,

MONSEIGNEUR,

Votre très-humble & très-obéissant serviteur;
CARLIER, Prieur d'Andresy.

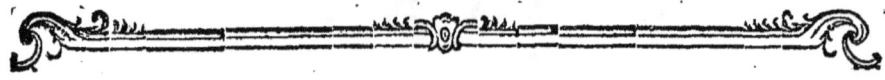

PRÉFACE.

I. L'HISTOIRE se divise en autant de branches que la Géographie. Les Histoires générales ou universelles se rapportent aux Mappemondes & aux Cartes des Empires & des parties du monde : les Histoires particulieres, des Gouvernemens, des Provinces & des domaines titrés, répondent aux Cartes topographiques, qui contiennent la description des lieux d'un même canton. Il y a aussi des Cartes & des Histoires particulieres de Villes, de bourgades même, & de terres seigneuriales.

Les Auteurs qui écrivent sur l'Histoire des Gouvernemens & des Provinces, ont plusieurs avantages sur ceux qui travaillent sur des Royaumes entiers, ou sur les districts particuliers des villes ou des terres seigneuriales : leur sujet étant moins vaste que celui des premiers, ils peuvent porter leur attention sur tous les objets dignes de remarque : ils ne sont pas d'ailleurs obligés, d'entrer dans des détails indifférens à la plûpart des lecteurs, comme ceux auxquels on doit nécessairement se livrer dans les descriptions historiques des banlieues, des terres & des bourgs.

Les Histoires topographiques sont de leur nature

PRÉFACE.

plus satisfaisantes & plus instructives, que les deux genres précédens. Elles retracent aux yeux d'une maniere sensible & avec des couleurs plus vives, les évenemens que la mémoire des hommes ne peut contenir, & dont la tradition ne pourroit gueres transmettre les circonstances sans les altérer. On y voit plus à découvert les hommes illustres : elles nous rendent même en quelque sorte les juges des hommes puissans & extraordinaires, qui ont rempli le pays de leurs noms, & dont la domination a été presque arbitraire. On y considere dans un plus grand jour, à la faveur des détails & des discussions, les intérêts & les passions ; le jeu & le ressort des actions ; le dénoûment des intrigues qui en ont imposé ; la succession des puissances ; l'accroissement ou la décadence des lieux, des Tribunaux, des Jurisdictions, du commerce. On y découvre enfin la vertu & le vice, dans les points de perspective qui leur sont convenables.

II. Le pays de Valois a ceci de distingué sur la plûpart des provinces du Royaume, les plus riches même & les plus étendues, que depuis l'origine de la Monarchie Françoise jusqu'à nos jours, il a été presque toujours possédé par de puissans Seigneurs issus du sang Royal, qui l'ont honoré presqu'habituellement de leur présence.

Les Maisons Royales de Cuise, de Verberie, du Chê-

PRÉFACE. iij

ne, du Mont de Chaftres, &c. celles de May en Multien, de Villers-Cotteretz même & de Nanteuil-le-Haudouin, font auffi anciennes que l'établiffement des Francs dans les Gaules. C'étoient autant de métairies, après que les cantons où elles font fituées, eurent été défrichés par les *Létes*. Nos premiers Rois changerent ces métairies en des Maifons de plaifance, puis en des Palais, où ils tenoient leurs Parlemens, & affembloient les Grands de la nation, aux jours de l'année deftinés à ces convocations. Plufieurs Conciles y furent auffi affemblés. Le principal attrait qui y conduifoit les Rois & les Grands de leur Cour, étoit la beauté & l'étendue des forêts. Ils y célébroient leurs grandes parties de chaffes pendant les faifons de l'année, qu'ils confacroient d'une maniere particuliere à ce divertiffement : ces parties leur tenoient lieu des fpectacles & de ces fêtes d'appareil, qui fervent aujourd'hui de délaffement aux grands Seigneurs.

Cet état brillant du pays de Valois a duré tout le temps des deux premieres races, & a été varié par un nombre d'évenemens, qui feront la matiere d'une partie du premier Livre de cette Hiftoire.

Le pays de Valois ne perdit rien de fa premiere dignité, dans la révolution qui fit paffer la Couronne, des Princes iffus de Charlemagne, fur la tête de Hugues Capet : il gagna même à ce changement. Outre que les successeurs de ce Prince continuerent d'occuper les mêmes Maisons de plaisance, où les Rois des deux premieres races avoient coutume de passer une partie de l'année, les premiers Seigneurs de la Monarchie acquirent dans le Valois plusieurs terres, soit par des alliances, soit par présent.

Dès le commencement du dixiéme siécle, les puissans Comtes de Vexin, vainqueurs des Normands & des troupes de barbares, qui avoient attaqué leurs domaines, ou ceux de leurs voisins qu'ils avoient reçus sous leur sauve-garde, céderent une partie de leurs états à la concurrence de leurs compétiteurs, & vinrent établir le siége de leur domination au fort château de Crépy. Les terres & les grands biens qu'ils possédoient dans la Picardie & dans la Flandres, dans la Normandie & dans la Champagne, leur rapporportoient des revenus immenses, avec lesquels ils vivoient en Souverains, & entretenoient une Cour aussi nombreuse & aussi brillante que celles des Rois.

Ils s'allient aux Comtes de Ponthieu & de Breteuil, Seigneurs de Nanteuil : cette alliance est l'origine d'une seconde branche de cette illustre Maison, qui ne finit dans le Valois que vers l'an 1300.

La branche aînée s'éteint à Crépy, par le défaut d'hoirs mâles : mais elle renaît en quelque sorte, & redevient plus respectable encore, par le mariage de

PRÉFACE.

l'héritiere du château de Crépy avec Hugues le Grand frere de Philippe I, qui, à l'exemple de ses prédécesseurs, s'établit dans le chef-lieu de notre province.

L'illustre Maison des Valois, qui remplit le Trône pendant l'espace de plus de deux cens soixante ans, paroît peu de temps après la mort des derniers descendans de Hugues le Grand. Ces Rois honorerent souvent le Valois de leur présence par de fréquens voyages ; & ils accorderent successivement ces domaines en apanage aux premiers Princes de leur Sang. Depuis le Roi Henry III, le dernier rejetton mâle de cette illustre Maison, & depuis le décès de la Reine Marguerite de Valois, ces mêmes domaines ont toujours été possédés par des premiers Princes du Sang, dont le séjour y répand encore le même éclat, que lorsqu'il étoit tenu par les Princes de l'illustre branche des Valois.

On sait, jusqu'à quel point a été portée la puissance des fameux Comtes de Troyes ou de Champagne, depuis l'intronisation de Hugues Capet jusqu'en l'année 1284, que leurs domaines furent réunis à la Couronne de France. Leurs fréquens voyages au château d'Ouchy, & la présence habituelle d'un Vicomte *immédiat* dans ce château, ont donné lieu à des évenemens importans, que nous exposerons à l'endroit qui sera propre à chacun.

Les anciens Seigneurs de Braine étoient des Francs, qui avoient suivi Clovis dans ses conquêtes. Ceux auxquels cette terre passa par acquisition, étoient des grands Vassaux ou grands Officiers des Comtes de Champagne. André de Baudiment, Sénéchal de ce Comté, eut une petite fille nommée Agnés de Braine, qui épousa en secondes nôces Robert de France, premier du nom, fils de Louis le Gros & frere du Roi Louis VII. Ce Prince établit sa résidence à Braine dès le douziéme siécle, & a été la tige d'une illustre & nombreuse postérité, dont les actions seront la matiere d'une suite de traits, qui nous occuperont sous les dates qui leur seront convenables.

Je ne parle ni des anciens Seigneurs de Pierrefonds, ni de plusieurs familles de Fieffés & d'Avoués, dont le crédit a été énorme dans le canton pendant plusieurs siécles.

Ces Seigneurs & ces Princes ont illustré le Valois, non-seulement par leurs séjours, par leurs faits d'armes & par l'éclat avec lequel ils y vivoient; ils y ont aussi fondé des Abbayes & des Chefs-d'Ordres, des Collégiales, des Prieurés & des bénéfices de tous les genres, dont l'origine & le gouvernement seront le sujet principal de la partie ecclésiastique de cette Histoire. L'origine, la forme & les changemens des Tribunaux & des Jurisdictions, les révolutions des finances & du commerce ; les édifices publics, les fortifications des châteaux & des villes ; le paſſage du gouvernement féodal au gouvernement monarchique ; la ſuite & le renouvellement des Coutumes ; les anecdotes & les uſages ſinguliers des temps d'ignorance, & de ceux où les ſciences, la police & les mœurs ont commencé à reparoître ; les ſiéges & les guerres occaſionnées par ces Seigneurs, & les révolutions qui ont anéanti leur pouvoir illégitime ou arbitraire, ſeront expoſés dans les premiers Livres de cet Ouvrage.

Le Valois parut ſous une nouvelle face, & reçut une nouvelle forme de gouvernement, vers le temps où les Princes de ſon nom ſont montés ſur le Trône. On peut rapporter à cette époque, la réunion des ſix Châtellenies ſous l'autorité d'un même Seigneur. Les Rois eux-mêmes s'empreſſerent à combler de bienfaits, & à décorer de toutes ſortes de priviléges un pays, qu'ils regardoient comme leur patrimoine.

Les forts châteaux de la Ferté-Milon & de Pierrefonds ſont rebâtis ſur la fin du quatorziéme ſiécle, dans un goût d'architecture de grandeur & de majeſté, dont on voit encore de ſuperbes reſtes. Les guerres des Navarrois & des Anglois ſous l'infortuné Charles VI, la renaiſſance des lettres en France & le renouvellement du château de Villers-Cotteretz ſous le regne de François I, les guerres de Religion, la réforme des Tribunaux & de la Jurisprudence, seront des objets également intéressans & utiles, depuis le milieu jusqu'à la fin de cette Histoire.

Je ne cite ici parmi les Seigneurs, dont les Maisons ont paru dans le Valois, & ont donné lieu à des évenemens dignes de remarque, ni les Montmorency, ni les Châtillons, dont plusieurs rejettons ont fait branche, & se sont long-temps fixé dans leurs terres du Valois : non plus que les Boucy, les Sarrebruches & les la Mark, qui ont succédé à Braine, aux Seigneurs de la Maison Royale de Dreux : les Pacy, les Lénoncourt, les Guises, les Schombergs & les Seigneurs de la Maison d'Etrées, qui ont remplacé à Nanteuil les derniers rejettons de la noble & ancienne Maison de Vexin.

L'annonce de cet Ouvrage seroit trop longue, & la liste des noms trop nombreuse, si nous voulions citer ici toutes les grandes Maisons & les hommes illustres qui doivent figurer dans cette Histoire. Nous n'avons dessein, que de faire pressentir la dignité & l'utilité de notre entreprise, par l'exposition de quelques points de vue généraux.

III. Ces considérations ont été l'un des motifs, qui nous ont porté à travailler sur l'objet dont nous traitons. L'amour de la patrie, la vue de l'intérêt public

&

PRÉFACE.

& l'exemple de plusieurs Ecrivains, se sont joints à ce premier motif.

Philippe de Beaumanoir exposant les raisons qui l'avoient déterminé à écrire sur le Comté de Clermont dont il étoit originaire, les réduit à trois principales, qui sont, le service & l'attachement qu'il croyoit devoir au Prince Robert de France fils de S. Louis, qui tenoit en apanage le Comté de Clermont, l'intérêt commun de ses concitoyens & l'amour de la patrie.

Cet illustre Ecrivain trouvoit une sorte d'analogie entre le service de Dieu & celui des Seigneurs, & entre le précepte d'aimer son prochain & cet instinct naturel, qui fait qu'on se dévoue avec satisfaction à l'instruction & à l'utilité de ses compatriotes.

Toute autorité venant de Dieu, les Rois en sont les premiers dépositaires. Plus le Seigneur d'un apanage ou d'une terre touche de près à la personne des Rois, par sa naissance ou par ses emplois, plus c'est un devoir, suivant Beaumanoir, de s'appliquer à assurer ses droits, à mettre sous ses yeux l'histoire de ses domaines, & à lui présenter les évenemens, qui se sont passés sous ses prédécesseurs, dans les pays qui lui sont soumis.

Beaumanoir écrivoit alors sur un territoire appartenant à l'illustre Chef de la Branche des Bourbons:

PRÉFACE.

le Duché de Valois, qui est limitrophe au Comté de Clermont, est présentement soumis à un premier Prince du Sang de l'auguste Maison des Bourbons. Ajoutons, que pendant long-temps, les deux pays de Clermont & de Valois ont été régis suivant les principes d'un même droit coutumier, & nous trouverons une entiere ressemblance entre la position de Beaumanoir & la nôtre; entre le premier des motifs qui le portoient à écrire, & les sentimens que doit nous inspirer la dignité du Prince qui possède le Duché de Valois, & qui l'honore souvent de sa présence.

Il n'est pas de personnes instruites, qui ne soient agréablement affectées de trouver rassemblé dans une même compilation, tout ce qui s'est passé dans le canton qu'elles habitent, touchant le gouvernement ecclésiastique & civil, les mœurs, les coutumes, les intérêts de ses ayeux, de ceux avec lesquels elles ont des droits & des prétentions communes.

L'amour de la patrie est un sentiment naturel & comme inné, qui se présente continuellement à l'esprit. Il n'est personne, suivant la remarque d'Ovide, en qui il n'excite les plus douces sensations, & qui n'en soit agréablement affecté.

Nescio quâ natale solum dulcedine cunctos
Ducit, & immemores non sinit esse sui.

PRÉFACE.

C'est par un effet de ce sentiment naturel, que l'Empereur Vespasien goûtoit plus de plaisir à séjourner dans un village du pays des Sabins où il avoit pris naissance, que dans les plus superbes palais de l'ancienne Rome. Anthor dans Virgile, expirant de la douleur que lui causoient ses blessures, trouve encore dans cette cruelle situation, quelqu'adoucissement à rappeller à son esprit l'image d'Argos sa chere patrie ; *& dulces moriens reminiscitur Argos.*

Il est toujours honorable de suivre cette espéce d'instinct ; c'est même un procédé digne d'éloge, de s'y livrer sans partage lorsqu'il n'est pas outré, & tant qu'il ne porte pas à des entreprises contraires à l'équité & aux intérêts légitimes des voisins.

IV. Au temps de Beaumanoir, les Histoires particulieres ne consistoient que dans l'exposition des usages & des coutumes locales des cantons & des arrondissemens, soumis à l'autorité d'un seul & même chef.

Les divisions des contrées en cantons & en pays sont anciennes : la Gaule Belgique étoit ainsi distribuée, avant les conquêtes de César. S'il n'est pas certain, il est au moins probable, que le premier arrondissement des deux pays de Valois & d'Orceois doit se rapporter au temps du gouvernement des Princes Gaulois. On apprend de César, de quelle maniere &

suivant quelles maximes on se gouvernoit dans ces anciens districts. On y suivoit les mêmes loix municipales : chacun concouroit à ce qui pouvoit entretenir l'union & la pratique des devoirs de la vie civile. Les habitans de ces *pays* se regardoient comme les membres d'une même famille, & se donnoient le nom de *freres*.

Les Coutumes locales du Valois sont très-anciennes : on en trouve des traces dès le neuviéme siécle ; mais les premiers cahiers dont nous ayons connoissance, n'ont pas été rédigés avant la fin du douziéme. Bergeron cite un ancien regiftre, sous le nom de *Coutumes de Vermandois & de Valois*. Il paroît, qu'il possédoit cet écrit dans sa bibliothéque. Ce cahier est échappé à nos perquisitions. On doit en rapporter la rédaction au temps, où le Valois & le Vermandois appartenoient aux Comtes de la branche Royale de Crépy, issus du Roi Henry I, par Hugues le Grand frere de Philippe I.

Nous pourrions citer ici un grand nombre de Recueils, qui passoient dans le temps pour des Compilations historiques. Ces Recueils contiennent des notions détachées, sur les reliefs, les usages, les fois & hommages, les droits seigneuriaux, les devoirs des vassaux, &c. Nous ne les nommons pas ici, tant parce qu'il seroit trop long d'en faire l'énumération, que parce que nous citons dans le cours de cette Histoire ceux de ces écrits, qui méritent le plus d'attention.

Nous ne nous étendons pas non plus sur les écrits de ceux, qui ont traité directement & historiquement du Valois ; nous nous contenterons d'indiquer la forme & l'année de leurs Ouvrages, parce que nous nous proposons d'en faire l'analyse dans cette Histoire, sous les dates qui leur conviendront.

Le premier Auteur qui ait entrepris d'écrire sur le Valois, est Charles de Bovelles. Ses recherches ne consistent que dans des étymologies, contenues dans son Traité *De differentiâ Vulgarium linguarum*, qui parut en l'année 1513.

Etienne Forcadel mit au jour en 1579, un Ecrit latin de soixante-huit pages, intitulé : *De origine Valesiorum*. Cet écrit ne renferme que des conjectures, des étymologies forcées, presque sans traits remarquables.

Nicolas Bergeron, Avocat au Parlement, est le premier, qui ait travaillé solidement & avec fruit sur l'Histoire du Valois On a de lui une brochure intitulée, *le Valois Royal, ou louanges du Valois à la Royne de Navarre, Duchesse d'icelui*. Cet écrit, imprimé en 1583 par Charles Beys, n'est qu'un prélude de ce que l'Auteur se proposoit de mettre au jour, s'il eût joui d'une vie plus longue. Ce discours qui remplit cent vingt-huit pages *in*-12, contient des faits importans. Le style en est suranné : tout le discours n'est presqu'une seule phrase.

Le Pere le Long, au N° 14597 de sa bibliothéque, cite une Histoire manuscrite du Valois par Laurent Bouchel. Cette Histoire n'est autre chose, que le discours de Bergeron placé à la tête du Commentaire de Bouchel, sur les trois Coutumes de Senlis, Clermont & Valois, auquel on a ajouté quelques corrections, & quelques extraits des registres *olim* du Parlement de Paris.

Le meilleur écrit que nous ayons sur le Valois, pour l'ordre & pour le style, est une description composée par Damien de Templeux, & imprimée en dix-sept colonnes dans le grand Atlas de Blaeu. Damien de Templeux vivoit dans le même temps à peu près que Bouchel.

Nous avons d'autres descriptions du Valois par Mercator, Tassin & différens Géographes : ces descriptions sont succintes & fort inférieures à celle de Templeux.

En 1652, D. Muldrac, Religieux de Long-pont, publia un Ouvrage latin sous ce titre : *Chronicon Abbatiæ Longi-pontis Suessionensis, &c.* Cette Chronique est un Recueil *in-*12, de Chartes & de piéces originales rangées par ordre de date, touchant les biens de l'Abbaye de Long-pont répandus dans différentes parties du Valois. Ce volume a été pour nous une source de faits très-féconde.

Le même Religieux publia dix ans après (en 1662) un Ouvrage François, qui a pour titre : » le Valois » Royal, amplifié & enrichi de plusieurs piéces cu- » rieuses, extraites des Cartulaires & archives des Ab- » bayes, Eglises & Greffes du Valois & de graves Au- » teurs, par F. Antoine Muldrac, Religieux & ancien » Prieur de Long-pont en Valois. A Bonne-fontaine, » &c «. Cet Ecrit, plus ample que le Valois Royal de Bergeron, contient cent soixante-dix pages en caracteres fort menus : il renferme beaucoup plus de faits, mais le style en est peu supportable.

On lit dans le Dictionnaire de Moréry, éd. de 1732, qu'il existe une Histoire manuscrite en deux volumes *in-folio*, des deux villes de Senlis & de Crépy, composée par M. Duruel Curé de Sarcelles. Nous avons eu communication d'un Ouvrage, sous le même nom d'Auteur & sous le même titre. Le format du manuscrit étoit *in-folio*, mais les matieres qu'il contenoit, auroient à peine rempli un *in-12* d'un format ordinaire. L'Auteur se répand beaucoup en digressions, & n'écrit rien qu'on ne trouve dans les Abrégés que nous venons de citer.

V. L'Histoire que nous mettons au jour, a été commencée en 1748. N'ous l'avons entreprife, à l'exemple de Bergeron & des autres Ecrivains que nous venons de citer, pour compléter en quelque forte le travail, que ces Auteurs n'avoient fait qu'ébaucher. Nous avions déja raffemblé un certain nombre de recherches & de textes pour notre propre fatisfaction, & pour la folution de quelques doutes que nous voulions éclaircir.

Feu M. Minet, Préfident premier au Préfidial de Valois, avoit alors travaillé fur le même fujet, & avoit amaffé des matériaux, qu'il eut la complaifance de nous communiquer. Nous trouvâmes dans le fond de fes recherches & dans les nôtres, finon une moiffon affez abondante, pour remplir toutes les parties d'une Hiftoire complette du Duché de Valois, au moins des fecours & des lumieres, à la faveur defquels nous pouvions tracer un plan, & entrevoir de nouvelles facilités & des moyens fûrs d'arriver au terme auquel nous fommes parvenu.

Les recherches qui nous ont été communiquées par feu M. le Préfident Minet, font contenues dans trois cahiers manufcrits : le premier eft un *Effai de Mémoire hiftorique fur le Valois*, contenant trente-fix pages *in*-4° d'une écriture très-menue : c'eft une efpéce de fupplément au Valois Royal de Bergeron & de Muldrac. L'Auteur y traite des principales Jurifdictions

PRÉFACE. xvij

dictions de la province, de ses marchés, de son commerce : le second cahier est un Recueil de Mémoires, sous le nom de *Traité du Valois*, d'environ cinq cens pages. Tous ces Mémoires ne sont pas également intéressans : il n'en est point cependant, où nous n'ayons trouvé quelques faits dignes de remarque. Le troisiéme cahier étoit un espéce de *carton*, rempli de feuilles détachées, sur lesquelles ce Magistrat avoit écrit divers extraits, & des notes curieuses recueillies de diverses piéces, qui lui étoient tombées entre les mains.

Après avoir compulsé & vérifié les traits de ces registres, que nous croyions convenir à notre objet, nous sommes passé à d'autres recherches, & nous avons commencé à voyager dans tous les lieux du Valois, où nous présumions pouvoir faire quelques découvertes, soit dans les dépôts, soit dans les archives, soit à l'aspect des édifices, de la position des lieux, des tombeaux, des médailles & de toutes les espéces de monumens dont on peut tirer des inductions, pour rassembler les faits historiques, ou pour l'intelligence & l'éclaircissement de ceux qui sont obscurs.

La mort de M. Minet arriva pendant le cours de nos premiers voyages. Malgré l'esprit de parti, qui depuis ce temps s'est élevé contre lui, nous ne faisons pas difficulté de lui rendre cette justice, que nous devons à ses premiers secours, à son zele & à sa sincere amitié, l'origine d'une partie de nos découvertes historiques ; & que sans les correspondances & les facilités qu'il nous a procurées avec toute la cordialité d'un galant homme, nous n'aurions peut-être jamais entrepris l'Ouvrage que nous publions. Nous ne ferons ici, ni son éloge, ni son apologie : nous nous contenterons de remarquer, que l'envie s'est trop déchaînée contre lui, & que ceux qui se sont efforcés de déprimer ses travaux depuis qu'il n'existe plus, eussent peut-être mieux fait de suivre son exemple, plutôt que de le décrier, dans un temps où ils étoient moralement sûrs, que personne ne prendroit en main sa défense.

La cabale excitée contre la mémoire de ce Magistrat, nous suscita divers obstacles. Nous passons sous silence les difficultés que nous avons éprouvées dans nos voyages & dans nos recherches, parce que nous sommes venus à bout de les vaincre.

Nous ne ferons pas ici, comme il arrive à la plûpart des Auteurs, le dénombrement des compilations que nous avons consultées, des Cartulaires, des archives que nous avons visitées, des courses que nous avons faites, des fatigues que nous avons essuyées, des mauvaises réceptions dont nous avons couru les

PRÉFACE. xix

rifques, & des frais que nous avons faits pendant quinze années, pour arriver, s'il étoit poffible, à la perfection de notre objet.

Les encouragemens que nous avons reçu depuis quelques années, de la part de perfonnes auffi refpectables par leur rang, que par leurs lumieres ; les témoignages de zele & d'amitié, que nous ont rendus plufieurs concitoyens également verfés dans le genre que nous cultivons & dans la connoiffance des lieux, & les avis de plufieurs Savans du premier ordre, ont effacé de notre efprit jufqu'aux moindres traces de nos premiers défagrémens.

VI. Ce feroit ici le lieu de nommer les perfonnes, auxquelles nous avons des obligations effentielles.

S'il y a quelque perfection dans le plan & dans l'exécution de cette Hiftoire, nous la devons principalement à l'un des premiers Magiftrats du Royaume, * dont le nom fera refpectable aux Loix & aux Lettres, tant que la Juftice & les Sciences auront quelque crédit parmi les hommes. Nous lui avons l'obligation, non-feulement de nous avoir ouvert des dépôts précieux, & de nous avoir confié un grand nombre de pieces importantes, nous lui fommes auffi redevables de nous avoir conduit, comme par la main,

* M. Joly de Fleury, ancien Procureur Général du Parlement.

dès l'entrée de notre carriere. Il nous a témoigné jusqu'à la fin de sa vie le même intérêt, qu'il nous avoit marqué d'abord pour l'exécution de nos vues. Nous citerons, comme une derniere preuve de sa complaisance & de ses bontés un trait aussi flatteur pour nous, qu'il est honorable pour cette Histoire. Le dernier écrit qu'il ait lû avant le moment fâcheux où la mort l'enleva presque subitement, étoit une feuille manuscrite de cet Ouvrage.

Malgré l'attention que nous avons apportée à visiter les lieux, & à tirer parti des enseignemens qui nous ont été offerts, nos recherches eussent été insuffisantes & même défectueuses dans bien des points, sans les avis & sans les réflexions judicieuses de plusieurs personnes éclairées, qui ont bien voulu nous accorder leur entremise pour vérifier nos découvertes, pour puiser dans de nouvelles sources, consulter de nouveaux dépôts, & rassembler diverses notions dans chacun des six districts, dont le Duché de Valois est composé.

Nous sommes redevables à M. Laurens, Lieutenant particulier au Bailliage & ancien Siége Présidial de Valois, d'avoir suppléé par ses voyages & par ses recherches, à bien des notions qui nous manquoient, sur plusieurs points importans & sur divers lieux de la Châtellenie de Crépy. Nous lui devons aussi des

PRÉFACE.

éclaircissemens sur des points de l'ancienne Jurisprudence du Valois, & principalement sur la Coutume & sur différens usages.

Nous avons reçu de M. Brulart, Lieutenant de la Prevôté Royale de la Ferté-Milon, tous les services qu'on peut attendre d'un zéle éclairé pour l'honneur de la patrie. C'est lui qui nous a communiqué le manuscrit de la Chronique de la Ferté-Milon, que nous citons plusieurs fois au septiéme Livre de cette Histoire. Nous avons aussi transcrit plusieurs faits intéressans d'un Ecrit de sa composition, touchant l'état ancien & l'état moderne de la même Ville. Il a eu la complaisance de réitérer plusieurs voyages & quelques-unes de nos opérations, dont nous n'avions pas pu nous assurer sur les lieux.

La Châtellenie de Pierrefonds, la plus étendue & la plus nombreuse du Valois, est aussi celle dans le ressort de laquelle nous avons trouvé plus de difficultés & plus d'embarras, touchant la suite de quelques familles illustres, au sujet des lieux, de plusieurs évenemens, & par rapport à des noms anciens dont nous ignorions la signification.

M. l'Abbé d'Hesselin, Vicaire Général & Doyen de la Métropole de Sens, a eu la complaisance d'éclaircir une partie de nos doutes, d'applanir nos difficultés, & même de nous fournir des notions sur des points, qui nous paroiſſoient obſcurs. Etant originaire du canton, où ſes ancêtres ont eu des alliances avec d'anciens Seigneurs de ce diſtrict, il poſséde des titres & des enſeignemens, qu'il nous a obligeamment communiqués.

M. Duronſſoy, Notaire Royal à Verberie, nous a beaucoup aidé de ſes recherches, & nous a procuré un grand nombre de copies de titres inſtructifs, qui demandoient autant d'intelligence que de patience à tranſcrire. Il nous a fait part de ſes obſervations, ſur les deux chefs-lieux de Béthizy & de Verberie, & ſur les dépendances de leur reſſort.

Nous avons reçu des ſervices importans, touchant les Châtellenies d'Ouchy & de Neuilly-Saint-Front, de la part de M. de Pienne, Doyen du Mont-Notre-Dame, & de M. Jardel, Officier chez le Roi, réſident ordinairement à Braine.

Des vues patriotiques, de la ſagacité dans le choix des matieres, & une critique éclairée, caractériſent les recherches, que M. Jardel a bien voulu nous faire paſſer. Il nous a fait part des manuſcrits de ſa bibliothéque, & de ſes découvertes ſur l'Hiſtoire naturelle & ſur les productions du canton, ſur le commerce & ſur la navigation de la riviere de Veſle. Il a eu la complaiſance de ſuppléer par ſes voyages & par de nouvelles perquiſitions, aux renſeignemens qui nous man-

PRÉFACE. xxiij

quoient à l'égard de différens articles, sur lesquels nous n'avions pu acquérir toutes les connoissances qui nous étoient nécessaires.

La mort a enlevé M. de Pienne il y a peu de mois, dans un temps où nous recevions de lui des services distingués. Le zele & le discernement avec lesquels il nous obligeoit depuis près de quinze années, nous ont rendu sa perte sensible. Son caractere étoit celui d'un homme droit, exact, d'une attention scrupuleuse touchant les positions des lieux & les points de géographie. Il a laissé deux écrits ; l'un est une espéce de Mémoire chronologique & critique, sur les lieux voisins de sa résidence : la partie la plus importante de ce Mémoire est celle des guerres. Il avoit aussi composé un Mémoire savant & instructif, sur le martyre de S. Rufin & de S. Valere. Il mourut le cinq Mai 1764, âgé de soixante-quatre ans, sous les yeux d'un pere plus que nonagénaire, déja affligé par la perte d'un autre fils plus jeune, Capitaine de Grenadiers au Régiment de Narbonne. La mort, qui avoit respecté ce Militaire pendant la derniere guerre, surtout à la belle défense de Fritzlard, où il avoit donné des marques d'intrépidité & d'une grande habileté dans la science militaire, avoit terminé sa vie peu de temps avant celle de son aîné, loin des dangers auxquels il avoit été si souvent exposé.

M. de Pienne a été regretté relativement aux devoirs de la vie civile, comme un Eccléfiaftique très-régulier, qui joignoit à un grand fond de connoiffances pratiques de fon état un amour du travail, qui ne lui permettoit pas de paffer un inftant du jour, fans chercher à l'employer utilement : conduite bien oppofée aux fentimens fi communs de ceux, qui font confifter dans un loifir habituel le principal agrément de la vie.

Les bornes de cette Préface ne nous permettent pas de faire, ici l'énumération de toutes les perfonfonnes, qui fe font empreffées à nous obliger, chacune felon fon pouvoir & felon l'occafion. Nous ferons une feule exception, à laquelle le devoir & la reconnoiffance nous obligent. Nous avons reçu de M. l'Abbé de Breteuil, Chancelier de Mgr le Duc d'Orléans, des facilités de tous les genres, avec lefquelles les fecours qui nous font venus d'ailleurs, quelqu'avantageux qu'ils nous ayent été, ne peuvent entrer en parallele. Ses procédés ont excité en nous des fentimens, que l'expreffion ne peut rendre, & que le public doit partager avec nous, pour peu que cet Ouvrage foit bien reçu.

VII. Nous avons difpofé nos matieres, fur le plan qui nous a paru le plus naturel. Nous divifons cette Hiftoire en huit Livres : nous débutons par une Introduction

PRÉFACE. XXV

troduction, dans laquelle nous exposons l'état & l'arrondissement du Duché de Valois, son contour, ses dépendances.

Après ces notions préliminaires, nous entrons en matiere. Nous suivons l'ordre chronologique, comme étant le plus satisfaisant & le plus propre à écarter toute confusion. Nous traitons d'abord des lieux les plus anciens, à commencer au temps de la domination des Princes Gaulois dans la Belgique.

Les changemens de sujet, ou passages d'un fait à un autre, sont marqués par des numéros, comme autant d'articles dont on trouvera le précis & l'annonce dans un Sommaire, à la tête de chaque Livre.

Nous parcourons dans le premier Livre, tout le temps qui s'est passé depuis la conquête des Gaules par Jules-César, jusqu'en l'année 511, qui est l'époque de la mort du grand Clovis, & du parfait établissement de la Monarchie Françoise. Le second Livre s'étend depuis cette année jusqu'à l'an 1100. Les matieres contenues dans chacun des Livres suivans, jusqu'à la fin du huitiéme Livre inclusivement, renferment l'espace d'un siécle; c'est-à-dire, que le Livre troisiéme contient les évenemens du douziéme siécle; le quatriéme, ceux du treiziéme; le cinquiéme, ceux du quatorziéme; le sixiéme, ceux du quinziéme ; le feptiéme, ceux du feiziéme ; & le huitiéme, ceux du dix-feptiéme fiécle, jufqu'à l'année 1703. Nous avons choifi ces époques, pour commencer & finir nos Livres, après avoir reconnu, que les faits, contenus dans l'intervalle de chaque fiécle, étoient prefqu'égaux en nombre.

Cet Ouvrage fera diftribué en trois volumes, chacun d'environ 700 pages. Le premier volume contient trois Livres, outre cette Préface & l'Introduction : le fecond Tome renfermera quatre Livres d'Hiftoire : le troifiéme volume comprendra, 1º, le huitiéme Livre. 2º, Des Confidérations fur le gouvernement ecclésiaftique & civile de Valois, & fur le commerce de la province. 3º, Des Piéces juftificatives, & un Supplément où l'on produira quelques éclairciffemens, & des faits qui ont été omis. 4º, Il fera terminé par une Table générale & alphabétique des matieres.

Nous avons préféré ce plan, à la divifion de notre fujet, en Hiftoire ecclésiaftique & en Hiftoire civile. Cette feconde méthode, outre qu'elle n'eft point fatisfaifante, met dans la néceffité de fe répéter, & par conféquent de multiplier les matieres fans néceffité. Nous euffions pu divifer chaque Livre en chapitres ou en articles, avec une annonce des matieres traitées dans chaque divifion, mais cette méthode eût groffi inutilement nos volumes ; & comme chaque chapitre ou chaque article auroit dû nécessairement renfermer les mêmes sujets & les mêmes divisions, qui sont comprises dans l'intervalle des numéros, nous eussions été souvent obligés par le sujet, de donner des chapitres de quelques lignes, dont le titre ou l'annonce eussent été aussi longs & aussi étendus, que les matieres du chapitre même. Cette derniere raison a été pour nous le principal motif, qui nous a porté à ne pas marquer à la marge des volumes, les sujets des numéros, & d'y suppléer par des Sommaires.

C'est un usage assez ordinaire dans les Histoires particulieres, de multiplier les citations marginales, les notes au bas des pages, & de renvoyer à la fin des volumes, l'exposition des sujets qui demandent quelques discussions. Nous nous sommes écartés de ce système, pour des raisons essentielles.

Nous pensons, que les citations répétées ou multipliées, loin de servir d'ornement à un Ouvrage, concourent à le défigurer. Nous avons renvoyé nos citations au bas des pages, tant afin de ne pas bigarer, pour ainsi-dire, les marges, que pour ne pas détourner l'attention du Lecteur.

Comme l'objet des citations est de donner la facilité de vérifier les faits dans les sources qu'on indique, nous avons cru ne devoir citer que les Ouvrages imprimés, ou les grands Recueils manuscrits des dépôts publics.

Les notes qu'on place au bas des pages, & les dissertations qu'on rejette à la fin des volumes, ou sont essentielles, ou étrangeres au sujet. Si elles sont étrangeres, il est inutile de les rapporter & d'en charger les volumes : si elles sont nécessaires à l'intelligence d'un fait, il faut de toute nécessité, que l'Auteur expose les raisons qui l'ont porté à choisir le sentiment qu'il embrasse. Tel Auteur prodigue les notes, & multiplie les dissertations, pour prétendre au titre de Savant, qui pourroit réduire à peu de lignes de longs écrits, dans lesquels l'érudition est prodiguée avec une sorte de faste.

Nous n'avons inféré dans cette Histoire, que les discussions qui nous ont paru essentielles. Elles sont placées dans les endroits, où nous avons cru qu'elles étoient liées nécessairement avec le sujet, & où elles devoient servir d'éclaircissement au texte. Elles sont traitées succinctement, & non pas en style de dissertation critique ; excepté les notices que nous avons données dans le premier Livre, sur les Maisons Royales du Valois, sur l'origine de quelques anciens lieux, & sur le camp de Champlieu.

Si nous avons traité de l'érection du Valois en Duché, avec quelqu'étendue & sous une forme nouvelle, c'est parce que cette exposition étoit essentielle à notre sujet. Comme nous étions obligés d'é-

PRÉFACE. xxix

crire en même temps fur des matieres difparates, nous avons réunis fous plufieurs articles, toutes les circonftances qui avoient rapport à cet évenement. Au refte, cette partie du fixiéme Livre eft moins une differtation & une difcuffion, qu'une defcription hiftorique que nous ne pouvions pas rejetter à la fin d'un volume, fans obfcurcir les matieres, & fans négliger l'époque la plus importante de cette Hiftoire.

VIII. Nous avons choifi un ftyle fimple, comme étant le plus convenable à la vérité & à la gravité de l'Hiftoire. Le ton fublime & les tours oratoires font propres à l'éloquence, de même que le ftyle figuré & fleuri eft le langage ordinaire de la poéfie. Le ftyle de l'Hiftoire doit être naturel & correct, fans être trivial ni affecté. Dans les rencontres où nous avons cru devoir tranfcrire des phrafes exprimées en termes furannés, parce qu'il y a dans ces textes beaucoup de naïveté & d'expreffion, ces phrafes font rendues ou en caracteres italiques, ou marquées par des guillemets. Nous avons auffi tranfcrit les termes de baffe Latinité & de vieux François, des noms d'Arts & de profeffions, que nous n'aurions pû rendre que par des circonlocutions & par des explications.

Nous avons tâché de femer nos réflexions à propos, fans les prodiguer. En condamnant les abus &

en louant les bonnes pratiques, nous nous sommes fait un principe, d'éviter avec le même soin la flatterie & la satyre. S'il nous étoit échappé quelqu'expression contraire à cette maxime, ce seroit contre notre gré ; & nous sommes disposés à nous rétracter, & à accorder toutes les satisfactions qui dépendront de nous.

IX. Avant de mettre cet Ouvrage à l'impression, nous avons communiqué notre manuscrit aux personnes, qui ont bien voulu nous aider de leurs correspondances : nous avons fait sur leurs avis, les réformes qui ont été jugées convenables.

Nous devons à l'Imprimeur ce tribut d'éloge, qu'il n'a rien épargné pour remplir sa tâche avec honneur. Nous avons trouvé en lui une humeur toujours égale, dans les changemens que nous lui avons proposés.

Le caractere dominant dans le cours de ces trois volumes, est le *Saint Augustin*. Les traités accessoires, comme l'Introduction au premier volume, les Piéces justificatives au troisiéme, &c. sont imprimés en *Cicéro*. On n'a rien épargné de tout ce qui pouvoit contribuer à l'entiere satisfaction du Lecteur. Le *Cicéro* & le *Saint Augustin* sont presque neufs. On a fait choix en papier, du Carré fin d'Auvergne, qui passe pour être une qualité choisie.

La Carte du Valois & les deux plans visuels des

PRÉFACE.

châteaux de Béthizy & de Pierrefonds, ont été gravés par le sieur Dupin, Auteur de plusieurs Ouvrages estimés. Les gravures en bois, qu'on a été dans la nécessité d'insérer dans plusieurs pages, pour représenter des figures & des caractères extraordinaires, ont été exécutées par le sieur Caron.

X. Quoique nous ayons fait tout ce qui dépendoit de nous pour ne pas donner lieu aux reproches & aux imputations, nous ne pensons pas que cet Ouvrage en soit exempt. Les sentimens sont souvent si partagés, sur les objets même les plus communs, qu'il n'est pas possible à un Auteur, je ne dis pas de tout prévenir, mais même de répondre à tout. On nous a proposé plusieurs exceptions, auxquelles nous allons tâcher de satisfaire.

La principale difficulté qu'on nous a faite, regarde quelques traits fabuleux & quelques merveilles contre la vraisemblance. On cite pour exemple, l'Histoire des oyes de S. Valbert, la vision de S. Ouen, celle d'Hétilon, la mort du Comte Thierry, l'accouchement de la femme de Chelles, les vaches de S. Vulgis, & quelques miracles rapportés d'après les Légendes.

Ces difficultés s'applanissent comme d'elles-mêmes, par quelques observations générales & particulieres.

On peut tirer des récits les plus exagérés, les moins vraisemblables & même les plus absurdes, des inductions propres à faire connoître les mœurs des temps où l'on suppose que les choses sont arrivées; la crédulité des peuples, l'ignorance des personnes qui passoient pourêtre les plus instruites.

Nous avons parlé des oyes de S. Valbert, d'après l'Auteur de l'Histoire de Meaux, comme d'un conte qui s'étoit accrédité à la faveur de l'ignorance des temps. Nous avons voulu prouver par ce trait, le peu de foi qu'on doit ajouter à la Légende de l'Abbé Adson sur S. Valbert. La vision de S. Ouen, vraie ou fausse, a été l'occasion de la fondation d'un Prieuré, & même d'un village qui subsiste encore, & dont il est souvent fait mention dans cette Histoire. Nous rapportons la vision du Comte Hétilon comme un vrai songe, qui a été l'occasion d'un voyage par eau de Verberie à S. Denys. L'induction que nous tirons de ce fait, c'est que l'on navigeoit alors sur la riviere d'Oise, & que les voyages étoient plus fréquens par eau que par terre. La mort violente du Comte Thierry est un fait certain. Les circonstances fabuleuses ont été imaginées, comme il est visible, par ceux qui paroissent en avoir été les Auteurs : en les considérant même comme des supercheries, nous devions nécessairement les rapporter. Nous citons l'Histoire

PRÉFACE.

des Vaches de S. Vulgis, comme une opinion qui a été l'origine d'un pélerinage, qui subsiste encore. L'accouchement de la femme de Chelles est une particularité d'histoire naturelle ; nous ne la proposons pas comme un miracle.

Quant à quelques traits merveilleux que nous avons transcrits des Légendes, nous les avons annoncés avec des correctifs, & nous les avons produits, à cause de leur singularité & du contraste des usages des temps primitifs avec nos mœurs. Au reste, ces faits rassemblés des différens endroits de nos trois volumes, ne rempliroient pas deux pages. Il faut distinguer les fables que l'on raconte, comme ayant été des objets de croyance dans les siécles d'ignorance, d'avec celles que l'on proposeroit à la crédulité des peuples pour en imposer.

Quelques personnes distinguées eussent désiré de voir leurs généalogies insérées dans cette Histoire, ou au moins une notice de leurs maisons. Nous n'avons pu déférer à leurs vues & remplir leurs désirs, parce que ce qu'on nous offroit, n'avoit aucun rapport avec les principaux points, dont nous traitons dans notre Ouvrage. Ce qui eût été une perfection à leurs yeux, nous eût attiré de justes reproches, de la part des personnes ennemies des préférences & du respect humain.

Nous ne ferons pas ici mention de plusieurs difficultés, qui nous ont été proposées sur des points controversés, touchant lesquels nous avons choisi un sentiment. Un demi volume contiendroit à peine nos réponses, d'autant plus que les matieres ayant été déja discutées, nous serions dans la nécessité de répéter, ce que de graves Auteurs ont avancés dans de savantes Dissertations.

Diverses observations nous ont été aussi adressées, touchant les limites & l'arrondissement du Duché & du Bailliage de Valois. Comme ces observations tendent à renouveller des disputes, sur lesquelles des écritures sans nombre ont déja été produites, nous garderons ici un profond silence, avec d'autant plus de raison, que quand même nous passerions condamnation, en déférant aux prétentions des Officiers d'un Siége ou d'un canton voisin, nous serions en but aux reproches & aux objections des autres.

Plusieurs méprises nous ont échappé pendant l'impression de cet Ouvrage : nous avons même reconnu depuis, quelques faits, qui impliquent contradiction. Nous avançons, par exemple, à la p. 279 du Tome premier, que Levignen est du Diocese de Soissons; & nous comptons dans un autre endroit ce même lieu, au nombre des dépendances de l'un des Doyennés du Diocese de Meaux. Nous corrigerons dans le Supplé-

PRÉFACE.

ment cette méprife, & les autres erreurs de la même nature.

Nous n'entreprendrons point de réformer ou de concilier tous les jugemens, qui ont été portés fur l'enfemble des différens fujets dont nous traitons dans cet Ouvrage. Les Militaires trouvent, que nous aurions dû nous étendre davantage fur les batailles & fur les fiéges : les hommes de Loix, fur la Jurifprudence & fur le Droit coutumier : les Naturaliftes, fur les productions fingulieres : les trafiquans, fur le commerce : & les perfonnes qui cherchent les amufemens, fur les ufages finguliers & fur les anecdotes récréatives.

Le feul moyen que nous trouvions de concilier à ce fujet la diverfité des opinions, eft de renvoyer à la Table générale, où l'on trouvera ce qui peut intéreffer les perfonnes de chaque état, fous les mots, guerres, batailles & fiéges, jurifprudence & coutume, hiftoire naturelle, anecdotes & ufages, commerce, architecture, &c.

Nous ne doutons pas, que malgré les précautions fcrupuleufes que nous avons prifes pour être exact fur tous points, il ne fe rencontre dans cette Hiftoire plufieurs chofes à rectifier. Nous recevrons avec reconnoiffance les remarques qui nous feront envoyées à ce fujet, & nous nous propofons de les inférer dans un Supplément. Nous répondrons aux critiques qui nous feront adressées, dans la vue de perfectionner notre Ouvrage, ou d'empêcher que les Lecteurs ne prennent le change, sur des objets qui ont besoin d'explication. Si le ton de ces critiques est injurieux, nous les mépriserons.

La seule obligation à laquelle on puisse astreindre un Auteur, c'est qu'il se réforme, lorsqu'il est convaincu d'avoir commis quelqu'erreur. Les Ouvrages sans défauts, sur-tout en fait d'Histoire, n'existent que dans la spéculation. L'Ecrivain parfait, quelque soit le genre où il excelle, est, suivant la judicieuse maxime d'Horace, celui auquel on reproche moins de défauts.

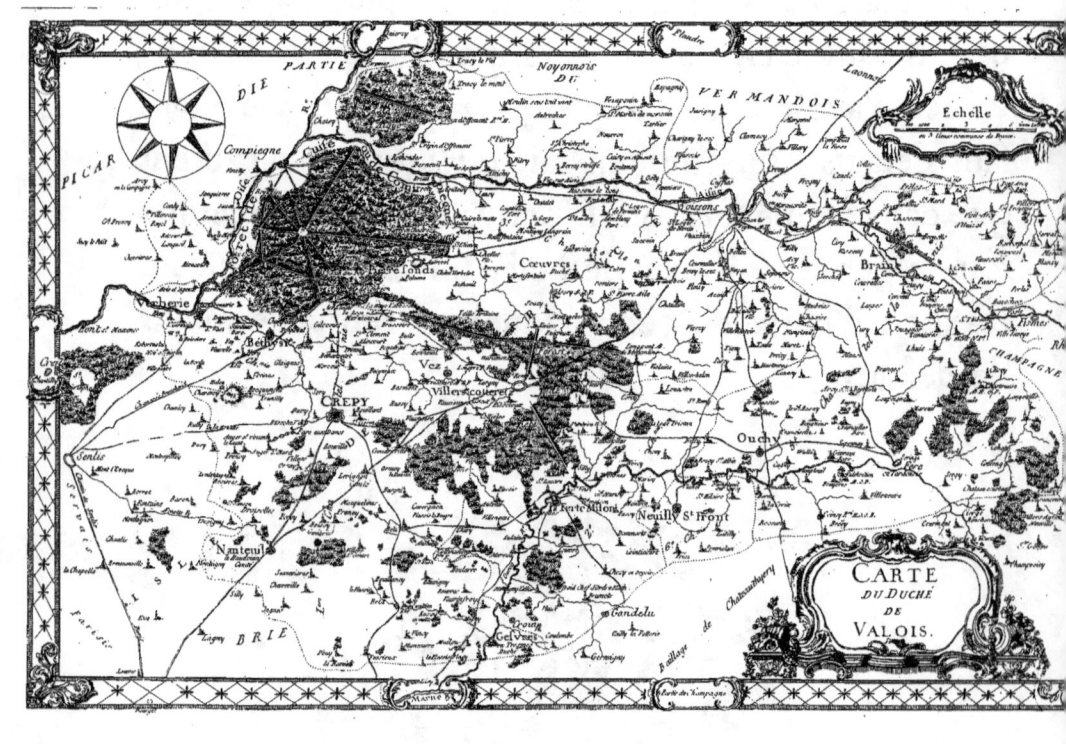

INTRODUCTION A L'HISTOIRE DU DUCHÉ DE VALOIS.

LES Cartes géographiques, avec leurs signes, sont comme des Histoires abrégées, de même que les Histoires générales & les topographiques ne sont que des Cartes expliquées.

La description géographique, que nous donnons ici, servira en même temps d'explication à la Carte, & d'introduction à l'Histoire générale du Duché de Valois. Nous divisons cette introduction en trois parties. La premiere contiendra un recueil d'éclaircissemens, sur l'ordre & sur les positions de la Carte : la seconde renfermera une notice générale de tout le Duché de Valois, relativement aux six Châtellenies qui le composent. Nous traiterons dans la troisiéme partie, des propriétés, des productions & des singularités naturelles du Valois, de ses chemins & de ses rivieres.

PREMIERE PARTIE,

De la Carte.

FEu M. le Président Minet avoit rassemblé toutes les Cartes particulieres du Duché de Valois, qui avoient paru depuis le regne de François I, jusqu'à son temps. Le nombre de ces Cartes montoit à onze. Elles ont été dispersées à sa mort ; il ne nous a pas été possible de recouvrir les plus anciennes, nous en avons vû plusieurs, qui étoient d'une belle exécution.

Nous n'avons pu retrouver que trois de ces Cartes. La premiere gravée vers le milieu du siécle passé, par les soins de Damien de Templeux. La seconde a pour Auteur un Géographe nommé le Clerc, qui vivoit à peu près dans le même temps. Je parle avec étendue de ces deux Cartes, au huitiéme livre de cette Histoire, à l'article de Damien de Templeux.

La troisiéme Carte a pour Auteur, M. le Président Minet : il l'avoit composée, avec le secours de Dom Hersan Religieux Bénédictin de S. Arnoul de Crépy. Elle porte en titre : Carte du Bailliage & Siége Présidial du Duché de Valois. Elle comprend, sans exception, tous les noms des lieux qu'on trouvera par ordre alphabétique, à la fin de cette premiere partie : son format surpasse celui des plus grands Atlas. Nous avons vû deux exemplaires de cette Carte, tous deux manuscrits ; quelques incidens nous ont privé de la facilité de les consulter. L'Auteur ayant eu l'attention de dresser un dénombrement des lieux de la Carte, séparé du plan, nous nous sommes conformés à ce dénombrement, pour l'ortographe des noms.

Nous n'avons rien épargné, pour procurer à la Carte que nous présentons, l'exactitude dont nous l'avons cru susceptible. Comme elle doit servir d'ornement, & faciliter l'intelligence des faits contenus dans cette Histoire, nous avons été dans la nécessité de la proportionner au format des volumes. Nous n'y avons pas inféré tous les noms de la liste qui termine cette premiere partie ; elle comprend seulement ceux dont il est souvent fait mention dans cet Ouvrage.

On a omis, pour éviter la confusion, les simples fiefs, d'anciens manoirs, des moulins, des triages, de la plûpart desquels il ne reste plus que des ruines. On s'est réglé pour les distances, sur celles de la nouvelle Carte générale de France.

Nous avons ajouté aux lieux qui forment l'intérieur du Valois, les noms des villes, bourgades & hameaux situés hors l'enceinte du Duché, dont la connoissance est nécessaire à l'intelligence des grands évenemens. Les noms des villes qui ne sont pas du Valois, sont écrits en caracteres italiques.

L'arrondissement du Duché de Valois, compris dans cette Carte, est divisé en six Châtellenies. On a eu soin de distinguer les ressorts de ces Châtellenies, par des lignes de points. Comme les noms des chefs-lieux font gravés en lettres capitales, dans chaque diftrict, nous avons cru à propos de défigner chaque arrondiffement, par le numéro de fon rang dans l'ordre des Châtellenies. Ces fignes ont été abrégés, afin d'éviter la confufion, & pour ne pas trop charger la Carte.

Cette divifion a été réglée fur les anciennes liftes, fans avoir égard aux changemens furvenus dans l'intervalle du temps qui s'eft écoulé, depuis que l'étendue du Duché & du Préfidial de Valois a été déterminée. Nous avons été dans la néceffité de renfermer dans le reffort des Châtellenies, cinq à fix lieux qui n'en relevent point; parce que ces lieux font de toutes parts environnés de leurs dépendances. Nous avons auffi inféré dans l'arrondiffement d'une même Châtellenie, des lieux qui n'en font qu'en partie; parce qu'il n'eft pas poffible de divifer les pofitions : telle eft celle du lieu de Cramailles, dont une partie dépend de Pierrefonds & l'autre d'Ouchy. L'Abbaye de Val-Chrétien eft placée fous Ouchy, quoiqu'elle fe trouve parmi les dépendances de Pierrefonds dans nos liftes.

Les endroits titrés ont chacun une marque qui les annonce. Les Duchés font marqués par un caractere plus gros, & par le mot *Duché*. Les Comtés, les Vicomtés, & les Baronies font auffi défignés, ou par les noms de leurs titres, ou par les lettres initiales de ces noms.

Les rivieres & les grands chemins ont été tracés avec foin. On a figuré jufqu'aux ruiffeaux & aux étangs, qui font nommés dans le cours de l'Ouvrage. Les chefs-lieux font marqués par des caracteres majufcules ; les Abbayes, les Prieurés & les châteaux-forts, par les fignes qui font propres à chacun.

L'échelle fera connoître les diftances, excepté celles de trois ou quatre lieux, comme Reims, Creil, le Bourget, Quierzy, &c. qui font comme hors de rang, & dont la pofition eft plutôt vifuelle que géométrale; il eut fallu doubler la Carte, pour les figurer dans l'endroit propre à chacun.

On a eu attention de marquer les forêts, & jufqu'aux bofquets tels qu'ils font préfentement; les defcriptions contenues dans l'Hiftoire, feront connoître leur état ancien.

Cette expofition fuffit pour expliquer l'ufage de la Carte ; les détails qui vont fuivre, achéveront d'en développer l'utilité & toutes les parties.

Nous répétons, tant à l'égard de cet article que par rapport au fuivant, que nous confidérons ici le Valois felon l'étendue qu'il avoit, lorfqu'il eut été érigé en Duché en l'an 1406. Nous faifons abftraction des changemens antérieurs & poftérieurs à cette époque. Ils feront expofés dans le cours de cet Ouvrage.

Le Duché de Valois confidéré dans cet état, eft fitué fous le quarante-neuviéme dégré de latitude, depuis fix jufqu'à vingt-huit minutes du Sud au Nord, & fous le premier dégré de longitude, d'Occident en Orient, à compter du Méridien de Paris, depuis vingt-quatre minutes jufqu'à un dégré quinze minutes. Il a la forme d'un quarré long, de neuf lieues un fixiéme de large, fur quatorze lieues de long.

L'efpace contenu dans la Carte, eft plus étendu. Il renferme près de treize lieues du Midi au Septentrion, fur vingt-une lieues d'Occident en Orient. Mais il comprend divers lieux, qui, quoique dépendans du Duché, peuvent paffer pour des hors d'œuvres, qui femblent faillir du corps de la figure ; telles plufieurs dépendances enclavées dans le Multien & le Parifis, la Picardie & la Champagne.

Bergeron donne au Valois quinze à feize lieues, d'Orient en Occident, & dix à onze du Septentrion au Midi. Bouchel fuit Bergeron. Damien de Templeux eftime cette même étendue feize lieues, fur dix à douze, fans y comprendre les dépendances du Bourget près Paris, ni quelques autres, qui font fituées près de Reims.

Le Valois eft placé au centre de l'Ifle de France, entre quatre grandes rivieres, qui font l'Aifne, l'Oife, la Marne & la Seine. Les deux premieres font figurées en plein fur la Carte. La Marne paroît au bas de la partie Méridionale. Il n'a pas été poffible de marquer le cours de la Seine ; il faut que l'efprit y fupplée, en la fuppofant placée au-delà de l'angle Occidental, qui eft entre Senlis & le Bourget.

Le pays de Valois eft environné des quatre grandes provinces, de Champagne, de Brie, de Picardie & de Flandres. Il eft borné par le Tardenois & par le Soiffonnois à l'Orient. Le Bailliage de Château-Thierry, le Multien & le Parifis, lui fervent de limites du côté du Midi ; il a à l'Occident, le Servais, le Comté de Senlis, & une partie du Beauvoifis ; le Bailliage de Compiegne, le Noyonnois, & une partie du Soiffonnois, au Septentrion. Il dépend pour le fpirituel, des trois Diocefes de Senlis, Meaux & Soiffons. Il eft dans le reffort des deux Généralités de Paris & de Soiffons.

Le Bailliage général de Valois confine avec ceux de Vitry, Soiffons,

Senlis, Meaux, Château-Thierry, Compiègne, & avec une extrémité du ressort du Châtelet de Paris. Il est régi par les trois coutumes de Valois, Vitry & Vermandois. La premiere y est plus généralement suivie.

On peut ranger sous deux classes, les lieux mentionnés dans la Carte du Duché de Valois ; les uns sont titrés, les autres sont des fiefs ordinaires, ou des domaines sans caracteres ; j'excepte de ce nombre les chefs-lieux des Châtellenies.

§ 1. Les lieux titrés sont marqués sur la Carte, chacun par la qualification qui les distingue. Des deux Duchés compris dans le ressort du Valois, l'un est subsistant & jouit de tous les priviléges de son établissement : on le nomme indifféremment *Gêvres* ou *Tresmes*. Le château chef-lieu de ce Duché est situé à l'extrémité Méridionale du Valois ; une partie de son territoire est enclavée dans le Multien.

L'autre Duché est celui de Cœuvres ou d'Etrées, situé au Nord de Villers-Cotteretz. Le titre est éteint, depuis la mort du dernier Duc d'Etrées, qui n'a pas laissé d'enfans mâles. Ces deux Duchés ont été érigés en la même année 1663.

Les Marquisats de Fayel & de Néry sont l'un au Nord, l'autre au Midi de Verberie ; le second est éteint.

Les chefs-lieux des Comtés de Braine, de Nanteuil & de Levignen, sont situés, le premier au-dessus d'Ouchy-le-Château, sur la riviere de Vesle, qui commence à Reims sur la Carte & finit à Condé, à l'Orient de Soissons. Ce Comté est l'un des plus anciens du Royaume. 2°. Le bourg de Nanteuil est situé au milieu de la grande route de Paris à Soissons. Le Comté a été érigé en 1543. 3°. Le lieu de Levignen est au Midi de Crépy, sur le grand chemin qui conduit de Nanteuil-le-Haudouin à Villers-Cotteretz. Son Comté a été créé en 1723.

Parmi les six Vicomtés du Valois, deux sont attachées à des chefs-lieux de Châtellenies (Ouchy & Pierrefonds) ; les quatre autres sont Chelles, entre Pierrefonds & Cœuvres ; Buzancy sur le chemin d'Ouchy à Soissons ; Boursonne, dans la forêt de Retz, entre la Ferté-Milon & Crépy, & Acy, entre Braine & Soissons. Il y a d'autres lieux encore, que l'on trouve quelquefois qualifiés Vicomtés dans les titres, tels que Maucreux, Villers-le-Hellon, Berzy, le Mont-Notre-Dame, Ambriés, Limé & Courtieux.

Les quatres Baronies du Valois sont, Cramailles & Givraye, au couchant de Fere en Tardenois, près de la riviere d'Ourcq : Saintines près Verberie, & Pontarcy sur la riviere d'Aisne, au Nord-est de la Carte.

On compte aussi dans le Valois, quatre lieux qui ont été décorés du titre de Châtellenie, sans autre ressort cependant que leurs territoires. Ces lieux sont Viviers au Nord de Villers-Cotteretz, May en Multien, Pacy en Valois & le Parc-aux-Dames. On trouvera l'histoire particuliere des Comtés, des Vicomtés & des Baronies, au commencement du sixiéme livre de cette Histoire. La table indiquera les endroits où nous parlons des lieux de Tresmes, de Cœuvres, de May en Multien, de Pacy & du Parc-aux-Dames.

§ 2. Voici le dénombrement des autres lieux, tant de ceux que nous venons de citer, que de ceux qui ne sont point nommés dans la Carte.

A

Aconin, près la riviere de Crise.
Acy en Multien en partie.
Acy, près Soissons.
Ajeux (les), paroisses de Berneuil.
Aisy.
Amblegny ou Ambleny.
Ambien.
Ambriez.
Amincourt, moulin près le pont de Pringy.
Aminville, paroisse de Neuilly-Saint-Front.
Ancienville.
Augy.
Annet, cense & maison.
Anthilly.
Aramont, fief à Verberie.
Abincourt.
Arbre-Jacquemart, paroisse d'Attichy.
Arcy en la campagne.
Arcy-Sainte-Restitue.
Ardre, la mairie (d').
Armentieres, en partie.
Artannes ou Hartennes.
Attencourt.
Attichy, & dépendances.
Auberval ou le Berval, paroisse de Boneuil.
Auger-Saint-Mard.
Auger-Saint-Vincent.
Autheuil.
Autebray.
Autresches.

B

Baisemont.
Baugy.
Banru.
Barbe aux cannes (la), maison & jardins près les murs de Reims.
Barbonval.
Bargny.
Bazoches, près Septmont.
Bazoches, près Duvy.
Beancourt.
Bacouel, fief à Rhuys.
Beau moulin (le), près Confavreux.
Beaurepaire, paroisse de Vierzy.

Béauval, près Fulaine.
Beauveau ou Beauvoir, près Crouy.
Bellival.
Berger, la maison du .... vers Neuville-Saint-Gemme.
Bernay.
Berneuil.
Berny, & Riviere.
Berongne, & dépendances.
Berzy.
Besleu.
Besmont.
Bétancourt.
Béthizy, chef de la châtellenie, Saint Pierre & Saint Martin de...
Betz.
Bienville en partie.
Bierzy.
Billemont.
Billy-sur-Ourcq.
Billy-Venisel.
Bitry, & Saint Pierre à Bitry.
Blanzy-lès-fismes
Blanzy-lès-perles.
Blanzy-Saint-Remy.
Boisleau.
Boissi-les-Gombries.
Boissieres (la).
Boneuil.
Buttes (les), paroisse de Boneuil.
Bonval.
Borde (la).
Borneville ou Bournonville.
Bove (la), ferme.
Bouillant.
Bouillancy.
Boulars.
Boulleau, ou Bouleux.
Bourg, ferme & garde de l'étang de Bourg.
Bourg-fontaine, Chartreuse.
Bourget (au), près Paris, plusieurs maisons, ent'rautres le moulinet.
Boursonne, moitié.
Bray.
Bray-sous-Claimecy.
Braine, Comté.
Brainettes, ou Brenelles.
Branges.
Brassoire.
Bressy, sur la riviere d'Ourcq.
Breuil, près Trosly.
Breuil, près Neuilly-Saint-Front.
Breuil-sous-Saconin.
Briqueterie (la), paroisse de Chézy.
Brumetz.
Bruyeres.
Bucy.
Bugneux.
Buire, près Espaux.
Bussy le bras, près Muret.
Bussieres.
Buy, paroisse de Mornienval.
Buzancy & sa paroisse.

C.

Cabaret, paroisse de Mornienval.
Caigny, le moulin de ....
Canly, en partie.
Calvise, paroisse de Louatre.
Capy, paroisse de Saint Vast de Long-mont.
Cartigny ou Certigny, paroisse de Coulo.
Celles.
Cerffroid, chef d'ordre des Trinitaires ou Mathurins.
Cermoise.
Cerseuil, près Pontarcy.
Chacrise.
Camp-Baudon, près Pierrefonds.
Champlieux.
Chappelle (la) aux Auvergnats, paroisse de Vauciennes.
Chapelle (la) mentard, paroisse de Montgobert.
Charly, par augmentation du Bailliage n'est pas du Valois.
Charcy, de la Ferté-Milon.

Charentigny, paroisse de Villemontoire.
Chartreuve Abbaye de Prémontrés.
Chassemy.
Châtelet (le).
Chavannes.
Chaudieres (les).
Chaudun.
Chavigny-le-fort, près Coucy.
Chavigny-Saint-Léger.
Chaumont, paroisse d'Auger-Saint-Vincent.
Chavercy, paroisse de Trumilly.
Chavres.
Chaussée (la), moulin, paroisse de Neuilly-Saint-Front.
Chazelles.
Chayette (la).
Chelles-Sainte-Baubour, Couvent de Fontevrault, de la Prevôté de Paris par exemption lors de l'érection du Comté de Valois en Duché.
Chelles, près Haute-fontaine.
Chemin (le), ferme.
Cheneloy, paroisse de Marizy-Sainte-Geneviéve.
Chenevierre, près Fulaine.
Chéry.
Charsy.
Chêne (le), paroisse S. Hilaire.
Chênoy-sous-May.
Chetinet, moulin près Ouchy.
Chévreville.
Chévrieres ou Civrieres.
Chevreuse.
Chézy en Orceois.
Chivrée.
Chouy, paroisse & dépendances.
Chouy, de la paroisse de S. Nicolas de la Chaussée de la Ferté-Milon.
Ciry.
Clairois ou Clarois, près Compiegne.
Clamecy.

Clos (le), Bernard, paroisse de Rosieres.
Clos, paroisse de Latilly.
Cœuvres Duché, & la ferme du Murger.
Cohan, près Fere en Tardenois.
Coincy.
Cointecourt.
Collinances, Couvent de Fontevrault.
Confavreux.
Confrecourt.
Contarmin ou Contermy.
Corbeny & la cense des prez.
Cordou ou Courdou.
Corcy.
Coudron.
Couloi en partie.
Couloisy.
Coulomb.
Coulonges.
Coupaville.
Courcelles près Verberie.
Courcelles-lès-Braine.
Couvrelle.
Courmeilles ou Cormeilles.
Courtenson, paroisse de S. Bandry.
Courteau, château en Tardenois.
Courtil.
Courthieux.
Couture pasquette (la), & la vallée de Louatre.
Conveloy.
Coyolles.
Cramailles, Baronie.
Cramoiselle.
Cravençon.
Crépy capitale du Valois.
Crise, Fauxbourg de Crise ou de S. André à Soissons.
Crouy.
Croustes près Nanteuil-sur-Marne.
Croustes-sous-Cugny.
Croustes-sous-Muret.
Croustes-sous-Ouchy.

Croustoy

DU DUCHÉ DE VALOIS. ix

Crouftoy ou Crotoy.
Croix-Saint-Ouen (la), & dépendances.
Cuffy ou Cuffies.
Cugny, & fon moulin.
Cuiry-Houffes, & la Maladerie de Houffes.
Cuife.
Cuiffy en Almont.
Cury, près Violaine.
Cutry, moitié.
Cuveret (le), près Chavres.
Cuvergnon.

D

DAMARS.
Damleu.
Déméville.
Domiers.
Donnéval, près de S. Martin Béthify.
Douy la ramée.
Drachi ou Dracy.
Droifelles.
Droiffy ou Droifi.
Duifel.
Duifi.
Ducy ou Drucy, paroiffe de Trumilly.
Duvy.

E

EDROLLES (les), paroiffe de Chouy.
Edrolles, près Billy-fur-Ourcq.
Elincourt, paroiffe de Mornienval.
Eluats (les).
Efcury.
Efchancu.
Efcouffis.
Efpirtel.
Efpagny.

Effarts (les), près Douy-la-ramée.
Effenlis.
Eftavigny.
Efttepilly.
Evry, ou Comblancourt, paroiffe de Morfain.

F

FALOISE (la), paroiffe de Louatre.
Faverolles.
Faux (la).
Fay (le), paroiffe de Saintines.
Fayel (le).
Feigneux.
Femy, paroiffe d'Arcy-Sainte-Reftitute.
Ferté-Milon (la), chef de la Châtellenie.
Feux, paroiffe de Nery.
Filain.
Fleury-Corcy.
Folie (la), paroiffe de Confavreux.
Folie (la), paroiffe de Levignen.
Folie (la), paroiffe de Pierrefonds.
Folie (la), près Reims.
Folie (la) près Braine.
Fontaine Alix (la), ou Harlifontaine.
Fonteneille ou Fontenay, paroiffe de Vez.
Fonteny.
Fontenoy-fur-Aifne.
Fontenoy, paroiffe de Pierrefonds.
Foffe (la), paroiffe de Mornienval.
Foffemont.
Foffez (les), paroiffe de Haramont.
Foffez (les), paroiffe de Neuilly-Saint-Front.
Foucrolles.
Fouffrit.
Four (le) d'enhaut, & le Four d'enbas, Forêt de Compiegne.
Francourt, près Verberie.

b

Frénoy-lès-Gombries.
Frénoy-le-Luat.
Frénoy-la-riviere.
Fulaine.

G

Germaincourt, paroiſſe de Cuvergnon.
Germigny-ſous-Coulon.
Genancourt.
Genevroye (la), paroiſſe de Rocourt.
Géreſmé.
Gérémenil près Ouchy.
Géromenil ou Saint Sauveur.
Gigny, paroiſſe de Trumilly.
Gilocourt.
Gironval ou l'Aventure, paroiſſe de Roſieres.
Givraye ou Givroy, & la ferme.
Glagnes.
Glan (le), près Domiers.
Gondreville.
Gouſſancourt.
Grand-champ, paroiſſe de Cuvergnon.
Gorge (la), paroiſſe de Montigny-Langrain.
Grange (la), près Long-pont.
Grange (la), paroiſſe de Morſain.
Grange (la), au bois, paroiſſe de Bruyeres.
Grange (la), paroiſſe de Thury.
Grange (la) Clergie, paroiſſe d'Antilly.
Grange (la) Cœuvret, près Brumetz.
Grange (la) Coulon, paroiſſe de Coulon.
Grange (la) Genevroy.
Grange (la) l'Abbeſſe, paroiſſe de Mornienval.
Grange (la), au Marais près Val-Chretien.
Grange (la) au Mont, paroiſſe de Mornienval.
Grange (la) Morel, paroiſſe de Mariſy-Sainte-Geneviéve.
Grange (la) Oiſon, près Ouchy.
Grange (la) Saint-Faron, paroiſſe d'Eſtavigny.
Grange (la) au Virier, paroiſſe de Long-pont.
Grande (la) Maiſon près la Ferté-Milon.
Grande (la) Maiſon près Ouchy.
Grimancourt.
Grimperie (la) près Vic-ſur-Aiſne.
Gros (le) Aunoy, paroiſſe de Fulaine.

H

Halondret, paroiſſe de Latilly.
Hancel, & dépendances.
Haramont.
Hartannes ou Artennes.
Haudrival, paroiſſe de Feigneux.
Hautaveſne, paroiſſe de Boneuil.
Hauterval, fief du grand & petit.
Haute-Fontaine.
Hautevenne près Bitry.
Hazoy (le), dans la Forêt de Compiegne.
Port (le) d'Harant, & les Maiſons.
Hervilliers, paroiſſe de Coulon.
Herneuſe (les fermes d'), près Verberie.
Hermitage (l') près Givraye.
Heuleu ou Huleu.
Heurtebiſe, paroiſſe de Coulon.
Hevry.
Hiromeſnil.
Houillon, près Mareuil-la-Ferté.
Houſſeau ou Houſſes, près Arcy-Sainte-Reſtitute.
Houveront.

DU DUCHÉ DE VALOIS. xj

J

Javage & garde de l'étang de Javage.
Jaux en partie.
Jaulzy.
Jouagnes.
Jouy.
Ivort.
Ivry près S. Remy.

L

La Glan, près S. Pierre-ailes.
La Loge-aux-bœufs, paroisse de Pacy.
La Loge-aux-sauvages, paroisse de Chouy.
La Loge-tristant paroisse de Chouy.
Lanval, paroisse de Boneuil.
Largny.
Latilly.
Latilly-sous-Berzy.
Latilly-sous-Cormeilles.
Laversine.
Launoy.
Lescaffaux.
L'Eschelle paroisse de Berzy.
Lesges.
L'Eglantier près Bellimont.
L'Eglantier paroisse de Coulonge.
Lespine, paroisse de Viviers.
Lessart, paroisse de Mornienval.
Lessart, paroisse de Viviers.
Lévignen, Comté.
Lhuys.
Lieu-restauré, Abbaye de Prémontrés.
Lionval, paroisse de Chouy.
Limés près Braine.
Longeval.
Longueville.
Longueil, près Duisy.

Longavenne, paroisse de Viviers.
Long-pont, Abbaye de Bernardins.
Loupeignes.
Long-prez, Couvent de Fontevrault.
Louatre & sa vallée.
Louvry.
Le Luat.
Lucy-le-bocage.
Luceron.

M

Mabonnerie (la), paroisse de *verberie* Géromenil S. Sauveur.
Macogny, paroisse de Montran.
Magneval, paroisse de Serry.
Maison-blanche (la) sur la riviere d'Aisne, devant le passage de Vic-sur-Aisne.
Maison du berger (la), près Neuville S. Jean.
Maison-neuve (la), près Chaudun.
Maison-rouge (la), fauxbourg de Reims.
Malvoisine (la).
Mambren, paroisse d'Amblegny.
Mambry, paroisse de Neuilly-Saint-Front.
Maneuvre.
Marchais (les), paroisse de Coulon.
Maqueline.
Marcin ou Mersin.
Mareuil en Daule.
Mareuil-sur-Ourcq.
Marisy-Sainte-Geneviéve.
Marisy S. Mard, prétendu par Château-Thierry.
Marenval.
Margival.
Margoffet.
Marival, paroisse de Roy S. Nicolas.
Marnoue-lès-Moines.
Marolles.

b ij

Marre (la), paroisse de Douy.
Martimont le haut & le bas.
Martin-prêt, près Ouchy.
Maucreux.
Maupas, près Vaubuin.
May en Multien, & dépendances.
Mercieres, près la Croix-Saint-Ouen.
Meremont, grand & petit.
Mesnil (le), paroisse de Rozoy S. Albin.
Mesnil (le), près Rivecourt.
Messenin (le).
Meutru (le) ou la maison du Meutru, paroisse de Servenay.
Meux (le), en partie.
Migny, paroisse de May en Multien.
Millancourt.
Missy-au-bois.
Mont-Berneuil.
Monchevillon, paroisse d'Ouchy.
Montemafroi, paroisse de Chésy en Orceois.
Monflan.
Montgobert.
Mongron.
Montgru.
Montigny-la-Commanderie.
Montigny-Callier.
Montigny-Langrain.
Montigny-Russy.
Mont-Notre-Dame.
Montoury, paroisse de Montron.
Montron.
Mont-Sanpin.
Mont de Soissons.
Morecourt.
Morembœuf, paroisse de Vierzy.
Mornienval.
Morsain.
Morte-fontaine.
Mosloy, près la Ferté-Milon.
Mosne.
Motte (la), paroisse de S. Martin de Béthizy.
Motte (la), près de Cuise.
Motte (la), près Maupas.
Moulin (le), près Nanteuil-Notre-Dame.
Moulin-Noel (le) }
Moulin-Renard (le) } entre Cugny & Rozoy-Saint-Albin.
Muret en partie.
Muy (à) près Reims, ferme.

N

NADON.
Nanteuil-sous-Cugny.
Nanteuil-la-fosse.
Nanteuil-les-fossés.
Nanteuil-le-Haudouin.
Nanteuil-sur-Marne.
Nanteuil-Notre-Dame.
Nanteuil-sur-Ourcq.
Nanteuil-sous-Muret.
Néry & dépendances.
Neufchelles, prétendu par Senlis.
Neuilly-Saint-Front, ville, chef de la Châtellenie.
Neuilly ou Nully, paroisse de Rocquemont.
Neuf-fontaine, près Pierrefonds.
Neuville-sous-Sainte-Gemmes.
Neuville-en-hez.
Neuville-Saint-Jean, les deux fermes.
Neuviviers.
Noel-Saint-Martin en partie.
Noroy.
Nogentel.
Noue.
Noyan.

O

OGNES.
Oigny.
Osly-Courtil.
Ormois-le-Davien.

Ormois-emmi-les-champs.
Orouy.
Ors.
Ouchy-le-Château, chef de la Châtellenie.
Ouchy-la-ville.
Outre-braye.

P

Palesne, près Pierrefonds.
Pacy.
Parcy.
Parc-aux-Dames, Abbaye de Bernardines de Clairvaux.
Pars ou prompt de Pars.
Party.
Pasly.
Passy & Berzy, Vicomté.
Pernant.
Pierrefitte.
Pierrefonds, bourg, chef de la Châtellenie.
Pigeonville.
Pisseleu.
Plessis-au-bois.
Plessis-sur-Auteuil, prétendu par Senlis.
Plessis-lès-Ouchy.
Plessis-Bitry.
Plessis-le-Bougre, ou Plessis-sous-Cuvergnon.
Plessis-Bouillancy.
Plessis-Châtelain, paroisse de Rocquemont.
Plessis-Cornefroy, paroisse de Trumilly.
Plessis-Huleu.
Plessis-Placy.
Ploisy.
Pommiers.
Pontarcher.
Pontarcy.
Pont-Bernard.
Pontdron.
Pouy, paroisse de Montigny-Langrain.
Poulandon, fief dans Ressons.
Préciamont, paroisse de Marolles.
Presles.
Proy-lès-Gombries.
Puissaleine.
Puisieux près Soucy.
Puisieux (grand), près Verberie.
Pringy.

Q

Quenneviere ou Cheneviere, dans la forêt de Laigue.
Quinsy près Ouchy.

R

Ramée (la) paroisse de Douy.
Remonvoisin.
Ressons-le-long en partie.
Retheuil.
Reveil, ferme.
Reuve.
Rieux-sous-May.
Rivecourt.
Riviere, paroisse de Mareuil.
Rocourt.
Romens.
Rocquemont.
Roquigny.
Rosieres & la montagne.
Rosiers en Tardenois.
Rozoy ou Rozoir-Saint-Albin.
Rozoy en Multien.
Rozoy-Nogentel.
Rozoy-sous-Ouchy, ou le grand Rozoy.
Rouville.
Rouvres en Multien.
Roylet.

Roy-Saint-Nicolas.
Rucourt.
Rugny.
Ruffy.
Rhuys près Verberie.

S

Saconin.
Sacy.
Say, paroisse de Jaulzy.
S. Agnan, près Valsery.
S. Bandry.
S. Clément.
S. Christophe à Berry.
S. Etienne.
Sainte Geneviéve.
S. Germain près Crépy.
S. Germain près Verberie.
S. Jean près Neuville.
S. Jean-lès-Vignes à Soissons.
S. Jean-au-bois, Forêt de Compiegne, ancienne Maison de Cuise.
Saintines & dépendances.
S. Léger, paroisse d'Espagny.
Sainte Luce.
S. Oyen près Estavigny.
S. Pierre-ailes.
S. Pierre à Bitry.
S. Pierre en Chastres, Couvent de Célestins & dépendances.
S. Quentin-lès-Louvry.
Sartigny.
S. Remy S. Georges, Abbaye de Bénédictines.
S. Remy Blanzy.
S. Remy Ivry.
S. Samson.
S. Sauveur de Géroménil.
S. Vast de Long-mont.
S. Vulgis, fief à Haute-Vesne.
Salsognes.
Saponay ou Saponain.
Sennevierres.
Septmont.
Sery.
Serval.
Servenay.
Silly-la-potterie.
Sommelan.
Soucy.
Soupiseau (le), paroisse de S. Sauveur.
Sous le mont, paroisse de Taille-Fontaine.

T

Taille-Fontaine.
Tannieres.
Tartiers.
Terny.
Thaux.
Thézy.
Thuillerie (la) paroisse de Montgobert.
Thuillerie (la) paroisse de Mornienval.
Thury.
Tigny.
Toizy.
Tour (la) d'Arcy.
Tour (la), ou S. Corneil près Verberie.
Tournelle (la), paroisse de Cuvergnon.
Tracy-le-mont, en partie.
Translon (le).
Tresmes ou Gêvres Duché.
Troesnes.
Trosly-au-bois.
Trosly-Breuil.
Trugny.
Trumilly.
Tuisy près Vic-sur-Aisne.

V

Vache-à-laife (la), paroiffe de Mornienval.
Vadon, paroiffe de Latilly.
Vezilly.
Val-Chrétien, Abbaye de Prémontrés & dépendances.
Vallée, paroiffe de Bagneux.
Vallée (la), près Banru.
Vallée (la) près Courthieux.
Valfery, Abbaye de Prémontrés & dépendances.
Varinfroy.
Waru, paroiffe de Bétancourt.
Vaffigny ou Vaffeny.
Vauberon, paroiffe de Montigny-Langrain.
Vaubertin.
Vaubuin.
Vaucelles.
Vaumoife.
Vauparfond, paroiffe de Marolles.
Vaurezy.
Vaurtrain.
Vaufferré.
Vauffetin ou Vauftin.
Vauttes (les), Hôtellerie près Reims.
Vautier-voifin.
Vaux de Caftille.
Vaux-fous-Confrecourt.
Vaux-fous-Loupeignes.
Vaux S. Nicolas.
Vauxferre.
Vez.
Venizel.
Verberie Bourg, chef de la Châtellenie.
Vermeffelles.
Verneilles-fous-May.
Verrines.
Verte-feuilles, paroiffe de S. Pierre-ailes.
Vichel.
Vichelles, paroiffe de Chelles.
Vieil-arcy.
Vierzy.
Vignerelles.
Vigny.
Vignerolles.
Villebrain.
Villemantuy ou Villemotoir.
Ville-neuve, paroiffe de Reffons-le-long.
Ville-neuve, paroiffe d'Auger-Saint-Vincent.
Ville-neuve près Thury.
Villers-Cotteretz, ville & Maifon Royale.
Villers-emmi-lès-champs.
Villers-la-foffe.
Villers-le-Hellon.
Villers en Prayers.
Villers-le-petit.
Villers-les-portez, paroiffe de Cuvergnon.
Villers S. Geneft.
Villerfeaux ou Villarfaux.
Villomé.
Ville-favoye.
Violaine près Charentigny.
Violaine-fous-Long-pont.
Violaine près Louatre.
Virly, paroiffe de Jouagnes.
Virginettes, ferme.
Vifigneux.
Viviers.
Vic-fur-Aifne.
Vauciennes.
Vouty.
Walu.

SECONDE PARTIE.

Notice des six Châtellenies du Duché de Valois.

Les dépendances actuelles de ce Duché formoient deux pays ou Comtés, sous les Rois de la seconde race. Le pays de Valois *pagus Vadisus* comprenoit les Châtellenies de Crépy, de Verberie & de Pierrefonds en grande partie ; le pays d'Orceois *pagus Urcisus* renfermoit Ouchy capitale, & une partie de sa Châtellenie, la Ferté-Milon, qu'on nommoit Ferté en Orceois, Neuilly-Saint-Front qu'on appelloit Neuilly en Orceois.

Depuis trois & quatre siécles, le Valois propre se divise en six Châtellenies, dont chacune a un ressort & un chef-lieu, qui en est comme la capitale. Chaque Châtellenie porte le nom de son chef-lieu. On les range ordinairement dans cet ordre : Crépy, la Ferté-Milon, Pierrefonds, Verberie ou Béthizy, Ouchy & Neuilly. Cette distribution est marquée sur la Carte.

Le sujet demande, que nous donnions une notice complette de ces six Châtellenies, de leur territoires & des endroits remarquables qu'elles renferment, les noms de tous les lieux qui forment chaque ressort. Cette description contiendra six articles.

Article Premier.

Châtellenie de Crépy.

Les lieux notables de ce ressort sont, Crépy capitale de tout le Duché de Valois, Villers-Cotteretz, Nanteuil-le-Haudouin, avec quelques autres qui sont seulement remarquables par leur ancienneté, comme Vez, premiere capitale, qui n'est plus présentement qu'un village, May ou Mail en Multien, Largny, Boneuil, Chavercy, &c.

La ville de Crépy est située à quatorze lieues au Nord-Est de Paris,

ris, à sept lieues au Nord de Meaux, à neuf ou environ de Soissons, à cinq de Senlis & de Compiegne. Le nom latin de Crépy est *Crispeium*. Elle est du Diocese de Senlis & de la Généralité de Soissons. Il y a Présidial & Bailliage, Election, Grenier à sel, Echevinage & Gruerie. Le Bailliage & l'Echevinage sont deux Jurisdictions très-anciennes. Le Présidial a été créé par Louis XIII en 1638, à la sollicitation de Gaston son frere, qui étoit pour lors Duc de Valois. Ce Présidial devoit s'étendre sur le ressort des six Châtellenies du Duché. L'Election comprend, la Ferté-Milon, Villers-Cotteretz, Pierrefonds, Nanteuil-le-Haudouin, & quatre-vingt-treize villages situés aux environs de ces lieux. La Jurisdiction du Grenier à sel est étendue. L'Echevinage ou Corps de Ville est composé d'un Maire, de deux Echevins, & d'un Receveur qu'on nomme Argentier. Les Echevins étoient autrefois au nombre de quatre. La Mairie de Crépy est l'une des premieres du Royaume, suivant Chopin.

La seigneurie de cette ville a toujours appartenu au Roi, ou à des Grands du premier ordre, depuis le neuviéme siécle jusqu'à nos jours. Ses premiers possesseurs connus prenoient la qualité de Comtes, & étoient issus du sang de Charlemagne. Les Comtes de Vexin leur succéderent & établirent à Crépy leur résidence, depuis 920 ou 930, jusqu'environ l'an 980. Cette ville passa avec ses dépendances aux Comtes de Vermandois, après la retraite de Simon de Crépy dans un Monastere. Hugues le Grand, frere de Philippe I, la posséda. Il y fit sa résidence ainsi que ses descendans, jusqu'à la mort de la Comtesse Eléonore en 1214.

Nous ne donnerons pas la suite chronologique de tous les Seigneurs de Crépy. Cette suite est la même que celle des Princes, qui ont tenu toute la province en apanage. Les anciens Comtes de Crépy avoient pour Gouverneur un Officier, auquel on donnoit le nom de Burgare. Cette charge subsista jusqu'à l'an 1284; elle fut changée alors en celle de Capitaine, qui existe encore, & qui a toujours été possédée par des personnes de la premiere distinction, conjointement avec l'office de Gouverneur & de grand Bailly.

On compte dans Crépy trois paroisses, Sainte Agathe, S. Denys & S. Thomas; deux Collégiales de Chanoines, S. Aubin & S. Thomas; un grand & ancien Couvent de Clunistes réformés sous le nom de S. Arnoul, & un autre de Capucins; un Prieuré de Bénédictines sous le

titre de S. Michel, une Communauté d'Urſulines, qui procurent l'inſ-
truction gratuite des filles, un College où l'on enſeigne les humanités : les
Religieux de S. Arnoul tiennent chez eux, un cours de philoſophie &
de théologie, où ils admettent les étudians qui ont fini leurs humanités.

Outre les Juriſdictions dont j'ai parlé, Crépy eſt la réſidence d'un
Subdélégué de l'Intendant de Soiſſons, de deux Receveurs des Tailles,
d'un Prevôt des Maréchaux. Il ſeroit à déſirer, que cette derniere place
qui vaque depuis pluſieurs années fut remplie, & que la Maréchauſſée fut
rétablie. Crépy a produit pluſieurs hommes illuſtres. Le Juriſconſulte
Laurent Bouchel eſt le plus connu. Albin des Avenelles, Poëte François
du ſeiziéme ſiécle, tiroit ſon origine de Crépy.

On tient dans cette ville deux foires par an, le ſecond Lundi de carême,
& le lendemain des morts, un marché-franc le premier Mercredi de
chaque mois, & trois marchés ordinaires par ſemaine, le Mercredi, le
Vendredi & le Samedi. La Compagnie de l'arquebuſe a pour ſymbole
un pourceau.

Il y avoit autrefois dans Crépy trois ſeigneuries, qui préſentement n'en
font qu'une, le donjon, le château & la ville, appartenant chacune à
différens poſſeſſeurs. La ville actuelle eſt renfermée dans l'enceinte du
château des Comtes de Vexin. L'ancienne ville occupoit la plaine, qui
s'étend juſqu'à Duvy. Elle fut entiérement détruite par les Anglois en
1431. Les armes de la ville de Crépy ſont d'argent au tigre de Sable :
elles ſont ordinairement briſées d'azur à trois fleurs de lys d'or en chef
poſées de ſuite. La ville eſt environnée d'un cours planté d'arbres, &
de promenades agréables. La place publique eſt grande & dégagée. Il
y a cinq portes & une ſixiéme qu'on a condamnée, qui conduiſoit dans
l'intérieur du donjon. Le fauxbourg de S. Thomas où eſt ſituée l'Egliſe
Collégiale de ce nom, eſt très-peuplé.

Le commerce de la ville conſiſte en mégiſſerie, friperie, toiles, &
bled. Il y avoit ci-devant une manufacture de gros drap, qui n'exiſte
plus. On y a établi depuis peu une manufacture de fayance, qui ſe ſou-
tient avec ſuccès. Les Taillandiers de Crépy ont été renommés. Le commerce des chevaux y eſt entretenu par pluſieurs marchands. Celui du
bled eſt tombé. Il nous a paru, que l'établiſſement le plus convenable
à la ſituation de Crépy, aux productions naturelles du canton, ſeroit
une manufacture de toile & une corderie; l'Etat & les particuliers y
gagneroient. Les habitans ſont laborieux, d'un eſprit naturel & ſociable.

Vez. Ce nom de lieu est figuré en lettres majuscules sur la Carte, quoique ce ne soit qu'un village, du Diocese de Soissons, du Bailliage & de l'Election de Crépy. Il est situé sur la gauche du chemin, qui conduit de Crépy à Villers-Cotteretz. Cet endroit n'est remarquable que par un premier château fort vaste, ou résidoit le Comte ou Gouverneur du pays de Valois, sous les deux premieres races. C'est au sujet de cette résidence, que les anciens monumens nomment cet endroit capitale du canton; il n'y a jamais eu de ville à Vez. Son nom latin *Vadum* a été l'origine de celui de Valois. Son titre de capitale a passé à Crépy, sous les premiers Rois de la troisiéme race.

Le second château de Vez a été rebâti sur les fondemens du premier, au commencement du treiziéme siécle, par un Seigneur nommé Raoul d'Etrées, auquel le Roi Philippe Auguste en céda le domaine. Ce château est défendu d'un côté par une vallée profonde, où passe l'un des ruisseaux qui forment plus loin la riviere d'Autonne. Son entrée est contigue à une plaine, qui confine avec les territoires de Largny & de Villers-Cotteretz. On y ajouta sous le regne de Charles VI, la grosse tour qu'on découvre de loin. Ce château à soutenu plusieurs siéges.

Villers-Cotteretz, est un bourg peuplé, bien bâti & très-passant; les Géographes lui donnent le nom de ville. Il est situé sur le grand chemin de Paris à Soissons & à Reims; à dix-sept lieues de Paris, & à six de Soissons, à trois lieues de Crépy, à douze ou treize de Laon. Il dépend du Diocese de Soissons, du Bailliage & de l'Election de Crépy.

Les Chartes latines le nomment, *Villare ad Collum*, ou *ad caudam Resti*. Il n'y a qu'une paroisse, sous le titre de S. Nicolas, desservie par des Prémontrés. Ces Religieux y ont été transférés de l'Abbaye de Clairfontaine en 1676. Le Supérieur de la Communauté prend la qualité d'Abbé. La Maison de S. Remy, actuellement occupée par des Religieuses, a été pendant huit siécles un Prieuré de Bénédictins, sous le nom de S. Georges. Ces Religieuses sont gouvernées par une Abbesse. Elles furent transférées de Senlis au Prieuré de S. Georges, en 1622. L'ancien bourg de Villers étoit distribué autour du Prieuré de S. Georges; le bourg actuel en est séparé. Il y a aussi à Villers-Cotteretz un Hôtel-Dieu pour les malades.

La seigneurie appartenoit ordinairement aux Comtes de Crépy, aux Seigneurs de Nanteuil, & aux Moines de S. Georges. Le Roi S. Louis réunit la plupart des fiefs du territoire en un seul domaine, dont il établit le siége au château de la Male-maison.

Le château actuel a été bâti par le Roi François I, c'est l'une des plus vastes maisons de plaisance qui soient en France, la plus agréable & la plus commode pour le plaisir de la chasse. La forêt de Retz lui sert de parc. Depuis François I ce château a toujours été occupé, ou par nos Rois, ou par les Princes du Sang, qui ont eu le Valois en apanage. Monseigneur le Duc d'Orléans y a ajouté des embellissemens. L'eau étoit rare, il y a fait conduire des sources des lieux voisins. Villers-Cotteretz doit être considéré comme le chef-lieu de toute la forêt. Il renferme trois Jurisdictions, une Maîtrise, une Capitainerie des chasses, & une Prevôté Royale, qui a succédé à un Bailliage qu'on y avoit établi en 1703. Ce lieu est aussi la résidence d'un Subdélégué de l'Intendant de Soissons, & d'une Maréchaussée. Le Capitaine des chasses est ordinairement gouverneur du château. On compte dans Villers-Cotteretz six ménestriers, dont le chef est pourvu de provisions. Il prend la qualité de Lieutenant général des violons du Duché de Valois, & a un droit d'inspection, sur tous les ménestriers des six Châtellenies.

Le château & le bourg sont contigus à une vaste & belle plaine, plus saine & plus dégagée que la plûpart des grandes maisons Royales, où le voisinage des rivieres, & des eaux occasionnent des brouillards fréquens & mal-sains, sur-tout pendant la saison de l'Automne.

Le commerce de ce lieu consiste principalement, dans le débit des subsistances nécessaires à l'entretien des auberges, qui y sont en grand nombre, à cause du passage des voitures publiques. Les séjours du Prince sont aussi fort avantageux à la vente des denrées. Il y a eu pendant quelque temps une manufacture de fayance, qui n'a pas réussi. Il a été un temps, où le commerce de boissellerie & de layeterie étoit florissant à Villers-Cotteretz : on y fabriquoit aussi de la sabotterie & des pelles de bois. Il seroit à désirer pour l'utilité publique, qu'on y ranimât ce commerce. Le public en tireroit des effets meilleurs & à plus bas prix, que ceux qu'on vend ailleurs.

Boneuil, est une ancienne Maison Royale, située au Nord-Ouest de Villers-Cotteretz & de Vez. Il y avoit anciennement une Prevôté, qui a été abolie. Boneuil n'est plus qu'un village peu nombreux.

Nanteuil-le-Haudouin, est après Villers-Cotteretz la principale dépendance de la Châtellenie de Crépy. Il est placé sur la même grande route, qui passe à Villers-Cotteretz & qui conduit de Paris à Soissons, c'est le milieu du chemin, à onze lieues environ de l'une & de l'autre ville. Nanteuil est du Diocese de Meaux, du Bailliage & de l'Election de Crépy, d'où il est éloigné de trois à quatre lieues. Il n'y a dans Nanteuil qu'une seule paroisse, sous le titre de S. Pierre ; un ancien Prieuré de Bénédictins de la réforme de Cluny, sous le titre de Notre-Dame ; un Hôtel-Dieu fondé au treiziéme siécle par les Seigneurs du lieu, avec une Chapelle.

La seigneurie de Nanteuil remonte jusqu'aux premiers temps de notre Monarchie. Elle fut possédée en premier lieu par un Franc de la suite de Clovis, & transmise par droit d'hérédité à S. Walbert, qui vivoit au septiéme siécle. Cette terre fut ensuite partagée, entre les Moines de Luxeuil & les Comtes de Ponthieu. Hilduin Comte de Breteuil, la possédoit presque toute entiere en l'an 1000. Il la donna en dot à une de ses filles, qu'il accorda aux recherches de Raoul II, fils de Gautier Comte de Crépy.

Raoul fut Seigneur de Crépy & de Nanteuil, après la mort de son pere. Il eut deux fils. Il donna la terre de Nanteuil au second, nommé Thibaud. Les descendans de Thibaud posséderent Nanteuil jusqu'en 1300. Cette terre vint ensuite au pouvoir des Seigneurs de Pacy, de Broyes, de Lenoncourt, de Guise, de Schomberg & d'Estrées. M. le Prince de Condé est présentement Seigneur de Nanteuil, par acquisition.

Le château de Nanteuil est grand, spacieux & bien bâti. Il est le chef-lieu d'un arrondissement dressé en 1543, lorsqu'il fut question d'ériger la terre en Comté, en faveur d'un Seigneur de Lenoncourt. Les dépendances utiles de ce domaine sont nombreuses.

On peut compter deux Jurisdictions dans Nanteuil, la haute-Justice & le siége de la Gruerie de Valois, dont les audiences se tiennent plus souvent qu'à Crépy, parce que le Seigneur de Nanteuil jouit de tout l'utile de cette Gruerie. Ce siége est tenu par deux Juges & par deux Procureurs seigneuriaux ; l'un royal, l'autre subalterne. Les bois de la Gruerie de Nanteuil, qu'on nomme aussi Gruerie de Valois, sont situés entre Nanteuil & Crépy.

Le principal commerce du lieu consiste en bled, que l'on enleve pour la provision de Paris. Le marché de Nanteuil est l'un des plus forts de la province. Il y a dans Nanteuil comme à Villers-Cotteretz beaucoup d'auberges : la plûpart des voitures publiques, qui partent de Paris, prennent gîte à Nanteuil. Le nom latin de ce lieu eſt *Nantolium*.

La Châtellenie de Crépy s'étend au Midi, ſur deux portions de pays dont l'une eſt appellée lès-Gombries, l'autre le Multien. Nanteuil eſt comme la capitale des Gombries; trois villages de ſon voiſinage conſervent encore cette dénomination ; Boiſſy, Frénoy & Péroy-lès-Gombries.

Quant au Multien, la Châtellenie de Crépy n'en comprend que la partie Septentrionale ; le reſte appartient à Meaux. Mail ou May en Multien, Roſoy & Acy en Multien, avec le château de Gêvres & le hameau de Retz près d'Acy, dépendent du Valois.

MAIL, MALL ou MAY, en latin *Mallum*, eſt un lieu remarquable. Son château eſt l'un des plus anciens du Royaume. Il y avoit ſous les Rois de la premiere & de la ſeconde race, un champ de Mars ſitué devant une place d'armes, où ces Princes tenoient les aſſemblées générales de la nation. Le ſiége de la Gruerie de Valois a été long-temps tenu dans cette plaine, à laquelle on donne aujourd'hui le nom de Jarrion. May eſt ſitué à l'Occident du château de Gêvres, ſur une hauteur. Ce lieu eſt une paroiſſe. Il a été érigé en Châtellenie par Henry IV, en faveur d'un Seigneur de la Maiſon de Gêvres.

ACY en Multien, eſt un bourg ; nous en donnerons une notice étendue dans cette Hiſtoire. C'eſt l'un des trois lieux, où les Gruyers de Valois tenoient, le Mardi de chaque ſemaine, leurs audiences ordinaires, près la fontaine qui eſt en face de l'Egliſe. Ils ſiégeoient le Jeudi à Nanteuil & le Samedi à Crépy. Le hameau de Retz, qui a donné ſon nom à toute la forêt, eſt contigu au bourg d'Acy du côté d'Occident. Il y avoit ſous Charlemagne une Abbaye, à l'endroit ou eſt préſentement la Chapelle.

Acy, May & les lieux voiſins, ſont du Dioceſe de Meaux & du Bailliage de Crépy.

La Châtellenie & le Bailliage particulier de Crépy comprenoient anciennement la ville de Beaumont-ſur-Oiſe & ſes dépendances.

Chavercy & la Houatte ſont deux endroits qui ont été renommés, & dont on trouve à peine actuellement quelques veſtiges. Chavercy qui n'eſt plus qu'un hameau de ſept à huit maiſons, ſur la gauche du chemin qui conduit de Crépy à Verberie, a été remarquable pendant cinq à six siécles, par un fort château d'une grande magnificence. On en attribue la fondation à Oger surnommé le Danois, l'un des favoris de Charlemagne.

La Houatte est présentement une ferme, entre Ducy & Rully, à six cens soixante toises au Midi de ce dernier lieu. On voit dans la cour un pan de pignon, qui est un reste d'un ancien château appellé dans les écrits des douziéme & treiziéme siécles, la Grange S. Arnoul. Cet endroit est remarquable, pour avoir été le rendez-vous d'un Congrès, dans lequel le Roi Philippe Auguste devoit terminer ses différens avec Philippe d'Alsace Comte de Flandres, touchant les Comtés de Vermandois & de Valois.

Cette même Châtellenie comprend aussi dans son ressort, dix-sept Mairies, qui sont Bargny, célebre Maison Royale souvent citée dans nos chroniques sous le nom de *Brinnacum*; Mornienval, Largny, Feigneux, Orouy, Vauciennes, Demeville, Viviers, Damleu, Pisseleu, Coyoles, Pondront, Russy, Haramont, Gilocourt, Oger-Saint-Vincent & Boneuil.

Elle contenoit autrefois soixante & douze fiefs nobles, qui donnoient chacun à son possesseur, le droit de siéger aux plaids ou assises de Crépy. On choisissoit ordinairement pour rendre la justice, les quatorze anciens.

Les lieux titrés de cette premiere Châtellenie sont, le Duché de Tresmes ou de Gêvres; les deux Comtés de Nanteuil & de Levignen; les deux Châtellenies particulieres du Parc-aux-Dames & de May en Multien; les Abbayes d'hommes de Villers-Cotteretz & de Lieu-restauré, ordre de Prémontrés; les Prieurés de S. Arnoul de Crépy & de Notre-Dame de Nanteuil; les Abbayes de femmes de S. Remy de Villers-Cotteretz, de Mornienval, & du Parc-aux-Dames, le Prieuré de Long-prez, & un grand nombre d'autres bénéfices claustraux ou commendataires.

Ce détail doit donner une idée distinguée du ressort, dont nous venons de faire la description. Voici par ordre alphabétique, les noms de tous les lieux de cette Châtellenie.

Lieux de la Châtellenie de Crépy.

A
Acy en Multien.
Anthilly.
Auberval ou le Berval, paroiſſe de Boneuil.
Auger ou Oger-Saint-Mard.
Auger-Saint-Vincent.

B
Bargny.
Bazoches près Duvy.
Beauvau ou Beauvoir, près Orouy.
Bellival.
Beſmont.
Bétancourt.
Betz.
Boiſly-lès-Gombries.
Boneuil & les butes.
Bouillant.
Bouillancy.
Boulars.
Braſſoire.
Buy, près Mornienval.

C
Chapelle aux Auvergnats, paroiſſe de Vauciennes.
Chaumont, paroiſſe d'Oger-Saint-Vincent.
Chavercy, paroiſſe de Trumilly.
Chavres.
Chelles-Sainte-Baubourg, uni au Duché de Valois.
Charly, par augmentation du Bailliage.
Cheſnoy ſous May.
Chevreville.
Clos Bernard, paroiſſe de Roſieres.
Coyoles.
Cuveret, près Chavres.
Cuvergnon.

D
Damars.
Damleu.
Demeville.
Droiſelles.
Ducy ou Drucy, paroiſſe de Trumilly.
Duvy.

E
Elincourt, paroiſſe de Mornienval.
Eluats (les).
Eſchancu.
Eſtavigny.
Eſtrepilly.

F
Feigneux.
Folie, paroiſſe de Levignen.
Fontenelle ou Fontenay, paroiſſe de Vez.
Foſſe (la), paroiſſe de Mornienval.
Foſſemont.
Foſſés (les), paroiſſe de Haramont.
Four d'enhaut Four d'enbas à Mornienval.
Freſnoy-lès-Gombries.
Freſnoy-le-Luat.
Freſnoy-la-riviere.

G
Germaincourt, paroiſſe de Cuvergnon.
Gereſme près Crépy.
Gigny près Trumilly.
Gilocourt.
Gironval ou l'Aventure, paroiſſe de Roſieres.

DU DUCHÉ DE VALOIS.

Rosieres.
Gondreville.
Grand-champ, paroisse de Cuvergnon.
Grange (la) Clergie, paroisse d'Antilly.
Grange (la) l'Abbesse, paroisse de Mornienval.
Grange (la) au Mont, paroisse de Mornienval.
Grange (la) Saint-Faron, paroisse d'Estavigny.
Grimancourt.

H

Haramont.
Haudrival, paroisse de Feigneux.
Hautavesne, paroisse de Boneuil.

I

Ivort.

L

Lanval, paroisse de Boneuil.
Largny.
Lespine, paroisse de Viviers.
Lessart, paroisse de Mornienval.
Lessart, paroisse de Viviers.
Levignen, Comté.
Lieu-restauré, Abbaye de Prémontrés.
Longavenne, paroisse de Viviers.
Long-prez, Couvent de Fontevrault.
Le Luat.

M

Magneval, paroisse de Serry.
Maneuvre.
Maqueline.
Marnoue-lès-Moines.
May en Multien, & dépendances.
Meremont, grand & petit.
Migny, paroisse de May en Multien.

Montigny-Russy.
Morucourt ou Morecourt.

N

Nanteuil-le-Haudouin, Comté
Neuilly ou Nully, paroisse de Rocquemont.
Noue.

O

Ognes.
Ormois-le-Davien.
Ormois-emmi-les-champs.
Orouy.

P

Pierrefitte.
Pisseleu.
Plessis-au-bois.
Plessis-le-Bougre, ou Plessis-sous-Cuvergnon.
Plessis-Bouillancy.
Plessis-Cornefroy, paroisse de Trumilly.
Plessis-Placy.
Pontdron.
Proy-lès-Gombries.

R

Rieux-sous-May.
Roquigny.
Rosieres & la montagne.
Rozoy en Multien.
Rouville.
Rouvres en Multien.
Russy.

S

Saint-Clément.
S. Germain près Crépy.
S. Oyen près Estavigny.
S. Samson.

d

Sennevierres.
Sery.

T

Tuillerie (la), paroisse de Mornienval.
Tournelle (la), paroisse de Cuvergnon.
Tresmes ou Gêvres, Duché.
Trumilly.

V

Vache-à-laise (la), paroisse de Mornienval.
Varinfroy.
Vauciennes ou Vouciennes.
Waru, paroisse de Bétancourt.
Vaumoise.
Vautier-voisin.
Walu, paroisse de Vez.
Verneilles-sous-May.
Vez.
Ville-neuve, paroisse d'Auger-Saint-Vincent.
Villers-Cotteretz, ville & Maison Royale.
Villers-emmi-lès-champs.
Villers-les-portez, paroisse de Cuvergnon.
Villers S. Genest.
Virginettes, ferme.

En tout, cent trente-sept lieux.

Article II.

Châtellenie de la Ferté-Milon.

La ville de la Ferté-Milon est le seul lieu notable de son ressort. Elle tient dans le Valois le premier rang après Crépy, dont elle est éloignée de quatre lieues. Elle est à quinze lieues de Paris, & à quinze de Reims, à sept de Meaux & de Soissons, sur le chemin militaire qui conduit d'une ville à l'autre : elle est du Diocese & de la Généralité de Soissons & de l'Election de Crépy.

On la divise en trois parties qui sont, le château, la ville & la chaussée. La haute-ville est séparée de la chaussée, par la riviere d'Ourcq. Il y a deux Eglises paroissiales pour la ville, Notre-Dame & S. Vast, & une troisiéme sous le titre de S. Nicolas, pour la chaussée, qui réunit les dépendances de deux autres Eglises présentement détruites ; S. Pierre de Charcy & Notre-Dame du bourg. On voit encore à la chaussée une Eglise de la Magdelaine, qui est interdite : sa bâtisse est du onziéme siécle. Elle étoit le titre d'un Prieuré de Bénédictins, lequel est présentement réuni à S. Faron de Meaux. La Collégiale & la Maison du Prieuré de S. Vulgis, dont il sera souvent parlé dans cet Ouvrage, ne subsistent plus.

Ils ont été démolis, l'un & l'autre ; le titre & les biens sont réunis à l'Abbaye de S. Jean-lès-Vignes de Soissons. L'Eglise de Notre-Dame a été bâtie des débris de celle de S. Vulgis. On voyoit encore au commencement de ce siécle au-dessous de Notre-Dame, une partie de la maison, que les Templiers occupoient à la Ferté-Milon, avant leur destruction. Les biens de cette Communauté sont réunis à la Chartreuse de Bourg-fontaine.

Il y avoit aussi à la Ferté-Milon une Maladerie, qui a été changée au dernier siécle, en un Prieuré de cinq Religieux de Cîteaux. L'Eglise & la Maison conservent encore le nom de S. Lazare. L'Hôpital a été occupé à peu près dans le même temps, par une Communauté de Religieuses Cordelieres, sous le titre de S. Michel. L'Hôtel-Dieu est desservi par des Sœurs de l'Enfant-Jesus de Soissons.

On compte dans la Ferté-Milon deux Jurisdictions, une Prevôté Royale & Châtelaine, & un Grenier à sel. La Prevôté comprend en premiere instance les lieux voisins de Chouy & dépendances, Lyonval, la Loge-tristan, les Esdroles, Marisy, Noroy, S. Quentin, Villers-le-petit, autrefois Maucreux. Cette Prevôté a été substituée en 1703, à un Bailliage particulier.

Le Grenier à sel est l'un des plus anciens du Royaume. Le Corps de Ville est composé d'un Maire & de deux Echevins. Le Collége fondé en 1719, est tenu par un Ecclésiastique séculier. La Compagnie d'Arquebuse a été rétablie en 1751. La Ferté-Milon est aussi la résidence d'un Subdélégué de la Généralité de Soissons.

La haute ville, lorsqu'on la considere du côteau opposé, paroît bâtie en amphithéâtre. Elle est entourée de fortes murailles qu'on néglige. Elle a quatre portes anciennes & une cinquiéme qu'on a percée depuis peu, & qui conduit au chemin de Paris. Les armes de la Ferté-Milon sont d'azur, à la salamandre couronnée & environnée de flammes : devise *nutrisco* & *extringuo*.

Le nom latin de cette ville est *Firmitas*, comme qui diroit forteresse. *Milon* est le nom d'un Seigneur, qui l'a renouvellée. On peut rapporter la premiere origine de la ville & de la forteresse, au neuviéme siécle ; elle demeura près de 100 ans, au pouvoir de quelques Seigneurs particuliers, qui en transmirent la propriété aux Comtes de Crépy. Depuis ce temps jusqu'à nos jours, la Ferté-Milon n'a pas cessé d'appartenir aux

Seigneurs de Crépy & du Valois. La Justice même y a toujours été rendue en leur nom.

Louis de France, premier Duc de Valois, fit rebâtir le château en grande partie, dans un goût noble & majestueux. On en voit encore de superbes restes. Henry IV le fit démolir en 1594, parce que le Commandant avoit soutenu contre son armée un long siége, que ce Prince avoit été obligé de lever.

Depuis la mort du Duc d'Orléans frere du Roi Charles VI, jusqu'en 1694, la seigneurie du lieu fut presque toujours possédée par des Engagistes; les Princes d'Orange en premier lieu, les Beaunes en second. Elle appartient aux Ducs de Valois, depuis les dernieres années du siécle passé.

La ville de la Ferté-Milon a donné naissance au grand Racine. L'inimitable la Fontaine épousa en ce même lieu Marie Héricard, fille du Lieutenant particulier. Le pere de M. Dupin, célebre Auteur Ecclésiastique, étoit né & avoit été domicilié à la Ferté-Milon.

Le commerce principal de ce lieu doit nécessairement consister dans un détail de toutes sortes de denrées, à cause du passage presque continuel des troupes; aussi la ville est elle remplie de petits marchands. Il y avoit au commencement de ce siécle un gros commerce de tannerie, lequel est présentement diminué. Nous estimons, qu'à cause de la proximité de la forêt & de la riviere d'Ourcq, il seroit très avantageux de ranimer ces fabriques. Le ru de Saviere étant rendu navigable, seroit une nouvelle source d'avantages. On pourroit y former un port, où tous les bleds du Soissonnois arriveroient, pour être ensuite transportés à Paris par la Marne. On fabrique à la Ferté-Milon beaucoup de toiles de ménage : la blancherie pour ces toiles est en réputation. Comme la riviere d'Ourcq est sujette à des réparations fréquentes, le Prince entretient à la Ferté-Milon un Ingénieur, qui est chargé d'y veiller.

Les lieux remarquables de cette Châtellenie sont, Maucreux, terre agréable, la seigneurie Châtelaine de Pacy en Valois, les deux Marisys, Louatre & Louvry, ancienne terre ornée originairement d'un château, d'une Collégiale & d'un bourg, dont on retrouve à peine actuellement quelques traces.

Cerfroid chef d'ordre des Mathurins, & la vaste Chartreuse de Bourgfontaine, sont deux établissemens de ce ressort. La Prevôté de Marisy

DU DUCHÉ DE VALOIS. xxix

est comptée parmi les premiers bénéfices commendataires du Diocèse de Soissons. Les Prieurés simples de Chézy en Orceois, & de Louvry appartiennent aux Bénédictins de S. Arnoul de Crépy. Le Prieuré d'Auteuil est présentement réuni au Séminaire de Soissons : Collinances, Prieuré de Fontevrault, est aussi compris dans cette Châtellenie.

Lieux de la Châtellenie de la Ferté-Milon.

A

Ancienville.
Auteuil.

B

Beauval près Fulaine.
Billemont.
Bourg, ferme & garde de l'étang de Bourg.
Borneville ou Bournonville.
Bourg-fontaine, Chartreuse.
Bourfonne, moitié.
Briqueterie (la), paroisse de Chézy.
Brumetz.
Bussieres.

C

Calvise, paroisse de Louatre.
Cartigny, paroisse de Coulon.
Cerfroid, chef d'ordre des Mathurins
Charcy.
Cheneloy, paroisse de Marify-Sainte-Geneviève.
Chenneviere près Fulaine.
Chézy en Orceois.
Chouy & dépendances.
Collinances, Prieuré de Fontevrault.
Coulomb ou Coulon.
Couture pasquette (la), & la vallée de Louatre.

D

Douy-la-ramée.

E

Edrolles (les), paroisse de Chouy.
Essarts (les), près Douy-la-ramée.

F

Faloise (la), paroisse de Louatre.
Fleury-Corcy.
Fulaine.

G

Germigny-sous-Coulon.
Grange (la), au bois, paroisse de Bruyeres.
Grange (la) Cœuvret, près Brumetz.
Grange (la) Coulon, paroisse de Coulon.
Grange (la) Genevroy.
Grange (la) Morel, paroisse de Marify-Sainte-Geneviève.
Grande (la) Maison près Ouchy.
Gros (le) Aunoy, paroisse de Fulaine.

H

Hautevenne près Bitry.
Herviliers, paroisse de Coulon.
Heurtebise, paroisse de Coulon.

Houillon, près Mareuil-la-Ferté.

Noroy.

L

La Loge-aux-bœufs, paroisse de Pacy.
La Loge-aux-sauvages, paroisse de Chouy.
La Loge-Tristan, paroisse de Chouy.
L'Eglantier près Bellimont.
Lionval, paroisse de Chouy.
Louatre & sa vallée.
Louvry.

M

Macogny, paroisse de Montron.
Marchais (les), paroisse de Coulon.
Mareuil-sur-Ourcq.
Marisy-Sainte-Geneviéve.
Marisy-Saint-Mard.
Marolles.
Marre (la), paroisse de Douy.
Maucreux.
Montemafroi, paroisse de ~~Chefy en Orcois~~ Damart
Montigny-la-Commanderie.
Montigny-Lallier.
Montoury, paroisse de Montron.
Montron.
Mosloy, près la Ferté-Milon.
Mosne.

N

Nadon.
Neufchelles, prétendu par Senlis.
Neuviviers.

P

Pacy en Valois.
Plessis-sur-Auteuil, prétendu par Senlis.
Préciamont, paroisse de Marolles.

R

Ramée (la) paroisse de Douy.
Reveil, ferme.
Riviere, paroisse de Mareuil.

S

Saint-Quentin-lès-Louvry, partie d'Ouchy.
S. Vulgis, fief à Haute-Vesne.

T

Thury.
Troesnes.

V

Vauparfond, paroisse de Marolles.
Ville-neuve près Thury.
Villers-le-petit.
Violaine près Louatre.

En tout quatre-vingt lieux.

Article III.

Châtellenie de Pierrefonds.

La Châtellenie de Pierrefonds est l'une des plus nobles, des plus anciennes, & la plus étendue de celles qui forment le Duché de Valois. Pierrefonds, chef-lieu de tout le ressort, est situé au milieu des bois, à l'extrémité Orientale de la forêt de Compiegne, au Nord de la haye l'Abbesse, à trois grandes lieues au Nord de Villers-Cotteretz & de Crépy, & à trois lieues Sud-Est de Compiegne. Son nom latin est *Petrafons*.

Pierrefonds n'a jamais été renommé que par la force de son château & par la puissance de ses Seigneurs. Il n'y passe ni grand chemin, ni riviere, qui puisse y procurer un commerce extérieur, lucratif. L'aspect du lieu & des ruines de la forteresse annonce la conduite & les desseins de ses premiers maîtres, qui seuls, loin de tout commerce, sans voisinage, retranchés sur des hauteurs & fortifiés dans leurs châteaux, faisoient la loi à toute la province, attaquoient leurs ennemis, en triomphoient, & réduisoient les plus puissans Seigneurs à la nécessité de les craindre, ou de rechercher leur alliance.

Les maisons qui composent la paroisse de Pierrefonds, sont dispersées, le bourg n'en est qu'une portion. Cette paroisse est du Diocese de Soissons, de l'Election de Crépy. La Prevôté Royale de ce lieu a été substituée à un Bailliage particulier, & supprimé en 1703. Les premieres instances de cette Prevôté sont nombreuses.

Il y a eu deux châteaux de Pierrefonds. Le premier étoit situé sur la montagne au-dessus du Prieuré, à l'endroit même où est présentement la ferme. Le second château est celui dont on voit encore de si beaux restes, sur une croupe de montagne au-dessus du bourg.

Le premier fut construit des débris d'une Maison Royale, placée vers l'endroit où est actuellement le Chêne-Herbelot. Cette maison est nommée *Casnum* dans les chroniques latines: on y a tenu des Parlemens & des assemblées de la nation, sous les Rois de la seconde race.

Ceux qui ont fait construire le premier château de Pierrefonds, étoient

Châtelains de cette Maison Royale. Ils le fortifierent, parce qu'ils vivoient dans des temps, où les Normands & les Factieux faisoient de grands ravages. Ils s'aquirent par leur valeur une réputation, qui s'étendit au loin. Tous les lieux de la Châtellenie & de l'Exemption de Pierrefonds, dont on trouvera le dénombrement ci-après, appartenoient alors à des possesseurs, qui trop foibles pour résister aux ennemis du dehors & du dedans, mirent leurs biens sous la sauve-garde de ces Seigneurs, dont les troupes surpassoient en nombre celles des premiers vassaux de la Couronne, & du Roi même. Cette puissance énorme, a duré près de deux siécles. L'Ancien château tomboit en ruine, lorsque Louis de France frere de Charles VI, fit construire la seconde forteresse, dont on voit encore une partie des murs. Ces restes méritent d'être vus ; l'édifice avant qu'il fut démantelé, passoit pour une merveille d'architecture. Nous en avons fait graver le plan visuel & géométral, dans le second volume de cet Ouvrage. Ce château fut assiégé & démantelé en 1617, par Charles de Valois fils naturel du Roi Charles IX.

On comptoit autrefois plusieurs Eglises sur le territoire de Pierrefonds, la Collégiale de S. Mesmes dans le premier château, celle de S. Jacques au second, un Prieuré de Bénédictins au bourg, sous le nom de S. Sulpice, & une paroisse. La Collégiale de S. Mesmes fut unie au Prieuré de S. Sulpice, après la destruction du château. Le Prieuré de S. Sulpice est présentement uni à la Cure de Chantilly. Les Canonicats de S. Jacques subsistent, les titulaires ne sont astreints qu'à un seul jour d'assistance pendant l'année : le vingt-cinq Juillet, ils s'assemblent & font l'office de S. Jacques, dans l'Eglise paroissiale, qui est présentement la même que celle de l'ancien Prieuré.

La Châtellenie de Pierrefonds différe des autres, en ce que son chef-lieu n'est plus, pour ainsi dire, qu'un désert, tandis qu'elle renferme dans son ressort les plus nobles & les plus belles dépendances. La Jurisdiction embrasse du côté d'Orient, le fauxbourg de Crise de Soissons, avec l'Abbaye de S. Jean-lès-Vignes ; elle comprend la Croix-Saint-Ouen, qui releve encore de Pierrefonds en premiere instance, avec la plus forte partie des deux vastes forêts de Compiegne & de Villers-Cotteretz, jusqu'à l'extrémité Méridionale de la forêt de Daule, & divers lieux par intervalle, jusqu'au Bourget près de Paris, ou l'hôtellerie du Moulinet d'or, & la plûpart des maisons du même côté, sont une dépendance

de

de Pierrefonds. La porte de Pierrefonds à Compiegne, avec les trois fiefs de la Seure, de la Tournelle & du Traveil, quelques portions de Venette & de Jaux, Rivecourt même & Canly, &c. relevent de cette même Jurifdiction.

L'Exemption de Pierrefonds a été formée fucceffivement. Les lieux qu'elle renferme, font des domaines d'Abbayes & de Communautés, qui obtinrent du Roi la permiffion de porter leurs caufes devant un Officier de Juftice établi à Compiegne, fous l'autorité du Bailly de Senlis, au lieu d'être jugés par le Prevôt ou par le Lieutenant de Pierrefonds.

Cette Châtellenie renferme les onze Mairies de Aconin près Soiffons, de Berzy, de Charentigny, de Cœuvres, Cutry, Pernant, Reffons-le-long, Arthefe ou S. Bandry, S. Etienne, Ambleny, Ploify.

La Pairie de Pierrefonds eft ancienne. Le nombre des fiefs qui donnoient ce droit, m'eft inconnu. Les premiers Seigneurs du lieu, étoient comme abfolus ; ils rendoient la Juftice eux-mêmes, ou par leurs Lieutenans.

Les lieux remarquables de cette Châtellenie font, le château de Martimont, Cœuvres, chef-lieu du Duché d'Etrées, le Marquifat de Fayel-Rucourt, la Baronie de Cramailles en partie, la Châtellenie particuliere de Viviers ; les terres de Berzy, de Villers-le-Hellon & d'Ambriés, qui font appellés Vicomtés dans les titres ; les Abbayes de S. Jean-lès-Vignes de Soiffons, chef d'ordre ; des Bernardins de Long-pont, des Prémontrés de Valfery près Villers-Cotteretz ; les Prieurés de S. Jean-au-bois, de S. Pierre-en-Chaftres ; ceux de Rivecourt, de S. Nicolas de Courfon, de Viviers, de Nadon, du Châtelet & de Pierrefonds. Ces quatre derniers bénéfices font fimples.

Le territoire de Pierrefonds n'eft diftingué, ni par fes productions, ni par fon commerce. Il y a dans le bourg toutes les femaines un marché, où l'on expofe les denrées néceffaires à la vie. En comptant les lieux titrés dont je viens de parler, les dépendances de la Châtellenie de Pierrefonds font au nombre de plus de cent quatre-vingt-dix. Voici la lifte alphabétique des lieux de ce reffort.

Lieux de la Châtellenie de Pierrefonds.

A

Aconin, près la riviere de Crife.
Ambleny.
Ambriés.
Abincourt.
Arcy en la campagne.
Ardres.
Attencourt.
Attichy, & dépendances.
Autebray.
Autrefches.

B

Baugy.
Banru.
Bazoches près Septmont.
Beaurepaire, paroiffe de Vierzy.
Bernay.
Bérogne & dépendances.
Berzy.
Befleu.
Bienville en partie.
Bierzy.
Billy-Venifel.
Bitry, & S. Pierre à Bitry.
Bourget près Paris, le moulinet & autres maifons.
Breuil-fous-Saconin.

C

Cabaret, paroiffe de Mornienval.
Canly près d'Arcy, en partie.
Champ-Baudon, près Pierrefonds.
Chapelle (la) mentard, paroiffe de Montgobert.
Charentigny, paroiffe de Villemontoire.
Châtelet (le).
Chaudieres (les).
Chaudun.
Chavigny-le-fort, près Coucy.
Chavigny-Saint-Léger.
Chazelles.
Chercy.
Chevrieres ou Civrieres.
Chevreufe.
Clairois près Compiegne, en partie.
Clamecy.
Cœuvres Duché, & la ferme du Murger.
Coudron.
Couloy.
Couloify.
Coupaville.
Courcelles.
Courmeilles ou Cormeilles.
Courtenfon, paroiffe de S. Bandry.
Courtil.
Courthieux.
Couveloy.
Cravençon.
Crife, Fauxbourg de Crife ou de S. André à Soiffons.
Crouftes près Nanteuil-fur-Marne.
Crouftoy ou Crotoy.
Croix-Saint-Ouen (la), & dépendances.
Cuffy ou Cuffies.
Cuife.
Cury, près Violaine.

D

Droissy ou Droifi.
Duifel.
Duifi.

E

Espagny

F

Faverolles.
Fayel (le).

Femy, paroisse d'Arcy-Sainte-Restitue.
Folie (la), paroisse de Pierrefonds.
Fontenoy-sur-Aisne.
Fontenoy, paroisse de Pierrefonds.
Foucrolles.

G

Genancourt.
Gorge (la), paroisse de Montigny-Langrain.
Grange (la), près Long-pont.
Grange (la), paroisse de Morsain.
Grange (la) au Vivier, paroisse de Long-pont.

H

Hancel, & dépendances.
Hartannes ou Artennes.
Hauterval, fief du grand & petit.
Haute-Fontaine.
Housseau ou Housses, près Arcy-Sainte-Restitue.

J

Javage & garde de l'étang de Javage.
Jaux en partie.
Jaulzy.

L

La Glan, près S. Pierre-ailes.
Latilly-sous-Berzy.
Laversine.
L'Eschelle paroisse de Berzy.
Longueil, près Duisy.
Long-pont, Abbaye de Bernardins.
Loupeignes.
Luceron.

M

Maison-blanche (la) près Vic-sur-Aisne.
Maison-neuve (la), près Chaudun.
Mambren, paroisse d'Amblegny.
Marcin ou Mersin.
Marival, paroisse de Roy S. Nicolas.
Martimont le haut & le bas.
Maupas, près Vaubuin.
Mercieres près la Croix-Saint-Ouen.
Mesnil (le), près Rivecourt.
Messenin (le).
Meux (le), en partie.
Millancourt.
Missy-au-bois.
Moinville près Ressons-le-long.
Monflan.
Montgobert.
Montigny-Langrain.
Mont-Sanpin.
Mont de Soissons.
Morembœuf, paroisse de Vierzy.
Morsain.
Morte-fontaine.
Motte (la), près de Cuise.
Motte (la), près Maupas.

N

Nanteuil-sur-Marne.
Nanteuil-sous-Muret, en partie.
Neuf-fontaine, près Pierrefonds.
Noyan.

O

Osly-Courtil.

P

Palesne, près Pierrefonds.
Pasly.
Pernant.
Pigeonville.
Plessis-Bitry.
Pommiers.
Pontarcher.

Pouy, paroisse de Montigny-Langrain.
Poulandon, fief dans Ressons.
Presles.
Puisieux près Soucy.

R.

Ressons-le-long en partie.
Retheuil.
Reuve.
Rivecourt.
Rosiers en Tardenois.
Roylet.
Roy-Saint-Nicolas.
Rucourt.

S.

Saconin.
Say, paroisse de Jaulzy.
S. Agnan, près Valsery.
S. Bandry.
S. Etienne.
Sainte Geneviéve.
S. Jean-lès-Vignes à Soissons.
S. Jean-au-bois, Prieuré.
S. Léger, paroisse d'Espagny.
S. Pierre-en-Chastres, Couvent de Célestins & dépendances.
Saponay ou Saponain.
Septmont.
Silly-la-potterie.
Soucy.

T.

Taille-Fontaine.
Tannieres.
Tartiers.
Thaux.
Thézy.

Thuillerie (la), paroisse de Montgobert.
Tigny.
Toizy.
Tour (la) d'Arcy.
Transloy (le).
Trosly-au-bois.
Trosly-Breuil.

V.

Vallée (la), près Banru.
Vallée (la) près Courthieux.
Vauberon, paroisse de Montigny-Langrain.
Vaubuin.
Vauresis.
Vaux-sous-Loupeignes.
Vaux-Saint-Nicolas.
Venizel.
Vermesselles.
Verte-feuilles, paroisse de S. Pierre-ailes.
Vichelles, paroisse de Chelles.
Vierzy.
Vignerolles.
Villebrain.
Villemantuy ou Villémontoir.
Ville-neuve, paroisse de Ressons-le-long.
Villers-la-fosse.
Villers-le-Hellon.
Villerseaux ou Villarsaux.
Violaine près Charentigny.
Violaine-sous-Long-pont.
Visigneux.
Viviers.
Vouty.

En tout, cent quatre-vingt-huit lieus.

DU DUCHÉ DE VALOIS.

Lieux de l'Exemption de Pierrefonds.

A

Ajeux (les), paroisse de Berneuil.
Ambien.
Annet, cense & maison.
Arbre-Jacquemart, paroisse d'Attichy.

B

Berneuil ou N. Dame de la joie.
Berny & Riviere.
Bonval.
Breuil près Trosly.

C

Caigny (le moulin de).
Chelles près Haute-fontaine, en partie.
Chemin (le), ferme.
Confrecourt.
Cuissy en Almont.
Cutry, moitié.

D

Drachi ou Dracy.

E

Evry, ou Comblancourt, paroisse de Morsain.

G

Grimperie (la) près Vic-sur-Aisne.

H

Harant (le Port d') & les Maisons.
Hiromesnil.
Hosly.
Houveront.

L

Leschaffaux.
Lucy-le-Bocage.

M

Malvoisine (la).
Marenval.
Margosset.
Mont-Berneuil.

O

Ors.
Outre-braye.

P

Puissaleine.

Q

Quenneviere ou Cheneviere, dans la forêt de Laigue.

R

Romens.

S

Sacy.
S. Christophe à Berry.
Sous-le-mont, paroisse de Taille-Fontaine.

T

Tracy-le-mont, en partie.
Tuisy près Vic-sur-Aisne.

V

Vaux-sous-Confrecourt.

En tout, trente-huit lieux.

Article IV.

Châtellenie de Béthizy & Verberie.

CEtte Châtellenie renferme deux chefs-lieux, parce que le siége de sa Jurisdiction a été tantôt partagé entre ces deux lieux, tantôt transféré d'un endroit à l'autre. Le siége fut établi d'abord à Verberie, puis à Béthizy. Il a été nouvellement fixé à Verberie. Ce dernier lieu est une ancienne Maison de plaisance de nos Rois, & un bourg peuplé : Béthizy a été une forteresse, autour de laquelle s'est formé un bourg, qui est présentement détruit en partie.

VERBERIE. Les Géographes le nomment, tantôt ville, tantôt bourg. Il est situé sur le grand chemin de Paris à S. Quentin, entre Senlis & Compiegne, à quatorze lieues de Paris, à quatre de Senlis, trois de Crépy, deux de Pont. Verberie est du Diocese de Soissons, de la Généralité de Paris, du Bailliage de Valois, Election de Compiegne, Maîtrise de Villers-Cotteretz. Son nom latin est *Vermeriæ* ou *Verberiæ*.

On Compte à Verberie trois paroisses, deux dehors, S. Vast & S. Germain, & une sous le titre de S. Pierre, de laquelle dépend l'intérieur du bourg. Il y a une Ministrerie de Mathurins, établie dans l'Hôpital du lieu en 1206, sous le titre de S. Nicolas, & une autre Eglise de Notre-Dame, fondée vers l'an 1340. La Maladerie a été démolie depuis la réunion de ses biens à l'Hôtel-Dieu en 1693. Les Ecoles des filles sont tenues par deux Sœurs de l'Enfant-Jesus de Soissons. La ferme de Fay étoit autrefois un Monastere, occupé par des Bernardins de l'Abbaye de Châlis.

La seigneurie de Verberie étoit originairement un domaine du Fisc. Ce domaine a toujours appartenu au Roi ou à des Princes qui l'ont tenu d'eux en apanage, comme membre du Duché de Valois. On ignore le temps de la fondation du premier château. L'Empereur Charlemagne le fit rebâtir dans un goût vaste & magnifique, vers l'an 808. Tous les lieux de la Châtellenie actuelle étoient comme autant de dépendances ou d'accessoires de ce château.

Nos Rois firent au château de Verberie des voyages réglés, depuis la fin de la premiere race, jufqu'au regne de Charles VI. Il s'y eft tenu cinq Conciles provinciaux, un grand nombre de Parlemens, & beaucoup de Confeils, où furent redigées diverfes Ordonnances qui en font datées. Les Normands commencerent à le dégrader; il fut prefqu'entiérement confumé par les flammes, au quinziéme fiécle.

Ce château avoit parmi fes dépendances un *Prædium*, aujourd'hui S. Corneille; efpéce d'hôtel, qui étoit la réfidence & le fiége du Châtelain. Ce fiége fut transféré à Béthizy, après que la forterefse eut été conftruite, par les foins de la Reine Conftance, vers la fin du regne de Robert, avant l'an 1040. Tant que le Bailliage particulier de la Châtellenie fubfifta, le Lieutenant faifoit fa réfidence à Béthizy, & le Prevôt à Verberie. Les audiences en temps de paix étoient alternatives entre les deux lieux.

Le bourg a été environné de murs, fous le regne de François I: on y comptoit cinq portes au commencement de ce fiécle. On remarque à côté de Verberie, trois Maifons principales; le château d'Aramont, le fief de S. Corneille ou de la Tour, où il y a une fource d'eaux minérales vitrioliques, & la maifon de Capy. Verberie a produit deux hommes illuftres; Pierre de Verberie, Miniftre de Philippe de Valois & du Roi Jean; & le Cardinal Pierre Oriol Archevêque d'Aix.

Il y a à Verberie, pofte aux lettres, pofte aux chevaux; un marché au bled, & un marché aux légumes par femaines: une Prevôté Royale, une Maifon de Ville. On nomme *Sautriaux de Verberie*, une troupe d'enfans du peuple, qui donnent aux paffans le fpectacle de fe précipiter en boule, du haut d'une montagne. On trouve des gloffopêtres & des pétrifications de plufieurs genres, fur les montagnes de S. Germain & de S. Vaft.

La riviere d'Oife qui paffe à Verberie, eft un débouché très-commode pour le tranfport des marchandifes. Le commerce du lieu confifte en foin, en oignons, & en grains. Le commerce du bled y étoit floriffant autrefois, parce que le meilleur bled du Valois croit fur les territoires limitrophes, dans le reffort même de fa Châtellenie. L'Etat & fur-tout la ville de Paris gagneroient, à ce que ce commerce qui eft prefque anéanti, fut ranimé & rétabli fur l'ancien pied.

Béthizy eft fitué à deux lieues de Verberie : fon nom latin eft *Beftifiacum*. Il releve des mêmes Jurifdictions fpirituelles & tempòrelles,

On le divife en deux paroiffes, S. Martin & S. Pierre, qui font actuellement deux villages féparés. Les deux Cures appartenoient originairement à des Bénédictins de S. Crepin-le-Grand de Soiffons, qui les deffervoient : elles font maintenant gouvernées par des Prêtres féculiers. On y remarque une ancienne Collégiale, fous le titre de S. Adrien : c'eft depuis plufieurs fiécles un bénéfice fimple. On voit dans l'Eglife de cette Collégiale un autel de Sainte-Geneviéve, lequel y a été transféré de la tour du Château, lorfque cette tour a été démolie. Les Eglifes de l'Hôpital, de l'Hôtel-Dieu & de la Maladerie, ou ne fubfiftent plus, ou font changées en des granges.

Le château, dont il refte à peine quelques débris, étoit appuyé contre un tertre de prez de trois cens pieds, efcarpé de toutes parts. Ce tertre eft encore couronné d'une enceinte de murs en forme ovale : on donne le nom de tour à cette enceinte. Les fortifications tant du château, que de la tour, furent détruites par ordre de Louis XIII, en même temps que le château de Pierrefonds. Cette fortereffe avoit foutenu plufieurs fiéges, fans que jamais on l'ait pû prendre. Le premier de ces fiéges fe rapporte à l'an 1184. Ce château a été occupé par une fuite de plufieurs Rois.

La principale maifon du lieu eft le château de la Douye, qui renferme auffi le grand Hôtel. Les autres fiefs qui relevent immédiatement de la tour de Béthizy font, la Chambrerie & Sainte-Luce, deux bénéfices; le grand & le petit Puifieux. Le commerce du lieu confifte principalement en chanvre, & en filaffe.

Le Hazoy eft fans difficulté, le plus noble & le plus ancien fief de la Châtellenie. Le Titulaire avoit une infpection générale, fur toute la forêt de Compiegne, avec le droit d'accompagner le Roi à la chaffe. Il réuniffoit toutes les prérogatives, attachées aux premieres charges de nos Maîtrifes.

Le Marquifat de Néry, dont le titre eft éteint depuis fon démembrement, par le partage & la vente qui en ont été faits, & la Baronie de Saintines, font partie de la Châtellenie de Béthizy & de Verberie. Voici les noms de tous les lieux de fon reffort.

Lieux

Lieux de la Châtellenie de Béthizy & Verberie.

A

ARAMONT, fief à Verberie.

B

BACOUEL, fief à Rhuys.
Béthizy-Saint-Pierre.
Béthizy-Saint-Martin.
Boissiere (la) paroisse de S. Vast.
Borde (la).

C

CAPY, paroisse de S. Vast.
Chambrerie (la) de Béthizy.
Champlieux.
Courcelles.

D

DONNÉVAL, près de S. Martin-Béthizy.
Douye (la).

F

FAY (le), paroisse de Saintines.
Feux, paroisse de Néry.
Francourt, près Verberie.

G

GÉROMENIL ou Saint Sauveur.
Glagnes.
Grand-Hôtel.

H

HAZOY (le), dans la forêt de Compiegne.
Herneuse (les fermes d'), près Verberie.
Heuleu ou Huleu.

M

MABONNERIE (la).
Motte (la), paroisse de S. Martin de Béthizy.

N

NÉRY & dépendances.
Noé-Saint-Martin en partie.

P

PLESSIS - Châtelain, paroisse de Rocquemont.
Puisieux (grand), près Béthizy.
Petit Puisieux.

R

ROCQUEMONT.
Rhuys près Verberie.

S

SAINTINES & dépendances.
S. Corneille ou la Tour.
Sainte Luce, ferme.
Soupiseau (le).
S. Vast de Long-mont.
S. Germain près Verberie.

V

VERRINES.
Vauxcelles.

En tout trente-huit lieux.

Article V.

Châtellenie d'Ouchy.

CEtte Châtellenie est la plus étendue, après celle de Pierrefonds. Elle comprend les Vauttes, la Folie, la Maison-rouge, la Barbe aux cannes, Muy en partie, & les fermes du College de Reims, avec diverses parties du fauxbourg Occidental. Elle s'étend du Midi au Couchant, depuis le Prieuré de Coincy, situé au-dessous de Fere en Tardenois, jusqu'à Pontarcy inclusivement, l'une des Baronies du Valois, située sur la riviere d'Aisne.

Ouchy & Braine en sont les lieux les plus remarquables. On suit à Ouchy la Coutume de Vitry. Ces lieux relévent du Diocese & de la Généralité de Soissons. Ils appartenoient au Comté de Champagne ainsi que Neuilly-Saint-Front, avant la réunion de cette grande province au domaine de la Couronne de France.

Ouchy, chef-lieu de toute la Châtellenie, est divisé en deux paroisses actuellement séparées, comme celles de Béthizy. L'une est un village qu'on nomme Ouchy-la-Ville, l'autre est un bourg qu'on appelle Ouchy-le-Château. L'intervalle de ces deux paroisses étoit couvert de maisons, avant les guerres civiles du quinziéme siécle. Ouchy-la-Ville n'a rien de remarquable: la Cure est desservie par un Religieux de S. Jean-lès-Vignes de Soissons.

On a des anecdotes intéressantes sur l'ancienne ville d'Ouchy. Nous prouvons dans cette Histoire, qu'elle étoit la capitale du pays d'Orceois; son nom latin est *Ulcheium*. Elle étoit la résidence d'un Comte, sous la seconde race de nos Rois. Elle passa avec son château au pouvoir des Comtes de Troyes, au dixiéme siécle. Ces Seigneurs y ont souvent résidé pendant l'espace de trois cens ans. Le gouvernement du château étoit confié à un Vicomte en leur absence.

Les Comtes de Champagne fonderent dans leur château une Chapelle, sous l'invocation de la Sainte Vierge, & y établirent plusieurs Prébendes. C'est dans cette Chapelle, que S. Arnoul Evêque de Soissons, exilé à Ouchy vers l'an 1080, conféra les Ordres à Lisiard de Crépy, qui devint dans la suite Evêque du même siége. Cette Collégiale fut réunie à l'Abbaye de S. Jean-lès-Vignes en l'an 1122. Le Doyenné de Chrétienté d'Ouchy est l'un des plus anciens de la Champagne. Il contient dix-neuf paroisses. Celui de Neuilly-Saint-Front en est un démembrement. Il y avoit anciennement une Chapelle de S. Jacques, dans la place du marché d'Ouchy.

Les Comtes de Champagne entretenoient un Bailly & un Prevôt dans Ouchy. Le Bailliage particulier de ce lieu a subsisté jusqu'en 1703. On lui a substitué une Prevôté Royale, ressortissant au Bailliage de Villers-Cotteretz. Le château a été presqu'entiérement détruit par les Anglois, sous le regne de Charles VI. Le bourg est situé au-dessous du château, à six lieues de Crépy, sur le grand chemin militaire de Reims, à quatre lieues de Soissons, sur la grande route qui conduit à Château-Thierry. Ce dernier chemin a succédé à une chaussée romaine, qu'on voit encore par intervalles.

La terre de Braine est le quatriéme des sept anciens Comtés de Champagne. La ville est située sur le grand chemin de Soissons à Reims, à quatre lieues de Soissons, au Nord d'Ouchy, sur la petite riviere de Vesle, qui se divise en plusieurs ruisseaux, au pied des murailles. Flodoard la nomme *Brana ad Vidulam*. Elle est du Diocese & de la Généralité de Soissons. Elle est le siége d'une Justice seigneuriale, qui ressortissoit autrefois à Ouchy. La ville est bâtie dans une vallée fertile & assez agréable, au bas d'une montagne, qui la domine du côté du Midi. Elle est traversée par plusieurs canaux de la Vesle, & fermée par des murailles de pierre dure. Elle a quatre portes, à chacune desquelles on voyoit autrefois des écluses avec un pont-levis. Il y avoit un donjon dans le château. Ce qu'on nomme aujourd'hui la Folie de Braine a été pendant trois siécles un château-fort, qui servoit de citadelle à la ville. On le nomme dans les titres, château du haut, *Castrum de celso*.

Il n'y a dans Braine qu'une seule paroisse, sous le titre de S. Nicolas. La nomination à la Cure dépend de l'ancien Prieuré de S. Remy, qui n'est plus présentement qu'un bénéfice simple. Il étoit autrefois occupé par des Religieux de Cluny. Le principal ornement de la ville de Braine est l'Abbaye de S. Ived, occupée par des Prémontrés. On voit aussi à Braine un Prieuré de Religieuses Bénédictines, formé il y a cent vingt ans par la réunion des biens de la Maladerie & de l'Hôpital du lieu.

L'hiſtoire de l'Hoſtie miraculeuſe, ſi connue dans le canton, a été l'origine d'une Confrairie qui ſubſiſte encore.

Le commerce de Braine conſiſte en bled, en laines & en féves, connues à Paris ſous le nom d'haricots de Soiſſons. On tient à Braine trois foires par an; le quatorze Septembre, le trois Mai & le quatorze Décembre; un marché franc le troiſiéme Mercredi de chaque mois, & un marché ordinaire tous les Vendredis. Cette ville ſeroit beaucoup plus commerçante, ſi l'on parvenoit à rétabir la navigation de la riviere de Veſle. On nourrit beaucoup de bétails dans les environs.

Braine étoit dans l'origine une terre du Fiſc, comme Verberie & Nanteuil-le-Haudouin. Les ancêtres de S. Ouen la poſſédoient ſous le regne de Clovis I. Ce Saint en fit préſent à l'Egliſe de Rouen. Elle fut enlevée à cette Egliſe en 931, par un Comte nommé Hugues. Elle vint par ſucceſſion de temps, au pouvoir d'Agnès de Braine, qui la porta en mariage à André de Baudiment, Sénéchal de Champagne. André & Agnès eurent un fils nommé Guy, dont la fille Agnès II épouſa Robert de France Comte de Dreux & frere du Roi Louis VII. Les deſcendans de ce Seigneur jouirent de la terre & du château de Braine. Ils en tranſmirent la propriété aux Seigneurs de Roucy. Braine paſſa de ceux-ci aux Seigneurs de Sarrebruche, de la Mark, de la Boulaye & de Lambeſc, par des alliances & par des partages. Madame la Comteſſe d'Egmont poſſéde actuellement la terre & le Comté de Braine, & en occupe le château.

Les autres lieux titrés de la Châtellenie d'Ouchy ſont, les trois Baronies de Cramailles en partie, de Givraye, & de Pontarcy-ſur-Aiſne, la Vicomté de Buſancy, & les terres de Limé & de Parcy, auxquelles quelques écrits donnent ce même titre. Le grand Rozoy a été, ſelon Templeux, une Maiſon de plaiſance, occupée par les Rois des deux premieres races. Le Mont-Notre-Dame, dont on apperçoit l'Egliſe ſur une hauteur, en allant de Fiſmes à Braine, dépend en partie de la même Châtellenie.

La forêt de Daule ou de la grande Daule, comme portent les titres, eſt auſſi compriſe dans ce même reſſort. Elle tire ſon nom du hameau de Daule, ſitué entre Mareuil & Chéry.

Cette Châtellenie comprend encore l'Abbaye des Prémontrés de Chartreuves, outre celle de S. Ived de Braine, le Prieuré clauſtral des Bé-

DU DUCHÉ DE VALOIS.

nédictins de Coincy, le Prieuré de Vieil-Arcy. Le nombre des villages & des grands fiefs de cette Châtellenie monte à près de cent cinquante. Voici les noms des lieux, qui ont rapport à cet Article.

Lieux de la Châtellenie d'Ouchy.

A

Acy près Soissons.
Aisy.
Augy.
Arcy-Sainte-Restitue.
Armentieres, en partie.
Artennes, en partie.

B

Barbonval.
Beau moulin (le), près Confavreux.
Billy-sur-Ourcq.
Blanzy-lès-fismes.
Blanzy-lès-perles.
Blanzy-Saint-Remy.
Boisleau.
Bove (la), ferme.
Boulleau ou Bouleux.
Bray.
Bray-sous-Clamecy.
Braine, Comté.
Brainettes ou Brenelles.
Branges.
Bressy-sur-Ourcq.
Bruyeres.
Bucy.
Bugneux.
Buire près Espaux.
Bussy-le-bras, près Muret.
Buzancy, Vicomté, & sa paroisse.

C

Celles.
Cermoise ou Sermoise.
Cerseuil près Braine.
Chacrise, en partie.
Chassemy.
Chavannes.
Chayette (la).
Chéry.
Chetinet, moulin près Ouchy.
Chivrée.
Ciry.
Cohan, près Fere en Tardenois.
Coincy, Prieuré d'hommes Ordre de S. Benoît Congrégation de Cluny.
Confavreux.
Contarmin ou Contermy.
Corbeny & la cense des prez.
Cordou ou Courdou.
Coulonges.
Couvrelle.
Courteau, en Tardenois.
Cramailles, en partie.
Cramoiselles.
Crouy.
Croustes-sous-Cugny.
Croustes-sous-Muret.
Croustes-sous-Ouchy.
Cugny, & son moulin.
Cuiry-Housses, & la Maladerie.

D

Domiers.
Dravigny.

E

Esdrolles, près Billy-sur-Ourcq.
Escury.
Escoussis.
Espritel.

Essenlis.

F

Faux (la).
Filain.
Folie (la), paroisse de Confavreux.
Folie (la), près Reims.
Folie (la) près Braine.
Fontaine Alix (la), ou Harlisontaine.
Fonteny.
Fouffrit.

G

Genevroye (la), paroisse de Rocourt.
Gérémenil près Ouchy.
Givraye ou Givroy, & la ferme.
Glan (le); près Domiers.
Goussancourt.
Grange (la) au bois, paroisse de Bruyeres.
Grange (la), au Marais près Val-Chretien.
Grange (la) Oison, près Ouchy.

H

Hermitage (l') près Givraye.

J

Jouangnes.
Jouy.
Ivry près S. Remy.

L

Latilly-sous-Cormeilles.
Launoy.
Lesges.
L'Eglantier, paroisse de Coulonge.
Lhuys.
Limé près Braine.

Longueval.
Longeville.

M

Maison-rouge (la), fauxbourg de Reims.
Mareuil en Daule.
Marival.
Martin-prêt, près Ouchy.
Mesnil (le), paroisse de Rozoy S. Albin.
Meutru (le) ou la maison du Meutru, paroisse de Servenay.
Monchevillon, paroisse d'Ouchy.
Mongron.
Montgru.
Mont-Notre-Dame.
Moulin (le), près Nanteuil-Notre-Dame.
{ Moulin-Noel (le)
  Moulin-Renard (le) } entre Cugny & Rozoy-Saint-Albin.
Muret en partie.
Muy (à) près Reims, une ferme.

N

Nanteuil-sous-Cugny.
Nanteuil-la-fosse.
Nanteuil-lès-fossés.
Nanteuil-Notre-Dame.
Neuville-sous-Sainte-Gemmes
Neuville-en-hez.
Neuville-Saint-Jean, les deux fermes.
Nogentel.

O

Oigny.

P

Parcy.
Pars ou prompt de Pars.
Party.

Paſſy & Berzy, Vicomté.
Pleſſis-Huleu.
Ploiſy.
Pontarcy, Baronie.
Pont-Bernard.
Pringy.

Q

Quinsy près Ouchy.

R

Rocourt.
Rozoy ou Rozoir-Saint-Albin.
Rozoy-Nogentel.
Rozoy-ſous-Ouchy, ou le grand Rozoy.
Rugny.

S

Saint-Jean près Neuville.
S. Remy Blanzy.
S. Remy Ivry.
Salſognes.

Serval.
Servenay.

T

Terny.
Trugny.

V

Vezilly.
Vallée, paroiſſe de Bagneux.
Vaſſigny ou Vaſſeny.
Vaubertin près-Braine.
Vaurtrain.
Vauxſerre.
Vauſſetin ou Vauſtin.
Vauttes (les) près Reims.
Vieil-Arcy.
Virgny.
Villers en Prayers.
Villomé.
Ville-ſavoye.
Virly, paroiſſe de Jouagnes.

En tout, cent cinquante-un lieux.

ARTICLE VI.

Châtellenie de Neuilly-Saint-Front.

CEtte ſixiéme Châtellenie eſt la moins étendue.

Le nom latin de Neuilly eſt *Noviliacum*. On nommoit ce lieu Neuilly en Orceois, avant que le culte de Saint Front y eut été introduit. Ce n'étoit encore à la fin du huitiéme ſiécle, qu'un amas de métairies, que le Roi Carloman frere de Charlemagne donna en préſent à l'Egliſe de S. Remy de Reims, en conſidération du célebre Archevêque Turpin. Les Religieux de l'Abbaye de Reims firent bâtir ſur les lieux l'Egliſe de S. Remy-au-mont. La plus grande partie du territoire de Neuilly paſſa aux Comtes de Champagne, avant le treiziéme ſiécle.

Ils y firent bâtir un fort château, dans lequel ils fonderent deux Chapelles, l'une en l'honneur de S. Sébastien, l'autre sous le titre de Saint Front. Ils soumirent en premier lieu cette seigneurie à leur Vicomté d'Ouchy, puis l'en séparerent; ce fut alors qu'ils y placerent un Châtelain & un Prevôt.

On donne à Neuilly-Saint-Front le titre de ville. Les maisons qui la forment sont situées dans un bassin, au pied d'une montagne, où viennent aboutir plusieurs gorges profondes. Neuilly est du Diocese & de la Généralité de Soissons, & de l'Election de Crépy ; à cinq lieues de Soissons & autant de Crépy, à quatre lieues de Château-Thierry, à trois de Villers-Cotteretz, & à deux de la Ferté-Milon. La riviere d'Ourcq n'en est éloignée que d'un quart de lieue.

Il y a dans Neuilly deux Eglises paroissiales, S. Remy & S. Front, & une Chapelle de Notre-Dame. On voit hors de la ville une autre Chapelle, qui est sous l'invocation de S. Front, à laquelle on va en pélerinage: c'est une espéce d'Hermitage. Il y avoit à Neuilly une Maladerie, dont les biens ont été réunis à l'Hôtel-Dieu du lieu. Le Doyenné Rural est un démembrement de celui d'Ouchy. La Commune est gouvernée par un Maire & par deux Echevins. La manufacture des serges de Neuilly étoit composée de plus de soixante métiers battans, Il y a soixante ans : elle est présentement réduite à un seul.

La Prevôté Royale de Neuilly est sur le même pied que celle d'Ouchy. Elle a été substituée à un Bailliage particulier en 1703.

On tient dans Neuilly quatre foires par an, le vingt-cinq Février, le dix Avril, le vingt-cinq & le vingt-huit Octobre. Le marché ordinaire se tient les Samedis. Le principal commerce est celui du bled & de la laine ; la bonneterie s'y soutient. Il seroit avantageux que la manufacture des serges fut rétablie, ou qu'il y eut dans le canton quelques fabriques où l'on fit l'emploi des laines du pays, qui sont excellentes & qu'on peut encore perfectionner, par le soin de parquer avant la tonte, & d'aërer les étables.

La seigneurie de Neuilly a long-temps appartenu à des Engagistes, des mains desquels elle a été retirée en 1704. Monseigneur le Duc d'Orléans est Seigneur de Neuilly, comme du Valois, ainsi que de tous les autres chefs-lieux des Châtellenies. Dépendances de Neuilly-Saint-Front.

Lieux

Lieux de la Châtellenie de Neuilly-Saint-Front.

Aminville, paroisse de Neuilly.

Béancourt.
Breuil, près Neuilly-Saint-Front.

Chaussée (la), près Neuilly.
Chêne (le), paroisse de S. Hilaire.
Clos, paroisse de Latilly.

Drachi ou Dracy.

Fossez (les).

Halondret

Latilly.

Mambry, paroisse de Neuilly-Saint-Front.

Nanteuil-sur-Ourcq.

Remonvoisin.

Sommelan.

Vadon, paroisse de Latilly.
Wichel.

En tout, seize lieux.

TROISIEME PARTIE,

Propriétés & productions du pays de Valois ; singularités naturelles, grands chemins & rivieres.

LE Duché de Valois considéré dans sa totalité, est un pays abondant, où l'air est bon & sain. S'il est quelquefois désagréable à parcourir à cause des montagnes & des vallées, ce désavantage est réparé par la fertilité de ces vallées, des côteaux, des plaines même qui couronnent les montagnes. On y receuille des grains de toute nature, du foin, du bois, des fruits, des légumes, du chanvre, &c. Il y a des vignes dans plusieurs cantons, & presque par-tout d'excellens pâturages pour les troupeaux.

Le bled du Valois a beaucoup de réputation. Les fariniers de Paris le préferent à celui du Soissonnois & du Santerre. Toutes les autres espéces de grains, comme le seigle, l'avoine, l'orge, &c. y sont communes à proportion. Le mouton du Valois est estimé pour sa laine, celui des montagnes sur-tout.

Les forêts de Compiegne, d'Halate & de Villers-Cotteretz, fournissent une partie de la confommation de Paris, pour le charronage, pour la charpente & pour le chauffage. On tranfporte même du bois au Havre, pour la conftruction des vaiffeaux. Le gibier y eft abondant, & la volaille de même ; mais la proximité de Paris & le débouché des rivieres y rendent ces chofes fort cheres. On tire de la tourbe à la Ferté-Milon, & à Crouy-fur-Ourcq. Il s'en trouve auffi dans différens endroits de la vallée d'Autonne.

Il croît des fimples en plufieurs endroits, du capilaire aux environs de Verberie, beaucoup de véronique dans la forêt de Retz; la bétoine, la turquette, la verge-d'or, l'énulacampana, la valériane, la centaurée; les milles-feuilles, font abondantes autour de la Ferté-Milon.

Les carrieres de pierres à bâtir font nombreufes, excepté de l'autre côté de l'Oife où elles font très-rares. Les plus remarquables font, celles de Braine & d'Ancienville près de la Ferté-Milon, celles de S. Eloy près Verberie & de Noé-Saint-Martin. La pierre de S. Eloy eft recherchée pour fa dureté; mais elle eft criblée de coquillages qui en diminuent le prix. On l'emploie pour la partie des murs, où les fondemens fortent de terre. On en a fait un grand ufage pour le château de Compiegne, & pour les bâtimens de l'Ecole militaire. M. Guettard a trouvé dans des pierres de cette carriere, des coquillages finguliers. A Neuilly-Saint-Front, il y a dans les fables beaucoup de cailloutages ou écumes, qui femblent annoncer une carriere de marbre.

Sur la montagne de Retheuil près de Pierrefonds, on trouve des coquillages de toute efpéce & en fi grande quantité, qu'on les enleve par motes. A Verberie fur la montagne de S. Vaft derriere l'Eglife, on trouve après les grandes pluies, des gloffopêtres, dont le plus grand nombre eft de ceux qu'on nomme dents de requin, & de la plûpart des efpéces que Bourguet & Langius ont fait graver dans leurs Ouvrages. On rencontre auffi dans la vieille cavée de S. Germain près le même lieu, des pétrifications de bois.

On voit près Crépy une groffe pierre très-dure, toute couverte de têtes de cloux : on la nomme par cette raifon la pierre aux cloux. Ces têtes font comme incruftées dans la pierre, & font du vrai fer : cette fingularité d'hiftoire naturelle n'a pas encore été expliquée, elle a donné lieu à bien des fables. L'on voit près la Ferté-Milon une efpéce de caillou noir bifcornu, dans le cœur duquel on apperçoit des matieres vitrifiées. Ces pierres sont brutes, mal tournées, & contiennent beaucoup de parties ferrugineuses. Près la carierre de Moloy, hameau voisin de la Ferté-Milon, il y a une terre noire tout-à-fait semblable à la terre de Cologne, qu'on emploie dans la peinture. On trouve aussi sur le chemin de la Ferté-Milon à Meaux un ocre de rhu, qui bien lavé donne un jaune aussi beau & aussi fin, que celui qu'on appelle terre d'Italie.

M. Jardel de Braine a, dans un cabinet très-curieux, une collection de coquilles, fossiles, madrepares, christallisations, fleurs dendites & autres productions qu'il a rassemblées dans les environs de Braine. Il a aussi des buccins de bien des sortes, sur-tout les épineux qui sont de la plus grande beauté : la fripiere parfaite, les volutes, les nérites, des limas de différentes façons, de fort belles vis, beaucoup d'oursins & de turbes vermiculaires, des dents de serpent de toute grandeur, des lampas, de très-belles pétrifications & agatisations, de petites nantilles, la coquille du peintre fort belle, le sabot de cochon, le cadran, quelques gypses : Le cœur de bœuf, la pierre frumentaire. Il conserve aussi une pierre légere qu'on trouve à quelques lieues de Braine : elle nage sur l'eau sans cependant être spongieuse, ni ressemblante à la pierre de ponce. Il a aussi un amas de plus de deux mille petites coquilles de différentes espéces, dont il en est qu'on voit à peine, & qui cependant sont toutes bien formées & bien entieres. Voici d'autres particularités d'histoire naturelle.

Il y a au bois d'Ajeux près Verberie, une large fosse qui se remplit d'eau, lorsque la riviere d'Oise commence à grossir, quoiqu'elle ne communique ni avec la riviere, ni avec aucune source. Le limon de cette fosse, détrempé par la premiere eau qui y paroît, produit du brochet, & pour peu que l'eau reste dans cette fosse à une certaine hauteur pendant quelques mois, ce poisson y profite & devient gros en peu de temps.

A Vauberon près Villers-Cotteretz, il y avoit un puit qu'on a comblé, parce qu'au lieu de la nappe d'eau, il y passoit un torrent impétueux, qui entrainoit tout ce qu'on descendoit au fond pour y puiser de l'eau. On voyoit autrefois un pareil puit à Ville-neuve sur Verberie, on l'a comblé avec peine, le torrent emportant tout ce qu'on y jettoit pour le remplir. Dans la cour de l'hôtellerie du lion d'or à Villers-Cotteretz, il y a un puit qu'on a rempli, parce qu'on y entendoit des vents souterrains, qui faisoient un bruit extraordinaire à l'approche des changemens de temps.

Il y a près des Gombries à une lieue de Crépy, une fontaine qui ne coule que lorſque le vent ſouffle d'un certain point de l'Occident ; dès que ce vent change, elle ceſſe de jetter. Pour peu que le vent continue, elle donne une grande quantité d'eau, qui baigne la prairie où elle eſt ſituée. Cette prairie fait partie des bois d'Ormoy. Elle eſt ſéparée du canton planté en bois, par un large foſſé qui reçoit l'eau. On voit du côté de Preſles & de S. Mard, entre Braine & la riviere d'Aiſne, pluſieurs ruiſſeaux, qui ſe perdent dans de petites prairies, comme dans une éponge, avant d'arriver juſqu'à la riviere, qui n'eſt pas éloignée. Quelques-uns de ces ruiſſeaux font tourner des moulins.

Les productions naturelles du Valois, qui ne ſe conſomment pas dans le pays, s'exportent en grande partie pour être façonnées ailleurs. On comptoit autrefois un bon nombre de manufactures ; la plûpart n'exiſtent plus. On voyoit dans la vallée d'Autonne des moulins à poudre, des moulins à papier à Orouy, des fabriques de ſalpêtre. On avoit commencé une manufacture de fayance à Villers-Cotteretz, elle ne s'eſt pas ſoutenue. Une autre s'eſt formée à Crépy & y réuſſit. Il s'étoit auſſi établi à Verberie une ſociété de gens, qui y avoient formé une manufacture de ſavon. Cette fabrique ne ſubſiſte plus. Les manufactures de draps & de ſerges de Crépy, de la Ferté-Milon, de Neuilly-Saint-Front & d'Ouchy-le-Château, n'exiſtent plus. Les laines du pays s'exportent à Reims & à Beauvais. En récompenſe, on façonne beaucoup de chanvres dans le Valois, & l'on y fait d'excellentes toiles de ménage. La grande quantité de bétail qu'on éleve, rend les cuirs & les peaux communes. Il y a des tanneries & des mégiſſeries en pluſieurs endroits. On fait beaucoup d'huile de chennevis & de noix ; les moulins à huile ſont en grand nombre. On voit auſſi des moulins à peaux dans les vallées, & des moulins à chanvre qu'on nomme moulins à mailloter, maniere d'adoucir le chanvre. Le commerce de cette denrée eſt conſidérable à Béthizy & dans quelques lieux voiſins.

La ſituation du Valois offre aux habitans les débouchés les plus heureux pour le commerce. Un Critique célebre (*Adr. Valeſ. Not. Gall. p. 72.*) a judicieuſement obſervé, que ſes rivieres ſont autant de routes pour la capitale du Royaume & pour l'Océan. L'Ourcq où tombe le ru de Saviere ſe jette dans la Marne à Mary au-deſſous de Liſy, après avoir cotoyé ou traverſé quinze à ſeize villages du Valois, depuis la Ferté-Milon. La Marne qui reçoit l'Ourcq, ſe décharge dans la Seine au-deſſus de

Paris. Les bois de la forêt de Retz & les foins de l'Orceois, les bleds, &c. arrivent par ce canal. La petite riviere de Vesle, qui vient de Reims & passe à Braine, & qui étant rendue navigable, comme il est possible, seroit d'un grand secours au commerce, tombe dans la riviere d'Aisne à Condé au-dessus de Soissons. La Crise qui se jette à Soissons dans l'Aisne, fait tourner un grand nombre de moulins. L'Aisne fait sa jonction au-dessus de Compiegne avec la riviere d'Oise, qui se jette dans la Seine au-dessous de Pontoise. De Pontoise on peut remonter la Seine pour Paris, ou suivre le cours de ce fleuve pour arriver à l'Océan.

Les ruisseaux ou rus, qui traversent l'intérieur du pays, sont des sources d'utilité sans être navigables. Ils font tourner un grand nombre de moulins, charrient à flots les bois des ventes, fertilisent les campagnes, arrosent les prairies & remplissent des étangs. La Nonette qui passe à Senlis & qui fournit les grandes piéces d'eau des superbes jardins de Chantilly, prend sa source aux étangs de Versigny, & près de Nanteuil-le-Haudouin. L'Autonne qui tombe dans l'Oise à Verberie, parcourt une étendue de plus de huit lieues, sans sortir du Valois. Elle reçoit les ruisseaux de Boneuil & des Buttes, ceux de Bouillant, du Parc-aux-Dames & de Néry; le ruisseau des prairies du Hazoy passe sous le pont-la-Reine, & se décharge dans l'Oise au-dessus de Verberie. L'Autonne fait tourner dix-huit moulins, & remplit les grands étangs de Pondron & du Berval. La petite riviere de Vandy procure les mêmes secours dans le pays qu'elle traverse, de même que la Jargone près d'Acy, & le Clignon qui passe à Gandelus & à Cerfroid. On remarque encore dans le Valois le ruisseau de Tresmes; le ru de Rouanne au-dessous de Verberie, le ru de Grivette qui sort des étangs de Maquelines, le ru de Retheuil qui prend sa source à Pierrefonds & à Viviers, & qui se jette dans l'Aisne vis-à-vis Attichy; le ru d'Halland connu par ses écrevisses, passe au-dessus de Damard & se jette dans l'Ourcq après Bournonville. Le ru de Houillon qui passe au bas de Neuchelles, se décharge dans la même riviere près de Crouy, ainsi que le ru de Nadon qui prend sa source près la ferme de ce nom, & passe au bas de Chouy.

Les plus beaux étangs du Valois sont ceux de Pondront & du Berval, dans la vallée d'Autonne; de Maquelines, de Long-pont, de Javages, de Duvy, de Maucreux; les étangs du bourg qui appartiennent aux Chartreux de Bourg-fontaine, l'étang de la Ramée fur la paroiffe de Corcy, ceux de S. Pierre-en-Chaftres, &c.

On voit auffi plufieurs fontaines d'eaux minerales, parmi lefquelles celles de Verberie, qui font vitrioliques, tiennent le premier rang. Les autres fources font celles de Corcy ou de la Ramée, d'Auteuil proche le Pleffis, de Longueuil-Sainte-Marie : ces dernieres fe nomment la fontaine de fer; elles coulent d'Orient en Occident, mais en fi petite quantié, qu'elles tariffent une partie de l'année : elles laiffent un fédiment de rouille dans leur cours. On voyoit il y a quelques années dans le jardin des Dames du Parc près Crépy, une fontaine d'eaux ferrugineufes, elle eft préfentement comblée. On trouve près l'Eglife de S. Vaft de la Ferté-Milon, une fontaine dont les eaux font fulfureufes & ferrugineufes, mais à un dégré peu fenfible. Les eaux minérales d'Auteuil ont la qualité de celles de Forges.

Les grands chemins du Valois les plus fréquentés, font ceux qui conduifent à Paris, en Flandres, à Soiffons & à Reims. La grande route de Paris à Soiffons & à Laon, paffe par le Bourget, Dammartin, Nanteuille-Haudouin, Levignen & Villers-Cotteretz. Le chemin militaire de la Ferté-Milon vient de Meaux & conduit à Braine, à Fifmes & à Reims. Parmi les chemins qui traverfent la Ferté-Milon, le plus beau eft celui qui vient de Villers-Cotteretz & qui conduit à Paris : on travaille préfentement à une belle chauffée, qui doit aller de la Ferté-Milon à Meaux. La ville de Braine eft un paffage pour Reims & pour une grande partie de la Champagne, de la frontiere de Lorraine, des trois Evêchés, de l'Alface, &c. On y arrive par une des belles chauffées du Royaume, pavée & plantée de chaque côté, qui paffe au milieu de Braine, & qui conduit depuis Paris jufqu'à Strafbourg : c'eft encore le paffage de toutes les voitures de Flandres & de Picardie, qui vont chercher des provifions de vin en Champagne. Le grand chemin de Paris à Compiegne, Saint-Quentin, Noyon, &c. paffe à Ville-neuve, à Verberie & à la Croix-Saint-Ouen. Il y a de Gandelus à Neuilly-Saint-Front un chemin, qui va gagner celui de la Ferté-Milon à Braine & à Reims. Celui de Château-Thierry à Soiffons, qui vient de Meaux, paffe à Ouchy-le-Château & conduit à Soiffons. Le grand chemin de Paris à Soiffons paffoit autrefois par Crépy; depuis qu'on l'a détourné par Gondreville, on a tracé un chemin ferré de Nanteuil à Crépy, & de Crépy à Villers-Cotteretz. Béthizy & Pierrefonds n'ont pas de grande route : on y arrive par des chemins de traverse. Le Grand-Voyer de Valois doit présider à l'entretien de ces chemins de traverse, suivant les dispositions de la coutume. Nous observerons comme une chose remarquable, qu'anciennement la plûpart des villages de la Châtellenie de Crépy & de la Ferté-Milon étoient pavés en bons grès : les pavés rompus qu'on y voit encore, en font foi. Cette distinction vient de l'ancienne résidence des Seigneurs dans leurs terres pendant toute l'année : Bergeron comptoit dans le Valois en 1580, *cent dix-sept maisons ou châteaux de Gentilhommes de race & d'armes vivant noblement*, & cent cinquante six Seigneurs fieffés, qui avoient aussi leurs châteaux. Ce nombre est bien diminué présentement ; la proximité de Paris fait négliger à la plupart des Seigneurs le séjour de leurs terres.

Toutes les routes particulieres qui traversent l'intérieur du Valois, aboutissent à l'un des grands chemins dont j'ai parlé. Celui qui passe à Verberie conduit en Picardie & en Flandres ; celui de Braine en Champagne, celui de la Ferté-Milon & de Nanteuil, dans la Brie : on va en Normandie & en Bourgogne, par Meaux & Paris. Les habitans du Valois tirent à peu de frais de la Bourgogne & de la Champagne, les excellens vins qui leur manquent, par la voie des rivieres & des chemins publics, sur lesquels on trouve tous les secours que les voyageurs peuvent désirer ; des hôtelleries, des postes aux chevaux, des bureaux de postes aux lettres, des carosses de voiture, des coches d'eau, des coches de terre, des méssageries pour la capitale & pour les grandes provinces qui environnent ce pays.

Nous réservons pour la fin de l'Histoire, les réflexions que nous aurions pu inférer ici.

SOMMAIRE DU PREMIER LIVRE.

1. La premiere origine du pays de Valois eſt obſcure ou fabuleuſe. Opinions de Bovelles, de Forcadel, de Bergeron & de Bouchel à ce ſujet. Etymologies diverſes du nom de Valois. Ce mot vient du latin *Vadum*, qui étoit le nom de Vez, premiere Capitale du canton, pag. 1, 2, 3.

2. Anciens lieux du Valois : état du pays avant Céſar, p. 3. Genre de vie des Gaulois, p. 4. Lieux fabuleux : ancienneté des lieux d'Aconin & de Noyan. Verberie, l'un des douze bourgs du premier Royaume de Soiſſons, p. 5, 6, 7. Pierres de Rhuys, de Borret & de Courmont, monumens Gaulois, p. 7 & 8. Haches de pierres. Médailles, p. 8.

3. Le Valois actuel étoit originairement une portion de la Gaule Belgique. Mœurs de ſes habitans : Druides, Chevaliers, Peuple, p. 9, 10.

4. Religion des Belges habitans du canton : leurs ſacrifices. Culte du Dieu Mars à Martimont. Notice ſur le lieu de Martimont, p. 10, 11. Culte de Mercure, p. 12.

5. Chauſſée Brunehaud : ſon étymologie, ſa forme, ſa deſcription, ſa direction, p. 13, 14.

6. Domination des Romains dans le Valois. Sylvanectes peuples du canton, p. 15, 16, 17, 18. Les *Vadicaſſes* dont parle Ptolemée, ſont un peuple de Normandie, & non pas du Valois, *ibid*. Origine des Maiſons ou terres du Fiſc, pag. 19.

7. Etabliſſement du Chriſtianiſme dans le Valois, p. 19. Premiers Miſſionnaires évangéliques, p. 20.

8. S. Quentin ; ſa Miſſion & ſon Martyre, p. 21.

9. S. Crépin & S. Crépinien, p. 22.

10. S. Rufin & S. Valere à Bazoches ; leur Martyre ; Reliques de ces Saints, pag. 22, 23, 24.

11. Notices ſur Bazoches & ſur la petite riviere de Veſle, p. 24, 25.

12. Paix de l'Egliſe ſous Conſtantin, p. 26.

13. Vie de S. Rieul & ſa Miſſion dans le Valois, p. 26, 27, 28.

14. Premieres Egliſes du Valois, p. 29, 30.

15. Différentes diviſions des Gaules, depuis Céſar juſqu'à Honorius. Origine des deux pays de Valois & d'Orceois : Cités du canton, p. 30.

16. Défrichement du Valois par les Létes : mœurs & portrait de ces peuples. Noms des métairies qu'ils ont établies, & des lieux qu'ils ont commencé à cultiver, p. 31, 32, 33.

17. Explication d'un paſſage de la Notice des dignités de l'Empire. Camps Romains, p. 34. Territoires de Champlieu, Orouy & Donnéval, depuis la pag. 35 juſqu'à la p. 38. Ruines des Tournelles ; leur deſcription, p. 40. Explication dans laquelle on prouve, que ces ruines ſont les reſtes d'un camp Romain, p. 41--44.

SOMMAIRE DU LIV. I.

18. Chemins ou chauffées publiques; leur état fous les Antonins : médailles. Colonnes milliaires de Vic-fur-Aifne. Explication de l'infcription, p. 45, 46. Direction de ces chemins, fuivant les Tables de Peuttinger, p. 47. Sépultures trouvées près d'Ouchy, p. 48. Fin de la domination des Romains, *ibid.*

19. Commencemens de la Monarchie Françoife. Regne de Clovis I. Ecoles de S. Remy. Culte de S. Vaft, p. 49, 50.

20. Premieres Maifons Royales du Valois : leur gouvernement, leurs Officiers, p. 51

21. Maifon Royale de Cuife, chef-lieu de la forêt de Compiegne, aujourd'hui S. Jean-au-bois : étymologie de fon nom. Evenemens, p. 52--54. Juges-Foreftiers ou Gruyers de Cuife, p. 54--56.

22. Nom & étendue de l'ancienne forêt de Cuife, p. 57--59. Police de cette forêt avant la fin du onziéme fiécle, p. 60.

23. Defcriptions des chaffes de nos Rois des deux premieres races dans la forêt de Cuife, p. 61--64.

24. Etendue & divifion de tous les bois du Valois en deux forêts principales; celle de Cuife & celle de Brie, p. 65.

25. Notices fur le bourg de Nanteuil-le-Haudouin; chef-lieu de la forêt de Brie, p. 65.

26. Premiers Seigneurs de Nanteuil, ayeux de S. Valbert, *ibid.*

27. Vie de S. Valbert Seigneur de Nanteuil; fes domaines, fon changement de vie, p. 67, 68. Son entrée & fa profeffion au Monaftere de Luxeuil, p. 69. Partage de fes biens, p. 70. Fable des oyes de S. Valbert, p. 71. Comtes de Ponthieu à Nanteuil, p. 72.

28. Jurifdiction de la forêt de Brie. Château de Mail ou de May en Multien. Champ de Mars. Origine de la Gruerie de Valois, p. 73, 74. Audiences tenues en pleine campagne fous des arbres, p. 75. Marques d'ancienneté du lieu & du château de Mail, p. 76.

29. Defcription de l'ancienne forêt de Brie; fon étendue, p. 77, 78. Explication du nom de Gombries, p. 79. Divifion de la forêt de Brie, p. 80.

30. Bois de Retz, étymologie de leur nom. Retz, territoire & Abbaye, premier chef-lieu de cette forêt, p. 81. Borret, p. 82. Commencemens de Villers-Cotteretz : fa fituation, p. 83. Partage de fon territoire en plufieurs Seigneuries. Récapitulation fur l'étendue & fur les parties de l'ancienne forêt de Brie, p. 86.

31. Bois de Crépy. Origine de la ville de Crépy : fes antiquités, p. 86---88. Palais de Bouville, p. 89. Ancien Monaftere de Sainte Agathe de Crépy, p. 92. Etendue de l'ancienne ville de Crépy, p. 96.

32. Hiftoire des premiers lieux remarquables, qui ont été défrichés ou bâtis dans l'étendue de l'ancienne forêt de Cuife, p. 97.

33. Château & Monaftere du Mont de Chaftres, p. 97--99.

34. Terre & Prieuré de S. Nicolas de Courfon, p. 101.

35. Fondation & premier état du Monaftere de Mornienval, p. 102.

SOMMAIRE DU LIV. I.

Son gouvernement, ses constitutions, p. 103, 104.

36. Origine de l'Abbaye & du village de la Croix-Saint-Ouen sous Dagobert I, p. 105--107.

37. Discution & explication de plusieurs points de la Charte de fondation de l'Abbaye de la Croix, p. 108. Jurisdiction & château de l'ancien Péager général de l'Oise à Rivecourt. Origine du culte de S. Vandrille, p. 109. De la riviere d'Oise & ses différens noms ; son cours, sa navigation. De la petite riviere d'Autonne, p. 110--112.

38. On distingue trois lieux, qui ont été souvent confondus par les Auteurs ; Braine, Berny-riviere & Bargny, p. 112.

39. Commencemens de la ville de Braine. Sentimens fabuleux sur ce sujet. Médailles & monumens, p. 113, 114. Premiers Seigneurs de Braine, ayeux de S. Ouen. Donation de cette terre à l'Eglise de Rouen. Translation à Braine, des Reliques de S. Ived & de S. Victrice, p. 115, 116. Autres Seigneurs de Braine, p. 117, 118.

40. Notice sur les trois lieux de Berny, de Riviere & de Vic-sur-Aisne. Palais de Berny, p. 119, 120. Château de Riviere ou du Péager général de l'Aisne, pag. 121. Terre de Vic-sur-Aisne, son port & sa fabrique de monnoye, p. 122.

41. Palais de Bargny ; sa situation, son nom latin ; évenemens qui s'y sont passés, p. 123--127.

42. On reprend l'ordre chronologique, & l'on commence à rapporter la suite des faits selon leurs dates, p. 127.

43. Vie de S. Vulgis de Troësnes. Origine de son culte à la Ferté-Milon, p. 127--132.

44. Vie de S. Arnoul le Martyr. Origine de son culte à Crépy, p. 132--138.

HISTOIRE
DU DUCHÉ
DE VALOIS.

LIVRE PREMIER.

Contenant ce qui s'est passé dans le Valois avant l'an 511.

ES commencemens du pays de Valois sont fabuleux ou inconnus.

I. Au renouvellement des Sciences en France, quelques Savans en ont recherché l'origine, mais ils n'ont publié que des conjectures & des sentimens singuliers, qui rendent cette origine encore plus confuse. Ils ont essayé de remonter jusqu'au déluge, à la faveur d'une érudition mal digérée, & de quelques étymologies qui ne sont pas vraisemblables, & ont mieux aimé hazarder des opinions, que d'avouer leur ignorance dans une matiere où la vérité est trop obscure.

Tome I.   A

Ces opinions mériteroient plutôt d'être ensevelies dans l'oubli, que d'être exposées. J'en citerai deux seulement, parce qu'elles ont pour Auteurs, des Ecrivains qui ont joui parmi leurs contemporains de la réputation d'un profond savoir, & qu'on croyoit initiés dans la connoissance de la plus haute Antiquité.

Charles de Bovelles, qui vivoit sous le regne de Louis XII, avance dans deux de ses écrits (1) que le Valois a commencé d'être habité par Gomer Gallus, qui vint d'Italie, à la tête d'une nombreuse colonie, pour peupler le canton. Du surnom de Gallus, ajoute de Bovelles, on appella d'abord le pays *Gallia*, d'où l'on a fait *Vallia* & *Valois*, en changeant le *G* en *V*, pour distinguer le Valois du reste de la Gaule. Ce Gomer Gallus est le fils de Japhet, que nos premiers Historiens ont défiguré par leurs fables.

Le Jurisconsulte Etienne Forcadel, publia sous le regne de Henri III, un traité sur *l'origine des Valois* (2). Pour expliquer l'étymologie de ce nom, il suppose que le Général Sénonois Moristagus est venu demeurer dans le Valois, après la défaite du Romain Valérius, & qu'ayant pris le surnom de *Valésius* en mémoire de sa victoire, il l'avoit transmis au canton qu'il habitoit.

Ces sentimens, quoique singuliers, nous font connoître qu'on s'intéressoit déja à la recherche des Antiquités du Valois, dans le temps où écrivoient ces deux Auteurs.

Jean Bodin (3) considérant qu'il y a beaucoup de bois dans le Valois, a voulu faire venir ce nom du mot allemand Walt, qui signifie une forêt. Quelques-uns de ses contemporains ont eu recours au Grec pour y trouver la même explication.

Υαδες a paru aux uns la racine de *Valois*, parce que les eaux sont communes dans ce pays : d'autres se sont arrêtés au mot Βασιλεια, estimant le Valois un séjour digne des Rois. La plupart ont cherché dans le Latin la même origine, & ont pensé que les Romains avoient appellé *Valois* ce pays, soit à cause de la valeur de ses habitans, soit à cause des vallées qui y sont fréquentes.

Bergeron, Bouchel & Muldrac, n'ont fait que rebattre ces sentimens dans leurs écrits. Le premier enchérissant sur les conjectures de Forcadel, passe en revue tous les *Valérius* de la Républi-

---

(1) De Bovel. de differ. vulg. ling. Paris, 1533. de Halluc. Gall. nom. cap. 8. p. 33.
(2) De origin. Vales. 8°. Paris, Chau-
dieres 1579.
(3) Notit. Gall. p. 580.

que Romaine, comme pour s'autoriser à croire que le Valois tire son nom de quelqu'un d'eux. Bouchel paroît vouloir faire venir ce nom des vallées : Muldrac a entrevu que tous ces sentimens étoient sans fondement.

Damien de Templeux est le premier, qui fondé sur un passage de l'Histoire de la translation de S. Arnoul, composée au dixiéme siécle, a décidé que le Valois a reçu son nom du bourg de *Vez*, qui en étoit la capitale anciennement. Il ajoute que dans les titres latins, Vez est appellé *Vedum*, *Vadum* & *Vadodium*, d'où l'on a fait *Vadensis* & *Valois* par une *l* seule, & non pas en doublant cette lettre, comme on l'écrivoit de son temps. Le passage sur lequel de Templeux s'appuie, est formel. Il porte que c'est du nom de Vez que le Comté de Valois a été ainsi appellé, *Vadum ex cujus vocabulo territorium appellari consuevit Vadensium*. *Vadum* signifie un *gué*. On a donné ce nom au bourg de Vez, parce que pour arriver au sommet de la côte où il est situé, on traverse à gué plusieurs ruisseaux d'une vallée profonde. Il y a dans la haute Normandie, entre l'Eure & l'Ithon, un lieu appellé *Vadiniacum* dans les titres latins, parce qu'on y arrive par des *gués*. Dans les Capitulaires de nos Rois, & dans Flodoard, le Valois est nommé *pagus Vadensis* & *Vadisus*. Bergeron (1) observe que dans les vieux titres, *Valois* est toujours écrit par une *l* seule. Il y a en Lorraine un petit pays de Valois, qu'il ne faut pas confondre avec celui-ci.

2. Ce que je viens d'exposer, ne roule que sur le nom du Valois. Je passe à ce qui regarde les plus anciens lieux, que ce pays renferme. Ces lieux sont de deux sortes. L'antiquité des uns est fondée sur une tradition fabuleuse. Celle des autres est appuyée sur des monumens. On peut ranger le village de Thau, la tour de Haumont, le Mont-au-Fait, la Loge-Lambert sous la premiere classe, & placer Aconin, Noyan, Ouchy, Verberie, Champlieu ou les Tournelles, Borret, Cuise, & le Mont de Chaftres dans la seconde.

Avant l'arrivée de César dans les Gaules, & au temps de ses conquêtes, le Parisis & le Laonnois étoient aux deux extrémités d'une immense forêt. Il n'y avoit point d'habitations au centre de ces bois. Les demeures des Gaulois étoient distribuées le long des rivieres d'Oise, d'Aisne & de Marne. C'étoit au rapport de

(1) Valois Royal, p. 7.

César, un usage parmi ces peuples, de placer ainsi la plûpart de leurs établissemens entre un bois & un fleuve : usage commun aux peuples sauvages, anciens & nouveaux, chez qui les voyageurs ont pu pénétrer.

Les Gaulois étant presque tous Bergers de profession, avant que l'exemple & la réflexion en eussent fait des Cultivateurs, leur premier soin avoit été de chercher les gras pâturages & les secours de la vie, qui sont comme attachés au voisinage des grandes rivieres. Ces peuples avoient une bonne raison pour aimer le séjour des forêts. Ils étoient fort friands de laitages, de venaison & de porc frais (1). Les glandées, les faines, les fruits sauvages servoient d'engrais à leurs troupeaux.

Les Romains à leur arrivée dans les Gaules, donnerent le nom de *Silvacum* à une longue continuité de forêts, qui remplissoit l'intervalle du Laonnois & du Parisis. Ce nom est demeuré à deux cantons, l'un du Parisis, & l'autre du Laonnois, & a été changé en celui de *Servais* dans la langue Romance. A deux lieües de Louvres en Parisis, est la Chapelle en *Servais* du côté de Senlis. le Palais *Silvacum* dont il est si souvent fait mention dans les Capitulaires de nos Rois, étoit bâti sur l'emplacement actuel du village de *Servais* en Laonnois. Ces bois étoient bordés de quelques bourgades, composées de plusieurs chaînes de cabanes, couvertes de roseaux ou de jonc, & fermées avec des clayes (2).

Dans le premier âge de notre Histoire, il ne faut chercher ni Valois ni Sylvanectes; la curiosité seroit précipitée, & les recherches infructueuses. Parlons seulement de quelques lieux anciens, dont l'origine paroît appartenir à ces temps reculés.

Noyan & Aconin, Verberie & Borret, sont les seuls lieux du Valois & de son voisinage, qui semblent conserver l'empreinte d'une telle antiquité. Quant à la tour de Haumont & au village de Thau, la Loge-Lambert & le Mont-au-Fait, les merveilles qu'on en a publiées sont des visions. Les ruines de la tour de Haumont & de la Loge-Lambert, n'indiquent pas un temps plus ancien, que les regnes de Charles V & de Charles VI.

Le nom de Haumont est l'abrégé de celui de *Réaumont* qu'on donnoit à deux tours, à cause de deux freres ainsi nommés, qui les avoient bâties. L'une étoit située du côté de Puisieux, sur l'endroit

---

(1) Cæf. de Bell. Gall. l. 1. cap. 1. l. 2. c. 6. | (2) Cæf. ibid.

le plus élevé de la forêt de Retz, dans la route du Fait. L'autre se voyoit dans les fables de Gondreville, à la place de la belle épine où Monseigneur le Duc d'Orléans a fait placer une table. On y trouve des restes de caves, & il y a des monceaux de pierre cachés sous le sable. Ces deux freres avoient bâti ces deux tours, pendant les troubles qui ont suivi le regne de Philippe de Valois. Du haut de ces tours, ils se donnoient des signaux pour s'entre-secourir.

Le Mont-au-Fait n'est qu'un amas de roches, & de bancs de pierre couchés les uns sur les autres, sans apparence qu'on y ait bâti. La fable qui assure que ce lieu a été habité par des *Fées*, vient de l'ignorance des copistes, dont la plûpart ont écrit le Mont-aux-Fées, au lieu de Mont-au-Fait. L'étymologie de ce nom paroît venir du mot *fagus*, qui signifie un faux ou un hêtre, arbre commun dans la forêt de Retz, qu'on nommoit Faix ou Fay en vieux François. La tradition assure qu'on voyoit autrefois sur le Mont-au-Fait des spectres qui rendoient des oracles; qu'ils paroissoient assis sur deux dégrés à mi-côte; que de ce siége ils faisoient des questions aux passans, & répondoient aux doutes qu'on leur proposoit. Ce trait peut être fondé sur quelqu'usage de l'Antiquité idolâtre.

Ce qu'avance Regnault dans son Histoire de Soissons sur le village de Thau, savoir, que les Druides faisoient leurs exercices de religion dans les bois voisins, qu'ils y sacrifioient au vrai Dieu, qu'ils y avoient des autels en l'honneur de la Vierge qui devoit enfanter, qu'ils y adoroient la Croix sous la figure du (ת) Thau des Hébreux, est une puérilité fondée sur l'analogie du nom de cette lettre avec celui du village, ou sur la conformité de cette lettre avec l'espéce de croix sur laquelle Moïse exposa le Serpent d'airain. Je ne finirois pas, si je voulois rapporter ce que j'ai oüi raconter en divers lieux du Valois, sur l'origine & sur l'antiquité de beaucoup d'endroits. Le temps ne coûte rien à mesurer, quand il est passé: il n'est long que pour ceux qui ont part aux événemens de la vie. Les conjectures de ceux qui prétendent déterminer l'antiquité des lieux, sans être versés dans les régles de la saine critique, sont pareilles aux jugemens des Astrologues qui veulent percer dans l'avenir.

Aconin & Noyan faisoient partie de la ville de Soissons, lorsqu'elle étoit la capitale d'un Etat gouverné par des Princes Gaulois. On peut consulter à ce sujet les Dissertations de M. l'Abbé

Lebeuf sur le Soissonnois, & lire ses réponses aux critiques qu'on en a faites.

À la page 37 du Mémoire de ce Savant (1), qui a été couronné par l'Académie de Soissons en 1735, on place sur la montagne de Verberie l'un des douze Bourgs, dont le Royaume de Soissons étoit originairement composé sous les Princes Gaulois. On n'y donne pas les preuves de ce sentiment, nous croyons les avoir suppléées dans les observations qui suivent.

Le nom primitif de Verberie étoit peu différent de celui qu'il porte aujourd'hui. On trouve dans les plus anciens manuscrits, *Vernbria* & *Verbria*. *Vermeria*, *Wurembria*, *Verberiacum*, sont plus récens. Nous pensons que M. Bullet (2) dans ses Mémoires sur la Langue Celtique, a mal choisi le mot *Wurembria* pour expliquer l'étymologie de ce lieu. *Vuren*, dit-il, signifioit de l'eau salée parmi les Celtes, & *bry* une fontaine; & sur ce qu'on lit dans l'analise générale des Eaux minérales de France, que celles de Verberie participent d'un sel semblable au sel commun, il en conclut que ce lieu étoit appellé par les Celtes, le Bourg aux eaux salées.

Ver & *bria*, sont deux mots Celtiques, dont le premier signifie *grand*. Le second est une terminaison commune, employée tantôt pour une montagne, tantôt pour indiquer un lieu situé sur un fleuve. Ainsi *Verbria* devoit signifier dans le langage des Celtes, le Bourg à la grande ou à la longue montagne. L'on dit encore aujourd'hui S. Vast de Longmont; & dans les titres du treiziéme siécle, Verberie n'est pas autrement appellé que *Longus mons in valle*, & *Longus mons in colle*.

Verberie paroît avoir eu son premier emplacement sur la montagne, vers la Borde, en-deça de la chaussée Brunehaud, dans l'endroit appellé *Mal-assise*. Les anciens titres nous apprennent que la surface de ce terrain a long-temps été couverte de ruines; il y a peu d'années qu'on est venu à bout de le défricher. Les Laboureurs y ont trouvé d'anciennes monnoyes de tout métal, des vases de fer de figure singuliere : j'en ai vu rapporter un utensile de fer de trois piéces, dont la forme représentoit deux chapeaux abbatus, appliqués l'un contre l'autre par leur circonférence, & séparés par une plaque de fer ronde comme leur forme. Ces ruines ont fourni de pareils monumens pendant plus d'un sié-

(1) Paris, chez Lépine. in-12. | (2) Tom. I. p. 58.

cle. Verberie s'étendoit sur la montagne depuis cet endroit jusqu'à Fay, comme l'indiquent les puits, les aqueducs & les fondations qu'on trouve sur cette étendue en plein champ. Dans la vallée les habitations bordoient la montagne depuis Rhuys jusqu'à Saintines. Entre Rhuys & Verberie on remarque un autre genre de monument qui mérite attention.

Assez près de la rive méridionale de l'Oise, dans une terre forte, sans aucune trace d'anciens bâtimens ni de débris, on apperçoit trois masses d'un grais brut. La plus grande est plantée droite. Elle a neuf pieds de haut, sans compter sa base qui est enterrée de quatre ou cinq pieds. Sa largeur est de sept pieds dans le milieu, & elle a dix-huit pouces environ d'une épaisseur assez uniforme, quoique brute.

A cinquante pas à l'Oüest, est une autre pierre de cinq pieds de large sur huit de haut, sans compter sa base : elle panche de moitié vers le Midi. Deux autres pierres paroissent encore plus avant, dont une ne s'éléve que de trois pieds au-dessus de la surface du champ ; l'autre ne montre qu'une tête brute qui sort à peine de terre. La grande pierre est émaillée d'une prodigieuse quantité de petits brillans, qui semblent autant de diamans ; ce qui est une preuve de sa grande vétusté. La seconde en a moins.

On tient qu'il y a près de ces pierres, des tombeaux où sont renfermés de grands corps. Les tombeaux du Mont-Catillon sont situés au Sud-Oüest de ces pierres, que dans le pays on nomme *les Pierres de Rhuys*. L'ancien Palais de Verberie, dont il sera souvent fait mention dans cette Histoire, étoit situé sur la même rive de l'Oise, plus loin vers l'Orient. Ces sortes de monumens sont très-rares dans l'Isle de France ; ils sont plus communs dans le Périgord, dans le Poitou, & dans la Basse-Bretagne.

La grande pierre de neuf pieds, a sa pareille près Borret, à côté de la porte, sur le chemin de Senlis à Baron. Celle-ci panche d'un pied vers le Midi : elle est haute de neuf pieds trois pouces, & a sa base enfoncée de cinq pieds dans terre. Elle est isolée, large de sept pieds dans le bas, & de trois pieds seulement vers son extrémité. C'est un grais fort dur, émaillé de petits brillans. A soixante pieds environ de cette pierre, & vis-à-vis la porte d'entrée, qu'on appelle Porte de la ville, on apperçoit une large butte, haute de cinq à six pieds, dans laquelle on a trouvé en 1755, les offemens de trois grands corps rangés de suite, la tête tournée vers la grande pierre, & les pieds vers l'Orient. On a crû pendant long-temps, que cette pierre énorme avoit été plantée, pour servir de borne à la forêt de Retz.

Il y a eu pendant des siécles, une pierre moins grosse que celles de Verberie, & debout, près la fontaine d'où la riviere d'Ourcq prend sa source, dans la Paroisse de Courmont, au-dessus de Fere en Tardenois. Cette pierre de l'Ourcq avoit un signe distinctif. On y voyoit empreinte la patte d'un Ours. Le peuple conservoit encore une sorte de vénération pour cette pierre, il y a quelques années. Un particulier l'ayant enlevée pour la placer dans l'encoignure d'un bâtiment, on lui intenta un procès.

Les Savans ne sont pas d'accord sur ces genres d'Antiquité. Les uns prennent ces pierres pour les *Saxa grandia*, dont il est parlé dans l'Ecriture, & auxquels les Payens rendoient leurs hommages comme à des Divinités. D'autres, (& c'est le sentiment le plus probable & le plus reçu) estiment que ces pierres ont été dressées par les Gaulois, comme autant de monumens, à la mémoire de leurs grands hommes, dans les temps où les Belges avoient une opposition marquée pour tous les Arts, & pour l'Architecture en particulier.

A Braine, dont l'étymologie est à peu près la même que celle de la finale de Verberie, on a trouvé & l'on trouve encore quelque-fois dans la ville & dans les environs, des médailles anciennes de tout métal, quelques Gauloises, des Consulaires & des Impériales. Nous parlerons ci-après de trois haches de pierre fort anciennes, qui ont été trouvées sur la montagne qui est entre Courcelles & d'Huisel, d'un abraxas découvert à Braine même. Un particulier de cette ville, en fouillant il y a deux ans dans sa cave, qui perce sous une ancienne enceinte de la ville, trouva un moyen bronze d'Auguste bien conservé, & une médaille de l'Empereur Néron : ce qui fait juger que cet emplacement étoit habité sous ces deux regnes.

3. L'expédition de César dans le Soissonnois & dans le pays d'alentour, ne changea pas la face du territoire. Damien de Templeux (1) pense avec beaucoup de vraisemblance, que du moment où toute la Gaule a passé sous la domination des Romains, la plus grande partie du canton, qu'on appelle aujourd'hui le Valois dans le sens général, étoit comprise dans le Soissonnois ; aussi

(1) De Templ. p. 139.

l'Histoire

l'Histoire de la conquête des Gaules par Jules César ne contient-elle de relatif à notre objet, que ce qu'on y expose de la nation en général, touchant le gouvernement civil & militaire, la religion, la police & les mœurs.

En ces temps, la Gaule Celtique ne comprenoit pas le pays de Valois, comme le Seigneur Thibaud de Mailly l'a avancé dans son Roman. Ce pays faisoit partie de la Gaule Belgique. Les Belges, à la vérité, parloient le langage des Celtes, qui s'est conservé dans la langue Bas-Bretonne. César représente les Celtes & les Belges, comme deux peuples distingués, quant au gouvernement, & séparés l'un de l'autre par des limites.

Les Belges passoient pour être les plus vaillans des Gaulois (1), aguérris, tempérans, & très-jaloux de leur liberté. Ils refusoient l'accès aux marchands étrangers. Ils éloignoient les Artistes, parce qu'ils redoutoient le luxe comme un fléau. Ils étoient sobres dans le manger, simples dans leurs manieres, legers & changeans. Ils prenoient leurs repas sur l'herbe, & couchoient sur des housses. Pour demeures, ils occupoient des cabanes couvertes de longues herbes, & fermées avec des clayes. Bergers pour la plûpart, ils vivoient du lait de leurs brebis, & se couvroient de leurs peaux. Ils aimoient par préférence la chair de porc, & en faisoient une grande consommation.

Cette conduite des Belges, touchant le commerce extérieur, & leur défiance à l'égard des étrangers, n'étoient pas l'effet d'un raisonnement dépravé par la barbarie. Quand on pése sans prévention les inconvéniens du luxe, avec l'utilité qu'il rapporte, il est assez difficile de prendre un parti. Le luxe que les Belges appréhendoient tant, étoit celui des Asiatiques, des Tyriens & des Cartaginois, qui avoient plusieurs fois abordé chez eux, en allant commercer dans l'Armorique. Les Belges exerçoient le commerce par échange dans l'intérieur de leur pays. Ils avoient une religion, une police, & se conduisoient par des principes & par des loix. César nous apprend à ce sujet, ce qui suit (2) :

» Deux sortes de personnes sont en honneur, & tiennent un
» rang chez les Gaulois, les Druides & les Chevaliers. Les Drui-
» des président au culte qu'on rend aux Dieux. Ils ont soin des sa-
» crifices solemnels & domestiques. Ils expliquent la religion. Les
» jeunes gens viennent en foule à leur école pour s'instruire, &

---

(1) Cæs. Bell. Gall. l. 1, cap. 1. l. 2. c. 6. | (2) Lib. 6.

» leur rendent beaucoup d'honneur. Les Druides réglent presque
» tous les différens publics & particuliers. Quelqu'un a-t-il com-
» mis un crime ? deux hommes sont-ils en dispute pour une suc-
» cession, ou pour les limites d'un champ ? c'est à eux d'en or-
» donner. «

La plus grande peine s'infligeoit parmi les Belges, en interdisant aux coupables l'assistance aux sacrifices. Ceux qu'on écartoit de cette espéce de communion, passoient au rang des impies & des scélérats. On se séparoit d'eux : on ne vouloit ni leur parler ni les voir : on leur refusoit même la justice, & ils ne jouissoient d'aucune considération. Tous les Druides relevoient d'un Chef, qui avoit sur eux une autorité souveraine. Ils le choisissoient entre eux. Lorsqu'il mouroit, on lui donnoit pour successeur le plus digne de la société. Les Druides n'avoient pas d'aversion pour les Lettres : ils savoient presque tous la Langue Grecque. Les premiers de leur corps possédoient l'art du gouvernement, & manioient avec habileté les affaires, qu'ils régloient au-dedans & au-dehors, dans la paix comme dans la guerre.

Les Chevaliers tenoient le second rang de distinction parmi les Belges. Ces Chevaliers, militaires par état, avoient chacun plus d'esclaves & de gens à leur service, à proportion de leur qualité & de leur fortune. Le commun peuple passoit sa vie dans une servitude continuelle : exclu de tout conseil, il n'osoit entreprendre quoique ce soit, de lui-même. La plûpart des simples citoyens grévés de dettes contractées dans le besoin, accablés d'impôts, ou pressés par l'injustice des plus puissans, vendoient leur liberté aux Nobles.

Ces usages regardoient toute la Belgique. Je n'ai rien de cette nature à exposer, touchant le pays de Valois en particulier. On sait seulement qu'on y rendoit au Dieu Mars & au Dieu Mercure, un culte privilégié, & plus solemnel que dans les pays d'alentour.

Les Belges de l'ancien Valois regardoient comme deux Divinités tutélaires, Mars & Mercure. Leur culte de Mars formoit un tissu d'horreurs. On révéroit ce Dieu sous le nom d'Esus (1). La dévotion qu'on lui portoit, se régloit sur la protection qu'on en attendoit dans les combats ; car les Belges étoient les Lacédémoniens de la Gaule. Pour se le rendre propice dans les calamités

---

(1) Cæs. Bell. Gall. l. 6. c. 17, Lucan. Pharsal. lib. 1. Lact. de Gall. div. Instit. | l. 1. c. 21.

publiques, ces peuples lui immoloient des victimes humaines, par le ministere de leurs Druides. Les circonstances déterminoient le choix de ces victimes. Plus la figure & l'extraction les rendoient recommandables, plus on les croyoit agréables à ce Dieu. On les brûloit vives dans l'intérieur des Temples, on les égorgeoit, ou on les perçoit de fleches, pour appaiser le Dieu Mars, selon qu'on le croyoit plus ou moins irrité. Monstrueux aveuglement, de confondre l'Etre suprême avec de pareilles Divinités, de ne pas voir qu'ils outrageoient le Créateur, en détruisant son plus parfait ouvrage, & de fermer l'oreille aux cris de la Nature, qui condamne de telles cruautés!

Les Romains devenus maîtres des Gaules, proscrivirent ces excès. Leur commerce addoucit les mœurs des Druides. La religion de Rome prit la place de ce culte de sang, & vengea l'humanité, quoiqu'elle ne fit que corriger une erreur par une autre.

C'est une tradition perpétuée de siécle en siécle, & confirmée par les titres, qu'à la place de l'Eglise & du Donjon de Martimont, il y avoit un Temple où l'on faisoit des sacrifices aux Dieux du Paganisme. Cette tradition jointe à l'étymologie du nom, porte à penser, qu'on rendoit à Mars les honneurs divins sur la hauteur. Bergeron, Bouchel, & tous ceux qui ont écrit sur le Valois, assurent que Martimont est un lieu très-ancien. Les titres le nomment *Martismons* & *Matrismons*, par la transposition de la lettre *r*. Il est divisé en deux parties, le haut & le bas, qui font deux Fiefs séparés. Martimont-le-haut appartient à M. Emmanuel de Bernetz, du chef d'Anne d'Hesselin sa mere. Martimont-le-bas est possédé par M. le Marquis de Brion. Le Donjon & l'Eglise sont situés sur la hauteur, & dans le bas on voit des ruines. L'Eglise de Martimont, dont on a éteint derniérement le titre, pour réunir ses dépendances à la Paroisse de Crotoy, est l'une des premieres qui ayent été fondées dans le Soissonnois. Il nous semble qu'on auroit dû épargner un monument, qui rappelle à l'esprit la piété des premiers Fidéles. On peut considérer les premieres Eglises du monde chrétien, comme le berceau du Christianisme, puisque c'est dans ces Eglises que les premiers Fidéles s'assembloient pour s'instruire, pour s'édifier, & pour assister à la célébration des saints Mysteres.

Anciennement la Seigneurie du haut Martimont, alloit de pair avec la Maison Royale de Cuise pour la noblesse. Nos Rois, après avoir réunis les deux Domaines, jugerent à propos de donner séparément, le Donjon de Martimont en Fief, à des Chevaliers qui prenoient encore le nom de Cuise au douziéme siécle ; sans doute parce qu'ils avoient été leurs Officiers dans cette Maison. Quittant ensuite le nom de Cuise, ces Chevaliers ont pris le surnom de Martimont, pour marquer leur Domaine. Dans un titre du Cartulaire de Mornienval, en date de l'an 1259, il est fait mention d'un Renaud de Martimont, comme étant témoin d'un accord. Aux descendans de ce Renaud, ont succédé de simples Gentilshommes, dont la suite n'a rien de remarquable, sinon que les derniers ont absolument laissé dégrader ce beau Fief.

Dans les actes d'enquêtes que le Roi Philippe Auguste ordonna avant & après l'an 1212, touchant les usages des lieux privilégiés du Valois, on lit le rapport des Déposans aux Commissaires, sur les droits d'usage & les différentes coutumes utiles, dont les hommes de Martimont avoient été en possession de tout temps. La tour de Courtieux, renommée par sa force, & par les siéges qu'elle a soutenus pendant les troubles, dépendoit de Martimont. Un dénombrement de 1484, apprend qu'en cette année, le Domaine de Martimont, déja bien déchu, comptoit encore parmi ses dépendances cinq arrieres-Fiefs, à Martimont même, à Courtieux, à Ambleny & à Jaulzy. Après que le Roi Henri IV eut fait bâtir la galerie des Cerfs à Fontainebleau, on peignit dans cette galerie les monumens & les objets, qui pouvoient mériter l'attention du Souverain & des Seigneurs de sa Cour. On remarque encore le Donjon de Martimont parmi ces objets.

Sur la hauteur de Montmélian, près Louvres en Parisis, aux confins du Servais (1), les Payens avoient un Temple consacré au Dieu Mercure, où l'on adoroit son idole. Le culte de ce faux Dieu a été plus long-temps en honneur à Montmélian, que celui de Mars à Martimont, parce qu'il n'avoit rien d'inhumain. Les premiers Sylvanectes prenoient Mercure pour leur Divinité tutélaire : il se faisoit chez eux un grand débit de ses simulacres, qu'on vendoit publiquement dans les marchés (2). La préférence qu'ils accordoient à ce Dieu, venoit de leur amour pour la profession du commerce, dans laquelle ils excelloient sur leurs voisins. Ils avoient de Mercure, l'opinion d'un Dieu qui gouvernoit la Fortu-

---

(1) Lebeuf Hist. dioc. Par. t. 3. p. 64. t. 4. p. 468. t. 5. p. 538. (2) Boll. Mart. t. 3. p. 816.

ne à son gré, & qui présidoit à la sûreté des chemins. Les voyageurs l'invoquoient dans leurs routes, comme un guide assuré. Ils le tenoient cependant pour capricieux, croyant qu'il enrichissoit les uns, & qu'il ruinoit la fortune des autres, selon son bon plaisir. On l'adoroit sous le nom de *Teutates*, & on lui attribuoit l'invention des Arts. Nous dirons ci-après, comment & par quels Missionnaires, cette fausse religion a été détruite.

5. La chaussée Brunehaud est un monument remarquable dans le Valois. Elle s'y divise en trois branches. La premiere passe à Ouchy, & conduit à Château-Thierry. La seconde méne à Senlis, & traverse le territoire de Champlieu. La troisiéme, conduit à Noyon par Vic-sur-Aine & Berny. L'origine de cette chaussée se rapporte au regne d'Auguste. Son nom vient d'une fable. Sa célébrité est fondée sur sa continuité, depuis Rome jusqu'à la mer des Gaules, & sur l'utilité dont elle a été pendant des siécles, aux troupes, au commerce, & à la sûreté publique.

César en conçut le plan dès qu'il eut conquis la Gaule, il en laissa l'exécution à l'Empereur Auguste, qui chargea son gendre Agrippa, de cette importante opération. Je n'assure pas que les trois chemins en question, soient l'ouvrage d'un seul regne. Agrippa n'a fait qu'ébaucher certains chemins, que les Successeurs d'Auguste ont achevés. Il est à croire que la route de Noyon, a été entreprise ou perfectionnée par l'Empereur Caracalla, à cause des médailles & des colonnes milliaires qu'on y a trouvées, portant le nom de cet Empereur. Celle qui passe à Ouchy est à peu près de la même date. L'autre est sans difficulté, la plus ancienne des trois; elle conduisoit de Rome, aux villes d'Arles, de Lyon, de Reims, & de Soissons, à Senlis, à Pont, à Beauvais, à Amiens, & aboutissoit au pays des Morins qui bordoit la mer.

L'Auteur des Tables de Peuttinger, a tracé sur sa carte un ancien chemin de Senlis à Meaux, & de Meaux à Sens. Ce chemin côtoyoit le Valois, & passoit près Nanteuil-le-Haudouin. On n'en reconnoît plus la trace présentement. On comptoit de Meaux à Senlis, seize lieües Gauloises.

Le nom qu'on donne à ces chaussées, vient d'une fable inventée au treiziéme siécle, par le Poëte Reucléry, & adoptée comme une vérité pendant les siécles d'ignorance (1). Cette opinion reconnoissoit pour Auteur de ces grandes routes, un prétendu Roi

(1) Berg. Hist. gr. ch. l. 1. p. 316.

du Haynault, nommé Brunehaud, qu'on croyoit les avoir créées au temps de Salomon, par des enchantements. Avant cette fable, on appelloit en latin *Strata* ces grandes routes, & en langue Romance, *chemins de ly Eſtrées*.

Cette chauſſée n'eſt pas d'une ſtructure uniforme. Ici c'eſt un maſſif bombé, compoſé de moillons liaiſonnés de marne, & quelque-fois de mortier de chaux. Là, ce n'eſt autre choſe qu'un amas de pierrailles, jettées ſans ordre, & recouvertes de ſable ou de terre. Plus loin, cette même chauſſée ne déborde pas la ſurface des campagnes, & ſes fondements ſont pareils à ceux d'un grand édifice. Les reſtes qu'on en voit, ſont un travail de pluſieurs ſiécles, auquel les Romains ont d'abord employé leurs Légions, tant pour percer les chemins, que pour les applanir. Les François ſont venus, qui, moins opulents & moins induſtrieux que les Romains, mirent des impôts ſur les commerçans, & inventerent les corvées pour l'entretien de la chauſſée *pro calciatâ* : expédient qui dégénéra en véxations pendant le gouvernement Féodal. Les Seigneurs exigeoient les droits ſans entretenir.

Ces chemins à tout prendre, ſont d'une exécution moins noble & moins hardie que les nôtres : ſouvent trop étroits. On multiplioit les circuits, pour éviter de trancher & d'applanir. Quant au ſyſtême de les détourner de leur direction, pour les faire paſſer de ville en ville, il étoit fondé ſur des raiſons de commerce, & ſur des vües du bien public, dont on s'écarte peut-être trop de nos jours. Lorſque Bergier avance que les revenus de la France n'auroient pas ſuffi du temps de la Reine Brunehaud, aux frais d'une telle chauſſée, il ne faiſoit pas attention aux moyens qu'on mettoit en œuvre pour former & entretenir les chemins publics.

Ces réflexions regardent ſeulement les branches de la chauſſée Brunehaud, qui traverſent le Valois. Je ne prétends pas les étendre à d'autres pays. Cette chauſſée entre dans le Valois près Bazoches, paſſe à Courcelles, & auprès de Braine du côté oppoſé à la Folie. Elle quitte le grand chemin actuel, à l'endroit appellé Chauderoles. Elle aboutit à la riviere de Veſle, au-deſſus du moulin de Quincampoix, où l'on a vu long-temps les reſtes d'un pont, & va rejoindre à Sermoiſe le grand chemin de Soiſſons. Elle reparoît après Soiſſons à Ambleny, & paſſe à la Croix-Guérin. Elle continue l'eſpace de deux lieües depuis Pont-Archer juſqu'au Château de Haute-fontaine, paſſe à Chelles & au Chêne Herbelot, près duquel étoit situé l'ancien Palais nommé *Casnum*, à S. Nicolas de Courson, à Champlieu, à Bethizy S. Martin, Néri, & près Raray au-dessus de Verberie, & delà droit à Senlis.

Vers la Croix-Guérin commence une division de cette chaussée dont on perd la trace. On remarque au-delà & en deçà de la riviere d'Aisne plusieurs chemins anciens, dont on a peine à la distinguer. Il m'a paru sur les lieux qu'elle traversoit la riviere d'Aisne, auprès de Berny-riviere, sur un pont de pierre, situé vis-à-vis d'une croix de pierre. Ce pont n'existe plus; on en apperçoit des vestiges, lorsque les eaux sont très-basses. La croix que l'on voit encore, est appellée par les gens du lieu, *la croix du vieux pont*. La chaussée alloit de-là, droit à Noyon, traversant la prairie de Vic-sur-Aisne.

La division qui conduisoit de Soissons à Château-Thierry, passoit près Vignoles, Noyan, Berzy-le-sec, Rosieres & Aconin: après quoi on la perd de vue. On en retrouve des traces sur la montagne de Buzanci. Elle laisse Tigni à droite, Thau & Artennes à gauche, traverse les bois de S. Jean, d'où elle gagne le Plessis-Huleu & Ouchy. On passoit la riviere d'Ourq au-dessous de Berny, au pont Bernard, & l'on alloit joindre les villages d'Armentieres, & de Rocourt, le Charme, Bezu S. Germain. Arrivée près l'étang de Val-secret, cette chaussée sort du Valois.

La premiere utilité de cet ancien chemin a été de percer & d'éclaircir une immense forêt, presqu'impénétrable. Je ferai en son lieu la description de toute cette étendue de bois, & je montrerai comment le canton s'est peuplé par dégrés. Cette étendue comprenoit les forêts de Cuise ou de Compiegne, de Villers-Cotteretz & d'Halate, la Gruerie de Valois, avec une bonne partie de la Brie & du Multien. Tous les lieux dont je viens de donner les noms, se sont formés le long de l'ancienne chaussée, comme on voit encore naître les villages & les hameaux sur les nouveaux grands chemins.

6. Les Romains pour contenir les peuples nouvellement soumis, avoient coutume de placer des garnisons sur les chemins militaires. Ils y établissoient des camps à demeure, qu'ils nommoient *castra stativa*.

Je pense, contre le sentiment de Nicolas Sanson, que quand César conquit les Gaules, il n'y avoit ni peuple, ni cité des Sylvanectes. Ce nom qui est tout Romain signifie un canton, dont les habitations sont dispersées dans les bois. La raison principale de M. Sanson, pour croire que la cité des Sylvanectes existoit avant le temps de la conquête des Gaules par Jules César, est fondée sur cette réflexion : » Quand César, dit-il, laissa trois Légions » dans la Belgique, (le texte porte *in Belgio*) & qu'il leur donna » pour Commandans M. Crassus, L. Manlius Plancus, & » Caius Trébonius, nous avons trouvé que César hyvernoit dans » Amiens, & Crassus dans Beauvais. Il est à croire que Trébonius » étoit dans Arras, & Plancus dans la ville qu'on a depuis appellée » *Augustomagus* ou Senlis.

M. Sanson prend le change en cet endroit. Il confond le Belgium avec la Belgique, & ne distingue point la partie du tout. J'ai démontré dans un Mémoire composé sur ce sujet (1) que le Belgium comprenoit le cœur & la portion principale de la Gaule Belgique, comme est aujourd'hui l'Isle de France au reste du Royaume. La ville que César ne nomme pas, c'est Arras, & non Senlis ; le Belgium contenoit les trois cités d'Amiens, de Beauvais & d'Arras.

Le sentiment de Louvet, touchant les premiers commencemens de la cité des Sylvanectes, est de croire qu'elle a été fondée par César. Comme ce n'est qu'une conjecture dont Louvet n'apporte pas de preuve, j'aime mieux penser que la premiere ville des Sylvanectes a commencé sous Auguste, lorsque le plan de la chaussée Brunehaud a été exécuté. Son premier nom d'*Augustomagus* en est presque le garant. La place n'aura d'abord été qu'un ouvrage palissadé de pieux & de gazon, comme on en voit dans les nouvelles conquêtes des Européens en Amérique, & dans l'Inde, où la pierre est rare. Avant César, les Belges ignoroient l'art d'employer la pierre dans les bâtimens. Ils habitoient des cabanes de pieux, couvertes de roseaux, & fermées avec des clayes. Comme il n'est pas fait mention des Sylvanectes avant les regnes de Vespasien & de Tite, j'en conclus que la cité de ce nom avec son ressort, aura mis tout cet intervalle à se former : de-là vient son peu d'étendue, en comparaison des cités voisines qui sont plus anciennes, comme celles de Soissons & de Beauvais.

Il suit de-là que les anciens peuples du Valois ont été formés par les Romains sous le nom de Sylvanectes. Je n'ai rien de positif à exposer touchant leur gouvernement particulier, ni sur les li-

(1) Diss. Belgium. Paris, Ganneau 1753.

mites de ce pays. Pline le Naturaliste, le premier qui en ait fait mention (1), leur donne la qualité de libres, *Ulmanectes liberi*: état dont les peuples voisins ne jouissoient pas.

Cet état de liberté n'est pas aisé à définir: les Savans sont partagés sur ce sujet. Ce n'est pas ici le lieu d'entrer en discussion. Je laisse à part les sentimens de (2) Spanheim, de Valois & des autres Critiques, pour m'en tenir à la définition du Jurisconsulte Proculus, qui écrivoit sous le regne de Vespasien, de même que Pline. » Le peuple libre, dit-il (3), est celui qui n'est pas immédiatement » soumis à une puissance étrangere.... Le devoir d'un peuple » libre envers les citoyens Romains, consiste à reconnoître & à » respecter la supériorité de ces Maîtres du monde. Il y a entre » Rome & la cité libre, le même rapport qu'entre le patron & le » client. Celui-ci est bien son maître assurément, mais il ne va pas » de pair avec son patron, auquel il n'est égal ni en dignité ni en » crédit. Car le client ne peut rien commander au patron... Nous » donnons donc le nom de libre au peuple qui a pour la majesté » du nom Romain, la soumission & le respect qui lui sont dûs. «

Ce privilége de liberté avoit été accordé aux Sylvanectes par les Empereurs, comme une marque de leur confiance & de leur considération. Ceux de Beauvais n'en jouissoient point, parce qu'ayant été soumis par la force, ils avoient montré en trop de rencontres, peu de soumission aux ordres des Empereurs, & une préférence décidée de leurs usages au gouvernement Romain. Cette sorte de prééminence des Sylvanectes sur les peuples du Beauvoisis, ne soumettoit pas ceux-ci aux loix des autres. Mal-à-propos prendroit-on cette circonstance, à l'exemple de Ricard & de Loisel, dans leurs disputes sur la Coutume de Senlis, pour une disposition qui assujettissoit la cité de Beauvais à celle de Senlis: ce seroit confondre les Coutumes & les temps par une anticipation de plus de dix siécles (4).

Ptolémée nomme dans sa Géographie (5) les Sylvanectes. Il les place entre les pays des Nerviens & le Vermandois. Il appelle Ρατο΄μαγος ουβανεκτῶν, la capitale du canton. Ce nom de Ρατο΄μαγος a beaucoup embarrassé les Critiques. M. de Valois (6) pensoit que c'étoit une faute dans Ptolémée, *mendosè*, & qu'à ce nom, il falloit sub-

---

(1) Hist. nat. lib. 4. cap. 17.
(2) Spanh. orb. rom. cap. 10. p. 295. not. Gall. p. 597.
(3) Digest. lib. 49. tit. 15. l. 7.

(4) Ric. cout. Senl. p. 129. Loisel. mém. B. p. 27. 187. 188.
(5) Pt. l. 2. c. 9.
(6) Not. Gall. p. 505. du Cang. gloss.

Tome I.

ftituer αυγυστόμαγος. Le terme que M. de Valois femble récufer, fe trouve dans les écrits de quelques Auteurs grecs du Bas-Empire. Il nous a paru fignifier un lieu remarquable par fes marchés.

La ville de Senlis eft préfentement le chef-lieu d'un Comté diftingué du Valois. Ainfi, fans m'étendre fur fon origine, je remarquerai feulement, qu'à la place des ouvrages en pieux & en gazon qui fervoient de défenfes aux habitans du lieu, on éleva d'excellens murs, flanqués de hautes tours par intervalles. Ces murs fe remarquent encore près l'Evêché, & autour de l'Eglife de S. Maurice au Château. Ils font conftruits en briques & en parpins liaifonnés d'un bon mortier, & femblables à ceux du monument tenant à l'Hôtel de Cluny, à Paris. Les couches de briques & de parpins forment divers cordons, difpofés les uns au-deffus des autres. On rapporte au regne de Vefpafien ce genre de batiffe.

Il paroît que jufqu'à ce temps, le pays des Sylvanectes avoit été fans capitale & fans limites certaines. Ce pays ne devint une cité dans les régles, qu'après que la fortereffe eut été défendue par de bons murs. La ville fe forma par le concours des familles qui vinrent s'établir tant au-dedans qu'au dehors, à caufe des franchifes & de la fûreté du lieu.

Si l'on en croit un Savant Géographe moderne (1), le pays de Valois formoit du temps de Ptolémée une cité particuliere, dont la capitale portoit le nom de *Nœomagus*, & le peuple celui de *Vadicaſſes*. Il place la capitale *Nœomagus*, à l'endroit où eft le bourg de Vez, & les *Vadicaſſes* occupoient, felon lui, les campagnes d'alentour. Ce fentiment a été attaqué, & l'on prétend que les *Vadicaſſes* de Ptolémée, ou les *Bodicaſſes* ou *Bodiocaſſes* de Pline, font les anciens peuples de Bayeux en Normandie, & *Nœomagus*, Bayeux même.

Depuis le regne de Vefpafien & de Tite, plufieurs événemens fe font paffés, dont on ne peut déterminer la date avec certitude. L'Evangile a été annoncé aux Sylvanectes. Les Empereurs ont établi à Champlieu un camp pour garder le pays ; ils ont embelli & perfectionné les grands chemins. Le canton à été défriché & peuplé par des bandes de *Letes*, efpéces de colonies que les Empereurs y ont envoyées pour s'y fixer. Ces Letes mêlés avec les naturels, ont donné naiſſance aux Maifons de plaifance, fi

---

(1) Danvill. not. v°. Nœomag.

connues dans les fastes primitifs de notre Monarchie, sous les noms de *Villæ regiæ* & *Villæ fiscales*, où les Empereurs & leurs Lieutenans en premier lieu, puis nos Rois des deux premieres races, faisoient de fréquens voyages, attirés par la commodité & par l'agrément du séjour. Nanteuil, May & Crépy, Ouchy, Quierzy, le Chesne, Braine & la Maison Royale de Cuise, Villers-Cotteretz, Bonneuil & Berny, sont redevables à ces Letes de leurs premiers accroissemens. L'immense forêt de Servais fut percée dans des endroits, & défrichée dans d'autres, puis divisée en deux portions, sous le ressort des deux Maisons de Nanteuil & de Cuise : la premiere, sous le nom de forêt de Brie ; l'autre, sous le nom de forêt de Cuise. Enfin, l'on jugea à propos de distraire des trois Cités de Senlis, de Meaux & de Soissons, un nombre de lieux, pour former les deux anciens pays de *Valois* & d'*Orceois*, placés comme au centre de ce qu'on nomme présentement le Duché de Valois.

ỳ. La religion des Romains avoit pénétré dans la Belgique avant le Christianisme, par les soins de César & de ses successeurs. Ses pratiques substituées aux inhumanités des Druides, adoucirent les mœurs de la nation. Le Belge, détaché de la barbare superstition d'immoler des victimes humaines, employa d'autres sacrifices, soit pour appaiser les Dieux lorsqu'il les croyoit irrités, soit pour mériter leur faveur dans les rencontres où il vouloit se concilier leur protection. Ce n'étoit au fond qu'un changement d'Idolâtrie. Les Sylvanectes demeurerent asservis sous le joug de la séduction, jusqu'à ce que de saints Missionnaires vinssent leur défiller les yeux, & les éclairer des lumieres de la Foi.

Il se présente ici deux questions : quand & par qui la Foi a commencé d'être annoncée aux Sylvanectes. Pour les décider, il faut nécessairement décomposer le pays dont il s'agit, & distinguer le centre de cette étendue qu'on nomme aujourd'hui le Duché de Valois, d'avec ses extrémités, qui sont limitrophes du Soissonnois, du Vermandois, du Parisis & du Rhémois.

Bergeron & l'Auteur de l'antiquité des villes, avancent que S. Crépin & S. Crépinien sont venus prêcher la Foi dans le Valois vers l'an de J. C. 288, & que la ville de Crépy doit à leurs prédications sa premiere origine. C'est une conjecture uniquement fondée sur l'analogie des deux noms de Crépy & de Crépin.

Dans le fragment d'une vie authentique de S. Piaton, rapporté par Marlot (1), nous lifons que S. Rufin & S. Valere, S. Crépin & S. Crépinien, S. Rieul & S. Quentin, font venus dans les Gaules à la fuite de S. Denys & de fes Compagnons, pour y prêcher la Foi. Ces Saints fe féparerent, & fe choifirent chacun un diftrict. S. Quentin s'attacha au Vermandois, S. Crépin au Soiffonnois, S. Rufin & S. Valere s'établirent à Bazoches, & S. Rieul, après avoir parcouru l'intérieur de ce qu'on nomme le Valois en général, s'arrêta enfin à Senlis. Les circonftances de la Miffion de ces Hommes Apoftoliques, ne nous font pas entiérement connues. On fait feulement que c'eft vers la fin du troifiéme fiécle, que chacun d'eux a éclairé des lumieres de la Foi, la portion de pays dont il avoit entrepris la converfion. Par la route qu'ils ont tenue, on préfume qu'ils fe font arrêtés, l'un dans une partie du Valois, l'autre dans une autre.

L'Hiftoire de cette Miffion eft un peu différemment racontée dans une Légende du treiziéme fiécle, confervée à Braine. On y expofe que Quentin & Lucien, Crépin & Crépinien, Victrice & Fufcien, Marcel & Eugene, Piat & Rieul, Rufin & Valere, tous Hommes Apoftoliques, partirent de Rome, & vinrent à Paris, où ils firent choix chacun d'un canton de la Gaule, pour y annoncer l'Evangile. Voici quelques particularités remarquables de la vie de ces Saints.

S. Quentin étoit fils d'un Sénateur Romain nommé Zénon. L'on croit qu'il partit de Rome vers l'an de J. C. 245, & qu'il accompagna S. Lucien dans les Gaules, pour aller, l'un à Amiens, l'autre à Beauvais. Ils eurent à traverfer le pays des Sylvanectes dans toute fon étendue; & il eft probable que leur zele pour l'établiffement de la vraie religion n'aura pas été fans effet. C'eft une tradition, que d'Amiens, S. Quentin fit plufieurs excurfions dans le Vermandois, pour y détruire l'empire du démon. Nous avons tracé la route par laquelle les trois pays d'Amiens, de Vermandois & des Sylvanectes communiquoient enfemble. C'étoit pour notre Saint une facilité de rendre fes voyages plus fréquens dans ces trois cantons.

S. Quentin exerçoit fa Miffion dans Amiens, lorfque la cruelle perfécution de l'Empereur Maximien vint à éclater. Cet Empereur ayant envoyé à Varus, Préfet des Gaules, des ordres frictes & féveres, de faire la recherche de tous les Chrétiens

(1) Hift. eccl. Rem. t. 1. p. 70.

de son gouvernement, pour les contraindre de renoncer à leur culte, S. Quentin fut dénoncé. On l'arrête, on le charge de chaînes, & on le jette dans une noire prison, où on le laissa un jour entier. Varus le croyant intimidé par la rigueur du traitement, le fit venir, & lui proposa de renoncer à J. C. Le Saint répondit au Préfet avec une fermeté qui l'irrita. Pour l'abbattre & pour se venger, Varus lui fit donner la torture, qui causa au Saint de grandes douleurs dans toutes les parties de son corps, pendant que son esprit demeuroit dans l'état d'une parfaite tranquillité. Aux tourmens, le Préfet fit succéder les caresses, & des promesses séduisantes, que le Saint méprisa. Varus indigné, ordonne qu'on le batte de verges, & qu'on l'enferme dans une prison plus dure que la premiere ; ce qu'on exécuta. Cette peine, loin de vaincre la constance du Saint, l'affermit dans sa résolution de confesser la Foi. On redouble les tourmens. Après l'avoir étendu par le moyen de poulies, avec une violence qui déboîta tous les os de ses membres, on le fouetta long-temps avec des chaînettes de fer ; on lui versa sur les plaies du dos, de l'huile, de la poix & de la graisse bouillantes, & on lui appliqua des torches ardentes aux parties les plus sensibles. Au milieu de ces supplices, le Saint bénissoit Dieu. Varus, pour lui ôter l'usage de la parole, lui fit verser dans la bouche, de la chaux, du vinaigre & de la moutarde, ce qui ne réussit pas. Le Saint eut encore l'organe de la voix assez libre pour confesser J. C.

Le Préfet étant appellé dans le Vermandois, pour y exercer les fonctions de sa charge, voulut que le Saint fût conduit à sa suite. Arrivé dans la capitale du Vermandois, il acheve d'instruire le procès de S. Quentin, & met en œuvre de nouveaux supplices pour tâcher de l'abbatre. Par son ordre, on lui fit entrer dans le corps, depuis le cou jusqu'aux cuisses, deux barres de fer, & on lui enfonça de longs clous entre les ongles & la chair, & dans le crâne, jusqu'à la cervelle. Le déchirement de ces parties du corps, que l'on regarde avec raison comme le siége de la vie, donna la mort au Saint, qui consomma ainsi son martyre, vers la fin du troisiéme siécle, dans une capitale qui retient encore son nom.

Le culte de S. Quentin a été consacré dans le Valois, par des Eglises & par des Chapelles bâties sous son invocation. S. Quentin, près Louvri, est l'une des anciennes Eglises de la contrée, qui ont commencé à porter ce titre. Dès l'origine de l'ancien Palais de Cuife; on éleva dans l'Eglife, une Chapelle en l'honneur de S. Quentin. Ce culte s'eft principalement étendu, pendant le temps où les Comtes de Valois poffédoient le Vermandois. La Comteffe Eléonore fe qualifioit, Dame de S. Quentin & de Valois. Le corps du Saint repofe dans la Collégiale de fon nom. Ce dépôt eft la feule caufe qui a fait changer l'ancien nom d'*Augufta Viromanduorum*, en celui de S. Quentin, que cette ville porte depuis plus de huit fiécles.

9. Au temps de ce martyre, S. Crépin & S. Crépinien demeuroient à Soiffons, S. Rufin & S. Valere à Bazoches.

On pourroit, fans bleffer la vraifemblance, placer S. Crépin & S Crépinien, parmi les Miffionnaires qui ont commencé à diffiper les ténèbres de l'Idolâtrie dans le Valois. Il eft néanmoins plus probable, qu'attachés à la profeffion fédentaire qu'ils exerçoient, ils fe contentoient d'attirer chez eux le commun peuple, pour l'inftruire des vérités de la Foi. Le même Préfet Varus, qui avoit procuré à S. Quentin la couronne du martyre, les fit décapiter pour la même caufe, près la ville de Soiffons, vers l'an de J. C. 287. L'Eglife de Vichel, dans la Châtellenie de Neuilly-Saint-Front, eft dédiée en leur honneur. Les dixmes de cette Paroiffe font un des premiers revenus, qui ayent eté donnés à l'Abbaye de S. Crépin-en-Chaye de Soiffons.

10. La partie orientale du Duché de Valois, qui comprend la ville de Braine, avec les lieux de Bazoches, du Mont-Notre-Dame, Pars, Sermoife, &c. reconnoît S. Rufin & S. Valere pour premiers Apôtres de la contrée. On ne fait fi ces deux Saints étoient Gaulois d'extraction, ou Romains de naiffance. Les uns affurent qu'ils avoient quitté Rome pour venir dans les Gaules ; & que s'étant procuré un emploi dans les greniers publics de Bazoches, ils y avoient fixé leur féjour. D'autres prétendent qu'étant nés & domiciliés à Bazoches, ils avoient reçu en ce lieu les premiers principes de la connoiffance du vrai Dieu, par le miniftere de quelqu'un de ces Hommes Apoftoliques, qui prenoient leur route par Bazoches, pour aller annoncer l'Evangile dans la partie occidentale des Gaules.

Les premieres actions de S. Rufin & de S. Valere, depuis leur converfion, nous font inconnues. On fait en général qu'ils avoient pour vertu dominante, la libéralité envers les pauvres ; qu'ils vivoient en ftrictes obfervateurs de la morale chrétiennne,

& qu'ils travailloient avec succès à la propagation de la Foi.

Le Préfet Varus, plus connu dans le canton sous le nom de Rictiovare, ayant entrepris la recherche de tous les Chrétiens qui vivoient dans son ressort, pour obéir aux ordres de l'Empereur Maximien Hercules, apprit de ses Emissaires, que dans le lieu même de sa résidence, il y avoit deux Chrétiens employés dans les magasins, qui non contens de professer leur religion, attiroient les Payens dans leur parti, par leurs largesses, par leurs discours, & surtout par l'exemple d'une vie sans reproche. Nos Saints informés qu'on les avoit dénoncés au Préfet, se cacherent dans un souterrain, pour éviter ses poursuites. Leur évasion redoubla l'activité du Tyran. On les découvrit dans un endroit situé près de la chaussée Romaine, & on les conduisit au Préfet. Rictiovare n'épargna rien pour les gagner. Promesses, menaces, caresses, il employa tout. Les trouvant inflexibles, le Préfet les condamna à être décapités. On n'est point d'accord sur le lieu de l'exécution : les uns disent que le Préfet partant de Bazoches pour Soissons, traina les Saints à sa suite ; & qu'étant arrivé près Quincampoix, il s'y arrêta ; qu'il y fit lire aux deux Saints l'arrêt de leur condamnation, qu'on exécuta en sa présence, sur les bords de la petite riviere de Vesle ; & qu'après avoir vu donner le coup de la mort aux Martyrs, il continua sa route vers Soissons.

Ce sentiment, qui a tout l'air d'être une répétition du martyre de S. Quentin, ne me paroît pas assez certain pour être reçu. J'aime mieux l'opinion commune, suivant laquelle les deux Saints ont été décapités dans la place du château de Bazoches, auprès d'un souterrain à demi comblé qu'on voit encore, à trois cent pas ou environ de la riviere de Vesle.

On rapporte qu'après ce supplice, les Payens, en haine du nom chrétien, prirent les corps des deux Saints, & qu'ils les jetterent dans un cloaque, qu'on montre encore dans le jardin du château de Bazoches : que les Fidéles enleverent ces corps pendant la nuit, & les placerent dans une sépulture honorable. Usuard rapporte le jour de ce martyre au trente de Juin, sans en marquer l'année.

Sous le regne de Constantin, le culte de S. Rufin & de S. Valere devint public. On éleva d'abord un Oratoire sur leur sépulture ; & comme on appelloit ces sortes de Chapelles *Basilica* & *Bisulca*, tout le territoire en prit le nom de *Bazoches*:

vieux mot, qui est la traduction du latin *Bisulca*.

Cette Chapelle ayant été renouvellée & aggrandie, S. Loup, Evêque de Soissons & neveu de S. Remy, y forma, en mémoire des soixante-douze Disciples de Jesus-Christ, un Chapitre de soixante-douze Clercs ou Chanoines, qui existoit encore plus de quatre siécles après la mort de ce Saint Prélat, au rapport de Flodoard. On croit que les Reliques de Saint Rufin & de Saint Valere, ont été levées de terre au septiéme siécle, pour être exposées à la vénération des Fidéles.

On compte plusieurs Translations de ces Reliques. La premiere s'est faite de Bazoches à Reims en l'an 882, aux approches des Normands. Les Châsses de ces deux Saints demeurerent à Reims pendant deux ans, dans l'Eglise de Saint Pierre, d'où on les a rapportées à Bazoches en 884. Une seconde Translation a eu lieu de Bazoches à Soissons l'an 937, par la crainte des Hongrois. Abbon, Evêque de Soissons, les reçut avec honneur dans sa Cathédrale. Le péril étant passé, on parla de ramener à Bazoches les deux Châsses: l'Evêque Abbon renvoya l'une, & garda l'autre.

Peu de temps après ce retour, il y eut une distribution de ces Reliques, dont on envoya des parcelles dans quelques Eglises voisines, à Coulonges, à Loupeignes, à Vierzi, à Vregny au Diocese de Soissons, à Ourges au Diocese de Reims. La Châsse de Soissons ayant été brûlée au sac de cette Ville, par les Huguenots, le 27 Septembre 1567, il ne resta plus que celle de Bazoches, qu'on avoit eu la précaution de porter à Reims dès l'an 1560, c'est la troisiéme Translation. Les Reliques resterent à Reims jusqu'à la fin des guerres de Religion. Rapportées à Bazoches, on les transféra de nouveau à l'Abbaye de Saint Paul, près Soissons, d'où M. Hennequin, Evêque de cette Ville, les a fait transporter dans sa Cathédrale, le 11 Juillet 1617. En 1716, on établit à Bazoches une Confrairie de Saint Rufin & de Saint Valere, dans l'Eglise de Saint Pierre.

II. Les Auteurs qui ont écrit l'Histoire du martyre de Saint Rufin & de Saint Valere, ne nous apprennent pas quel nom portoit le lieu de Bazoches, avant le culte de ces deux Saints. Ils ne font mention que de ses magasins de bled, & de ses greniers. Ce Bourg comprenoit tout le territoire des deux Paroisses de Saint Rufin & de Saint Thibaud.

C'étoit

C'étoit chez les Romains une conduite pleine d'humanité & de prévoyance, de former des magasins de bled, & d'autres natures de grains, au centre des pays fertiles. On y avoit recours dans les calamités publiques, & ils prévenoient les famines. Les plaines du Soissonnois, offrant aux Romains les commodités nécessaires pour exécuter un pareil établissement, on le plaça dans Bazoches. On y resserroit les grains, partie dans des greniers & dans des bâtimens construits exprès, partie dans des souterrains, où l'on avoit le secret de garantir de l'humidité ces provisions. La situation de Bazoches sur les bords de la Vesle, & à côté de la chaussée Romaine, qui traversoit la Gaule & conduisoit jusqu'à la mer, rendoit le lieu très-propre à cet usage. Le Préfet des Gaules y avoit un Palais qu'il occupoit.

La petite riviere de Vesle navigable alors, depuis Fismes jusqu'à Condé, offroit un débouché pour tous les lieux qui bordent les rivieres d'Aisne, d'Oise & de Seine, jusqu'à l'Océan. Dans les Capitulaires de nos Rois, & dans les Ouvrages de Flodoard, on la nomme *Vidula*. La question de savoir, si elle étoit navigable alors depuis Reims jusqu'à Fismes, est embarrassante. Les actes des diverses translations des Reliques de S. Rufin & de S. Valere, semblent le supposer. Nous ferons voir au huitiéme Livre de cette Histoire, que cette navigation a été exécutée il y a deux cens ans : preuve certaine qu'elle peut avoir existé, pendant les premiers siécles de l'Ere Chrétienne. Une Charte de l'Empereur Louis le Débonnaire, fait mention d'un pont situé sur la Vesle. Ce pont se voyoit à Quincampoix, où la chaussée Brunehaud aboutit encore.

Les moindres rivieres sont des sources d'utilités, & comme autant de veines qui entretiennent une circulation bienfaisante dans les Etats, lorsqu'elles parcourent, comme la Vesle, un pays abondant en denrées. Elles fertilisent les vallées qu'elles arrosent, & transportent à peu de frais, d'une contrée dans une autre, le superflu des productions naturelles qu'on ne peut consommer sur les lieux. Toutes les rivieres ne sont pas également propres à la navigation ; quelques-unes manquent d'un volume d'eau suffisant : on augmente ce volume avec le secours des écluses & des vannes ; & il est à croire que les Romains ont employé cet expédient pour mettre la Vesle en état de porter des batteaux, & d'exporter les bleds des greniers de Bazoches, & des plaines de Braine. Il seroit à désirer, que dans un siécle comme le nôtre, où la Méchanique & la Science Hydraulique semblent avoir atteint le premier dégré de perfection, l'on reprit l'ancien projet de rendre navigable cette petite riviere.

12. La paix de l'Eglise, acquise au prix du sang des Martyrs, arriva à pas lents dans le Valois. Elle y a été précédée par des intervalles de calme, dont de saints Missionnaires ont sçu profiter, pour établir la Religion chrétienne, sur les ruines du Paganisme.

Les Successeurs de l'Empereur Maximien Hercules confierent le gouvernement des Gaules, à des Préfets moins animés contre les Chrétiens, que l'inhumain Rictiovare. S. Rieul, qui vivoit sous ces Empereurs, profita de leurs sentimens pacifiques, pour étendre la Foi dans cette partie de la Gaule Belgique, qu'on nomme le Valois & le Comté de Senlis, dont les peuples portoient alors le nom de Sylvanectes.

13. Que S. Rieul ait eu la plus grande part à la conversion des Sylvanectes, c'est un sentiment qui paroît certain. Son séjour à Senlis, le culte qu'on lui rend depuis tant de siécles, comme au premier Apôtre de la contrée, quelques fragmens des anciens actes, qui contenoient les circonstances de sa mission, ses travaux & ses courses continuelles dans l'intérieur du pays, prouvent de plus en plus la solidité de ce sentiment.

L'on n'a aucune certitude touchant l'origine de S. Rieul, ni sur le temps précis où il a vécu, & où il a jetté les fondemens de l'Eglise de Senlis. Usuard, qui écrivoit sous le regne de Charles le Chauve, lui donne la double qualité de Confesseur & d'Evêque de Senlis, & met sa Fête au trente Mars (1). On lit dans le Martyrologe Romain, que S. Rieul a été Evêque d'Arles, & qu'il est mort à Senlis. Le Martyrologe de S. Etienne d'Auxerre fait aussi mention de S. Rieul, & lui donne seulement le titre d'Evêque de Senlis. Pour concilier ces sentimens, les Bollandistes, M. de Tillemont, & quelques autres Savans (2), ont distingué deux Saints Rieuls, l'un Evêque d'Arles, l'autre Evêque de Senlis. Nous nous rangeons de ce parti, sans déférence pour ceux qui soutiennent que S. Rieul a été successivement Evêque d'Arles, & Evêque de Senlis. On conserve dans la ville d'Arles, le Corps de S. Rieul Evêque de cette ville; & le Corps de S. Rieul, Evêque de Senlis, repose à Senlis même, dans la

---

(1) Bolland. Mart. t. 3. p. 816. seq.   (2) Gall. Christ. t. 10. p. 1380.

Collégiale de son nom ; preuve sans replique, que l'Evêque d'Arles & l'Evêque de Senlis, ont été deux personnes différentes.

On regrette une ancienne Vie authentique de S. Rieul de Senlis, dont on n'a que des fragmens. Les Légendes rapportées dans la Collection de Bollandus, sont des Romans, faits à plaisir par des Ecrivains mercénaires, pour être débités pendant l'octave de la Dédicace de l'Eglise, bâtie à Senlis en l'honneur de S. Rieul, par un effet de la piété du Roi Robert. Les vrais Actes de S. Rieul, ayant été brûlés ou dissipés par les Normands, on leur substitua ces Légendes, pour flatter le goût dépravé de ces temps d'ignorance, où l'on préféroit le merveilleux au vrai.

Le peu qu'on sait de S. Rieul, ne remonte pas au-delà du temps où il parvint à l'Episcopat. Cette initiation dans l'Ordre Hiérarchique le remplit de zele, comme la descente du S. Esprit avoit agi sur les Apôtres. Ardent à dissiper les erreurs du Paganisme, sa charité sembloit le reproduire en tous lieux. On le voyoit dans les hameaux comme dans les villes, sur les grandes routes, dans les places fortes, dans les chaumieres comme dans les Palais, instruire par ses discours, édifier par ses vertus, & sur-tout prêcher d'exemple ; *oppida, rura, casas, vicos, castella perágrans.* Ce vers est l'un des fragmens de l'ancienne vie de S. Rieul. Je le rapporte comme un témoignage rendu à la vie active de ce Saint, & à la sollicitude de son Apostolat. On raconte encore de S. Rieul, qu'en allant de Paris à Senlis, il s'arrêta à Louvres, & entra dans un Temple de Mercure, où il renversa l'idole de ce faux Dieu, & gagna à J. C. la plûpart des Payens du lieu, qui fermerent leur Temple, & renoncerent à leurs superstitions. Après la mort du Saint, on changea ce Temple en une Chapelle qu'on voit encore, & qui est dédiée sous l'invocation de S. Rieul. Arrivé à Senlis, il convertit à la Foi le Préfet Quintilien, Gouverneur de la Place. S. Rieul administra le Baptême au Préfet, & à tout ce qui restoit de Payens dans la ville. Armé d'un zele que la confiance du peuple rendoit encore plus ardent, il chassa de la place publique, les marchands de simulachres, qui abusoient de la crédulité des habitans.

La tradition & les Légendes rapportent beaucoup d'autres traits de la vie de S. Rieul, qui regardent plus particuliérement le Valois : mais ils sont tellement mêlés de fables & de puérilités, qu'on ne peut y ajouter foi. C'est dans le canton une opinion très-accréditée parmi le peuple, que S. Rieul est venu plusieurs fois prê-

D ij

cher l'Evangile dans la plaine qui eſt entre Reuilly & Chavercy ; que ce Saint prononçoit ainſi ſes diſcours en pleine campagne, à cauſe de la foule de ceux qui venoient pour l'entendre. Ce qu'on raconte des grenouilles de la grande marre de Reuilly, auxquelles, dit-on, il impoſa ſilence, parce qu'elles couvroient ſa voix de leurs croaſſemens, & qu'après ſon ſermon, S. Rieul permit à une ſeule de recommencer, eſt fondé ſur cette ſingularité naturelle, que pendant pluſieurs ſiécles, on n'entendit qu'une ſeule grenouille dans la marre de Reuilly, tandis que toutes les autres grenouilles des environs, faiſoient retentir l'air du bruit confus de leurs cris. J'ai vû des exemples d'une grenouille qui croaſſoit ſeule, dans des lieux remplis de cette eſpéce d'animaux, où cependant S. Rieul n'a jamais prêché. Malgré cette obſervation, l'hiſtoire de la grenouille eſt ſi établie dans le pays, que les habitans de Reuilly l'ont fait repréſenter ſur le Tableau de leur Chapelle de S. Rieul.

Indépendamment de cette hiſtoire, le culte de S. Rieul eſt fort ancien dans Reuilly. Les noms latins de *Reguliacus*, & de *Ruliacum*, viennent de *Regulus*, qui étoit le nom propre de S. Rieul. Le territoire de Reuilly eſt l'un des premiers de la contrée, qu'on ait défriché. Après la conquête des Gaules par Clovis, Reuilly devint une terre du Fiſc, dont les Rois des deux premieres races ſe ſont réſervé la jouiſſance. Ces Rois y établirent un Prevôt, qui leur rendoit compte de ſon adminiſtration. Il eſt fait mention de Reuilly dans le compte rendu en 1202, au Roi Philippe Auguſte, par le frere Aimard, comme d'une Prevôté dépendante de la Baillie de Renaud de Bethizy, de même que la triple Prevôté de Verberie, Bethizy & Laon. Philippe Auguſte démembra cette terre ſeize ans après, en faveur des Bouteillers de Senlis. Il en avoit déja donné une portion à un Chanoine de Laon, pour en jouir pendant ſa vie ſeulement. Les Succeſſeurs de Philippe Auguſte, après divers partages, ont enfin abandonné Reuilly & ſes dépendances, à des Communautés Religieuſes qui en jouiſſent encore.

La liberté avec laquelle S. Rieul a exercé ſon zele, confirme de plus en plus le ſentiment, qui le fait vivre après les perſécutions des Empereurs Dioclétien & Maximien. On peut croire qu'il a rempli ſa miſſion ſous le regne de Conſtance Chlore, le premier Empereur payen qui ait été favorable aux Chrétiens. Conſtance Chlore regnoit en l'an 295. On prétend que S. Rieul a gouverné l'Eglise de Senlis durant quarante ans. Tous les détails contenus dans les Recueils de Surius & de Bollandus, sur la personne & sur la mission de S. Rieul, se réduisent à reconnoître que ce Saint a combattu généreusement le culte des faux Dieux, & l'a renversé si efficacement dans la plûpart des lieux de l'ancien Valois, que l'erreur y a cédé la victoire à la vérité. Le Martyrologe de Senlis, qui fait mention de la mort de S. Rieul, n'en marque ni le jour, ni l'année. On y lit seulement le texte qui suit: *Beatus Regulus, peractâ prædicatione, sanctitate & miraculis clarus, in ipso territorio, sancto quievit fine.*

La mémoire de ce Saint a toujours été en vénération dans le Valois, où plusieurs Chapelles sont dédiées en son honneur. Il y a dans l'Eglise Collégiale de S. Thomas de Crépy, une Chapelle de S. Rieul. C'est du Monastere de Long-pont, que les Hagiographes d'Anvers, ont tiré l'une des Légendes de S. Rieul, qu'ils donnent dans leur compilation. L'Eglise de Senlis célébre trois Fêtes de S. Rieul, celle de sa mort le vingt-trois Avril, celle de la Translation de ses Reliques le trente Mars, & celle de ses Miracles le quinze Juillet, au lieu du sept Février, qui a été long-temps le jour de cette troisiéme Fête. Tous les Calendriers mettent au trente Mars la Fête de S. Rieul.

14 Il résulte de tout ce que j'ai dit jusqu'ici, touchant les premiers commencemens du Christianisme dans l'ancien Valois, que deux siécles & demi se sont écoulés depuis la venue de J. C. avant que la Foi ait été apportée dans la Gaule Belgique. Les premiers Apôtres de cette contrée, ont eu à endurer, comme on a dû l'observer, tout ce que l'animosité des Tyrans a pu imaginer de plus cruel. Une politique mal-entendue avoit inspiré aux Empereurs & à leurs Lieutenans, la fausse opinion de croire que la Religion Chrétienne devoit être proscrite, comme étant moins favorable à leur autorité, que la religion de l'Empire.

Constance Chlore parut, qui conçut des vues politiques tout oppofées à celles de ses Prédécesseurs. Ayant reconnu que le Christianisme est une religion d'obéissance & de soumission aux Puissances, il accorda son estime & sa confiance aux Chrétiens. A Constance Chlore, succéda le grand Constantin, qui embrassa le Christianisme, & donna la paix à l'Eglise. Comme le nombre des Fidéles étoit déjà grand, & croissoit tous les jours, Dieu multiplia aussi de nouveaux moyens de salut. On érigea un plus grand nombre d'Oratoires & de Paroisses, afin de faciliter à chacun l'assistance à l'Office Divin, la participation aux Sacremens, & la nourriture de la parole divine. On fonda plusieurs Monasteres, pour aider la piété de ceux qui vouloient renoncer au monde, & se faire une loi des conseils de l'Evangile. On doit mettre au nombre des premieres Eglises, qui ont été fondées dans le Valois, celles de Bazoches près Crépy, de Bazoches près Braine, de Martimont, d'Orouy, de Chelles, de Neuf-chelles, de Reuilly, & de Chézy en Orceois. Ici commence l'Histoire Ecclésiastique du Valois. Je rapporterai suivant l'ordre chronologique, les événemens qui en dépendent.

15 Jules César, dans ses Commentaires, divise les Gaules en trois parties, l'Aquitaine, la Celtique & la Belgique, sans compter la Gaule Narbonnoise, qu'on appelloit la Province Romaine, parce qu'elle obéissoit aux Romains depuis long-temps. L'Empereur Auguste fit une nouvelle division de la Gaule en quatre parties; Othon la divisa en six, & Dioclétien en onze Provinces. C'est Dioclétien qui a le premier distingué deux Belgiques. Les Sylvanectes & les anciens peuples du Valois, ont été compris dans la seconde. On vit naître sous le regne d'Honorius, un partage plus détaillé. Ce Prince divisa les Gaules en dix-sept Provinces, & sous-divisa ces mêmes Provinces en *cités*, & les cités en *pays*. On le croit Auteur des Listes ou dénombremens qu'on appelle communément les *Notices*, & qui sont l'origine du partage de nos Dioceses. Ainsi, pour connoître de combien de cités dépendoit l'étendue actuelle du Duché de Valois au cinquiéme siécle, il faut examiner de combien de Dioceses ce Duché releve. Les deux pays de *Valois* & d'*Orceois* dépendoient de la cité de Soissons. Braine & ses environs appartenoient au pays du *Soissonnois*. Crépy & les lieux circonvoisins relevoient de la cité de Senlis, & Nanteuil-le-Haudouin, avec ses environs, de la cité de Meaux. Les limites des Dioceses n'ont presque pas changé depuis le regne d'Honorius, mais les pays se sont beaucoup étendus; témoin le pays de Valois, *pagus vadisus*, qui ne renfermant d'abord que le bourg de Vez sa capitale, avec Bonneuil, Villers-Cotteretz, Bethizy, Verberie, &c. a changé de capitale, & comprend aujourd'hui tout l'Orceois, & diverses parties du Soissonnois, du Multien, du Comté de Senlis, &c.

L'Empereur Maximien Hercules, si fameux par ses Edits sanglans contre les Chrétiens, réunissoit des qualités estimables. Il gouverna la Gaule avec assez de sagesse, & prit soin d'y appeller des bandes d'étrangers, pour peupler les cantons dégarnis d'habitans : contraste frappant dans la personne du même Prince, qui persécute l'humanité dans les Chrétiens, & qui cherche à l'étendre & à la favoriser par le secours des colonies. Maximien transféra de la Germanie dans la Belgique, de nombreux essains de Letes, peuple cultivateur, endurci au travail, qui savoit allier l'Agriculture avec la profession des armes. Ces Letes s'occupoient aussi à élever des troupeaux de gros & de menu bétail. Ils s'annonçoient, dit Eumenes, par les dehors d'un peuple barbare. Souples d'ailleurs, ils se plioient aisément aux usages de ceux avec qui ils avoient à vivre. Consommés dans la culture & dans le trafic des grains, du bétail, & de toutes les denrées usuelles, ils trouvoient dans ce genre de vie, le fond de leur subsistance ; gens, à tous égards, d'un bon commerce, & passant subitement, s'il étoit nécessaire, de la charrue aux armes, à l'exemple des premiers Romains.

On ne peut guéres fixer le temps où ces Letes sont venus s'établir chez les Sylvanectes, que par induction. Ce qu'on sait de positif, c'est que l'Empereur Maximien Hercules voulant renouveller l'usage introduit sous les Rois de Rome, & continué sous les Consuls, d'envoyer des colonies dans des lieux incultes ou dégarnis d'habitans, tira de la Germanie plusieurs essains de ces Letes, qu'il plaça dans les pays des Trévirois & des Nerviens. L'Auteur de qui nous apprenons ce trait, ne dit pas que cet Empereur ait envoyé des Letes chez les Sylvanectes, en même temps que chez les Trévirois & chez les Nerviens ; comme, suivant Pline, les Trévirois, les Nerviens & les Sylvanectes jouissoient du même état de liberté, & que la description de ce Naturaliste les représente sous ce rapport, comme trois peuples contigus, on peut croire que diverses peuplades de Letes auront été installées en même temps dans ces trois territoires.

On doit considérer les Letes Sylvanectes, sous le même rapport que ceux des autres contrées, c'est-à-dire, comme Cultivateurs & comme guerriers. Arrivés à leur destination, ils reconnurent le pays avant tout, & sonderent le terrein, pour distinguer le sol ingrat de celui qui pouvoit être cultivé. Ils eurent aussi égard à l'assiéte des lieux pour fonder leurs métairies. A force de travaux & de peine, ils vinrent à bout de convertir ces métairies en des séjours si gracieux, que les Empereurs d'Occident, & leurs Lieutenans, y passoient une partie de la belle saison. Nos Rois de la premiere & de la seconde race, en préférant ces Maisons de plaisance à la résidence des grandes villes, marchoient sur les traces des Empereurs.

Les Letes Sylvanectes dresserent ainsi le plan de leurs opérations. Opposés de sentiment & de conduite, à la défiance malentendue de ces familles Gauloises, qui ne s'occupoient que d'elles-mêmes, & s'enfonçoient dans les bois, loin de tout commerce, pour y mener une vie sauvage, ils placerent leurs établissemens, de la maniere qui pouvoit être la plus utile à la société. Ils eurent d'abord la précaution de ne pas s'éloigner des grands chemins. En passant en revue les plus anciennes terres du Valois, & celles dont l'étymologie indique qu'elles ont été défrichées les premieres, on reconnoît qu'elles ne sont pas éloignées des anciennes chaussées, dont nous avons donné la description.

La Maison Royale de Cuise, aujourd'hui S. Jean-au-Bois, avec la Breviere & Sainte Perrine ses annexes, Braine & Berny-riviere, S. Pierre en Chaftres, Mornienval, le Chesne, S. Nicolas de Courson, Chavercy, Nanteuil, & d'autres anciens Palais, ou sont situés attenant la chaussée Brunehaud, ou lui sont joints par un chemin de traverse. De proche en proche, les bois s'éclaircirent : beaucoup d'endroits ci-devant hérissés de ronces & de morbois, furent changés en des plaines fertiles ; les repaires & les antres firent place à des villages & à des hameaux, dont les noms pris de la basse latinité montrent, qu'ils se sont formés pendant les quatriéme & cinquiéme siécles de l'Ere chrétienne, lorsque les Letes travailloient à s'établir.

Dans ce langage de basse latinité, qui est un composé de latin, de racines Celtiques & de mots Saxons, apportés dans les Gaules par les Letes & par les autres peuplades transplantées de Germanie, on reconnoît beaucoup de noms qui sont propres à bien des lieux du Valois, & qui sont significatifs. On peut recourir au Glossaire de du Cange, pour s'en convaincre. Le nom de l'ancienne Maison de Cuise dérivé de *Cautum*, indique que cette Maison a été originairement le premier lieu défriché de l'immense forêt à laquelle elle a communiqué ce nom. Nanteuil, qui a pour racine

le

le mot *Nant*, tire cette dénomination de sa fontaine. Mail, May ou Maïl, a reçu son nom de sa plaine d'assemblée. Il en est de même des autres endroits remarquables du Valois, dont nous exposerons les étymologies dans l'occasion. Les lieux qui doivent leur origine à l'Agriculture, sont pareillement désignés par des termes de basse latinité. Les noms de Vauxserres, Sery, Sartigny & d'Essarts, de Bussy, de Boissy & Boissieres, marquent des places nouvellement défrichées au milieu des bois, pour être ensemencées. Combien de triages portent le nom de couture & de culture? Longue-avesne, Hautavesne & Haute-veine, Sennevieres & Chennevieres, Pommiers & Peroy, désignent des territoires où il croissoit de l'avoine, du chanvre & des arbres fruitiers. On compte dans le Valois dix-sept Fiefs, appellés la Grange, & nommés dans les anciens titres, *grangia* & *grancia*, termes consacrés aux grosses métairies sous le Bas-Empire, ainsi que le mot *colonia*, depuis sur-tout que la plûpart des *villæ fiscales* avoient été changées en des Maisons de plaisance. Je pourrois citer encore les noms d'Armentieres, de Chevreuse, Chevreville & Chevrieres, de Pigeonville & de Coulomb, de Vigny, Vigneroles & Vignoles, Viviers, la Borde, Betz, Bethizy, Pacy, &c. qui nous viennent des mêmes temps, & qui montrent que dans les lieux qu'ils expriment, on nourrissoit du gros & du menu bétail, de la volaille & du poisson. Pour conserver leurs troupeaux, les premiers cultivateurs ont été dans la nécessité de faire la chasse aux loups, & de détruire ces animaux carnaciers. Les endroits du Valois où les loups étoient communs, tels que les Eluats, *Lupi saltus*, Pisseleu, *Pejor lupus*, Huleu, *Lupus ululans*, Damleu, *Damnum lupi*, la Houate, Louvry, Loüatres, &c. en ont retenu le nom. L'étymologie de *Cerfroid*, s'explique d'elle-même.

16. Les Empereurs, après avoir pourvû au défrichement & à la population du pays des Sylvanectes, voulurent assurer le repos du canton, en y plaçant un corps de troupes. Comme il ne s'agissoit ni de conquérir les pays circonvoisins, ni de retenir dans le devoir un peuple enclin à la révolte, ils jugerent à propos de lever parmi les Letes du territoire, une milice qui veilleroit à la sûreté de la contrée, au lieu d'y envoyer des Légions du fond de l'Italie. Ces Souverains ne courroient aucun risque: ils pouvoient à tous égards compter sur la fidélité d'un peuple établi sur les terres de

l'Empire, & qui se trouvoit naturellement intéressé à s'exposer pour la défense de ses possessions.

On lit ce passage dans la Notice des dignités de l'Empire d'Occident : *Præfectus Letorum gentilium, Remos & Sylvanectas Belgicæ secundæ.* » Il y a dans la seconde Belgique, aux territoires de » Reims & de Senlis, un corps de troupes aux ordres d'un Préfet, » composé de Letes étrangers «. Cette Notice passe pour avoir été composée vers l'an de J. C 425, sous le regne de l'Empereur Valentinien III. Ce passage n'apprend ni le temps précis où ces Letes avoient été introduits dans la contrée, ni dans quel endroit du pays des Sylvanectes ils avoient été établis. Pancirole & les meilleurs Commentateurs de cette Notice, ne disent rien sur ce sujet. Nous venons de déterminer à peu près le temps où les Letes sont arrivés dans cette partie de la seconde Belgique, que les Sylvanectes occcupoient. Il nous reste à examiner, où ce corps de troupes a pu être avantageusement placé, pour remplir sa destination.

Les troupes que les Romains plaçoient dans les Provinces, campoient en pleine campagne sur les grandes routes. On nommoit ces camps *stativa*, pour les distinguer de ceux qu'on établissoit en présence de l'ennemi, pour peu de temps & comme en passant. M. de Caylus a fait graver dans le Recueil de ses antiquités, plusieurs de ces camps à demeure. Ils coupoient, pour ainsi dire, & renfermoient dans leur enceinte une partie des chemins publics, afin de ne laisser la liberté du passage qu'aux personnes sûres, & d'arrêter les vagabonds & les partis ennemis dans leurs courses.

Si donc nous pouvons trouver, dans quelque plaine du territoire des anciens Sylvanectes, des débris qui retracent aux yeux les proportions d'un ancien camp de cette sorte, il faudra les regarder comme les restes du camp occupé au cinquiéme siécle, par le corps de troupes en question.

Dans la plaine de Champlieu, qu'on voit sur la gauche du chemin qui conduit de Verberie à Crépy, à deux lieues de l'un & de l'autre, à cinq lieues de Senlis, à neuf petites lieues de Soissons, aux confins des Dioceses de ces deux villes, on apperçoit plusieurs monceaux de ruines & de terres rapportées, qui paroissent être les restes d'un ancien camp. On peut en faire remonter la premiere origine au temps des Césars, & croire que ces ruines sont des restes de bâtimens qu'on y a rassemblés postérieurement au regne de Valentinien III.

Pour donner une explication satisfaisante de ce monument, qui pique l'attention des curieux depuis plusieurs siécles, & qui a occasionné bien des conjectures, je donnerai en premier lieu une description historique du territoire de Champlieu. 2°. Je ferai ensuite la description particuliere du monument, & je tâcherai de prouver, 3°. que ses principales proportions se rapportent à celles d'un camp Romain. Les gens du lieu appellent ces ruines, le Monument des Tournelles ; & ils nomment *le champ des Ouis*, l'endroit où elles sont situées.

I. Champlieu, Orouy, Donnéval & la Mothe, sont quatre lieux voisins. Donnéval ou Dunval, est le plus ancien des quatre. Son nom, moitié Celtique, moitié Latin, lui vient de sa situation, au pied d'une hauteur qui domine sur la vallée d'Autonne. *Dun* en Celtique signifioit une hauteur : la terminaison de *val*, est l'abrégé du mot latin *vallis*. On ne sait ni l'origne, ni le temps de la fondation de cet ancien Château. C'est le sort de presque tous les établissemens qui ont existé avant la conquête des Gaules par les Romains : leurs premiers commencemens sont ordinairement obscurcis par la fable. En alliant la tradition avec le contenu des titres que j'ai consultés, on est dans la nécessité de reconnoître que le château de Donnéval est un Domaine de la premiere antiquité. Pour ne pas trop m'étendre sur l'Histoire d'un endroit presqu'ignoré de nos jours, je me contenterai d'observer que Donnéval, après avoir servi de retraite à quelques familles Gauloises, a été fortifié par les Romains dans le goût de Martimont. L'établissement du camp de Champlieu, & la fondation des Tournelles sur la chaussée Romaine, qui conduisoit de Senlis à Soissons, lui ont donné un nouveau dégré de considération. L'on peut croire avec fondement que les Préfets des Letes y faisoient leur résidence sous le Bas-Empire, & qu'ils en ont renouvellé le château pour l'occuper. Ce château est devenu le partage de quelque Seigneur franc après la conquête de Clovis, & c'est l'un des premiers Fiefs qui ait été érigé dans le Valois, sur le déclin de la seconde race de nos Rois. Depuis l'introduction du gouvernement féodal, les Seigneurs de Donnéval ont long-temps fait la loi dans le canton. Ils réunissoient avec les Terres d'Orouy & de Champlieu, quelques Seigneuries voisines. J'ai découvert plusieurs noms de ces anciens Seigneurs ; mais comme je n'ai pû les ranger sous des dates certaines, j'ai cru devoir les passer sous silence. En 1254, vivoit un descendant des anciens Seigneurs de Donnéval, nommé Raoul, qui possédoit aussi le Fief de la tour d'Orouy, & avoit un quart dans les dixmes de cette Paroisse. Ce Raoul de Donnéval, eut entr'autres enfans, une fille nommée Agnès, qui décéda en 1269, & qui fut inhumée dans le Collatéral droit de l'Eglise Collégiale de S. Thomas de Crépy. Le Fief de Donnéval appartenoit encore aux Successeurs de Raoul en 1315. Suivant un Acte du 10 Mai 1400, les Fiefs de Donnéval & de Champlieu étoient tenus alors par Jean Blavet. Jean de Donnéval, Seigneur de Champlieu, paroît dans un autre Acte de l'an 1527. J'ai vu un titre de l'an 1625, dans lequel Claude de la Personne prend la qualité de Seigneur de Donnéval & de Champlieu. En 1648, Hugues d'Ay se qualifioit Seigneur de Donnéval, Champlieu & la Mothe. Les Successeurs de Hugues d'Ay ont toujours possédé les trois Fiefs réunis jusqu'à la mort du Sieur Herlau, & ont fixé leur résidence à la Mothe, château qui a été formé des ruines de Donnéval. Du Sieur Herlau, Donnéval & la Mothe sont passés à M. Mottet, qui en jouit présentement.

Orouy est une Paroisse située dans la vallée d'Autonne, au-dessous de Champlieu. Elle reléve en premiere instance du Bailliage de Crépy, & dépend pour le spirituel du Diocese de Soissons. Je n'ai rien trouvé dans la suite des Seigneurs d'Orouy, qui soit digne de remarque. Je considére uniquement cette Paroisse du côté du spirituel.

Ce lieu a commencé par un Oratoire, que les premiers Chrétiens du Valois y ont érigé pendant les dernieres persécutions des Empereurs. De là son nom d'*Oratorium* dans les titres latins, & celui d'*Orouer* dans les vieilles chartes. On a depuis prononcé *Orouy* par adoucissement, & l'on écrit de même. Ce nom est commun en France. Je ne trouve à notre Orouy aucune épithéte dans les titres, au lieu que les autres noms de Paroisses, pareils à celui-ci, sont ordinairement accompagnés des mots *repositum*, *absconditum*, pour marquer l'origine de ces saintes retraites, où les premiers Chrétiens se rendoient en secret à la célébration des saints Offices.

Il y a au Diocese de Sens (1), un Ozoir-le-repos, & une Nelle-

(1) Hist. Dioc. Par. t. 6. p. 98.

la riposte au Diocese de Troyes. Orouy, comme on voit, tire sa dénomination de sa premiere Eglise, de même que les deux Bazoches ont pris leurs noms des premieres basiliques qu'on y a bâties. Sous les premiers Empereurs Chrétiens, l'Eglise d'Orouy devint le centre de réunion des Fidéles de la contrée. On lui assigna des biens pour servir à l'entretien d'un Prêtre, & aux cérémonies du culte Divin.

Lorsqu'on fonda le Monastere de S. Crépin le Grand de Soissons, les biens de l'Eglise d'Orouy rendoient un produit considérable. La vie édifiante que menoient les premiers Clercs de cette Maison Religieuse, détermina les Patrons de l'Eglise d'Orouy, à soumettre leur Eglise avec tous ses biens, au nouveau Monastere. Orouy reçut un Prêtre régulier de S. Crépin. Ce Prêtre & son Monastere jouirent paisiblement de leur revenu jusqu'aux guerres des Normands. Ayant besoin d'un Avoué puissant qui prit l'Eglise & les biens sous sa sauvegarde, les Religieux de S. Crépin jetterent les yeux sur les Seigneurs de Crépy, Comtes de Vexin. Ils détacherent une portion de ces biens, qu'ils donnerent en Fief à ces Seigneurs, pour être le prix de leur protection. Les Comtes de Crépy, non contens de ce Fief, envahirent par dégrés les métairies, les moulins & les fonds de terres que l'Eglise d'Orouy possédoit dans la vallée d'Autonne, sous prétexte d'exiger le droit de sauvement (1). Cette Eglise demeura ainsi dépouillée de la plus grande partie de ses biens jusqu'en 995, que Guy, Evêque de Soissons, & frere de Gautier le Blanc, Comte de Crépy, engagea ce Seigneur à rendre les biens que ses prédécesseurs avoient usurpés. Gautier écouta les remontrances de son frere, & restitua aux Religieux de S. Crépin, & à l'Eglise d'Orouy, plusieurs héritages situés, tant au Luat qu'à Orouy même. Depuis cette restitution, les dixmes d'Orouy échapperent encore aux Religieux de S. Crépin, Déservans de l'Eglise, je ne sais par quel incident. En l'an 1254, ces dixmes étoient divisées en quatre portions; la premiere appartenoit au Prieur de Champlieu, la deuxiéme à S. Adrien de Bethizy, la troisiéme & la quatriéme, à Raoul de Donnéval, apparemment comme Patron de l'Eglise d'Orouy. Quelques années après, Raoul de Donnéval vendit un quart de ces dixmes au Chevalier Huon le Sauvage, dont la fille Mahaud céda ce quart à l'Eglise de S. Thomas de Crépy, pour

(1) Gall. Christ. tom. 9. p. 347.

une somme de quatre-vingt-dix livres. Thomas & Raoul d'Orouy amortirent cette vente.

Des titres de l'an 1176 font mention d'un Ecclésiastique nommé Hugues d'Orouy, Diacre & Chanoine de S. Pierre de Soissons. L'Abbaye de Long-pont compte parmi ses Abbés Réguliers, un autre Hugues d'Orouy, qui, après avoir passé par les charges de Prieur de cette même Maison, d'Abbé de Signy & de Froidmont, devint Abbé de Long-pont avant l'an 1219 (1).

Champlieu est un village du Diocese de Soissons, relevant en premiere instance, partie du Bailliage de Crépy, & partie de la Prevôté Royale de Verberie. Il est situé au milieu d'une belle plaine, bornée par la forêt de Compiegne au Septentrion. L'Eglise du lieu est le titre d'un ancien Prieuré, qui a commencé de même que la Chambrerie de Bethizy, par la donation de l'Eglise du lieu & de ses dépendances, à S. Crépin le Grand de Soissons. L'Abbé & l'Œconome de S. Crépin, voulant tirer parti de ce présent, envoyerent à Champlieu un certain nombre de Freres servans, avec quelques Prêtres, pour faire valoir les biens de l'Eglise. Cette Eglise est dédiée sous l'invocation de la sainte Vierge, qui y reçoit un culte particulier depuis un temps immémorial. C'est un pélérinage ancien. La Comtesse Eléonore, par sa Charte aumônière de l'an 1194, donne vingt sols de rente à Sainte Marie de Champlieu.

On connoît par cette origine, que le Prieuré de Champlieu n'est pas un démembrement de Mornienval, comme une fausse tradition le fait croire dans le pays. Les deux Maisons n'ont jamais eu rien de commun. On observoit la regle de S. Benoit à Champlieu, pendant qu'à Mornienval, des Chanoines Séculiers desservoient l'Eglise.

Le Prieuré de Champlieu a éprouvé des révolutions facheuses en divers temps. Après avoir été incendié à plusieurs reprises, on l'a uni au Prieuré de S. Thibaud de Bazoches, dépendance de Marmoutier. Ces deux Prieurés appartiennent maintenant à la Communauté des Bénédictins Anglois de Paris. Depuis l'union des deux bénéfices, on a placé à Champlieu un Prêtre qui prend la qualité de Curé, titre que le Curé d'Orouy lui conteste. Il y a eu sur ce sujet un procès en 1625, à la Primatie de Reims, dans lequel Claude de la Personne, Seigneur de Champlieu, est inter-

(1) Chr. long. p. 62. Gall. Chr. t. 9. p. 476.

venu. Le Curé d'Orouy eut gain de cause sur plusieurs chefs. La décision de cette affaire n'a rien changé aux anciens usages ; les habitans de Champlieu continuent de regarder leur Eglise comme indépendante de celle d'Orouy. L'Eglise de Champlieu est placée entre le village & les ruines des Tournelles. La Seigneurie du lieu a été autrefois partagée entre les Seigneurs de Donnéval & de Chavercy. M. Rémond, Avocat, est présentement Seigneur de Champlieu.

I I. Les ruines des Tournelles ont été le sujet d'un grand nombre de conjectures entre les Savans, depuis le renouvellement des Sciences en France. Bergeron & Bouchel citent ce monument comme une antiquité obscure, & d'une date très-éloignée. Les plus anciens titres ne font pas mention des Tournelles comme d'un corps de logis subsistant : on n'y parle que de débris & de ruines. Si nous cherchons dans la tradition du pays quelques lumieres touchant le premier état des Tournelles, nous y trouverons trois sentimens. En consultant le commun peuple, on apprend une longue suite de merveilles, dont on feroit un Roman. Quelques Savans du dernier siécle ont été dans l'opinion, que le fer à cheval & les autres monceaux de ruines qui l'avoisinent, sont les restes d'un amphithéatre où les Romains célébroient des jeux & donnoient des spectacles. D'autres, à la vue des décombres qui couvroient autrefois le *champ des Ouis* & le reste du territoire de Champlieu, ont cru que la premiere capitale des Sylvanectes avoit été bâtie en cet endroit. Ils se fondoient sur un article de l'Itinéraire attribué à l'Empereur Antonin, portant que d'*Augustomagus* à Soissons, il y a vingt-deux mille pas, un peu plus de dix lieues. Mais la distance réelle, fait connoître qu'il y a omission d'un X dans l'édition commune de cet Itinéraire ; & qu'au lieu de XXII, il faut lire XXXII. Ce qu'on voit de l'ancienne capitale des Sylvanectes à Senlis même, est bien antérieur aux regnes des Valentiniens ; les restes des premieres fortifications de Senlis se rapportent au regne de Vespasien ou de Tite, comme on l'a observé. Enfin des personnes plus instruites & plus versées dans la connoissance des lieux, m'ont assuré que le monceau des ruines qui forment le principal quarré dans l'intérieur du monument, avoit été anciennement couvert d'un corps de logis composé de cinq Tournelles, dans le goût du Donjon du Temple, à Paris ; & que la hauteur du fer à cheval avoit été formée pour en défendre les approches.

Si le monument des Tournelles paroiſſoit encore dans le même état où Bergeron & Bouchel l'ont conſidéré, il nous fourniroit beaucoup d'enſeignemens que nous n'avons plus, & dont ces deux Auteurs n'ont pas ſu tirer parti. Depuis le milieu du dernier regne, on a démoli & enlevé beaucoup de débris, qui marquoient l'ancienne forme & l'étendue de ce monument. On a auſſi trouvé dans la plaine un bon nombre de médailles de toute grandeur & de tous métaux, dont les Légendes & les Types auroient été d'un grand ſecours pour en connoître l'âge. Ces médailles ont été diſſipées, ou nous ſont inconnues. Ajoutez que la ſurface du terrein eſt préſentement aux trois quarts défrichée, au profit de l'agriculture & de la ſociété, mais au préjudice des Antiquaires; car où l'Antiquaire moiſſonne, le Cultivateur ne recueille point. Heureuſement le gain compenſe la perte, & il nous en coûtera un peu plus de peine, à expliquer cette antiquité.

Afin de procéder avec ordre, & de jetter quelque jour ſur un ſujet ſi obſcur, je préſenterai d'abord la deſcription du monument, j'en donnerai enſuite l'explication.

Description. La figure de tout l'emplacement où l'on trouve des ruines, repréſente un quarré long de ſix cent toiſes, ſur deux cent quatre vingt-dix toiſes de large : ce quarré s'étend du Nord au Sud dans une vaſte plaine, qui peut paſſer pour un ſommet de montagne, à l'égard des vallées voiſines. La baſe ſeptentrionale de ce grand quarré ſe perd dans la forêt de Compiegne.

Je diviſe en deux ce vaſte emplacement. La premiere partie occupe un eſpace d'environ cinquante toiſes du Nord au Sud, & renferme une terraſſe en forme de fer à cheval, un grand quarré rempli de débris, une portion de la chauſſée Brunehaud, qui paſſe entre le fer à cheval & le quarré, & enfin des reſtes de foſſés & de puits. Les ruines répandues ſur la ſurface des champs dans la plus grande partie de la figure, n'offrent rien aux yeux dont on puiſſe tirer des inductions certaines.

1. Le fer à cheval eſt une eſpéce de demi-lune, haute de vingt-deux pieds, formée de terres rapportées, & ſoutenues intérieurement & extérieurement par deux murs paralleles & demi-circulaires. Cet ouvrage a ſeize toiſes de profondeur, & vingt-quatre d'ouverture. Cette terraſſe pouvoit avoir dix à douze pieds d'épaiſſeur., & finiſſoit en talus. Il y avoit deux iſſues du côté de la campagne en forme d'eſcaliers de pierre paralleles, & voutés

en

en parpins de quatre pouces d'épaisseur, sur huit de largeur. On m'a assuré qu'il y avoit dans l'épaisseur de cette terrasse, des souterrains qui regnoient d'un bout à l'autre.

2. A trente-six toises de la terrasse, & vis-à-vis l'enfoncement, on apperçoit un amas de débris, qui forment un quarré d'environ vingt-quatre toises en tous sens. On tient qu'il y avoit en cet endroit cinq tournelles.

3. La chaussée passe entre la terrasse & le quarré.

4. Autour du quarré il y avoit plusieurs puits, dont deux ont été comblés de nos jours.

1. Dans le reste de l'espace qui regne depuis le quarré jusqu'à la forêt, l'on a trouvé en différens temps, un grand nombre de médailles de toute espéce. Un particulier les avoit rassemblées en grande partie, elles ont été dispersées après sa mort, de maniere que je n'en ai pu recouvrer aucune. J'ai trouvé sur les lieux, une Faustine en potin, & un Trajan de même. On m'a montré cinq autres médailles, qui venoient du même endroit, toutes cinq en potin; une de Marc Aurele, & une autre de l'Empereur Constance. Les trois autres étoient rongées de rouille, à ne pouvoir distinguer ni l'inscription, ni les têtes.

2. Auprès de l'Eglise de Champlieu, en tirant vers le fer à cheval, on a découvert des sépultures de toute espéce, des cercueils de pierre de toute forme, les uns quarrés, les autres plus étroits aux pieds qu'à la tête; d'autres taillés en dedans, selon les proportions du corps humain, tous rangés de suite. On a aussi trouvé des cercueils de plâtre & de brique, des squeletes sans cercueils, debout, sur le côté, à plat sur le ventre, dans des fosses séparées; quelques-uns de ces squelettes, étoient d'une grandeur démesurée.

3. La hauteur de Champlieu est environnée de pentes, d'où sortent des sources. La vallée d'Autonne, arrosée par la petite riviere de ce nom, n'est pas éloignée de Champlieu. On remarque dans les bois par intervalle, des restes de débris, jusqu'au pied de la pente d'où sortent les fontaines.

EXPLICATION. L'on reconnoît dans la premiere partie de l'emplacement en question, toutes les proportions d'un camp Romain, sur lequel on aura bâti, & dont le contour dans la suite des temps, aura été couvert de maisons.

On sait que les Romains faisoient camper dans les plaines, les

Légions qu'ils prépofoient à la garde des Provinces. Ils avoient la coutume d'affeoir ces camps, fur les grands chemins publics. M. le Comte de Caylus a fait graver plufieurs de ces anciens camps, dont les planches ornent fon Recueil d'antiquités. On reconnoît dans ces plans, les mêmes proportions que celles des ruines de Champlieu où paffe la chauffée Brunehaud.

On a des exemples de ces camps anciens, qui ont donné naiffance à des Bourgades & à des Villes. L'Auteur d'une Vie authentique de S. Pharon (1), parle d'un camp tout pareil à celui de Champlieu. Il en rapporte les commencemens au regne de l'Empereur Tibére, & ajoute que par fucceffion de temps, ce camp eft devenu une grande ville.

Il paroît à l'âge des médailles trouvées à Champlieu, que le premier camp Romain aura été formé fous les Céfars, & que fous le bas Empire, on aura commencé à le revêtir d'ouvrages extérieurs en maçonnerie. Végece qui écrivoit fous Valentinien II, avant qu'on eut rédigé *la Notice des Dignités*, dont le paffage donne lieu à cette digreffion, fait mention dans fes Inftitutions militaires, de quelques fortifications de camp, femblables à quelques parties des ruines de Champlieu. Il parle ainfi d'un ouvrage conftruit dans le même goût que la demi-lune de Champlieu. » On éleve, dit-il, (2) deux murs paralleles à vingt pieds l'un de » l'autre, (environ feize pieds de Roi.) Dans l'intervalle des murs, » on jette de la terre qu'on foule à coups de batte. Les deux murs » ne font pas d'une égale hauteur; l'intérieur doit être plus bas » que l'autre, de maniere que la fuperficie aille en talus «. On reconnoît à cette defcription, la partie la plus apparente du monument de Champlieu, qui eft le fer à cheval.

Le même Auteur explique ainfi l'ufage des puits (3). » Les fonc» tions des Préfets de camps, dit-il, font de faire venir de l'eau » par des aqueducs, ou de faire creufer des puits. C'eft pour ce » fujet qu'ils ont à leur fuite des Maçons, des Charpentiers, &c. »

On préfume que les Tournelles, dont tout le monument a retenu le nom, auront été bâties au cinquiéme fiécle. On a beaucoup d'exemples de pareils édifices, qui font du même temps. J'ai trouvé dans les décombres du quarré, & dans fon contour, des bris de chapitaux, des morceaux de tuiles recourbées; & j'ai

---

(1) Sec. 2. Bened. t. 2. c. 8. p. 611.
(2) Veget. de Re. milit. l. 2. c. 2.
(3) Ibid. cap. 12.

remarqué au fer à cheval, un reste de mur composé de parpins de quatre pouces sur huit, dont la forme peut se rapporter aux regnes des derniers Empereurs d'Occident. Les trois anciens châteaux qui ont donné le nom au Mont de Chastres, étoient un assemblage de Tournelles.

Les Romains ayant abandonné le Gouvernement des Gaules aux François, on cessa de considérer le château des Tournelles avec ses accompagnemens, sous le premier point de vue. Il devint le partage de quelque Seigneur Franc, qui ajouta de nouveaux bâtimens aux anciens. On construisit du côté de la forêt, une métairie avec des dépendances. Au commencement des troubles des neuviéme & dixiéme siécles, les habitans de la plaine & des vallées voisines, ne voyant que le château des Tournelles où ils pussent se refugier, obtinrent du Maître de ce Domaine, la permission de se bâtir des demeures, les uns dans l'enclos, les autres extérieurement & près des murs du château. Les noms des possesseurs de ce Fief me sont inconnus jusqu'au treiziéme siécle. En 1218, vivoit un certain Robert des Tournelles, qui avoit à Bonneuil un Fief, relevant du Roi Philippe Auguste. Depuis cette année, il n'est plus fait mention des Tournelles dans les titres. Les uns en attribuent la destruction à un incendie, d'autres aux guerres.

Les sépultures distinguées qu'on trouve en grand nombre autour de l'Eglise de Champlieu, paroissent tirer leur origine du camp Romain. Végece apprend que dans ces sortes de camps, on rendoit à ceux qui décédoient, les devoirs funébres avec beaucoup d'appareil, à chacun selon son rang. » Les gratifications, » dit-il (1), se divisent par cohortes. Dans chaque cohorte, on fait » dix bourses, & une onziéme, dans laquelle on a soin de mettre » quelque chose pour la sépulture. Lorsqu'un soldat meurt dans » le camp, on tire de cette bourse dequoi célébrer ses obséques. « Kirchman, dans son traité sur les funérailles des Romains (2), cite un passage du traité de Tertullien *de coronâ militis*, où l'on voit qu'on faisoit aux soldats des convois solemnels, au son des clairons & des instrumens militaires.

Ces tombeaux n'ayant point d'inscription, il est comme impossible d'en déterminer l'âge. Les bieres de pierres quarrées sont plus anciennes que celles qui vont en diminuant. On nommoit

(1) Ibid. cap. 4.   (2) L. 2. c. 4.

ces bieres *noffo*, *vafa*, & *petra*. Les cercueils de plâtre ou de brique, peuvent fe rapporter aux regnes des Valentiniens & de nos premiers Souverains.

Le village de Champlieu, qui a été vraifemblablement formé à l'occafion de l'ancien camp, conferve encore le nom de fa premiere origine. *Campus* eft un terme de moyenne latinité, qui fignifie un camp. On nommoit indiftinctement *præfectus*, *champeïus*, *champerius* & *camps*, l'Officier qui commandoit dans ces fortes de camps.

Il réfulte de la defcription du monument de Champlieu, & de fon explication, que fes ruines font des reftes de fortifications & de bâtimens, élevés à la place d'un camp Romain; que le village de Champlieu doit fon nom & fon origine à l'ancien camp.

La feule objection que j'entrevois contre cette explication, feroit d'obferver, que fuivant le texte de la *Notice*, le camp des Letes devoit être placé dans le reffort des Sylvanectes; que la Paroiffe de Champlieu relevant du Diocefe de Soiffons, & l'arrondiffement de nos Diocefes étant le même que celui des anciennes cités, Champlieu devoit, fur le déclin du Bas-Empire, appartenir à la cité de Soiffons, & non à celle des Sylvanectes.

Je répons que cette régle générale fouffre des exceptions, & que dans la plûpart des Diocefes, il y a eu des changemens de Jurifdiction, touchant des lieux limitrophes (1). Avant le Concile tenu à Noyon en 814, l'Evêque de Noyon avoit fous fa dépendance, plufieurs Paroiffes en deça de la riviere d'Oife: on décida en ce Concile, que ces Paroiffes appartiendroient déformais à l'Evêque de Soiffons. Brétigni, qui dépendoit du Diocefe de Noyon en 868, eft préfentement du Diocefe de Soiffons. Champlieu peut donc avoir été de la cité ou Diocefe de Senlis, & relever maintenant de l'Evêché de Soiffons. Des deux Paroiffes de Mornienval, dont le territoire eft contigu à Champlieu, l'une releve de Soiffons, & l'autre de Senlis. Rien n'eft à l'abri des viciffitudes. Si le château des Tournelles a, pour ainfi parler, difparu, après avoir été la fûreté du canton pendant des fiécles, combien n'eft-il pas plus aifé, qu'une Eglife fituée aux confins des deux Diocefes, ait paffé de la Jurifdiction de l'un à la Jurifdiction de l'autre? Je reprens l'ordre que j'ai été obligé d'interrompre, pour expofer ce qui a rapport au monument de Champlieu.

---

(1) Gall. chr. t. 9. p. 340. Ann. Bertin. an. 868.

17. Les Antonins, & surtout l'Empereur Caracalla, ont beaucoup contribué à l'avancement des Arts, du Commerce & de la Population dans l'ancien Valois. On y trouve de leurs monnoyes en bien plus grand nombre, que celles des autres Empereurs. En fouillant auprès du bois de Tillet, il y a quelques années, on a découvert une urne remplie de piéces, frappées au coin de l'Empereur Caracalla. D'autres monumens nous annoncent que cet Empereur a beaucoup fait travailler aux grands chemins, persuadé que les chemins publics sont dans un État, les liens & le soutien du trafic, la sûreté & la commodité des voyageurs, la base d'une communication réglée, qui est l'ame de la société.

Caracalla voulant qu'on imitât dans les Gaules, ce qu'on exécutoit sur les grands chemins d'Italie, pour l'instruction & pour la commodité des voyageurs, fit planter de lieue en lieue, des espéces de blocs de pierre, auxquels on donne le nom de *Colonnes milliaires*. On gravoit sur ces colonnes, le nom du Souverain sous qui elles avoient été dressées, & elles apprenoient aux voyageurs, combien ils avoient de lieues à faire jusqu'à la ville la plus prochaine.

Dans les débris de l'ancienne chaussée qui passoit à côté de Vic-sur-Aisne, on a trouvé en 1712, une de ces colonnes qui servoient à marquer les lieues. Feu M. l'Abbé de Pomponne, Seigneur de Vic-sur-Aisne, comme Abbé de S. Médard de Soissons, fit voiturer & dresser cette pierre dans la cour de son château, où je l'ai examinée ; & M. de Sillery, Evêque de Soissons, en envoya une copie figurée à l'Académie des Inscriptions de Paris. Cette colonne est un bloc de pierre presque brut, plus plat que rond, de cinq pieds de haut, sur cinq pieds de circonférence. On y lit une Inscription qui est expliquée en partie, dans l'Histoire de l'Académie des Belles-Lettres, *Tom. III, p.* 253. Dom Martenne rapporte cette Inscription dans ses Voyages Littéraires. Elle est ainsi gravée sur la colonne en caracteres Romains.

```
        IMP. CAES.
        M. AVRELIO. AN.
        TONINO. PIO.
        AVG. BRITANNI.
        CO. MAX. TRIB.
        POT. XIIII. IMP. II.
        COS. III. P.P. PRO.
        COS. AB AVG.
        SVESS. LEVG.
            VII.
```

Imperante Cæsare, Marco Aurélio Antonino, Pio, Augusto, Britannico, Maximo, Tribunitiâ potestate decimùm quartùm, Imperatore secundùm, Consule tertiùm, Patre Patriæ, Proconsule. Ab Augustâ Suessionum, leuga septima. C'est-à-dire, » Sous l'empire » de Marc Aurele Antonin (Caracalla) Pieux, Auguste, & très-» grand Prince, vainqueur de la Grande Bretagne, revêtu pour la » quatorziéme fois de la puissance Tribunitienne, *Imperator* pour la » seconde fois, Consul pour la troisiéme, Pere de la Patrie & Pro-» consul, cette colonne a été plantée pour marquer la septiéme » lieue gauloise depuis Soissons «.

Quoique le nom de *César* appartienne plus particuliérement aux Successeurs du Conquérant des Gaules jusqu'à Domitien, les autres Souverains de Rome n'ont pas laissé de se l'attribuer. Les Empereurs d'Orient le prenoient parmi leurs titres, & l'Empereur d'Allemagne le conserve encore. Caracalla fut proclamé Empereur l'an de J. C. 196. *M. Aurélius Antoninus*, sont les prénoms de cet Empereur. Ce qui les lui a fait attribuer, est la vénération que Septime Sévere son pere, conservoit pour les Antonins. Caracalla avoit été associé à l'Empire par Septime, au mois de Juin 198, & mourut l'an 217. Le titre de *Pius*, étoit comme attaché aux chefs de la famille des Antonins & de la sienne. *Augustus* est un nom d'honneur. Caracalla ayant accompagné son pere à son expédition de la Grande Bretagne, mérita de partager avec lui les titres d'*Imperator* & de *Britannicus*. *Maximus* est un terme emphatique. Les Empereurs, afin de flatter le peuple, avoient soin de se faire accorder tous les ans la puissance Tribunitienne ; formalité qui rappelloit l'idée de l'ancien gouvernement républicain, & que l'on conservoit pour pallier un pouvoir sans bornes. Comme elle se renouvelloit tous les ans, on doit conclure, que la colonne avoit été posée la quatorziéme année du regne de Caracalla, qui revient à l'an de J. C. 212. Ce Prince avoit été nommé trois fois Consul. La qualité de *Proconsul* est rare sur les médailles Impériales, parce que les titres d'*Auguste* & d'*Imperator*, renfermoient les autres. Le surnom de *Germanicus*, si commun sur les médailles de Caracalla, ne se lit pas ici, parce que le monument est antérieur d'un an à son expédition de Germanie. Presque tous les Empereurs depuis Auguste, se sont fait appeller Peres de la Patrie. Le chiffre Romain marque les sept lieues gauloises qu'il y avoit depuis cette colonne jusqu'à Soissons.

Nous ne devons pas oublier en parlant de l'Empereur Caracalla, qu'il est l'auteur de la fameuse Loi, par laquelle tous les sujets de l'Empire, sont déclarés Citoyens Romains sans distinction. Avant cette Loi, chaque peuple étoit distingué par les qualités de *Libre*, d'*Autonome*, de *Latin*, d'*Allié*, &c. ou par le droit de Bourgeoisie Romaine. Ces titres donnoient des priviléges tout-à-fait différens les uns des autres.

18. Le rétablissement des grands chemins par l'Empereur Caracalla, contribua beaucoup à changer la face d'un pays, où l'on ne voyoit que des bois & des solitudes, cent ans auparavant. On bâtit le long des chemins, des maisons & des métairies, des Temples & des sépulchres ; on imita le goût Romain dans la construction des édifices, & dans la distribution des métairies.

L'Auteur de l'Itinéraire, connu sous le nom d'Antonin, n'a pas oublié la double chaussée Romaine, qui conduisoit d'Amiens à Soissons, par Senlis & par Noyon. Il en a fait deux articles, & marque ainsi la distance des principaux lieux de la branche de cette chaussée, qui traverse le Valois, depuis Soissons & Ambleny, jusqu'à Verberie & Senlis.

D'Amiens à Soissons, dit cet Auteur, il y a quatre-vingt-deux mille pas. D'Amiens à Cormeilles, douze mille pas. De Cormeilles à Beauvais, treize mille pas. De Beauvais à Pont, dix-huit mille pas. De Pont à Senlis, quatre mille pas. De Senlis à Soissons, trente-deux mille pas. (*aliàs* 22.)

Je rends les noms anciens par les noms modernes. J'explique *Litanobriga* par Pont, fondé sur la distance des lieux, & sur l'étymologie de ce nom. De Pont à Senlis, on compte deux lieues communes, qui reviennent aux quatre mille pas Romains. Pont est un lieu ancien. Dans les premiers siécles de l'Ere chrétienne, Sainte Maxence, dont la ville a conservé le nom, y fut arrêtée à son retour d'Irlande. Elle y souffrit le martyre, après avoir refusé constamment de sacrifier aux Idoles qu'on y adoroit. Une liste des dix-sept Provinces de l'Empire, appelle ce lieu *Transitus in Britanniam*, Passage aux Isles Britanniques. *Litanobriga*, est composé de deux mots, dont le second signifioit un pont.

Le même Auteur trace ainsi le plan de la seconde branche de cette double chaussée. Il joint aux milles Romains, les lieues gauloises. On compte, dit-il, de Reims à Soissons, vingt-sept mille pas, qui font dix-huit lieues des Gaules. De Soissons à Noyon, il y a de même vingt-sept mille pas, & dix-huit lieues gauloises. De Noyon à Amiens, on compte trente-quatre mille pas, ou vingt-trois lieues. On reconnoît à ce compte, la proportion du mille Romain, avec la lieue gauloise, qui est comme deux à trois. Bergier évalue la lieue gauloise à quinze cens pas. La chaussée Brunehaud, après avoir parcouru une étendue immense, aboutissoit à Boulogne, *Gessoriacum*, au pays des Morins.

En 1740, on a découvert entre Ouchy & le Plessier, assez près de l'ancienne chaussée Romaine, qui conduisoit de Soissons à Château-Thierry, dans un terrain sablonneux, quelques sépultures de corps renfermés dans des cercueils de plâtre, sans inscriptions. Parmi les cendres de quelques-uns de ces cercueils, & à côté des squelettes, on a trouvé des piéces de monnoye rongées de rouille, & des boutons semblables à des grains de chapelet, taillés à facette comme des diamans. Les Romains nommoient *fibula* cette sorte de boutons, qui servoient à arrêter leurs habits de dessous vers le col. Les habillemens auxquels on appliquoit ces attaches, se portoient encore sous les derniers Empereurs d'Occident. A l'égard des monnoyes, un Savant qui les a examinées, a cru y entrevoir quelques restes de têtes, qui indiquent le temps où les Francs ont commencé à chasser les Romains des Gaules. Il est à croire qu'il y avoit sur ces tombeaux, un édifice sépulchral, appartenant à une famille Romaine de la contrée.

Je termine ici ce que j'avois à dire sur les anciens peuples du Valois, considérés sous la domination des Romains. Une révolution mémorable les soumit à une autre Puissance sur la fin du cinquiéme siécle. Clovis conquit les Gaules, & fonda la Monarchie qui subsiste sous le nom de France, & qui est l'une des plus célébres & des plus florissantes du monde.

19. Sous l'Empire d'Honorius, & des Princes qui lui ont succédé, les Francs avoient pour chefs, Pharamond, Clodion, Mérovée & Childéric. Ils couroient alors, & pilloient les différentes Provinces des Gaules. On doit moins regarder ces Chefs comme des Rois, que comme des Généraux, qui ont préparé par leurs tentatives, la révolution qui rendit Clovis maître de la plus grande partie des Gaules.

On a fait des recherches infinies, pour savoir d'où sortoient les premiers Francs qui ont enlevé la Gaule aux Romains. Ces Conquérans ne formoient pas d'abord un peuple rassemblé en un corps d'Etat, d'Etat, & gouverné par des loix particulieres. L'armée des Francs qui a conquis la Gaule, doit être comparée à ces troupes d'aventuriers, qui dès le premier âge de la République Romaine, avoient inondé l'Italie. Ce n'étoit pas une armée levée en regle, dans un Etat policé, par ordre du gouvernement, mais un amas de bandes sorties de différens pays du Nord & de la Germanie, qui ne trouvant pas de quoi subsister dans leur patrie, avoient pris le parti d'aller chercher fortune ailleurs. Ainsi les Francs qui ont conquis la Gaule, n'ont commencé à former un corps de peuple, qu'après s'être assuré de quelques établissemens sur les confins de la Gaule Belgique : Nation barbare, mais aguerrie, & disposée à recevoir des impressions d'humanité & de politesse, & à adopter les loix des vaincus, qui seroient meilleures que les siennes. C'est ainsi que les Dynasties changent, & que les Thrônes sont renversés, tandis que l'empire de la raison se perpétue.

Clovis changea peu de chose au gouvernement établi par les Romains. Il laissa subsister les Loix du pays, & les anciennes divisions : la ville de Reims demeura la capitale de la seconde Belgique. Le Paganisme ne regnoit plus dans les Gaules comme avant Constantin, mais la doctrine impie d'Arius y avoit poussé de profondes racines ; & les sectateurs de cet Hérésiarque, tenoient les esprits asservis sous le joug de leur erreur.

S. Remy qui conservoit le précieux dépôt de la Foi, tenoit dans sa capitale de la seconde Belgique, une école de doctrine & de vertu, dans laquelle il forma plusieurs disciples d'une éminente sainteté & d'une vie exemplaire ; S. Wulgis & S. Arnoul le Martyr, dont nous parlerons bientôt, ont été de ce nombre.

On eût dit d'abord que Clovis, payen de religion, venoit avec ses mœurs farouches rétablir l'Idolâtrie & la barbarie. Peut-être l'eut-il fait, si S. Remy & S. Vast n'eussent secondé les ordres du Ciel par leurs instructions. Ces deux Saints convertirent Clovis à la Foi, en pressant l'accomplissement du vœu que ce Prince avoit fait de se rendre chrétien, s'il demeuroit vainqueur à Tolbiac. Ce fier Sicambre se soumet au joug de la Religion. Instruit & baptisé, il devient l'appuy de la saine doctrine persécutée. Pendant long-temps, il n'y eut que lui de Roi catholique, dans tout l'Empire d'Orient & d'Occident.

S. Vast, le premier des deux Saints que la Providence employa à cette grande œuvre, reçut immédiatement après sa mort, dans les deux pays de Valois & d'Orceois, les honneurs du culte que l'Eglise lui décerna. L'origine de l'Eglise Paroissiale, dédiée sous l'invocation de S. Vast à la Ferté-Milon, remonte jusqu'aux regnes des Successeurs de Clovis; & celle de S. Vast de Verberie n'est pas moins ancienne.

Les peuples de la seconde Belgique, en passant de la domination des Romains sous celle des Francs, n'essuyerent aucun mauvais traitement. Ils s'étoient soumis volontairement à Clovis, à la persuasion de S. Remy, dans lequel ils avoient un pere attentif à leur conservation. Les Francs n'avoient rien de plus inhumain dans la conduite, que ces bandes de Letes, envoyés par les Empereurs dans le Rémois & chez les Sylvanectes, pour garder & pour défricher le pays. Les Francs sortoient du Nord, de même que ces Letes; & ils avoient, si l'on en croit Eumenes, des inclinations toutes semblables. Ils aimoient l'agriculture & la vie œconomique. Barbares par éducation, ils étoient humains par caractere; ils changerent, sans se faire violence, leur vie agreste en une vie de société, & se conformerent aux maximes de la politesse Romaine.

La seconde Belgique renfermoit un certain nombre de Maisons de plaisance, d'où dépendoient des Domaines utiles. Ces Maisons avoient été formées par les Letes, & embellies par les Gouverneurs de la Gaule, qui commandoient dans ces cantons au nom des Empereurs d'Occident. La plûpart des Seigneurs Francs, & le grand Clovis lui-même, estimant le séjour de ces Maisons, préférable à celui des villes, résolurent d'y passer la plus grande partie de l'année, chacun dans celle que le sort lui avoit adjugé, au partage des terres conquises sur les Romains. Las de mener une vie agitée au milieu du trouble & du fracas des armes, ils saisirent avec empressement l'occasion de couler des jours tranquilles, dans d'agréables solitudes, qui leur donnoient abondamment les secours & les commodités de la vie. Il est à remarquer que les plus anciennes & les plus considérables de ces Maisons de plaisance, où nos premiers Rois faisoient des voyages plus fréquens, ont été fondées dans l'étendue actuelle du Duché de Valois.

Nous allons donner d'abord le plan général de ces établissemens : nous considérerons ensuite chacun en particulier.

M. de Valois (1) prétend, qu'avant l'arrivée des Francs dans

---

(1) Def. not. Gall. p. 131.

les Gaules, on appelloit *Villæ Cæsarianæ*, les terres & les châteaux de plaisance, que nos Rois des deux premieres races nomment dans leurs Capitulaires, *Villæ Regiæ*, *Villæ publicæ*, *Villæ Fiscales*, *Palatia regia*, *Palatia publica*, *Fiscus*, *Colonia*, *Domo-culta*, quelquefois *Prædium* & *Cultura*. Les Maisons Royales & celles des grands Seigneurs, étoient confiées aux soins d'un Officier qui prenoit la qualité de Juge *Judex*, de Maire *Major*, de *Proviseur*, ou de Comte, selon les Maisons, & selon les cantons. La Maison Royale de Cuise, relevoit d'un Juge; celle de Verberie, d'un Comte; & le château de Nanteuil d'un Maire. Ces Officiers exerçoient les mêmes fonctions que les Baillis & les Prevôts de la fin du douziéme siécle, & réunissoient dans leurs personnes, les trois charges de Gouverneur, de Concierge, & d'Intendant (1). Ces fonctions sont clairement exprimées dans la Lettre des Evêques de France, assemblés en 858 au château de Quierzy, & adressée à l'Empereur Louis le Débonnaire. Les Prélats recommandent entr'autres choses à ces Officiers, la vigilance & la fidélité; ils les avertissent de ne pas montrer trop d'ardeur pour le gain, de ne pas prêter l'argent du Roi à usure; de ménager les Serfs au lieu de les accabler sous le poids du travail; de ne pas vexer les Laboureurs & les Fermiers : mais d'apporter toute sorte de soin & d'exactitude à faire valoir les terres & les vignes, à garder les bois, à préserver les prairies du dégât, &c. Ces Officiers rendoient aussi la justice à tous les particuliers qui demeuroient dans le ressort de leur jurisdiction; & ce ressort renfermoit souvent une étendue de plusieurs lieues, à peu près comme les Domaines de nos terres titrées.

Je n'entre pas ici dans le plan détaillé de ces Maisons de plaisance; j'ai seulement dessein d'en donner une idée générale. J'aurai occasion de présenter dans le Livre suivant, la description de l'ancien Palais de Verberie, tel que Charlemagne le rétablit, & cette description ne laissera rien à désirer, sur la connoissance de la distribution, de l'étendue, des dépendances & du gouvernement des Maisons de plaisance, appartenant à nos Rois de la premiere & de la seconde race.

Les deux Maisons de Cuise & de Nanteuil, tiennent sans difficulté le premier rang parmi les terres du Fisc, & par leur ancienneté, & par l'étendue de leur Domaine. Qu'on se rappelle notre

(1) Cap. Kar. m. an 801. Sirm. t. 3. n°. 14.

premiere division d'une grande partie de l'Isle de France, en forêt de Cuise, & en forêt de Brie; l'on aura le plan de ces deux Domaines, considérés dans les premiers temps de la Monarchie Françoise.

24. Il n'y a plus de partage entre les Savans, sur l'origine & sur la situation de la premiere Maison de Cuise, qui a donné son nom à toute la forêt dont elle occupoit le centre. Il est vrai qu'au siécle passé, M. de Valois (1) croyoit avoir rencontré dans le village de Cuise près d'Attichy, le premier chef-lieu de la forêt. Il s'est trompé sur cet article, pour n'avoir ni connu, ni visité les lieux. Bergeron, le Pere Mabillon, & D. Michel Germain, ont évité cette méprise, étant mieux instruits. Bergeron fixe l'emplacement de la *Maison* & du *château* de Cuise, à Saint Jean-au-Bois. Il ajoute que toute la forêt en a pris son nom, & que de son temps on voyoit encore les ruines de l'ancien Palais (2). Le Pere Mabillon qui avoit visité les lieux, nous apprend que dans tous les titres qu'il a consultés, touchant l'ancien état de S. Jean-au-Bois, cette Maison est toujours appellée *Domus cotia*, & *Domus Regis*. Enfin, D. Germain (3) voulant écarter tous les doutes qui pouvoient naître sur ce sujet, a composé une savante Dissertation, où il démontre, qu'on ne peut rencontrer ailleurs qu'à S. Jean-au-Bois, l'emplacement du premier Palais de Cuise, qui a donné son nom à toute la forêt.

L'étymologie du nom de Cuise, vient du mot latin *Cotia*, *Cota*, ou *Colta*, qui désignoit sous le bas-Empire une riche métairie, une maison de campagne, un château de plaisance environné de bois. Ainsi M. de Valois a commis une nouvelle méprise, en faisant dériver de *Cautes* rochers, le nom de Cuise. On ne voit point de rocher aux environs de S. Jean-au-Bois, & à peine en trouve-t-on quelques-uns dans toute la forêt de Cuise. M. du Cange observe dans son Glossaire, que le nom de *Domo-culta* se donnoit ordinairement aux maisons qui avoient des dépendances considérables, en terres labourables, en prés & en bois; de là vient apparemment, que dans les titres latins, la Maison de Cuise est toujours appellée *Domus Regis*, *Domus Cuisiæ*, *Domus cotiæ*, *Domus de nemore*, & presque jamais *Palatium* ou *Villa*, comme Verberie, Compiegne, Venette, & les autres Palais voisins où les Rois

---

(1) Not. Gall. p. 161.
(2) Val. roi. p. 23. Ann. ord. Bened. t. 6. p. 419.
(3) Diplom. p. 578.

des deux premieres races faifoient de fréquens voyages. Ce n'eſt guéres qu'au regne de Louis le jeune, qu'on a commencé à l'appeller Palais du Roi, le vieux Palais d'Adelaïde, ou de S. Jean de Cuife. Tout porte à croire que fon emplacement a été le premier endroit de la contrée défriché par les Letes.

La premiere Maifon de Cuife comprenoit dans fon enclos, les trois terroirs de S. Jean-au-Bois, de Sainte Perrine, & de la Breviere. Le principal corps de logis occupoit la premiere des trois cours de S. Jean-au-Bois. Les ruines dont parle Bergeron, ne s'y voyent plus, à l'exception de quelques reſtes de pleins ceintres, & d'un ou deux pans de murs qui m'ont paru du dixiéme fiécle; temps bien poſtérieur à la fondation du premier édifice. Le principal ornement du premier château confiſtoit dans de belles futayes qui l'environnoient, & dans des piéces d'eau de différentes grandeurs, qui accompagnoient les jardins. De vaſtes prairies bordées de canaux, offroient à la vue une agréable perſpective. Le château communiquoit avec le grand chemin public, par une avenue ombragée d'arbres de la forêt, qui la bordoient.

Il eſt rarement fait mention de la Maifon Royale de Cuife dans les monumens primitifs de notre Hiſtoire. Adrien de Valois (1), & D. Michel Germain, en témoignent avec raifon leur furprife. Ce filence de nos faſtes, vient fans doute, de ce que les Rois n'y faifoient point de ces voyages d'appareil, dans lefquels ils étoient fuivis de toute leur Cour. Ils y prenoient feulement leur repos de chaffe, ou s'y retiroient feuls, loin du tumulte & de l'embarras des affaires.

On croit avec fujet, que lorfqu'en 560, Clotaire I, Roi de Soiffons, envoya fes meutes & fes équipages dans la forêt de Cuife, pour y chaffer, le rendez-vous avoit été fixé à la Maifon de Cuife. Cette partie de plaifir fut fatale à ce Prince : emporté par l'ardeur avec laquelle il fe livroit à ce divertiffement, il s'écarta vers Compiegne, où la fiévre le prit. Il ne retourna pas à la Maifon de Cuife ; il fe fit tranfporter au château de Choify, où il mourut.

Grégoire de Tours, qui rapporte ce trait, raconte encore (2), que Chilpéric & Frédégonde, accablés d'une vive douleur que leur caufoit la mort de deux fils, iffus de leur mariage, fe retirerent dans la forêt de Cuife, c'eſt-à-dire, dans la Maifon Royale

(1) Not. Gall. p. 161. Diplom. p. 278. | (2) Gr. Tur. Hiſt. l. 4. c. 26. l. 5. c. 40.

de ce nom, pour y donner un libre cours à leur chagrin. Ils y firent un séjour assez long, & retournerent ensuite à Chelles, près de Paris. Ce voyage eut lieu vers l'an 580.

Plusieurs estiment (1) que c'est au château de Cuise, qu'a été tenue l'Assemblée de l'an 890, où les Evêques & les grands Vassaux du Royaume, avoient eu ordre de se rendre de la part du Roi Eudes. Les actes de cette Assemblée ne portent aucun nom de lieu en tête, que celui d'*Audita*. Je pourrois placer ici d'autres traits d'histoire que j'omets, parce qu'ils ont plus de rapport à la forêt de Cuise, qu'au chef-lieu de cette forêt.

Il est tout-à-fait probable que nos Rois venoient occuper rarement le château de Cuise ; parce qu'ayant établi en ce lieu le Siége d'une immense Jurisdiction, qui s'étendoit sur toutes les parties de la forêt de Cuise, ils avoient été dans l'obligation d'abandonner aux Officiers de ce Siége, une partie de leur logement.

Le Juge de la Maison Royale de Cuise, jouissoit en cette qualité de très-beaux droits, honorifiques & utiles. Il représentoit le Roi, de qui il tenoit son pouvoir ; il jouissoit de l'agrément du séjour, & avoit sous lui des Officiers subalternes, qu'il chargeoit de l'exécution de ses jugemens. Tout ce qui regardoit la chasse, la pêche, & les délits commis dans les bois, ressortissoit à son Siége. Outre des Lieutenans & des Viguiers, Gentilshommes pour la plûpart, il avoit à ses ordres un certain nombre de *Sergens* & de *Forestiers*, Officiers Serfs, à pied & à cheval, qui veilloient à la conservation de la chasse, de la pêche, des pâturages & des bois, chacun dans un district. Ils rendoient un compte exact au Juge de Cuise, de tout ce qui se passoit, & traduisoient les délinquans devant lui.

Sous le Gouvernement des derniers Rois Carlovingiens, la place de Juge de la Maison Royale de Cuise, devint une charge fixe & inféodée. Ceux qui l'exerçoient, vinrent à bout de rendre ce poste héréditaire dans leur famille, sous le titre de *Fief hérédiial de la Gruerie de Cuise*. Ils négligerent l'entretien des bâtimens & des jardins du château de Cuise, détournant à leur profit une partie des deniers qui devoient être employés à cet usage.

En l'an 1060, le Roi Philippe I assista à la Dédicace de l'Eglise Collégiale de S. Adrien de Bethizy, accompagné de la Reine sa mere, & d'une Cour nombreuse. La coutume de ces temps deman-

(1) D. Bouq. Y. t. 9. p. 706.

doit, que lorfque le Souverain, ou un grand Seigneur, tenoit fur les Fonts de Baptême un enfant, ou lorfqu'il affiftoit à la confécration d'une Eglife, le Roi ou le Seigneur fît un préfent. Philippe I donna la Maifon de Cuife, avec fes dépendances, à la Collégiale de S. Adrien. Louis le Gros fon fils, confirma cette donation par un acte authentique de l'an 1108 (1). Cette grace avoit été follicitée par Richard I de la Maifon des Cherifys, Châtelain de Bethizy, & Gruyer hérédital de Cuife, Patron & Fondateur de S. Adrien: révolution qui enleva à la Maifon de Cuife, ce qui lui reftoit de fa premiere fplendeur. La Jurifdiction de cette Maifon n'en impofoit plus, depuis que la place de Gouverneur avoit été rendue héréditaire; les Juges l'avoient démembrée en plufieurs Jurifdictions particulieres, qu'ils donnoient en partage à leurs enfans. Les plus puiffans Seigneurs du pays, ceux de Pierrefonds, par exemple, ayant acquis des portions confidérables de la forêt de Cuife, y avoient établi des Gruyers, ou qui jugeoient par eux-mêmes, ou qui portoient les affaires devant les Baillis ou les Prevôts de leurs Maîtres.

Richard I de Bethizy voulant décorer fa charge de Châtelain de Bethizy par de nouvelles prérogatives, obtint du Roi, que le Siége de la Gruerie de Cuife feroit uni à fa place, & transféré au château de Bethizy. Par cet événement, l'ancienne Maifon de Cuife fut dépouillée de toute efpéce de prérogative, & retomba dans fon premier état de métairie, fans Jurifdiction, fans Domaine. Ses bâtimens allerent en décadence, les revenus qu'elle rapportoit à la Collégiale de S. Adrien, ne pouvant fuffire à leur entretien.

Il y avoit alors dans le Valois, une famille de Gentilshommes qui retenoient le nom de Cuife, parce que leurs ancêtres avoient poffédé la *Jugerie* de l'ancienne Maifon Royale. Ils avoient cédé leurs droits & les prérogatives de leur Fief, aux Cherifys, à la perfuafion des Rois, qui pour les dédommager des revenus qu'ils perdoient par cette ceffion, leur abandonnerent en pur don la Seigneurie du Donjon de Martimont, l'une des annexes de la Maifon de Cuife. Le Gentilhomme qui confomma cet échange, ne jugeant pas à propos de dépendre du Châtelain de Bethizy, reconnut la Jurifdiction des Seigneurs de Pierrefonds. Ce Gentilhomme tranfmit le nom de Cuife à fes defcendans. La famille

(1) Ann. Bened. t. 6. append. p. 720.

des Cuifes, Seigneurs de Martimont, a long-temps fubfifté dans le Valois. Dans un acte du Cartulaire de Sainte Geneviéve de Paris, daté de l'an 1183, il eft fait mention d'un Jean de Cuife, l'un des *Hommes* de la Dame Agathe de Pierrefonds. Un autre Jean de Cuife, fils du précédent peut-être, paroît comme Pleige, dans un contrat de vente fait au Monaftere de Mornienval en 1223. J'ai lu dans un dénombrement de l'an 1489, concernant Martimont & la tour de Courtieux, que le premier de ces deux Fiefs avoit été autrefois poffédé par Thibaud de Cuife, & Guillaume de Cuife, defquels il étoit paffé par fucceffion, à Pierre, François, & René de Vaffault.

Les Chanoines de S. Adrien de Bethizy ne jouirent pas paifiblement de la Maifon de Cuife & de fes dépendances. Les Officiers du Roi troublerent leur poffeffion fous divers prétextes. Yves de Chartres prit la défenfe des Chanoines, & mit dans leur intérêt Hugues de Pierrefonds, Evêque de Soiffons. On a la lettre qu'il écrivit fur ce fujet à l'Evêque de Soiffons : c'eft la quarante-cinquiéme du Recueil de fes Lettres, que je poffède. Yves y conjure le Prélat de fe déclarer le protecteur des Freres de Bethizy, qu'on attaquoit injuftement.

Cette affaire n'eut pas de fuite. Les Rois abandonnerent fans retour aux Religieux tous les bâtimens de l'ancien château. Au lieu de s'arrêter à la Maifon de Cuife dans leurs voyages, ils féjournoient à la Breviere, où il y avoit un château. M. Secouffe, au fixiéme tome de fon Recueil, rapporte plufieurs Ordonnances de nos Rois, qui font datées de la Breviere.

Les Chanoines Réguliers de Bethizy conferverent la Maifon de Cuife pendant cinquante ans, au bout defquels, pour éviter les embarras que leur caufoit l'adminiftration d'un tel bien, ils accepterent l'offre d'un échange que la Reine Adelaïde, veuve de Louis le Gros, & mere de Louis VII, leur propofa (1). Par un acte daté de l'an 1152, les Religieux de S. Adrien tranfporterent à la Reine Adelaïde, la propriété de la Maifon de Cuife, & reçurent pour cet abandon, une rente de cinq muids de vin, de cinq fols monnoye de Châlons, un feptier de bled froment, une mine & demie d'avoine, & la propriété de cinq *mefures* de terres, fifes à Bethizy, fur lefquelles l'Eglife de S. Adrien avoit déja quelque cenfive. La mefure avoit cent pieds de

(1) Ann. Ben. t. 6. p. 519. 720.

long

long sur cinquante de large. On ajouta à ces revenus une rente, dont un nommé Gautier de S. Martin avoit fait préfent à l'Eglife de S. Jean de Cuife. Le Roi Louis le Jeune fcella cet accord de fon autorité, & Anfculphe de Pierrefonds, Evêque de Soiffons, y donna fon confentement.

Cet événement fit changer le nom de la Maifon de Cuife; on ne l'appella plus autrement que le vieux Palais d'Adelaïde, tant à caufe de l'acquifition de cette Reine, qu'à caufe du plaifir qu'elle prenoit à y féjourner. Cependant elle ne conferva pas long-temps ce Palais : elle le changea en un Monaftere de Religieufes, dont nous rapporterons la fondation dans un autre Livre de cette Hiftoire.

22. L'immenfe forêt qui environnoit la Maifon de Cuife, faifoit l'effet d'un parc autour d'un château. Je n'ai pas deffein d'en donner ici une defcription topographique, qui en repréfente toutes les parties : cette opération feroit déplacée dans un ouvrage deftiné à expofer les événemens par ordre chronologique. Je rapporterai feulement fes différens noms, fon ancienne étendue, fes divifions, les principales parties de chaffe qui s'y font faites fous nos Rois des deux premieres races, & le profit que fes poffeffeurs en tiroient.

Le nom de cette forêt varie beaucoup dans les Auteurs & dans les Chartes. Grégoire de Tours & les actes de S. Draufin, les Annales de S. Bertin, & la relation de ce qui s'eft paffé à la bataille de l'an 715 auprès de cette forêt, la nomment *Sylva Cotia*. Charles le Chauve, dans fes Capitulaires, l'appelle *Sylva Caufia*. Dans un acte du Roi Eudes, daté de l'an 890, elle eft défignée fous le nom de *Coyfa*. Les Rois, Louis le Gros, Louis le Jeune & Philippe Augufte, la nomment indiftinctement *Cuifia*, *Cufia* & *Quefia* dans leurs Chartes. Dans la Philippide de Guillaume le Breton, c'eft tantôt *Cuifia*, tantôt *Cuifa*. Au Cartulaire de Sainte Geneviéve de Paris, je trouve *Quifia* & *Cuifa*. Dans la foule des titres qui font mention de cette forêt, depuis le treiziéme fiécle jufqu'à préfent, on lit indiftinctement les noms de *Cofia*, *Coife*, *Coy*, *Coize*, *Quife*, *Cuiffe*, & enfin *Cuife*, qui eft fon nom commun.

C'eft de la forêt de Cuife, que les lieux de Choify en Laigue, *Cauciacum* ou *Caucia*, de Coucy en Laonnois, *Cociacum* ou *Codiciacum*, de Coyoles, *Cotiola*, de Cuify en Almont, de Guife, Cuife, Cuify & de Cuiffe Mefleroi, plus loin que les bois de Daule

Tome I. H

& de Coincy, ont emprunté leurs noms; de même que le village de Coye en Servais, près Luzarches, & un grand nombre de triages appellés *Cuise*, depuis le Servais en Laonnois, jusqu'au Servais en Parisis. Je rapporte ces variantes, parce que j'ai éprouvé qu'elles peuvent être d'une grande utilité aux personnes qui se livrent aux recherches.

Ces noms viennent de ce qu'originairement, la forêt de Cuise comprenoit dans son étendue, tous les lieux qui les portent. L'Auteur des actes de S. Draustn place dans la forêt de Cuise, l'endroit que ce S. Prélat choisit pour fonder le Monastere de Rethonde au septiéme siécle: cependant le village de Rethonde est situé dans l'intérieur de la forêt de Laigue. Les bois des Ageux qu'on remarque au-delà de l'Oise, appartenoient à la forêt de Cuise, & sont encore sous la dépendance des deux Maîtrises, de Compiegne & d'Halate.

Les mots Ageux & Halate, ont pour racine commune, les termes de basse latinité, *haga* ou *haya*. Le pays des Ageux a été ainsi nommé, parce qu'il bordoit comme une haye, la rive septentrionale de l'Oise, & servoit de lisiere à la forêt de Cuise. Les bois situés au Midi des Ageux & de l'Oise, ont pris le nom d'Halate ou de large haye, *haya lata*, parce qu'ils ont plus de profondeur que les Ageux, & s'étendent fort avant dans le Servais. Herneuse, près Verberie, *haia nova*, tire son nom d'une portion de bois qui avoit été plantée depuis peu en cet endroit, lorsque l'on commença d'y bâtir. Le mot de *haye* est aussi consacré dans les vieux titres François, pour désigner une portion de bois. Il y a dans la forêt de Compiegne, un ancien triage de la Forte-haye, compris dans la Garde des Marres S. Louis. Le Roi François I ayant fait planter en bois un intervalle considérable de terres, qui séparoit la forêt de Retz de celle de Cuise, nomma *la haye l'Abbesse*, cette nouvelle portion de forêt, parce que le territoire appartenoit à l'Abbesse de Mornienval.

M. l'Abbé Lebeuf observe, dans son Histoire du Diocese de Paris (1), que l'ancienne forêt de Cuise renfermoit les bois de Chantilli & d'Hérivaux, que c'est d'elle que le village de Coye ou Coyse, près de Luzarches, a pris son nom. Il cite ailleurs une Charte, concernant S. Christophe en Halate, où les bois de ce canton sont appellés les Bois de Cuise. M. Secousse a remarqué fort à propos (2), qu'en 1348, une partie de la forêt d'Halate con-

(1) T. 5. p. 532.   (2) Ordon. t. 6. p. 620.

servoit encore le nom de Cuife. On croit que c'eſt le Roi Louis le Jeune, qui a le premier fouſtrait à la Juriſdiction du Gruyer de Cuiſe, une partie des bois d'Halate, pour en donner l'inſpection au Maire de Pompoint. On apprend du Cartulaire de Philippe Auguſte, qu'en l'an 1212, ce Maire exerçoit ſa Juriſdiction juſ-ques ſur les bois de Rhuys & de Chévrieres. L'étendue de bois qui environne le fer à cheval & Villers-Cotteretz, faiſoit ancien-nement partie de la forêt de Cuiſe. Coioles, *Cotiola*, en a con-ſervé le nom, & Villers-Cotteretz, dans quelques titres, eſt ap-pellé *Villare ad Cotiam*, & Villers en Cuiſe; ce qui fait croire que l'intervalle des deux forêts de Cuiſe & de Retz, planté ſous le regne de François I, avoit été originairement couvert de bois.

Depuis le temps où l'on transféra au château de Bethizy, la Ju-riſdiction de la Gruerie de Cuiſe, juſqu'à l'établiſſement des Maî-triſes en 1346, la forêt de Cuiſe a été diviſée en un grand nombre de portions, dont chacune relevoit ſéparément de diverſes Sei-gneuries, tant en Juriſdiction qu'en Domaine. Avant même que le château de Bethizy eut été fondé, on diſtinguoit les différens cantons de cette forêt, par les noms des lieux remarquables qu'elle contenoit. On appelloit, par exemple, bois de Quierzy, ceux qui environnoient ce vaſte Palais juſqu'à la forêt de Laigue. Eginhart & les Capitulaires, font ſouvent mention de la forêt de Quierzy. Le Roi Carloman, dans un Capitulaire de l'an 883., ap-pelle *Breüil de Compiegne*, la queue de forêt qui va depuis cette ville juſqu'au village de Troſly-Breüil. Les bois qui couvrent la hauteur où eſt ſitué le Prieuré de S. Pierre en Chaſtres, & les fonds qu'il faut traverſer pour arriver à Pierrefonds, ſont nommés dans le Cartulaire des Religieux de S. Pierre, les bois de Chaſtres, *ſal-tus de Caſtro, nemus de Caſtro*. Le Prieuré de S. Nicolas de Cour-ſon donnoit autrefois ſon nom à tous les bois d'alentour : ces bois ſont appellés dans les anciennes Chartes, *foreſta de Curſo* (1). Le Roi Louis le Jeune appelle bois de Cuiſe dans ſes Chartes, *nemus de Cuiſiâ*, le canton de forêt, dont S. Jean-au-Bois occupe le centre. C'eſt ainſi qu'on a nommé ſucceſſivement *Bois des Grueries*, ceux de la dépendance du Hazoy, bois du Cheſne, ceux qui dépendoient du *Palatium Caſnum*, & enfin, bois de Be-thizy, de Verberie, de Pierrefonds, &c. ceux qu'on voyoit au-

(1) Ord. t. 7. p. 91.

tour de ces châteaux. Ces partages ont été arbitraires, jufqu'au temps où la forêt de Cuife a été divifée en *Gardes*.

Il eft très-embarraffant de dire, fi avant la fin du dixiéme fiécle, les arrondiffemens que je viens de nommer, dépendoient pour la Jurifdiction, du chef-lieu dont ils prenoient le nom. Il n'eft ici queftion que du temps écoulé fous les deux premieres races. Il y avoit alors trois fortes de Jurifdictions dans toute l'étendue de la forêt de Cuife. La Jugerie générale de la Maifon Royale de Cuife, la Jurifdiction des Comtes, & les Jugeries particulieres de chaque Maifon Eccléfiaftique ou Royale. L'infpection générale du Juge de Cuife confiftoit dans des prérogatives qui reviennent à nos droits de Voirie. Cet Officier avoit auffi droit de chaffe, & jouiffoit du privilége exclufif de conduire les Rois à la chaffe. Les Comtes connoiffoient, chacun dans leur reffort, des malverfations & des crimes qui s'y commettoient. Les Comtes de Vez, d'Ouchy, de Senlis & de Soiffons, avoient la principale autorité fur les différens lieux compris dans la forêt de Cuife. Les Juges particuliers des Eglifes & des Maifons Royales, comme ceux de Compiegne, de Verberie, du Chefne, & celui même de la Maifon de Cuife, avoient une infpection particuliere fur les bois enclavés au-dedans des limites de chaque Terre.

Les chofes changerent de face, depuis que la charge de Gruyer général eut été rendue héréditaire. Les Seigneurs & les Communautés s'arrogerent les droits de Juftice & de Gruerie, qui n'appartenoient auparavant qu'au Juge de Cuife & aux Comtes. Ainfi les Seigneurs de Pierrefonds attribuoient-ils à leurs Baillis & à leurs Prevôts, la connoiffance des délits & de toutes les affaires qui furvenoient dans tous les lieux de leurs Domaines, *In omni loco dominationis noftræ*, c'eft ainfi qu'ils s'exprimoient dans leurs Chartes.

Du moment où l'autorité des Seigneurs particuliers fut portée à ce point d'indépendance, le Siége de la Gruerie générale transféré de la Maifon de Cuife à Bethizy, & de Bethizy au Hazoy, perdit la plûpart de fes prérogatives, & fut réduit à l'état que nous expoferons à l'article du Hazoy, en donnant la fuite des Gruyers de Cuife.

23. Les Francs, fortis du fond des épaiffes forêts de la Germanie, apporterent avec eux dans les Gaules, un goût décidé pour le divertiffement de la chaffe. Ils avoient contracté cette inclina-

tion, dans la nécessité où ils se trouvoient de détruire les animaux féroces, qui infestoient les forêts du Nord. Aimoin (1) nous apprend que les Francs aimoient la chasse par habitude, *moris est Francorum venatui insistere*, & que leurs chefs en préféroient l'exercice à toute autre espéce de divertissement, *mos Principibus Francis familiaris*. Peut-être avoient-ils puisé dans ce genre d'occupation, l'ardeur guerriere & l'expérience des armes, qui leur faciliterent la conquête des Gaules. La guerre & la chasse ont entr'elles, une parfaite ressemblance : & depuis l'origine de notre Monarchie jusqu'à présent, les Seigneurs & la Noblesse de France ont donné la préférence à cet exercice, sur tous les autres amusemens.

Tous nos Rois des deux premieres races, excepté ceux qu'on nomme Fainéans, ont montré beaucoup d'ardeur pour le plaisir de la chasse. Parmi les forêts du Royaume, où ils pouvoient prendre ce divertissement, ils ont toujours choisi celle de Cuise, comme étant la plus commode, la plus dégagée, & la plus agréable à parcourir.

Ces Rois exécutoient leurs parties de chasse avec une pompe & un appareil qui ne sont plus dans nos mœurs. Marchoient-ils à l'ennemi ? ils se couvroient de fer, & n'avoient d'autre Cour, que les Officiers & les Soldats, sans embarras & sans train. Dans leurs parties de chasse, ils étaloient aux yeux de leurs sujets, tout l'éclat de la Majesté, & portoient la magnificence du Trône dans les réduits des forêts. Ils célébroient ces chasses avec le même cérémonial qui accompagnoit les tournois, sous les Successeurs de Hugues Capet. Deux saisons de l'année étoient principalement consacrées aux chasses d'appareil ; le Printemps & l'Automne. Les Rois passoient presque toujours ces deux saisons dans leurs Palais de la forêt de Cuise, à Verberie, au Chesne, à Compiegne, à Choisy en Laigue, à Quierzy & à Venette, dont le nom fait assez connoître qu'on a fondé ce château, pour être une Maison de chasse.

On trouve dans Alcuin, une description de ces chasses générales. Le Poëte représente le Souverain environné d'une Cour brillante, composée de l'élite des Seigneurs François, des Ministres, des Comtes, & des chefs de la Magistrature. La Reine & les Dames de la Cour assistoient à ces parties, montées sur des chevaux riche-

(1) Gest. Franc. l. 7. c. 17. l. 1. c. 21.

ment caparaçonnés, qu'elles manioient avec une grande adresse. Ces chasses solemnelles commençoient avec le jour, & finissoient de même.

L'Histoire fait mention d'un grand nombre de chasses générales, exécutées dans la forêt de Cuise sous les deux premieres races : je me borne aux traits suivans, parce qu'ils suffisent pour établir une sorte de perpétuité, de la préférence que nos Rois accordoient à la forêt de Cuise, sur tant d'autres.

Clotaire I, fils & Successeur du grand Clovis, chassoit souvent dans la forêt de Cuise (1). C'est au centre de cette forêt que la maladie dont il mourut, le saisit, pendant qu'il chassoit. De Choisy-en-Laigue, où ce Prince expira, son corps fut transporté à S. Médard de Soissons.

Lorsque la Monarchie Françoise appartenoit aux quatre Souverains, fils du grand Clovis, tous quatre avoient le droit de chasser dans la forêt de Cuise, lorsque bon leur sembloit. Nous l'apprenons d'un trait de la vie de S. Marcoul, Abbé de Nanteuil en Normandie (2). Ce saint Abbé ayant une grace à demander à Childebert I, Roi de Paris, s'embarqua sur la Seine pour l'aller trouver. Il apprit en chemin que ce Prince prenoit le divertissement de la chasse dans la forêt de Cuise, & continua sa route sur la riviere d'Oise. Arrivé près de Verberie, on l'avertit que le Roi chassoit auprès du château de Venette, dans la prairie. Ce Saint s'y rendit, & eût couru risque de succomber sous les mauvais traitemens d'un piqueur, si Dieu n'eut pris en main sa défense, en frappant de paralysie le bras de celui qui vouloit le maltraiter. Childebert instruit du prodige, quitta le gibier qu'il poursuivoit, vint trouver S. Marcoul, & lui accorda ce qu'il venoit lui demander. Venette & son territoire appartenoient au Royaume de Soissons : cependant ce trait nous apprend que le Roi de Paris préféroit ce canton, à tant d'autres forêts qui dépendoient de ses Etats. On connoît aussi par ce même trait, que les Princes de la premiere race, s'accordoient la liberté de chasser, les uns sur les terres des autres ; ce que les Princes de la seconde race ne se permettoient pas.

Lorsque Chilpéric I, Roi de Soissons, se retira dans la Maison de Cuise, après la perte de ses deux fils (3), ce Prince avoit pro-

---

(1) Greg. Tur. hist. l. 4. c. 21.
(2) Sec. 1. Ben. p. 132. n° 18.
(3) Greg. Tur. l. 5. c. 35. 40. Analect. fol. p. 203.

bablement dessein de soulager sa douleur, & de dissiper son chagrin, par l'exercice de la chasse. Il faut croire qu'il trouva au centre de la forêt de Cuise, les adoucissemens qu'il cherchoit, puisqu'il y fit un long séjour.

Dagobert I, qui avoit une forte de passion pour la chasse, faisoit ses délices de la forêt de Cuise. C'est le premier de nos Rois dont nous ayons des Réglemens sur le fait des chasses. Ces Réglemens font mention, entr'autres choses, d'une amende de quarante-cinq sols, contre celui qui aura tué ou dérobé un cerf apprivoisé, & dressé pour en prendre d'autres : *Cervum signum habentem, qui ad faciendam venationem mansuefactus est.* Avant que ce Prince eût fondé l'Abbaye de Mornienval, il avoit sur les lieux une maison de chasse, où il logeoit ses meutes & ses équipages, & dans laquelle il se rendoit assez souvent. Le village & l'ancienne Abbaye de la Croix-Saint-Ouen, doivent leur origine à une vision qu'eut S. Ouen, pendant que Dagobert faisoit une partie de chasse générale avec toute sa Cour, dans la forêt de Cuise, entre Compiegne & Verberie.

Nous n'avons point d'enseignemens touchant les chasses des Rois Fainéans. Comme ils vivoient dans l'indolence, dans l'obscurité, & dans le mépris, les Ecrivains ne tenoient pas compte de leurs actions.

Charles Martel, Pepin & Charlemagne, dans leurs fréquens voyages de Quierzy, de Verberie, & des autres Maisons Royales de la forêt de Cuise, ne se proposoient pas de plus grand plaisir que celui de la chasse.

L'Empereur Louis le Débonnaire, depuis la révolte de son fils Pepin, conçut une forte d'aversion pour la forêt de Cuise, parce qu'une grande partie des lieux qu'elle renferme, avoit suivi les égaremens du jeune Prince. Eginhart observe cependant, qu'en l'an 820, & en l'an 827, l'Empereur Louis fit deux parties de chasse dans les bois de Quierzy.

Charles le Chauve, exempt des préjugés de l'Empereur son pere, chassoit dans tous les lieux de la forêt de Cuise indistinctement. On lit aux Annales de S. Bertin (1) que le jeune Prince Louis étant venu d'Aquitaine pour faire sa cour au Roi Charles, ce Monarque le conduisit dans la forêt de Cuise, où ils chasserent ensemble jusqu'à la nuit. Ce même écrit nous apprend, qu'en l'an

(1) Ann. Bert. an. 864.

870, Charles le Chauve entreprit une longue tournée pendant l'Automne; que de Leſtines il alla à Saint Quentin, à Servais, à Quierzy, qu'il tomba enſuite dans la forêt de Cuiſe, où il chaſſa long-temps. On connoît par un de ſes Capitulaires (1), combien il aimoit cette forêt. Il ſe réſerve à lui ſeul le privilége d'y chaſſer, à l'excluſion même du Prince Louis ſon fils, auquel il preſcrit de ne chaſſer que dans les bois de Laigue, & au ſanglier ſeulement.

Le Roi Eudes (2), malgré la dureté des temps, & le malheur des regnes précédens, célébroit ſes chaſſes avec la même pompe que l'Empereur Charlemagne, au ſein de la plus brillante proſpérité. Un écrit de l'an 890, fait mention d'une chaſſe générale, ou parurent en la compagnie du Roi Eudes, un grand nombre d'Evêques, de Seigneurs & de Comtes, avec les grands Vaſſaux du Royaume. Le rendez-vous de cette chaſſe avoit été indiqué, en un endroit de la forêt de Cuiſe, appellé *Audita*.

L'impérieux Bernard, Comte de Senlis, voulant mortifier le Roi Louis d'Outremer, enleva ſes meutes & ſes équipages, au moment que ce Prince ſe diſpoſoit à chaſſer dans la forêt de Cuiſe (3).

On connoît par cette ſuite d'anecdotes, combien nos Rois des deux premieres races, faiſoient cas de la forêt de Cuiſe. Ils tiroient un double avantage des chaſſes générales, l'utilité & le plaiſir. Après avoir diſtribué aux Seigneurs de leur ſuite & aux Officiers de chaſſe, les préſens de gibier qui convenoient à chacun, le ſurplus ſe vendoit au profit du Prince. On en avoit un grand débit, parce que les François de ce temps-là aimoient beaucoup la venaiſon. L'Œconome *Judex* de la Maiſon Royale auprès de laquelle le rendez-vous étoit aſſigné, préſidoit ordinairement à cette diſtribution, & en rendoit compte au Prince. Les pâturages s'affermoient, ou bien les Officiers du Roi y plaçoient des troupeaux, qu'on engraiſſoit & qu'on vendoit au profit du Prince.

Il y avoit dans la forêt de Cuiſe, un grand nombre de viviers & d'étangs, dont le produit ſurpaſſoit beaucoup celui de la chaſſe & des pâturages. On en vendoit le poiſſon pour le compte du Roi. Preſque tous ces anciens étangs ſont préſentement comblés : quelques-uns ſe voyent encore; les étangs de S. Jean-au-Bois, par

---

(1) Capit. Cariſ. an. 877. l. 32.
(2) D. Bouq. t. 9. p. 450.

(3) Flod. Chr. ad ann. 945.

exemple, ceux de S. Pierre en Chaftres, l'étang de la ville, l'étang aux Etats, l'étang de Baffigny, le vivier Payen, &c. Le vivier Coras qui eft préfentement rempli, fe voyoit encore dans fon entier au fiécle paffé. Les Œconomes apportoient un grand foin à l'entretien de ces piéces d'eau : les Foreftiers & les Sergens gardoient la pêche avec plus de fcrupule encore, que la chaffe & les bois, marchandife qui a toujours été d'un bas prix fous les deux premieres races.

La révolution qui a fait paffer le Sceptre de la Maifon de Charlemagne, à celle de Hugues Capet, a occafionné un changement confidérable dans le gouvernement de la forêt de Cuife : nous en rapporterons les circonftances en un autre endroit de cette Hiftoire.

24. On a dû remarquer, que l'état primitif de la Maifon Royale de Cuife, eft fort obfcur, tandis qu'on trouve dans les Auteurs, beaucoup de traits intéreffans fur la forêt de ce nom. Nous éprouvons le contraire, à l'égard de la forêt de Brie & de fes chefs-lieux. On connoît l'état ancien de Nanteuil-le-Haudouin, & du chateau de Mail, pendant qu'on n'a que des notions confufes fur la forêt de Brie, qui dépendoit originairement de ces deux Maifons.

Les deux noms de *Nanteuil* & de *Brie*, ont beaucoup d'analogie entr'eux : le premier fignifie un ruiffeau ou une fontaine; le fecond, marque un pont.

25. *Nant* eft le premier nom du bourg de Nanteuil-le-Haudouin. C'eft un mot Celtique, que les Gaulois donnoient à la plûpart des lieux où il y avoit des fources, des étangs, des fontaitaines : de là vient que le nom de Nanteuil eft fi commun en France. On compte huit Nanteuils dans le feul Duché de Valois : Nanteuil-fur-Marne, & Nanteuil-fous-Muret, dans la Châtellenie de Pierrefonds : Nanteuil-fur-Ourcq, en la Châtellenie de Neuilly-Saint-Front : Nanteuil-Notre-Dame, Nanteuil-fous-Cugny, Nanteuil-la-Foffe, & Nanteuil-les-Foffés, dans la Châtellenie d'Ouchy ; enfin Nanteuil-le-Haudouin, fous le reffort de la Châtellenie de Crépy.

Nanteuil-le-Haudouin, dont il eft ici queftion, eft connu dans les écrits des feptiéme & huitiéme fiécles, fous les noms de *Fifcus Namtolialenfis*, de *Nant vicus*, & de *Nant en Brie*. M. Baillet (1), dans fon abbrégé des Vies de S. Valbert & de S. Ail, a

---

(1) 2. May. Ann. Bened. tom. 1. p. 327. Not. Gall. p. 369. Diplom. p. 303. Hift. de Meaux. p. 626.

mal traduit le *Nant vicus* des actes de ces Saints, par Nantoüillet ou Vinantes. Le P. Mabillon, dans ses Annales, M. de Valois, dans sa Notice, D. Germain & D. Toussaint du Plessis, s'accordent à reconnoître le bourg de Nanteuil-le-Haudouin, pour l'ancien lieu de *Nant en Brie*.

La terre de Nanteuil, est l'une des plus anciennes de la cité de Meaux. Sa premiere origine est inconnue; mais on sait, à n'en pas douter, que depuis l'expédition de César, Nanteuil a été l'une des plus riches possessions des Romains dans les Gaules. Nous n'exagérons pas, en représentant sous ce point de vue, la terre de Nanteuil, rélativement à des temps aussi éloignés. Un Auteur exact & très-digne de foi, qui écrivoit deux siécles après l'établissement de la Monarchie Françoise, voulant donner une idée de cette terre, au moment où ses Domaines sont passés des Romains aux François, appelle Nanteuil une bourgade de grand renom, *Vicus famosi nominis*.

Dans ce que je vais exposer sur Nanteuil, je ne séparerai pas ce qui regarde la terre & ses dépendances, d'avec ce qui a rapport aux premiers Seigneurs de cette terre; je suivrai l'ordre des dates. 26. Clovis avoit parmi les Officiers généraux de ses Armées, un Seigneur Sicambre nommé Chagneric, qu'il considéroit à cause de ses vertus guerrieres, & de son expérience consommée dans l'Art Militaire. Ce Prince désirant faire à Chagneric, un présent digne des services qu'il avoit rendus à la nation, lui donna la terre de Nanteuil, du consentement des Grands, dont il avoit, à ce sujet, recueilli les suffrages. Il accorda aussi à ce Seigneur, la terre de Herly, & quelques biens dans le Ponthieu. Je nomme ce Seigneur Chagneric: plusieurs Auteurs lui ont donné ce nom, d'autres le lui contestent. Comme il faut le désigner par quelqu'endroit, nous le lui conserverons, en attendant qu'on ait trouvé le véritable.

Lorsque Chagneric reçût la terre de Nanteuil en partage, cette terre ne laissoit rien à désirer du côté de la fertilité & de l'agrément du séjour (1). Elle réunissoit sous sa dépendance, un grand nombre de riches métairies. Ses campagnes rapportoient d'abondantes moissons, parce que le terrein, excellent de sa nature, avoit toujours été cultivé avec soin. Aussi, ajoute l'Auteur de qui nous tenons ces notions, les fermes & les greniers du château de

---

(1) Duchesn. t. 1. p. 556. Sec. 3. Bened. I part. 2. p. 453. cap. 5. & 7.

Nanteuil abondoient en toutes fortes de productions naturelles, en troupeaux & en grains. Le maître de ces Domaines occupoit un château vaste & commode, dont le reffort comprenoit une immense étendue de forêt, entrecoupée de terres labourables, de cenfes & de vergers. Il n'eft pas aifé de dire jufqu'où le Domaine de Nanteuil s'étendoit. Il devoit renfermer la plus grande partie de la forêt de Brie, au-delà des deux Morins & de Rebais.

Chagneric eut un fils, dont le nom & les actions nous font inconnus. On fait feulement que ce fils fut marié, qu'il avoit des alliances avec les Comtes de Ponthieu, qu'il entendoit l'œconomie de la campagne, & qu'il menoit à Nanteuil une vie occupée. Ce fils de Chagneric eut un autre fils qu'on nomma Valbert, de l'éducation duquel on prit un foin diftingué.

27. Valbert ou Vaubert, Valdebert ou Gaubert, font quatre noms employés indifféremment par les Auteurs, pour défigner le petit-fils de Chagneric. Il ne faut pas confondre le petit-fils du Seigneur de Nanteuil, avec les premiers Comtes de Ponthieu & de Terouanne, qui ont porté le même nom. Il faut auffi le diftinguer de deux autres Valberts, fes contemporains, dont l'un eft qualifié Comte dans les écrits du temps, l'autre a été frere de S. Pharon, & fon prédéceffeur dans le Siége de Meaux.

Valbert (1) reçut dans fa jeuneffe, au château de Nanteuil où il étoit né, les principes d'une éducation convenable à fa condition. Son pere le fit élever fous fes yeux, convaincu que la vertu eft préférable aux richeffes; & que fans les fentimens, la fortune & les tréfors font d'une utilité médiocre à ceux qui les poffédent. Valbert répondoit par fa docilité aux foins de ce digne pere, lorfque la mort le lui enleva. En perdant ce pere attentif, il hérita de fes grands biens, & fe vit maître d'un très-riche patrimoine, dans un âge encore tendre. Les Comtes de Ponthieu, fes proches parens, réparerent autant qu'il dépendit d'eux, la perte qu'il venoit de faire. Valbert avoit été deftiné dès fa naiffance, à la profeffion des armes, que fes ayeux avoient toujours exercée. Héritier de la valeur de fes peres, il entra dans les vues de fes parens, & parvint en peu d'années, au grade d'Officier général dans les Armées de la nation.

L'état militaire, où les occafions de s'écarter des voyes de la

---

(1) Sec. 2. Bened. p. 503. 427. 447. 629. 780. Mabill. œuv. pofth. t. 1. p. 441. | Sec. 3. Ben. part. 2. p. 455.

perfection chrétienne sont si communes, n'altéra point en Valbert, les sentimens de religion qu'il avoit puisés dans une éducation libérale. Il sut allier la valeur avec la piété, & se montra partout le même, à Nanteuil, dans le Ponthieu, dans les Armées. Sa vie privée pourroit servir d'exemple aux personnes du plus haut rang : il s'occupoit dans le particulier, à soulager les indigens, à rendre la justice à ses Vassaux, & à chercher dans l'administration de ses biens qu'il gouvernoit lui-même, le juste tempérament, qui laisse au Fermier un gain légitime, sans nuire aux intérêts des Maîtres.

Le culte de S. Georges passa de l'Eglise d'Orient dans celle d'Occident, vers le temps où les Romains céderent la Gaule aux Francs : il s'étendit en peu de temps, & l'on bâtit en l'honneur de ce Saint plusieurs Eglises. On l'invoquoit dans les combats, & les Guerriers François le prenoient pour Patron. Les premiers Seigneurs de Nanteuil, Chagneric ou son fils, voulant donner des marques particulieres de la confiance qu'ils avoient en son intercession, érigerent à leurs frais une Eglise sous son invocation, à côté de leur château. Ils y placerent un Prêtre, mais sans pourvoir à sa subsistance, & sans lui assigner un revenu fixe. Valbert enchérit sur la dévotion de ses peres. Il dota avantageusement l'Eglise de S. Georges, & accorda au Desservant, un revenu en fonds de terres. Cette Eglise est différente de celle de Notre-Dame, qui n'est pas moins ancienne. L'Eglise de S. Georges devoit être située vers le pavillon gauche du château actuel.

On rapporte à l'an 625, la conversion de Saint Valbert. Il ne faut pas interpréter ce terme du passage subit d'une vie licentieuse, à un état de régularité & de perfection. On appelloit conversion, le changement volontaire de tout homme qui renonçoit à un état commode, pour embrasser une vie pénitente, soit pour expier les désordres d'une conduite criminelle, soit pour éviter de tomber dans le relâchement.

Valbert avoit une conscience timorée, qui ne lui laissoit pas de repos, lorsque rendu à lui-même, & à l'abri de toute dissipation, il considéroit combien est important l'ouvrage du salut, & à combien d'écueils sont exposées les personnes engagées dans les liens du monde. Un jour que ces considérations l'avoient jetté dans une grande perplexité, il alla consulter S. Eustase, Abbé de Luxeuil, & successeur de S. Colomban, sur le genre de vie qu'il estimoit le plus sûr, pour arriver à la perfection chrétienne. L'Abbé Eustase fit une réponse telle qu'on devoit l'attendre du chef d'une Communauté naissante, où regnoit toute la ferveur de l'état monastique. Sans entreprendre de déterminer le jeune Seigneur au choix de la vie réguliere, il lui insinua que la regle des Cloîtres pouvoit seule lever les difficultés qui se rencontrent dans l'importante affaire du salut. Valbert goûtant les conseils de l'Abbé Eustase, résolut de vouer au monde, un renoncement général & absolu, & de se confiner dans un Monastere, à l'abri des embarras du siécle & des occasions de chûte. Il ne balança pas sur le choix d'une regle : il préféra celle de S. Colomban à toutes les autres, & ne crut pas pouvoir prendre un meilleur guide que l'Abbé Eustase, pour arriver au terme qu'il se proposoit.

On ne peut dire si Valbert prit le temps de la réflexion, avant de s'engager dans l'état monastique, & s'il revint à Nanteuil mettre ordre à ses affaires, avant d'entrer à Luxeuil : il est probable qu'il prit ce dernier parti.

L'Abbé Eustase le reçut avec les témoignages de la joye la plus vive. Il estima cette acquisition, comme une conquête des plus signalées, sur le monde & sur ses pompes. Cependant il crut ne devoir pas négliger cette occasion, pour avancer les affaires de sa Communauté. Valbert étant sur le point de distribuer tous ses biens, l'Abbé Eustase l'engagea à ne pas oublier le Monastere, où il trouvoit un refuge contre les attaques de l'ennemi de nos ames. On n'est pas certain du temps où le nouveau Prosélyte exécuta ce pieux dessein, si c'est en prenant l'habit de l'Ordre, & avant sa profession, ou après que la Communauté de Luxeuil l'eut choisi, pour remplacer S. Eustase en qualité d'Abbé. Les Loix n'obligeoient pas encore les Religieux qui faisoient profession dans une Maison Religieuse, à renoncer à la propriété des biens temporels. Voici la conduite que Valbert nous paroît avoir tenue, & l'ordre qu'il mit dans la distribution de ses biens.

Tout ce qu'il possédoit, lui venoit de son ayeul, & cet ayeul avoit reçu du Roi & de la nation, les fonds de terre dont il jouissoit, comme un usufruit qu'il pouvoit transmettre à ses descendans ou à ses héritiers, sans avoir la liberté d'en disposer en faveur des étrangers. On croit qu'avant d'accomplir son dessein, il demanda au Roi la permission de distribuer ses biens en bonnes œuvres, & qu'il l'obtint sans explication.

Il y avoit dans l'étendue de la forêt de Brie, du côté des deux Morins, quelques endroits, où des personnes pieuses avoient choisi des retraites, pour vivre dans les exercices d'une vie pénitente, loin du commerce du monde. Valbert voulant favoriser dans ces personnes, des inclinations pareilles aux siennes, leur abandonna en toute propriété les emplacemens qu'elles occupoient, & leur procura tous les secours qui dépendoient de lui. Ces donations ont été les premiers démembremens de la terre de Nanteuil, & l'origine de plusieurs Communautés Religieuses, qui sont devenues considérables dans la suite des temps. Afin de rendre ses donations plus authentiques, il faisoit dresser un acte, dans lequel on spécifioit la situation, la nature & l'étendue des héritages dont il transmettoit la propriété; & afin de ne manquer, ni au Roi, ni aux Seigneurs qui représentoient la nation, il avoit soin d'y insérer cette clause (1); *salvâ authoritate Francorum Regum & Procerum*, sauf les droits & l'autorité du Roi des Francs, & des Grands de la nation.

Dans le partage de ses biens, il préféra le Monastere de Luxeuil aux autres Maisons Religieuses. Il donna à Luxeuil, ses deux terres de Herly en Ponthieu, & de Nanteuil en Brie.

Il y avoit alors à Nanteuil, outre l'Eglise de S. Georges, une Basilique baptismale, composée d'une Chapelle basse, dédiée sous l'invocation de S. Jean-Baptiste, & d'une Chapelle haute, consacrée sous le titre de Notre-Dame. Valbert plaça dans cette Eglise des Religieux de Luxeuil, sous la conduite d'un Supérieur, & leur soumit le Prêtre de S. Georges. On ne peut dire si cette Communauté fut érigée d'abord en une Abbaye affiliée à Luxeuil, ou si elle a reçu ce titre après la mort de S. Valbert. Nous savons seulement que les Religieux de Luxeuil, immédiatement après la donation de la terre de Nanteuil, envoyerent sur les lieux, une colonie de leurs Confreres, composée de quelques Prêtres & de plusieurs Freres Servans, pour prendre possession de la terre de Nanteuil, & pour en faire valoir les biens. On sait aussi que cet établissement est l'origine du Monastere de Nanteuil, qui a été une Abbaye en titre, & qui n'est plus présentement qu'un Prieuré, dépendant de l'Ordre de Cluny.

Valbert, en entrant à Luxeuil, oublia le rang qu'il avoit tenu dans le monde. Il surpassa même les autres Religieux, en mo-

(1) Sec. 3. Ben. part. 2. cap. 7.

destie & en humilité. Son mérite l'éleva aux premieres places du Monastere, jusqu'à ce qu'il parvint à la dignité d'Abbé. Il gouverna pendant quarante ans les Religieux de Luxeuil, avec une douceur qui lui gagna leur affection. Comme il prêchoit d'exemple, la Regle s'observoit en son absence comme en sa présence. Son zele pour la sanctification des ames, ne se bornoit pas à l'intérieur de sa Maison : il l'exerçoit au-dehors, & ramena de leurs égaremens un grand nombre de personnes. Après avoir mené une vie sanctifiée par toutes sortes de bonnes œuvres, il mourut à Luxeuil l'an 665. Son corps fut inhumé dans l'Eglise de S. Martin, au côté septentrional du Monastere.

L'Abbé Adson a recueilli en deux Livres, une foule de miracles, qu'il attribue à l'intercession de S. Valbert, & qui ont été presque tous opérés à son tombeau, à l'exception de quelques-uns qu'il prétend être arrivés de son vivant. Il faut bien se garder d'adopter sans choix, tout ce que le pieux Abbé rapporte sur ce sujet : l'Histoire des oyes de S. Valbert, est une preuve de sa crédulité. Je dirai deux mots de cette fable qui s'est accréditée dans la Brie, & que l'Auteur de l'Histoire de Meaux raconte avec ses circonstances, d'après l'Abbé Adson (1).

Quelque temps avant que S. Valbert se retirât à Luxeuil, un de ses Fermiers vint le trouver au château de Nanteuil, pour lui témoigner son chagrin, de ce qu'une bande d'oyes sauvages faisoit un grand dégat sur les terres de sa métairie. Valbert prenant part à sa situation, lui dit d'aller trouver ces oyes, de les appeller, & de les enfermer pendant trois jours, sans leur donner de nourriture. En exécution de ces ordres, le Fermier, plein de confiance aux mérites de son Maître, exécuta ponctuellement ce qu'il lui avoit prescrit. Le troisiéme jour de la détention de ces oyes étant expiré, le Fermier ouvrit la porte du lieu où il les avoit renfermées, afin qu'elles prissent l'essor. Sa surprise fut grande, lorsqu'il vit ces jeuneuses refuser la liberté qu'on leur offroit. Il avertit S. Valbert, qui lui dit d'examiner si les oyes étoient au même nombre, qu'au moment où il les avoit renfermées. Le Métayer ayant appris qu'un domestique de sa Ferme en avoit dérobé une, & l'avoit mangée, retourna vers S. Valbert, qui en demanda les plumes. Le Fermier les lui présenta. Le Saint à l'instant se mit en prieres, l'oye reparut subitement, couverte des mêmes

(1) Sec. 3. Bened. t. 2. p. 453.

plumes qu'auparavant; S. Valbert ordonna au Fermier de la reporter à ſes compagnes, qui la voyant, pouſſerent le cri qui leur eſt naturel, prirent leur vol, & ne reparurent plus.

Cette piété crédule de l'Abbé Adſon, nous fait regretter la perte des vrais actes de S. Valbert, qui avoient été écrits par un Auteur contemporain, avec fidélité & avec diſcernement. Les fables ſans vrai-ſemblance, peuvent ſe perpétuer dans l'eſprit du peuple par la tradition; mais rien n'eſt ſi capable de les accréditer, que l'autorité des Ecrivains qui jugent à propos de les conſigner dans leurs ouvrages.

L'Abbé Valbert fut canoniſé par les ſuffrages des Eccléſiaſtiques & du peuple, auſſi-tôt après ſa mort. Son culte ſe répandit en peu de temps dans la Brie, dans le Ponthieu & dans le Valois. On l'invoquoit dans ces pays ſous le nom de S. Vaubert & de S. Gaubert. Je trouve ſouvent dans les titres des treiziéme & quatorziéme ſiécles, le nom de Vaubert parmi ceux qu'on donnoit au Baptême. On croit que le village de Mont-Gaubert, près Valſery, tire ſon nom de la même origine.

A Nanteuil, il s'établit en l'honneur de S. Valbert, un pélérinage aſſez ſingulier. On ne l'invoquoit pas dans les Egliſes; les pélerins faiſoient leurs prieres auprès de la grande fontaine. Cette fontaine a été un objet de vénération pendant plus de huit ſiécles: le Juge du lieu tenoit à côté ſes audiences; & on lit dans les anciens titres, concernant la Gruerie de Valois, que le Siége naturel des Gruyers, eſt le Jeudi à Nanteuil, auprès de la grande fontaine.

Tant que S. Valbert vécut, les Religieux de Luxeuil jouirent en paix des deux terres de Herly & de Nanteuil. Après la mort du Saint Abbé, il s'éleva contre eux pluſieurs factions puiſſantes, qui entreprirent de les dépouiller des poſſeſſions qui leur avoient été accordées. Il y eut ſur ce ſujet de grands débats, qu'on aſſoupit & qu'on renouvella à pluſieurs repriſes, pendant l'eſpace de trois ſiécles. Les Comtes de Ponthieu, héritiers naturels des biens de S. Valbert, vouloient rentrer dans les deux terres de Nanteuil & de Herly, prétendant que le Saint n'avoit pas eu le droit d'aliéner de tels fonds, & que les Loix de la nation s'opposoient a l'exécution de ſes intentions.

Les Religieux de Luxeuil établis à Nanteuil, répliquoient à ces difficultés, que S. Valbert n'avoit placé ſes bienfaits que du

conſentement

consentement du Roi & des Grands de la nation ; qu'en renonçant au monde, il avoit remis au Souverain les droits de Jurisdiction, qu'il n'avoit pas eu le pouvoir de transmettre ; qu'on ne devoit regarder les prétentions des Comtes de Ponthieu, que comme les prétextes d'une avidité sans bornes, qui revenoit contre des engagemens sacrés, pour tout envahir.

Les raisons des Religieux pouvoient être bonnes ; mais ils n'avoient pas la force en main comme leurs adversaires, qui les réduisirent enfin à la nécessité d'abandonner les châteaux de Herly & de Nanteuil.

28. Après la retraite de S. Valbert à Luxeuil, la Jurisdiction du château de Nanteuil sur la forêt de Brie, passa au château de Mail en Multien, situé au-dessus de Gesvres, à quatre grandes lieues Sud-Est de Nanteuil. La Jurisdiction du château de Mail a commencé avec la Monarchie Françoise. Le nom de Mail lui est venu de ce que nos premiers Rois tenoient les assemblées du champ de Mars dans la place d'armes de ce château. *Mallus* ou *Mallum*, dont Mail & May sont une traduction, signifioit un lieu d'assemblée, chez les Romains du Bas-Empire. Les François des deux premieres races ayant jugé à propos d'attribuer ce nom au château seulement, avoient appellé *Champ de Jarrion*, la place d'armes du château, du mot *Jarria*, qui désignoit une plaine vague.

Les mêmes Rois, qui avoient mis les ancêtres de S. Valbert en possession de la terre de Nanteuil, s'étoient fait adjuger par la nation, la propriété du château de Mail & de ses dépendances. Ils y placerent un Juge, qui prit le nom de Châtelain dans la suite des temps, & qui exerçoit les mêmes fonctions que le Juge de la Maison Royale de Cuise. Tant que la terre de Nanteuil fut au pouvoir de Chagneric & de ses descendans, la Jurisdiction du Juge de Mail se trouva resserrée dans des bornes étroites (1). Le ressort de cet Officier devint considérable, du moment où S. Valbert renonçant au siécle, on réunit à la Jugerie de Mail, une partie des droits que donnoit à ce Saint la Seigneurie de Nanteuil.

Depuis ce changement, le Juge de Mail prit la qualité de Forestier général de Brie, & commença de tenir ses plaids une fois la semaine, dans la plaine de Jarrion. La Jurisdiction de Mail ne reçut aucune diminution avant le commencement du dixiéme siécle, temps où les Comtes de Champagne & les Seigneurs de

---

(1) Sec. 2. Bened. p. 311.

Tome I.

Crépy, Comtes de Vexin, réunirent à leurs Domaines, les uns la partie septentrionale, les autres la partie méridionale de la forêt de Brie. D'abord on transféra de Mail à Acy le Siége du Forestier, parce que le bourg d'Acy appartenant moitié aux Comtes de Champagne, moitié aux Comtes de Crépy, l'Officier général veilloit avec plus de facilité à la conservation des bois des deux Domaines.

Cet arrangement ne dura pas : les Comtes de Champagne ne voulant rien posséder en commun avec les Comtes de Crépy, soumirent les bois de Brie qui leur appartenoient, à la Jurisdiction de leurs Vicomtes & de leurs Forestiers. De cette sorte, le Forestier d'Acy & de Mail, résidant à Acy, demeura attaché aux seuls Comtes de Crépy, qui dans leurs Chartes, lui donnent indifféremment les noms de Forestier de Mail, & de Gruyer de Valois. Ce Gruyer tenoit ses plaids généraux une ou deux fois l'an, dans la plaine de Jarrion. Il donnoit ses audiences ordinaires au bourg d'Acy, près la fontaine ; & lorsque le cas le requéroit, il tenoit des audiences extraordinaires à Crépy, près la Croix-Boissiere, en face du château. Il avoit deux Hôtels, l'un à Bazoches, près de Crépy, l'autre à Acy. Pendant ses tournées, il exerçoit le droit de procuration dans plusieurs villages du ressort de sa Gruerie. A Rouvres, par exemple, le Maître de la Ferme du Mouton devoit le recevoir, le loger, le défrayer & le nourrir, avec son cheval & ses chiens.

Raoul II, Comte de Crépy & de Senlis, qui vivoit en l'an 1015, jugea à propos de diviser la Gruerie de Valois en deux parties égales, & de créer un second Office de Gruyer. Nous exposerons ce changement en son lieu, avec ses circonstances ; il nous suffit de remarquer pour le présent, que Raoul ayant deux fils, il fit leur partage de son vivant. Il donna à l'aîné, le Comté de Crépy, avec la premiere portion de la Gruerie de Valois ; & au second, la Seigneurie de Nanteuil, avec la deuxiéme portion de la Gruerie, à condition néanmoins que les deux Gruyers agiroient de concert ; qu'ils jouiroient de leurs droits par indivis ; qu'ils tiendroient leurs audiences ensemble une fois l'an, dans la plaine de Jarrion, & trois fois la semaine pendant toute l'année, le Mardi à Acy, près la fontaine, le Jeudi à Nanteuil, à côté de la fontaine, & le Samedi à Crépy, auprès de la Croix-au-bourg. Le nom de forêt de Mail demeura à la portion du Comté de Crépy; Philippe Auguste l'appelle ainsi dans son Cartulaire (1). Au temps de Bergeron, qui écrivoit en 1580, le premier des deux Gruyers de Valois conservoit le nom de Forestier de Mail.

On lit ce qui suit dans le Procès-verbal de réformation de la Gruerie de Valois, dressé en 1540 : » Passé le village de Rozoy en
» Multien, est un lieu nommé *Jarrion*, distant du village de May
» d'environ deux ou trois jets d'arc. Le Procureur du Roi de Cré-
» py, qui accompagnoit les Commissaires de la réformation dans
» leur tournée, montra à ces Officiers six gros ormes audit lieu de
» *Jarrion*, entre lesquels il assura, que d'ancienneté, l'on avoit
» coutume de tenir le Siége de la Gruerie de Valois, & qu'encore
» continue-t-on de l'y tenir une fois l'an ; que de là, les Gruyers
» empruntent le Siége de la Jurisdiction d'Acy, ou pour plus grande
» commodité, ils tiennnent leurs plaids ordinaires devant la fon-
» taine. » On ne voit plus d'ormes dans la plaine de Jarrion : cette plaine est présentement cultivée. Son nom est demeuré à un sentier qui la traverse, à côté d'une remise.

Ces audiences en plein champ étoient une imitation des assemblées des Gaulois & de celles du champ de Mars sous les deux premieres races : cette coutume n'a pas discontinué dans le Valois, jusqu'à la fin du seiziéme siécle. Nous avons recueilli les noms de plusieurs arbres, sous lesquels le Juge de chaque canton plaçoit son Siége, pour rendre la Justice. L'Arbre Jacquemart à Attichy, le Chêne Herbelot, près de Pierrefonds, & le Chêne, Paroisse de Neuilly-Saint-Front, servoient à cet usage ; de même que l'Orme de Heurte-Bise près de Chevreville, l'Ormeau de Verberie, l'Epinette de Rhuys, l'Orme de Fresnoy, l'Orme de Claville près de Tresmes, l'Orme du Porche à Meremont, l'Orme du Porche à S. Germain de Bouillant, & l'Orme de Duvy, cet Arbre monstrueux qu'on a abbatu il y a quinze ans, & qui subsistoit depuis plusieurs siécles. La Place Boissiere à Crépy, la Place de Lormel au village de Rouvres, le Chêne de l'Assemblée, auprès d'Ormoy le Davien, avoient la même destination. Dans un acte passé à Crépy, le 26 Janvier 1530, (2) le Maire de Bargny déclare qu'il y a dans le village une pierre près d'un noyer, vis-à-vis le portail de l'Eglise, où les Procès étoient portés devant ses prédécesseurs.

Cette maniere de rendre la Justice dans les places publiques

(1) Cart. de Ph. Aug. art. 270. Val. R p. 30. | (2) Mem. Acad. Bell. Lett. t. 21. p. 110.

& dans les plaines, venoit du concours de ceux qui assistoient aux Jugemens ; les uns par curiosité, les autres par état. La forme des Jugemens ne ressembloit presque en rien à ce que nous voyons s'exécuter de nos jours : en ces temps, chaque bourgade se gouvernoit comme un pays d'Etat.

Les maisons du village de Mail sont rassemblées à côté de l'Eglise & du château. Nos peres écrivoient Mail, & prononçoient ainsi. Maintenant on dit May en Multien, & l'on écrit de même. Ceux qui veulent distinguer le château du village, appellent Mail le premier, & May le second. Le Doyenné de May est l'un des premiers de la Brie & du Diocese de Meaux. Le château & la Justice ont titre de Châtellenie, & relevent du Bailliage de Crépy. Le village, le château & l'Eglise sont situés sur une hauteur qui commande le château de Gesvres à l'Orient. On compte deux lieues de May à Acy. Le chemin militaire qui conduit de Meaux à la Ferté-Milon, passe à May.

L'Eglise actuelle de May est d'un goût d'Architecture fort ancien : les pleins ceintres de ses deux portiques m'ont paru avoir été construits au neuviéme siécle. J'ai lu plusieurs actes du douziéme siécle, passés devant un certain Payen, Prêtre & Doyen de l'Eglise de May. En l'an 1107, Manassé, Evêque de Meaux, donna à son Chapitre l'Eglise de May en Multien (1). Vers l'an 1400, on réunit Chesnoy à la Cure de May, & l'on bâtit la grosse tour quarrée de l'Eglise.

Le château de May, après même le démembrement de sa Jurisdiction, a toujours appartenu ou au Roi, ou à des Seigneurs puissans. Le Duc d'Orléans, frere du Roi Charles VI, le possédoit sur la fin du quatorziéme siécle. Il le fit rebâtir tout entier, & ce château soutint plusieurs siéges pendant les troubles du regne de Charles VI, pour la cause des Orléannois. Il ne reste plus de ce château que quelques pans de murs, sur lesquels on voit l'écusson d'Orléans. Lorsque le Roi Henri IV érigea Tresmes en Baronie, il unit à cette terre la Châtellenie de May, comme étant le chef-lieu du canton. Les prisons du Duché de Gesvres ont été long-temps placées dans l'une des tours du château de May ; il y a peu d'années que MM. de Gesvres ont transféré ces prisons à Crouy-sur-Ourcq.

On comptoit anciennement cinq Fiefs considérables sur le

(1) Hist. Meaux. t. 1. p. 131. 145.

territoire de May en Multien. Le plus remarquable eſt le Fief des Boſqueaux, qui a donné ſon nom au brave Nicolas Boſqueaux, ce ſage & vaillant Capitaine, qui ſervit ſi utilement la Maiſon d'Orléans, ſous le regne de Charles VI. Le Fief de la forte Maiſon de May donnoit droit de ſéance à ſon poſſeſſeur, parmi les Hommes Jugeans aux Aſſiſes de Crépy : il avoit douze à quinze arriere-Fiefs dans ſa dépendance. Trois autres Fiefs ſis à May, comme les deux précédens, donnoient auſſi le droit d'Homme Jugeant aux Aſſiſes de Crépy. Le premier eſt nommé dans les titres, Fief du Cheſnoy ſous Mail ; le ſecond, Fief de Renaud de Mail ; & le troiſiéme, Fief d'Antoine de Gereſme. May paroît avoir été un lieu conſidérable. Il peut contenir aujourd'hui quatre à cinq cens habitans. Il avoit été preſque détruit pendant les guerres des deux factions d'Orléans & de Bourgogne.

29. L'ancienne forêt de Brie ne nous eſt pas auſſi connue que celle de Cuiſe. Cette différence vient de ce que les Rois des deux premieres races chaſſoient ſouvent dans la forêt de Cuiſe, & faiſoient de fréquens voyages aux Maiſons de plaiſance qu'ils y poſſédoient ; au lieu que ces Souverains paroiſſoient rarement dans la forêt de Brie. Comme les lieux empruntent leur célébrité du rang & de la dignité des perſonnes qui les fréquentent, il n'eſt pas étonnant que nos Faſtes & nos Chroniques faſſent ſouvent mention de la forêt de Cuiſe, tandis qu'elles gardent le ſilence ſur celle de Brie. Il s'eſt paſſé dans la forêt de Cuiſe, un grand nombre d'événemens qui intéreſſoient la nation. La plûpart de ceux qui ſont arrivés dans la forêt de Brie, ne regardoient que des Seigneurs particuliers & des Monaſteres.

Nous venons de conſidérer la Juriſdiction de la forêt de Brie dans toutes ſes parties, en expoſant l'état ancien des châteaux de Nanteuil & de Mail : nous allons donner quelques obſervations ſur le nom, ſur l'étendue & ſur les principales diviſions de cette même forêt.

Les noms de Brie, de Nanteuil & de Gombrie, ont une étymologie commune. Ils ſignifient que dans les endroits qu'ils déſignent, il y a beaucoup de ſources, des ruiſſeaux, des rivieres. D. Touſſaint du Pleſſis avance dans ſon Hiſtoire de Meaux (1), que la province de Brie a pris ſon nom d'un ancien pont ſitué ſur le grand Morin. Il ajoute que le nom de Brie n'a été donné d'a-

(1) T. 1. p. 638.

bord qu'à cette portion de pays, qui est entre l'Aubetin & le grand Morin ; que ce n'est qu'après la fondation de la Monarchie Françoise, & par succession de temps, que ce nom s'est étendu à plusieurs cantons des Dioceses de Meaux, de Sens, de Paris & de Soissons.

S'il n'étoit question que d'un pont ou d'une riviere, pour expliquer le nom de Brie, on ne manqueroit ni de ponts, ni de rivieres, situés bien en deça du grand Morin, du côté de la Marne & de Nanteuil-le-Haudouin. *Bria*, mot Celtique, avoit une signification générique, qu'on appliquoit à toutes les rivieres & à tous les ponts, sans distinction.

Loin d'adopter le sentiment qui place entre l'Aubetin & les Morins, l'origine du nom de Brie, nous pensons au contraire, que ce nom a commencé par le territoire de Nanteuil-le-Haudouin. Les plus anciens écrits que j'ai pu découvrir, appellent *Nant en Brie*, Nanteuil-le-Haudouin ; & les *Lagonbrie*, un certain arrondissement dont Nanteuil occupoit le centre, & où sont présentement situés les lieux de Versigny, de Boissy, de Fresnoy, de Macquelines, & quelques autres villages voisins. On dit encore Boissy-lès-Gombries, Fresnoy-lès-Gombries, Peroy-lès-Gombries, trois lieux placés autour de Nanteuil. Les écrits sur lesquels je me fonde, ne sont à la vérité que des copies anciennes ; mais ces copies, rapprochées du texte des Vies de S. Valbert & de S. Ail, semblent placer l'origine du nom de Brie, bien au-delà du premier âge de notre Monarchie. Ce que nous avançons, n'est qu'une conjecture pour une autre ; mais la nôtre est fondée sur des traits déja rapportés, qui prouvent que Nanteuil a été le chef-lieu de la forêt de Brie, & que cette forêt comprenoit les deux Morins dans son étendue.

L'ancienne forêt de Brie est presque toujours appellée *Saltus Bregensis*, *Briensis*, & *Brigius* dans les Auteurs, & jamais *Sylva*. Festus rend raison de cette différence (1). *Sylva*, selon lui, est le nom de tous les bois considérables qui ne sont pas entrecoupés de plaines, au lieu que le nom de *Saltus* ne convient qu'aux territoires où les bois sont entremêlés de terres labourables, de prés, de vignes, de jardins, de vergers, de métairies & de villages. Cette explication fait présumer que la Brie a été défrichée & habitée avant les autres pays de la contrée. Ses inter-

---

(1) De verb. Sign. in Saltus.

valles de terres labourables la rendoient moins propre à la chasse que la forêt de Cuise ; & il est probable que c'est pour cette raison que les Rois des deux premieres races n'y venoient pas.

Ceux à qui appartenoient les différentes portions de cette forêt, retiroient un profit considérable des pâturages & de la pêche. Le nom de Gombrie vient des étangs qu'on voyoit à Nanteuil, à Versigny, à Macquelines, & peut-être sur la plaine de Peroy. *Gombrie* est un mot tronqué de *Lagonbrie*, qui signifioit les étangs de Brie. *Lagona* & *Lacuna*, sont des diminutifs du mot *Lacus*, qui signifient une marre, une piéce d'eau.

Il est assez difficile de déterminer l'étendue de l'ancienne forêt de Brie. Les actes de S. Ail, Abbé de Rebais, semblent prouver qu'elle renfermoit Faremoutier, Jouarre & Rebais, dans son étendue, & que même elle alloit au-delà des deux Morins. Bregy, Bray, & d'autres noms de cette terminaison, sont passés de la forêt de Brie aux villages qui les portent. J'ignore où cette forêt finissoit du côté de l'Orient : il paroît qu'elle comprenoit les territoires de Gandelus & de Coincy. A l'Occident, Villers-Cotteretz & Borret la séparoient de la forêt de Cuise. Villers-Cotteretz s'écrivoit anciennement, Villers à la queue de Retz, c'est-à-dire, à l'extrémité des bois de Retz. Le nom de queue signifie la fin d'une forêt. L'ancien nom de Cœuvres est *queue* ou *queuve*, parce que les bois de Retz ne passoient pas cet endroit. Il y a de ces côtés-là un triage de forêt, qu'on nomme encore la Queue de Retz. Le même nom de Queue se retrouve dans plusieurs cantons de la forêt de Compiegne, le centre & la portion principale de l'ancienne forêt de Cuise. Les noms de Haute-Queue, de Basse-Queue, de Queue de Rome & de Queue S. Étienne, appartiennent encore à des cantons qui terminent cette forêt.

Nous avons remarqué qu'on donnoit le nom de *haye* aux bois qui bordoient la forêt de Cuise. La forêt de Brie avoit aussi ses hayes. J'ai vu une piéce au trésor des Chartes de Paris, portant vente par Gaucher d'Autresches, au Roi de Navarre, Comte de Champagne & de Brie, d'un bois appellé la *Haye de Brie*.

On connoît par cette description, que l'ancienne forêt de Brie renfermoit la plus grande partie du Multien, de l'Orceois, & une pointe du *pagus vadisus*. On peut en tracer la figure dans son esprit, en tirant une ligne circulaire de Gandelus & de Coincy à Neuilly-Saint-Front, Ouchy-le-Château, & Villers-Cotteretz; de-là à Cœuvres, Fresnoy-la-riviere, le Parc-aux-Dames, Baron, Dammartin, Congis, Faremoutier, Charly, Château-Thierry & Coincy. Il n'est ici question que du temps où S. Valbert a vécu. Les premiers démembremens de cette forêt ont été faits du côté des deux Morins, en faveur de plusieurs Maisons Religieuses, à l'établissement desquelles le S. Abbé voulut contribuer. Plusieurs monumens nous apprennent que vers le milieu du septiéme siécle, S. Ouen, Sainte Salaberge, les parens de S. Pharon & de Sainte Phare, possédoient diverses portions de bois à l'extrémité méridionale de la forêt de Brie; & tout porte à croire qu'ils les tenoient des libéralités de S. Valbert.

Au dixiéme siécle, il y avoit trois divisions générales de cette forêt; la premiere, connue sous le nom de bois de Brie; la seconde, appellée les bois de Retz; la troisiéme, qu'on nommoit les bois de Crépy. Les Comtes de Champagne, possesseurs des bois de Brie, ayant jugé à propos de les soustraire à la Jurisdiction du Forestier de Mail, cette partie de leur Domaine ne regarde plus mon objet. Les bois de Retz appartenoient à autant de Seigneurs particuliers, qu'on y comptoit de tréfonds. Quant à ceux de Crépy, ils faisoient partie du Domaine des Comtes de Vexin, résidans au château de Crépy, à l'exception de quelques portions appartenant au Roi, & aux Comtes de Ponthieu & de Breteuil. Je négligerai les bois de Brie, je ne parlerai que de ceux de Retz & de Crépy, & des principaux lieux qu'ils renferment.

3o. Les bois de Retz étoient originairement limités par trois lieux principaux : Retz, du côté de Meaux, Borret, vers Senlis, & Villers-Cotteretz, du côté de Soissons. La forêt de Retz a reçu son nom du premier de ces trois lieux, peut être de tous les trois ensemble. Ce nom a été formé du mot de basse latinité, *Rothus* ou *Rotia*, qui signifioit un champ défriché, une métairie, une cense, une maison de campagne. Dans les Chartes latines, le mot de Retz est exprimé par *Redum*, *Restum*, *Retium*, *Resticum*. La forêt est appellée *Sylva Resia*, *Restica* & *Resta*. Le mot de Retz entre dans la formation de plusieurs noms de lieux, dont on peut voir le dénombrement dans le Dictionnaire de la France. Il y a un S. Pierre de Retz en Angoumois, & un Duché de Retz en Bretagne.

Les changemens arrivés dans la forêt de Retz, paroîtront dans le le cours de cette Histoire, chacun sous la date qui lui convient. Nous nous occuperons seulement ici, de l'origine & de l'état ancien des trois principaux lieux qui la bornent.

Retz est présentement un village de la Gruerie de Valois, situé près du Plessis-Bouillancy, à côté d'Acy en Multien : il dépend du Diocese de Meaux. Sur les lieux, on nomme ce village, *Ré* & *Rée*. Suivant l'étymologie de ce nom, Retz doit avoir été une des premieres métairies établies par les Romains dans la Brie. Tout concourt à rendre cette étymologie vraisemblable. Cette métairie faisoit-elle partie du Domaine de Nanteuil ? c'est un point sur lequel nous ne pouvons statuer : il est à croire qu'elle appartenoit aux premiers Seigneurs de Nanteuil. Plusieurs personnes pieuses s'étant rassemblées en Communauté, dans un lieu du territoire de Retz, les Propriétaires de cette métairie la leur abandonnerent, à l'effet d'y établir un Monastere. Ce changement est certain, mais sa date ne nous est pas connue. On l'attribue à la piété de S. Valbert, au commencement du septiéme siécle. La Communauté de Retz embrassa d'abord la Regle de S. Colomban, & celle de S. Benoît dans la suite. S. Valbert, en abandonnant aux Religieux la métairie de Retz, se réserva la Seigneurie, & la plus grande partie du territoire. Les Seigneurs de Nanteuil ont longtemps possédé à Retz, des revenus en grains & en censives. Je lis dans le Testament de Renaud de Nanteuil, Evêque de Beauvais, daté de l'an 1283, qu'il avoit à Estavigny, une rente de huit muids d'avoine, & une autre rente de trente-deux muids d'avoine, mesure de Crépy, à recevoir tous les ans, sur la terre de Retz.

Sous le regne de Charlemagne, les bâtimens du Monastere de Retz tomboient en ruine, & les revenus de cette Maison ne suffisoient pas à l'entretien des Religieux (1). Le fameux Oger de Chavercy, surnommé le Danois, ayant pris l'habit monastique à S. Pharon de Meaux, ses Confreres le députerent à l'Empereur Charlemagne, pour le prier de réunir à S. Pharon, la Maison & les revenus du Monastere de Retz. Oger, pour qui l'Empereur conservoit une grande affection, obtint ce qu'il demandoit. On conserva à Retz un ou deux Religieux, les autres passerent à S. Pharon. On laissa dégrader l'Eglise dédiée à S. Martin, & une partie des bâtimens. Les ruines servirent à bâtir ou à réparer les mai-

(1) Gall. Christ. t. 8. p. 1676. D. Bouq. t. 3. p. 468. Hist. de Meaux. p. 265 & 607.

sons d'un village, qui avoit commencé à se rassembler autour du Monastere.

En l'an 907, l'Abbaye de Mornienval possédoit quelques biens au village de Retz (1). Au commencement du quatorziéme siécle, il n'y avoit plus à Retz, ni Eglise, ni Monastere. En l'an 1349, Hauteverne, Abbé de S. Pharon de Meaux, ne voulant pas qu'un lieu dépendant de son Abbaye manquât des secours spirituels, fit relever de ses ruines l'ancienne Eglise, ou plutôt il bâtit à la place une Chapelle qui subsiste encore, & qui a le titre d'Eglise Paroissiale. La Cure de Retz est encore à la présentation de l'Abbé de S. Pharon. Dans le Procès-verbal de réformation de la Gruerie de Valois, dressé en 1540, le village de Ré est compté parmi les dépendances de cette Gruerie.

Borret, *Borda Reti*, & par abbréviation, *Borretum*, est un nom composé de deux mots, qui signifient l'un & l'autre, une métairie ou une terre. On lit au Cartulaire de Sainte Geneviéve de Paris, que la terre de Borret, *Borretum Villa*, située à deux mille de Senlis, a été donnée en aumône par Clovis, Roi des Francs, à l'Eglise de S. Pierre & S. Paul de Paris. Ainsi, le lieu de Borret ne tire pas son nom, comme on l'a cru jusqu'ici, de la grosse pierre en forme de borne, qu'on apperçoit à côté de la principale porte du bourg. La forêt de Retz avoit de ces côtés-là pour limites, un large fossé, pour lequel on conservoit encore au douziéme siécle, le même respect que les Payens portoient à leur Dieu Terme. Le trait suivant en est la preuve.

Sous l'Episcopat de Gaufride, Evêque de Senlis (2), les hommes de Borret, excités par un esprit de sédition, comblerent le fossé qui séparoit la forêt du territore de leur bourg. La nouvelle en étant parvenue à Senlis, l'affaire fut instruite. On condamna les hommes de Borret à creuser de nouveau le fossé qu'ils avoient rempli; & pour punition de leur révolte, on leur infligea à tous la peine qui suit: On distingua les hommes des femmes; on ordonna que les hommes coupables se rendroient un jour de Dimanche, dans la Place de Notre-Dame de Senlis; qu'ils y seroient dépouillés nuds, & battus de verges publiquement: qu'après cette exécution, les femmes qui avoient pris part à la révolte, paroîtroient pieds nuds dans la même Place, tenant en main un pré-

---

(1) Ann. Ben. t. 6. p. 94. 642. Hist. M. ibid.

(2) Gall. Chr. t.10. p. 1406. ad an. 1197.

sent par forme d'amende, qu'elles entreroient dans l'Eglise en suppliantes, & poseroient leur présent sur l'Autel.

Les hommes de Borret ne purent obtenir aucun adoucissement à leur peine : ils la subirent en présence de l'Evêque Gaufride, qui leur en délivra son certificat. Je n'ai pu savoir à quel tribunal ce Jugement a été prononcé. Il falloit que les circonstances de la faute fussent bien aggravantes.

Villers-Cotteretz. L'étymologie de ce nom a beaucoup exercé les Savans du seiziéme siécle. Ils croyoient, par ce moyen, faire leur cour au Pere des Lettres, & flatter les inclinations d'un Monarque, qui aimoit passionément le séjour de Villers-Cotteretz. Les efforts de ces Savans ont été sans fruit. Leurs explications sont des songes, des visions sans vraisemblance, qui replongent dans le cahos, l'origine qu'ils entreprennent de débrouiller. Charles de Bovelles, le Festus de son siécle, qui écrivoit au commencement du regne de François I, estimoit que Villers-Cotteretz devoit avoir été bâti peu de temps après le déluge (1). Au lieu de l'orthographe ordinaire, il falloit écrire, selon lui, Viliers gau de Retz, *Villa galli Restica*, d'où il tiroit cette conséquence, que le premier château de Villers-Cotteretz devoit avoir servi de Maison de plaisance à Gomer Gallus, fils de Japhet. Qui croiroit qu'une telle fable a été reçue dans son temps comme une découverte, ou au moins comme une explication des plus ingénieuses ?

Les Monumens & les Chartes donnent à Villers-Cotteretz différents noms. *Villare ad Cotiam, Villare ad Restum, ad Collum*, ou *ad Caudam Resti, Villare juxta Restum*, sont les plus usités. Ce nom varie moins dans les Chartes Françoises. La Comtesse Eléonore nomme ce lieu, tantôt *Viliers*, tantôt *Vilers*. Dans les Ordonnances de nos Rois, on lit *Villiers col de Retz* & *Villers Cofterets*. De Templeux écrivoit *Villiers Costeretz* ; & dans plusieurs Ordonnances de Louis XIV, on trouve encore *Villiers*, au lieu de *Villers*, qui est présentement le nom usité. L'Auteur d'une description faite à l'occasion du séjour du Roi Louis XV à Villers-Cotteretz, en allant à son Sacre (2), dit qu'on écrivoit alors indifféremment, *Villers-Cotrês* ou *Villers-Cotteretz*. Depuis ce temps, le dernier nom a prévalu.

Villers-Cotteretz a commencé par une métairie, de même que

---

(1) De Halluc. Gal. nom. p. 95.   (2) Merc. Nov. 1722.

le village de Retz. Cette métairie occupoit l'emplacement où est présentement le Couvent de S. Remi. Lorsque cette cense échut à Chagneric, ayeul de S. Valbert, avec les autres parties du Domaine de Nanteuil, il y avoit autour de cette cense, un certain nombre de maisons rassemblées. *Villare* & *Vilers*, sont des diminutifs du mot *Villa*, qui signifient un hameau, une petite terre, une cense qui a plusieurs maisons dans sa dépendance. Chagneric désirant procurer aux habitans de ce hameau les secours spirituels, fit bâtir une Chapelle sous l'invocation de S. Georges, Patron des Militaires, & de son château de Nanteuil. Le hameau en prit le nom de Villers-Saint-Georges, qu'il conserva pendant plusieurs siécles.

Les Religieux de Luxeuil, établis à Nanteuil par S. Valbert, placerent à Villers un Prêtre, & des Freres Servans, pour faire valoir les terres & les autres biens qui en dépendoient. Villers, ainsi que Retz, appartenoit au *Fisc* de Nanteuil, dont S. Valbert avoit cédé la propriété à son Monastere. Cette compagnie de Religieux Cultivateurs, fixés à Villers dès le septiéme siécle, a été l'origine du Prieuré de S. Georges, auquel a succédé l'Abbaye de S. Remi.

Après la mort de S. Valbert, cette Communauté de Servans eut le même sort que celle de Retz : elle passa sous la dépendance immédiate de nos Rois, & n'eut plus de rapport avec l'Abbaye de Luxeuil. A l'exemple de l'Empereur Charlemagne, qui avoit réuni la Communauté de Retz à S. Pharon de Meaux, à cause du petit nombre des Religieux, Charles le Chauve, son petit-fils, conçut les mêmes vues, touchant la Communauté de S. Georges. Il jetta les yeux à cet effet, sur l'Abbaye de Notre-Dame de Soissons, Abbaye double, composée d'hommes & de femmes qui vivoient séparément, & qui assistoient aux mêmes Offices.

La Charte de concession de Charles le Chauve (1), est datée de l'an 858, & porte en substance, que ce Prince voulant pourvoir au soulagement des Religieuses de Notre-Dame qui sont avancées en âge, & de celles qui sont infirmes, il leur accorde le revenu des trois terres de Guni, Coyoles & Villers, *Guniacum*, *Coleolus* & *Villare*; afin que libres de tout autre soin, elles puissent servir Dieu sans murmure, vaquer à l'Oraison & à la récitation des Pseaumes. Le Roi ajoute, que les trois terres renfer-

(1) Hist. N. D. de Soiss. p. 33.

ment quatre-vingt manses, ce qui devoit former un arrondissement considérable, du côté de Villers-Cotteretz & de Coyoles.

Les Religieux de l'Abbaye de Notre-Dame de Soissons se divisoient en Religieux *Clercs* & en Religieux *Servans*. Afin de mettre à profit le présent de Charles le Chauve, le Supérieur de Notre-Dame envoya à Villers un certain nombre de Freres Rendus, avec quelques Clercs, qui rétablirent l'ancienne Communauté de Moines.

D. Germain, Auteur de l'Histoire de Notre-Dame de Soissons, donne une idée très-satisfaisante du genre de vie, des fonctions & des obligations des Freres *Rendus* ou Freres *Servans*, que les Chefs des grands Monasteres envoyoient dans les terres de leur dépendance (1). Quoiqu'habituellement occupés d'agriculture & de matieres de commerce, ils assistoient aux grands Offices, & suivoient la Regle de S. Benoît. Ils rendoient compte de leur administration tous les trois mois. Ils écrivoient leur recette & leur dépense sur des rouleaux, dont la plûpart se retrouvent encore dans les archives de l'Abbaye de Notre-Dame de Soissons. Le peuple nommoit ces Freres, *li Rendus Notre-Dame*. Ainsi, le Prieuré de S. Georges avoit pour Chef spirituel, lors de son renouvellement au neuviéme siécle, un Religieux, Prêtre de Notre-Dame de Soissons : quant au temporel, les Rendus qui formoient la plus grande partie de la Communauté, obéissoient à un Chef qui dirigeoit leurs travaux. Chaque Rendu avoit à ses ordres des familles de Serfs & de Cultivateurs, qui faisoient les ouvrages les plus pénibles.

Cette explication doit servir d'éclaircissement à tous les endroits de cette Histoire, où nous parlerons de Freres Servans. Elle doit être aussi un motif d'édification pour les personnes qui considéreront le desintéressement, la vie occupée, l'obéissance de ces Servans : vertus pratiques, dont il résultoit un grand bien pour la société, en multipliant dans le commerce, les commodités de la vie.

Le village de S. Georges ne formoit pas un amas de maisons contigues, comme les villages des environs de Paris. Cette terre, de même que celle de Neuilly en Orceois, comprenoit plusieurs hameaux dispersés, qu'on appelloit *colonies*, *granges*, *hostises*. Malgré la donation de Charles le Chauve, quelques-uns de ces

(1) Ibid. p. 79.

hameaux demeurerent au pouvoir des Seigneurs de Nanteuil & de Crépy. Les Seigneurs de Nanteuil poſſédoient une hoſtiſe, eſpéce de ferme, à l'endroit où eſt préſentement le château de Villers-Cotteretz. Les Comtes de Crépy avoient à la Male-maiſon, une cenſe environnée de quelques dépendances, à laquelle on donne le nom de *grange* dans les anciens titres. Ce partage du territoire de Villers en trois Seigneuries, avoit lieu dès le milieu du dixiéme ſiécle. Nous l'expliquerons plus au long ſous les dates convenables.

Il réſulte de tout ceci, que l'ancienne forêt de Retz, portion de celle de Brie, repréſentoit un triangle iſocéle, dont le ſommet appuyé au village de Retz, & les deux côtés, longs chacun d'environ quatre lieues communes, portoient ſur une baſe de ſept lieues, commençant à Borret, & finiſſant à Villers-Cotteretz.

Les bois de Crépy s'étendoient d'Occident en Orient, le long de la baſe du triangle que je viens de décrire. On ne peut les repréſenter par aucune figure, parce qu'ils comprenoient des portions ſéparées, & éloignées les unes des autres. Nous parlerons des principales portions de ces bois dans le cours de cette Hiſtoire, nous négligerons les autres. Il vaut mieux nous occuper des premiers commencemens de Crépy même, & expliquer l'origine de cette Ville & de ſes châteaux. Il eſt beaucoup plus agréable & plus intéreſſant de connoître les accroiſſemens des Villes, que de promener ſes idées dans des ſolitudes. La Ville de Crépy a ceci de particulier, qu'étant la capitale du Valois, elle mérite principalement de fixer notre attention.

3o. Le temps où la Ville de Crépy a été fondée, nous eſt inconnu. C'eſt le ſort de la plûpart des Villes anciennes: leur origine eſt ou enſevelie dans la nuit des ſiécles, ou obſcurcie par des fables. Nous diſtinguons ici l'ancienne Ville de Crépy d'avec ſon fort château. Les Auteurs latins les ont confondus ſous les noms communs de *Criſpeium, Criſpiacus, Criſpiniacum, Criſpeiacum* & *Creſpeiacenſe Caſtellum.*

Le nom de Crépy n'eſt point particulier à la capitale du Valois. On compte pluſieurs Crépys en France; Crépy en Laonnois, Crépy en Artois; Crépy en Champagne, au Dioceſe de Langres, & d'autres lieux encore qui portent les noms de Crépy, Crépoy, &c. La Ville dont il eſt ici queſtion, ſe nommoit autrefois Crépy en Brie, on la nomme préſentement Crépy en Valois.

Il y a trois sentimens sur l'origine de la Ville de Crépy en Valois. Le premier rapporte cette origine à la Mission de S. Crépin dans le Soissonnois. Il suppose que dans le cours de leurs travaux apostoliques, S. Crépin & S. Crépinien se rendoient souvent dans des souterrains situés où est présentement la Ville de Crépy, qu'ils y instruisoient les Fidéles, & préchoient la Foi aux Gentils ; que de ces Cryptes & du nom de Crépin, le lieu a été appellé *Crispiniacum* ou *Crépy*. Ce sentiment que Bergeron (1) & Bouchel ont suivi, n'est qu'une conjecture fondée sur l'analogie des noms de Crépy & de Crépin.

Le second sentiment suppose que le territoire de Crépy a été l'un des premiers qu'on ait défriché dans la forêt de Brie ; qu'ayant appartenu à quelque Romain appellé *Crispus*, le lieu principal en aura pris le nom de Crépy. M. de Valois & M. Deslions, Doyen de Senlis, sont Auteurs de ce second sentiment (2).

Le troisiéme sentiment confond l'origine de l'ancienne Ville de Crépy, avec celle du fort château, & rapporte cette origine au regne de Dagobert I.

Voici ce que j'ai recueilli de plusieurs manuscrits, qui ont eu pour Auteurs des personnes habiles du dernier siécle, versées dans la connoissance des anciens temps. Je me suis peu écarté de leur sentiment, parce que je l'ai trouvé exact dans toutes ses parties. Elles considerent l'ancien Crépy sous quatre époques principales ; sous les Princes Gaulois, sous les Empereurs Romains, depuis Jules César jusqu'à Constantin, sous les Souverains du Bas-Empire, & sous les regnes de Clotaire II & de Dagobert I, Rois des François.

Les premiers Gaulois ignoroient, comme on a vu, l'art de bâtir. Partout où ils trouvoient des souterrains sains & commodes pour se loger, ils les occupoient. Les souterrains de l'ancien fort de Crépy, situé où est présentement l'Abbaye de S. Arnoul, passent pour avoir été une habitation de Gaulois, jusqu'au temps de l'expédition de Jules César. Des bois épais couvroient ce territoire, & le chêne y étoit commun. Les Gaulois avoient beaucoup de vénération pour cet arbre, & pour le gland qui est son fruit. On prétend que les habitans du canton tenoient leurs assemblées, & faisoient leurs exercices de religion sous des arbres de cette es-

(1) Val. R. p. 18.
(2) Not. Gall. p. 163. Gall. Chr. t.
16. Inst. p. 516.

péce, à l'endroit où est présentement Bouillant, & que le nom de *bois gland*, qu'on lit dans les anciens titres, au lieu de Bouillant, vient de ces usages.

Le nom primitif de Meremont est comme celui de Martimont, *Martismons* & *Matrismons*. On prétend aussi que les Gaulois adoroient le Dieu Mars en ce lieu, sous le nom d'*Hesus*.

L'arrivée des Romains dans les Gaules changea la face de ce territoire. Les Romains appelloient *Crepa* & *Cryptæ*, les souterrains qu'on habitoit, ou qui servoient de magasins; il est probable que le nom de Crépy vient de là. Le vieux mot de *Croutes* est la traduction du latin *Cryptæ*: les Croutes-sous-Bethizy, les Croutes-sous-Ouchy, les Croutes-sous-Muret, tirent de là leur dénomination, ainsi que les villages de Crotoy, de Croutoy, & de Crépoy en Multien.

Il est à croire que les habitans de ce territoire abandonnerent leurs demeures souterraines, du moment où ils apprirent la maniere de se mieux loger, & qu'ils les changerent en des magasins de grains, de fourages, & d'autres provisions. C'est au moins la conduite qu'ont tenue les Romains en plusieurs endroits de la Gaule (1). Ils convertirent en des atteliers de forgerons, & de plusieurs sortes de professions méchaniques, la plûpart de ces réduits; & dans les endroits secs, élevés & bien aërés, ces souterrains leur tenoient lieu de granges & de greniers publics. Ils donnoient aux Officiers préposés aux magasins, le nom de *Cryptaires*. Il y avoit sous l'ancien château de Crépy, un grand nombre de ces souterrains, dont l'entrée a été fermée avant la fin du quinziéme siécle.

Il n'est pas douteux que ce territoire a été habité sous les Césars. On y a trouvé de leurs médailles en tout genre & d'une belle conservation: plusieurs en argent, le reste en bronze, une ou deux en or, à ce qu'on m'a assuré. Quelques curieux de Crépy en avoient fait une collection; elles ont été vendues & dispersées, il y a quarante à cinquante ans. Tout ce que j'ai pu apprendre, se réduit à connoître, que parmi ces médailles, il y en avoit plusieurs en argent, d'Auguste & de Néron. On m'a présenté des monnoyes en potin, de Nerva, de Caracalla & des Gordiens, qui avoient été trouvées, les unes du côté de Sainte Agathe, les autres vers le bois de Tillet.

(1) Vossius. étym. fol. p. 166. du Cang. Glos. ⸺ Mem. Acad. Bell. Lett. t. 13. p. 429.

C'est une tradition qui nous paroît autorisée, que le premier château de Crépy a été bâti par les Romains, de même que l'ancienne forteresse de Senlis. Les titres primitifs l'appellent *Oppidum* & *Castrum*. Pline, Ptolemée, & l'Auteur des Tables de Peuttinger n'en font pas mention, parce qu'il n'y passoit point de chaussée Romaine. Ce château est demeuré au pouvoir des Romains, jusqu'à la fin de leur domination dans les Gaules. Quoique situé dans la forêt de Brie, les premiers Rois des François s'en attribuerent la propriété, & le conserverent jusqu'à la révolution qui rendit les Comtes d'Amiens & du Vexin, maîtres d'une partie de la Champagne & de la Brie, au neuviéme siécle.

Nous avons découvert par des titres mentionnés dans un dénombrement des archives de Valois, qu'il y avoit originairement à Meremont un château de Trielle ou de Troüille, qui comprenoit dans son ressort, une partie des territoires de S. Germain & du Fief de Moiron. Ce nom de Troüille marque un lieu où il y a de belles eaux : apparemment que les jardins de ce château s'avançoient dans la vallée. Le grand Constantin avoit à Arles un magnifique Palais de Troüille, qu'il avoit fait bâtir sur les bords du Rhône, dans lequel il rassembloit toute sa Cour, lorsqu'il venoit à Arles. La conformité des noms ne fait rien à l'âge des deux édifices d'Arles & de Crépy : elle porte seulement à présumer que le premier château de Meremont pouvoit exister avant la fin du Haut-Empire. Les droits & le ressort de ce château ont été réunis au Palais de Bouville, dont nous allons parler.

Le Palais de Bouville est d'une grande ancienneté. Sans nous arrêter aux rêveries de Charles de Bovelles, qui en fait presque remonter l'origine jusqu'au déluge, on peut le considérer comme un des premiers Domaines de nos Rois. Les titres lui donnent indistinctement les noms de Bouville & de Truille. Le second lui est apparemment venu, en succédant aux prérogatives du château de Meremont. Le nom de Bouville, qui signifie un lieu de pâturages, a prévalu sur l'autre depuis le commencement du treiziéme siécle. Le principal corps de logis de ce Palais occupoit l'emplacement actuel des deux Fermes de Bouville, à côté du Parc-aux-Dames. Le Monastere du Parc a été ainsi nommé, parce qu'il a été fondé dans le Parc de Bouville, situé en bas d'une pente douce. Les belles eaux qui arrosent les prairies voisines, rendoient le séjour du château de Bouville très-agréable. Les territoires de Bazoches & de Bouillant, de Meremont, de Besmont, de Duvy, de Geresmes, de S. Germain, & toute la plaine de Sainte Agathe, appartenoient primitivement au Domaine de ce Palais : ils en ont été distraits en faveur des Eglises & des Communautés qui en jouissent. On verra dans le cours de cet Ouvrage, comment ces démembremens sont arrivés.

Nous donnons à ce lieu le nom de Palais, pour nous conformer à l'usage des premiers temps, où l'on appelloit ainsi les châteaux de plaisance qu'on n'avoit pas fortifié; au lieu que le nom de château se prenoit ordinairement pour la traduction du mot *castrum*, qui signifie un lieu de défense. Cette Maison possédée par les Rois, cédée ensuite aux Comtes de Crépy, a été négligée pendant les troubles qui ont précédé & suivi la révolution de l'avénement de Hugues Capet au trône. Hugues le Grand, frere du Roi Philippe I, la fit réparer. La Comtesse Eléonore y fixa son séjour, pendant que le Comte de Flandre, époux de sa sœur Elisabeth, occupoit le château de Crépy. Devenue maîtresse de ce dernier château, elle fonda un Monastere de Religieuses dans le Parc de Bouville, & abandonna à cette Maison, une grande partie des droits qui appartenoient au Palais, quelques-uns même des bâtimens de ce Palais. Je rapporterai la fondation de l'Abbaye du Parc sous l'an 1205, en commençant le quatriéme Livre de cette Histoire.

Vers le temps où le Christianisme commença d'être toléré dans la seconde Belgique, les Fidéles de la contrée bâtirent à Crépy une basilique, en un lieu qui en a retenu le nom de Bazoches. L'Evêque de Senlis ne pouvant partager sa résidence, confia le soin de la nouvelle Eglise, devenue comme la Paroisse de tout le canton, à son principal Archidiacre. Après le regne du grand Constantin, on dota avantageusement cette Eglise en biens fonds & en familles de Serfs, qui cultivoient les terres de l'Eglise avec profit. Feu M. Minet avoit composé un Mémoire fort instructif sur Bazoches & sur Duvy : je n'ai pu le retrouver après sa mort. Nos Rois d'abord, puis les Comtes de Crépy, établirent un Maire à Bazoches, pour gouverner leurs Domaines. Cette charge existoit encore en 1230. Le Maire de Bargny avoit en cette année douze deniers à prendre sur les dixmes de Bazoches. Le Forestier de Brie, & les Gruyers de Valois qui lui ont succédé, avoient un Hôtel à Bazoches, & percevoient des redevances sur les habitans du lieu. La Seigneurie ayant été cédée à l'Eglise de Bazoches, l'Evêque & l'Archidiacre de Senlis en exerçerent les droits. Il est souvent fait mention dans la Charte de Commune des habitans de Crépy, des droits de servitude que l'Evêque & l'Archidiacre conservoient à Bazoches. Ce lieu n'est plus qu'un hameau composé de chaumieres, sans Eglise & sans bâtimens de marque.

A Bouillant, les superstitions du Paganisme avoient jetté de profondes racines. Les Evêques de Senlis voulant en extirper les pratiques, y firent bâtir une Eglise, & à côté de l'Eglise, un Hôtel pour se loger, lorsque les fonctions de leur ministere les demandoient dans le canton. L'Eglise de Bouillant a joui pendant long-temps de très-beaux droits : elle relevoit immédiatement de l'Evêque, & ne reconnoissoit point la Jurisdiction de l'Archidiacre. Elle donnoit au Prêtre qui la desservoit, le titre de Conseiller-né de l'Evêque, & le droit d'être admis au nombre de ceux qui composoient la Chambre Episcopale, *de Camerâ Episcopi* (1). A la derniere réformation de la Coutume de Valois, l'Evêque de Senlis comparut par son Procureur, auquel il donna charge de protester que les Domaines qu'il possédoit dans le ressort de la Coutume, étant annexés à son Siége établi à Senlis, on ne devoit pas le mettre au nombre de ceux qui relevoient de cette Coutume. On répondit que l'union de plusieurs terres du Valois au Siége de Senlis, n'exemptoient pas les fonds situés dans le Valois, de la Jurisdiction ordinaire ; l'on ajouta, que l'Evêque relevoit spécialement de la Coutume, à cause de son ancien Hôtel de Bouillant, qu'on devoit regarder comme un second Palais Episcopal, & comme un second Siége.

Les premiers accroissemens de l'ancienne Ville de Crépy enleverent à Bazoches, à Bouville, à Bouillant & à Meremont, les plus beaux Hôtels de leur dépendance. Cette ancienne Ville couvroit la plaine de Sainte Agathe, & s'étendoit jusqu'à Duvy. Avant d'en donner une courte description, il est à propos d'exposer ce que nous avons pu découvrir sur l'Hôtel & sur le Monastere de Sainte Agathe ; nous parlerons ensuite de Duvy, dont les dépendances faisoient partie de l'ancienne Ville de Crépy.

On voyoit encore il y a deux cens ans, un vieux édifice près l'Eglise de Sainte Agathe de Crépy, & autour de cet édifice, des

(1) Gall. Christ. t. 10. Inst. p. 466.

ruines confidérables. On donnoit à l'édifice & aux ruines, des noms différens : on les appelloit les Granges, la Chapelle, & l'Hôtel de Sainte Agathe ou de la Comtesse, parce que la Comtesse Eléonore y avoit demeuré. Bergeron a placé l'Hôtel de la Comtesse près de l'Abbaye du Parc; il s'est trompé. Les pignons qu'on voyoit debout près du Parc, venoient du Palais de Bouville. Voici ce que j'ai pu découvrir touchant l'Hôtel de Sainte Agathe, & les dépendances qui l'environnoient, en combinant les titres avec la connoissance des lieux.

Il y avoit originairement à l'endroit où est présentement l'Eglise de Sainte Agathe, une métairie dépendant du Domaine de Nanteuil, dans le ressort de la forêt de Brie. Cette espéce de cense n'appartenoit point aux Maîtres du fort château de Crépy, qui avoient leurs Fermes du côté de S. Thomas. Le premier état de cette métairie ne nous est pas connu ; peut-être les premiers Seigneurs de Nanteuil venoient-ils l'occuper de temps à autre, pour varier leur séjour : on n'a rien de certain sur ce sujet. Voici quelque chose de plus positif, touchant le partage du domaine de cette métairie, au commencement du septiéme siécle ou à la fin du sixiéme.

Un propriétaire de ce bien désirant faire à Dieu le sacrifice d'une partie de ses revenus, résolut d'y établir un Monastere double, composé d'une Communauté d'hommes & d'une Communauté de femmes (1). On prétend que ce pieux projet fut exécuté par les soins & avec l'entremise de S. Landelin, natif de Cambrai, & filleul de S. Autbert. Tous les Mémoires que j'ai lus, rapportent cette fondation au regne de Dagobert I, mais aucun ne fait mention de S. Landelin. Cette époque du Roi Dagobert s'est perpétuée dans Crépy par une tradition qui passe pour constante. En 1610, le titulaire du Prieuré de Sainte Agathe tomba en démence, & l'on prit des mesures pour mettre ses biens en régie. Le Procureur du Roi du Bailliage de Valois réclama cette régie, » attendu, disoit-il, qu'étant notoire que ce bénéfice a été fondé » par le Roi Dagobert, il est réputé royal; & par conséquent, la » régie doit en appartenir aux Officiers du Roi. » J'ai lu la piéce qui contient cette remarque. Quoique le Roi Dagobert n'ait pas fait les frais de cette fondation, il peut passer pour en avoir été l'Auteur, puisque de son temps, les Seigneurs François ne pou-

(1) Vie de S. Rieul, p. 50. Paris, Passé. 1642.

voient aliéner aucune portion des biens que leurs ayeux avoient reçu du Fifc, fans y être fpécialement autorifés par un réglement du Prince, & par le confentement des Grands de la nation.

Après avoir difpofé toutes chofes, on bâtit des lieux réguliers & une Eglife; on laiffa la métairie, pour être aux deux Communautés du Monaftere, un moyen de fubfiftance, & les Seigneurs, auteurs de l'établiffement, fe réferverent la propriété d'un Hôtel qu'ils avoient à côté de cette Ferme.

Pour fe former une jufte idée de la diftribution de cet ancien Monaftere, on doit fe repréfenter à l'efprit deux Chartreufes, fituées l'une à côté de l'autre; chaque Religieux & chaque Religieufe avoit fa cellule féparée, & vivoit en particulier. On n'affiftoit en commun qu'aux Offices, & à certains exercices de piété que prefcrivoit la Regle. La Communauté des hommes fe divifoit en deux claffes; la premiere, compofée de Religieux Clercs; la feconde, de Freres Servans, les uns & les autres ayant un Chef commun qui prenoit la qualité de *Prevôt* ou d'*Abbé*. Les femmes avoient une Abbeffe à leur tête. Les deux Communautés obfervoient la Regle de S. Colomban.

On bâtit l'Eglife dans un goût plus folide que délicat. Nous ne pouvons en donner ici le plan : ce qui en refte nous fait connoître que fes parties principales confiftoient dans un Sanctuaire fort étroit, une Tour, & une Nef qui reffembloit à une falle vafte & peu élevée. La Tour de Sainte Agathe de Crépy eft de trois âges. La fléche de pierre a été conftruite au quinziéme fiécle. Les murs & les rangs de fenêtres où pofe cette fléche, jufqu'au milieu de la Tour, font un ouvrage de la fin du dixiéme fiécle, ainfi que le plein ceintre de la principale porte d'entrée de la Nef, avec les piliers qui le foutiennent. Quant à la partie inférieure de la Tour, depuis les fondemens jufqu'au deffus des voûtes, M. l'Abbé Lebeuf obferve dans une note de fes voyages manufcrits, que c'eft l'un des plus anciens monumens de ce genre qu'il ait vu en France, après un pan de murs & de ceintre qu'on remarque à côté d'un collatéral gauche de l'Eglife de S. Germain des Prés à Paris, & qui font les reftes d'un édifice conftruit à la fin du fixiéme fiécle. On reconnoît dans la voûte de la Tour de Sainte Agathe, l'ancien goût Romain, qui a duré en France jufqu'au neuviéme fiécle.

L'Eglife ayant été achevée, on la dédia fous l'invocation de Sainte Agathe, Vierge & Martyre, originaire d'une illuftre Maison de Sicile. Sa beauté lui attira une cruelle persécution de la part de Quintien, Gouverneur de sa Province. Agathe l'avoit obligé de renoncer au dessein qu'il avoit conçu de satisfaire sa passion. Elle faisoit profession de la Religion Chrétienne : le Gouverneur en prit sujet de la persécuter, & d'employer les tourmens pour l'amener à ses fins. L'héroïsme avec lequel Agathe souffrit les supplices inoüis que ce Gouverneur avare & impudique employa pour l'abbattre & pour vaincre sa constance, a rendu son martyre très-célébre. On croit qu'elle le consomma vers l'an de J. C. 251. Son culte a été autorisé presqu'aussi tôt après son martyre, & son nom a été placé dans le canon de la Messe. Une parcelle de ses Reliques ayant été apportée à Crépy sur la fin du sixiéme siécle, on les y conserva jusqu'au moment où on les plaça dans l'Eglise du Monastere, dont Dagobert avoit favorisé la fondation. Les Reliques de Sainte Agathe que l'on conserve à Crépy, ne sont pas les mêmes qu'on y avoit déposées au sixiéme siécle. Celles qu'on posséde aujourd'hui, ont été apportées de Smyrne, par le Pere Gerote, Capucin.

Le culte de Sainte Agathe occasionna un pélérinage à l'Eglise du Monastere de Crépy. J'ai lû dans un ancien cahier manuscrit, contenant plusieurs Vies de Saints, qu'en l'an 660, une femme du Multien, vint en pélérinage à Crépy en Brie, & qu'elle y obtint par l'intercession de Sainte Agathe, la guérison d'une maladie. L'Abbé Landelin mourut cette année à Crépy.

La réputation du Monastere de Crépy, attira de toutes parts beaucoup de personnes, dans le dessein d'y prendre l'habit de Religion. Le nombre de ceux qui composoient les deux Communautés, s'accrut au point, que les biens destinés à l'entretien de la maison, ne suffisoient plus. Le seul expédient qu'on trouva propre à soulager le Monastere, fut de transférer ailleurs l'une des deux Communautés. On conserva les hommes, & l'on transfera à Jouarre les Religieuses. Le temps où les Religieuses de Crépy ont été transférées à Jouarre est incertain. Les uns estiment que ce changement a été exécuté par S. Valbert sur la fin de sa vie, après la mort de l'Abbé Landelin (1). D'autres prétendent qu'il y avoit à Jouarre une Communauté d'hommes, qui abandonnerent leur maison au huitiéme siécle, pour aller s'établir à Reuil, où ils fonderent un nouveau Monastere; & qu'à la place de ces

---

(1) Gall. Chr. tom. 8. p. 1601. 1708.

Religieux transfuges, on établit la Communauté des Religieuses de Crépy. Le changement est certain ; l'époque en est douteuse. Les Religieuses en quittant Crépy, conserverent une partie de leurs biens, jusqu'à la propriété des bâtimens qu'elles avoient occupés. Plusieurs traits rappellent le séjour des Religieuses de Jouarre à Crépy.

A côté de la Ferme qui porte le nom de Sainte Agathe, on a vu pendant long-temps les restes d'un ancien édifice, qu'on appelloit l'Hôtel de Jouarre.

Bergeron (1) & Bouchel marquent dans leurs Histoires abrégées du Valois, que le Prieuré de Sainte Agathe étoit anciennement un Monastere de filles, transporté à Jouarre à l'occasion des troubles ; ils ajoutent que près ladite Eglise, il y avoit encore *Chapelle & grange* portant le nom de Jouarre.

Il y a aux archives de Valois, une piece de l'an 1316, qui apprend qu'en cette année le Prevôt de Crépy s'acquitta du devoir ordinaire, d'aller chercher à Jouarre, la maille d'or que les Religieuses de cette Abbaye devoient présenter tous les ans au Comte de Valois, en signe d'hommage, & en mémoire de leur ancien séjour ; que le Prevôt fut payé de son voyage, & défrayé dans sa route.

Aux quatorziéme & quinziéme siécles, les Religieuses de Jouarre partageoient par indivis, avec le Prieur de Sainte Agathe & avec une autre Communauté, plusieurs portions de dixmes qui se levoient sur les Paroisses de Sainte Agathe, de Duvy, & de Fresnoy lès-Gombries.

A la réformation de la Coutume de Valois, faite en 1539, les Religieuses de Jouarre comparurent par leur Procureur, à cause de leur Fief de Sainte Agathe de Crépy, & autres biens situés au Duché de Valois.

Ces particularités font connoître que la Communauté des Religieuses de Jouarre a passé de Crépy, à l'emplacement qu'elle occupe aujourd'hui. Les Religieux de Sainte Agathe menerent une vie plus commode depuis cette séparation. Leur Monastere n'étant pas fortifié, ils eurent beaucoup à souffrir des dernieres irruptions des Normands, & se virent dans la nécessité de céder la meilleure partie de leurs biens à des Avoués, qui consumerent, pour ainsi parler, leur substance. Réduits à un très-petit nombre, on

(1) Valois Royal, p. 20.

les réunit au Monastere de S. Arnoul de Crépy, en l'an 1130.

Le village de Duvy, qui ne contient plus que vingt-six feux, est un reste de l'ancienne Ville de Crépy. La vallée de Duvy bornoit cette Ville au Nord, le Palais de Bouville à l'Occident, le Donjon du château vers le midi : il n'y avoit rien à l'Orient qui la séparât de la plaine. Elle s'étendoit plus en longueur qu'en largeur. Bergeron estime qu'elle pouvoit contenir deux mille maisons. Les plus distinguées de ces maisons se remarquoient auprès du Palais de Bouville, de Sainte Agathe, & à Duvy. En 1529, on voyoit encore au-dessus de Duvy, un moulin qu'on nommoit le *Moulin bannier de la Ville*. Depuis que les Comtes de Crépy avoient abandonné une partie de leurs droits sur Bazoches, ils exigeoient que la plûpart de leurs redevances seigneuriales qui devoient se payer publiquement, fussent apportées à la Croix de l'Eglise de Duvy. Les Gruyers de Valois recevoient sur les marches de cette Croix, les redevances qu'ils avoient à prendre sur les moulins bannaux de Crépy. Il ne reste plus des maisons qui couvroient la plaine depuis Sainte Agathe jusqu'à Duvy, que des fondemens qu'on retrouve, pour peu qu'on fouille avant dans terre. Des personnes âgées m'ont assuré qu'on y voyoit encore des ruines au siécle passé. Toute la plaine est présentement cultivée. Il y avoit dans l'intervalle des deux Eglises, de Sainte Agathe & de Duvy, quatre autres Eglises moins considérables, dont feu M. Minet avoit les noms par écrit, avec une note de quelques biens qu'elles possédoient. Cette ancienne Ville a été absolument détruite, pendant les trois siéges du château de Crépy, en 1429, 1431 & 1433.

Bergeron, qui écrivoit en 1580, parle ainsi de l'ancienne Ville de Crépy (1) : » Autrefois, dit-il, la Ville de Crépy étoit beau-
» coup plus ample, longue & large, spacieuse & éparse. Il ajoute
» qu'elle étoit édifiée au-dessous du château & du Prieuré de Sainte
» Agathe, & que tels endroits où l'on ne voyoit plus que des jar-
» dins & des courtilles, des marais & des vignes, avoient été an-
» ciennement couverts de maisons.... Qu'à juger par les ruines,
» ruderes & masures, cette Ville pouvoit contenir le nombre &
» contiguité de plus de deux mille maisons, pour lors sans ferme-
» ture ni circuit de murailles, ou forme de Ville close.

Un seul siége peut détruire une Ville qui aura été plusieurs sié-

(1) Valois Royal, p. 16.

cles à se former. Dans les fréquentes ruines de la Ville & du château de Crépy, les titres de fondation ont été brûlés ou perdus pour la plûpart, & les monumens anciens ont été renversés, de maniere à ne pouvoir en tirer presque aucun profit pour l'utilité de cette Histoire. Nous avons tâché de suppléer à ces pertes, en examinant sur les lieux quelques restes d'anciens monumens, & en profitant des lumieres & des enseignemens de plusieurs Savans, qui ont bien voulu nous aider de leurs recherches.

32. Dans la description que nous avons donnée de la forêt de Cuise, nous avons omis à dessein plusieurs lieux anciens de sa dépendance, de crainte qu'en multipliant les digressions, il ne restât dans l'esprit qu'une idée confuse de sa premiere étendue. Nous allons présentement exposer les traits que nous avons rassemblés, sur les lieux de S. Pierre en Chastres, de S. Nicolas de Courson, de Mornienval, de la Croix-Saint-Ouen, & sur les châteaux de Braine, de Berny-riviere & de Bargny.

33. Le Mont de S. Pierre en Chastres est l'un des premiers lieux du Valois qu'on ait habité. Il est situé entre Compiegne & Pierrefonds, à deux grandes lieues Sud-Est du premier, & à une lieue au Nord du second.

Ce Mont réunit dans sa situation bien des avantages, dont il paroît que les Romains ont su profiter. Une éminence en forme de tertre, couronnée d'un large sommet, qui domine sur la forêt de Cuise & sur les pays d'alentour, l'agrément du point de vue, la fertilité du sol, le secours de plusieurs sources d'eau répandues le long des pentes de la colline, même sur la surface, à quelques pieds de profondeur, rendoient cette position très-agréable, & très-propre à recevoir un fort château, qui seroit le boulevart de tout le canton.

Au lieu d'un château (1), les Romains en bâtirent trois, peu distans l'un de l'autre, & bien fortifiés. Ils nommoient *Castra* ces sortes d'édifices, d'où nos peres ont formé les noms de *Chartres* & de *Chastres*. Il y a dans la Province d'Arles, une Ville Episcopale de S. Paul trois Châteaux, qui a commencé par trois forts, bâtis dans le goût de ceux du Mont de Chastres. Nous estimons que l'origine de ceux-ci peut concourir avec celle des Tournelles de Champlieu, même avec celle du Donjon de Martimont, & du premier château de Cuise. Il ne reste plus rien sur le

---

(1) Berg. ibid. p. 23. v°. Muld. p. 76.

Tome I.

sommet du Mont de Chaftres, des *murgets & pierrailles* que Bergeron dit qu'on voyoit encore de son temps, à la place de chacun des trois anciens châteaux.

Ces trois châteaux avec leurs dépendances, vinrent au pouvoir des premiers Rois de notre Monarchie, après la conquête de Clovis. Charles le Chauve voulant donner aux Religieux de S. Crépin le Grand de Soissons, des marques sensibles de ses bontés, leur transmit la propriété de tout le Mont de Chaftres; il se réserva une partie du Domaine, & accorda une portion de bois de la forêt de Chaftres, à l'Abbaye de Notre-Dame de Soissons. Vers le temps où il réunit à cette Abbaye la terre & la Maison de Villers-Saint-Georges, les trois châteaux tomboient en ruine faute d'entretien. On bâtit de leurs débris un corps d'Hôtel, & une Chapelle dédiée sous l'invocation de S. Pierre. Nos Rois abandonnerent aussi aux Religieux de S. Crépin, les jardins des anciens châteaux, *cultura*, plusieurs étangs qu'on voit encore au pied du Mont de Chaftres, des terres labourables, & des bois qui conserverent leur premier nom de *Nemus* ou *Saltus de Castro*. La portion de bois distraite en faveur du Monastere de Notre-Dame de Soissons, prit le nom de *Boscus sanctæ Mariæ*, qui est traduit par celui de *Buchettes-Notre-Dame* dans les vieilles Chartes.

Les Religieux de S. Crépin reçurent ces choses en présent, à condition que le revenu seroit employé au soulagement des vieillards & des personnes infirmes du Monastere. Ils envoyerent sur les lieux quelques Religieux Servans, & un Prêtre à leur tête, suivant l'usage. Le premier Prieuré des Bénédictins de Chaftres a commencé ainsi, & a subsisté jusqu'à l'an 1308.

Muldrac a pris le change, en supposant que par la donation de nos Rois, les Palais du Mont de Chaftres ont été changés en une infirmerie. De S. Crépin le Grand de Soissons au Mont de Chaftres, il y a près de huit lieues; distance trop considérable pour transporter des malades.

Pendant les troubles qui ont suivi les ravages des Normands, les Religieux de S. Crépin établis au Mont de Chaftres, réclamerent la protection des Seigneurs de Pierrefonds. Afin d'intéresser leur vigilance, ils leur abandonnerent un nombre d'arpens de bois, que ces Seigneurs réunirent à leur domaine. Les premiers Seigneurs de Pierrefonds, contens de ce présent, vécurent en bonne intelligence avec les Religieux de S. Pierre. Conon,

Comte de Soiffons, & Seigneur de Pierrefonds, du chef d'Agathe de Pierrefonds son épouse, tint à leur égard une conduite opposée à celle de ses prédécesseurs.

C'étoit un Seigneur entreprenant, fier de son crédit & de sa puissance, avide de bien, & peu scrupuleux, qui croyoit avoir un droit acquis sur ce qu'il trouvoit à sa bienséance. Ayant jugé à propos d'aggrandir son Parc de Pierrefonds, & de le renfermer dans une nouvelle enceinte, il enleva aux Religieux de S. Pierre, sans forme de procès, & sans même leur parler, une portion de leurs bois, & quelques biens situés au Mont de Chastres. Les Religieux employerent la voye des représentations pour obtenir la restitution de leurs fonds; leurs remontrances furent inutiles. Ils prirent le parti d'attendre que la mort eût enlevé l'usurpateur à ses injustes procédés; ce qui arriva vers l'an 1184. Agathe, veuve de Conon, avoit des sentimens d'équité, que son mari ne connoissoit pas dans la pratique. Les Religieux profitant de ses dispositions, l'allerent trouver, & lui représenterent l'iniquité des procédés de Conon, & combien sa conduite avoit été criminelle. La Dame Agathe, détachée de toute affection à des biens périssables & mal acquis, rendit aux Religieux ce qui leur avoit appartenu. L'acte de cette restitution est daté de l'an 1184 (1), & porte en substance, » Qu'Agathe, Dame de Pierrefonds, & Conon son » mari, ayant dépouillé par la force les Religieux du Mont de » Chastres, tant de leurs bois que d'une partie de leurs possessions, » dont ils jouissoient depuis un temps immémorial, *à multis retrò* » *temporibus*, Agathe actuellement veuve de Conon, conçoit un » vrai déplaisir de cette usurpation, & rend en nature tous les biens » qui avoient été enlevés au Prieuré de S. Pierre, déclarant ces mê- » mes biens affranchis de tout droit de garde, sauvement, forma- » riage, tolte, maltote & coutume ». Depuis cette restitution, les Religieux de Chastres sont demeurés paisibles possesseurs de leurs biens.

Quarante ans avant la mort de Conon, les Religieuses de Notre-Dame de Soissons avoient eu des démêlés avec Drogon I, Seigneur de Pierrefonds, touchant quelques arpens de bois que Drogon avoit renfermé dans son Parc. Les Supérieurs de l'Abbaye de Notre-Dame sentant bien qu'ils n'obtiendroient rien de Drogon par la voye des poursuites, eurent recours à la média-

(1) Cart. S. Petr. à Castr.

tion de Joflein, Evêque de Soiffons. Ce Prélat ménagea un accommodement entre les parties. Il dreffa un compromis daté de l'an 1143, par lequel il fut arrêté, que Drogon feroit une rente annuelle de dix fols, pour dédommager l'Abbaye du revenu des bois ufurpés ; que ces dix fols feroient pris tous les ans fur les droits provenant du marché qui fe tenoit à Pierrefonds la premiere femaine de Carême, ou fur les marchés fuivans, fi ceux du marché en queftion ne fuffifoient pas pour remplir la fomme. Les Religieufes moyennant cette rente, renoncerent à la propriété des bois ufurpés.

L'Abbaye de Notre-Dame perdit infenfiblement la propriété de fes bois de Chaftres, & reçut en échange des droits d'ufage (1). En l'an 1328, fous le regne de Philippe de Valois, les Religieufes de Notre-Dame jouiffoient du droit de prendre en la forêt de Cuife, dans les bois du Mont de Chaftres, à l'endroit appellé les Buchettes-Notre-Dame, tout le bois néceffaire pour les réparations de leur Maifon de Couloify & de fa prifon, & pour le chauffage du Fermier ou Concierge.

Bouchel & Muldrac parlent d'une tradition qui fuppofe que Pierre de Mouron, Fondateur de l'Ordre des Céleftins, fit un voyage en France avant d'être élevé au Souverain Pontificat, & qu'il paffa quelques années au Mont de Chaftres, dans un Hermitage qu'il y bâtit. Ils ajoutent que cet Hermitage a été l'origine du Prieuré actuel des Céleftins de S. Pierre. Il eft vrai que Pierre de Mouron a mené la vie hérémitique en Italie, & non en France, où il ne paroît pas qu'il foit venu. Son prétendu voyage en France a été imaginé, à caufe des marques d'attention qu'il accordoit aux François plutôt qu'aux autres étrangers, depuis qu'il fut élevé au Souverain Pontificat fous le nom de Céleftin V. Les titres de la fondation des Céleftins de S. Pierre en Chaftres prouvent au contraire, qu'au temps où ces Religieux ont été établis, les dépendances du Mont de Chaftres appartenoient au Monaftere de S. Crépin le Grand de Soiffons. Nous rapporterons les circonftances de cette fondation fous l'an 1308.

34 On regarde le Prieuré de S. Nicolas de Courfon comme l'un des plus anciens bénéfices du Valois. Il eft fitué près de la chauffée Brunehaud, entre S. Pierre en Chaftres & Mornienval, au Sud-Eft de la Ville de Compiegne. Il feroit difficile de confta-

(1) Hift. N. D. p. 278.

ter l'origine de l'établissement de ce Prieuré : elle se confond & se perd dans les ténébres de la plus haute antiquité. La tradition jointe à quelques notions générales que nous avons recueillies de l'inspection des lieux, nous porte à croire qu'il a commencé avant la Monarchie Françoise. Rien ne ressemble davantage au séjour des premiers Anachorétes que sa position, dans une vallée, sur le retour d'une gorge, au fond d'une épaisse forêt : il est dominé par une haute montagne couverte de bois. La vue est bornée à peu de distance, par d'autres collines fort roides & presqu'impraticables, sans voisinage, dans un terrein mouvant où l'on a eu peine à bâtir.

Un tel lieu, sans fermeture & sans défense, dominé de toutes parts, & situé sur un grand chemin, a dû nécessairement devenir la proye des partis & la retraite des vagabonds, pendant les temps de troubles. Nos perquisitions ne nous ont rien appris sur son premier état, sinon qu'il a été plusieurs fois brûlé & rétabli avant le douziéme siécle, pendant les révolutions du gouvernement, & pendant les invasions des barbares.

Les Religieux ayant été réduits à un petit nombre, on réunit ce Prieuré a l'Abbaye de Marmoutier, dont il dépend encore. L'Eglise telle qu'on la voit, a été bâtie au douziéme siécle. En l'an 1185, la Comtesse Eléonore fit présent à cette Eglise, qu'elle nomme S. Nicolas en Cuise dans une de ses Chartes, de trois mines de bled à prendre sur les moulins de Crépy. Muldrac, *pag.* 74, parle » d'un Monument de pierre élevé de terre devant » le maître Autel de la Chapelle, représentant la Majesté d'un » Roi qui tient son Sceptre à la main, mais sans mémoire ni épi- » taphe ». Le Monument se voit encore, sans Sceptre, sans Majesté. On remarque autour du cénotaphe, quelques caractères d'une écriture presqu'effacée, qui n'indiquent ni l'âge, ni la nature du tombeau. Muldrac ajoute qu'il n'y avoit plus de son temps, ni Prêtre ni Religieux à S. Nicolas de Courson : ce lieu n'est plus aujourd'hui qu'une Ferme : une partie de l'Eglise sert de grange au Fermier. Cette Eglise est très-bien prise dans ses proportions. Le Chœur, la Nef, & les deux bras de la croisée se réunissent, & sont appuyés à une grosse tour quarrée, plus solide qu'élevée. Les bâtimens du Prieuré sont environnés de cinq ou six chaumieres qui ont été formées du débris des anciens lieux réguliers. C'est ainsi que les établissemens dégénerent & tombent dans l'oubli.

35. Il en est de l'Histoire comme des fleuves, qui grossissent à mesure qu'ils s'éloignent de leurs sources. Plus on remonte dans le premier âge de notre Histoire, moins les faits sont nombreux. Mornienval est un lieu fort ancien, & par cette raison, son origine est très-obscure. On explique cette origine de deux manieres, qui satisfont également touchant l'étymologie du nom. Le territoire de Mornienval est appellé dans tous les titres latins *Vallis Morinorum* & *Moriniana Vallis*. Il se peut faire que dans les premiers siécles de l'Ere Chrétienne, une bande de Morins ait été envoyée par ordre des Empereurs, pour peupler ce canton. Les diverses transmigrations que nous avons citées, & surtout l'établissement des Letes à Champlieu, dont le territoire touche à celui de Mornienval, rend cette explication très-vraisemblable. Il y a des exemples que ces Princes ont envoyé des colonies de Morins, de même qu'ils envoyoient des colonies de Nerviens, des colonies de Bataves, de Francs, de Lingoniens, &c. Voyez à ce sujet la Notice des dignités de l'Empire d'Occident, *Sect.* 65.

Mornienval n'est pas le seul endroit de la contrée où les anciens Morins paroissent avoir eu des établissemens. La terre de Tresmes en Valois est appellée *Terra Morinensis* dans les titres latins, & la petite riviere qui y passe, se nommoit autrefois *la Terouanne :* ce nom lui est encore conservé sur plusieurs Cartes de Géographie. Le grand & le petit *Morin* sont deux petites rivieres comprises originairement dans les Domaines des premiers Seigneurs de Nanteuil-le-Haudouin : ces deux rivieres se déchargent dans la Marne.

L'autre explication qu'on peut donner du nom & de l'origine de Mornienval, est de supposer qu'il y avoit en ce lieu un établissement Romain avant l'arrivée des Francs dans les Gaules; que l'Eglise de Terouanne ayant reçu en présent quelques biens situés dans ce pays, le territoire en aura pris le nom latin de cette Eglise. Le Chapitre de Terouanne possédoit autrefois à Paris, près S. Eustache, quartier des Halles, une portion de terre que les titres latins nomment *Terra Morinensis* (1). J'ai eu communication d'un extrait du Chartrier de S. Crépin en Chaye de Soissons, où il est fait mention de diverses échanges entre le Chapitre de Terouanne & la Communauté de S. Crépin, de biens situés

(1) Hist. Dioc. de Paris. tom. 1. p. 110.

dans le Valois : les noms des lieux ne sont pas marqués.

On a trouvé à Mornienval beaucoup de médailles frappées au coin des Empereurs Romains. J'en ai vu deux, dont l'une est de l'Empereur Nerva, & porte cette légende si commune : *Romæ & Augusto*. L'autre médaille représente l'Empereur Adrien. Elles avoient été trouvées dans les fondemens d'un ancien bâtiment.

Ces deux médailles ne nous donnent pas l'époque du temps où l'on a commencé à bâtir sur le territoire de Mornienval ; elles font seulement présumer qu'il y avoit des habitans dans ce pays sous les regnes de ces deux Empereurs.

Il y a toute apparence que le lieu de Mornienval a commencé par une de ces métairies de plaisance, que les Romains nommoient *Villæ*, & que cette métairie est venue au pouvoir de nos premiers Rois, comme tant d'autres terres du Fisc. Il est certain que le Roi Dagobert I avoit à Mornienval une Maison de plaisance, & que le Roi Charles le Chauve est venu plusieurs fois dans cette Maison avec la Reine Ermentrude son épouse, qui s'y plaisoit beaucoup. Les événemens qui se sont passés au Palais de Mornienval pendant l'intervalle de ces deux regnes, nous sont inconnus. Dagobert I est le Fondateur de l'Abbaye du lieu, l'une des plus anciennes & des plus distinguées qui soient en France.

Ce Prince qui réunissoit de grands défauts & de grandes vertus, étoit fort dévot à la Sainte Vierge & au Martyr S. Denys. Pour avoir part de plus en plus à leur intercession, il fonda dans son Palais de Mornienval, une Eglise sous leur invocation, & accompagna cette Eglise d'un double Monastere, composé d'une Communauté d'hommes & d'une Communauté de femmes, dans le goût de celui de Sainte Agathe de Crépy, excepté qu'il avoit une enceinte beaucoup plus vaste. Dagobert céda pour l'exécution de ce pieux dessein, une partie des bâtimens de son Palais, & quelques Domaines qui en dépendoient. Comme le gouvernement & la distribution de ce Monastere ressembloient en tout, à ce qui se pratiquoit à Notre-Dame de Soissons, je renvoye à la savante Histoire de cette derniere Abbaye. Les deux Maisons de Mornienval & de Notre-Dame ont presque toujours été en communauté de prieres.

Plusieurs Savans du dernier siécle se sont exercés à la recherche du temps où l'Abbaye de Mornienval a été fondée. Les sentimens sont partagés, mais sur un objet peu important. Le Pere le Cointe & les Freres de Sainte Marthe, de Templeux & Muldrac, Bergeron & Bouchel, attribuent cette fondation au Roi Dagobert I. D. Mabillon & D. Germain estiment qu'on devroit la placer sous le regne de Dagobert II, mais ils n'appuyent leur conjecture d'aucunes raisons. Voici un trait qui rend le premier sentiment préférable au second.

En 1580, on voyoit encore sur le portail de la grande Eglise de Mornienval, une statue équestre de pierre de grandeur naturelle, représentant le Roi Dagobert I. Le portail ayant été abbatu depuis 1580, on a conservé la statue équestre qu'on a placée dans le Chœur. Cette statue avoit été dressée vers l'an 907, lorsqu'on rebâtit en pierre l'Eglise du Monastere, qu'un terrible incendie venoit de réduire en cendre. Elle avoit été premierement construite en bois. Comme il n'y avoit pas alors plus de deux cens soixante ans écoulés depuis la mort de Dagobert I, la tradition devoit être récente : il est même très-vraisemblable qu'on avoit conservé jusqu'à ce temps la Charte de fondation qu'on n'a plus. Depuis le dixiéme siécle jusqu'au seiziéme, où Bergeron composa son Abrégé Historique du Valois, on ne voit pas que la tradition ait varié, au sujet du sentiment qui fait honneur de cet établissement au Roi Dagobert I.

On a long-temps conservé dans le Chœur la statue de pierre, comme un monument érigé à la mémoire du Fondateur de l'Abbaye & de l'Eglise de Mornienval. Cette statue ayant été mutilée d'un bras par accident, une Abbesse de Mornienval qui en trouvoit d'ailleurs la draperie trop grossiere, la fit enterrer dans l'Eglise au commencement de ce siécle, vis-à-vis la Chapelle du Rosaire.

C'est ainsi que les monumens sont enfouis, au préjudice de l'Histoire & des Lettres, & qu'un caprice de quelques heures prive les curieux & les Savans d'une satisfaction légitime. Une telle conduite est un manquement bien visible à la reconnoissance & au respect dûs aux bienfaiteurs : l'honneur & le devoir imposent une obligation naturelle de respecter jusqu'aux emblêmes qui peuvent servir à rappeller le souvenir des Fondateurs.

Nous reprendrons ailleurs l'Histoire de l'Abbaye de Mornienval. Comme l'établissement du Monastere & du village de la Croix-Saint-Ouen appartiennent au regne de Dagobert I, nous en rapporterons ici les circonstances.

L'Abbaye

86. L'Abbaye de la Croix-Saint-Ouen ne subsiste plus : mais le village qui s'est formé à côté de l'Abbaye, se voit encore sur le grand chemin qui conduit de Verberie à Compiegne, à une lieue & demie de l'un & de l'autre. Ce village reléve en premiere instance de la Justice Royale de Pierrefonds. On appelle encore *Chemin des Plaideurs*, une ancienne route qui va de la Croix à Pierrefonds, traversant trois lieues de la forêt de Cuise. L'Abbaye de la Croix a été fondée, à l'occasion d'une vision que l'on raconte ainsi.

En un beau jour de Printemps, vers l'heure de midi (1), pendant que le Soleil dardoit ses rayons avec force, le Roi Dagobert I faisoit dans la forêt de Cuise, une de ces parties de chasses solemnelles, où l'usage demandoit que le Souverain fût accompagné des principaux Seigneurs de la nation, & des grands Officiers de sa Couronne. Le Prince avoit à ses côtés S. Ouen son Référendaire & son favori, lorsqu'il apperçut tout-a-coup dans l'air, une Croix lumineuse, dont la blancheur égaloit l'éclat de la neige. Etonné de cette apparition, il en demanda l'explication à son Chancelier. Il est des signes incertains pour le reste des hommes, auxquels les Saints reconnoissent le doigt de Dieu, & les ordres de sa Providence.

S. Ouen, après avoir réfléchi sur cette merveille, répondit au Roi, que ce météore marquoit, que Dieu vouloit qu'on rendît en ce lieu là, un culte particulier à l'instrument de notre Rédemption ; & il conseilla au Roi de faire élever à l'endroit même de l'apparition, une Eglise sous le titre de la Sainte Croix. Dagobert reçut favorablement l'avis de son Référendaire, & l'exécuta sans délai. Il ordonna qu'il seroit fondé à l'endroit même, une Basilique de Sainte Croix, à laquelle il assigna d'avance des revenus en bois, en prés, & en fonds de terres labourables, situés sur les deux rives de l'Oise. Et afin que ce pieux dessein ne rencontrât aucune difficulté dans l'exécution, il chargea S. Ouen du soin de faire bâtir l'Eglise, & d'y placer une Communauté d'Ecclésiastiques.

S. Ouen fit défricher l'emplacement, où le Roi avoit décidé que l'Eglise seroit bâtie. Par ses soins, on vit pour-ainsi-dire, sortir de terre, une Eglise & un corps de logis dans un lieu ci-devant inculte, éloigné de tout commerce, & seulement fréquenté des Chasseurs.

(1) Berg. Val. R. p. 23. Antiq. des Villes, p. 397. Gall. Chr. t. 9, p. 390. Labbe Miscel. cap. 3.

Le Saint n'héſita pas ſur le choix de ceux, auxquels il devoit confier la nouvelle Egliſe. Il avoit été élevé dans le Monaſtere de S. Médard de Soiſſons. La haute opinion qu'il avoit conçue de la régularité de cette Maiſon, ne lui permit pas de balancer. Il ſoumit à S. Médard le nouvel établiſſement. Giraud II, Abbé de S. Médard, envoya ſur les lieux un certain nombre de Religieux, que S. Ouen inſtalla, & qu'il mit en poſſeſſion des biens, que le Roi Dagobert avoit attribués à cette fondation.

Le bruit du prodige répandu dans les contrées voiſines, la dignité du Fondateur, la réputation & les vertus de S. Ouen, la vie exemplaire des nouveaux Religieux, attirerent en ce lieu un grand concours de peuples, qui venoient de toute part rendre leurs adorations à l'Auteur de notre Rédemption. Cette dévotion s'accrut de plus en plus, par les ſecours & les graces que Dieu répandoit ſur ceux qui s'y rendoient pour implorer ſa miſéricorde, en vue des mérites de celui qui nous a racheté par l'effuſion de ſon ſang ſur la Croix.

Peu de temps après la mort de S. Ouen, ſes miracles & le ſouvenir de ſes vertus, le firent placer au nombre des Saints. Les Religieux de la Croix commencerent dès-lors à le regarder, comme le Protecteur & l'Interceſſeur particulier de leur Monaſtere. Ils l'invoquerent comme un ſecond Patron; & à leur exemple, chacun eut recours à ſes prieres, pour obtenir de Dieu par ſon moyen les ſecours néceſſaires : enſorte que la dévotion du peuple changea le nom de l'Abbaye & du village qui ſe forma, & les nomma la Croix-Saint-Ouen, tant en reconnoiſſance des avantages reçus par ſon interceſſion, qu'en mémoire de la part qu'il avoit eu à l'établiſſement de l'Egliſe & du Monaſtere.

Il y a encore aujourd'hui un pélérinage de S. Ouen au village de la Croix. On y invoque ce Saint contre le mal de ſurdité. On y célébre ſa Fête le 24 du mois d'Août, & pendant l'Octave de cette Fête, l'Egliſe de la Croix eſt beaucoup fréquentée. La formule de réclamer l'interceſſion du Saint, eſt ſinguliere : on fait deſcendre dans un caveau les perſonnes attaquées de ſurdité ; on leur paſſe la tête dans une niche de pierre, & c'eſt-là qu'on leur fait implorer l'aſſiſtance du Saint.

Le Monaſtere de la Croix a été pluſieurs fois enlevé & rendu à S. Médard de Soiſſons. On le qualifie *Abbatiola* dans des titres du dixiéme ſiécle. Nous rapporterons ſous les dates convenables, quelques évenemens remarquables, qui s'y font passés. Ce n'est plus qu'un Prieuré simple, possédé par l'Abbé de S. Médard, qui nomme à la Cure. On ne voit plus sur les lieux aucun vestige de l'ancienne Abbaye. Lorsque les derniers bâtimens ont été rasés, on a imposé aux Religieux de S. Médard, l'obligation d'élever dans leur Eglise une Chapelle en l'honneur de S. Ouen. Cette Chapelle, au rapport de Dormay (1), fût érigée derriere le maître Autel de la grande Eglise, & l'on eut soin de peindre sur la voute, l'histoire de l'apparition de la Croix de neige.

La fondation de l'Abbaye de la Croix, a été le sujet de plusieurs critiques. Marlot condamne comme une piéce supposée, la Charte de fondation de cette Abbaye, & son opinion n'est pas destituée de vraisemblance (2). Sur quoi, dit-il, est appuyé ce trait d'histoire que l'on raconte différemment ? Sur un vieux titre vermoulu, trouvé, dit-on, en 1324 par les Religieux de S. Corneille de Compiegne, sous le regne de Charles IV. Ce Prince informé de la découverte, ordonna que la Charte fût transcrite, qu'on suppléât les mots qui manquoient, & qu'on lui présentât la copie, pour être scellée de son autorité, & recevoir la même authenticité que l'Ecrit primitif. Or, quel fond doit-on faire sur un tel titre, transcrit dans un siécle d'ignorance, où les copistes avoient souvent peine à lire les écritures ordinaires ? Ajoutez que parmi les souscriptions de cette Charte, on lit le nom de S. Eloy avec le titre d'Evêque de Noyon, de même que celui du Maire Erchinoald, deux personnes qui n'ont été élevées en dignité, qu'après la mort du Roi Dagobert I.

Quoiqu'il en soit des circonstances, il est hors de doute que l'origine de l'Abbaye de la Croix, peut se rapporter au temps de la Charte. Ce Monastere avoit déja quelqu'ancienneté sous le regne de Charles le Chauve, lorsque ce Prince le soumit de nouveau à S. Médard. Il est fait mention sous l'an 660, d'une Abbaye de la Croix-Saint-Ouen, dans une vie de S. Bertulphe, rapportée par Surius sous le cinq Février : je ne sai si c'est de la nôtre qu'il s'agit.

Nous pensons qu'on peut adoucir la critique de Marlot, & convenir qu'on ne doit pas ajouter foi à tous les termes de la nouvelle Charte, comme on auroit fait à l'ancienne : que cependant

(1) Hist. Soiss. Dorm. t. 2. p. 303. (2) Hist. Eccl. Rem. t. 1. l. 2. p. 265.

on peut y recourir, comme à un monument conforme à la tradition des temps, où cette copie a été rédigée. Quant au titre d'Evêque donné à S. Eloy, & à la qualité de Maire qu'on donne à Erchinoald, cette double faute peut venir de l'ignorance des rédacteurs, qui auront crû donner un nouveau mérite à la copie, en joignant aux signatures de ces deux hommes illustres, le nom des titres dont ils avoient été décorés sur la fin de leur vie.

Cette Abbaye n'est pas la seule que S. Ouen ait fondée en l'honneur de la Sainte Croix ; on attribue aussi à ce Saint Prélat l'établissement de la Croix-Saint-Leufroi, Abbaye de Normandie dans le Comté d'Evreux, qui a porté, comme celle-ci, le nom d'Abbaye de la Croix-Saint-Ouen.

37. On lit dans la Charte de 1324, quelques noms de lieux, dont il est à propos de donner ici l'explication. L'Auteur de cet Ecrit voulant déterminer la situation des fonds de terre, que Dagobert avoit laissés au Monastere de la Croix-Saint-Ouen, dit qu'ils tenoient d'un côté à la riviere d'Oise, *ab Isarâ fluvio*, de l'autre à un certain lieu nommé *Bellum villare*, vis-à-vis un autre lieu appellé *Gallis villa*; d'un bout à l'hôtel du Péager, *contrà riparii Curtim*; d'un autre bout au rivage de l'Oise, *ad fluvii ripam*.

Dormay (1) rend en François par *Beauviliers*, le *Bellum villare* de la Charte. Je ne connois pas de lieu qui porte ce nom, dans l'étendue qui est en quelque façon circonscrite par les termes de la Charte. Il y avoit autrefois plusieurs Fiefs par-delà Rivecourt, accompagnés de manoirs & de tours; le Fief d'Aridel ou de Bourqueval, le Fief de la Mairie de Canly, & le Fief de la Tour d'Arcy ou de *Bienville*. Arcy en la campagne, pourroit bien être le *Bellum villare* que nous cherchons. Cependant, comme il est marqué que le *Bellum villare* faisoit un regard, avec un autre endroit nommé *Gallis villa*, qui est Jaux, je pense que le lieu en question, seroit plutôt *Royal-Lieu*, ancien Château Royal qu'on appelloit *Novum villare, Nova villa*, & dans les Chartes Françoises, la Maison Royale de *Neuville*. Jaux & Royal-Lieu sont situés des deux côtés de la riviere d'Oise, vis-à-vis l'un de l'autre; au lieu que de Jaux à Arcy, il y a deux grandes lieues.

Gallis-villa, c'est Jaux. Ce lieu est appellé *Gellis* dans une Bulle d'Alexandre III, de l'an 1162, concernant le Monastere de S. Corneille de Compiegne (2).

(1) T. 2. p. 302. (2) Gall. Chr. t. 10. instrum. p. 125.

Riparii curtis, est Rivecourt, que les Chartes anciennes nomment aussi *Ripecuria* & *Rivecuria*, *Riveriscors* & *Rivricourt*. Le village de Rivecourt a commencé par un hôtel du Péager général de la riviere d'Oise, dépendant du château de Verberie. Nous parlerons bientôt du Péager général de la riviere d'Aisne, qui avoit un pareil hôtel à Riviere, dépendance du château Royal de Berny près de Vic-sur-Aisne.

Le grand Péager de l'Oise exerçoit dans son château, les mêmes fonctions que les Comtes du Rivage sous le Bas-Empire. Il présidoit à la perception des droits légitimes, imposés sur les voitures par eau; il veilloit à la sûreté de la navigation, à l'entretien des ponts & des chemins de hallage, frayés le long de la riviere d'Oise pour la commodité du commerce.

Cet hôtel du Péager demeura au pouvoir de nos Rois, jusqu'à l'an 693, temps où on le démembra du Palais de Verberie pour fonder le Prieuré de Rivecourt. L'Auteur de l'Anastase de Marcoucy, raconte ainsi ce changement. » En l'année 693, qui étoit » la trentiéme après le trépas de S. Vandrille, le Roi de France, » nommé Hildebert (apparemment Childebert III, frere de Clo- » vis III,) donna, par acte du 20 Octobre, Marcochi, Aupec, » *Rivecourt*, Vincourt, à Monsieur Saint Bayn, adonc Abbé de » Fontenelle «. L'Auteur ajoute, que le Prince eut la générosité d'ajouter à ce bienfait, celui de faire construire une Eglise en l'honneur de S. Vandrille, dans chacun de ces lieux, afin que S. Vandrille, de lignée Royale, qui venoit d'être canonisé, fût honoré aux Dioceses de Paris, de Beauvais, d'Amiens & de Rouen. L'Auteur (1) dit avoir lû les circonstances de cette fondation dans un ancien titre.

Il y a aux archives de la Cathédrale de Beauvais, deux titres pareils à celui dont l'Auteur de l'Anastase fait mention. Le premier, daté de l'an 1177, est une Charte du Roi Louis le Jeune, dans laquelle ce Prince reconnoît que le Roi Childebert a donné à l'Abbaye de S. Vandrille, la terre & l'Eglise de Rivecourt, avec ses dixmes & ses dépendances, six hostises à Chevrieres, une partie des dixmes de *Rovillari*, des prés, des bois, & la Chapelle de Fayel.

Depuis la mort du Roi Dagobert I, jusqu'au regne de Charles le Chauve, le grand péage de Rivecourt fut divisé en plusieurs

(1) Peron. anast. p. 41, 42, in 12. Paris, Ed. 1694.

branches. Il s'établit une foule de droits de *travers*, depuis Compiegne jusqu'à Beaumont, qui firent tort au commerce de cette contrée. Les Rois, par une libéralité mal-entendue, abandonnerent à des Communautés, ou à des particuliers, ces redevances essentiellement destinées à l'entretien des rivieres & des chemins, comme de simples rentes ou des redevances annuelles, qui ne devoient assujettir à rien. En l'an 877, Charles le Chauve accorda une portion de péage sur la riviere d'Oise, à l'Abbaye de S. Corneille de Compiegne; & en 919, Charles le Simple fit présent à l'Eglise de S. Clément de cette même ville, du droit de péage qu'on perçoit encore, depuis Compiegne jusqu'à la Croix (1).

La riviere d'Oise arrose le Valois depuis le clocher de Jaux au-dessous de Compiegne, jusqu'au rhu de Roanne, qu'elle reçoit au-dessus de Roberval & de la vallée de Pompoint. César qui parle souvent de la riviere d'Aisne dans ses Commentaires, ne dit rien de la riviere d'Oise. Vibius Sequester, est l'un des premiers Auteurs Latins qui ayent fait mention de celle-ci. Il la nomme *Esia*: L'Oise, dit-il, est une riviere de la Gaule qui se décharge dans la Seine. L'Auteur de l'Itinéraire attribué à l'Empereur Antonin, rend le nom de l'Oise par *Isura*. Fortunat, dans ses Poësies, appelle cette riviere tantôt *Isara*, tantôt *Esura*, ainsi que Frédégaire en sa Chronique (2). L'Auteur des Actes de S. Marcoul, employe le terme d'*Isera*. Je trouve les noms d'*Isa* & *Hisa* dans l'Abbréviateur de Frédégaire, dans la Chronique intitulée *Gesta Normannorum*, & dans une ancienne Vie de S. Vast. Dans Aimoin, on lit quelquefois *Isara*, & souvent *Issa*. Le vrai nom latin de cette riviere est *Isara*, que l'Auteur de la Chronique de S. Denys a mal traduit par *Isare*. Je donne ces variantes pour l'utilité de ceux qui consultent les Chartes.

On connoît deux autres rivieres qui portent le nom latin d'*Isara*. L'Iser en Allemagne qui prenant sa source aux confins du Tirol, se décharge dans le Danube: & l'Isere, riviere de France, qui tire sa source de la Savoye, & qui se jette dans le Rhône, après avoir traversé une partie du Dauphiné.

La riviere d'Oise a plusieurs fois changé de lit, à Verberie surtout, qui est le centre des lieux du Valois qu'elle parcourt. Sous le regne de Dagobert I, elle se séparoit en deux bras, dont l'un

---

(1) Diplom. p. 563.
(2) Fredeg. cap. 20. Sec. 2. Bened. p. 132. Sec. 4. Ben. part. 1. p. 60. Chron. S. Denys, l. 5. ch. 27.

passoit près de Rivecourt, & servoit de route aux bateaux; l'autre passoit au pied des murs du Palais de Verberie. Le bras de riviere qui passoit à Rivecourt, se nommoit *la Conque*. Il commençoit à l'isle de la Tourteraye près de la Croix, traversoit la prairie de Rivecourt, où l'on en voit encore la trace. Il côtoyoit les canaux du bois d'Ageux, qu'il fournissoit d'une eau pure, & rejoignoit plus loin l'autre bras de riviere.

Les champs & les prés qu'on voit entre Rivecourt & Verberie, sont des atterrissemens. Des ouvriers, creusant il y a quelques années, à onze pieds de profondeur, entre la prairie de Rivecourt & la riviere d'Oise, trouverent une longue poutre équarrie, & divers matériaux, qui prouvent qu'anciennement il y avoit eu un port en cet endroit.

On peut mettre la riviere d'Oise, au nombre de celles qui sont commodes pour la navigation. L'on y voyageoit souvent par eau sous les deux premieres Races. On en a des exemples, dans S. Marcoul, qui arriva à Compiegne par cette riviere; dans le Seigneur Hetilon, proche parent du Roi Pepin, qui se fit transporter par eau de Verberie à S. Denys, quoique malade; & enfin dans la mémorable & funeste expédition des Normands, qui, en l'an 885, couvrirent cette riviere de leurs bateaux, qui sembloient être une flote, tant ils étoient nombreux.

La navigation de l'Oise n'est plus aussi bien entretenue qu'autrefois. Les gors qui s'y multiplient, occasionnent beaucoup d'isles, qui empêchent les bateaux, pendant l'Eté surtout, de suivre une route réglée.

L'Oise reçoit l'Autonne au-dessus de Verberie. L'Autonne est une petite riviere qui parcourt une vallée de sept à huit lieues, sans sortir du Valois. Les titres Latins la nomment *Althona*, *Althumna*, & *Altuna* (1). M. de Valois, & quelques Géographes à son exemple, ont confondu son nom avec celui de la Nonette, qui prend sa source dans le Valois, & qui passe à Senlis. On lui donne aussi le nom d'Ottenette sur plusieurs cartes.

L'Autonne prend sa source entre Coyoles & Pisseleu, près de Villers-Cotteretz, passe à Vauciennes, & forme l'étang de Walu. Plus bas que cet étang, elle reçoit le ruisseau d'Haramont, le rhu de Vaumoise, & les eaux qui viennent de Russy & de Lieu-Restauré, ainsi que les ruisseaux de Bonneuil, de ~~Gayencourt~~ &

Grimancourt

(1). Ann. Bened. t. 4. p. 690.

de Buit; elle tombe dans les grands étangs de Pondront & du Berval, & reçoit plus loin que ces étangs, les ruisseaux de Mornienval, de Morcourt, de Gilocourt, de Bettancourt & des Eluats. Elle se joint ensuite à la petite riviere de Glagnes qui vient des vallées de Bouillant, de Duvy, & du Parc, au-dessus de Saint Martin-Bethysi, & se jette dans l'Oise, après avoir traversé les prairies de Saintines & de Verberie.

On a construit depuis quelques années, un beau pont de pierre de deux arches sur cette petite riviere, à l'endroit où passe le chemin neuf de Verberie à Compiegne.

On avoit conçu le dessein de rendre l'Autonne navigable, mais on y a renoncé, à cause des frais immenses qu'il auroit fallu faire & du peu de profit qu'on pouvoit en espérer. On eût été obligé de détruire dix-sept à dix-huit moulins, de nuire aux deux vastes étangs de Pondront & du Berval, de détourner de la riviere d'Ourcq un ruisseau qui lui est nécessaire, & de construire un grand nombre d'écluses. La vallée d'Autonne est une des plus fertiles de la contrée, en grains, en fruits, en légumes, & sur-tout en foin.

38. Braine, Berny-Riviere, & Bargny, sont trois lieux du Valois, dont l'Histoire contient des particularités intéressantes. Les compilateurs & les critiques les ont souvent confondus sous un seul rapport, surtout Braine & Bargny, où l'ancien *Palatium Brinnacum* de nos Chroniques étoit situé. Nous les distinguons ici, & nous rapporterons sous trois différens articles, ce qui est propre à chacun.

39. Braine est une petite ville du Duché de Valois, située sur la Vesle, à quatre lieues de Soissons. Son nom latin varie dans les Auteurs; Flodoard, Alberic, Helinand, & Guillaume le Breton, la nomment *Brana*, *Brena*, *Breina*, & quelquefois *Brema*. Comme ces noms latins sont aussi attribués par les Auteurs, à la ville de Brienne en Champagne, & au petit pays de Brenne situé aux confins de la Touraine & du Berry, & que les villes de Braine & de Brienne, & le territoire de Brenne en Touraine, ont appartenu aux mêmes Seigneurs, on doit apporter beaucoup de circonspection dans le choix des monumens historiques qui les concernent. Nos peres, pour distinguer Braine en Valois, des autres lieux dont les noms ressemblent à celui-ci, l'appelloient Brie-Comte-Braine. Ce nom se retrouve sur plusieurs cartes modernes, quoiqu'il ne soit plus en usage depuis long-temps.

M.

M. Bullet, dans ses Etymologies (1), prétend que le nom de la ville de Braine, vient du mot *Bren*, qui, dans la langue Celtique, signifioit une forêt.

La ville de Braine a ses temps héroiques, comme la plûpart des anciennes villes de la Grece & de l'Italie. Nous passerons sous silence la plûpart des fables, que l'on raconte touchant son origine. Regnault, dans son Histoire de Soissons, ne craint pas d'avancer, que Braine a eu pour fondateur Brennus, trentiéme Roi des Gaules. Il avoit probablement puisé ce sentiment dans les Ecrits de Matthieu Herbelin & de Charles de Bovelles (2). Dormay voulant expliquer les antiquités du Soissonnois, écrit que Brennus a fondé Soissons, & que Brennius son frere a bâti le château de Braine. Nous ne voyons pas où Dormay a pris cette distinction de Brennius & de Brennus. Quelques Auteurs ont cru devoir placer à Braine, le Bibrax des Commentaires de César; ils ont été réfutés par le même Savant, qui a si clairement démontré, que le *Palatium Brinnacum* n'a rien de commun avec la petite ville de Braine.

On a découvert à Braine & dans les environs, plusieurs antiquités remarquables. En creusant, il y a dix-huit ans, dans un jardin de la ville, on a trouvé à trente pieds de profondeur, une agathe gravée, du genre de celles qu'on appelle *Abraxas*. Ces pierres passoient pour avoir quelque vertu magique parmi les Gnostiques. Marc, Sectateur de Basilide, les fit connoître le premier dans les Gaules. L'Abraxas de Braine représente, sur une surface un peu convexe, deux figures, dont l'une a des aîles avec des pieds d'animaux & une queue. L'autre porte une couronne en tête, & tient d'une main un poignard, dont elle semble vouloir frapper la figure qui est devant elle; espéce d'emblême, appliquable à des personnes, dont le nom est présentement dans l'oubli.

Sur la montagne où passe le chemin de Courcelles à d'Huisel, à une demie lieue de Braine, on a trouvé depuis peu & presqu'en même temps, trois hâches de pierre d'un grain différent, d'un beau poli, dures, légeres, & d'un tranchant bien affilé : une surtout qui paroît être d'albâtre, & sur laquelle on entrevoit, comme une empreinte de quelques caracteres. Ces instrumens sont anciens : il est difficile de fixer le temps où ils ont servi. Les Hé-

(1) T. 1. p. 288.   J. (2) Regn. p. 16. Dorm. t. 1. p. 16.

breux employoient des couteaux de pierre dans des rencontres. Je ne fais s'il y a eu un temps, où l'on faisoit usage de ces sortes de couteaux dans les Gaules. Les caracteres presqu'effacés, empêchent de croire que ces trois haches ayent été fabriquées, avant le temps où les arts ont commencé à pénétrer dans les Gaules. Je ferois porté à penser que ce sont moins des haches d'usage, que des haches sépulchrales, telles qu'on en plaçoit à côté des Militaires dans leurs tombeaux, sous les premiers Rois de notre Monarchie.

Nous avons parlé, *p*. 8, d'un moyen bronze d'Auguste, & d'une médaille de l'Empereur Néron, qui ont été trouvés à Braine. En 1757, on a découvert une médaille en or de l'Empereur Probus, au bas du château de la Folie. Ces monumens supposent qu'il y avoit des habitations dans ce canton, lorsque les Gaules obéissoient à ces Empereurs : on ne peut pas en tirer d'autres lumieres.

La terre de Braine & son château, ont eu à peu près le même sort que Nanteuil, lorsque Clovis établit la Monarchie Françoise dans les Gaules. Nanteuil passa au pouvoir des ayeux de S. Valbert ; & la terre de Braine fut donnée aux ancêtres du Seigneur Authaire, pere de S. Ouen, avec les deux terres de Condé & de Sancy. Authaire fixoit sa résidence ordinaire à Sancy. Il faisoit valoir ses deux terres de Condé & de Braine, par le ministere de ses Intendans.

Après la mort du Seigneur Authaire, S. Ouen son fils eut en partage les terres de Braine, de Condé & de Sancy. Elevé par son mérite sur le siége Episcopal de Rouen, il fit présent à son Eglise, de ses terres & de leurs dépendances. Le territoire fertile en productions naturelles, en grains, en foin, en légumes & en bois, traversé par la chaussée Romaine, qui conduisoit de Reims à Soissons, & arrosé par la riviere de Vesle, qui paroît avoir été navigable dans ce temps-là, procuroit à ses possesseurs autant d'utilité que d'agrément.

L'Eglise de Rouen jouit paisiblement du bienfait de son Prélat, jusqu'aux troubles qui ont accompagné le déclin de la Maison de Charlemagne. Les premieres irruptions des Normands, furent pour la ville de Rouen des présages certains, des malheurs qui lui devoient arriver. L'Evêque & le Chapitre de cette Ville, ayant délibéré sur les moyens de prévenir les suites de la fureur des Normands, résolurent d'envoyer à Braine, les effets les plus précieux de l'Eglife Cathédrale; les Reliques fur-tout & la Bibliotheque du Chapitre. Ils trouvoient une sûreté dans l'éloignement de l'embouchure de la Seine, par où les barbares avoient coutume de pénétrer. On eut foin auffi de fortifier le château de Braine, de maniere à pouvoir tenir contre les partis de vagabonds & de factieux qui défoloient la France.

Je ne puis dire en quelle année, le tréfor & la Bibliotheque de l'Eglife de Rouen, ont été tranfportés à Braine. Il y a apparence que la réfolution de l'Evêque & du Chapitre, étoit effectuée avant la fin du regne de Charles le Chauve, & que le château de Braine fut pendant près d'un fiécle, le lieu des dépôts de l'Eglife de Rouen. En l'an 922, la Bibliotheque du Chapitre de Rouen étoit encore logée à Braine (1). Comme il y en avoit peu d'auffi nombreufe en France, on venoit de toute part à Braine, pour y puifer, comme dans un tréfor de littérature, les connoiffances dont on avoit befoin. On lit aux Annales Bénédictines, qu'en l'an 922, un Clerc de Soiffons alla à Braine, pour confulter dans la Bibliotheque de Rouen la vie de S. Romain. Cette Bibliotheque perit en partie dans les flammes, peu de temps après cette année; l'autre partie fut pillée & diffipée.

Nous croyons qu'avant le temps où le château de Braine a été fortifié, la ville de Braine n'exiftoit pas; & que jufques-là ce château n'avoit été qu'une métairie du Fifc, accompagnée de dépendances. On doit rapporter l'origine du premier amas de maifons qui a formé la ville, aux fortifications du château, & au culte de S. Ived. Le rifque que l'on couroit dans les campagnes, d'être à tout moment la victime de la cupidité des barbares & des factieux, raffembloit les familles autour des forts châteaux, pour être à portée de s'y fauver, en cas d'allarme.

Parmi les Reliques confidérables qui furent transferées à Braine, on comptoit les Corps de S. Victrice & de S. Ived, Evêques de Rouen (2). Ces Corps avoient été levés de terre, à caufe de la crainte des Normands: on les avoit renfermés dans des Châffes, pour les tranfporter avec plus de fûreté & de décence. La préfence des Corps des deux faints Evêques, attira à Braine un grand concours de peuple, & il s'y établit un pélérinage fameux. Le culte de S. Ived a prévalu fur celui de S. Victrice, quoique l'on conferve encore la Châffe de S. Victrice à Braine. Cette Châffe repofe

(1) Thefaur. Anecd. t. 3.   (2) Baillet, vies des SS. 8 Octob.

repose dans l'Eglise Paroissiale de S. Nicolas. Feu M. de Laubrieres, Evêque de Soissons, en fit une translation solemnelle en 1735, & permit l'établissement d'une Confrairie en l'honneur de ce Saint. La Châsse de S. Victrice est portée processionnellement par les Confreres le cinq Mai.

Le culte de S. Ived a été la premiere origine de l'Abbaye qui porte son nom. Cette Abbaye a commencé par un Chapitre de Chanoines, établi dans l'Eglise du château, qui subsistoit encore au douziéme siécle. Les Reliques de S. Ived sont toujours demeurées dans cette Eglise. Le Corps entier du Saint est renfermé dans une Châsse, autrefois fort riche en dorures, & par les pierres précieuses qu'on y avoit enchâssées. On lit autour de la Châsse actuelle, huit vers, qui apprennent qu'en l'an 1244, Girard, Abbé des Prémontrés de Braine, y a fait transférer le Corps de S. Ived. Cette Châsse est aujourd'hui placée au-dessus du maître Autel. On la descend tous les ans, le dernier jour des Fêtes de la Pentecôte. Le lendemain on la porte solemnellement autour des murs de la Ville, avec deux autres Châsses de Sainte Florence & de Sainte Verrine, Vierges & Martyres. Tous les membres d'une nombreuse Confrairie, érigée en l'honneur de S. Ived, accompagnent les Châsses.

Damien de Templeux écrit d'après Flodoard (1), qu'en l'an 931, Hugues le Grand, Duc de France, enleva aux Evêques de Rouen le château de Braine; que Héribert, Comte de Vermandois, en ayant eu avis, envoya devant Braine un corps de troupes commandé par un de ses vassaux, qui reprit le château sur Hugues le Grand, & le démolit. Hugues le Grand chassa les gens du Comte de Vermandois à son tour, & fit rétablir le château, qu'il garda jusqu'à l'an 950.

Suivant les mêmes autorités, Réginold ou Renaud, Comte de Reims, détacha un corps de troupes, pour surprendre le château de Braine & s'en emparer, ce qui lui réussit. Hugues le Grand, piqué du procédé, alla trouver le Roi Louis d'Outremer, auquel il inspira toute l'indignation, que méritoit cette conduite. Le Roi rassembla promptement une armée, qu'il voulut commander en personne, & se présenta devant Braine. Les assiégés, intimidés par la présence du Roi, firent peu de défense. Le Roi les chassa de la place, & remit à Hugues le Grand, le fort château de Braine avec ses dépendances.

(1) Chron. an. 931. Analect. fol. p. 429. I. Hist. Acad. bell. lett. t. 1. p. 107.

Marlot raconte un peu différemment, cette suite d'évenemens (1). Il suppose que le Comte Hugues le Grand, tenoit en avouerie le château de Braine, de l'Evêque & du Chapitre de Rouen ; qu'à l'occasion des dissensions qui se renouvellerent entre Héribert, Comte de Vermandois, & Boson, frere du Roi Louis d'Outremer, Renaud, Comte de Reims, l'un des grands vassaux du Comté de Vermandois, eut ordre de se présenter en force devant le château de Braine, de le prendre, & de le raser, dans le dessein de mortifier Hugues le Grand, qui tenoit le parti du Roi & de Boson son frere. Le Comte de Reims réussit dans son entreprise : ses troupes enleverent le château de Braine à son possesseur : le Roi Louis d'Outremer le reprit en personne, & le rendit au Prince Hugues le Grand.

Ce château pris & repris tant de fois, avoit beaucoup souffert dans ses fortifications & dans ses bâtimens. Hugues le Grand le fit rebâtir à ses frais, & le garda, non comme une proye ou comme un bien qu'on enléve à des possesseurs légitimes, mais comme un Fief, qui lui ayant été cédé d'abord en partie, lui avoit été enfin abandonné avec toutes ses dépendances, pour le dédommager de ses frais. L'Eglise de Rouen conserva les terres de Condé & de Sancy, & perdit sans retour celle de Braine : elle éprouva ce qui arrive aux particuliers, qui ont le malheur d'être compromis dans les querelles des Grands : ils sont dépouillés ou par leurs ennemis, ou par leurs protecteurs.

Hugues le Grand posséda la terre de Braine jusqu'à sa mort. Hugues Capet, l'aîné de ses fils, en hérita, & la conserva, en montant sur le Trône. Il la céda ensuite aux Comtes de Champagne, qui la soumirent à leur Vicomté d'Ouchy : ce changement arriva pendant les derniéres années du dixiéme siécle.

Thibaud le Grand, Comte de Champagne, avoit une sœur nommée Agnès, qu'André de Baudiment demanda en mariage. Quelques-uns prétendent qu'Agnès étoit fille du Comte Thibaud, & non sa sœur. André tiroit son origine de Robert, Duc de Normandie, & de Giflette, fille de Charles le Simple. Thibaud accorda Agnès à André de Baudiment. Afin de donner à ce Seigneur de nouvelles marques de son estime, il le créa Pair & Sénéchal de Champagne, & fit présent à Agnès de la terre & du château de Braine, pour lui servir de dot.

(1) Hist. Ecc. Rem. lib. 4, p. 553. an. 930.

Braine est le quatriéme des sept anciens Comtés-Pairies de Champagne (1), selon Pithou. Un aveu & dénombrement tiré de la Chambre des Comtes de Blois, daté de l'an 1376, porte que *Simon de Rouci, Comte de Braine, confesse & avoue tenir, comme Pair de Champagne, en foi & hommage-lige du Roi, à cause de la Comté de Champagne, le Châtel, Ville & Comté de Braine*, &c. Ce dénombrement contient les priviléges & les noms des dépendances de la terre de Braine, depuis un temps immémorial. Ses mouvances s'étendoient depuis la riviere d'Aisne jusqu'à la Marne. Il y a toute apparence que la terre de Braine reçut le titre de Comté, lorsque le Seigneur André de Baudiment fut créé Sénéchal & Pair de Champagne.

La Maison de Baudiment, l'une des plus illustres de la Champagne & de la Brie, tiroit son nom du village de Baudiment en Champagne, Diocése de Troyes, Election de Sezanne, Intendance de Châlons. Il y a dans le ressort du Bailliage de Crépy, un Fief de Baudimont, qui a été donné par la Comtesse Eléonore aux Religieuses de Long-prez. Ce Fief a communiqué son nom à la vallée de Baudimont, qui vient de Long-prez & d'Haramont, & au moulin de Baudimont, que possédoient autrefois les Moines de Villers-Saint-Georges. Le territoire de Long-prez est appellé Baudimont dans les titres du douziéme siécle. On croit que ces noms viennent des Baudimens de Champagne.

Duchesne écrit (2) que le Seigneur André de Baudiment, proche parent de Thibaud le Grand, Comte de Champagne, par Agnès son épouse, possédoit avec la terre de Braine, les Seigneuries de Fere en Tardenois, de Nesle, de Pontarcy, de Longeville & de Quincy. Thibaud le Grand unit à ces Domaines, la forêt de Daule, pour être tenue de lui & de ses successeurs, à foi & hommage-lige. Cette forêt qui n'est pas considérable, est située entre Fismes & Fere en Tardenois. Il y avoit pour cette seule forêt une Gruerie, au treiziéme siécle. On l'appelloit la Gruerie de Mareuil & de la grande Daule.

On ne sait pas en quelle année André de Baudiment épousa Agnès de Braine. Les uns rangent ce mariage sous l'an 1060, d'autres sous l'an 1080, & enfin sous l'an 1100. La premiere de ces trois époques est trop ancienne. A André de Baudiment, commence une suite non interrompue des Comtes de Braine, pendant

(1) Pithou, Cout. de Troyes, p. 735, éd. 1628. (2) Hist. Dreux, 18.

l'espace de près de huit cens ans, jusqu'à Madame la Comtesse d'Egmond, qui possède aujourd'hui la terre de Braine. Ce Comté n'a jamais été vendu.

Hemery, Regnault & d'autres Auteurs, ont donné une généalogie des premiers Seigneurs de Braine, différente de celle que je viens d'établir : ils ont pris le change, en nommant parmi les possesseurs de la terre de Braine en Valois, des Seigneurs de Brienne-sur-Aube & du pays de Brenne en Touraine. Nous reprendrons l'Histoire de Braine au Livre suivant.

40. Berny, Riviere & Vic-sur-Aisne composoient originairement un même Palais, dont le Domaine se divisoit en trois parties ; savoir, le château situé à Berny, l'Hôtel ou Fief du Péager à Riviere, & le Port à Vic-sur-Aisne. Le nom latin du Palais est *Verniacus* ou *Veregniacus*, que les titres rendent en langue vulgaire, par les mots de Berny, Berney & Vergny. *Ver* est un mot de la langue Celtique, qui désigne un lieu grand & spacieux.

Les monumens primitifs de notre Histoire nomment *Riparia* & *Riparii Curtis*, l'Hôtel de l'Officier qui percevoit les droits de travers sur les grands chemins & sur la riviere d'Aisne. Ce Péager avoit la même inspection sur la riviere d'Aisne & sur les grands chemins du canton, que celui de Rivecourt, près de Verberie, exerçoit sur toute la riviere d'Oise.

Le nom latin de Vic-sur-Aisne est *Vicus ad Axonam*, & non pas *Vix super Axonam*, comme M. de Valois le pensoit. Les Romains du Bas-Empire appelloient *Vicus*, les ports considérables des grandes rivieres, où il y avoit en même temps un Hôtel de Monnoye. Ces deux choses se trouvoient à Vic-sur-Aisne. Je vais exposer historiquement, ce qui a rapport à chacune de ces trois dépendances d'un même territoire.

Le Palais de Berny a commencé sous les Romains, par une métairie agréable, riche par le produit de ses terres, de ses vignes, même de ses carrieres, qu'on peut regarder comme les premieres, qu'on ait ouvertes après l'invasion des Gaules par les Romains. Tout annonçoit dans ce Palais la grandeur & la majesté du Maître, qui devoit l'occuper. La riviere d'Aisne baignoit au midi les murs de ses jardins. La chauffée Brunehaud, qui conduisoit de Soissons à Noyon, traversoit la place d'armes du château. Le corps de logis situé à mi-côte, dominoit sur la prairie de Vic-sur-Aisne, sur des plans de vignes & d'arbres fruitiers, & sur une grande étendue de pays, tant au-delà qu'en-deça de la riviere d'Aisne; & du ruisseau qui passe à Saint Christophe & à Berry. L'Eglise de Berny occupe une partie de l'emplacement du premier château. A l'endroit de la riviere où passoit la Chaussée Brunehaud, il y avoit un pont de pierre, dont on apperçoit encore des vestiges, quand les eaux sont basses.

Les carrieres de Berny ont servi à bâtir le Palais & le pont. L'on en tiroit encore une pierre excellente sous le regne de Louis VII.

Le Palais de Berny demeura sous la puissance immédiate de nos Rois, depuis Clovis I, jusqu'au regne de Dagobert I (1). Dagobert ayant été prié par un Seigneur François de sa Cour, mari de Sainte Rictrude, de tenir sur les fonts de Baptême avec la Reine Nanthilde, une fille qui lui étoit née, ce Prince se rendit aux empressemens de son Courtisan. On donna à l'enfant le nom d'*Eusébie*, comme par un présage de la piété, dont elle devoit faire profession. Le peuple a depuis changé ce nom en celui d'Eusoie ou Isoie. Dagobert & Nanthilde, voulant faire à l'enfant un présent digne de leur rang suprême, donnerent à Eusoie en toute propriété, la terre de Berny située au Diocese de Soissons, avec d'autres biens contigus.

Cependant Sainte Rictrude perdit son mari, qui fut assassiné par un noir complot. Cette perte l'affligea, au point de renoncer au monde. Elle se retira dans le Monastere de Marchiennes sur la Scarpe, composé pour lors d'une Communauté d'hommes & d'une Communauté de femmes; & plaça la jeune Eusoie sa fille, dans le Monastere d'Hamay. Dans le même temps que Sainte Rictrude fut élevée à la dignité d'Abbesse de sa Communauté de Marchiennes, la jeune Eusoie sa fille fut élue Abbesse de Hamay, quoiqu'âgée seulement de 12 ans. Rictrude sentant bien, que sa fille n'avoit ni l'âge ni les talens pour gouverner une Communauté nombreuse, la fit venir auprès d'elle, afin de la former. Eusoie docile aux instructions de sa mere, acquit tellement l'estime & la confiance des Religieuses de Marchiennes, qu'on la choisit après la mort de Sainte Rictrude pour lui succéder.

Eusoie voulant donner au Monastere de Marchiennes, des marques de son attachement, & du renoncement qu'elle avoit voué à des biens périssables, fit présent à sa Maison de la terre de Berny, & des autres héritages qu'elle devoit aux libéralités du Roi

(1) Sec. 2, Bened. p. 984, 990, n° 19, an. 637.

Dagobert & de la Reine Nanthilde. Dès ce moment, le Prevôt des Religieux de Marchiennes, envoya à Berny un certain nombre de Freres Servans, pour faire valoir au profit du Monastere, les prés, les vignes, & toutes les dépendances utiles de cette terre. L'Abbaye de Marchiennes tira de Berny pendant long-temps, ses provisions de vin pour les Messes, pour l'usage des hôtes, pour le soulagement des Freres & des Sœurs infirmes.

De Templeux nous apprend, *p.* 160, que Riviere près de Vic-sur-Aisne, a donné son nom à l'Archidiaconé de la Riviere, *de Ripariâ*, l'un de ceux qui composent le Diocese de Soissons. L'Aisne sur laquelle le Péager de Riviere avoit le droit d'inspection, a toujours été commode pour la navigation, sur-tout depuis Soissons jusqu'à Compiegne, où elle perd son nom. César la nomme *Axona* dans ses Commentaires. Il y a sur cette riviere, quelques faits intéressans dans l'Histoire. En l'an 883, le Roi Carloman livra bataille aux Normands sur ses bords, & les défit. Le Roi Louis d'Outremer, chassant au loup auprès de cette riviere, tomba de cheval & se fit une blessure, dont il mourut à Reims le 15 Octobre 954. L'Aisne arrose une partie de la Champagne, & de l'Isle de France. Elle traverse & cottoye le Valois, depuis Pontarcher jusqu'à Rethondes.

Il n'y avoit originairement qu'un seul droit de péage pour toute la riviere d'Aisne, depuis Soissons jusqu'à Compiegne. Le Péager de Riviere le percevoit, & l'employoit à l'entretien de la navigation. Depuis le septiéme siécle, ce droit a été multiplié outre mesure. Dans la suite des temps, le péage de Riviere a été transferé à Jaulzy, où on le perçoit encore.

En 1730, des mariniers refuserent le droit de travers dû à Jaulzy; ce droit appartenoit à feu M. le Duc d'Orléans comme Duc de Valois. Les mariniers apportoient pour raison, qu'ayant payé à Verberie un droit au Prince, ils n'en devoient pas un second à Jaulzy. Ce refus occasionna des recherches. On prouva que le péage de Jaulzy n'avoit rien de commun avec celui de Verberie : que le premier droit avoit été perçu de toute antiquité, par nos Rois ou par les Ducs de Valois, comme la marque de leur domaine sur la riviere d'Aisne; de même que le péage de Verberie fait connoître, que le cours de la riviere d'Oise reléve des mêmes Puissances. Le Parlement, où l'affaire avoit été portée, jugea en conformité de ces preuves, & rendit deux Arrêts, l'un du onze

Tome I. Q

Août 1731, touchant le péage de Jaulzy; l'autre du fept Septembre 1739, dans lefquels la diftinction des deux péages eft établie.

Les Romains & les François qui vivoient fous les deux premieres races de nos Rois, donnoient, comme on a vu, le nom de *Vicus* & de *Vic* aux ports des grandes rivieres, accompagnés d'un hôtel des monnoyes. L'emplacement du premier port de Vic-fur-Aifne, ne fe remarque plus : la riviere d'Aifne ayant plufieurs fois changé de lit, les veftiges de ce port ont difparu. L'hôtel des monnoyes de Vic-fur-Aifne, devoit être placé à l'endroit où eft préfentement le château. On donnoit le nom de *Maître* au Directeur de la fabrique. Ce Maître avoit la même autorité à Vic-fur-Aifne, que le grand Péager à Riviere. On frappoit les monnoyes à fon coin, ou du moins fes ouvriers les marquoient de fon nom d'une part, & ils figuroient celui de la fabrique de l'autre.

On a trois piéces de monnoye, forties de la fabrique de Vic-fur-Aifne, fous le gouvernement des Rois Mérovingiens. Les deux premieres font des tiers de fols d'or, *Trientes auri*. On lit d'un côté *Axfona*; de l'autre part, on voit une tête fans légende. M. de Valois parle de ces deux piéces dans fa Notice des Gaules, *p.* 410 : il avance qu'elles doivent avoir été frappées à Effone près de Corbeil. C'eft une méprife que M. l'Abbé Lebeuf a relevée dans une de fes Differtations fur le Soiffonnois (1).

Sur la troifiéme piéce, on lit d'un côté EXONA FICI, pour AXONA VICI. Et de l'autre eft le mot *Betto*, qui eft le nom du maître de la fabrique. Ce *Betton* dirigeoit en même temps la fabrique de Vic-fur-Aifne & celle de Soiffons.

Vic-fur-Aifne eft demeuré au pouvoir de nos Rois, jufqu'au regne de Charlemagne. En l'an 814 ce Prince donna la terre & le château de Vic-fur-Aifne, au Monaftere de S. Médard de Soiffons. Quelques-uns prétendent que l'Empereur fit d'abord préfent de Vic-fur-Aifne à la Princeffe Berthe fa fille, & que Berthe en tranfmit la propriété à S. Médard de Soiffons. C'eft ainfi que le territoire de l'ancien Palais de Berny a été démembré, & partagé entre les deux Monafteres de S. Médard & de Marchiennes.

4. L'ancien Palais *Brinnacum* eft fouvent cité dans les Chroniques, à l'occafion des fréquens voyages que nos Rois des deux premieres races y ont faits, & des événemens intéreffans qui s'y font paffés.

(1) Diff. 1738, Paris, Lépine.

Le plus grand nombre des Savans, des Géographes & des Critiques, ont d'un commun accord, placé à Braine cet ancien Palais, à cause de la ressemblance des noms. Nicolas Samson & Scipion Dupleix, D. Mabillon, D. Germain, M. de Valois, Mezeray & Daniel, ont embrassé cette opinion dans leurs ouvrages.

Des Ecrivains plus modernes, s'appercevant que suivant ce qui est énoncé dans nos Fastes, le Palais en question devoit être placé en-deça de la ville de Soissons, par rapport à S. Denys, ont cru reconnoître à Berny-riviere près de Vic-sur-Aisne, la situation du Palais *Brinnacum*, d'autant plus qu'il y avoit eu une Maison Royale en ce lieu, appartenant aux Successeurs de Clovis I, comme on vient de le voir.

Un troisiéme sentiment expliqué avec beaucoup de netteté dans l'Histoire de l'Académie des Belles Lettres, *T.* 21, *p.* 100, réfute les deux autres, & place le Palais *Brinnacum* à Bargny, chef-lieu d'une ancienne Mairie de la Châtellenie de Crépy. M. l'Abbé Lebeuf, auteur de ce sentiment, observe que le nom latin de Braine, est *Brana*, celui de Berny, *Verniacus*, & que le nom *Brinnacum* est celui du lieu de Bargny, près de Crépy en Valois. On peut consulter dans la savante Histoire que je cite, la preuve de ce troisiéme sentiment, que nous adoptons dans toutes ses parties.

Bargny n'est plus présentement qu'un village, situé à deux lieues de Crépy, à quatorze de Paris, à sept de Soissons, à cinq de Meaux, à 1/2 lieue de la forêt de Retz & de Nanteuil-le-Haudoin. Ce lieu est nommé dans les titres latins, *Brinnacum*, *Branacum*, *Berinneium*, *Britannicum*, *Bernegium*, *Brinnagum*, & *Berigneium*.

La fondation du Palais de Bargny est incertaine. Les uns pensent que ce Palais doit son origine aux Romains; d'autres prétendent que le Roi Clotaire I, l'avoit bâti, pour y déposer ses trésors. On ne peut rien assurer sur ce sujet. Les Rois des deux premieres races en confioient le gouvernement à un Maire, qui avoit une jurisdiction fort étendue. Je n'ai pu remarquer sur les lieux, en quel endroit l'ancien Palais avoit été construit. On croit que l'Eglise actuelle a succédé à la Chapelle du château, & que les jardins du Palais s'étendoient jusqu'aux étangs de Macquelines. J'ai tiré de l'Histoire déja citée, la plûpart des traits que je vais rapporter.

Grégoire de Tours est le premier Auteur qui ait fait mention du Palais de Bargny. Après avoir raconté la mort de Clotaire I, arrivée à Choisy-en-Laigue près de Compiegne, & les funérailles de ce Prince faites en 561 à Soissons, dans l'Eglise de S. Médard, Grégoire de Tours ajoute, que Chilpéric, l'un des quatre fils de Clotaire, se rendit à Bargny où son pere avoit déposé ses trésors, qu'il s'en empara, qu'il en fit des largesses aux Francs, & qu'il vint sur le champ à Paris. Il y avoit pour lors une grande route de Bargny à Paris. Le grand chemin actuel de Paris à Soissons, passe assez près de ce lieu (1).

Il est encore parlé de Bargny dix ans après, à l'occasion d'un procès qu'on y porta devant Sigebert, à qui cette Maison Royale appartenoit pour lors. Une des parties avoit fait faire à l'autre, dans l'Eglise du château, un serment solemnel sur les Reliques des Martyrs.

Ce dernier fait prouve que Bargny dépendoit du Royaume de Paris. Le Roi dont il s'agit, est Sigebert, à qui un premier partage avoit adjugé le Royaume d'Austrasie, & qui ne devint héritier pour un tiers de celui de Paris, qu'en 566, par la mort de Caribert. Ce dernier n'ayant point laissé d'enfans, Sigebert, Gontran, & Chilpéric, convinrent de posséder Paris par indivis, à condition qu'aucun des trois n'y entreroit sans l'aveu des deux autres. Ils n'y faisoient pas une résidence habituelle, mais chacun avoit aux environs une Ville ou un Palais. Puis donc que l'affaire en question se plaide devant Sigebert au Palais de Bargny, il s'ensuit que Bargny étoit la maison de Sigebert auprès de Paris, & l'une des dépendances du Royaume de cette Capitale.

Après la mort de Sigebert arrivée l'an 575, Chilpéric, Roi de Soissons, s'empara du Palais de Bargny (2). Il occupoit cette Maison de plaisance en l'an 578, lorsqu'on y amena un certain Daccon qui avoit quitté son service, pour faire des courses, à la tête d'un parti, dans plusieurs provinces du Royaume. Le Roi informé de sa désertion, envoya quelques troupes à sa poursuite sous les ordres du Général Dracolen, qui le prit dans une embuscade, & l'amena au Palais de Bargny. Daccon y fut jugé à mort, contre la parole expresse du Général Dracolen, qui lui avoit promis la vie sauve. Le Partisan obtint pour toute grace la permission de se confesser à un Prêtre : grace qu'on n'accordoit point, & dont on

---

(1) Greg. Tur. Hist. lib. 4. c. 22 & 41.   (2) Greg. Tur. l. 5. cap. 26.

a peu d'exemples en France, avant le regne de Charles VI.

C'eft au même Palais de Bargny (1) qu'Andarchius, paffionné pour la fille d'Urfus, citoyen de Clermont en Auvergne, cita le pere de fon amante, dans le deffein de le contraindre de la lui donner en mariage. Cette affaire qui fit éclat, fe plaida à Bargny en préfence du Roi.

L'an 580 eft l'époque d'un événement remarquable arrivé au Palais de Bargny : événement perfonnel à Grégoire de Tours, qui nous en a confervé les principales circonftances (2). On tint un Concile à Bargny, pour juger le différent qu'il avoit comme Evêque, avec Leudaftes, Comte de Tours, & quelques Eccléfiaftiques de fon Diocefe. Ceux-ci vouloient le perdre dans l'efprit de Chilpéric & de Frédégonde. La décifion de ce Concile fut, que le témoignage d'un inférieur, & moins encore celui d'un laïc, ne pouvant être admis contre un Evêque, Grégoire fe purgeroit de l'accufation par un ferment fait fur trois Autels, après avoir célébré les faints Myfteres. Le Comte de Tours prit la fuite & vint à Paris, où il fe retira dans la Bafilique de S. Pierre.

Fortunat de Poitiers, qu'on croit avoir été l'un des Prélats préfens à ce Concile, fit à ce fujet un poëme de cent quarante-huit vers hexametres & pentametres (3), qu'il adreffa au Roi Chilpéric. En la même année 580, les deux fils de Chilpéric & de Frédégonde furent fucceffivement attaqués au Palais de Bargny, de la maladie épidémique qui commença vers le mois d'Août à ravager cette contrée, & dont ces deux Princes moururent, chacun au bout de vingt jours. Chilpéric & Frédégonde regarderent cette perte, comme une jufte punition de Dieu, à caufe des impots exceffifs dont ils avoient chargés leurs peuples : ils jetterent au feu les rôles de ces impôts.

Dagobert, le plus jeune des deux Princes, étant mort le premier, fon corps fut porté de Bargny à Paris : on l'inhuma dans l'Eglife de S. Denys. Le Roi, pour obtenir du Ciel la guérifon de Clodobert, l'aîné des deux, le fit conduire en même temps à Soiffons au tombeau de S. Médard. Le jeune Prince y mourut au milieu de la nuit. Chilpéric & Frédégonde partirent du château de Bargny au mois d'Octobre pour fe rendre à la Maifon de Cuife, afin de donner dans cette folitude un libre cours à leur douleur.

(1) Greg. Tur. lib. 4. cap. 47. an. 576.
(2) Lib. 5. cap. 50.
(3) D. Bouq. tom. 2. p. 520. Analect. fol. p. 203.

Il restoit à Chilpéric un fils de son premier mariage. La jalouse Frédégonde engagea le Roi à l'envoyer au château de Bargny, dans l'espérance qu'il y seroit atteint, comme ses deux freres, de la maladie qui les avoit mis au tombeau. Ce cruel artifice ne lui réussit pas. Le Roi s'étant rendu de la forêt de Cuise à Chelles près de Paris, y fit venir son fils Clovis : c'est le nom du jeune Prince, qui ayant évité pour cette fois le piége de cette marâtre, mourut peu de temps après, victime de ses fureurs.

L'Auteur des *Gesta Francorum* fait aussi mention de Bargny sous l'an 593, à l'occasion de la guerre entreprise contre Clotaire, fils de Chilpéric, par Childebert, Roi d'Austrasie. Frédégonde, mere du jeune Clotaire, ayant appris à Paris que les troupes ennemies, composées de Bourguignons & d'Austrasiens, avoient déja pénétré dans le Soissonnois, vint avec l'élite des siennes au château de Bargny. De là son armée poussa jusqu'aux environs de Droisy, *Truciacum*, village du Valois situé près Muret, dans la Châtellenie de Pierrefonds, entre Braine & Bargny, à deux lieues de l'un & à sept de l'autre. Frédégonde y surprit à la pointe du jour l'armée de Childebert, la mit en déroute, en poursuivit les restes jusqu'à Reims, d'où elle revint à Soissons avec un butin considérable.

Depuis ce temps jusqu'au regne de Pépin, il n'est plus fait mention de Palais de Bargny dans nos Chroniques. Nous apprenons des annales de Metz (1), que Pépin tint au Palais de Bargny une assemblée générale des Grands du Royaume en l'an 754.

Bargny sous le regne de Charlemagne, faisoit partie du département général de la Champagne, sous le ressort particulier du pays de Valois. On rapporte à ce regne ou à celui de Louis le Débonnaire son successeur, la donation de la terre & du château de Bargny au Monastere de S. Denys. Sous Charles le Chauve, les Religieux de S. Denys entretenoient un Intendant au château de Bargny.

En faisant cette donation aux Religieux de S. Denys, nos Rois se réserverent le ressort de la Mairie & la Haute-Justice du lieu. La Mairie de Bargny comprenoit plus de vingt lieues de circuit : elle renfermoit encore vingt-une Paroisses au quinziéme siécle. Le Maire de Bargny avoit Jurisdiction sur ce ressort.

Le Monastere de S. Denys ne conserva pas long-temps la pro-

(1) D. Bouq. t. 5. p. 335. Ann. Franc. ad ann. 754.

priété du château de Bargny. Un Historien de cette Maison qui écrivoit sous le regne de Charles le Chauve, rapporte que l'Abbé Fulrad avoit donné Bargny en bénéfice à un Seigneur nommé Audran, homme sans respect pour les choses saintes, qui faisoit servir l'Eglise de lieu d'exercice à ses faucons, & qui en profanoit le portique, en y logeant ses chevaux. Au Seigneur Audran succéderent plusieurs Militaires, qui tinrent cette terre en Fief, jusqu'à la fin du dixiéme siécle, qu'elle passa aux Seigneurs de Crépy.

Ces Seigneurs acquirent en même temps la Mairie de Bargny, qu'ils mirent au nombre des dépendances de leur Châtellenie. Le Maire de Bargny tenoit ses audiences sous un orme, au milieu de la place d'armes du château : depuis la destruction du château, il choisit pour placer son Siége, le parvis de l'Eglise, & tenoit ses audiences sous un noyer.

L'Eglise de Bargny eut pour Patron S. Denys & ses Compagnons, avant qu'elle vint au pouvoir des Religieux de la célébre Abbaye de ce nom. Il est à croire que les trois Autels devant lesquels l'Evêque de Tours fit serment, avoient été érigés, le premier en l'honneur de S. Denys, le second à S. Rustique, & le troisiéme à S. Eleuthere. L'Eglise actuelle qui a succédé à la Chapelle de l'ancien château, est encore sous l'invocation du Martyr S. Denys. Elle a été l'une des dépendances de la Paroisse de Levignen jusqu'au regne de S. Louis : depuis ce regne, elle a le titre de Paroisse. Les Reliques qu'on y conservoit au temps de Sigebert, ne s'y voyent plus : il est probable qu'on les avoit enlevé dès le regne de Charles le Chauve. Nous continuerons l'Histoire de Bargny au troisiéme Livre de cet Ouvrage.

42. Nous reprenons ici l'ordre chronologique que nous avons interrompu, pour expliquer l'origine des anciens lieux du Valois. Je reviens au regne du grand Clovis, sous qui vivoient deux personnages d'une vie exemplaire ; S. Vulgis, & S. Arnoul le Martyr.

43. On ne sait ni en quel lieu, ni de quels parens S. Vulgis avoit pris naissance. On conjecture qu'il étoit né vers l'an 470, de parens nobles & vertueux, qui lui procurerent une éducation convenable au rang qu'ils tenoient dans le monde. Dès qu'il eut atteint l'âge où la raison commence à percer, on le confia aux soins de S. Remy, qui lui donna le Baptême, & le reçut dans ses

Ecoles, au nombre des éleves qu'on y inftruifoit. Le Saint Evêque avoit fous lui des Prêtres qui gouvernoient ces Ecoles, & qui formoient fous fes yeux les jeunes gens à la vertu & aux lettres. La Regle qu'on fuivoit, tenoit en même temps de celles qu'on pratique de nos jours dans les Colléges, dans les Séminaires & dans les Monafteres. On admettoit auffi dans ces Ecoles, les Laïcs qui ne fe deftinoient pas à l'état Eccléfiaftique (1).

Les progrès rapides que fit Vulgis dans le chemin de la vertu, dans la priere, dans la méditation des vérités de l'Ecriture, fon ardente charité envers le prochain, comme envers Dieu, & fa fervente piété, parurent à S. Remy des marques d'une vocation bien décidée à l'état Eccléfiaftique. Ce Prélat lui donna la Tonfure Cléricale, & l'éleva à tous les dégrés de l'Ordination. La vie que mena S. Vulgis, depuis qu'il eut reçu l'Ordre de Prêtrife, jufqu'au temps de fa retraite, nous eft inconnue. Dieu, qui avoit fufcité ce Saint Confeffeur pour le falut & l'édification de fes contemporains, n'a pas permis que la connoiffance de fes travaux évangéliques & de fes vertus, parvint jufqu'à nous.

Sa grande humilité ne lui permettoit pas d'exercer fouvent les fonctions du miniftere. L'appréhenfion qu'il conçut de négliger fon falut, tandis qu'il travailleroit à fanctifier les autres, le défir de s'appliquer avec un plus grand dégagement à la contemplation du Ciel, lui infpirerent le deffein de fe confiner dans une folitude, où, loin des embarras du fiécle & du commerce des hommes, il ne s'occuperoit que de Dieu.

Aux extrémités de la forêt de Retz, affez près de Marify, prefque fur la rive feptentrionale de l'Ourcq, s'élevoit une colline, couverte fur la crête & fur le penchant, d'un bois touffu: les eaux de la riviere baignoient le pied de cette montagne. La fituation parut à S. Vulgis, propre à l'accompliffement de fon deffein; il s'y fixa. Il bâtit fur le penchant, une cellule & un oratoire dans lequel à certains jours, il célébroit les faints Myfteres. Il dédia l'oratoire fous l'invocation de S. Pierre. On nommoit cet endroit *Troefnes*, parce que le troefne, plante vulnéraire & déterfive, qui fe plaît dans les bois & dans les hayes, y croiffoit en abondance.

S. Vulgis paffa plufieurs années dans cette retraite, ignoré des

---

(1) Chron. S. Joan. in vineis, p. 85. | Vie de S. Vulg.
Muldr. Valois Royal, p. 10. Sconin,

hommes, & connu de Dieu seul. Il se décela sans le vouloir, par une œuvre de charité, qui passa pour un miracle éclatant.

Un paysan de Marisy gardoit dans la prairie, de l'autre côté de l'Ourcq, deux vaches qui faisoient tout son bien. L'Ourcq sortie de son lit, couvroit toute la prairie. Les deux animaux s'étant engagés dans un mauvais pas, furent emportés par le courant, & ne parurent plus. Le paysan qui perdoit sa fortune, poussa des cris lamentables. Ces marques d'une douleur excessive, tirerent S. Vulgis de sa retraite. Il apperçut le paysan éploré, qui lui expliqua le sujet de sa peine. Le Saint lui offrit son secours; mais avant de rien entreprendre, il se mit en prieres, puis il aida le paysan à chercher ses deux vaches. Ces animaux reparurent du côté de Troesnes, & le Saint mit tout en œuvre, s'exposa même pour les sauver. Il réussit, & rendit au propriétaire les animaux, dont la perte causoit sa douleur.

Le paysan plein de reconnoissance, publia par tout, comme une merveille, ce qui venoit d'arriver : l'action en elle-même, étoit un trait de la plus héroïque charité. Depuis ce temps, il ne fut plus au pouvoir du Saint de se cacher. On venoit de toute part le visiter dans sa cellule, & lui demander sa bénédiction. S. Vulgis vivoit depuis quarante ans dans sa solitude, lorsque ces choses arriverent.

Cette action a été l'origine d'une dévotion, qui s'est perpétuée jusqu'à nos jours. Lorsqu'il arrive des épidémies parmi le gros bétail, les laboureurs vont en pélérinage à Troesnes, & font des Neuvaines à S. Vulgis, dans la vue d'obtenir la guérison de leurs troupeaux.

Saint Vulgis survécut peu de temps à cet événement. Il mourut un premier jour d'Octobre, âgé de plus de quatre vingt ans, vers l'an de J. C. 550. On inhuma son corps, non dans l'Oratoire de S. Pierre, comme on lit dans quelques écrits, mais dans le parvis de cet Oratoire. Ces sortes de parvis se nommoient *atrium*, terme qui signifie aussi un cimetiere : de là vient qu'on a appellé cet endroit, le cimetiere de S. Pierre. On eut regardé alors comme une prophanation, l'usage d'inhumer dans les Eglises. Le corps du Saint fut déposé dans un cercueil de pierre, qu'on montroit encore à Troesnes en 1619. Il y avoit alors près de sept siécles, que les Reliques du Saint avoient été levées de terre, & transférées à la Ferté-Milon.

Tome I.

Aussi-tôt après cette mort, Dieu manifesta la sainteté de son serviteur par divers miracles, qui rendirent sa mémoire vénérable dans tout le pays. On éleva une Eglise sur le parvis où le Saint avoit été inhumé; on couvrit son tombeau d'une large pierre, sur laquelle on grava dans la suite plusieurs desseins, pour servir d'ornement. La figure de S. Vulgis y est relevée en bosse, la chasuble sur le corps & le calice à la main, pour marquer son caractere de Prêtre. Cette tombe a été levée de terre, pour être posée contre la muraille à gauche en entrant. On a mis une autre pierre à la place, sur laquelle on a gravé une inscription qui commence par ces mots: *Sanctus Vulgisius hîc vixit & oravit, & mortuus quievit, &c.*

On ne tarda pas à canoniser S. Vulgis. Les Pasteurs s'unissant au suffrage unanime des grands & du peuple, le placerent au nombre des Saints, & l'inscrivirent dans les Martyrologes avec le titre de Confesseur. Sa fête fut placée le premier Octobre, jour de son trépas. Dans le nouveau Breviaire de Soissons, on a remis la fête de S. Vulgis au sept Octobre, parce qu'elle concouroit avec celle de S. Remy.

Nous n'avons, touchant la vie de S. Vulgis, que des abrégés succincts ou des paraphrases: il n'y a pas d'actes en regle. Les principaux traits que j'ai rapportés, sont contenus dans un ancien Breviaire de Saint Jean-lès-Vignes de Soissons, & dans la Chronique de cette Maison. En 1571, le P. Nicolas de Beaufort, Religieux de Saint Jean, & Prieur de Saint Vulgis de la Ferté-Milon, a composé une légende de notre Saint, où il a rassemblé tout ce que les Mémoires de sa Maison & la tradition du pays, annonçoient sur ce sujet. Ce même Religieux est auteur de deux volumes de légendes, dans le goût de celles de Surius.

Sur la fin du dernier siécle, M. Sconin, Procureur du Roi de la Maîtrise de Villers-Cotteretz, & Subdélégué de la Ferté-Milon, a recueilli dans un écrit de vingt-neuf pages in-octavo d'impression, ce qu'il avoit pu découvrir touchant S. Vulgis. Cet écrit a paru sous ce titre: *Vie de S. Vulgis, Prêtre & Confesseur, Patron de la Ferté-Milon*: il est dédié à l'Evêque de Soissons. C'est une assez longue paraphrase des traits principaux que j'ai exposé. On y fait mention de deux Translations de S. Vulgis, l'une au château de la Ferté-Milon vers l'an 920: nous en parlerons à l'endroit qui convient. L'autre s'est faite en 1643. M. Legras,

Evêque de Soissons, ayant obtenu des habitans de la Ferté-Milon, une parcelle du Chef de S. Vulgis, il transféra cette Relique dans sa Cathédrale.

Le culte de S. Vulgis s'est répandu en peu de temps dans l'Isle de France & dans la Brie, où plusieurs lieux ont pris son nom. Il y a un Fief de S. Vulgis à Hautevesne, & un Ozoüier-le-Vougis près de Chaume en Brie. La mémoire de S. Vulgis s'est conservée dans l'Abbaye de S. Corneille de Compiegne. M. l'Abbé Lebeuf m'a fait part d'une inscription qu'il a trouvé dans cette Abbaye, sur *S. Vulgis, Confesseur :* mais une personne peu instruite, y avoit ajouté la qualité d'Evêque de Soissons. L'Auteur de cette addition a confondu S. Vulgis avec S. Vouay, reclus de Notre-Dame de Soissons. Ce n'est pas que S. Vouay ait jamais été Evêque. Le bruit populaire le qualifie ainsi, sur la foi d'une histoire de la Tour du Diable, qui a été fort en vogue dans la province, & que les meres racontent encore à leurs enfans.

Le séjour des Reliques de S. Vulgis à Troesnes, depuis la mort de ce Saint jusqu'à sa premiere Translation, a été l'origine de ce village. L'Eglise de Troesnes reçut beaucoup de biens en présent, pendant cet intervalle de temps. Depuis la Translation des Reliques à la Ferté-Milon, ces biens furent usurpés par des Seigneurs laïcs qui faisoient desservir l'Eglise. Ida, veuve de Guarin, l'un des Chevaliers de la Ferté-Milon, qui vivoit en 1110, remit ce bénéfice à l'Evêque de Soissons, qui le donna aux Religieux de S. Jean-lès-Vignes. Depuis ce temps, les Religieux de S. Jean ont toujours entretenu dans l'Eglise du lieu un Prêtre de leur ordre, & ont été Seigneurs du village jusqu'en 1576. Ils vendirent en cette année, la Seigneurie du lieu à Guillaume Le Cirier, Seigneur de Varinfroy & de Neufchelles, après en avoir obtenu la permission du Pape. Cette Seigneurie a passé de cet acquéreur ou de ses descendans, aux Chartreux de Bourg-Fontaine, qui en jouissent présentement.

On voit à la pointe de l'Eglise au Levant, les ruines d'un petit fort qui dominoit sur la prairie. L'Eglise est toujours sous l'invocation de S. Pierre; la Cure continue d'être possédée par un Religieux de S. Jean. Les habitans de Silly ont eu pendant long-temps la dévotion de faire enterrer leurs morts, dans le cimetiere de Troesnes. On prétend qu'originairement le village d'Ancienville, relevoit de la Paroisse de Troesnes. Il y avoit à Troesnes plusieurs

Fiefs, celui de Châtillon entr'autres. La Cure a le titre de Prieuré. Le Prieuré & l'Eglise sont situés sur la montagne. On remarque au Midi quelques ruines, qu'on croit être des vestiges de l'hermitage de S. Vulgis. Le village de Troesnes, est au Nord en descendant : il est séparé de la forêt de Retz par un étang.

En l'an 1206, Nivelon, Evêque de Soissons, confirma aux Religieuses de Notre-Dame de Soissons la propriété des dixmes de Troesnes, de Charly, de Couperu & de Chouy (1). On prononce sur les lieux, Trouësnes au lieu de Troesnes, qui est le vrai nom.

44. S. Arnoul le Martyr, vivoit dans le même temps que S. Vulgis. Il reçut comme lui, dans les écoles de S. Remy, une éducation distinguée.

L'Eglise fait mémoire de trois Saints Arnouls : le premier, Evêque de Metz; le second, Evêque de Soissons; le troisième, Evêque de Tours, qu'on nomme aussi S. Arnoul de Crépy, ou S. Arnoul le Martyr.

S. Arnoul, surnommé *le Martyr* (2), parce qu'il a terminé sa vie par une mort violente ; *de Crépy*, parce que la plus grande partie de ses Reliques y est conservée, & qu'il est honoré dans cette ville d'un culte particulier depuis plus de huit siécles ; *de Tours*, parce qu'on croit qu'il a été Evêque de cette ville, naquit à Retel en Champagne. Les sentimens sont partagés sur le nom & sur l'état de sa famille. Les uns lui donnent pour pere un noble Romain nommé Rogatien, & pour mere, une Dame nommée Euphrosine, établis l'un & l'autre à Retel, lorsque Clovis conquit la Gaule. D'autres prétendent que S. Arnoul avoit pour pere un Seigneur Franc ou Sicambre, l'un des compagnons de Clovis, qui reçut le Baptême des mains de S. Remy, en même temps que le premier Roi de notre Monarchie.

Francs ou Romains, les parens de S. Arnoul étoient deux personnages illustres & vertueux, qui prirent à cœur l'éducation de leur fils. Ils le confierent à S. Remy, qui le baptisa, & l'admit dans ses écoles. Sous la direction d'un tel Maître, Arnoul reçut des instructions qui le formerent au bien. On donne à S. Arnoul la qualité de filleul de S. Remy, dans ses actes : ce qui vient sans doute de ce qu'il a été régénéré par ce Saint Prélat dans les eaux du Baptême : peut-être aussi de ce que S. Remy lui a servi de pere spirituel pendant sa jeunesse.

(1) Hist. N.D. p. 166.   (2) Bolland. t. 4. jul. p. 415.

L'Auteur d'une légende de S. Arnoul, écrite en vers latins, prétend que le grand Clovis eut soin de lui pendant sa jeunesse, & qu'étant venu à l'âge d'être marié, il lui donna pour épouse sa niece Scariberge. Ce point d'histoire n'est ni assez clair pour être reçu sans examen, ni assez destitué de vraisemblance, pour être rejetté comme une fable. Les Religieux de Crépy possédent une Châsse de Sainte Scariberge, & une autre Châsse de S. Patrice son frere, qu'ils ont toujours placées à côté de celle de S. Arnoul dans leur Église. En retranchant du mariage de S. Arnoul, quelques circonstances trop merveilleuses, on peut croire que ce Saint épousa une Dame de la premiere condition, & qu'il passa plusieurs années en Lorraine (1).

S. Vulgis & S. Arnoul, quoiqu'éleves du même Maître, & instruits dans les mêmes maximes, prirent des routes différentes pour arriver au terme de la béatitude. Celui-ci se sanctifia par les pélérinages, l'autre par la retraite ; tous deux trouverent des moyens de salut, dans deux genres de vie qui paroissent opposés.

On prétend que S. Arnoul & son épouse, firent vœu de continence aussi-tôt après leur mariage, & qu'ils choisirent, chacun de son côté, le genre de vie qu'ils crurent le plus méritoire. L'épouse se retira dans un Monastere, où elle prit l'habit de religion. S. Arnoul employa vingt-sept années à faire divers pélérinages, à Jérusalem, à Rome, à Constantinople, à S. Saturnin de Toulouse, & à S. Martin de Tours. Il avoit comme épousé cette sorte de dévotion. Depuis sa séparation, S. Arnoul ne vit plus celle, à laquelle il avoit été uni par les liens du mariage. Ils vécurent l'un & l'autre éloignés de corps, mais plus unis que jamais par les sentimens d'une fervente piété ; dans la priere, dans les jeunes, dans toutes les œuvres de la charité, qui les porta à distribuer leurs biens aux pauvres. S. Arnoul ne fit pas ses voyages d'une seule traite. Il revenoit souvent trouver S. Remy, & passoit dans ses écoles le séjour qu'il faisoit à Reims, soumis à la regle & aux exercices spirituels qu'elle prescrivoit.

Après plusieurs épreuves, S. Remi crut reconnoître dans son Disciple une vocation marquée à l'état Ecclésiastique. Il lui donna la Tonsure Cléricale, & l'éleva ensuite à l'ordre d'Exorciste, qu'Arnoul exerça pendant plusieurs années, avant que d'être promu aux autres dégrés de l'ordination. S. Remy l'ordonna enfin Sou-

(1) Spicil. t. 2. p. 561.

diacre, Diacre & Prêtre : & peu d'années après avoir été élevé au Sacerdoce, S. Arnoul fut sacré Evêque, à Reims selon les uns, en Touraine selon d'autres. Ceux qui mettent S. Arnoul au nombre des Evêques de Tours, racontent ainsi son installation sur le Siége de cette grande ville.

Arnoul revenant de prier sur le tombeau de S. Saturnin à Toulouse, s'arrêta à Poitiers. De Poitiers il alla à Tours, pour visiter le tombeau de S. Martin. Pendant son séjour à Tours, il donna des marques d'une piété affectueuse, & d'un grand zele pour la gloire de Dieu. On crut reconnoître en lui un Saint, que son humilité avoit conduit à Tours, pour obtenir l'intercession d'un autre Saint. Dans ces entrefaites, le Siége Episcopal de Tours vint à vaquer. Le Clergé s'unit au peuple, pour faire tomber sur S. Arnoul le choix d'un nouvel Evêque.

Cette élévation de S. Arnoul à l'ordre hyérarchique, & son inthronisation sur le Siége de Tours, sont fondées sur la tradition, sur les légendes & sur l'autorité de quelques Ecrivains de nom, tels que le Docteur Jean Molan, Pierre Noel, M. Severt, & presque tous les anciens Compilateurs. Claude Robert est l'un des premiers qui ont fait naître des doutes sur l'élection de S. Arnoul. Ses doutes sont fondés sur ce qu'on ne lit le nom de S. Arnoul sur aucun Catalogue des Evêques de Tours. Depuis Robert, l'Episcopat de S. Arnoul a été un sujet de controverse, sur lequel il y a deux sentimens.

Robert pense que S. Arnoul aura été élu Evêque de Tours sans avoir été consacré, parce que par un effet de son humilité, il se sera refusé aux empressemens du Clergé & du peuple, afin d'être plus libre dans ses courses, & de mieux mériter les graces, qu'il croyoit attachées aux pélérinages de son temps. Le Siége Episcopal de Tours fut vacant dix-sept jours : peut-être cet intervalle fut-il employé à solliciter S. Arnoul, d'accepter la dignité qu'il refusoit.

M. l'Abbé Lebeuf explique autrement la difficulté dans ses voyages manuscrits : il reconnoît S. Arnoul le Martyr pour un de ces Evêques régionnaires, qui n'avoient aucun Siége, & qui exerçoient les fonctions Episcopales, dans les lieux où on les demandoit. Il ajoute, que le titre d'Evêque de Tours peut lui avoir été donné, soit à cause des fonctions Episcopales qu'il aura exercé à Tours, pendant les dix-sept jours de vacance du Siége, soit à cause de quelque lieu nommé *Turn*, où il faisoit sa résidence. Il y avoit alors en France plusieurs bourgades de ce nom. Comme dans tous les monumens, S. Arnoul le Martyr est représenté avec les attributs de la dignité Episcopale, nous croyons devoir préférer le sentiment de M. Lebeuf à celui de Robert.

On raconte différemment le genre de mort, qui a fait donner à S. Arnoul le surnom de Martyr. Quelques Auteurs écrivent, qu'après un voyage de long cours, S. Arnoul revint à Reims, où il ne trouva plus S. Remy. La mort avoit enlevé le Saint Prélat depuis quelque temps, & Dieu avoit déja opéré plusieurs miracles à son tombeau. Arnoul qui avoit passé une partie de sa vie en pélérinage aux tombeaux des Saints, eut une occasion favorable d'exercer sa piété au genre de dévotion qui lui étoit propre. Pour satisfaire en même temps son inclination, & rendre hommage à la puissance de Dieu, qui se manifestoit au tombeau d'un Saint, qui avoit été son maître dans la vie spirituelle, il passa en prieres plusieurs jours & plusieurs nuits sur ce tombeau. Quelques-uns des domestiques que son épouse avoit renvoyés par son conseil, pour se retirer dans un Monastere, conçurent le dessein de lui ôter la vie ; profitant d'un moment où il se trouvoit seul, ils le poignarderent par un esprit de vengeance.

L'Auteur de la Chronique de Mouson (1) raconte autrement la mort de S. Arnoul. Il observe que ce Saint avoit dressé un plan de pélérinage divisé en deux parties, rélativement à Reims ou à Retel en Champagne : qu'après avoir visité tous les lieux de dévotion qui sont au Midi de ces deux Villes, il se disposa à visiter ceux du Nord. Etant parti de Retel dans ce dessein, il s'engagea dans la forêt de Froidmont, au territoire du château Porcien. Plusieurs bandes de brigands infestoient cette forêt. Comme il sortoit des bois, quelques-uns de ces brigands cachés dans une embuscade, fondirent sur lui, & l'accablerent de coups. Ils lui en déchargerent deux sur la tête, qui lui fracturerent le côté droit du crâne à deux endroits. Ces deux fractures paroissent encore sur le Chef, qui fait partie des Reliques du Saint.

Les voleurs l'ayant laissé pour-mort, se retirerent. Cependant, le Saint revint à lui, & recueillant le peu de forces qui lui restoient, il se traîna jusqu'à un hameau nommé Gruyeres, *Grueriæ*, où il s'arrêta. La vue d'un passant meurtri de coups & cou-

(1) Chron. Mos. apud Spicileg. tom. 2. p. 562.

vert de sang, excita dans les premiers qui l'apperçurent, une compassion mêlée d'effroi. Tous les gens du hameau s'assemblerent en un moment autour du Saint ; les voyageurs s'arrêtoient pour le considérer, car le grand chemin traversoit le hameau de Gruyeres. Arnoul profitant d'un souffle de vie qui lui restoit, fit aux assistans un discours très-touchant, qui donna une grande idée de sa personne. Il demanda d'être inhumé sur le bord du grand chemin, selon l'usage qui subsistoit encore, & rendit l'esprit en terminant son discours.

Les habitans de Gruyeres, pénétrés de respect pour sa mémoire, inhumerent son corps à l'endroit même où il avoit expiré. Il ne se fit d'abord aucun miracle à ce tombeau. En peu d'années, on perdit de vue les traces de sa sépulture. L'événement qui suit tira ce tombeau de l'oubli.

Un homme du Porcien, attaqué d'une fiévre lente qui minoit ses forces, avoit employé pour sa guérison, tous les secrets de la Médecine. A la fin, il prit Dieu pour son refuge. Après des prieres ferventes, il eut révélation d'aller au tombeau de S. Arnoul, implorer l'intercession de ce Saint. Les habitans de Gruyeres ne purent lui en indiquer le lieu : ils n'ignoroient pas que le Saint avoit été inhumé sur la grande route, mais rien ne désignoit la place de son tombeau. Le malade découvrit sans secours la sépulture qu'il cherchoit : car au moment qu'il mit le pied à l'endroit où le corps de S. Arnoul reposoit, la fiévre le quitta.

Le malade, pénétré de joye & de reconnoissance, publia de tous côtés sa guérison. La tradition du pays rappellant les circonstances de la vie pénitente & de la mort édifiante de S. Arnoul, on résolut de le canoniser sous le nom de *S. Arnoul le Martyr*. On fit une quête générale, dont les deniers servirent à bâtir un Oratoire sur son tombeau.

Le titre de Martyr qu'on donne à S. Arnoul, ne signifie pas que ce Saint a versé son sang pour la défense de la foi. On donnoit alors la qualité de *Martyr*, aux personnes d'une vie sainte & exemplaire, qui finissoient par une mort violente. On donne ce même titre à S. Prix d'Auvergne, à S. Théodard de Tongres, à S. Léger d'Autun, à S. Emmoran, Evêque de Rheges, & à d'autres Saints qui n'ont pas combattu pour la Foi (1).

(1) Hadr. Vales. Rer. Franc. t. 3. l. 21, 22, 23.

Nous

Nous préférons le récit de la Chronique de Moufon à la premiere explication : elle est plus naturelle. En suivant la Chronique de Moufon, l'on est plus fondé à donner à S. Arnoul, la qualité de Martyr. Arnoul entreprenoit un long pélérinage pour se sanctifier, & pour édifier les peuples de sa route, par une conduite exemplaire.

Le corps de S. Arnoul resta en terre dans l'Oratoire de Gruyeres, jusqu'à la fin du neuviéme siécle. On l'en tira vers ce temps, pour soustraire ce précieux dépôt à la fureur des Normands, qui ravageoient tout, & qui n'épargnoient rien dans leurs excès d'emportement.

Il y avoit dans la contrée une terre, accompagnée d'un château fortifié, que les écrits du temps appellent *Guilledium*. Cette terre appartenoit à un Seigneur fort pieux, qui offrit son château pour mettre les Reliques en sûreté. On accepta l'offre. Le Seigneur résolut d'y faire bâtir une Chapelle, pour les y placer : en attendant l'exécution de ce dessein, on les déposa dans l'Eglise du lieu, consacrée pour lors, sous le titre de S. Hilaire.

Après la mort du Seigneur qui avoit pris les Reliques sous sa sauve-garde, les Religieux du Monastere de Moufon, au Diocese de Reims, en firent l'acquisition. Le Clergé de Tours regardant ces Reliques comme un trésor qui lui appartenoit, les demanda aux Religieux de Moufon. Il y eut entre la Communauté de Moufon, & le Chapitre de Tours, un accord à ce sujet. On convint d'un temps fixe, où elles seroient rendues à Tours.

La route de Moufon à Tours passoit alors par la forêt Iveline, au pays Chartrain. Arrivés dans cette forêt, ceux qui portoient la Châsse de S. Arnoul déclarerent qu'ils ne passeroient pas outre, parce qu'ils trouvoient que leur charge avoit été beaucoup appesantie. Il y avoit assez près de là une Eglise, dont il est probable que les Prêtres avoient donné aux porteurs l'idée de cette supercherie, qu'on regardoit alors comme une ruse très-permise. On déposa les Reliques dans cette Eglise, qui prit depuis, le nom de S. Arnoul en Iveline. C'est de là qu'elles ont été transférées à Crépy, à la faveur d'un autre larcin, dont nous rapporterons les circonstances au Livre suivant. La Fête de S. Arnoul le Martyr est marquée le dix-huit Juillet dans tous les Martyrologes. Celui de S. Guillaume au désert, qu'on croit avoir été rédigé en l'an 804, place cette Fête au même jour : il ne donne à S. Arnoul, que le titre de Confesseur & d'Evêque (1).

J'ai parlé avec quelque étendue de S. Vulgis & de S. Arnoul, parce que leur culte a été l'origine de plusieurs établissemens dans le Valois, & a occasionné un grand nombre d'événemens importans, le culte de S. Arnoul sur-tout.

Nous terminons le premier Livre de cette Histoire à la mort du grand Clovis, parce que cette mort est l'époque du parfait établissement de la Monarchie Françoise. Avant la mort de Clovis, le Sceptre des François n'avoit pas encore été déclaré héréditaire. La succession des quatre fils de ce Conquérant à la Couronne, a mis le sceau aux premieres Loix fondamentales de l'Etat.

(1) Spicil. tom. 2. p. 32.

Fin du premier Livre.

SOMMAIRE DU SECOND LIVRE.

Prélude, pag. 139. Etat du Valois fous les Rois fucceffeurs de Clovis I, p. 140.

Les numéros 1, 2 & 3, roulent fur les lieux d'Arthefe ou de S. Bandry, fur Attichy & fur Efpagny, p. 141.

4. Premier Concile du Mont-Notre-Dame, tenu en l'an 589, pag. 141, 142.

5. Du Valois & de l'Orceois, deux pays préfentement réunis : leurs limites au temps du Traité d'Andelot, p. 143.

6. Des deux Palais ou Maifons Royales de Quierzy & Verberie. Evenemens qui s'y font paffés fous nos Rois de la premiere & de la feconde race, p. 143--146. Voyage de Charles Martel & du Roi Pépin à Verberie ; Conciles, Parlemens, &c. Voyage à Quierzy, pag. 146--150.

7. Donation à l'Archevêque Turpin, de la terre de Neuilly en Orceois, préfentement Neuilly-Saint-Front, p. 150.

8. Pays d'Orceois, qui eft aujourd'hui compris dans le reffort du Duché de Valois, p. 150. Ouchy, premiere Capitale de ce pays, p. 151, 152.

9. Etat ancien de Chéfy en Orceois, p. 153--155.

10. Changemens arrivés dans les domaines de Neuilly-Saint-Front, pag. 155, 156.

11. Evenemens fous le regne de Charlemagne, p. 157.

12. Voyages de Charlemagne au Palais de Verberie, p. 157.

13. Etat & étendue du *pagus* ou Comté de Valois, fous le regne de Charlemagne, p. 158--160.

14. De l'ancien château & du bourg de Vez, premiere capitale du Comté de Valois, p. 160--162.

15. Boneuil, Maifon Royale & Prevôté, p. 162--165.

16. Du château de Largny, p. 165, 166. Récapitulation touchant l'étendue de l'ancien Comté de Valois, p. 166, 167.

17. Remarques fur l'étendue & fur la diftribution des Maifons Royales fous le regne de Charlemagne. Voyage de ce Prince à Quierzy, p. 167, 168.

18. Defcription détaillée du palais de Verberie rebâti par Charlemagne, p. 168--176.

19. Château de Chavercy près Verberie, bâti & occupé par Oger, favori de Charlemagne, p. 176. Chemin de Flandres ou de Bapaume, p. 177.

20. Seigneuries d'Oger-Saint-Vincent & d'Oger-Saint-Mard, pag. 179, 180. Seigneurs de Chavercy après Oger, 181, 182.

21. Donation de Vic-fur-Aifne à Marchiennes, p. 183. Mort de Charlemagne, *ibid.*

SOMMAIRE DU LIV. II.

22. Louis le Débonnaire à Quierzy : chasse. Assemblée générale des Etats du Royaume en ce même lieu, p. 183, 184.

23. Infortune de l'Empereur Louis le Débonnaire. L'Armée de ses fils vient camper à Verberie. Voyage de cet Empereur à Nanteuil & à Quierzy, p. 184.

24. Etat du Monastere de Notre-Dame de Nanteuil. Esquisse représentant la maniere dont on figuroit alors les notes & le chant des Eglises, p. 185, 186.

25. Etat de Neuilly en Orceois : changemens arrivés dans cette terre. Origine des fiefs héréditaires dans le Valois, p. 187.

26. Charles le Chauve succéde à Louis le Débonnaire. Voyage de ce Prince & ses nôces à Quierzy. Conciles tenus en ce lieu, p. 188.

27. Conciles de Verberie, p. 189. Parlemens & voyage de Charles le Chauve en ce lieu, p. 189, 190. Chantres du Palais, *ibid*.

28. Palais du Chesne, auquel a succédé le château de Pierrefonds. Séjours du Roi Charles le Chauve en ce Palais, p. 190. Châtelains du Chesne. Origine des Seigneurs de Pierrefonds & de Bérogne : généalogie de ces derniers, p. 191, 192.

29. Cérémonie du mariage d'Etélulphe Roi d'Angleterre, au Palais de Verberie, avec Judith fille du Roi Charles le Chauve : leur couronnement au même lieu, p. 193.

30. Assemblée générale au palais de Quierzy, *ibid*.

31. Premiers ravages des Normands. Translation des Reliques de Sainte Geneviéve de Paris à Marisy. Etablissement de la Collégiale, p. 193--196.

32. Domaines du Seigneur Hémogaldus dans le pays d'Orceois. Premiere origine de la Ferté-sur Ourcq, aujourd'hui la Ferté-Milon, p. 196--198.

33. Assemblée générale à Quierzy, pour arrêter les ravages des Normands, p. 198.

34. Arrivée de Bernon chef des Normands au palais de Verberie, où étoit le Roi Charles le Chauve, p. 199.

35. Changement dans la terre de Neuilly : débats & discussions portées devant le Roi sur la possession de cette terre, p. 199--202.

36. Ravage des Normands du côté de la riviere d'Ourcq. Pouvoir usurpé par les Seigneurs. Concile de Verberie. Entrevue de Baudouin Comte de Flandres, second mari de Judith, avec le Roi Charles le Chauve au palais de Verberie. Parlemens en ce même lieu. Autre Concile de Verberie, p. 202, 204.

37. Concile tenu à Quierzy-sur-Oise, *ibid*.

38. Etat du Monastere double de Mornienval : biens du Monastere. Voyage de Charles le Chauve en ce lieu, *ibid*.

39. Différens voyages de Charles le Chauve dans le Valois, tant à Verberie qu'à Quierzy. Mort de ce Prince. Louis le Bégue son fils lui succéde. Assemblée générale au Chesne & à Quierzy. Carloman regne

SOMMAIRE DU LIV. II.

après Louis le Bégue : il prend possession à Quierzy des Etats de son frere. Assemblée solemnelle au même lieu. Voyage de Carloman à Trosly-Breuil, p. 205, 206.

40. Les Normands pénétrent dans toutes les parties du Valois, & y commettent d'affreux dégats. Précautions prises pour se soustraire à leurs fureurs. Caves, souterrains, &c. p. 207, 208.

41. Voyage du Roi Eudes à Verberie. Parlemens ou assemblées générales en ce même lieu, p. 209.

42. Rétablissement des fortifications du château de Vic-sur-Aisne, p. 209. Abbés laïcs de Mornienval : état de la Communauté. Construction de l'Eglise actuelle, p. 210--212.

43. Etat de l'Eglise & du Prieuré de Rivecourt. Translation des Reliques de S. Vandrille. Mort violente du Comte Thierry, p. 212--215.

44. Concile du Mont-Notre-Dame. Fondation de la Collégiale. Anciens Seigneurs du lieu, p. 216--220.

45. Concile de Trosly, p. 221, 222.

46. Origine des Châtellenies du Valois, p. 222--224.

47. Premiers Seigneurs du château de Crépy : sentimens sur ce sujet. Hildegarde épouse Valeran Comte de Vexin : leurs descendans, Gautier I & ses trois fils, Hermenfrede, Gerbert & Raoul, p. 225--229.

48. Formation & description de la premiere Ferté-sur-Ourcq, présentement la Ferté-Milon. Seigneurs du lieu jusqu'aux premiers Comtes de Crépy, p. 229--232.

49. Premier château de Pierrefonds. Puissance de ses premiers Seigneurs. Chevaliers & terres *à livrées*, p. 232, 233. Suite des premiers Seigneurs de Pierrefonds. Fondation de la Collégiale de S. Mesmes. Reliques & Vie de ce Saint, p. 234, 236. Domaine de Nivelon I. Pairie, noblesse & dépendances du château de Pierrefonds, p. 237--241.

50. Vicomté de Chelles : Notice sur ce lieu. Jean de Pierrefonds, second fils de Nivelon I, tige d'une seconde branche de la Maison de Pierrefonds. Donation de Chelles à S. Gervais de Soissons, p. 241--244.

51. Le palais de Quierzy passe aux Châtelains de Laon, issus des premiers Seigneurs de Pierrefonds, qui en prennent le surnom de Chérisy. Vie du célebre Gérard le Borgne, chef de cette Maison, p. 244--246.

52. Origine du château & du bourg de Béthizy. Description du château & du tertre, p. 246--249.

53. Etat du palais de Verberie : sa décadence, sa Jurisdiction transférée à Béthizy. Vintrerie du palais : noms des premiers Vintrers, pag. 249--251.

54. Mort du Roi Robert. Béthizy passe au Roi Henry I. Force de ce château. Vie du Chevalier Richard I, Châtelain du lieu. Fondation & Dédicace de l'Eglise Collégiale de S. Adrien, sous l'autorité & en présence du Roi Philippe I, p. 251--255.

55. Exemple de la maniere dont on se vouoit aux Eglises, à la fin du onziéme siécle, p. 255.

SOMMAIRE DU LIV. II.

56. Changemens arrivés dans le pays d'Orceois. Les Comtes de Vexin & d'Amiens, de Troyes ou de Champagne, en partagent la propriété. Suite des Comtes de Champagne, qui faisoient leur séjour au château d'Ouchy. Persécution de S. Arnoul Evêque de Soissons. Translation de son Siége au château d'Ouchy. Suite des premiers Vicomtes d'Ouchy, sous l'autorité des Comtes de Champagne. Privilége & noblesse de cette Vicomté, p. 255 --258. La seigneurie de Neuilly passe aux mêmes Comtes de Champagne, p. 259.

57. Raoul I, Comte de Vexin & de Crépy, entre en possession du château & de la seigneurie du lieu, par la mort de ses freres. Translation des Reliques de S. Arnoul par le Prêtre Constance. Premiers accroissemens de la ville de Crépy : foire ou landit du lieu. Puissance des Comtes de Vexin, p. 259---263.

58. Terre & seigneurie de Rocquemont, p. 263.

59. Mort de Raoul I. Il laisse deux fils. Guy le second devient Evêque de Soissons. Sa vie. Gautier le blanc succede à Raoul I son pere. Puissance de Gautier. Fortifications du château de Crépy. Changement de l'Eglise de S. Arnoul en un Monastere. S. Gérard premier Abbé. Sa vie & ses vertus, p. 265--268. Ancienne maniere d'exposer les Reliques. Explication d'une inscription en Grec vulgaire, de laquelle on tire plusieurs inductions relativement au blazon, & aux armoiries des Comtes de Vexin, p. 268. Lescelin successeur de l'Abbé Gérard, ses écrits & sa vie. Postérité de Gautier le Blanc, p. 296--273.

60. Différends touchant les terres de Vie-sur-Aisne & de Berny, p. 273.

61. Raoul II fils de Gautier le Blanc, Comte de Senlis, puis de Crépy après la mort de son pere, devenu Seigneur de Nanteuil par son mariage avec l'héritiere de Hilduin, issu des Comtes de Ponthieu. Terre & Monastere de Nanteuil, p. 274--278

62. Partage du Comté de Valois, entre Raoul III & Thibaud I, fils de Raoul II, *ibid.*

63. Seigneurie de Levignen l'un des Comtés du Valois, p. 279.

64. Seigneurie de Betz, annexe de Levignen, p. 280.

65. Division de la Gruerie de Valois, privilége des Gruyers, p. 283, 284.

66. Discussion sur les armoiries des premiers Comtes de Crépy ; induction touchant la premiere origine du blazon en France, p. 285--289.

67. Portrait & action de Raoul III Comte de Crépy, l'un des plus riches, des plus absolus & des plus puissans Seigneurs qui fussent en France ; ses actions, son divorce, ses alliances, p. 289--295.

68. Siége de Vitry. Actions, caractere & mort de Gautier fils aîné de Raoul. Le Roi Philippe I assiste à ses funérailles, p. 296--299.

69. Suite des actions de Raoul III. Mort de Haquenez sa seconde femme, p. 295.

70. Mort de la Reine Anne de Ruſſie troiſiéme femme de Raoul III. Son extraction, p. 300.

71. Siége & uſurpation de Péronne & de Montdidier par Raoul III. Mort de ce Seigneur. Ses grands biens, p. 301, 302.

72. Actions & caracteres de Thibaud I, Seigneur de Nanteuil frere de Raoul III. Fondation de la Collégiale de S. Aubin de Crépy. Adam le riche fils de Thibaud I lui ſuccéde. Origine de la Confrairie-aux-Prêtres, p. 303--306.

73. Etat du Monaſtere de Nanteuil. Réunion de S. Samſon à cette Maiſon, p. 306.

74. Naiſſance, actions de Simon de Crépy. Hoſtilités de Simon contre le Roi Philippe I, p. 307, 308, 309 & 310. Sa converſion. Il fait exhumer & tranſporter le corps de ſon pere au château de Crépy, p. 311--314. Mariage de Simon : il ſe retire au Mont-Jura, où il fait profeſſion de l'état Monaſtique, 314--318. Le titre d'Abbé de S. Arnoul eſt changé en celui de Prieur; la réforme de Cluny y eſt introduite, p. 319. Voyage du Bienheureux Simon, à Compiegne, à Jéruſalem, à Crépy, p. 319--321. Voyage de Simon dans la Pouille & à Rome, ſa mort, ſes obſéques, p. 322--324. Ses fondations & ſon culte, p. 325, 326.

75. Réunion des Chapelles & des moindres Communautés aux grands Monaſteres. Priviléges accordés par les Evêques aux Réguliers, p. 328.

76. Réunion des Egliſes de S. Vaſt, de la Ferté-Milon & de Mariſy, au Chapitre de Sainte Geneviéve de Paris. Seigneurie de Charcy, Egliſes de S. Pierre & de la Magdelaine au même lieu, p. 327--329.

77. Etat de l'architecture au onziéme ſiécle, p. 329.

78. Fondation de l'Abbaye de S. Jean-lès-Vignes de Soiſſons, pag. 330--332.

79. Origine & renouvellement du Prieuré de Coincy, p. 333-335.

80. Partage des biens de Simon de Crépy, p. 335.

81. Seigneurs de Bazoches près de Braine. Etat des deux Egliſes de S. Rufin & de S. Thibaud, p. 337--432.

HISTOIRE
DU DUCHÉ
DE VALOIS.

LIVRE SECOND.

Contenant ce qui s'est passé dans ce Duché, depuis la mort de Clovis I, jusqu'à l'an 1100.

LOVIS étant mort, la Monarchie Françoise fut partagée en autant de Royaumes, qu'il avoit de fils. Thierry, l'aîné de ses quatre fils, regna à Metz, Clodomir à Orléans, Childebert à Paris, & Clotaire à Soissons. Ces Villes devinrent chacune, la Capitale d'un État, dont il est difficile de prescrire les limites. L'étendue que comprend aujourd'hui le Duché de Valois, appartenoit aux deux Royaumes, de Paris & de Soissons. On peut donner une idée générale des bornes qui sépa-

S ij

roient ces deux Royaumes dans le Valois, en tirant une ligne depuis Verberie jufqu'à Nanteuil-le-Haudouin. Cette divifion générale eft indépendante des arrangemens particuliers, que les Rois de Paris & de Soiffons avoient faits entr'eux, touchant quelques lieux fitués au-delà & en-deça de cette ligne, par rapport aux deux Capitales.

Ce qui eft arrivé de remarquable fous les Succeffeurs de Clovis I, a été expofé en expliquant l'origine des Maifons Royales, auxquelles ces événemens avoient rapport. Nous avons fait mention de leurs parties de chaffes dans la forêt de Cuife, de leurs voyages, de leurs fondations : le féjour de Clotaire I, de Chilpéric & de Frédégonde au Palais de Bargny, l'accroiffement de la ville de Crépy dans les premiers temps de notre Monarchie, l'établiffement des Monafteres de Mornienval & de la Croix-Saint-Ouen, la donation du Palais de Berny à Marchiennes, & divers autres traits, nous ayant déja occupés, il n'eft pas befoin d'y revenir.

Les Rois qui fuccéderent à Dagobert I, nourris dans l'indolence, & plongés dans les délices d'une vie molle & fainéante, fe laiffoient gouverner par leurs Maires. Ces Miniftres, pour avoir plus d'autorité, les promenoient de châteaux en châteaux, & varioient leurs amufemens, afin de leur ôter jufqu'à la connoiffance du pouvoir fuprême attaché à leur Couronne. Les Maires exerçoient la puiffance d'un Monarque abfolu. Les Rois Fainéans n'en avoient que le titre. Les voyages de ces Princes dans leurs Maifons de plaifance, ne nous font pas plus connus que leurs actions : voici quelques traits qui regardent la partie de l'ancien Valois, foumife au Royaume de Soiffons.

1. On raconte de S. Bandry, Evêque de Soiffons, qu'en revenant de fon exil d'Angleterre vers l'an 544, il s'arrêta au village d'Arthefe, fitué à fix milles de Soiffons. L'Auteur d'une légende qui contient ce trait, ajoute que les habitans du lieu manquoient d'eau, & que S. Bandry leur procura par fes prieres, les fecours d'une fontaine abondante, qui fuffit encore aux befoins du lieu; qu'à l'occafion de cet évenement, le village a changé fon nom d'Arthefe, en celui de S. Bandry qu'il conferve.

En l'an 1076, Thibaud de Pierrefonds, Evêque de Soiffons, donna à l'Abbaye de Saint Jean-lès-Vignes, l'Autel, c'eft-à-dire, l'Eglife d'Arthefe avec fes revenus. Il y a eu depuis cette donation des Chevaliers qui ont porté le nom d'Arthefe. Dans l'acte par lequel Nivelon, Évêque de Soissons, & Seigneur en partie de Pierrefonds, confirma à Marmoutier la donation de S. Sulpice de Pierrefonds, on lit le nom d'Ascherius d'Arthese, qui signe comme témoin (1).

Il y avoit autrefois plusieurs Fiefs sur le territoire de S. Bandry ; le Chapitre de Soissons prétend y avoir les droits de Vicomté & de Voirie.

Arthese ou S. Bandry, est l'une des onze Mairies de la Châtellenie de Pierrefonds. J'ai lû des actes de 1550, 1584, & 1606, portant qu'en ces années, le Maire de S. Bandry fut appellé & comparut aux assises du Bailliage de Pierrefonds, comme étant chef de l'une des Justices qui ressortissoient à ce Bailliage.

2. En 545, on fit la Translation du corps de S. Médard, Evêque de Noyon, à Soissons. S. Bandry présida à cette pompe. Le convoi s'arrêta au bourg d'Attichy : on s'y embarqua sur la riviere d'Aisne. Le Clergé qui accompagnoit le corps du Saint, arriva à Soissons par eau, sous la conduite de S. Bandry.

Ce fait prouve que le bourg d'Attichy existoit au temps de l'établissement de notre Monarchie. *Attipiacum*, est le nom latin d'Attichy. Ce nom est dérivé du mot *Attegies*, terme Celtique ou Saxon, qui signifie un amas de cabanes occupées par des bucherons. Cette étymologie convient très-bien à la situation d'Attichy, dont le territoire est contigu à la forêt de Laigue. Nous rapporterons la suite des Seigneurs d'Attichy au Livre suivant.

3. Espagny est une autre dépendance de la Châtellenie de Pierrefonds, située au Nord-Est de Vic-sur-Aisne. S. Ansery, Evêque de Soissons, mort en 652, étoit né à Espagny.

4. On a tenu vers l'an 589 un Concile, dans un lieu de la Province de Reims, appellé *Sauriacum* par Grégoire de Tours dans son Histoire. Comme ce nom latin peut convenir à plusieurs lieux de la Province de Reims qui portent les noms de Saureau, de Saurel, & de Sorecy, on a eu peine jusqu'ici à en déterminer la position. Il y a un village de Sorecy au Diocese de Reims, Election de Retel. La plûpart des Compilateurs ont placé le Concile de l'an 589 en cet endroit. D'autres réfléchissant sur le sujet du Concile, & sur la personne qui en a été l'objet, ont placé cette assemblée au Mont-Notre-Dame, à cause d'un canton de cette Paroisse qui conserve le nom de Saurele, & que les titres latins nomment

(1) Gall. Christ. tom. 9. p. 336. t. 10. instrum. p. 107.

Sauriacus & *Saurea*. Le Concile de l'an 589, a été tenu à cette occasion (1).

Doctrogisile, Evêque de Soissons, fut attaqué pendant quatre ans, d'une espéce de frénésie. Aux premiers accès de cette maladie, on l'interdit des fonctions Episcopales. On attribuoit l'origine de cette maladie à différentes causes. Les uns prétendoient qu'elle venoit d'un usage excessif du vin; d'autres accusoient un Archidiacre que Droctogisile avoit déposé, d'avoir occasionné cette fâcheuse maladie par ses maléfices.

Les accès du mal avoient ceci de singulier, qu'ils se faisoient sentir avec beaucoup plus de force, lorsque l'Evêque séjournoit dans Soissons, que lorsqu'il s'éloignoit de cette ville. C'est pour cette raison que quand le Roi Théodebert fit son entrée dans Soissons, l'on défendit à l'Evêque de paroître dans la ville; quoiqu'au temps de cette entrée, la maladie fût sur son déclin, & qu'il ne donnât plus de signes de folie. Cependant dès que la santé du Prélat parut rétablie, les Evêques de la Province de Reims, qui l'avoient interdit, jugerent à propos de s'assembler, pour lui rendre la liberté d'exercer ses fonctions. Cette assemblée est le Concile Provincial de l'an 589 : l'on a plusieurs raisons de croire qu'il a été tenu plutôt au Mont Notre-Dame, qu'à Sorecy près de Retel.

1°. Le Mont Notre-Dame est un lieu remarquable par une belle Collégiale fondée sous le regne de Charles le Chauve. 2°. Les Archevêques de Reims y ont tenu plusieurs Conciles Provinciaux. 3°. De tout temps, nos Rois d'abord, puis les Vicomtes du lieu, & les Evêques de Soissons, ont eu au Mont Notre-Dame un Palais qui leur servoit de maison de campagne, & ils étoient Prevôts-nés de la Collégiale. 4°. Le Mont Notre-Dame est placé entre Reims & Soissons, à cinq lieues ou environ de cette derniere ville, & à sept lieues de Reims, assez proche du grand chemin.

Quel étoit l'objet du Concile ? Les Evêques de la Province, convoqués par le Primat, vouloient faire rentrer l'Evêque de Soissons dans les priviléges de sa dignité, sur de nouvelles informations. N'est-il pas plus naturel de penser, que conduits par le dessein d'obliger l'Evêque de Soissons, ils auront choisi un lieu du Diocese de ce Prélat, situé entre Reims & Soissons, plutôt que Sorecy près de Retel par-delà Reims, où il auroit été difficile de vérifier les informations.

(1) Greg. Tur. lib. 9. cap. 37.

5. La division des Provinces de la Gaule en cités, & des cités en pays, établie sous le regne d'Honorius, reçut quelques changemens dans les différens partages de la Monarchie Françoise, entre les Successeurs de Clovis I, & de Clotaire I. Le Valois & l'Orceois, deux pays présentement réunis, appartenoient à la cité de Soissons avant l'établissement de la Monarchie Françoise. Depuis les nouvelles divisions, le pays de Valois a commencé à s'étendre sur les territoires de Senlis & de Meaux, & l'Orceois sur une partie du Multien.

Damien de Templeux prétend qu'après l'établissement de notre Monarchie, le Valois a commencé d'avoir un nom & des limites à part, & de constituer un territoire séparé. Ces limites & ce territoire ne peuvent aisément se déterminer. Nous pensons que le Valois s'étendoit d'un côté sur une partie de la cité de Senlis, & sur une extrémité du Soissonnois de l'autre.

Dans le traité conclu entre Gontran & Childebert, l'an 588, à Andelot au Diocese de Langres (1), il est marqué que Childebert aura en toute propriété, la cité de Meaux, & les deux portions de la cité des Sylvanectes. *Civitatem Meldis & duas portiones de Sylvanectis... Domnus Childebertus Rex, cùm terminis suæ vindicet potestati.....* Childebert étoit Roi d'Austrasie, & Gontran Roi de Bourgogne. Nous pensons que ces deux portions de la cité des Sylvanectes, pouvoient bien être les deux Comtés de Senlis & de Valois, nommés séparément dans les départemens de l'Empereur Charlemagne, deux siécles après le traité d'Andelot. Nous ne pouvons rien rapporter ici de certain sur l'étendue de l'Orceois & du Valois. Nous parlerons de l'Orceois à l'occasion de la mort de Carloman, frere de Charlemagne, & du pays ou Comté de Valois sous l'an 796. Nous exposerons ce que nous avons pu découvrir sur l'origine & sur l'état de ces deux pays, considérés sous les deux premieres races de nos Rois.

6. Le Palais de Verberie & de Quierzy, ont eu la même origine que les autres Maisons de plaisance du Valois, dont nous avons déja fait la description. La célébrité de ces deux Maisons Royales n'a commencé que sur le déclin de la premiere race de nos Rois.

Quierzy est le *Carisiacum* des Chroniques latines, de même que *Brinnacum* est Bargny. Les Compilateurs & les Critiques ont

---

(1) Gr. Tur. Hist. l. 9, c. 20. Baluz. cap. t. 1. col. 12. 13.

été long-temps partagés fur la fituation de ce Palais. La plûpart penfoient que par le nom latin de *Carifiacum*, il falloit entendre *Crecy*. Templeux paroît avoir été le premier qui ait placé à Quierzy-fur-Oife, le *Carifiacum* des anciens monumens. D. Michel Germain profitant de cette ouverture, a vifité les lieux, & a compofé une favante Differtation (1), dans laquelle, après avoir démontré que le Palais *Carifiacum* avoit été à Quierzy, fur la rive méridionale de l'Oife, au-deffous de Chaulny & du confluent de la Delette, au Sud-eft de Brétigny, il confidere cet ancien château fous deux rapports; premiérement, comme une Maifon Royale, où beaucoup d'évenemens remarquables fe font paffés, furtout depuis le regne de Charlemagne, qui fit à ce château des augmentations & des embelliffemens immenfes, jufqu'aux ravages des Normands qui le pillerent en l'an 885. En fecond lieu, comme une fortereffe & un chef-lieu, dont l'illuftre Maifon de Cherify a pris le nom, au commencement du onziéme fiécle. Quierzy relevoit alors de la Châtellenie de Pierrefonds, parce que les Seigneurs de Cherify, Châtelains de Laon, tiroient leur origine d'un Seigneur de Pierrefonds.

Il y avoit à Quierzy comme à Vic-fur-Aifne, un port & un hôtel de Monnoie, entretenus par les premiers Succeffeurs du grand Clovis. Templeux a fait graver dans une de fes Defcriptions Géographiques (2), la figure d'une monnoie d'or de fept lignes de diametre, qu'il dit avoir été frappée à Quierzy fous les premiers Rois de Soiffons. On remarque d'un côté une tête avec le mot *Carifico*. On voit de l'autre, un monogramme en forme de croix, avec le mot *Nolea* ou *Nolenda*: c'étoit apparemment le nom du monétaire.

Il eft certain que nos Rois de la premiere race ont occupé le Palais de Quierzy avant le temps, où les monumens hiftoriques commencent à en faire mention. Le plus ancien écrit qu'on ait fur Quierzy, eft de l'an 686, fous le regne de Thierry III. C'eft un diplôme daté du Palais de Quierzy, par lequel Thierry permet à l'Abbé Bertin, de fonder le Monaftere qui a depuis porté le nom de cet Abbé, & qui eft fi connu par la Chronique de fon nom. L'on a quelques Chartes de Childebert III, fils de Thierry, datées du Palais de Quierzy, comme la précédente. Childebert

---

(1) Diplom. p. 258.   (2) Atlas, p. 164. t. 2.

mourut l'an 711, au Palais de Choify-en-Laigue, dont la forêt confinoit avec celle de Quierzy.

Depuis le regne de Thierry III, où commencent les Rois Fainéans, jufqu'à la mort de Thierry IV, arrivée l'an 736, la France fut défolée par les factions des Maires du Palais. A Ebroin fuccéda Pepin de Herftal, & à celui-ci Charles Martel, qui fe plaifoit beaucoup aux Palais de Quierzy & de Verberie.

Le Palais de Verberie étoit fitué au Nord de la ville, entre l'Eglife Paroiffiale de S. Pierre qui fervoit de Chapelle, & le château d'Haramont. La grande maifon qu'on remarque à gauche dans la rue S. Pierre, que l'on nomme encore dans les actes, rue du Palais, en allant de Pont à Compiegne, eft un refte de ce château. Les bâtimens & les cours s'étendoient en profondeur, jufqu'aux murs de la ferme du Chat, qui fervent de terraffe à cette ferme fur le bord de l'Oife. Nous ferons bientôt la defcription de cet ancien Palais. Il y avoit à Verberie un port, trois ponts, & un hôtel de monnoie, comme à Vic-fur-Aifne & à Quierzy. On a trouvé à Verberie quelques petites piéces de monnoie d'argent, de la même forme que la piéce d'or de Quierzy, défignée par Templeux. Les perfonnes qui me les ont décrites, n'ont pu rien dire de pofitif fur le monograme ni fur l'infcription. Les Auteurs ne font pas mention de ce Palais, avant le temps où Charles Martel préparoit la révolution, qui devoit faire paffer la Couronne, de la Maifon de Clovis dans la fienne.

Charles Martel, au retour de fon expédition contre les Sarrafins, vint au Palais de Verberie pour fe remettre de fes fatigues (1). Au lieu de goûter le repos qu'il défiroit, il fut attaqué d'une fiévre, qui dégénéra en langueur. Cette maladie lente ne l'empêcha pas d'agir & de voyager. Pendant l'année 741, Charles Martel reçut à Verberie les Légats du Pape Grégoire III, qui lui offrirent de grands préfens. On remarquoit parmi ces préfens, les clefs du Sépulchre de S. Pierre, & les chaînes dont cet Apôtre avoit été chargé dans fa prifon. Ces Légats venoient folliciter auprès du Prince, un fecours de troupes contre Luitprand, Roi des Lombards. On n'avoit jamais oui parler en France d'une pareille Légation. Charles fit aux Ambaffadeurs une magnifique réception. Il envoya à Rome Grimon, Abbé de Corbie, & Sigebert, reclus du

---

(1) Append. ad Fred. cap. 109. Aimoin. | S. Denys, l. 5. c. 27.
l. 4. c. 57. Cont. 3. Fred. cap. 110. Chron. |

Tome I.

Monaſtere de S. Denys, qu'il chargea à ſon tour de riches préſens pour le Pape.

Cependant la maladie de Charles Martel devint ſérieuſe. Ce Seigneur voyant que ſa ſanté ne lui permettoit pas de goûter à Verberie les plaiſirs qu'il eſpéroit s'y procurer, ſe fit tranſporter au Palais de Quierzy. Il y fut à peine arrivé, que ſon mal redoubla, ſon corps tomba dans un abattement mortel, & il décéda la même année 741, au château de Quierzy, vers le même temps que le Pape Grégoire & l'Empereur Leon. L'Auteur de la Chronique de Hildesheim, place ſous l'an 741 la mort de Charles Martel au Palais de Verberie. Il eſt à ce ſujet en contradiction avec tous les Auteurs qui ont parlé de cette mort. Charles Martel avoit regné vingt-ſix ans ſous le titre de Maire du Palais.

Le Thrône vaquoit depuis la mort de Thierry IV. Charles Martel laiſſa le gouvernement du Royaume à Carloman & Pepin ſes deux fils. Pepin jugeant à propos de mettre fin à l'interregne, fit proclamer Roi Childéric III, en l'an 742. Childéric porta ce titre pendant huit ans, ſans l'ombre d'autorité. Il fut à la fin dépoſé, raſé, & renfermé dans le Monaſtere de Sithiu, aujourd'hui S. Bertin, ſoixante ans depuis que la fondation de cette Abbaye avoit été approuvée au Palais de Quierzy.

Pepin prit la place du Prince dépoſé. Son frere Carloman avoit quitté depuis quatre ans le gouvernement du Royaume d'Auſtraſie. Il prit l'habit monaſtique à Rome, & y fit profeſſion. Pepin n'avoit plus de concurrent à craindre depuis cette retraite. Il réuniſſoit toute l'autorité. Aſſuré des ſuffrages, il ſe fit proclamer Roi à Soiſſons en l'an 750, & revint de Soiſſons au Palais de Verberie, où il paſſa quelque temps.

Son ſéjour à Verberie nous eſt connu par une Charte expédiée en ſon nom au Palais de ce lieu, en faveur de S. Anſtrulphe, Abbé de Fontenelle. (1). Pepin, dans ce Diplôme, accorde pluſieurs priviléges au Monaſtere de Fontenelle. Le Roi fit un ſecond voyage à Verberie, peu de mois après celui-ci. Ce voyage nous eſt connu par une Charte datée du Palais de Verberie, que ce Prince accorda à Boniface, Evêque d'Utrecht, en faveur de ſon Egliſe.

En l'année 752, le Roi Pepin tint à Verberie l'aſſemblée générale de la nation au mois de Mars. Les Evêques y firent vingt-un Canons de diſcipline eccléſiaſtique, qui regardent le mariage pour

(1) Sec. 3. Bened. part. 2. p. 158.

la plûpart (1). On y déclare nul le mariage au troisiéme dégré. Ceux qui s'épousent au quatriéme dégré, recevront une pénitence, sans néanmoins que leur mariage soit dissous. Si une femme attente à la vie de son mari, celui-ci peut la quitter, sans qu'il soit permis à cette femme de se remarier, même après la mort de son mari : les grands crimes excluoient pour toujours du mariage. La femme ne peut recevoir le voile, qu'avec le consentement du mari. L'état de servitude rend le mariage nul. Les ordinations faites par des Evêques errans, sont nulles.

Ces articles sont la substance des Canons les plus importans de l'assemblée, qu'on nomme le premier Concile de Verberie. Reginon (2) rapporte neuf autres Canons, qu'il prétend avoir été dressés dans ce même Concile, mais on les tient pour suspects. Ce Concile est l'un des plus célébres qui aient été tenus en France, à cause de l'importance des matieres que les Evêques y ont traitées. Gratien le cite dans son Décret.

Les critiques varient sur l'année de ce Concile. Les uns le placent sous l'an 751. Ce sentiment est celui du P. Labbe. La plûpart le rapportent à l'an 752. M. l'Abbé Fleury le range sous l'an 753. Les actes étant datés de la seconde année du regne de Pepin, on ne peut fixer cette année, qu'après s'être assuré de celle où Pepin a été couronné. Les uns placent ce couronnement sous la premiere année du demi siécle, aux premiers jours du mois de Mars 750. D'autres prétendent que cette cérémonie du Couronnement de Pepin n'a eu lieu qu'au mois de Mars 751. Mezeray & quelques autres Compilateurs supposent, que Pepin n'a commencé à regner qu'en l'an 752. La difficulté de fixer cette date, vient de ce que l'année commençoit à Pâques, fête qui tombe tantôt dans le mois d'Avril, tantôt dans le mois de Mars. Pâques arrivant dans l'intervalle d'une assemblée générale, cette assemblée commençoit en une année, & finissoit dans la suivante. Nous supposons ici que Pepin a été élevé à la dignité Royale, pendant l'assemblée générale qui finit au commencement de l'an 751.

Doublet rapporte à la page 693 de son Histoire de l'Abbaye de S. Denys, une Charte du Roi Pepin, datée du Palais de Verberie aux Calendes de Mars. Il y a toute apparence que cette piéce aura été expédiée pendant l'assemblée générale de 752. Ces sor-

(1) Baluz. cap. t. 1. p. 162. Labbe conc. t. 6, p. 1656. Decret. de Divort. cap. 1. (2) Lib. 2. Eccl. disc.

tes de Parlemens se tenoient à l'entrée du Printemps.

Mezeray a très-bien remarqué que sous les deux premieres races, on chommoit peu de Fêtes dans les Eglises de France, excepté Noël, Pâques & la Pentecôte : que les Rois de la seconde race célébroient les Fêtes de Noël & de Pâques avec grande solemnité, revêtus de leurs ornemens Royaux, la Couronne sur la téte, & qu'a la suite de ces deux Fêtes, ils tenoient Cour pléniere, dans les lieux où ils les avoient célébrées.

La cérémonie de passer la Fête de Pâques dans un endroit, supposoit un lieu des plus vastes, où pouvoient loger tous les Grands de la nation, qui devoient composer la Cour pléniere. Ainsi lorsque nous lisons (1) que le Roi Pepin choisit le Palais de Quierzy-sur-Oise pour y passer la Fête de Pâques de l'an 753, ce trait suppose que ce Palais étoit l'un des plus considérables & des plus vastes qu'il y eût en France, n'y ayant à Quierzy ni bourgade ni ville distinguée du château.

Le lendemain de la solemnité, Pepin profita de la réunion des Seigneurs que la Fête avoit rassemblés à Quierzy, pour tenir une assemblée générale. C'est dans cette assemblée que ce Prince résolut le voyage d'Italie. La préfence du Pape, arrivé en France pour obtenir les secours du Roi contre les Lombards, relevoit l'éclat de l'assemblée. Le Roi prit part à la fâcheuse situation du Pape, & lui accorda ce qu'il demandoit.

Brétigny est un ancien Monastere, situé près de Quierzy. Il y avoit dans cette maison un cours d'études monastiques. Les Religieux de Brétigny rencontrant des difficultés sur quelques points de discipline, qui regardoient le Mariage, le Baptême & le Clergé, profiterent du séjour du Pape au Palais de Quierzy, pour éclaircir leurs doutes. Le Pape examina leurs questions, auxquelles il fit une réponse contenant dix-neuf articles, dix sur le Mariage, cinq sur le Baptême, & quatre touchant le Clergé.

Dans la même assemblée de Quierzy, le Roi Pepin transmit au Pape Etienne & à l'Eglise de Rome, la propriété de plusieurs villes d'Italie, usurpées par les Lombards ; époque principale de la grandeur temporelle des Souverains Pontifs. Pepin voulut que l'acte de cette donation fût dressé tant en son nom, qu'au nom des deux Princes Charles & Carloman ses fils.

Astolphe, Roi des Lombards, instruit du sujet qui avoit amené

(1) Labbe, conc. t. 6. p. 1650. Anast. in hadrian. diplom. p. 259.

le Pape en France (1), crut devoir tenter toutes les voyes, pour le faire échouer dans ses desseins. Carloman, frere de Pepin, menoit la vie monastique au Mont-Cassin. Astolphe obligea l'Abbé de cette maison à faire sortir Carloman, & à l'envoyer au Roi son frere, pour détourner, s'il se pouvoit, l'orage qu'il voyoit prêt à fondre sur lui. Carloman se laissa persuader, & partit du Mont-Cassin, dans la résolution de remplir sa mission avec zele. Il vint trouver le Roi son frere au Palais de Quierzy, & fit toutes les instances, pour détourner Pepin de marcher en Italie. Le Roi demeura ferme : & comme le Profès du Mont-Cassin redoubloit ses instances, Pepin, de concert avec le Pape, renvoya Carloman, & le fit conduire à Vienne, où il fut renfermé dans un Monastere, pour y vivre selon sa profession. Le Pape, après avoir consommé à Quierzy l'affaire qui l'avoit conduit en France, retourna au Monastere de S. Denys, où il tomba malade.

Pepin célébra encore au Palais de Quierzy, les deux Fêtes de Pâques & de Noël des deux années 760 & 764. Il convoqua à cette occasion plusieurs Parlemens. Les assemblées générales de Pâques & de Noël se faisoient alors avec tant de pompe, que les Auteurs ne manquoient pas de marquer chaque année, le lieu où les Rois solemnisoient ces deux Fêtes.

Le Roi Pepin passoit tous les ans au Palais de Verberie, une partie de la belle saison. Le P. Mabillon a transcrit dans sa Diplomatique, *p.* 493, une Charte originale, délivrée à Verberie par le même Prince, en l'an 754; c'est une confirmation à l'Abbaye de S. Denys, de la terre de Tiverny au Diocese de Paris. La Chronique de Fontenelle, & le Cartulaire de S. Calais, font mention sous l'an 761, de quelques priviléges accordés à ces maisons par le même Prince étant à Verberie, la dixiéme année de son regne.

On lit dans les actes du Martyre de S. Eugene (2), que le Seigneur Hetilon, parent & grand Chambellan du Roi Pepin (*Princeps Cubiculariorum*) exerçant au Palais de Verberie les fonctions de sa charge, fut attaqué d'un mal de tête violent. Il eut recours à l'intercession de S. Denys, & pour marquer la confiance qu'il mettoit en sa protection, il envoya des présens considérables à l'Eglise du Saint Martyr. La nuit d'après le départ de ceux qu'il

---

(1) Eginhart, ad an. 753.
(2) Act. Mart. S. Eug. part. 2. Hist. Dioc. Paris, tom. 3. p. 347a.

avoit chargé de ces préfens, il vit en fonge un vieillard véné[ra]ble, qui l'avertit d'aller en pélerinage à Deuil près de S. Den[y.] Ce vieillard l'affura qu'il trouveroit en ce lieu le foulageme[nt] qu'il défiroit. Hetilon ajouta foi à cette vifion; voulant fur [le] champ profiter du confeil, il s'embarqua fur l'Oife à Verberie, [&] fe fit conduire en batteau jufqu'à S. Denys. De S. Denys on [le] tranfporta à Deuil, où il obtint la guérifon qu'il attendoit.

2. On trouve à la fin des éditions communes de Flodoard (1) [un] écrit qui a pour titre, *De villa noviliaco*. On attribue cet écri[t à] l'Archevêque Hincmar de Reims. C'eft une hiftoire fuivie des m[u]tations de la terre de Neuilly en Orceois, (préfentement Neuil[ly] Saint-Front) depuis le regne de Carloman, frere de Charlem[a]gne, jufqu'à la derniere année du Roi Charles le Chauve. C[et] écrit commence ainfi.

» Après la mort du Roi Pepin, arrivée le huit des Calend[es] » d'Octobre, fes deux fils Carloman & Charles, partagerent en[tre] » eux fes Etats, & prirent tous deux le titre de Roi. Carloman é[ta]» blit le Siége de fon Royaume à Soiffons, & Charlemagne [à] » Noyon. En l'année 771, Carloman fut attaqué à Samoucy [de] » la maladie dont il mourut. Sentant qu'il touchoit à fa fin, il [fit] » venir Turpin, Archevêque de Reims, en qui il avoit une gran[de] » confiance, & lui remit pour le falut de fon ame, un Diplô[me] » authentique, par lequel il donnoit aux Eglifes de Notre-Da[me] » & de S. Remy de Reims, où il avoit choifi fa fépulture, la te[rre] » de *Neuilly en Orceois* «.

3. L'Orceois eft un de ces anciens pays, dont le nom s'eft co[n]fervé jufqu'à nous, mais fans reffort & fans jurifdiction. Il per[dit] l'un & l'autre fur la fin du dixiéme fiécle, lorfque les Comtes [de] Champagne & de Crépy commencerent à étendre leurs domain[es.] Le mot d'Orceois eft encore aujourd'hui un nom acceffoir[e de] deux villages du Valois, Chefy en Orceois, & Vaux en Orceo[is.]

Les titres latins des huitiéme & neuviéme fiécles, nomm[ent] ce pays *Pagus Urcenfis*, & *Pagus Urcifus*. Dans le Diplôme [ac]cordé en 771 par le Roi Carloman, il eft appellé *Pagus Urcenf[is]* de même que dans une autre Charte de l'an 855, par laque[lle] Charles le Chauve donne au Monaftere de S. Médard de Soiffo[ns] une terre appellée *Fabrorum curtis*, qui pourroit bien être Con[ge]vreux. La Charte place ce lieu en Orceois fur la riviere d'Ourc[q.]

(1) D. Bouq. tom. 5. p. 362.

in pago Urcensi super fluvium Urc. Le mot *Urcensis* est répété dans une autre Charte de confirmation de l'an 864 (1). Charles le Chauve, dans un Capitulaire donné à Servais en Laonnois, l'an 863, nomme ce pays *Pagus Urcisus*. Je lis *Pagus Orceius* dans les titres des douziéme & treiziéme siécles.

Les Compilateurs & les Copistes ont étrangement défiguré ce nom latin, ne sachant où placer le pays en question. Le P. Mabillon (2) ayant à parler de la donation faite à S. Médard en 855, a transcrit par *Breensi* le mot *Urcensi* de cette piéce. D. Bouquet dans son recueil des Historiens de France (3) a pareillement pris le change. Il pensoit qu'il falloit corriger *Urceusi* par *Ornensi*, comme une faute de copiste, & que par le mot défiguré d'*Urcensis* pour *Ornensis*, on devoit entendre le pays de Houlme en Basse Normandie, où passe la riviere d'Orne.

L'Orceois avoit pour bornes le Multien au Midi, le Soissonnois au Nord, le Valois à l'Occident, & le Tardenois à l'Orient. Il comprenoit les lieux d'Ouchy capitale, de Neuilly en Orceois, présentement Neuilly-Saint-Front, la Ferté en Orceois, aujourd'hui la Ferté-Milon, Confavreux, Troesnes, Marisy, Chésy en Orceois, Vaux en Orceois, & presque tous les lieux de cette contrée, dont les noms sont accompagnés de la finale *sur Ourcq*, comme Billy-sur-Ourcq, Crouy-sur-Ourcq, &c.

Le sujet demande que nous examinions deux choses, 1°. l'étymologie du nom d'*Orceois*. 2°. Quelle pouvoit être la capitale de ce pays.

Damien de Templeux insinue, que c'est de la riviere d'Ourcq que le pays d'Orceois a tiré son nom; & que d'*Urcum*, qui est le nom latin de la riviere, on a formé les termes d'*Urcensis* & d'*Orceois*. Le sentiment de Templeux nous paroît vraisemblable.

L'ancien pays d'Orceois avoit Ouchy pour capitale. M. de Valois pensoit que ce devoit être la Ferté-Milon. Cette opinion ne peut se soutenir, parce qu'il est fait mention de l'Orceois, antérieurement au temps, où la Ferté-Milon a été bâtie. Ouchy réunit tous les caracteres d'un lieu ancien. Il existoit, comme on l'a vu, sous la domination des Romains. La chaussée Romaine qui conduisoit de Soissons à Château-Thierry, passoit à Ouchy. Enfin, nous avons rapporté plusieurs monumens qui prouvent que ce

(1) Gall. Christ. t. 9. col. 396.
(2) Diplom. p. 334.
(3) Tom. 8. p. 533.

lieu avoit été peuplé long-temps avant l'arrivée des Francs dans les Gaules.

Urcum est le premier nom d'Ouchy, d'où l'on a fait *Ulcum*, *Ulcheium*, & Ouchy, en changeant l'*r* en *l*. Flodoard appelle *Ulcum* la riviere d'Ourcq au second Livre de son Histoire. L'Ourcq, Ouchy, & l'Orceois, ont pour racine commune le mot *Ur*, qui signifioit une source. Cette explication se vérifie, par la situation de plusieurs lieux qui portent un nom semblable à celui d'Ouchy. L'Ouche, *Uscus* ou *Urchus*, est une riviere du Duché de Bourgogne, qui tombe dans la Saone. Il y a dans la Basse-Normandie, entre les rivieres de la Rille & de la Touque, un petit pays d'*Ouche*; & un village d'*Oulche* près de la riviere d'Aisne, entre Craone & cette riviere. Il y passe un ruisseau. Il y a en Artois un bourg d'*Auchy*, qu'on écrit ainsi pour le distinguer d'Ouchy en Valois. Auchy en Artois, est situé sur une petite riviere.

Le Doyenné de Chretienté d'Ouchy, est l'un des premiers de la Champagne. Il comprenoit autrefois tout l'Orceois, la Ferté-Milon même, & Neuilly-Saint-Front, dont le Doyenné actuel est un démembrement.

Nous remarquerons bientôt que chaque pays avoit un Gouverneur particulier, qui prenoit le titre de Comte, & faisoit sa résidence dans la Capitale de son ressort. Dès l'an 964, les Comtes de Troyes, à qui appartenoit le château d'Ouchy, entretenoient dans ce château un Officier nommé Olderic, qui prenoit la qualité de Comte d'Ouchy : ce titre qui a été l'origine de la Vicomté, venoit des Comtes amovibles qui avoient gouverné le canton, sous les deux premieres races.

On distinguoit la ville & le château d'Ouchy. Avant la fin du quatorziéme siécle, la ville & le château se touchoient; la ville couvroit une étendue considérable. Ouchy-le-Château & Ouchy-la-Ville sont présentement deux territoires & deux Paroisses, séparés par une vaste plaine. Les titres nous ont conservé les noms de plusieurs rues, situées autrefois à des endroits où la charrue passe aujourd'hui, dans l'intervalle des deux Paroisses. Un titre de l'Abbaye de Long-pont, en date de l'an 1223, fait mention d'une place publique d'Ouchy, qui devoit se trouver dans cet intervalle. En 1482, on percevoit des droits sur plusieurs maisons d'une rue des Bouchers, que payent encore les détempteurs de terres labourables, situées à l'endroit où passoit cette rue. J'ai examiné sur les lieux plusieurs tenans indiqués par d'anciens titres : les notions qui ont résulté de cet examen, sont conformes au plan que je viens de tracer.

Il y avoit une fabrique de monnoye dans l'ancienne ville d'Ouchy. Les Chartes latines font mention des sols d'Ouchy, *solidos Ulcheii*, comme des sols de Provins & de Châlons. La mesure d'Ouchy pour les grains, pour le vin & pour les terres, a été pendant long-temps celle de tout le canton. La ville de Fismes conserve encore la mesure d'Ouchy. Ces traits divers sont bien suffisans, pour caractériser la capitale d'un pays.

La ruine de la ville d'Ouchy a commencé aux guerres des Navarrois, & a continué sous le regne de Charles VI. La faction des Bourguignons a achevé de la détruire.

La Ferté-Milon, Neuilly-Saint-Front, Marisy, & Chesy en Orceois, sont après Ouchy les seuls lieux remarquables du pays, dont la description nous occupe. Nous parlerons de la Ferté-Milon, de Marisy, & de Neuilly-Saint-Front, à diverses reprises, sous les dates qui conviendront à chaque lieu : nous nous contentons de placer ici une notice sur Chesy en Orceois.

9. Chesy en Orceois est un lieu dépendant de la Châtellenie de la Ferté-Milon, situé entre Gandelus & Neuilly-Saint-Front. Chesy paroît avoir commencé par un Oratoire ou Basilique dédiée sous l'invocation du Martyr S. Denys & de ses Compagnons. Ce nom vient du mot *Casa*, qui selon Festus, signifioit une retraite souterraine. Chelles & Neuf-chelles tirent leur étymologie du même mot. Le nom d'Orceois a été joint au Chesy du Valois, pour distinguer ce lieu de Chesy-l'Abbaye, qui est un bourg situé sur la Marne, à cinq ou six lieues de celui-ci.

La premiere origine de Chesy en Orceois nous est inconnue. On peut la rapporter aux premiers temps du Christianisme. L'Eglise de Chesy jouissoit du titre d'Eglise Matrice ou Baptismale, avant l'établissement de la Monarchie Françoise. Elle a tenu pendant long-temps le premier rang entre les Eglises du canton. Elle fut desservie d'abord par une Communauté de Clercs, dévoués aux fonctions du ministère. Aux Clercs séculiers ont succédé des Réguliers, qui observoient la regle de S. Benoît sous la direction d'un Prieur. Cette Communauté Régulière paroit avoir possédé de grands biens, jusqu'aux troubles du neuviéme siécle. La premiere irruption des Normands dans l'Orceois, a été la première époque de sa destruction. Les troubles qui ont suivi cette calamité, ont servi d'occasion aux Seigneurs voisins, d'usurper les biens de la Communauté, qu'ils trouvoient à leur bienséance. Les Seigneurs de Gandelus ont eu la meilleure part à la dépouille des Religieux de Chesy.

Ces Religieux réduits à un petit nombre, vécurent l'espace d'un siécle, du peu de bien qu'on leur avoit laissé. On pensa enfin à réunir leur Maison à une Communauté considérable, où ils pourroient vivre plus commodément, & observer la regle : le choix de ceux qui présiderent à ce changement, tomba sur le Monastere de S. Arnoul de Crépy.

Le temps de la réunion m'est inconnu : je conjecture qu'elle aura été effectuée sur la fin du onziéme siécle, ou au commencement du douziéme. On a une Bulle du Pape Alexandre III, de l'an 1162, qui nomme le Prieuré de Chesy en Orceois, parmi les Bénéfices unis à S. Arnoul. Les dépendances de ce Prieuré consistoient alors, dans deux Eglises, la Seigneurie & les dixmes du lieu, des terres, des bois, des prés & des moulins. Une autre Bulle de l'an 1184, accordée par le Pape Luce III, fait mention des mêmes dépendances.

Depuis cette réunion, les Religieux de S. Arnoul ont fait tous leurs efforts, pour retirer des mains laïques, les biens usurpés. En 1223, vivoit un certain Foulques ou Fulcon de Chesy en Orceois, parent de Fulcon, Prieur de S. Arnoul, & de Guerin, Evêque de Senlis. Fulcon de Chesy qui possédoit une partie des dixmes du lieu, remit ces dixmes au Prieur de Crépy son parent, moyennant une somme d'argent. Cette cession fut faite en présence de Jacques de Bazoches, Evêque de Soissons.

Foulques appartenoit à une famille de Chevaliers Fieffés, d'où sont sorties plusieurs personnes distinguées. Il y avoit en 1207, un Guy de Chesy, Doyen de la Cathédrale de Soissons, homme de capacité & de discernement, qui est cité comme arbitre dans plusieurs compromis. Guy de Chesy mourut en l'an 1227. Un titre de cette même année, fait mention du Chevalier Guillaume de Chesy, décédé depuis quelque temps. Le onziéme Abbé de S. Jean-lès-Vignes, se nommoit Raoul de Chesy. Le plus illustre de ceux qui ont porté le nom de Chesy au treiziéme siécle, est Renaud de Chesy, qui dressa en 1266, le testament de Beatrix,

Reine de Sicile (1). Il prenoit le titre de Notaire public du Roi de Sicile, Comte de Provence & de Forcalquier. Ces personnes du nom de Chesy descendoient vraisemblablement des Chevaliers Avoués, en qui les Religieux du Prieuré avoient d'abord mis leur confiance, pour arrêter du côté de l'Orceois les progrès des Normands. Ces Chevaliers les avoient protégés d'abord, & dépouillés ensuite. C'est ainsi que le foible est souvent la victime de la protection qu'il implore : il est quelquefois plus avantageux de se rendre à la merci d'un ennemi, que de mandier le secours de certains protecteurs.

Plusieurs Prieurs de S. Arnoul ont, à l'imitation de Fulcon, retiré à prix d'argent quelques parties des biens de l'ancien Monastere de Chesy en Orceois (2). Hugues IV, Prieur de S. Arnoul, échangea en l'an 1236, une terre & un autre bien sis à Chesy, avec un muid de bled de rente, à prendre à Ormoy. Pierre II, Abbé de la même Maison, acquit une ferme située au même lieu de Chesy.

J'ai lû une Charte de Jacques de Bazoches, Evêque de Soissons, expédiée au mois de Décembre 1227, dans laquelle il est marqué que le Prieur de S. Arnoul de Crépy, est patron de l'Eglise Paroissiale de Chesy en Orceois. Cette Charte est une permission accordée à Arnoul, Curé de Chesy, de fonder dans son Eglise Paroissiale, une Chapelle à laquelle devoient être attachés des revenus. Il est spécifié qu'Arnoul se réserve sa vie durant, la nomination à ce Bénéfice, & consent qu'après sa mort, cette nomination appartienne au Prieur de S. Arnoul, patron de son Eglise. Chesy est appellé *Chesiacum in Orceio* dans cette piéce.

Les Religieux de Crépy ont été paisibles possesseurs de la terre de Chesy, depuis le treiziéme siécle jusqu'à nos jours.

10. Lorsque le Roi Carloman fit présent de la terre de Neuilly en Orceois à l'Eglise de Reims, il n'y avoit sur les lieux ni village ni bourgade. Le Domaine de Neuilly comprenant plusieurs fermes contigues, *Coloniarum*, ce Domaine avoit été jusques-là un bien du Fisc : l'écrit d'Hincmar de Reims le nomme encore *Fiscus* en 771.

Aussi-tôt que la terre de Neuilly eut été donnée à l'Eglise de Reims, la Communauté des Clercs ou Religieux de S. Remy résolut de faire valoir elle-même les métairies qui composoient cette

(1) Spicil. t. 3. p. 661. (2) Gall. Christ. t. 10. p. 1489.

terre. On envoya, suivant l'usage dont nous avons déja vu tant d'exemples, plusieurs Clercs sur les lieux : pour leur commodité, on bâtit une Chapelle sous l'invocation de S. Remy, patron de la Communauté de Reims. L'Eglise de Neuilly devint une Collégiale dans la suite.

Au commencement des troubles qui suivirent l'irruption des Normands, on entoura de fortifications, l'Eglise & les habitations des Clercs, situées sur une hauteur ; la sûreté du lieu attira aux environs plusieurs familles qui bâtirent des demeures : un amas de maisons se forma, & prit le nom de *Novus locus*, qu'on changea en *Noviliacum*, Neuilly.

Il y a près de Crépy, sur la Paroisse de Roquemont, une ferme de Neuilly, dont les titres font souvent mention. Il ne faut pas la confondre avec Neuilly en Orceois. Quelques-uns font dériver le nom de Neuilly du mot Celtique *Now*, qui signifie un fond, un lieu bas & aquatique. Neuilly-Saint-Front est situé dans un bassin au pied d'une montagne, où dans les temps de pluye plusieurs torrens se réunissent.

L'année même où Carloman donna la terre de Neuilly à l'Eglise de Reims (1), la mort de ce Prince rendit Charlemagne son frere, maître de toute la Monarchie Françoise. On sait l'affection que Charlemagne avoit pour le fameux Turpin, Archevêque de Reims. Tant que Turpin vécut, Charlemagne laissa l'Eglise de Reims jouir en paix de la terre de Neuilly. Après la mort de Turpin, ce Prince tint en sa main l'Archevêché de Reims, & donna en bénéfice la terre de Neuilly au Saxon Anscher, qui en paya exactement le neuviéme & la dixme à l'Eglise de Reims. Cet Anscher n'est pas Oger de Chavercy, favori de Charlemagne, qu'on a mal-à-propos surnommé le Danois ; c'est à tort que quelques Auteurs ont pris l'un pour l'autre. Anscher a conservé la terre de Neuilly jusqu'à sa mort ; Oger a fini sa vie dans la profession religieuse, après avoir renoncé à ses emplois, & après s'être dépouillé volontairement de tous les biens qu'il possédoit.

Après la mort du Saxon Anscher & de l'Empereur Charlemagne, l'Eglise de Reims conserva l'investiture de Neuilly pendant trente-sept ans.

II. La France a eu ses temps héroïques, ainsi que l'Italie & la Grece. Plusieurs circonstances de la vie de Charlemagne ont donné

(1) D. Bouq. t. 5. p. 362.

lieu à des Romans, qui ont exagéré les merveilles de son regne. Aux qualités d'une grande ame, Charlemagne joignoit les graces du corps. Une taille haute & avantageuse relevoit l'éclat de sa dignité, & la majesté de son Thrône. Ce Prince aimoit ceux en qui il voyoit briller des qualités semblables aux siennes, & il les combloit de ses bienfaits. Ses favoris ont été de grands hommes : quoique les Romans en ayent fait autant de géans, leur existence n'est pas moins certaine. Une admiration excessive a été la source des traits fabuleux, qui obscurcissent l'histoire de leur vie.

L'Archevêque Turpin, Roland, & Oger surnommé le Danois, tenoient sans difficulté le premier rang dans son estime. Turpin, comme on l'a vu, jouissoit de la terre de Neuilly, qui pouvoit lui servir de Maison de plaisance. Roland occupoit une partie du château de Quierzy. Quant au fameux Oger, surnommé le Danois, il est le fondateur de la forteresse de Chavercy, dont on voit encore quelques ruines, assez près du chemin qui conduit de Crepy à Verberie.

Charlemagne lui-même se plaisoit beaucoup à Verberie. Il en fit rebâtir, sur un plan vaste & magnifique, le Palais, que ses Prédécesseurs avoient occupé. Nous ferons la description de ce Palais, & nous rapporterons par ordre de date, les traits d'histoire qui sont arrivés dans le Valois, sous le regne de ce grand Prince.

Les voyages que Charlemagne a fait dans les Maisons de plaisance du Valois, ne nous sont pas aussi connus, que ceux de Pepin ou de Charles le Chauve. Cette difficulté vient de la négligence des Notaires de ce Prince, qui n'avoient pas soin de marquer exactement les noms des lieux, où ils expédioient les Capitulaires & les Ordonnances.

11. En l'an 775, Charlemagne fit quelque séjour au Palais de Verberie (1) : ce voyage nous est connu par une Ordonnance datée de ce Palais, portant confirmation des priviléges de l'Abbaye de S. Denys, & des droits que les Religieux avoient coutume de percevoir pendant la foire du Landit. Ce Prince passa au Palais de Quierzy, les deux solemnités de Pâques & de Noël de la même année 775.

On lit dans Eginhart, qu'en l'an 781, Suitbert, Evêque de Rheges, vint de Baviere au Palais de Quierzy, où il présenta à Charlemagne, les ôtages que Tassillon, Duc de Baviere, devoit lui li-

(1) D. Boug. t. 5. p. 719.

vrer. Charles paffa à Quierzy l'hyver de cette année, & y folemnifa les Fêtes de Noël & de Pâques, avec la pompe ufitée dans ces rencontres. Il revint l'année fuivante en ce Palais, & y célébra les mêmes Fêtes.

13. Sous le regne de Charlemagne, on vit reparoître le bel ordre, que les derniers Empereurs Romains avoient mis dans la divifion des provinces de la Gaule: ordre que les partages arbitraires de la Monarchie Françoife, entre les defcendans de Clovis, avoient interrompu. Charlemagne fuivoit fcrupuleufement cette divifion, dans les départemens qu'il affignoit aux Commiffaires Royaux, qui font les *Miffi Dominici* des anciennes Chartes.

Dans le département de l'an 796, il eft fait mention du pays de Valois, fous le nom de *pagus Vadenfis*. Nous rapporterons l'article de ce département où il eft queftion du Valois, parce qu'il donne une idée de la maniere dont on gouvernoit les *pays*. Flodoard parle en ces termes (1) du département de l'an 796.

» Vulfaire, fucceffeur de Turpin, avant d'être élevé fur le Siége
» Epifcopal de Reims, avoit été envoyé en qualité de Commif-
» faire Royal dans toute la Champagne, pour juger les affaires fui-
» vant les regles de l'équité. Son reffort comprenoit les pays
» d'Ormoy en Lorraine, de Chatris en Champagne, le Châlon-
» nois, le Laonnois, le pays de Valois, (*pago Vadenfi*) le Por-
» cien, le Tardenois, le Soiffonnois. Vulfaire avoit pour adjoints
» des perfonnes fages, avec lefquelles il devoit examiner la con-
» duite des Evêques, des Abbés & des Comtes, chacuns dans
» leurs diftricts, s'ils avoient de bons Viguiers..... Ces Commif-
» faires devoient auffi réformer les abus introduits dans les Jufti-
» ces particulieres des Maifons Royales & des Eglifes, protéger
» la veuve & l'orphelin, & faire au Roi le rapport des affaires,
« dont la décifion excédoit leurs pouvoirs. «

Nous apprenons de ce texte, qu'en l'an 796, le pays de Valois appartenoit au département général de la Champagne. Le Soiffonnois, le Tardenois & l'Orceois le bornoient à l'Orient, le Multien au Midi, une partie du Soiffonnois & du Laonnois au Nord, le Beauvoifis, une pointe du Vexin & le territoire de Senlis à l'Occident (2). Le village de Troefnes féparoit l'Orceois du Valois, la riviere d'Oife du Beauvoifis, Bargny du Multien. Rou-

---

(1) Flod. Hift. Eccl. Rem. l. 2. cap. 18. | Ann. ord. S. Bened. tom 6. p. 642.
(2) Capitul. Sylvac. Baluz. t. 2. p. 67.

vres & Bettancourt dépendoient du pays de Senlis. L'Abbaye & le territoire de Mornienval appartenoient au Valois, & confi-ncient avec le Soiſſonnois.

L'illuſtre Jerome Bignon prétend que ſous les Rois de la ſeconde race, les pays ne différoient pas des Comtés (1); que les titres de Comtés viennent de ce que chaque pays avoit un Comte pour Gouverneur. La conjecture de ce Savant s'applique au Valois, qui dans les monumens de notre Hiſtoire, eſt appellé tantôt Pays, tantôt Comté.

Flodoard nomme le Valois *pagus Vadenſis*, dans le département que je viens de rapporter. Charles le Chauve l'appelle *pagus Vadiſus*, dans un autre département de l'an 853. Charles le Simple, dans une Charte de l'an 907, place l'Abbaye de Mornienval *in pago Vadenſi*. Dans l'Hiſtoire des Reliques de S. Arnoul, on lit les mêmes termes de *pagus Vadenſis*.

La même Hiſtoire de la Tranſlation des Reliques de S. Arnoul, faite en 949, donne au pays de Valois le titre de Comté, *Comitatus Vadenſium*. Damien de Templeux cite une Chronique manuſcrite commençant à l'an 840, où l'on donne au Valois le même titre. Dans un acte de l'an 995, par lequel Gautier le Blanc rend au Monaſtere de S. Médard de Soiſſons, des portions de terres uſurpées, il eſt marqué que ces terres ſont ſituées à Crouy & aux Eluats, dans le Comté de Valois.

Le Valois & l'Orceois relevoient chacun d'un Comte particulier. Le Comte du Valois demeuroit à Vez, celui de l'Orceois faiſoit ſa réſidence au château d'Ouchy.

Les fonctions de ces Comtes nous ſont connues, par la formule du ſerment qu'ils prêtoient, avant d'entrer en charge (2). Ils promettoient de gouverner avec une équité ſcrupuleuſe, tous les ſujets de leur reſſort, François, Romains, Bourguignons, chacuns ſelon leurs coutumes; de punir avec ſévérité les malfaiteurs, de pourvoir au repos public, & de percevoir les deniers du Fiſc.

Un Auteur moderne (3) prétend que les Comtes ne rendoient pas la juſtice, qu'ils ſe déchargeoient de ce ſoin ſur leurs Viguiers; qu'ils étoient ſeulement *Adminiſtrateurs du miniſtere public*, comme les nomme Charles le Chauve dans ſes Capitulaires. Ils exerçoient dans le gouvernement civil, les mêmes fonctions que

(1) Baluz. t. 2. p. 915.
(2) Marculf. for. lib. 1. form. 8.
(3) Bouq. droit. p. tom. 1. p. 138, 142.

les Evêques dans le gouvernement ecclésiastique. Les districts des Comtes avoient à la vérité une étendue bien moindre que les Dioceses des Evêques ; mais ils avoient un plus grand nombre d'affaires à traiter. Le Comte d'un *pays* avoit un ou plusieurs Viguiers, à proportion de leurs occupations ; l'Evêque entretenoit aussi un ou deux Doyens de Chrétienté dans chaque pays. Il y avoit entre les offices de Viguiers & de Doyens de Chrétienté, le même rapport que celui des Comtes avec les Evêques.

On distinguoit alors plusieurs classes de Comtes ; les uns gouvernoient seulement une Maison de plaisance, un château, une ville ; d'autres présidoient au gouvernement des provinces entieres, & avoient rang au-dessus des Comtes particuliers. Ces offices amovibles de leur nature, devinrent héréditaires dans les familles, sur la fin de la seconde race ; les circonstances changerent en dignités, ces espéces de Commissions.

14. Le Comte du Valois résidoit au château de Vez, bourgade ancienne, capitale du canton. Le territoire de Vez comprenoit alors ceux de Bonneuil & de Largny, avec leurs dépendances. Il y a plusieurs sentimens sur l'antiquité du bourg de Vez.

M. Danville dans sa Notice de la Gaule, place à Vez le *Nœomagus*, ville capitale des *Vadicasses*. Ce sentiment qui feroit remonter l'origine de Vez plus haut que le temps de la conquête des Gaules par Jules César, confond deux pays fort éloignés. Nous avons déja observé que le *Nœomagus* est la ville de Bayeux en Normandie.

D. Michel Germain (1) pensoit que le château de Vez pouvoit bien être le *Palatium Vernum*, que les Chroniques nomment souvent. Cette opinion n'est plus d'aucun poids, depuis qu'il a été prouvé que *Vernum* est *Ver* près de Senlis. Il est vrai que nos Rois de la seconde race ont fait plusieurs voyages du côté de Vez : ils logeoient à Bonneuil, & abandonnoient au Comte du pays le château de Vez. Après la suppression du titre de Comte, les Seigneurs de Crépy mirent à la place de cet Officier un Châtelain, qui continua d'occuper le château de Vez.

Nous avons rapporté à la *pag*. 3, les raisons qui prouvent que *Vez* a été la capitale de l'ancien pays de Valois. Ce lieu est situé sur la gauche du chemin qui conduit de Crépy à Villers-Cotteretz. Il dépend du Diocese de Soissons & du Bailliage de Crépy. Vez

(1) Diplom. p. 335.

occupe la surface d'une espéce de tertre escarpé de toutes parts, excepté du côté de Largny, où il est contigu à la plaine.

On ne peut dire en quel temps le premier château de Vez a été bâti : nous n'avons aucun monument, qui en indique l'origine. En distinguant le bourg du château, on pourroit être fondé à croire que le bourg existoit avant l'établissement de la Monarchie Françoise, & que le château a été revêtu de fortifications sur la fin du neuviéme siécle. On voit les restes du premier château de Vez, dans la basse-cour de celui d'aujourd'hui, à gauche en entrant.

Le château de Vez & le Comté de Valois, en partie, vinrent au pouvoir des Seigneurs de Crépy, Comtes de Vexin, vers le temps où le château d'Ouchy passa aux Comtes de Champagne avec ses dépendances. Depuis ce changement, les Seigneurs de Crépy prenoient, selon les circonstances, les titres de Comtes de Vexin, Comtes de Crépy, & Comtes de Valois. Ils mirent à Vez, à la place de l'ancien Comte, un Intendant qui prit le nom de Châtelain. Je n'ai pu découvrir qu'un seul Châtelain de Vez, qui vivoit après le milieu du onziéme siécle. Il se nommoit Raoul de Vez, *Radulphus de Vadenensi villâ*.

Le bourg de Vez a donné naissance au Prêtre Constance, qui apporta en 949, les Reliques de S. Arnoul de la forêt Iveline dans le Valois. Nous raconterons bientôt les aventures de ce Prêtre. On lit dans l'histoire de la Translation de ces Reliques, que Constance vint de la forêt Iveline au bourg de Vez, d'une seule traite ; & qu'ayant exposé en ce lieu les ossemens de S. Arnoul à la vénération des Fidéles, ces Reliques jetterent une vive lumiere, & furent l'occasion de plusieurs miracles. Ces choses se passoient pendant l'Automne de l'an 949. Raoul I, Comte de Vexin, qui occupoit le château de Crépy, fit solliciter Constance, de lui céder les Reliques, pour être placées dans la Chapelle de son château de Crépy. Le Comte fit à Constance plusieurs offres avantageuses, que celui-ci accepta. Les Reliques de S. Arnoul furent ainsi transférées de Vez à Crépy (1).

L'empressement du Comte Raoul, à faire venir les Reliques de Vez à Crépy, est comme la preuve que la terre & le château de Vez appartenoient encore au Roi. Gautier le Blanc, fils de Raoul I, paroît avoir été le premier Seigneur de Crépy qui l'ait possédé, & qui ait pris le titre de Comte de Valois. Raoul II & Raoul III,

(1) Boll. Jul. tom. 4. p. 415.

Tome I.

ont joui successivement de la terre & du château de Vez, de Boneuil, & de Largny. Le Comte Raoul III donna la terre de Vez en appanage à Simon son second fils. Simon avoit un certain Radulphe pour Intendant ou Gouverneur de sa terre. Après la retraite de Simon au Monastere de S. Eugonde, Adele sa sœur aînée, hérita de la terre & du château. Cette Dame fut mere d'une autre Adele, qui épousa Hugues le Grand, frere du Roi Philippe I.

Par un acte de l'an 1118, Adele devenue veuve de Hugues le Grand, & remariée à Renaud, Comte de Clermont en Beauvoisis, donna au Monastere de S. Arnoul tout ce que les Comtesses de Crépy avoient tenu en propre jusqu'à son temps, dans les châteaux de Vez, de Boneuil & de Largny (1). On voyoit autrefois à Crépy une rue & une ferme *de Vez*, auprès du gué S. Thomas dans le fauxbourg.

En l'an 1145, Raoul IV, fils aîné de Hugues le Grand & de la Comtesse Adele, donna au Monastere de S. Médard de Soissons, plusieurs héritages contigus, situés sur le territoire de Vez, & il érigea ces biens en Fiefs. Il y ajouta des dixmes quelque temps après, & accorda aux mêmes Religieux le droit de Justice sur les biens qu'il leur avoit donnés. La Paroisse de Vez s'étendoit alors, plus loin que le Lieu-Restauré. Il est marqué dans le titre de fondation de cette Abbaye, que l'endroit où on la bâtit, dépendoit de la Paroisse de Vez. Dans une Charte de l'an 1195, le Roi Philippe Auguste déclare (2), qu'après l'accord fait entre lui & la Comtesse Eléonore (en 1184), cette Dame a donné à Long-prez, vingt muids de grains à prendre tous les ans sur le moulin de Vez, & qu'elle y a ajouté le vivier du même lieu. Dans une des enquêtes du même Prince sur les bois de Valsery & de Long-pont, Jean de Vez, Milon de Vauciennes, & Raoul de Largny, sont cités comme déposans.

Après la mort de la Comtesse Eléonore, Philippe Auguste rentra dans la terre de Vez. Il en jouit peu de temps. Il en fit présent à Raoul d'Estrées, pour le récompenser de ses services militaires. Ce Raoul est la tige d'une nouvelle suite des Seigneurs ou Sires de Vez, qui a commencé avec le treiziéme siécle.

15. Boneuil. On ne sait auquel des deux châteaux de Vez & de Boneuil, accorder la primauté. Il y a beaucoup d'apparence que ces deux lieux avoient entre eux le même rapport, que le Palais

(1) Marlot. Hist. Eccl. Rem. t. 2. p. 132. (2) Ampl. collect. tom. 1. p. 1009.

de Verberie avec son *Prædium*. Avant que la terre & le château de Vez appartinssent aux Seigneurs de Crépy, les Rois occupoient le Palais de Boneuil, & laissoient aux Comtes du pays le château de Vez : le Comte de Vez avoit le gouvernement du Palais de Boneuil. A ce Comte succéda un Maire. La Mairie de Boneuil est l'une des plus anciennes de la Châtellenie de Crépy.

Le nom de Boneuil est commun à plusieurs Maisons Royales. Boneuil en Valois paroît tenir son nom latin *Bonus oculus*, *Bonoculus* & *Bonolium*, de sa situation dans un lieu qui a son aspect vers le Nord, & d'où la vue pouvoit également dominer sur la vallée & sur la plaine. On voit encore à Boneuil des restes de l'ancien Palais, entre la vallée & le hameau des Buttes, au Nord de l'Eglise, à l'endroit appellé Richebourg.

Le domaine du premier château de Boneuil comprenoit les Buttes, Pondront, Vautier-voisin, & le Berval, la plus grande partie des plaines de Vez & de Largny, & la vallée de Lieu-restauré. L'acte de 1131, par lequel Raoul IV, Comte de Valois, accorde au Bienheureux Luc, Abbé de Cuisy, la place où est bâti le Monastere de Lieu-restauré, porte que cette place est située sur le territoire de Boneuil, *in loco Bonolium dicto* (1). L'ancien grand chemin qui conduisoit de Reims à Paris par Soissons, traversoit le territoire de Boneuil du côté du petit Vé, & au-dessus de l'étang de Walu, sur la droite de la grande route qui passe aujourd'hui par Vauciennes. En l'an 1218, on percevoit sur cette route un péage appartenant au château de Boneuil.

Il est fait mention du Palais de Boneuil, à la fin d'une Charte que l'Empereur Louis le Débonnaire y délivra l'an 832, en faveur du Monastere de S. Denys. Vingt-quatre ans après, Charles le Chauve convoqua à Boneuil une assemblée d'Evêques. Hincmar, & Loup, Abbé de Ferriéres, parlent de cette assemblée dans leurs écrits.

Les Comtes de Crépy acquirent la terre de Boneuil, dans le même temps que celle de Vez. Raoul III possédoit outre le château & la terre, l'Autel même, c'est-à-dire, l'Eglise de Boneuil avec ses revenus (2). Il tenoit cet Autel en bénéfice, *ad personam*, de Heddon, Evêque de Soissons. Sous le regne de Henri I, le Comte Raoul fit présent de l'Autel de Boneuil à l'Eglise de S. Arnoul de Crépy, où sa mere avoit été inhumée. L'acte de cette

(1) Gall. Chr. t. 9, p. 670. (2) Achery, not. ad quib. p. 597.

donation est daté de l'an 1053. Dans cet acte Raoul prie l'Evêque de Soissons de transmettre aux Religieux de S. Arnoul, la Justice & la propriété de l'Eglise, avec le droit d'y présenter à perpétuité, quoique la Cure relevât immédiatement de la Chambre Episcopale de Soissons, *De Camerâ Episcopi*. Il fait instance à l'Evêque de n'exiger des Religieux, ni droits ni coutumes, attendu que leur maison étoit fort pauvre; comme aussi de ne demander aucune taxe, lorsqu'après la mort du titulaire de l'Autel, l'Abbé & les Freres de S. Arnoul présenteront un autre sujet.

Simon de Crépy, fils & successeur de Raoul III, céda aux Religieux de S. Arnoul, toute la terre de Boneuil, avec les serfs & les droits qui en dépendoient; à condition néanmoins qu'il jouiroit pendant sa vie de la moitié de cette terre; qu'après sa mort, l'Abbaye de S. Arnoul auroit le tout.

Les Religieux de Crépy ne possédent plus la Seigneurie de Boneuil. Ils n'ont sur le territoire qu'un Fief, auquel sont attachées des censives. La haute Justice de Boneuil appartient au Duc de Valois; les Religieux continuent de nommer à la Cure.

Nous trouvons à la fin d'un acte de l'an 1167, le nom d'un Herbert de Boneuil (1), qui signe comme témoin. On lit le nom d'un Etienne de Boneuil parmi les souscriptions de la Charte Aumônière, donnée par la Comtesse Eléonore l'an 1194. Cette Dame, par une autre Charte de la même année, donne à l'Eglise de Longprez, deux hostes à Boneuil, avec les coutumes ou redevances que le nommé Richard Blondel devoit payer : Plus, trois muids de bled à prendre sur le moulin de Pondront, qui tenoit à Boneuil.

Suivant le résultat d'une enquête faite en l'an 1212, par ordre du Roi Philippe Auguste, les habitans de Boneuil ont le droit de pâturage en la forêt de Retz pour leur chevaux & pour leur vaches. On trouve dans le Cartulaire de ce même Prince, un accord conclu entre le Roi d'une part, & un certain Robert des Tournelles, d'une autre part. Il porte échange de quelques biens situés au Comté de Clermont, appartenant à Robert, pour tous les revenus que le Roi possédoit à Bonneuil, excepté la *Molte des hommes*, que le Prince se réserve, avec la Justice, les patis, & les *Batis* de cabaret, *de Bateicio*, où les habitans du lieu ont le droit d'usage (2). Le Roi ajoute à ce qui précéde, le grand *Défend* de Boneuil, & le lieu appellé la *Boeloye*, situé dans le petit

(1) Chron. long. p. 56.   (2) Cart. fol. 136. fol. 132. part. 2.

Défend: Plus, quatre muids de bled mesure de Crépy, à percevoir chacun an au terme de Noël, sur les moulins du Roi à Pondront. *Défend* & *Boeloye*, sont deux noms anciens, dont l'un signifie une réserve, l'autre une cense. On spécifie dans l'accord, que Robert, ou ses hommes, tiendra toutes ces choses à foi & hommage-lige du Roi, & qu'il ne pourra ni essarter ni bâtir; que cependant il peut disposer de la *Boeloye*.

Nous apprenons d'un titre de l'an 1218, concernant les Mairies du Valois, que le château de Boneuil subsistoit encore en son entier, avec tout *son pourpris*.

En l'an 1224, le Roi Louis VIII donna au Comte de Braine Robert III, ce qu'il possédoit à Boneuil (1), avec la Seigneurie de Haute-fontaine, pour tenir lieu de cinquante muids de bled que Robert cédoit au Roi, sans néanmoins que ce Seigneur pût élever une forteresse à Boneuil ou à Haute-fontaine, & sans qu'il pût empêcher les habitans de Boneuil, qui alloient moudre au moulin de Pondront, d'aller désormais au moulin du Berval.

Outre la Mairie de Boneuil, il y avoit en ce même lieu une Prevôté, qui comprend encore les Buttes, Pondront, Vautier-Voisin & le Berval.

Les habitans de Boneuil payoient anciennement au Domaine de Valois, dix-neuf livres dix sols, & un quarteron d'avoine par chaque ménage. En 1465, la Paroisse de Boneuil ne payoit que quatre livres seize sols de taille. Suivant un compte, présenté en 1341 au Roi Philippe de Valois, la terre de Boneuil & la Commune de Crépy, rapportoient au Domaine 600 livres par an.

Il y avoit autrefois, plusieurs Maisons Seigneuriales sur le territoire de Boneuil, avec droit de Justice. On voit encore les ruines de quelques-unes. La Paroisse de Boneuil relève du Diocese de Soissons, du Bailliage & de l'Election de Crépy, de même que Vez & Largny.

16. Largny. Les Comtes de Valois avoient à Largny un château, près de l'Eglise : on n'en voit plus de vestiges. Nous n'avons rien à observer sur ce château. Il y a sur le territoire de Largny, trois Fiefs principaux, la Muette, le Fief Goret, & le Fief de la Cour de Largny. Les deux derniers donnoient droit de séance aux Assises de Crépy.

L'Eglise de Largny est une dépendance de Coyoles. En l'an

(1) Duch, Hist. Dreux. p. 75.

1123, Lisiard, Evêque de Soissons, donna l'Eglise de Largny (1) libre de toute redevance, aux Religieux de Saint Martin des Champs. En 1589, les deux Eglises payerent six livres deux sols six deniers, pour les Députés du Valois aux Etats de Blois. La Maladerie de Largny fut fondée au retour de la premiere Croisade, dans un lieu appellé le Champ des Closeaux. Elle étoit commune à plusieurs villages contigus. La Comtesse Eléonore laissa par sa Charte Aumônière de l'an 1194, cinq muids de bled & cent sols de rente, aux lépreux de Largny.

Dans cette Charte, la Comtesse fait mention d'un péage du château de Largny, & de la monnoye qui avoit cours dans ce château. L'ancien grand chemin passoit près du château. Les Seigneurs de Crépy avoient à Largny, un four & un moulin banal, & percevoient des pains de coutume au village d'Haramont. On nomme dans les Enquêtes (2) faites par ordre de Philippe Auguste en 1212, un Vivien de Largny parmi les déposans : celles de l'an 1215, nomment un Raoul & un Robert de Largny. Il est à croire que c'étoit trois Officiers du château des Comtes de Crépy.

Les habitans de Largny ont dans la forêt de Retz un droit d'usage (3), qui leur a été confirmé par le Roi Philippe le Hardi en 1276, par Philippe le Bel en 1287, & par Philippe Comte de Valois, frere du Roi Jean, l'an 1367.

Le château de la Muette a eu des Seigneurs particuliers, dès le douziéme siécle. On lit dans une Enquête de Philippe Auguste, le nom d'un certain Hubert de la Muette, déposant. Le château de ce Fief, après plusieurs révolutions, a été successivement possédé par les MM. de Vienne, Seigneurs de Branges, desquels il a passé aux Longuévals, Capitaines du château de Villers-Cotteret, & de ceux-ci à MM. de Condren, qui en jouissent. Le château de la Muette vient d'être rebâti à neuf.

Comme Vez, Boneuil & Largny, formoient le territoire de la premiere capitale du Valois, j'ai cru devoir réunir ici, sous un même point de vue, les traits principaux qui s'y rapportent. Dans le genre historique, l'esprit n'est pas moins satisfait, de connoître l'origine & la décadence des lieux, qui ont été considéra-

---

(1) Gall. Christ. t. 9. col. 356. & 136.
(2) Cart. Ph. Aug. part. 2. fol. 93. 94. (3) Bergi Val. Roy. p. 33. 54.

bles, que de paffer en revue les dégrés d'accroiffemens, de ceux qui fubfiftent avec éclat.

Nous ne pouvons déterminer l'étendue de l'ancien Comté de Valois, avec la même certitude que nous avons fait celle de l'Orceois. Je conjecture que fous Charlemagne, cet ancien Comté pouvoit comprendre les territoires de Cœuvres, de Viviers, de Villers-Cotteretz, la Croix-Saint-Ouen, Mornienval, la Maifon Royale de Cuife, le Chefne ou Pierrefonds avec une partie de la Châtellenie actuelle, Crépy, Nanteuil-le-Haudouin & les Gombries. Obfervez que le Comte de la province, réfidant à Vez, n'avoit aucun droit d'infpection fur les Maifons Royales de cet arrondiffement.

17. Charlemagne, parvenu au Trône Impérial, fembla fe furpaffer par la magnificence avec laquelle il augmenta & embellit les Palais d'Aix-la-Chapelle, de Nimégue, de Quierzy & de Verberie. Oger, favori de ce Prince, voulant imiter le maître qui l'honoroit de fes complaifances, bâtit à côté du Palais de Verberie, le fort château de Chavercy : vafte édifice, dont nous préfenterons bientôt la defcription.

Nous n'entrerons dans aucun détail, touchant la diftribution des bâtimens qui compofoient le fameux Palais de Quierzy, mais nous donnerons un plan raifonné du Palais de Verberie. J'avois eu deffein de placer cette efpéce de digreffion parmi les piéces juftificatives, à la fin de l'Ouvrage ; quelques Savans m'ont fait obferver que ce plan figureroit d'autant mieux dans le corps de l'Hiftoire, que le morceau eft unique. On a à la vérité, dans le fupplément à la Diplomatique du P. Mabillon, une defcription générale des parties qui compofoient les grands Palais du premier ordre, que les Rois de la feconde race occupoient : cette defcription n'eft appliquée à aucun Palais en particulier ; quoique fondée fur les monumens de notre Hiftoire, ce n'eft qu'un affemblage de plufieurs piéces, prifes féparément de divers Palais éloignés les uns des autres. Notre defcription particuliere a cet avantage, qu'elle repréfente fous un feul point de vue, toutes les parties d'un même Palais, renouvellé par celui de nos Rois de la feconde race, qui a porté au plus haut point la perfection d'une Architecture, dont l'élévation, la force, la hardieffe & la majefté, donnent de l'admiration & caufent de la furprife.

Avant de commencer cette defcription, je rapporterai quelques traits qui regardent le Palais de Quierzy.

Au mois de Novembre de l'an 804, le Pape Léon III écrivit à l'Empereur Charlemagne, qu'il défiroit folemnifer avec lui la Fête de Noël, dans quelqu'endroit de fes Etats qu'il fe trouvât (1). L'Empereur reçût cette lettre à la mi-Novembre : il avoit réfolu alors de paffer la Fête de Noël au Palais de Quierzy.

Charlemagne ayant eu connoiffance du départ du Pape, envoya Charles fon fils au-devant de Léon, jufqu'à S. Maurice en Valais. Lui-même s'avança jufqu'à Reims. L'Empereur reçut le Pape à Reims, & l'amena de Reims à Quierzy, où ils pafferent enfemble les Fêtes de Noël.

Plufieurs Capitulaires de Charlemagne font datés du Palais de Quierzy, un entr'autres de l'an 774, qui eft cité par D. Germain (2) dans fa Differtation fur le Palais *Carifiacum*. Ce Savant infinue, que l'Empereur Charlemagne céda le Palais de Quierzy au fameux Roland fur la fin de fa vie, & que ce héros du regne de Charlemagne en jouit jufqu'à fa mort. D. Germain ajoute, qu'ayant fait le voyage de Quierzy, pour reconnoître les lieux, on achevoit de démolir une tour antique, qui portoit encore le nom de *tour de Roland*. Les hautes tours entroient alors dans le plan des grands édifices. Roland n'eft pas un héros imaginaire : on lui attribue la fondation de S. Marcel, à Paris.

En 1757, on a trouvé dans la place du château de Braine en fouillant, deux piéces d'argent marquées au coin de Charlemagne, & quelques autres du même temps, portant le nom du Monétaire qui les avoit fabriquées.

18. On a trois Capitulaires de l'Empereur Charlemagne, datés de l'an 808. L'article IX du troifiéme propofe des ouvrages à faire au Palais de Verberie, *de operibus palatii ad Vermerias*. On ne donne pas le plan de ces ouvrages ; le détail en a été perdu : nous avons tâché de le fuppléer dans la defcription qui va fuivre.

Le mot latin *opera* eft rendu par le mot *œuvres*, dans les anciens titres François : terme de Maçonnerie ou d'Architecture, confacré aux fonctions de ceux qui préfidoient à l'entretien des bâtimens, dans les Maifons Royales & dans les Provinces. De là les charges des *Maîtres-Jurés des œuvres*, Officiers-Architectes qui parcouroient les Bailliages, comme Infpecteurs des bâtimens. Dans les provifions qui font délivrées au Grand-Voyer de Valois, cet Offi-

(1) Eginh.   (2) Diplom. p. 263.

cier

cier est encore qualifié, *Maître des œuvres de Maçonnerie*, & *Voyer du Duché de Valois*. La fonction de ce Voyer est de donner l'alignement des chemins, de pourvoir à leur entretien, de visiter les bâtimens qui menacent ruine, ou de la situation desquels il peut résulter quelque danger.

L'Empereur Charlemagne renouvella presqu'entiérement le Palais de Verberie. On croit qu'il bâtit la tour du *Prædium* de ce Palais, dont les fondemens subsistent encore. Il fit construire le principal corps de logis, édifice immense, & bâtit la Chapelle de ce Palais, qui conservoit encore le nom de *Chapelle-Charlemagne*, au quatorziéme siécle.

Ce Palais tenoit à plusieurs dépendances, qui formoient comme autant de châteaux particuliers, dont chacun avoit sa destination. Les noms anciens de ces châteaux particuliers n'ont pas changé : ils les conservent encore, dans les titres modernes. Ces dépendances qui sont au nombre de quatre, sans compter quelques annexes de la quatriéme dépendance, se nomment, 1, la Tour, ou S. Corneille ; 2, Herneuse ; 3, le Bois d'Ajeux & Fay, qui comprenoit Laborde, Francourt, & la Boissiere.

Plusieurs Auteurs, dignes de foi, nous donnent l'idée du goût d'architecture, qui regnoit sous Charlemagne, dans la construction des grands édifices (1). Eginhart & Lemoine de S. Gal, dans leurs écrits, vantent la magnificence du Palais d'Aix-la-Chapelle. Des portes d'airain doré, ornées de cizelure & de figures en relief, en décoroient l'entrée. Aussi spacieux qu'élevés, ses bâtimens annonçoient la puissance & la majesté du Maître. Autour de ce Palais, paroissoient, à quelques distances, plusieurs châteaux moins grands, mais plus riants. Reginon & Lambert nous donnent la même idée du Palais de Nimégue. Cent colonnes ornoient la façade du Palais d'Ingelheim ; le château de Merley est nommé dans les écrits de ce siécle, un édifice incomparable, d'un travail exquis, & surtout remarquable par la hauteur prodigieuse de ses murs, *Egregium opus muris excelsis*. Ceci doit préparer à la description du Palais de Verberie & du château de Chavercy.

Le Palais de Verberie avoit son aspect au Midi. Les édifices qui le composoient, s'étendoient de l'Occident à l'Orient, sur une ligne de 240 toises. Un corps de logis très-vaste, où se tenoient les assemblées générales, les Parlemens, les Conciles, &c. *Mallo-*

(1) Hadr. valef. def. not. gall. Adv. germ. p. 132.

bergum, terminoit à l'Occident cette étendue de bâtimens, de même que la Chapelle à l'Orient. La Chapelle & la salle d'assemblée formoient comme deux aîles, qui accompagnoient une longue suite d'édifices, de différentes formes & de différentes grandeurs. Au centre de toute cette étendue, paroissoit un magnifique corps de logis, d'une hauteur excessive, composé de deux grands étages. Les murs, bâtis d'une pierre de taille choisie, étoient ornés de figures à bas reliefs, de frontons, de fleurons, de fenêtres ouvertes, & de fenêtres feintes, avec des ornemens bien ménagés, & d'un grand dessein, proportionnés au genre d'architecture, qui approchoit du Colossal. Deux tours rondes accompagnoient le principal corps de logis. Depuis ces deux tours jusqu'à la Chapelle de Charlemagne d'un côté, & à la salle d'assemblée de l'autre, on voyoit divers bâtimens, un peu moins élevés que le grand corps de logis, mieux percés de hautes & larges fenêtres, semblables aux croisées des Eglises du treiziéme siécle, moins chargées cependant de pilastres & de moulures. On remarquoit par intervalles de grosses tours quarrées, plus larges qu'élevées : elles faisoient l'effet de nos dômes dans les Palais. On voit encore une de ces tours, dans la basse-cour du Fief d'Haramont. J'ai tiré ces notices de quelques restes de l'ancien Palais, & d'un titre du regne de François I, qui permet la démolition des différentes parties de ce Palais. Ces parties de bâtiment avoient été incendiées sous le regne infortuné de Charles VI, un siécle auparavant.

Le chevet de la Chapelle regardoit le Midi. On y entroit par une porte collatérale, placée à l'Occident, pour la commodité des personnes du château. Cette Chapelle, bâtie dans le même goût que le grand corps de logis du Palais, a été détruite à deux reprises : la chûte du clocher, arrivée en 1333, a fait crouler une partie des murs, déja affoiblis par le poids de leur élévation. Les habitans de Verberie ayant entrepris de soutenir un siége contre les Anglois, dans le cimetiere de cette Eglise, pendant les troubles du regne de Charles VI, le Général Anglois fit canonner les murs du cimetiere, & la Chapelle même du côté du Nord avec tant de vigueur, que les murs s'écroulerent en grande partie. Des titres de 1310 & de 1343, nomment encore cette Eglise, Chapelle de Charlemagne.

On voit, à la ferme du Chât, les caves de l'ancien Palais. Les jardins s'étendoient le long de l'Oise, entre le Palais & cette riviere : ils occupoient comme les bâtimens du Palais, un espace large de 240 toises, d'Occident en Orient. Plus bas que le Nord de la Chapelle, commençoit le parc, qui finissoit à Herneuse, où commençoit la forêt de Cuise. Une longue terrasse qu'on a démolie, & que la riviere arrosoit de ses eaux, servoit de clôture aux jardins. On passoit des jardins de l'autre côté de l'Oise, sur un pont de bois, qu'on appelloit *Pont du Palais*, pour le distinguer de deux autres situés au-dessus & au-dessous des jardins. Il est fait mention de ce pont dans une Charte de Charles le Simple (1), datée de l'an 919, & dans un titre de 1449.

1. La grosse tour, située au couchant du Palais, servoit de demeure au Concierge. Je ne puis assurer, si cette tour a été bâtie sous Charlemagne : peut-être a-t-elle été construite pendant les troubles postérieurs à son regne. Il est certain, indépendamment de cette circonstance, qu'il y a eu en cet endroit une espéce de Conciergerie, dès le temps où le Palais de Verberie a été renouvellé par Charlemagne. Les Souverains, Successeurs de Louis-le-Débonnaire, donnent à ce lieu le nom de *Prædium*. Le Roi Robert le désigne ainsi dans une Charte de l'an 1029, *Prædium nostrum Regali nostræ Sedi Vermeriæ contiguum*.

L'Officier qui gouvernoit le Palais de Verberie, & qui en administroit les affaires, y faisoit sa résidence. Cet Officier a successivement pris les titres de Comte, de Juge, d'Œconome & de Châtelain, depuis l'origine de ce *Prædium*, jusqu'au regne de Robert. En vertu de sa charge, il avoit sur cette maison des droits, semblables à ceux dont le Péager de l'Oise jouissoit à Rivecourt. Sa jurisdiction s'étendoit sur toutes les dépendances utiles du Palais.

Lorsque le Roi Robert parvint au Trône, ce Domaine particulier avoit été érigé en Fief, & la grosse tour subsistoit. Le ressort de ce Fief comprenoit deux Eglises, quatre moulins, cinquante-trois habitans, plusieurs hostes ou fermiers *hospités*, des terres à bled, des prés, des vignes, & un bois. Plusieurs familles de serfs faisoient valoir, au profit du maître de cette maison, des jardins & des terres labourables situées à côté.

Pendant les troubles du dixiéme siécle, des particuliers puissans avoient envahi ce Domaine, & l'avoient rendu héréditaire dans leurs familles : le Roi Robert le retira de leurs mains pour une somme considérable. Il employa à cette acquisition l'or & le prix

(1) Diplom. p. 563.

des présens, que la Reine Constance son épouse avoit apportés en mariage (1).

Robert & Constance, voulant donner aux Religieux de S. Corneille de Compiegne quelques marques de bienveillance, leur abandonnerent ce *Prædium* avec ses dépendances. Les noms de *la Tour* & de *S. Corneille* lui sont venus, le premier, de la grosse tour dont nous venons de parler; le second, de l'Abbaye de Saint Corneille de Compiegne, à laquelle il fut réuni en l'an 1029.

Au commencement du seizième siécle, les Religieux de Compiegne vendirent ce Fief à un particulier nommé d'*Henaut*, des héritiers duquel il a passé aux auteurs du sieur Bergeron de la Tour, Inspecteur des Chasses de Monseigneur le Duc d'Orleans, qui le possède aujourd'hui.

Il coule dans les jardins de ce Fief une source d'eaux minérales vitrioliques, qui ont joui d'une grande réputation. M. Duclos en parle dans son Analyse des Eaux minérales de France. La plûpart des Dictionnaires en font mention. Elles ont la vertu de soulager les personnes attaquées de maladies néfrétiques, telles que la gravelle & la pierre, ainsi que les fiévres invétérées. Cette source est connue sous le nom d'*Eaux minérales de Verberie*.

Au-dessous du Fief de S. Corneille, assez près du ru de Rouanne, il y avoit un pont sur la riviere d'Oise, à l'endroit où passoit l'ancien chemin de Flandres. Les titres l'appellent *Pont de la Rouanne*, à cause du droit de ce nom qu'on y percevoit; *Pont de Flandres*, à cause du chemin, & pont du Marthoy, à cause d'un Fief de ce nom, dont le territoire alloit jusqu'à ce pont. En 1482, un certain Robert de Camp, Ecuyer, tenoit ce Fief à vie du Chapitre de Senlis. Le pont, étant tombé de vétusté, fut relevé au commencement du regne de Charles VI. Monstrelet parle d'un corps de troupes qui venoit de delà l'Oise, & qui passa au-dessous de Verberie *sur un pont neuf*.

2. Herneuse s'écrivoit originairement Hez-neuve, *Haia nova*. Il y avoit en cet endroit un troisiéme pont, un hameau, & un manoir Seigneurial. Le pont est appellé dans les Chartes, *Pont de Bamboine*: ces Chartes font mention de deux moulins situés l'un dessus le pont, l'autre à côté. Il ne reste plus du hameau, que deux fermes placées en-deça de l'Oise vis-à-vis Rivecourt. Le manoir Seigneurial renfermoit dans son enceinte les prisons du Palais,

(1) Diplom p. 563. & & 582.

qui servoient aussi à toute la contrée. Le Geolier de ces prisons profitant des troubles, avoit eu le secret d'ériger sa place en Fief héréditaire. Pour accompagner ce Fief, il avoit bâti, à côté des prisons, un château qu'on appella l'hôtel du *Vintre*, du mot latin *Vinctor*, qui exprimoit ses fonctions & son titre. Nous parlerons avec quelque détail de cette charge singuliere. Nos Rois ont aliéné une partie du territoire de Herneuse, en faveur des Mathurins de Verberie, qui y possédent actuellement une ferme.

3. Le château du Bois d'Ajeux occupoit l'emplacement de la ferme, qu'on nomme aujourd'hui l'*Abbaye*. Charlemagne l'embellit à un point qu'on ne croiroit pas, si l'on n'en avoit des preuves récentes. Ce château fut bâti pour servir d'accompagnement au Palais de Verberie, & pour en varier le séjour. Charlemagne y prodigua des ornemens & des richesses de tous les genres. Les bâtimens de cette Maison de plaisance avoient peu d'élévation, en comparaison de ceux du Palais; mais le marbre, les dorures & les mosaïques, en décoroient les appartemens. On rebâtit il y a vingt ans la ferme de l'Abbaye. Pour asseoir de nouveaux fondemens, on remua beaucoup de terres. On trouva en plusieurs endroits des bris d'un très-beau marbre, en fort grande quantité, & des morceaux de mosaïques de la plus belle conservation, quoiqu'enterrés depuis plusieurs siécles. De belles eaux, des canaux & des étangs, entretenus & renouvellés continuellement par le bras de la riviere d'Oise, qui commençoit à la Croix, & se déchargeoit dans l'Oise, plus bas que le château, ajoutoient beaucoup à l'agrément du séjour.

Le château des Ajeux avoit un territoire & une justice. Ce territoire comprenoit un parc, destiné à recevoir des bêtes fauves, espéce de ménagerie, & tout l'espace qu'on nomme encore présentement les Ajeux, le long de l'Oise jusqu'auprès du village de Sarron. Le Roi entretenoit un Sénéchal dans ce Château. Cet Officier y jouissoit des mêmes prérogatives, que l'Œconome ou Juge du *Prædium*.

Charlemagne & Louis le Débonnaire conserverent ce Domaine, sans en rien démembrer. Charles le Chauve ne se plaisoit pas moins au bois d'Ajeux, que ses Prédécesseurs. Cependant il résolut, la derniere année de sa vie, de faire présent du château à la Communauté des Clercs de S. Corneille de Compiegne (1). L'acte de sa donation est daté de l'an 877. Le Roi ajouta à ce présent deux

(1) D. Bouq. t. 8. p. 659. 660.

HISTOIRE DU DUCHÉ

Chapelles, avec des droits de dixmes attachés à chacune; il transmit aussi aux Clercs de Compiegne, le droit de Justice pour le château & ses dépendances. Les Clercs de S. Corneille continuerent le Sénéchal du Roi dans les fonctions de sa charge.

En l'an 1259, Pierre de Verberie assigna au Parlement Jean de Longueil, Abbé de S. Corneille de Compiegne, afin que défense lui fût faite, d'exercer aucun droit de Justice au bois d'Ajeux. La cause étant compliquée, Jean de Longueil ne comparut pas d'abord; il fournit enfin ses défenses au Parlement dans l'Octave de la Nativité de la Sainte Vierge en 1259, & il fut confirmé dans son droit. Une piéce tirée des Archives de la Cathédrale de Beauvais, & datée de l'an 1293, fait mention du Sénéchal, que l'Abbé & les Religieux de Compiegne avoient au Bois d'Ajeux, pour rendre la Justice, & gérer leurs affaires.

Le château du Bois d'Ajeux servoit de maison de plaisance aux Religieux de S. Corneille. Ils y venoient en batteau de Compiegne, par le canal de la Conque. Il paroît qu'il fut incendié & détruit par les Anglois, en même temps que le Palais de Verberie, sous le regne de Charles VI. L'Eglise du château avoit S. Roch pour patron. On ne voit plus présentement ni château, ni Eglise. Le Bois d'Ajeux n'est plus qu'un hameau, relevant de la Paroisse du Crucifix de Compiegne. Cette Paroisse, par un privilége assez singulier, s'étend sur des lieux des trois Dioceses, de Soissons, de Noyon, & de Beauvais. Le Bois dépend actuellement de la manse Abbatiale de S. Corneille, réunie à l'Abbaye du Val-de-Grace à Paris.

4. Nous parlerons avec quelqu'étendue au Livre suivant, de la terre de *Fay*. Nous ne considérerons ici ce domaine, que rélativement au Palais de Verberie. Les grands Palais avoient ordinairement parmi leurs dépendances, un *Fay*, une *Boissiere*, & une *Borde*.

Nos peres appelloient *Fay*, un lieu planté de faux, arbre qui porte sa cime fort haut; de même que nous nommons *Chesnoye*, un endroit planté de chênes. Les Rois des deux premieres races, trouvant dans les Gaules des forêts touffues de toutes parts, prenoient plaisir à bâtir & à s'approcher des cantons où le hêtre dominoit plus que le chêne; parce que les places où croît le faux, sont ordinairement dégagées d'épines, de buissons, & de mort-bois, qui sont autant d'obstacles au divertissement de la chasse.

Le Palais de Verberie avoit trois *Fays* dans sa dépendance:

le grand Fay, le petit Fay, & le Fayel. Le grand Fay est la terre de Fay, *terra de Fayaco*, dont nous ferons la description. Le domaine de cette terre s'étendoit sur toutes les dépendances du Palais, situées sur la montagne. Après avoir été démembrée du Palais de Verberie, elle fut donnée en Fief aux Bouteillers de France, dont les descendans en firent présent au Monastere de Chalis.

Le petit Fay est mentionné dans plusieurs dénombremens de l'Eglise de Beauvais. L'hôtel de ce Fief tenoit à Francourt; autre Fief contigu lui-même au grand Fay, & dont le nom latin *Francorum curtis* semble indiquer, que son origine est due aux premiers Francs, qui se sont établis dans le canton. On ne voit plus aucun vestige de l'hôtel du petit Fay.

Le Fayel est présentement une terre dépendant de la Paroisse de Rivecourt, à côté du Bois d'Ajeux. Les Seigneurs de la Mothe-Houdancourt, à qui cette terre appartient encore, y ont bâti un très-beau château, à la place du premier.

Les anciens châteaux de Crépy & de Pontoise avoient chacun une *Boissiere*, ainsi que le Palais de Verberie. Ce terme signifie un bosquet, un lieu planté de charmilles, aussi étendu qu'il faut de terrein dans un champ, pour recevoir la semence d'un boisseau (1). La Boissiere ne paroît pas avoir jamais été un Fief. L'hôtel de la Boissiere a été originairement donné par nos Rois à des particuliers, à la charge de quelques redevances, de celle du Message entr'autres. Ces particuliers obtinrent la permission de s'y fortifier pendant les troubles.

En l'an 1246, l'hôtel de la Boissiere appartenoit à un certain Henry Piat, qui devoit deux sols de rente sur son hôtel, à Pierre de Verberie, Prevôt de Senlis. Sous le regne de Charles VI, l'hôtel de la Boissiere a soutenu plusieurs siéges contre les Anglois; ceux qui l'occupoient la défendirent très-bien. La Boissiere n'est plus présentement qu'une ferme, située sur la Paroisse de S. Vast, au milieu des champs, sans voisinage.

Le nom de *Borde* signifie une ferme, une métairie. La Borde a toujours dépendu du grand Fay. Le château de Crépy avoit aussi ses Bordes près Saint Thomas. La ferme de la Borde est appellée *Borda de Fayaco* dans tous les titres de Chalis qui en font mention. J'ai eu communication d'un dénombrement de l'an 1464, appartenant à l'Eglise Cathédrale de Beauvais, dans lequel

(1) Du Cang. Gloss.

il est marqué, qu'il y avoit à la Borde *Hostel* & *Grange*, c'est-à-dire, un petit château & une ferme. Les jardins de l'hôtel s'étendoient jusqu'aux bois de Capy, où l'on voyoit encore des traces de murs, au siécle passé. En 1748, une ravine a découvert un très-beau puits, dans un endroit qui faisoit autrefois partie des jardins de la Borde, plus près des bois de Capy que de la ferme actuelle. La Borde dépend encore des Religieux de Chalis, de même que le grand Fay. Le Palais de Verberie étoit situé entre la Borde & le Bois d'Ajeux, sur une même ligne. La chaussée Brunehaud passe entre la Borde & Chavercy.

L'Auteur du Supplément à la Diplomatique du P. Mabillon distingue plusieurs Classes des châteaux de plaisance, où les Rois de la premiere & de la seconde race se rendoient. Il place les Palais de Quierzy & de Verberie dans la premiere, à cause de l'étendue & de la magnificence de leur bâtisse. Le plan que je viens de tracer ne laisse rien à désirer, sur la distribution des Palais du premier ordre. En ajoutant aux lieux que j'ai nommé parmi les dépendances du Palais de Verberie, Bethysi, une partie de Roberval & de Rhuys, avec tous les lieux de la Châtellenie actuelle de Bethysi & Verberie, que je n'ai pas nommé, on aura l'arrondissement de l'ancien ressort de ce Palais. La Jurisdiction & le gouvernement de ce ressort appartenoient au Juge ou Châtelain de la tour, présentement S. Corneille, avant que cette jurisdiction fût transférée au fort château de Bethysi, sous le regne de Robert.

19. Les Courtisans ont toujours été attentifs à imiter les Souverains dans leurs actions. Ils trouvent dans cette conduite l'avantage de plaire à des Princes, qui prennent plaisir, comme le reste des hommes, à voir retracer dans autrui leurs gouts & leurs inclinations. Ils ont aussi la satisfaction personnelle, de participer en quelque maniere à l'éclat & à la majesté du Trône.

Oger, surnommé le Danois dans les Romans, parce qu'on le confond avec le Général Hochery, ce Danois si connu par ses exécutions sanglantes, avoit la meilleure part dans la bienveillance & dans l'affection de l'Empereur Charlemagne. Afin de mériter de plus en plus les témoignages de son estime, Oger résolut de faire construire auprès du Palais de Verberie, au milieu d'un domaine qu'il tenoit des libéralités du Prince, un château dont l'architecture imitât en raccourci, celle du Palais de Verberie.

Le domaine qu'Oger tenoit en bénéfice de l'Empereur Charlemagne

lemagne, comprenoit Oger-Saint-Mard, & Oger-Saint-Vincent, chef-lieu du territoire, qui a pris son nom de celui de son possesseur : Reuilly, Chamicy, Verrines, Leplessy - Cornefroy, Trumilly & Chavercy.

Plusieurs chemins anciens traversoient ce territoire ; la chaussée Brunehaud, le chemin de Syrie & le grand chemin de Bapaume ou de Flandres. Nous avons assez parlé de la chaussée Brunehaud. Le chemin de Syrie passoit à l'endroit, où l'on voit présentement le chemin Boquilleret : il traversoit la chaussée Brunehaud & le chemin de Flandres, où plutôt conduisoit de l'un à l'autre. L'étymologie de ce nom de Syrie est remarquable. Les Marchands Syriens faisoient seuls le commerce extérieur & intérieur de la France, au temps de Frédégonde qui les protégeoit beaucoup. Leur crédit a duré plusieurs regnes, & les anciens chemins de commerce ont retenu leur nom en plusieurs endroits (1).

Le grand chemin de Flandres ou de Bapaume, qui conduisoit de la Champagne & de la Brie à Crépy, & de Crépy en Flandres, se divisoit en plusieurs branches auprès de Chavercy. On le nomme en quelques endroits chemin de Nanteuil. Il y a eu deux chemins de Flandres, de Chavercy à la riviere d'Oise : l'un commençoit à la chaussée Brunehaud, au-dessus de Saint-Martin Béthysi, passoit à Chavercy, à Ville-neuve, à Noë-Saint-Martin dans le marais, où l'on trouve encore, en creusant à deux pieds, une arche de pont & le sol d'une chaussée. Delà ce chemin aboutissoit au pont de Rouanne, au-dessous de Verberie. L'autre chemin venoit de Crépy en droiture, passoit à Chavercy, tomboit à Rhuis, & delà au pont de Rouanne, où l'on passoit l'Oise. Il reprenoit de l'autre côté de l'Oise, traversoit le marais de Longueil, alloit droit au Fayel, à la Chapelle de Saint Sulpice, où l'on en voit encore des traces, & de là à Estrées-Saint-Denys.

Au milieu de la plaine où passoient ces chemins, s'éleve un monticule long d'un quart de lieue, & large d'environ trois cens pas. Il est de toutes parts environné de pentes, comme un tertre : sa surface est applatie. Oger, qui avoit conçu le dessein de bâtir un château, choisit ce monticule pour le placer. Il trouva, vers le milieu d'une des longueurs de ce tertre, un enfoncement

---

(1) Dissert. sur le Com. des 2 prem. races, 1. Paris, Ganneau 1753.

demi-circulaire, & il réſolut d'y bâtir. Il fit conſtruire ſon édifice ſur ce plan.

On éleva, au centre du fer à cheval, une groſſe tour. Deux autres tours terminoient les deux extrémités du demi-cercle. Entre le centre & chaque extrémité, on bâtit à égale diſtance, deux autres tours, cinq en tout. On plaça la Chapelle entre deux tours, & on remplit de bâtimens les intervalles des autres. En 1690, on voyoit encore des pans de murs de la Chapelle. Ces bâtimens & ces tours ſervoient de terraſſes au monticule. On entroit dans chaque tour de plein pied vers la plaine, par une porte de fer; (on voyoit encore en 1749, celle de la tour du milieu dans ſes ruines), de gros murs de terraſſes, élevés à la hauteur du monticule, formoient un bas étage des édifices & des tours. Quelques lucarnes étroites donnoient du jour dans les logemens de cette partie inférieure : les cuiſines & les magaſins occupoient le rez-de-chauſſée ; ils n'avoient d'autre iſſue, que les portes des tours, du côté de la plaine. De longues caves, bien voûtées, regnoient ſous le monticule en pluſieurs endroits.

Les appartemens avoient leur aſpect & leur iſſue, à la partie ſupérieure du monticule, dont la ſurface étoit couverte de jardins & de boſquets. Un mur ſolide couronnoit les puits du monticule. Le fort château de Chavercy, conſtruit ſur ce plan, joignoit à la ſolidité des forterreſſes, tout l'agrément des maiſons de plaiſance.

La ſituation de ce château donnoit à Oger la facilité de faire une cour aſſidue à l'Empereur Charlemagne, lorſque ce Prince venoit paſſer au Palais de Verberie, une partie de la belle ſaiſon. Oger avoit en ſa faveur, tout ce qui pouvoit lui mériter les égards de l'Empereur ſon maître (1). Une noble extraction relevoit l'éclat de ſes vertus guerrieres. Il avoit la taille haute & bien priſe. En meſurant ſes oſſemens, qui ſont conſervés au tréſor de S. Pharon de Meaux, on a reconnu qu'Oger devoit avoir huit pieds de hauteur (2). Charlemagne aimoit beaucoup à voir parmi ſes courtiſans des hommes d'une telle ſtature, parce qu'il avoit lui-même une taille avantageuſe.

Oger conſervoit un fond de piété, qui lui faiſoit trouver un vrai plaiſir à viſiter les Monaſteres & les perſonnes d'une vie exem-

(1) Sec. 4. Bened. p. 662. (2) Hiſt. Meaux, t. 1. p. 77.

plaire, dans les temps où ses fonctions ne le demandoient ni à la Cour, ni dans les armées. Il prit lui-même à la fin, le parti de renoncer au monde, à cette occasion.

Il entra un jour dans l'Eglise de S. Pharon de Meaux pendant l'Office, habillé d'une maniere extraordinaire, ceint d'une espéce de fraise, d'où pendoient des grelots, ou petites sonnettes. Sa démarche, sa taille extraordinaire, le bruit même de ses sonnettes, ne détourna aucun des Religieux, du profond recueillement avec lequel ils assistoient à l'Office. Un seul Novice cédant à une curiosité naturelle, osa jetter un regard sur Oger. Il fut puni à l'instant d'une maniere très-sévere. On voit encore la figure de ce Novice, parmi celles qui sont représentées autour du tombeau d'Oger à S. Pharon.

Ces marques d'un parfait recueillement firent impression sur l'esprit d'Oger. Il en fut d'abord édifié. La réflexion ensuite lui inspira le dessein d'imiter dans la retraite, les vertus qu'il admiroit.

Avant de rien exécuter, Oger fit part de sa résolution à l'Empereur Charlemagne. L'Empereur sacrifiant la satisfaction de posséder auprès de lui son favori, aux vues de perfection que celui-ci avoit conçues, consentit à sa retraite. Oger remit à l'Empereur les domaines qu'il possédoit dans le Valois, & les bénéfices militaires dont il jouissoit. Il prit l'habit de Religion au Monastere de S. Pharon de Meaux, & mourut en cette Abbaye, après trois ans de profession, le trentiéme jour de Décembre. Il y fut inhumé; & l'on voit encore le magnifique tombeau qu'on éleva à ce Héros, en mémoire de ses exploits & des sentimens de religion, qu'il couronna par un renoncement sans réserve à tous ses biens.

Nous avons remarqué qu'il ne faut confondre Oger de Chavercy, ni avec le Saxon Anscher, ni avec le Danois Hochery. Le dernier ne commença à ravager la France qu'en 841, plus de trente ans après la mort de notre Oger.

Les dépendances de Chavercy & de la terre qui a conservé le nom d'Oger, revinrent au Domaine de la Couronne.

20. Je n'ai pu découvrir quel nom portoient la terre d'Oger-Saint-Vincent, & le hameau d'Oger-Saint-Mard, avant qu'Oger les eut reçus en bénéfice de l'Empereur Charlemagne. L'Auteur de l'Histoire de la Translation de S. Arnoul, faite en l'an 949, appelle *Otgerius* la terre d'Oger-Saint-Vincent. C'est à tort que les Géographes écrivent *Auger* sur leurs cartes. La terre d'Oger passa du

Domaine de nos Rois, à celui des Comtes de Crépy, vers le commencement du dixiéme siécle. Le Palais de Bouville dépendoit alors de la Paroisse d'Oger.

Raoul I, Comte de Crépy, ayant reçu dans la Chapelle de son château les Reliques de S. Arnoul, y fonda un Chapitre de Chanoines. Il donna à ce Chapitre l'Autel, c'est-à-dire, l'Eglise d'Oger avec ses revenus, & assigna une rente à chaque prébende, sur le produit de la terre d'Oger. Les Religieux de S. Arnoul ont succédé aux droits des Chanoines. En l'an 1222, l'Abbaye du Parc relevoit encore de la Paroisse d'Oger (1). En 1223, Clerembaud, Evêque de Senlis, confirma solemnellement les Religieux de S. Arnoul dans la jouissance des revenus attachés à l'Autel d'Oger.

Ces Religieux avoient aussi sur la Paroisse d'Oger, des cens, des rentes, & un droit de Justice. On lit dans les Registres *olim*, que vers l'an 1276, le Prieur de S. Arnoul fit relever ses fourches d'Oger. Le Bailli de Senlis s'y opposa pour le Roi. Le Prieur de S. Arnoul appella de la défense du Bailli au Parlement de l'Epiphanie 1277, & sur les titres qu'il produisit, le Parlement le maintint dans l'exercice de son droit. Les Religieux de S. Arnoul conservent encore quelques droits sur la terre d'Oger-Saint-Vincent.

La Seigneurie d'Oger-Saint-Mard passa aux Seigneurs de Nanteuil vers le milieu du onziéme siécle. Pierre le Gruyer, huitiéme fils de Philippe I, Seigneur de Nanteuil, prenoit la qualité de Seigneur d'Oger. Il y a encore à Oger-Saint-Mard un canton qu'on nomme *le Fief du petit Nanteuil*. Suivant une déclaration faite au dernier terrier de Valois, les habitans d'Oger-Saint-Mard, sont sujets à la bannalité du moulin de la Carriere à Duvy. Il est rarement question d'Oger-Saint-Mard dans les titres.

Il y avoit aux douziéme & treiziéme siécles dans le Valois, plusieurs familles qui portoient le nom de la terre d'Oger (2). On a des lettres de Philippe d'Alsace, Comte de Flandres, datées de l'an 1182, à la fin desquelles on lit le nom d'un Thibaud d'Oger (3). En l'an 1194 (4), il y eut un accord entre l'Eglise de Senlis d'une part, & Ermentrude, *noble Dame d'Oger*, de l'autre. On trouve parmi les preuves qui terminent l'Histoire de Meaux, une piéce de l'an 1252, qui met un Simon d'Oger & Agnès sa femme, au nombre des bienfaiteurs de Cerfroid. Un titre du Cartulaire

---

(1) Gall. Christ. t. 10. instrum. p. 426. 451. | (3) Gall. Chr. t. 10. p. 1406.
(2) Cart. morin. n° 75. | (4) T. 2. n° 362.

de S. Aubin, daté de l'an 1265, fait mention d'une Aalide, Dame d'Oger, qui demeuroit à Crépy. En l'an 1279, il y eut au Parlement de la Toussaint, une affaire concernant un certain Philippe d'Oger, dans laquelle les Bourgeois de la Commune de Crépy intervinrent, & coururent risque de perdre.

La terre d'Oger est l'une des mairies de la châtellenie de Crépy. Cette mairie comprend Oger-Saint-Vincent, chef-lieu, Oger-Saint-Mard, Villeneuve sur Verberie, le Luat, Fresnoy, la montagne & plusieurs Fiefs du canton. En 1475, le village d'Oger devoit sept livres seize sols de taille au domaine de Valois. En 1622, ce domaine percevoit à Oger un droit de péage, qu'on affermoit avec la mairie du lieu. Il y avoit anciennement un grand chemin qui conduisoit de Chavercy à Nanteuil, & qui passoit par Oger-Saint-Vincent.

Depuis la retraite du fameux Oger au Monastere de S. Pharon, Chavercy & son territoire furent démembrés en faveur des Seigneurs de Crépy, des Comtes de Breteuil, Seigneurs de Nanteuil, & de quelques Gentilshommes. Nos Rois se réserverent la jouissance de Reuilly & de Chamicy. Ces lieux sont cités dans deux comptes rendus à Philippe Auguste (1), en 1217, & en 1219. Les Religieux de Sainte Geneviéve de Paris avoient alors au Plessis-Cornefroy des familles *d'hommes de corps*, qui leur devoient tous les ans une livre de cire par tête (2).

Les Normands, pendant leurs irruptions, endommagerent beaucoup le château de Chavercy. Ce château passa à des Avoués, qui en prirent le nom, & qui en conserverent la propriété.

En l'an 1162, Thibaud de Gonesse (3) possédoit à Chavercy un bien, sur lequel il donna une rente d'un septier de grain au Monastere de Chalis (4). Je trouve dans un acte de 1186, le nom d'un Pierre de Chavercy, qui avoit des dixmes, des cens & des hôtes à Champlieu. Ce Pierre de Chavercy est encore cité dans le Cartulaire de Philippe Auguste, parmi les Chevaliers de la Châtellenie de Senlis. En 1208, Gaufride, Evêque de Senlis (5), fit présent à son Eglise d'une rente de quarante sols, à prendre sur la maison d'Helvide de Chavercy. Quelques titres des deux années suivantes, font mention d'un Nicolas de

(1) Brussel. vf. des Fiefs, t. 2. p. 445.
(2) Cart. S. Genev. Paris, fol. 160.
(3) Gall. Chr. t. 10. p. 215.
(4) Louv. Hist. Beauv. t. 2. p. 9. & suiv. Cart. Ph. Aug. fol. 4. v°.
(5) Gall. Chr. t. 10. p. 1409. 1515.

Chavercy, qui donna de son vivant quelques biens au Monastere du Parc. Les Seigneurs de Nanteuil conservoient alors un reste de domaine sur le territoire de Chavercy. Ils avoient une part dans les bois & dans les essarts de Cornon, qui couvrent présentement une extrémité du monticule de Chavercy.

Nicolas de Chavercy eut un fils nommé Nivelon de Chavercy. Ils sont cités tous deux au Cartulaire de Chalis (1), le pere sous l'an 1210, & le fils sous l'an 1244. Nivelon de Chavercy jouissoit d'un grand crédit, & possédoit dans la contrée des biens considérables. Une partie de la terre de Glaignes relevoit de lui, à cause de sa Seigneurie de Chavercy.

Au commencement du siécle suivant, la terre de Chavercy entra dans la maison d'Orgemont, à laquelle appartenoit aussi la terre de Chantilly (2). En 1314, Pierre d'Orgemont se qualifioit Seigneur de Chantilly & de Chavercy. Les Seigneurs de Ver, près de Senlis, ont succédé aux Orgemonts. En 1352, Pierre II de Pacy en Valois fit son testament, & choisit pour l'un de ses exécuteurs testamentaires, *Monsieur Jehan de Ver, Seigneur de Chavercy, Chevalier* (3).

Le château de Chavercy passoit alors pour imprenable. Les Navarrois désespérans de l'emporter par la force, le ravirent à Jean de Ver par surprise. Nous reprendrons sous les dates convenables, la suite des successeurs de Jean de Ver, & les traits qui ont rapport à ce château.

Cette histoire d'Oger & de ses domaines nous conduit naturellement à cette réflexion. Presque tous nos compilateurs traitent le fameux Oger, comme un héros de roman, dont ils ont peine à reconnoître l'existence. Cependant nous lui trouvons un asyle & des terres dans le Valois. D. Mabillon & D. Duplessis ont donné une description de son tombeau. Les monumens justifient une partie, de ce que les anciens auteurs ont débité sur le compte de cet homme extraordinaire.

Au temps de Bergeron (4), on voyoit à Chavercy des ruines immenses; la tradition portoit, que le château détruit avoit été occupé par le fameux Oger. J'avois rejetté d'abord cette tradition comme une fable, Chavercy n'étant plus qu'un hameau, sans traces apparentes d'anciens édifices. Les premieres décou-

(1) Cart. Carol. roq. n° 2.
(2) Anselm. t. 6. p. 338.
(3) Hist. Chât. Duchesn. p. 662.
(4) Val. Roy. p. 12.

vertes en ont amené d'autres, & m'ont obligé de reconnoître comme un fentiment folide, ce que j'avois regardé comme une fable.

Au refte, il n'eft pas de fable qui n'ait une vérité, un fait pour fondement. La fable obfcurcit la vérité fans l'anéantir. Elle la couvre de nuages fans la détruire. Diffipez ces nuages avec le flambeau de la critique, & la vérité paroîtra dans tout fon jour.

21. Nos Rois demeurerent maîtres du château de Vic-fur-Aifne, jufqu'à l'an 814. L'Empereur Charlemagne, cédant aux follicitations de Louis le Débonnaire fon fils aîné, & de la Princeffe Berthe fa fille, donna la terre & le château de Vic-fur-Aifne au Monaftere de S. Médard de Soiffons, par un acte en bonne forme (1). Charlemagne conferva les droits qu'il avoit fur la terre de Berny, & les tranfmit à fes fucceffeurs : ce qui prouve que la terre de Berny n'avoit été donnée à Marchiennes qu'en partie, ou qu'après la mort de Sainte Eufoye. Le domaine avoit repris une portion de cette terre. Le Monaftere de Marchiennes confervoit encore une part dans Berny, fous le regne de Louis VII. Charles le Chauve, ayant deffein d'imiter la dévotion de fon Aïeul & de fon pere envers S. Médard & S. Sébaftien, fit préfent au Monaftere de Soiffons, où repofoient leurs Reliques, de tout ce qui lui appartenoit à Berny. Cette donation nous eft connue par un acte du Concile de Douzy, tenu en l'an 871. L'acte qui confirme les Religieux de S. Médard dans la poffeffion de tous leurs biens, porte que le Roi Charles le Chauve, a fait préfent de Berny à S. Médard, à condition qu'aux jours de S. Sébaftien & de S. Médard, de fon anniverfaire & de ceux de l'Empereur fon pere, de fa mere, de la Reine fon époufe, & de fes enfans, les Religieux auroient réfection, c'eft-à-dire, qu'on devoit leur donner, à chacun de ces jours, un repas extraordinaire (2).

Charlemagne mourut en 814, après avoir affocié fon fils à l'Empire. Nous n'avons pas, fous le regne de Louis le Débonnaire, des évenemens auffi remarquables à rapporter que fous Charlemagne. Louis le Débonnaire fut un génie fans effor, foible, & fujet aux préjugés.

22. On lit dans Eginhard, que Louis le Débonnaire tint en 820

(1) D. Bouq. t. 9. p. 461. (2) Hift. N. D. de Soiff. p. 432.

l'assemblée générale des Grands de la nation, au Palais de Quierzy, & qu'il y prit le divertissement de la chasse pendant la saison de l'Automne. Il passa au même Palais l'Automne de l'an 828. Plusieurs Auteurs témoignent que ce Prince trouvoit toujours un nouveau plaisir à chasser dans les bois de Quierzy, qui renfermoient une partie de la forêt de Laigue, les bois de Brétigni & d'Orcamp.

23. Le regne de ce Prince fut agité par des revers & par des infortunes, qui eurent leur source dans l'ambition & les galanteries de l'Impératrice Judith son épouse. Louis avoit plusieurs fils d'un premier mariage, auxquels il avoit déja partagé ses Etats. Ayant épousé Judith en secondes noces, il en eut un fils nommé Charles (1). Judith sollicitoit l'Empereur de revenir contre le premier partage, & d'en faire un nouveau, dans lequel son fils ne seroit pas oublié. Les Princes du premier lit reçurent avec un mécontentement extrême, la proposition d'un nouveau partage. Ils se déchaînerent, Pepin surtout, l'aîné des trois, contre les desseins de leur belle-mere; ils blâmoient hautement sa conduite, & reprochoient à l'Empereur leur pere une déférence aveugle aux caprices & aux volontés d'une femme entreprenante, qui vouloit tout bouleverser, & troubler l'ordre que l'Empereur avoit établi dans le partage de ses Etats.

Sous le prétexte de venger l'honneur de leur pere, & de le rendre, disoient-ils, à sa dignité, à son bon sens & à lui-même, ils leverent une armée dont Pepin prit le commandement. Ils assemblerent cette armée pendant le temps que l'Empereur visitoit les places maritimes de ses Etats, vers le commencement du Carême de l'an 830. Pepin étant parti d'Orléans à la tête de ce corps d'armée, s'avança jusqu'à Verberie, dans l'espérance de surprendre l'Empereur. Tous les pays qu'il traversa dans sa route, embrasserent son parti.

L'Empereur, ayant été averti à propos de tout ce qui se tramoit contre lui, se rendit à Compiegne avec diligence, accompagné de l'Impératrice son épouse. Apprenant que le corps d'armée de Pepin surpassoit en nombre les troupes qu'il pouvoit opposer aux entreprises de ce fils rebelle, il commença à craindre pour lui, & plus encore pour l'Impératrice. Il résolut d'envoyer cette Dame à Laon: Judith n'eut pas le temps de gagner cette place forte.

(1) Vit. Lud. Pii, cap. 15; & seq. Chr. S. Den. liv. 5.

Elle

Elle fut surprise par deux Officiers, que Pepin avoit envoyés de Verberie à sa poursuite. Livrée à la merci de ses beaux fils, l'Impératrice fut obligée de se prêter à une partie des conditions qu'on exigea d'elle. On l'envoya à l'Empereur, pour lui persuader qu'il devoit abdiquer. Cette démarche n'ayant pas eu l'issue qu'on en attendoit, Pepin employa la force pour contraindre son pere & l'Impératrice sa belle-mere, à se retirer dans un Monastere, & d'y prendre l'habit de religion. Louis le Débonnaire demanda un délai qu'on lui accorda : ce délai le sauva.

Les évenemens qui suivirent le temps, où Pepin leva son camp de Verberie, la jalousie de ses freres, le rétablissement de l'Empereur à Nimégue, la seconde conjuration de ses trois fils, le second rétablissement de Louis le Débonnaire dans l'Eglise de S. Denys en 834, sont des faits étrangers à mon sujet. Nous observerons seulement que l'Empereur, après la cérémonie de S. Denys, vint au Palais de Nanteuil, & que de Nanteuil il alla faire quelque séjour au Palais de Quierzy, où Templeux prétend qu'il attendoit son fils Pepin, avec les Princes & les Seigneurs de sa suite.

L'Empereur Louis, au lieu d'imputer au caractere dénaturé de ses fils, & à sa foiblesse pour Judith, les malheurs qu'il venoit d'éprouver (1), conçut une aversion singuliere pour le canton où Pepin avoit séjourné à la tête de son armée, & pour tous les lieux en général qui avoient pris part à sa révolte. Il ne fit plus de voyage au Palais de Verberie. Il préféroit aux plus belles maisons de l'Isle de France, ses Palais d'Allemagne, & celui de Quierzy.

24. Le séjour de Louis le Débonnaire à Nanteuil ne prouve pas, que cette terre dépendoit du Fisc. Les Rois s'arrêtoient aux Monasteres qu'ils trouvoient sur leur route, autant de temps que leur dévotion ou l'agrément des lieux les y retenoient.

Le Monastere de Notre-Dame de Nanteuil subsistoit dès-lors. Sa premiere origine nous est inconnue. On y observoit la Regle de S. Benoît. Douze simples Religieux & quatre Profès en charge, savoir, un Prevôt, un Trésorier, un Sacristain, un Infirmier, gouvernés par un Abbé, composoient la Communauté. Je ne compte pas les Servans ou Freres rendus. Tous les jours on faisoit l'aumône, & l'on célébroit trois Messes dans l'Eglise ; une Messe basse, & deux Messes *chantées à notes*. Cette Eglise est une des premieres de France où le chant Grégorien ait été introduit.

(1) Vit. Lud. Pii. cap. 45.

On conserve dans la Maison un livre d'Evangile du neuviéme siécle, qui est une rareté dans son genre. Le commencement & la fin ont été transcrits trois cens ans plus tard : mais l'écriture du corps du livre est un ouvrage, qu'on doit rapporter au regne de Charlemagne, ou à celui de Louis le Débonnaire. La Généalogie de Jesus-Christ selon S. Matthieu y est notée toute entiere, avec les chiffres & les lettres qu'on employoit alors. Feu M. l'Abbé Lebeuf en a extrait ce qui suit, dans le recueil manuscrit de ses voyages :

LIBER GENERATIONIS IHGI XPI FILII DAVID FILII ABRAHĀ ABRAʒam ǵenuit Iʃaac &c.

sic erat FACTVM EST

Les deux derniers mots sont le commencement de la Généalogie de Jesus-Christ selon S. Luc. M. l'Abbé Lebeuf observe que tout le chant de ce livre d'Evangile, est du a. e. Il ajoute qu'en 1729, il avoit vu aux archives de cette même Maison, un très-beau Lectionnaire, du même temps que ce livre d'Evangile.

Je serois porté à croire que ces deux livres auront été composés pendant le séjour de quelque Roi. Ces Princes menoient avec eux leur Chapelle, dans tous les lieux où ils se proposoient de passer une Fête solemnelle. Nous en avons un exemple au sujet du Palais de Verberie. Une Charte, expédiée en ce lieu l'an 854, contient les noms de deux Chantres du Palais : l'un se nommoit Fulbert, & l'autre Leudbod, tous deux présens. Le Roi Charles le Chauve les consideroit, à cause de l'art du chant qu'ils possédoient dans une grande perfection (1).

On présume que la premiere Eglise de Notre-Dame de Nanteuil a été construite ou renouvellée au neuviéme siécle. On remarque au Collatéral droit de l'Eglise actuelle, quelques chapitaux de piliers qui portent l'empreinte d'une architecture fort ancienne. Deux longues salles, l'une au-dessus de l'autre, formoient tout l'édifice. La salle haute avoit la Sainte Vierge pour Patrone ; la salle basse portoit le titre de S. Jean-Baptiste. Les Religieux joui-

(1) D. Bouq. t. 8. p. 533.

rent en paix de leurs revenus, jufqu'aux irruptions des Normands, & enfuite jufqu'au temps de leurs brouilleries avec les Comtes de Breteuil.

25 Sous le regne de Louis le Débonnaire, la terre de Neuilly en Orceois changea de poffeffeur. Le Saxon Anfcher décéda, & l'Empereur Louis fit préfent de cette terre au militaire Donat, pour la tenir en bénéfice & à vie feulement (1). Donat, voulant affurer cette terre à fes enfans, gagna le Sécrétaire Bigon, auquel il fit expédier un Diplôme dans la forme requife, portant que l'Empereur lui avoit donné la terre de Neuilly à perpétuité. Cette fraude ne lui profita point. Il encourut la difgrace de l'Empereur, & perdit par une trahifon, le domaine dont il avoit voulu s'affurer par la furprife. Lorfque Lothaire, fils de l'Empereur Louis, vint affiéger Châlons-fur-Saone, Donat trempa dans la révolte. Il abandonna la défenfe du château de Pomiers-fur-Marne, que l'Empereur avoit confié à fes foins. Cependant Louis le Débonnaire marcha en force contre fon fils Lothaire, & s'avança jufqu'à une bourgade appellée *Calciacus*. Lothaire, qui avoit combattu contre les fentimens que la nature infpire, céda à la force des armes. Il fit prier l'Empereur fon pere, de recevoir fa foumiffion & celle de tous fes partifans. L'Empereur accepta les propofitions de fon fils. Après lui avoir accordé le pardon qu'il demandoit, il reçut fon ferment & celui de tous fes fujets qui avoient embraffé le parti des rebelles.

Donat, confondu dans la foule, prêta ferment comme les autres. Il poffédoit le Comté de Melun en même temps que la terre de Neuilly. Ayant été convaincu du crime de trahifon, après un férieux examen de fa conduite, l'Empereur le priva du Comté de Melun & de la terre de Neuilly, fans réferve de la moindre dépendance. On inveftit de la terre de Neuilly, Othon, qui avoit été Huiffier de l'Empereur Charlemagne. Donat fut déclaré inhabile à poffédér aucune charge. Il ne put pas même obtenir la permiffion de bâtir un château fur les terres de fon patrimoine.

L'acte, expédié par le Sécrétaire Bigon, fuppofe l'hérédité des Fiefs déja établie. Theganus (2), dans la vie de Louis le Débonnaire, affure que l'hérédité des Fiefs ou Bénéfices a été introduite fous ce regne: que cet Empereur eft le premier des Rois François qui ait accordé à *fes Fidéles* en toute propriété & pour toujours,

(1) D. Bouq. t. 6. p. 216. an. 834.   (2) Cap. 19.

par des actes signés de sa main, des domaines du Fisc qu'il avoit reçus de ses Ayeux : ce qui ne s'étoit jamais vu avant lui. *Quod nec in antiquis nec in modernis temporibus auditum est, ut villas regias quæ erant avi & tritavi, fidelibus suis tradidit in possessiones sempiternas, & præcepta manu suâ roboravit.*

Cette foible condescendance de l'Empereur Louis le Débonnaire aux désirs immodérés de quelques sujets ambitieux, a été la premiere cause des factions qui déchirerent la France sur la fin du regne suivant, & qui enleverent le Sceptre aux Descendans de Charlemagne.

Louis le Débonnaire mourut en 840. Charles le Chauve eut en partage le Royaume de France. Ses freres prirent possession des Etats d'Italie & d'Allemagne. Les commencemens du nouveau regne furent moins orageux que le milieu & la fin. Deux ans après son avenement à la Couronne, Charles le Chauve épousa Hermentrude, fille du Comte Adelhard, qui avoit été si puissant sous l'Empereur Louis. La cérémonie de ses nôces se fit à Quierzy (1) l'an 842. Charles partit de ce Palais après quelque séjour, & se rendit avec sa nouvelle épouse à Saint-Quentin, où il passa les fêtes de Noël & de l'Epiphanie.

Deux ans après cette solemnité, Charles le Chauve demeura au Palais de Quierzy, une partie de l'Automne. Il y tint l'assemblée générale de la nation, la veille des Ides d'Octobre, Indiction septiéme. Les actes de cette assemblée sont datés de la quatriéme année de son regne (2).

Plusieurs Conciles ont été tenus à Quierzy sous le regne de Charles le Chauve (3). Le premier fut convoqué en 849, contre les erreurs de Gotescalc, Moine d'Orbais. Gotescalc fut jugé par treize Evêques, dont les plus connus sont, Vénilon, Archevêque de Sens, Hincmar de Reims, Rothade, Evêque de Soissons, Loup de Châlons, Pardule de Laon, Rigbold Corévêque de Reims. On comptoit parmi les Abbés, Ratbert de Corbie, Bavon d'Orbais, & Hilduin de Haut-viliers.

Gotescalc, ayant été examiné, fut jugé incorrigible, & déposé de l'ordre de Prêtrise qu'il avoit reçu contre les regles. On le condamna au fouet & à la prison, en punition de son opiniatreté & de son insolence. On lui défendit d'enseigner, & on lui imposa

---

(1) Annal. Bertin.
(2) Sec. 4. Bened. part. 2. p. 249.

(3) Ann. Bertin. Labb. t. 8. p. 55.

un silence perpétuel, qui fut vraisemblablement la plus dure de ses peines. On lui infligea celle du fouet, à Quierzy même, en présence du Roi Charles le Chauve : spectacle bien intéressant pour un Souverain. Après l'avoir contraint de brûler publiquement ses écrits, on le conduisit à l'Abbaye de Haut-viliers au Diocese de Reims, où il fut renfermé.

27. Au mois de Juin de l'an 850, Charles le Chauve convoqua une Cour pléniere au Palais de Verberie. Il y donna publiquement audience aux Envoyés d'Innicon, Duc de Navarre, & reçut leurs présens (1). Ces Envoyés, après avoir obtenu du Roi la paix qu'ils demandoient, s'en retournerent. Dans le cours de cette assemblée générale, le Roi fit expédier plusieurs Diplômes. On a une Ordonnance de ce Prince (2), datée de Verberie, la dixiéme année de son regne, touchant quelques biens dont il fait présent à l'Eglise de Nevers. D. Germain (3) cite une autre Charte datée de Verberie au mois de Juin, concernant le Monastere de Cormery.

Le six des Ides d'Août, le Roi Charles le Chauve tint un Parlement, dont les actes ne sont datés d'aucun lieu (4). Le P. Mabillon dans ses Annales, pense que c'est à Verberie qu'il a été assemblé.

Charles le Chauve étant à Soissons l'an 852, indiqua un Concile à Verberie pour les Calendes de Septembre de l'année suivante 853. Après le Concile de Soissons, Charles vint à Quierzy sur-Oise, où il souscrivit avec les Evêques & les Abbés, les quatre fameux articles dressés contre la doctrine de Gotescalc (5). Ces quatre articles ont rendu célèbre le nom de Quierzy, dans les disputes des derniers temps touchant la prédestination.

Le Concile indiqué à Verberie pour les Calendes de Septembre 853, eut lieu un mois plutôt (6). Quatre Métropolitains y assisterent avec leurs Suffragans ; Vénilon, Archevêque de Sens, Hincmar de Reims, Paul de Rouen, & Amauri de Tours. Il y vint aussi quelques Evêques de la Province de Lyon. L'on y parla de l'infirmité d'Hériman, Evêque de Nevers, dont il avoit été question au Concile de Soissons : l'on rendit à cet Evêque le gouvernement de son Eglise. Les articles que le Roi avoit fait publier au Concile de Soissons, furent approuvés à Verberie. Fulrad,

---

(1) D. Bouq. t. 7. p. 42. Flod. l. 3. cap. 4. Chron. Fonten. an. 850.
(2) D. Bouq. t. 8. p. 509.
(3) Diplom. p. 332.
(4) Ann. Bened. lib. 34. n° 58.
(5) Ann. Bertin.
(6) Labb. t. 8. p. 99. Baluz. t. 2. p. 58.

Abbé de S. Denys, obtint dans le second Concile de Verberie, la confirmation de plusieurs donations faites à son Monastere.

D. Bouquet rapporte (1) deux Diplômes expédiés au Palais de Verberie aux Calendes d'Août 854. Charles le Chauve ratifia en ce même lieu, un échange de plusieurs piéces de terre, fait entre un Seigneur nommé Betton, & l'Abbaye de S. Denys. On croit que c'est de Betton que la terre de Bettancourt a pris son nom. Un Betton y possédoit quelques héritages.

Le Roi Charles avoit parmi les Chantres de son Palais, un Diacre Fulbert. Ce Diacre qui avoit suivi Charles le Chauve au Palais de Verberie, pria ce Prince de lui permettre l'échange d'un bien situé près de Consavreux au pays d'Orceois. Fulbert obtint l'agrément du Roi, qui permit l'échange, & le confirma (2) par un Diplôme daté de Verberie, le cinq des Calendes de Juillet 854.

26. Le Palais du Chesne, *Palatium Casnum*, est une ancienne Maison Royale, dont les Savans ont ignoré la position pendant plusieurs siécles. La découverte de cette position est due aux recherches de D. Michel Germain (3). Ce Savant a retrouvé les traces du *Palatium Casnum* entre le Chesne Herbelot & Béronne, dans des ruines qui n'existent plus. Béronne & le Chesne Herbelot, sont situés l'un à une lieue, l'autre à une demie lieue du château de Pierrefonds vers l'Orient.

En l'an 855, le Roi Charles le Chauve passa quelque temps au Palais du Chesne. Ce séjour nous est connu par une Charte qu'il y donna, & que D. Bouquet a inférée dans sa Collection (4). On lit aux Annales de S. Bertin, qu'aussi-tôt après la mort de l'Empereur Charles le Chauve, arrivée l'an 877, on en porta la nouvelle à Louis le Begue son fils, qu'on trouva au Monastere d'Avenay au Diocese de Reims. Louis se rendit à Compiegne sur le champ, & indiqua une assemblée générale des Grands du Royaume, au Palais du Chesne (5).

Ce Palais doit être mis au nombre des Maisons Royales du second ordre. Il y avoit un Châtelain pour Gouverneur. La tige des premiers Seigneurs de Pierrefonds a commencé par un Châtelain du Chesne. Le Palais du Chesne ayant été détruit, ou par les Normands, ou par les factions des Seigneurs voisins, les Châ-

---

(1) Tom. 8. p. 532. 533.
(2) Diplom. p. 332.
(3) Diplom. p. 278.

(4) T. 8. p. 544. 545.
(5) Ann. Bert. ad an. 877.

telains qui avoient perdu leur hôtel & leur Fief, chercherent un lieu propre à être fortifié, pour y bâtir ce qu'on nommoit *une Ferté*. Ils choisirent le sommet de la montagne de Pierrefonds.

Etablis dans leurs châteaux, ces Châtelains imiterent la conduite des Seigneurs voisins. Ils s'appliquerent à étendre leurs dépendances, & partagerent avec les Chevaliers Seigneurs de Béronne, la plûpart des biens qui avoient appartenus au Domaine de la Maison Royale du Chesne. Nous donnerons la suite des puissans Seigneurs de Pierrefonds. Quant aux Seigneurs de Béronne, voici ce que j'ai découvert à leur sujet.

En l'an 1122, vivoit un Baudouin de Bérogne, Chevalier, qui signe comme témoin avec Dreux de Courtieux, & Henry de Banru, aussi Chevalier, l'acte d'une donation faite à Mornienval d'une piéce de terre sise à Jaulzy. Cet acte qui est au nom d'une Dame de Pierrefonds, a été passé dans l'Eglise de S. Jean de Cuise (1).

Le Cartulaire de Sainte Geneviéve de Paris contient un titre de l'an 1183, au bas duquel on lit le nom d'un Philippe de Bérogne parmi les souscriptions.

Immédiatement après la mort de la Comtesse Eléonore (2), le Roi Philippe Auguste étant à Paris, accorda au mois de Mai de l'an 1215, le droit de Commune aux habitans de Béronne. La Charte porte que le Roi a dans le lieu de *Béron* les droits d'ost & de procuration. Quelques-uns pensent que cette Charte de Commune pourroit aussi bien regarder les habitans de Baron près Nanteuil-le-Haudouin, que Béronne près Pierrefonds. Comme je trouve les noms abrégés de *Bron* & *Béron* dans des titres concernant Béronne, j'ai cru que la Charte en question appartenoit plutôt à la Commune de Béronne, qu'à celle de Baron. Vauberon tire sa dénomination de Béronne, ainsi que la Seigneurie de Banru.

Les titres du treiziéme siécle font mention de plusieurs personnes distinguées qui prenoient le nom de Bérogne. Je lis dans une piéce du Cartulaire de Mornienval, datée de l'an 1223, les noms d'un Jean de Cuise, d'Odon de Pierrefonds, de Raoul de Braine, & de Robert de Bérogne, *de Berogniis*, qui paroissent en qualité de Pleiges (3).

Renaud de Bérogne, Bailli de Vermandois, vivoit en 1231 (4).

(1) Cart. Morn. n° 32.
(2) Cart. Ph. Aug. 2. p. fol. 57.
(3) Cart. Morn. n° 49.
(4) Brussel. t. 1. p. 486.

Guillaume le Sellier, ayant fondé une Chapelle dans l'Eglise Collégiale de S. Thomas de Crépy, ce Bénéfice fut conféré à un Ecclésiastique appellé Barthelemi de Bérogne.

En 1273, vivoit un Chevalier nommé Raoul de Béronne, qui avoit épousé Marguerite de Pierrefonds. Ce Chevalier nous est connu par un acte de donation faite à l'Eglise Collégiale de Saint Thomas de Crépy, au mois de Septembre de la même année. Marguerite survécut à son mari, qu'elle avoit perdu en 1286. Je crois que ce Raoul de Bérogne est le même qu'un Raoul de Mornienval, qui vendit en 1277, la part qu'il avoit dans la Vicomté de Pierrefonds.

On doit mettre au nombre des personnes illustres qui ont porté le nom de Béronne, Guillaume, élu Evêque de Senlis en 1308. Guillaume de Béronne avoit été successivement Chanoine & Doyen de l'Eglise Cathédrale de cette Ville (1). Dès que Guillaume eut été nommé Evêque de Senlis, les Chanoines de la Cathédrale conférerent la dignité de Doyen à Jean de Pierrefonds. Ils députerent à Reims ce même Jean de Pierrefonds, avec Jean de Béronne, & Etienne du Boussey, *de Bousseïo*, pour demander au Chapitre de l'Eglise Métropolitaine, la confirmation de leur élection. Guillaume de Béronne, Evêque de Senlis, mourut l'an 1312, vieux stile, le Lundi d'après le troisiéme Dimanche de Carême. La Maison des Seigneurs ou Chevaliers de Béronne s'est éteinte vers le milieu du quatorziéme siécle.

Bergeron (2) parle de deux effigies de Chevaliers, peints avec la cotte blanche jusqu'aux talons, ès vitres de la Chapelle de Béronne. Cette Chapelle de Béronne a été démolie derniérement, quoiqu'elle méritât les égards qui sont dûs aux anciens monumens. Béronne n'est plus qu'un hameau. Les Bourguignons & les Anglois ont ruiné ce lieu, sous le regne de Charles VI, pour se venger des habitans, qui avoient sauvé leurs effets & leurs personnes dans le château de Pierrefonds. Après ce désastre, la plûpart des familles, qui composoient le bourg de Béronne, s'établirent à Pierrefonds.

Il y avoit à Béronne un Fief de la Douye, d'où relevoit un autre Fief de Villers, sis à Saintines près Verberie.

Le Chêne Herbelot est un arbre remarquable par sa grosseur. Il est situé dans une plaine, sur la gauche du chemin qui conduit

---

(1) Gall. Chr. tom. 10. p. 1423. (2) Val. Roy. p. 24.

de Chelles à Crépy, à un quart de lieue de Chelles & de Reteuil. Ce Chesne est figuré sur toutes les Cartes détaillées de l'Isle de France.

29. Etélulphe, Roi d'Ouessex en Angleterre, allant à Rome en l'année 855, fut reçu magnifiquement en France par le Roi Charles le Chauve (1). Ce Prince donna à Etélulphe tous les habits Royaux, & le fit conduire jusqu'à la frontiere de son Royaume. Etélulphe, à son retour de Rome, s'arrêta en France, & épousa Judith, fille du Roi Charles. Comme les cérémonies de ce mariage demandoient un Palais vaste, où les deux Rois pussent étaler tout l'éclat de la Majesté, Charles le Chauve choisit le Palais de Verberie. Les fiançailles se firent au mois de Juillet, & les nôces le 1 jour d'Octobre 856. Le couronnement de Judith suivit son mariage, quoique cette pompe fût inconnue en Angleterre. Hincmar, Archevêque de Reims, qui s'étoit transporté au Palais de Verberie, pour donner aux deux Epoux la bénédiction nuptiale, présida aussi au Couronnement. Les prieres qu'il prononça dans ces deux rencontres, ont été conservées (2) : elles prouvent qu'en ce temps, la forme du mariage étoit déprécatoire, qu'on tendoit le voile sur les époux, qu'on passoit l'anneau au doigt, & qu'on faisoit le présent.

Etélulphe partit de Verberie après la célébration de ses nôces, & retourna en Angleterre avec Judith son épouse. Cette alliance ne dura point. Etélulphe laissa veuve la Reine Judith, l'année suivante 857.

30. Aux Nones de Juillet 856 (3), Charles le Chauve assembla les Grands de son Royaume au Palais de Quierzy-sur-Oise, afin de délibérer de concert avec eux, sur plusieurs objets importans. On dressa quinze articles pour être envoyés en France & en Aquitaine, *ad Francos & Aquitanos*. Le onziéme porte, que les mêmes articles seront proposés de nouveau, & arrêtés définitivement dans une assemblée particuliere, qu'on indique à Verberie, pour le 14 des Calendes d'Août. Cette convocation eut son effet, comme on l'apprend d'une Lettre circulaire, dressée dans un Parlement tenu à Baisieux près de Corbie.

31. Depuis plus de dix ans, les Normands profitant des troubles excités dans le Royaume, avoient fait diverses irruptions. Ils

(1) Ann. Bertin. an. 856.
(2) Baluz. Capit. tom. 2. p. 310.
(3) D. Bouq. t. 7. p. 622. 626.

entroient par l'embouchure de la riviere de Seine, & ravageoient tous les pays où ils pouvoient pénétrer. On les avoit déja vu devant Paris, où ne pouvant entrer, ils avoient pillé l'Abbaye de S. Vincent, aujourd'hui S. Germain-des-Prés, & s'en étoient retournés en Frife, chargés de butin. Ce ravage avoit été annoncé par quelques incursions, que les personnes judicieuses regarderent comme les avant-coureurs de malheurs encore plus grands.

Les Clercs de l'Eglife Collégiale de S. Pierre & S. Paul de Paris, craignant ce qui devoit arriver (1), jugerent à propos de lever de terre le Corps de Sainte Geneviéve, de le renfermer dans une caisse, & de le transporter avec les tréfors de leur Chapitre, dans un lieu sûr. On rapporte à l'an 845 cette premiere Translation.

La terre de Marify, située vis-à-vis Troesnes, dans le pays d'Orceois, appartenoit à un Seigneur appellé Hémogaldus. Le lieu de Marify n'est pas nommé dans les actes de S. Vulgis, qui vivoit trois siécles plutôt ; mais on y suppose que des cultivateurs en occupoient le territoire, & le faisoient valoir. Troesnes & Marify se regardent, & font à l'opposite l'un de l'autre, sur les bords de la riviere d'Ourcq, l'un au Midi, l'autre au Nord.

On ne peut dire à quel titre Hémogaldus jouissoit de la terre de Marify. On croit que Marify a été originairement une terre du Fisc, donnée à S. Médard de Soissons par un Roi de la premiere race. Ce sentiment est appuyé sur deux raisons. La premiere est, que de tout temps, la principale Eglife de Marify a eu S. Médard pour Patron. 2°. Dans l'acte de confirmation des biens du Monaftere de S. Médard, préfenté au Concile de Douzy l'an 871, les deux Marifys, *Marifiaci duo*, font mis au nombre des dépendances de S. Médard de Soissons (2). Suivant ce sentiment, Marify auroit été une usurpation faite à S. Médard par le Seigneur Hémogaldus, ou par ses ancêtres, qui peut-être en avoient été les Avoués.

Hémogaldus offrit aux Clercs de Sainte Geneviéve un azile dans ses terres ; ceux-ci l'accepterent. Quelques-uns d'entr'eux fe chargerent, de transporter à Marify le Corps de Sainte Geneviéve, & ce que le tréfor de leur Eglife contenoit de plus précieux (3). La Translation des Reliques se fit avec folemnité.

---

(1) Hift. Dioc. de Paris, tom. p. 2. 370.
(2) Hift. N. D. de Soiff. p. 432.
(3) Mir. S. Genov. lib. 2. Bolland. 3. Januar.

Hémogaldus les reçût dans son château, comme un dépôt précieux : & afin de leur marquer son respect, il donna au Chapitre de Paris, qui commençoit à porter le nom de cette Sainte, l'Eglise de son château, avec les revenus qui en dépendoient. Il y ajouta dans la suite, une partie des revenus de sa terre. Il se réserva seulement les corvées & les coutumes que les hommes de Marisy lui devoient. Les Religieux de Sainte Geneviéve sont encore Seigneurs censiers de Marisy : le Duc de Valois en est Seigneur Haut-Justicier.

Les Reliques célébres qu'on déposoit dans une Eglise, n'y demeuroient jamais seules. Une partie des Clercs attachés à l'Eglise d'où on les transféroit, les accompagnoit, & ne les quittoit point que le temps de leur retour ne fût arrivé. Le séjour des Clercs du Chapitre de Paris, dans la Chapelle du château de Marisy, a été l'origine d'une Communauté qui a subsisté pendant long-temps. Cette Chapelle, soumise auparavant à l'Eglise de S. Médard, bâtie sur le même territoire, devint une Basilique indépendante de l'autre. On distingue encore deux Paroisses sur le territoire de Marisy; celle de S. Médard, & celle de Sainte Geneviéve.

L'Eglise Paroissiale de S. Médard, qu'on nomme aujourd'hui S. Mard, a été un Chapitre de Clercs ou Religieux, dépendant du Monastere de S. Médard de Soissons, & gouverné par un Prevôt. L'Eglise est présentement le titre d'une Paroisse & d'une Prevôté simple, de huit à dix mille livres de rente; la Cure & la Prevôté sont à la nomination de l'Abbé de S. Médard.

La Cure de Marisy-Sainte-Geneviéve doit être desservie par un Religieux de Sainte Geneviéve de Paris. L'Abbé nomme à cette Cure. En 1080, Hilgot, Evêque de Soissons, fit rebâtir l'Eglise de Marisy, & la consacra.

On compte trois Translations des Reliques de Sainte Geneviéve à Marisy. La premiere en 845, la seconde en 856, la troisiéme en 884. Ce sentiment qui semble combattu par le témoignage d'Abbon, est autorisé par les discussions du P. le Juge, dans son Histoire de la Vie & des Miracles de Sainte Geneviéve, imprimée en 1631. Abbon, dans son Poëme, avance que pendant un des trois siéges de Paris par les Normands, les Reliques de Sainte Geneviéve avoient été portées processionnellement dans la Ville. Le P. le Juge réfute ce passage d'Abbon, & prétend que la Châsse de Sainte Geneviéve n'a jamais été mise en dépôt dans Paris ; mais qu'aux approches des Normands, on la portoit loin du danger.

La seconde Translation des Reliques de Sainte Geneviéve à Marisy, a été faite au mois de Décembre de l'an 856. Les Clercs avoient sagement pris ce parti. Les Normands, après avoir brûlé & détruit leur Eglise & leurs demeures, mirent une seconde fois le siége devant Paris.

On place la troisiéme Translation de Sainte Geneviéve à Marisy, sous l'an 884, à la fin du mois d'Octobre. Ceux qui accompagnoient les Reliques, arriverent à la Ferté en Orceois, aujourd'hui la Ferté-Milon, la veille de S. Simon S. Jude, 27 Octobre. La Châsse de Sainte Geneviéve demeura pendant une nuit dans l'Eglise du château. Le départ des Reliques ayant été fixé au lendemain matin, on chanta sur les six heures une Messe en l'honneur de la Sainte, & à l'issue de cet Office, elles furent transportées à Marisy, & déposées dans l'Eglise du château. Le souvenir de cet évenement s'est perpétué à la Ferté-Milon. Tous les ans, on chante à six heures du matin une Messe, le jour de S. Simon vingt-huit Octobre, dans l'Eglise de Notre-Dame, en mémoire du séjour des Reliques à Marisy. La fête de cette troisiéme Translation se célébre tous les ans, le même jour vingt-huit Octobre.

Le Corps de Sainte Geneviéve resta à Marisy pendant six ans entiers, jusqu'à l'an 890. Lorsque le Roi Eudes eut chassé les Normands de l'Isle de France, on ramena les Reliques à Paris, où elles furent reçues avec l'allégresse & les distinctions dues aux mérites de la Sainte. Des titres anciens nous apprennent, que l'usage de brûler de petits cierges au pied de la Châsse de Sainte Geneviéve, par dévotion, avoit lieu à Marisy, pendant le séjour des Reliques.

32. Les domaines du Seigneur Hémogaldus s'étendoient sur une grande partie de l'Orceois. L'Empereur Louis le Débonnaire, content de ses services & de sa fidélité, lui avoit accordé le droit de *Ferté* sur ses terres. Il en profita pour son utilité & pour celle de toute la contrée : Il bâtit sur les bords de l'Ourcq une forteresse, qui a été l'origine de la ville actuelle de la Ferté-Milon.

Il y a quatre sentimens touchant les premiers commencemens de la Ferté-sur-Ourcq, qu'on a nommé depuis la Ferté en Orceois, & la Ferté-Milon. Le premier rapporte aux regnes de Chylpéric II & de Clotaire IV vers l'an 720, le temps où elle a été bâtie, par un *Seigneur* nommé Milon, qui y fit transférer les Reliques de S. Vulgis. Le second sentiment qu'on prétend avoir été tiré d'un ancien manuscrit, attribue la fondation de cette forteresse à un Duc nommé Milon, ayeul d'un nommé Milon de Montlhéry. On ajoûte que ce Duc Milon, premier du nom, vivoit en 854, sous le regne de Charles le Chauve. Muldrac place cette même fondation sous le regne de Hugues Capet, vers l'an 988. Bergeron enfin, & l'Auteur de l'antiquité des Villes, disent que la Ferté-Milon a commencé sous le regne de Louis le Gros, par un fort qu'un Seigneur appellé Milon y fit construire, & dans lequel Hugues le Blanc fonda le Prieuré de S. Vulgis, en 1110.

Le premier sentiment n'est qu'une conjecture avancée par le Traducteur de la Légende de S. Vulgis. Le second est plus vraisemblable, mais il anticipe sur le temps où vivoit le Seigneur Milon, qui a donné son nom à la forteresse. L'opinion de Muldrac n'est appuyée sur aucun fait. Celle de Bergeron se réfute, en faisant voir que dès le regne de Henry I, il y avoit des Seigneurs de la Ferté-sur-Ourcq. La fondation de la Ferté-Milon, doit s'expliquer ainsi.

Hémogaldus ayant formé le dessein de bâtir auprès de l'Ourcq une Ferté, afin d'arrêter les Normands dans leurs courses, choisit l'endroit où cette riviere semble se briser pour diriger son cours vers la Marne. Cette position couvroit la plus grande partie du pays, & principalement les deux terres de Marisy & de S. Vast. Les Normands faisoient leurs incursions par eau, sur des batteaux longs & étroits, qui pouvoient remonter dans les moindres rivieres

Il paroît certain qu'Hémogaldus avoit déja bâti la Ferté-sur-Ourcq en 845. La Translation des Reliques de Sainte Geneviéve à Marisy le suppose : car, pour quelles raisons les Clercs de Sainte Geneviéve auroient-ils choisi Marisy préférablement à tant d'autres lieux ? sinon, parce que cette terre étoit garantie par une place forte. Ainsi je pense qu'on doit rapporter la fondation de la Ferté-sur-Ourcq à la fin du regne de Louis le Débonnaire, ou au commencement de celui de Charles le Chauve.

Après qu'Hémogaldus eut construit à ses frais, une Ferté sur les bords de l'Ourcq, en-deça de Troesnes & de Marisy, & à côté du village de S. Vast, les habitans des lieux voisins s'assujettirent volontairement à plusieurs droits de coutumes & de corvées, dans là vue de concourir à la défense d'une forteresse, qui devenoit le boulevard de la contrée, non-seulement contre les Normands & les ennemis du dehors, mais encore contre les factieux & contre les troupes de séditieux qui désoloient l'intérieur du Royaume. Hémogaldus régla ces droits. Il exigea d'abord un nombre de corvées, jusqu'à ce que les ouvrages extérieurs de sa forteresse eussent été achevés. Ensuite il réduisit ces corvées à certains jours de l'année, pour l'entretien de ces ouvrages. Les habitans de Marisy & de S. Vast s'obligerent pour leur part, à fournir au Seigneur de la Ferté, les pieux & les fascines dont il auroit besoin. On nommoit coutumes, les redevances qu'on payoit chaque année au Seigneur de la Ferté, pour l'entretien des troupes qu'il soldoit.

Telles étoient les extrémités de ces temps malheureux, où les Rois ne pouvant faire face à la multitude de leurs ennemis, se trouvoient dans la nécessité de partager avec leurs sujets le pouvoir suprême. On ne pouvoit opposer d'autres barrieres, à la licence effrénée des factieux, & à la cupidité des barbares avides de butin, que des Fertés & des troupes. D'autres Fertés ont été fondées dans les mêmes circonstances, la Ferté-Gaucher, la Ferté-sous-Jouarre, la Ferté-Alais en Gatinois, &c.

Il est certain qu'avant le temps où la Ferté-sur-Ourcq a été fondée, il y avoit une Paroisse de S. Vast, dont les maisons accompagnoient l'Eglise qui porte encore aujourd'hui le nom de ce Saint: on ne sait rien de son premier état. Cette Paroisse est presque toujours nommée avec celle de Marisy-Sainte-Geneviéve, dans les Chartes anciennes. Malgré la donation du Seigneur Hémogaldus, ces deux Eglises ont relevé immédiatement de l'Evêque de Soissons, jusqu'en 1080. Vers ce temps, Hilgot, Evêque de Soissons (1), céda au Chapitre de Sainte Geneviéve de Paris, par un même acte, les droits qu'il avoit sur les Eglises de Marisy-Sainte-Geneviéve, & de S. Vast de la Ferté. Au Cartulaire de Sainte Geneviéve de Paris, ces deux Eglises sont souvent citées comme deux Paroisses contigues. Nous ferons ailleurs la description de la Ferté-sur-Ourcq, dont nous venons de discuter l'origine.

33. Le Roi Charles le Chauve ne conservoit presque plus d'autorité. Pepin son neveu s'étoit joint aux Normands pour piller la France. Les Comtes & les autres Seigneurs commençoient à

---

(1) Gall. Christ. tom. 9. col. 352.

vivre en Souverains. On ne voyoit que violences & que pillages. Charles voulant tâcher d'y remédier, assembla à Quierzy le vingt-cinq Février 857, les Evêques & les Seigneurs qui continuoient de lui être fidéles. Il fut résolu que les Evêques dans leurs Dioceses, les Comtes & les Commissaires du Prince, chacun dans leur département, tiendroient des assemblées où les Evêques remontreroient, combien c'est un grand péché de piller; l'on ajoute que les Commissaires Royaux de leur côté, feront lecture des Loix & des Capitulaires qui défendent les mêmes excès; menaçant des peines spirituelles & temporelles, ceux qui les commettroient à l'avenir : foibles moyens pour réduire des Seigneurs qui avoient les armes à la main. Aussi les désordres alloient-ils en croissant.

34. Quant aux Normands, Charles qui n'avoit pas assez d'armées pour leur faire face, essaya de gagner leur chef par argent (1). Étant au Palais de Verberie, il envoya vers Bernon, Chef principal de ces Barbares, afin de l'engager à le venir trouver. Bernon se rendit auprès du Roi, qui lui offrit une grosse somme d'argent, s'il vouloit consentir à cesser ses pilleries & ses ravages. Bernon accepta la somme, & prêta serment de fidélité entre les mains du Prince. Ce tempéramment ne servit qu'à exciter la cupidité des autres Chefs, qui se livrerent à de nouveaux excès de fureur, dans la vue de se faire un sort pareil.

On tint la même année 858, un quatriéme Concile au Palais de Quierzy, dont Flodoard a fait l'extrait dans son Histoire. On arrêta sur la fin, que deux des Prélats présens seroient députés au Roi Louis qui étoit à Attigny, afin de lui faire part du sentiment des Evêques, & des décisions du Concile.

35. Athon, l'un des Huissiers de Charlemagne, à qui l'Empereur Louis le Débonnaire avoit donné en bénéfice la terre de Neuilly en Orceois, mourut la seconde année du regne de Charles le Chauve (2). Donat qui avoit été privé de cette terre, parce qu'il avoit pris le parti des Enfans de Louis le Débonnaire contre leur pere, fit jouer des ressorts si puissans auprès du Roi Charles le Chauve, que ce Prince le remit en possession de la terre de Neuilly. Donat renoua ensuite ses premieres intrigues & tâcha de rendre cette terre héréditaire dans sa famille. Il réussit, & obtint cette survivance en faveur de son fils Gotfelin.

Après la mort de Donat, Landrade sa veuve prit possession de

(1) Ann. Bertin. an. 858.   (2) Dom Bouq. t. 7. p. 215.

la terre de Neuilly au nom de Gotfelin fon fils. Comme elle n'avoit pas élevé fes enfans dans les fentimens de fidélité & d'obéiffance qu'on doit aux Souverains, Gotfelin & fes freres abandonnerent le parti du Roi en marchant contre les Normands qui s'étoient établis dans l'ifle d'Oiffel. Charles le Chauve, indigné d'une telle conduite, priva Gotfelin de la terre de Neuilly, & la réunit au Fifc en l'an 858.

Landrade laiffa paffer dans le Roi les premiers mouvemens d'une jufte colere. Elle employa enfuite de puiffantes protections & de vives follicitations, dans l'efpérance de rentrer en jouiffance de la terre de Neuilly. Le Roi fut inflexible; & afin de fe délivrer des importunités de Landrade, il donna la terre de Neuilly au Monaftere d'Orbais en 858, la vingtiéme année de fon regne.

Les Moines d'Orbais céderent cette terre à un particulier nommé Rhotaüs. Celui-ci en fit préfent, fous le bon plaifir du Roi, à fon frere Bernaüs, qui poffeda pendant douze ans la terre de Neuilly.

En l'an 871, Charles le Chauve fit un voyage à Reims, où il eut la dévotion de vifiter l'Eglife de S. Remy. Les Religieux de cette Eglife profiterent de l'occafion, pour redemander au Roi la terre de Neuilly, qui leur avoit appartenu. Ils firent voir à ce Prince le tombeau de Carloman, & lui préfenterent plufieurs Chartes de ce Roi & de l'Empereur Charlemagne, qui affuroient à perpétuité la jouiffance de la terre de Neuilly, à l'Eglife de Reims. Comme la vue de ces objets fembloit faire impreffion fur l'efprit du Monarque, ils mêlerent les remontrances avec les prieres, & repréfenterent au Prince, qu'on ne peut fans violer les Saints Canons & fans prévariquer contre le Jugement du Saint-Efprit, envahir les domaines que des bienfaiteurs décédés ont donnés en aumône: que l'Eglife n'admet pas dans fon fein, des ufurpateurs affez ofés & affez endurcis, pour ne pas craindre les fuites terribles des juftes jugemens de Dieu.

Charles le Chauve ne put tenir contre de telles remontrances. Il rendit à l'Eglife de Reims, la terre de Neuilly avec toutes fes dépendances; & fit expédier fur le champ un Diplôme, par lequel il rétabliffoit l'Eglife de S. Remy dans fes premiers droits.

Cependant Landrade ne jugea pas à propos d'abandonner la partie. Elle revint à la charge, bien réfolue de ne pas lâcher prife, qu'elle n'eut emporté, finon la terre de Neuilly toute entiere,

au

au moins quelques unes de ses dépendances. Aidée du secours de Gontier, de Hugues, de Waltrude & d'Elampodus son fils, de Robert & de Boson, elle vint à bout de s'emparer de quelques métairies dépendantes de Neuilly. Elle entreprit ensuite de faire trouver bonnes au Roi, ces voyes de fait, en lui présentant diverses Chartes qui avoient été surprises, tant à l'Empereur Louis le Débonnaire, qu'au Roi Charles le Chauve lui-même. Charles, ébranlé par les représentations de Landrade, fut rappellé à d'autres sentimens par les Religieux de S. Remy. Il ordonna des informations, qui dévoîlerent la supercherie de la Veuve.

Les Religieux de S. Remy, rassurés du côté de Landrade, craignirent d'être supplantés par les Officiers du Roi. Ceux-ci pouvoient faire valoir l'acte, par lequel Neuilly avoit été déclaré terre du Fisc. Afin, dans le besoin, d'opposer à cet acte une piéce plus authentique encore, les Religieux présenterent au Concile de Thoury, les Diplômes qui les confirmoient dans la possession de la terre de Neuilly en Orceois; on les lut, & il fut décidé d'une voix unanime, que cette terre n'appartenoit plus au Fisc, mais à l'Eglise.

Quatre ans après cette décision (en 875), Charles le Chauve fit un voyage à Rome. Son absence parut à Landrade & à ses enfans, une occasion favorable de faire revivre leurs prétentions. Ils firent jouer mille ressorts auprès de la Reine Richilde & de Louis le Begue, héritier présomptif de la Couronne, à l'insçu des Religieux de S. Remy. Landrade & ses fils, sur un faux exposé, obtinrent la permission de rentrer dans la terre de Neuilly. Le Clergé de Reims dissimula sa surprise & son mécontentement, jusqu'au retour du Roi Charles le Chauve. Ce retour ne tarda pas. Le Roi reçut avec des sentimens d'indignation, la nouvelle des menées de Landrade. Il l'obligea elle & ses enfans, à rendre la terre de Neuilly à l'Eglise de Reims. L'ordre du Prince est de l'an 876.

La conduite de Landrade est un exemple de la plus haute intrigue. Elle fait voir combien il est difficile de combattre les prétentions d'une femme ambitieuse, si injustes qu'elles soient. L'esprit de cabale fait colorer les procédés les plus odieux, il revient contre la foi des traités, & fait éluder jusqu'aux obstacles, qui paroissent naturellement insurmontables.

Lorsque l'Archevêque Hincmar écrivoit ces choses, l'Eglise

de Reims jouiſſoit paiſiblement de la terre de Neuilly. L'attention du Prélat à recueillir les faits que j'ai rapportés, l'ardeur avec laquelle le Clergé de Reims pourſuivit le recouvrement de cette terre, l'opiniâtreté des uſurpateurs à la garder, donnent une idée diſtinguée du bon état de ce domaine & de ſon produit. De peur que la force ouverte ne leur enlevât ce qui avoit échappé à l'intrigue, les Religieux de S. Remy chargerent un Avoué de la défenſe de leur terre. L'Avoué entoura de fortifications cette demeure, afin de tenir dans l'occaſion contre les rebelles & contre les partis des factieux. Ces fortifications ont été le commencement du premier château de Neuilly, de même que l'Egliſe, fondée ſous Carloman, a été l'origine du Prieuré-Cure actuel de S. Remy au Mont de Neuilly-Saint-Front.

Après la mort d'Hincmar, qui arriva en 882, Hugues le Bâtard, fils de Lothaire & de Waldrade, ravit à main armée, le château & la terre de Neuilly à ſes poſſeſſeurs. Il ne jouit pas long-temps de ſon uſurpation. Ayant raſſemblé pluſieurs troupes de factieux, il ravagea la Lorraine, & ſe joignit aux Normands. Charles le Gros trouva moyen de le faire arrêter. On confiſqua tous ſes biens, & en punition de ſa révolte, le Roi lui fit crever les yeux en l'an 885, & l'envoya d'abord au Monaſtere de S. Gal, puis à celui de Prom, où il mourut.

36. Les Normands qui avoient ravagé tout le pays ſitué le long de la Seine, depuis ſon embouchure juſqu'à Paris, ne trouvoient plus rien à piller des deux côtés de ce fleuve (1). Ils entrerent dans la Marne, & tirerent d'énormes contributions, de tous les lieux qui pouvoient ſe racheter du pillage. En 862, ces barbares ſurprirent la ville de Meaux. Après l'avoir entiérement déſolée, ils infeſterent les campagnes voiſines, ruinerent toute la Brie, & pénétrerent dans l'Orceois par la riviere d'Ourcq.

Charles le Chauve apprit à Piſte la nouvelle de cette irruption. Ne ſachant plus par quels moyens mettre fin aux calamités publiques, il rendit un Edit par lequel il ordonna que par-tout où il y avoit des forts, on pourvoyeroit à leur rétabliſſement & à leur entretien; qu'on en conſtruiroit de nouveaux ſur les bords des rivieres où ils manquoient. L'Edit permet aux Seigneurs d'élever des Fertés à leurs frais ſur leurs terres, & de raſſembler leurs vaſſaux pour les défendre. Ces diſpoſitions ſont remarqua-

(1) Sec. 2. Bénéd. p. 624. n° 127.

bles : la puissance & l'indépendance des principaux Seigneurs du Valois en ont été les suites. Les Comtés, les Châtellenies, les Mairies, les Jugeries, & tous les titres de cette espéce, furent déclarés héréditaires & patrimoniaux : chaque district devint comme un Royaume. Les Seigneurs s'arrogeoient toute autorité ecclésiastique, militaire & civile.

Le Roi Charles fit tenir à Verberie un Concile le vingt-cinq Octobre 863 ; on y résolut d'envoyer à Rome, conformément aux ordres du Pape, Rhotade Evêque de Soissons, dont l'affaire occupoit depuis quelque temps l'Eglise de France (1).

Judith, fille de Charles le Chauve, qui avoit épousé au Palais de Verberie, Etelulphe, Roi d'Ouessex, avoit perdu son mari un an après la célébration de ses nôces (2). L'amour de la patrie la rappellant en France, elle avoit vendu tout ce qu'elle possédoit en Angleterre, & s'étoit rendue auprès du Roi son pere, qui lui avoit assigné la ville de Senlis pour résidence.

Baudouin Bras-de-fer, Comte de Flandres, l'ayant connue, noua avec elle des intrigues d'amour, qui éclaterent par un enlevement. La nouvelle de ce procédé causa au Roi Charles un déplaisir extrême. Il entra en courroux & contre le ravisseur, & contre la jeune veuve. Il envoya des troupes à la poursuite de Baudouin, & il y eut un combat, où le Comte remporta la victoire. Baudouin perdant toute espérance de fléchir le Roi, & d'obtenir son consentement à l'alliance qui favorisoit sa passion, entreprit le voyage de Rome, afin de solliciter la médiation du Pape Nicolas I, auprès du Roi.

Le Pape entra dans les vues du Comte, & lui accorda ses bons offices. Charles le Chauve se laissa fléchir aux prieres du Pontife. Il rendit ses bonnes graces à Judith sa fille, & la reçut avec le Comte Baudouin au Palais de Verberie (3). Il consentit à l'alliance qu'ils désiroient l'un & l'autre. Il leur permit de célébrer solemnellement leur mariage à Auxerre, mais il n'y assista pas. Ce second mariage de Judith a induit en erreur quelques Auteurs, qui ont placé à Auxerre les premieres nôces de Judith avec le Roi d'Angleterre.

Une Charte datée de la fin de Novembre 863, nous apprend que Charles le Chauve n'avoit pas quitté le Palais de Verberie

---

(1) Ann. Bertin. an. 863. Labbe. Conc. t. 8. p. 1935.

(2) Thes. anecd. t. 3. p. 379.
(3) Ann. Bert. an. 863. Hinc op. 17. p. 246.

depuis la tenue du dernier Concile. Cette Charte est ainsi terminée : *Actum Vermerigiâ palatio nostro* (1). A la suite des souscriptions, on lit ces mots : *Anscharius notarius jubente Comite palatii.* Ce Comte du Palais doit être distingué du Gouverneur particulier du Palais de Verberie : c'étoit l'un des grands Officiers de la Couronne.

On connoît par une Charte du Roi Charles le Chauve (2), en faveur du Monastere de Cormery, que ce même Prince passa à Verberie le mois de Juin de l'an 865.

Un quatriéme Concile fut tenu au Palais de Verberie l'année suivante 866. Quelques Auteurs l'ont confondu, mais à tort, avec un autre Concile de l'an 869. Les souscriptions sont, à la vérité, presque les mêmes (3) : on remarque néanmoins quelque différence dans la suite des noms. Ce Concile nous est connu par un acte, qu'on y a délivré en faveur du Monastere de S. Vast d'Arras.

37. A Quierzy-sur-Oise, on tint un Concile provincial aux Nones de Décembre de l'an 868. Le Prêtre Viclebert y fut examiné, on le trouva capable de remplir le Siége Episcopal de Châlons, auquel il avoit déja été nommé. Peu de jours après, il fut sacré par les Evêques de l'assemblée, dans l'Eglise de Brétigny, qui dépendoit pour lors du Diocese de Noyon (4).

En ce temps l'opiniâtreté d'Hincmar, Evêque de Laon, causoit beaucoup de trouble dans l'Eglise de France (5). Charles le Chauve, irrité de la conduite de ce Prélat, fit indiquer un Concile de tous les Evêques de son Royaume à Verberie, au 24 Avril de l'an 869. Hincmar de Laon y fut appellé. Vingt-un Evêques & huit Métropolitains y assisterent. Le Roi s'y trouva en personne. L'Archevêque de Reims y présida comme Métropolitain de la Province. L'Evêque de Laon comparut, & fut accusé. Se voyant pressé, il appella au Pape, & demanda la permission d'aller à Rome, qui lui fut refusée. On suspendit seulement la procédure, & l'on ne passa pas outre.

38. Depuis le regne de Dagobert I, le Monastere de Mornienval avoit été peu visité de nos Rois, quoiqu'ils y eussent un Palais. Peut-être en a-t-il été de Mornienval, comme de la Maison de Cuise, où les Rois ne venoient qu'en passant, à l'occasion de

---

(1) D. Bouq. t. 8. p. 589.
(2) Ibid. p. 597.
(3) Labb. Concil. t. 8. p. 589. Gall. Chr.
t. 8. p. 1605.
(4) Sirmond. Concil. Gall. an. 868.
(5) Labb. Conc. t. 8. p. 1527.

leurs parties de chasse. Charles le Chauve fit plusieurs voyages à Mornienval avec la Reine Ermentrude son épouse, qui s'y plaisoit (1). On a deux Chartes de ce Prince, datées du Palais de Mornienval, toutes deux de la même année 870 ; l'une concernant le Monastere de Valfroy : l'autre regarde les Religieux de Vabres.

Le Roi Charles, à la priere d'Ermentrude, donna des biens considérables à l'Abbaye de Mornienval (2) : la terre de Bettancourt avec vingt-sept manses, l'Eglise du lieu, le moulin, une brasserie, & un bois taillis, une ferme à Rouvres, le tiers des bois d'un lieu appellé *Plait-Leyacum*, six manses dans le Multien ; le village de Parviliers au Diocese d'Amiens, avec vingt-deux manses, une brasserie, l'Eglise ou Chapelle du lieu, & deux bosquets ; le village de Fonches en Vermandois, avec vingt-quatre manses, & la moitié d'une autre manse, l'Eglise & le bois du lieu, un pressoir ou brasserie ; plus, une terre nommée *Ducentis*, située dans l'Artois, avec vingt-neuf manses & demie qui en dépendoient, l'Eglise du lieu, deux moulins, deux pressoirs & un bois. Le Roi déclare que les revenus de tous ces biens seront employés au soulagement des personnes consacrées à Dieu dans l'Abbaye, *ad diversos usus & necessitates eorum sustinendas*. Cette Abbaye demeuroit toujours double comme au temps de son institution.

39. Charles le Chauve fit plusieurs voyages dans le Valois sur la fin de son regne (3). En 870, il partit de Lestines, où il avoit fait quelque séjour, & alla à Saint-Quentin. De Saint-Quentin il vint à Quierzy, à Compiegne, & dans les Palais d'alentour, afin d'être à portée de prendre le divertissement de la chasse dans la forêt de Cuise, pendant la saison de l'Automne. Un autre voyage de ce Prince au Palais de Quierzy nous est connu par une Charte de l'an 871, qui en est datée (4). Ce fut au même lieu de Quierzy que Charles passa la convalescence de la maladie qu'il avoit essuyée à Versigny. Il y forma le dessein d'aller à Rome, & fit les préparatifs de ce voyage. De Quierzy il alla à Compiegne, de Compiegne à Soissons, à Reims, &c. Il revint au Palais de Quierzy, à son retour de Rome.

Il prenoit un plaisir à chasser dans les bois du canton, qui alloit

---

(1) D Bouq. t. 8. p. 629.
(2) Ann. ord. S. Ben. t. 6. p. 94. & 642.
(3) Ann. Bertin.
(4) Diplom. p. 460.

jusqu'à la jalousie. Il defendoit l'entrée de ces bois, même à son fils. » Nous nous réservons, dit-il dans un Capitulaire de l'an 877, » les bois de Quierzy & de Servais en Laonnois, sans que notre » fils puisse y chasser. Nous lui permettons de chasser dans la forêt » de Laigue, au sanglier seulement : *Porcos accipiat in lisga tan-* » *tum.* « Quelque temps avant sa mort, il délivra au Palais de Quierzy plusieurs Chartes, qui ne regardent pas cette Histoire.

Ce Prince passa à Compiegne (1) le Carême & la Fête de Pâques de la même année 877, qui tomba le 7 Avril. Il y solemnisa avec une grande pompe, la Dédicace de l'Eglise qu'il avoit fait bâtir dans son château, afin d'y placer les Reliques de S. Corneille & de S. Cyprien. Les Légats du Pape assisterent à cette cérémonie. Le Roi établit dans cette Eglise un Chapitre de cent Clercs, auquel il donna entr'autres biens, les terres de Longueil, de Sacy, & le beau château du Bois d'Ajeux, avec sa Chapelle & ses dixmes. Cette donation est le premier démembrement du Palais de Verberie. Charles le Chauve mourut la même année 877, à Brios, village en-deça du Mont-Cenis, empoisonné par le Juif Sédécias son Médecin. Il avoit regné trente-sept ans, & avoit porté la Couronne Impériale pendant une année seulement.

Dès que Louis le Bègue eut appris la mort de l'Empereur son pere, il se rendit à Compiegne, d'où il indiqua une assemblée générale au Palais du Chesne. De Compiegne, il alla à Quierzy, où il ne fit pas un long séjour. Il y revint plusieurs fois pendant son regne.

Après la mort du Roi Louis le Bègue, arrivée le 10 Avril 879, Louis & Carloman ses deux fils lui succéderent. Louis ne regna que trois ans. Décédé sans enfans, il laissa maître de toute la Monarchie Françoise, Carloman son frere. Carloman se rendit à Quierzy l'année même, où il prit possession des Etats de son frere (2). Il y convoqua une assemblée solemnelle, dans laquelle il promet de conserver les droits & les immunités des Eglises. L'année suivante 883, ce Prince passa une partie du mois de Février au Palais de Trosly-Breuil, comme l'apprend une de ses Ordonnances du huit des Calendes de Mars, la premiere année de son regne en France. Il en fit expédier quelques autres au même endroit, qui tendent à réprimer les vols & les brigandages. En 884, il

(1) D. Bouq. t. 8. p. 663.   (2) Spicil. t. 4. Capitul. Karolom. tit. 2.

donna au Monastere de S. Médard de Soissons deux manses, sises à Verberie, dont jouissoit le Prêtre Hermoin, l'un de ses Fidéles. Le Comte Heric, quoique laïc, tenoit pour lors l'Abbaye de S. Crépin en Commende (1).

40.Ce regne & les suivans ne furent que troubles & que confusion. Les Normands qui avoient tout ravagé le long de la Seine & de la Marne, ne trouvant plus de butin du côté de ces deux rivieres, remonterent la riviere d'Oise, & commirent un affreux dégât dans tous les pays d'alentour. Comme ils venoient avec des forces supérieures, dans une contrée épuisée d'hommes & de subsistances, ils ne trouvoient aucune résistance.

Ces barbares néanmoins s'avançoient en bon ordre : les François leur avoient appris la guerre à leurs dépens. Les Normands avoient de la cavalerie & de l'infanterie. La cavalerie marchoit sur deux lignes le long de l'Oise, & l'infanterie montoit des bateaux, de la forme de ceux que les anciens appelloient *Parones*, plus longs que larges.

Ils arriverent sans obstacle à la vue de Noyon, & tracerent un camp au Midi du Palais de Quierzy, où ils se retrancherent. La riviere d'Oise défendoit ce camp d'un côté; un bois épais le couvroit de l'autre. D'abord ils envoyerent des partis à la découverte, pour s'assurer de l'état du pays qu'ils ne connoissoient pas, & pour examiner s'ils n'auroient pas quelque corps de troupes reglées à combattre. Ils trouverent le pays sans défense : leur approche avoit jetté par-tout l'épouvante & la consternation. Rassurés par le rapport de ces partis, ils détacherent de leur camp divers corps de troupes, qui allerent piller les châteaux, les villages, & ravager les campagnes.

On ne pouvoit rien mettre à l'abri de leur inhumanité. Après avoir brûlé les bourgades, ils couroient à la poursuite des habitans qui avoient pris la fuite ; s'ils les atteignoient, ils les massacroient sans pitié. Ils sembloient prendre le genre humain, & la Divinité même à partie (2). Car après avoir pillé les Eglises, ils les profanoient & les brûloient. Ils faisoient souffrir des supplices inouis aux particuliers, qui leur paroissoient jouir de quelque fortune, afin de tirer d'eux un aveu, qui leur apprit en quels endroits les personnes opulentes & les Religieux des Monasteres avoient caché leurs richesses.

(1) Diplom. p. 333.
(2) Duchesn. t. 2. p. 400. 555. 524. Sec.

3. Bened. part. 2. p. 106.

Ces cruels expédiens avoient quelque apparence de fondement. Depuis quarante ans que les ravages avoient commencé, on avoit pris des mesures, pour soustraire aux recherches de ces brigands, les effets précieux que chacun avoit en sa possession. L'on pratiquoit sous les montagnes des souterrains, voûtés comme des caves. On transportoit les meubles dans les *Cryptes*, l'on en muroit l'entrée, qu'on couvroit ensuite de terre & de gazon. Dans les pays plats, on creusoit des retraites au milieu des puits, après en avoir percé les murs. On déposoit l'argenterie, l'argent monnoyé, & tous les utensiles précieux, puis on refermoit avec soin l'ouverture.

Il y a sous la montagne de Longueuil un vaste souterrain, qui, suivant la description qu'on m'en a faite, paroît avoir été construit au commencement du dixiéme siécle. Une voûte en plein ceintre, appuyée sur des murs solides, regnoit d'un bout à l'autre de cette espéce de salle souterraine. On y descendoit par un large soupirail en forme de puits, revêtu de pierres de taille. Deux fortes grilles de fer, bien scellées dans les parois du soupirail, l'une au milieu, l'autre au-dessus de la grande voûte, en défendoient l'entrée. Ce souterrain fut découvert il y a soixante-dix ans, à l'occasion d'un chien de chasse, qui y tomba sans se tuer. Un paysan descendit jusqu'à la deuxiéme grille, & n'osa passer outre. La voix du chien, qui couroit en aboyant d'un bout à l'autre du soutertain, & l'écho de cette voix, lui firent connoître que cette salle étoit longue & profonde. Ce soupirail avoit passé jusques-là pour un puits tari, dont on ne pouvoit plus tirer aucun service. On a bouché ce soupirail, de crainte qu'il n'arrivât d'autres accidens.

On rapporte à l'irruption de l'an 885, le premier désastre des plus belles Maisons Royales du Valois. Les unes furent dépouillées de leurs ornemens, & considérablement endommagées, comme les Palais de Verberie & de Quierzy. Les Normands en brûlerent quelques-unes, comme Mornienval, & les pillerent toutes sans exception. Ceux que les barbares surprenoient à la campagne, dans les fermes ou dans les châteaux, perdoient la liberté ou la vie, lorsqu'ils n'avoient pas le moyen de se racheter par des sommes exorbitantes.

Les Normands firent une seconde irruption dans l'Orceois en 887. Ils remonterent la riviere de Marne jusqu'à Chésy-Labbaye,

où

où ils débarquerent : ils y établirent leurs quartiers (1), passerent en ce lieu le reste de l'année & une partie de la suivante, s'occupant à faire des courses de toutes parts, afin d'amasser du butin.

41. Le Roi Eudes eut soin de faire réparer une partie du dommage, que le Palais de Verberie avoit souffert. On a connoissance de plusieurs voyages, qu'il fit en ce Palais. Il y délivra en 890, une Charte qui en est datée : cette Charte regarde S. Vast d'Arras (2). On a une autre piéce du même Prince, concernant Sainte Colombe de Sens, datée de Verberie, le 16 des Calendes de Juillet 891, indiction neuviéme : cette piéce est signée de la main du Roi.

Ce Prince tint en 892, au même Palais de Verberie, l'Assemblée générale des Grands de la nation, à laquelle Riculfe, Evêque de Soissons assista : on y dressa plusieurs articles (3). Ce même Souverain nomme dans une Charte de l'an 893, l'Abbaye de la Croix-Saint-Ouen, parmi les dépendances de S. Médard de Soissons. Eudes confirma par ce Diplôme, tous les biens que ses Prédécesseurs avoient donnés à l'Abbaye de S. Médard.

42. Il paroît que le Roi Eudes avoit été Avoué du Monastere de S. Médard, avant de monter sur le trône. Il est marqué dans la chronique de cette Maison, que ce Prince tenoit son enclos & ses biens sous sa *Mandeburde*, c'est-à-dire, sous sa protection. En cette année, Eudes fit fortifier le château de Vic-sur-Aisne, tant afin de conserver cette dépendance de S. Médard, que pour arrêter les Normands dans leurs courses, & les empêcher de pénétrer dans le Vermandois. Depuis qu'on eut imaginé qu'il avoit dessein de garder ce château, il déclara ses intentions par des lettres datées de l'an 893. Il assure par ces lettres, la propriété de la terre de Vic-sur-Aisne à S. Médard, & ajoute qu'en faisant fortifier le château, il a eu principalement en vue la conservation de cette terre (4).

La précaution de fortifier Vic-sur-Aisne fut prise très-à-propos. Il parut sur la riviere d'Oise une nouvelle flotte de Normands, en l'an 895. Ces barbares s'avancerent jusqu'au Palais de Choisy en Laigue, au confluent de l'Oise & de l'Aisne, au-dessus de Compiegne, & y débarquerent. On ne voit pas qu'ils ayent passé ou-

---

(1) D. Bouq. t. 8. p. 100.
(2) Gall. Chr. t. 4. p. 80. D. Bouq. t. 9. p. 452. 458.
(3) Gall. Chr. t. 9. p. 344. ibid. p. 350.

D. Bouq. t. 9. p. 461.
(4) Chr. S. Med. an. 889. D. Bouq. t. 9. p. 56. Spicil. t. 2. p. 327. Diplom. p. 537

tre ; arrêtés, sans doute, par la garnison du château de Vic-sur-Aisne (1).

L'Abbaye de Mornienval jouissoit d'un revenu considérable, depuis qu'elle avoit été enrichie des libéralités de Charles le Chauve & de la Reine Ermentrude (2.) Ses biens excitant la cupidité des Grands, on l'érigea en Commende, & un Seigneur laïc en prit possession. Le Comte Thierry, qui vivoit sur la fin du regne de Carloman, frere de Charles le Simple, est le premier Abbé laïc de Mornienval, dont nous ayons connoissance. Thierry possédoit aussi le Prieuré de Rivecourt en Commende. Ce Seigneur, dont la manse emportoit la meilleure partie des revenus de Mornienval, obtint du Roi, en faveur de cette double Abbaye, la terre de Fresnoy-sur-Autonne, au pays de Senlis, *in pago Sylvanectensi*. Le Roi Carloman ajouta à ce présent, soixante & dix Manses situées, tant à Fresnoy qu'à Fémy, à Vautier-voisin, Faveroles, Bellival, Béthysi, Rée, & en un lieu appellé *Rhodomum*.

Les Normands, après avoir reconnu la garnison & les fortifications du château de Vic-sur-Aisne, jugerent qu'ils ne trouveroient pas de ce côté, la même impunité que dans le Valois & dans l'Orceois. Ne croyant pas devoir passer outre, ils partirent de Choisy-en-Laigue, & débarquerent au-dessus de Verberie, à l'embouchure de la riviere d'Autonne. Ne trouvant plus rien à piller des deux côtés de l'Oise, ils pénétrerent dans la vallée d'Autonne, & brûlerent Mornienval. Les bâtimens & l'Eglise, construits en bois, furent réduits en cendre.

Le Comte Thierry ne vivoit plus. Le Prince Robert, qui prenoit les deux titres de Comte & de Marquis, lui avoit succédé, & possédoit l'Abbaye de Mornienval en Commende. Ce Seigneur étoit fils de Robert le Fort, & frere du Roi Eudes. Charles le Simple, en 922, le tua de sa main dans un combat, parce qu'il vouloit se faire Roi. Bergeron croyant que sa qualité de Marquis lui venoit de son Abbaye, a observé sans fondement (3) » qu'avant » les guerres des Anglois, le Monastere de Mornienval étoit Mar- » quisat & Abbaye de Chanoines séculiers «.

En 907 selon les uns, en 920 selon d'autres, l'Abbé Robert obtint du Roi Charles le Simple une Charte, qui confirma la Mai-

---

(1) Diplom. p. 271.
(2) Gall. Chr. t. 9. p. 448.
(3) Fol. 20. v°.

son de Mornienval, dans la jouissance des biens que Charles le Chauve & Carloman lui avoient donnés. Cette Charte fait aussi mention de l'incendie, qui avoit consumé tous les titres du lieu (1).

L'Abbé Robert concourut, pendant les dernieres années de sa vie, au rétablissement de l'Eglise & du Monastere de Mornienval. Afin de prévenir le danger des incendies, on résolut de n'employer dans la construction des bâtimens, que le bois indispensablement nécessaire à la charpente des couvertures : on bâtit tous les murs en pierre. La construction de l'Eglise de Mornienval a duré plus de cent ans. Le plan de cet édifice est le même, que celui de la grande Eglise de S. Germain-des-Prez à Paris. Le portail consiste dans une grosse tour & dans quelques accompagnemens d'un goût majestueux, mais fort simple. Une nef & deux bas-côtés conduisent depuis la maîtresse tour, jusqu'à la croisée. La voûte de cette nef n'est pas la voûte du temps de la fondation. La portée excessive des murs, qui soutenoient la premiere voûte, a mis dans la nécessité de les diminuer, & de refaire le toit & la voûte. Les gros murs de la nef & de la croisée sont du dixiéme siécle finissant. On y distingue cependant plusieurs pans rebâtis au treiziéme Le Chœur est accompagné de deux tours, comme à Saint Germain-des-Prez de Paris, & à S. Arnoul de Crépy. Les voûtes des bas-côtés du chœur paroissent être du temps de la fondation. Ces voûtes peu élevées sont dans leur genre ce que j'ai vu de plus ancien, après celles de la tour de Sainte Agathe de Crépy. On lit au Nécrologe de l'Abbaye, que cette Eglise a été consacrée le quatorziéme jour de Juin, en l'honneur de la Sainte Vierge.

Lorsque l'Eglise & les lieux réguliers du Monastere furent achevés, on jugea nécessaire d'élever un fort à côté de l'Abbaye, avec un donjon au milieu. Ce donjon est appellé dans les titres, la Tour de Mornienval. On construisit le fort à la place du Palais du Roi, qui avoit été la proye des flammes au temps de l'incendie général, ainsi que le Monastere & l'Eglise. Le gouvernement du fort fut long-temps confié à un Officier, qui se qualifioit Maire du Roi. J'ai lû dans le Cartulaire de Mornienval, un acte de l'an 1223, au bas duquel on trouve le nom d'Adam Larcher, Maire du Roi à Mornienval : *Adamus Archerius Major Domini Regis de Morgneval*. Le fort a été changé en une ferme, nom-

(1) Ann. Bened. t. 6. p. 642.

mée dans les aveux fournis au premier Terrier du Valois, *Ferme de la Tour*.

L'Eglise & le Prieuré de Rivecourt dépendoient de l'Abbaye de Fontenelle en Normandie; mais les biens que Dagobert I & ses Succeſſeurs y avoient attachés, appartenoient en grande partie à des Seigneurs puiſſans, qui les avoient uſurpés.

On compte pluſieurs Tranſlations des Reliques de S. Vandrille, de Fontenelle au Prieuré de Rivecourt, depuis l'an 862, qu'on les leva de terre, juſqu'à l'an 944, auquel on rapporte leur derniere Tranſlation. On lit ce qui ſuit, dans la Chronique de Fontenelle, au ſujet de ces Reliques (1).

» En l'an 862, on tira de leurs Tombeaux, les Corps de S.
» Vandrille & de S. Anſbert. On les renferma dans des Châſſes,
» & l'on mit dans des caiſſes les effets précieux, qu'on eut le temps
» de raſſembler. On ſe hâta de les tranſporter dans des lieux ſûrs,
» afin de les ſouſtraire à la cupidité des Normands, qui ſe diſpo-
» ſoient à une nouvelle irruption. Pendant les dix années, que du-
» rerent en Normandie les courſes & les ravages des Danois,
» on porta les Châſſes de château en château, choiſiſſant les pays
» où les Normands ne devoient pas pénétrer «.

On prétend que la premiere & la derniere Tranſlation de ces Reliques ont été faites à Rivecourt; premierement, parce que les Normands ſe portant ſur Paris & ſur la Marne, on n'avoit rien à craindre du côté de la riviere d'Oiſe: 2°. Lorſque la derniere Tranſlation des Reliques de S. Vandrille eut lieu, le fameux Rolond I, Duc de Normandie, avoit épouſé Papia, fille de Valeran, Comte de Vexin & de Crépy: cette alliance avoit contribué à ramener le calme dans le Valois.

Après de fréquentes Tranſlations, les Reliques de S. Vandrille arriverent à Gand, où l'Abbé Girard les conſerva dans ſon Monaſtere. La paix regnoit en Normandie, ſous le gouvernement du Duc Richard, Succeſſeur de Rolond. Girard ſe propoſant de préſider lui-même à la conduite des Reliques, depuis Gand juſqu'à Fontenelle, prit ſa route par Rivecourt, afin de rentrer, à la faveur des Reliques, dans la poſſeſſion des biens que le Roi Childebert & ſes Succeſſeurs avoient donnés à la Maiſon de Fontenelle.

Le château & la terre de Rivecourt appartenoient à un Sei-

(1) Spicil. tom. 2. p. 284.

gneur puissant nommé Thierry ; le même qui jouissoit de l'Abbaye de Mornienval, ou peut-être son fils. L'Abbé Girard ne trouva pas Thierry lui-même au château de Rivecourt, mais un Maire qui avoit soin du château, & qui en géroit les affaires. Thierry demeuroit à Mornienval, ou à quelqu'endroit des environs. Girard persuada au Maire d'aller trouver Thierry, & de l'engager à rendre au Monastere de Fontenelle la terre de Rivecourt, qu'on lui avoit enlevée injustement. Le Maire se chargea de la commission, avec autant de zele que de bonne foi. Il trouva le Comte son maître, qui s'amusoit avec un bâton. Le Maire prononça la harangue, que l'Abbé lui avoit dictée. Il représenta au Comte que la terre de Rivecourt ayant été donnée à S. Vandrille, cette terre devoit être restituée à ses Reliques, comme un patrimoine étranger qu'il détentoit injustement : il ajouta que les Reliques du Saint avoient été apportées à Rivecourt, comme pour reprendre possession du château & de la terre.

Thierry entendant ce propos, entra en fureur contre son Maire. Il déchargea sur lui tant de coups de son bâton, qu'à peine resta-t-il à ce Maire assez de force, pour aller rendre compte de sa réception à l'Abbé Girard. Celui-ci retourna cependant au château de Rivecourt. La vue de son état frappa l'Abbé comme d'un coup mortel. Un premier mouvement de sensibilité le transporta aux pieds de la Châsse. Ses Religieux l'y suivirent & verserent comme lui des torrens de larmes. Après avoir donné un libre cours à l'excès de leur douleur, tous supplierent le Saint, d'une voix commune, de tirer d'une pareille insulte, une vengeance éclatante.

La nuit qui suivit l'accident, le Comte Thierry se mit au lit, pour y prendre son repos. Au lieu du sommeil qu'il attendoit, il fit des songes affreux. Un Moine s'apparut à lui avec un air menaçant. Ses yeux étinceloient de colere, & il tenoit un bâton pastoral à la main. Il reprocha à Thierry son impiété, & le frappa de son bâton avec tant de force, que le Comte se réveilla en poussant de grands cris. Les gens de Thierry accoururent. Il dit aux premiers qui se présenterent, qu'un Abbé d'une blanche chevelure l'avoit réduit à un état de torture : puis il demanda qu'on le mît dans une posture, à pouvoir s'acquitter de certaines fonctions, que la décence ne permet pas de nommer. Au lieu du tribut qu'on paye à la nature dans ces occasions, Thierry rendit ses entrailles par le fondement, & expira dans de cruelles douleurs.

L'Abbé Girard apprit à Rivecourt les circonstances de cet évènement, & n'en conçut aucun déplaisir. Il le regarda comme une juste punition, que Dieu avoit exercée sur un usurpateur. Il laissa à Rivecourt les Reliques de S. Vandrille, & partit pour aller trouver Richard, Duc de Normandie, de qui il obtint la restitution de plusieurs terres, qui avoient appartenu au Monastere de S. Vandrille. Il est probable que la fin tragique du Comte Thierry ne contribua pas peu à rendre le Duc Richard aussi traitable. L'Abbé Girard revint de Rouen à Rivecourt, & partit avec les Reliques & ses Religieux pour retourner à Gand.

M. Baillet raconte un peu différemment la derniere Translation du Corps de S. Vandrille à Rivecourt (1). Il dit, » que l'Ab-
» bé de Blandinberg-Saint-Girard, qui peu auparavant avoit déja
» transféré le Corps de Saint Vandrille de Boulogne à Gand,
» voulant aller retirer des mains des usurpateurs, quelques biens
» qui appartenoient à son Abbaye, & qui étoient situés en Nor-
» mandie, prit avec lui les Reliques de S. Vandrille, pour les
» laisser en gage ou en échange: qu'il les déposa dans un village du
» Beauvoisis, appellé Reuvricourt, où elles demeurerent, jusqu'à
» ce que n'ayant pu avoir raison de personne, il se crut obligé de
» les rapporter à Gand, où on les a depuis religieusement confer-
» vées «.

L'histoire que j'ai rapportée, est tirée toute entiere du Spicilege. Je ne balance pas à préférer le texte d'un Auteur ancien, au récit du Compilateur moderne. Il ne paroît pas que l'Abbé Girard ait été frustré de ses espérances; mais plutôt qu'avant son retour à Gand, il obtint tant à Rouen qu'à Rivecourt, les restitutions qui avoient été le sujet de son voyage. On croit qu'il laissa à Rivecourt, une partie des Religieux qui l'accompagnoient; ce qui fut un renouvellement de l'ancien Prieuré. On rebâtit l'Eglise, qui servoit de Paroisse à plusieurs lieux circonvoisins; à Chévrieres, à Rucourt, & au Fayel. Chévrieres & Rucourt sont présentement deux Paroisses. Le Fayel est une Succursale de S. Vandrille de Rivecourt. Le bâtiment de l'Eglise de Rivecourt a subsisté jusqu'à la fin du regne de Louis XII, temps où l'édifice qu'on voit aujourd'hui a été construit sur les premiers fondemens.

Depuis la mort du Comte Thierry, la terre de Rivecourt fut par-

(1) 22 Juillet, tom. 2. p. 360.

entre les Religieux du Prieuré, les Seigneurs de Pierrefonds
Roi, à cauſe du château de Verberie. Dans le compte général
au Roi Philippe Auguſte en l'an 1202, il eſt fait mention des
que ce Prince poſſédoit à Rivecourt (1). Le comptable porte
penſe vingt-neuf livres dix ſols, pour la façon des vignes de
piegne, du Beauvoiſis & de Rivecourt *Riurecuriæ.*
y avoit encore des Religieux à Rivecourt au commencement
iziéme ſiécle, lorſqu'on rebâtit l'Egliſe & les lieux réguliers
rieuré. Les Religieux ayant un peu empiété ſur les terres de
mmune de Rivecourt, cette circonſtance fut cauſe d'un
procès, que les habitans gagnerent. La portion de terrain,
es Religieux avoient joint à leur domaine, privoit les habi-
d'un ſentier très-commode. L'uſage du chemin fut rendu à-
ci, qui, en mémoire de leur victoire, & afin d'affermir de
en plus leur droit par un monument, firent graver en lettres
iques majuſcules, les mots ſuivans, ſur un mur neuf, à côté
porte du paſſage : *Porta patens eſto : nulli claudaris.* On lit
re cette inſcription.
Prieuré de Rivecourt a été ſéculariſé vers 1596. Le Roi ne
de plus rien à Rivecourt. Le Prieur eſt Seigneur ſur ſes ter-
La plus grande partie du territoire dépend d'un Seigneur par-
ier, qui a ſur les lieux un château. Les lieux réguliers s'é-
oient, avant le départ des Religieux, depuis la ferme du
ré juſqu'à l'Egliſe. La Cure de Rivecourt eſt une portion con-
, à ●●●mination & à la charge du Prieur. Cette place, quoi-
d'un revenu très modique, a été remplie dernierement par un
éſiaſtique de mérite, auquel nous ſommes redevables de plu-
s éclairciſſemens hiſtoriques (*M. Deſcampeaux*). Il joignoit
e candeur & à une ſimplicité des premiers temps, une con-
ance approfondie des mathématiques & de l'hiſtoire. Il vécut
fortune, content du néceſſaire, qu'il partageoit quelquefois
ſes pauvres. Il mourut le huit Octobre 1761, dans un âge
cé, regretté de ſes Paroiſſiens comme un pere, & de tous les
de bien, comme un Eccléſiaſtique reſpectable par ſa régula-
& par ſes mœurs.
a Méridienne de Paris, tirée depuis Perpignan juſqu'à Dun-
ue, par MM. de la Caille & de Thury, paſſe au moulin de
ecourt qui eſt ſitué ſur la montagne. On découvre de cet
oit une grande étendue de pays.

Bruſſel. tom. 2. p. xcvj.

44. Les Archevêques de Reims ont tenu plusieurs Conciles provinciaux au Mont-Notre-Dame, après le milieu du dixiéme siécle. Ce lieu, situé sur une haute montagne, est au centre de la Province de Reims dans le Tardenois. Son territoire est divisé en deux Seigneuries, l'une appartenant à l'Evêque de Soissons, l'autre à un Vicomte. Dans la premiere partie de cette terre, on suit la Coutume de Vermandois, & celle de Vitri dans l'autre. Mes listes placent seulement la Seigneurie de l'Evêque dans le Duché de Valois; c'est sur cette partie de la terre que la Collégiale a été bâtie. Dans le rôle des Ecclésiastiques qui ont payé en 1588, pour les Députés du Valois aux Etats de Blois, le Curé du Mont-Notre-Dame est taxé six livres seize sols six deniers. Dans la liste des lieux du Bailliage de Valois par Denys Carrier, je trouve *le Mont-Notre-Dame en partie*, parmi les dépendances de la Châtellenie d'Ouchy.

La Collégiale du Mont-Notre-Dame est l'une des plus illustres & des plus anciennes fondations du canton. Il est difficile d'en déterminer la premiere origine. L'Obitier du Chapitre porte, que le vingt-trois Juillet, il y a obit pour Gérard de Roussillon, Fondateur de l'Eglise : chaque rétribution est fixée à trente sols. On sait que la premiere Eglise a été dédiée sous l'invocation de Sainte Madelaine. La difficulté est de connoître, en quel temps vivoit le Gérard de Roussillon, cité dans l'Obituaire, comme premier Fondateur.

Regnault, dans son Abrégé de l'Histoire de Soissons, rapporte la fondation de la Collégiale du Mont-Notre-Dame par Gérard de Roussillon, à la fin du huitiéme siécle.

Rouillard, dans son Histoire de Melun, cite une Chronique manuscrite des Ducs de Bourgogne, où il dit avoir lû, que Gérard de Roussillon possédoit de riches Seigneuries dans la Bourgogne, qu'il épousa une fille de Hugues, Comte de Soissons, appellée Berthe; que Gérard & Berthe eurent de leur mariage un fils & une fille, qui moururent en bas âge. Il ajoute que Gérard de Roussillon fonda douze Abbayes, celle de Vézelay, &c. . . . & une autre au Diocese de Soissons, dite la Madelaine du Mont. Rouillard ne marque pas l'année, où l'Eglise du Mont-Notre-Dame a été bâtie; il observe seulement que Gérard, son Fondateur, défendit la ville de Melun contre les Normands, vers l'an 845.

845. On trouve au Spicilege (1) un écrit, portant que Gérard de Rouſſillon & Berthe ſa femme ont fondé le Monaſtere de Vézelay, la vingt-troiſiéme année de Charles le Chauve, au mois de Mars.

Nous liſons dans les Généalogies du P. Anſelme (2), que Gérard avoit épouſé Berthe, fille de Pepin I, Roi d'Aquitaine, ſecond fils de Louis le Débonnaire; que Berthe eut de Girard d'Alſace, Comte de Berry, un fils nommé Théodoric, & une fille appellée Eve ou Ave, qui décéderent l'un & l'autre en bas âge; que Berthe ſurvécut à Gérard juſqu'à l'an 874.

Le P. Labbe, dans ſes Tables Généalogiques, ajoute que Berthe avoit pour mere la Reine Ingertrude.

La réunion de ces témoignages ſemble prouver, que le Fondateur de la Collégiale vivoit ſous Charles le Chauve. Cependant on a d'autres autorités, dont les unes font vivre Gérard de Rouſſillon, un ſiécle avant Charles le Chauve, & les autres, deux & trois ſiécles plus tard.

Iperius en ſa Chronique (3) écrit que ſous le pontificat de Zacharie, (qui occupa le S. Siége depuis l'an 741 juſqu'en 752) Gérard de Rouſſillon, Comte de Bourgogne, fit la Tranſlation du Corps de Sainte Marie Madelaine au Monaſtere de Vézelay. Il reprend ainſi dès l'origine, l'hiſtoire de cette Tranſlation.

S. Maximin, l'un des ſoixante-douze Diſciples de J. C. paſſant de la Paleſtine dans la Gaule, amena avec lui Sainte Marie Madelaine. Arrivée en la ville d'Aix en Provence, Sainte Madelaine mourut, & fut enterrée par les ſoins de S. Maximin. Son Corps reſta en terre, juſqu'au temps où les Sarraſins firent irruption dans la Provence, ſous le gouvernement de Charles Martel, & ruinerent la ville d'Aix. Les Reliques de Sainte Madelaine coururent quelque riſque. Gérard de Rouſſillon, déſirant empêcher, que ces Reliques fuſſent expoſées aux inſultes des barbares, les fit tranſporter au Monaſtere de Vézelay, qu'il avoit fait bâtir. Le moine Sigebert s'exprime à peu près dans les mêmes termes, & place la Tranſlation ſous l'an 745.

Comme l'un de ces deux Auteurs a copié l'autre, les deux textes ne font qu'une autorité qu'on peut récuſer, en obſervant, qu'Iperius, moins inſtruit que l'Hiſtorien de Melun, & que l'Auteur

---

(1) Spicil. t. 2. p. 498.
(2) Tom. 1. p. 44.

(3) Theſaur. Anecd. t. 3. p. 483. 485. Iper. chron. cap. 4. & 6.

du Spicilege, aura confondu les regnes de Charles le Chauve & de Charles Martel, à cause de la ressemblance des noms, & aura pris l'an 745, où le fils de Charles Martel exerçoit les fonctions de son pere, décédé depuis peu d'années, pour l'an 845 où regnoit Charles le Chauve.

Plusieurs Gérards de Roussillon ont paru dans des temps postérieurs au regne de Charles le Chauve. Dans les actes du Concile de Clermont, tenu en l'an 1095, Gérard de Roussillon & Anselme de Ribemont sont nommés parmi les Seigneurs, qui devoient se croiser (1). Le troisiéme tome du Spicilege contient un acte du dix des Calendes de Novembre 1162, par lequel le nommé Jean Martin se donne, lui & ses enfans, *in hominem*, au Comte Gérard de Roussillon. Après les signatures de Jean Martin & du Comte Gérard, on lit celle d'un *Petrus de Sanctâ Mariâ*, qui paroît comme témoin. Cette derniere souscription qui doit s'expliquer, *Pierre du Mont-Notre-Dame*, sembleroit lever toute difficulté, & prouver qu'on ne doit pas faire remonter plus haut que le douziéme siécle, la fondation de la Collégiale du Mont-Notre-Dame. Mais comme on a les noms de quelques Doyens de ce Chapitre, qui vivoient avant le milieu du douziéme siécle, & qu'il est prouvé d'ailleurs que la premiere Eglise tomboit de vétusté, au commencement du treiziéme siécle, lorsqu'on bâtit la seconde qu'on voit encore, on est obligé de placer plusieurs siécles avant l'an 1162, l'établissement du Chapitre en question.

Les premiers commencemens du Mont-Notre-Dame ont été pareils à ceux des Maisons Royales dont nous avons parlé, avec cette différence, que le premier château qu'on y bâtit fut fortifié; tandis que dans la plûpart des autres, on ne se proposoit que l'utilité & l'agrément. Le Concile de l'an 589 suppose, qu'il y avoit au Mont-Notre-Dame un Palais, un Chapitre considérable, ou un Monastere vaste & nombreux: on choisissoit toujours de tels lieux pour tenir des Conciles.

Nos Rois, ayant cédé le château du Mont-Notre-Dame à des Vicomtes, se réserverent le droit de procuration ou de gîte. Nous prouverons que ce droit se payoit exactement tous les ans au treiziéme siécle. Ce château, aussi grand & aussi spacieux que l'édifice de la Collégiale, comprenoit plusieurs corps de logis, dont le principal, flanqué de quatre grosses tours, renfermoit un gros donjon.

(1) Thesaur. Anecd. ibid. Spicil. t. 3. p. 536.

Nous ignorons la premiere origine de l'Eglise du Mont-Notre-Dame. Nous ne commencerons à la considérer, que sous le regne de Charles le Chauve, lorsque Gérard de Roussillon & Berthe son épouse renouvellerent cette Eglise, & fondèrent le Chapitre.

Il paroît que Gérard de Roussillon possédoit la partie du territoire du Mont-Notre-Dame, sur laquelle s'étend actuellement la Seigneurie de l'Evêque de Soissons. Après la Translation des Reliques de Sainte Madelaine d'Aix à Vézelay, Gérard voulant étendre le culte de cette Sainte, résolut de fonder plusieurs Collégiales en son honneur. Il choisit parmi ses terres du Soissonnois, celle du Mont, pour y établir une de ces Collégiales. Il commença son entreprise par l'Eglise, qu'il fit construire dans un grand goût. Il abandonna une partie de son château, aux Clercs qu'il nomma pour la desservir. Il forma sur ce plan le Chapitre des Clercs, qu'il jugea à propos de rassembler. Il voulut que ce Chapitre fût composé de quatorze prébendes, & gouverné par un Prevôt & par un Doyen.

Il nomma Prevôt l'Evêque de Soissons, qui accepta cette place, au nom de ses Successeurs comme au sien. Gérard céda à l'Evêque son château & ses dépendances. Il régla que le Doyen gouverneroit le Chapitre en l'absence de l'Evêque, & qu'il exerceroit les fonctions Curiales sur tout le territoire. L'Evêque de son côté accorda au Doyen, le droit de prendre séance dans les stalles supérieures de son Eglise Cathédrale. Le Doyen du Mont-Notre-Dame a conservé ce droit jusqu'à l'extinction du Chapitre, & a toujours eu le pas dans les Synodes Diocésains, sur le Doyen de S. Pierre au Parvis de Soissons, & sur celui de la Collégiale de S. Clément de Compiegne. J'ai lû dans un titre ancien, que le Doyen du Mont-Notre-Dame tient en fief de l'Evêque de Soissons, la Jurisdiction spirituelle du lieu ; que l'Evêque a deux parts dans les émolumens de cette Jurisdiction, & le Doyen la troisiéme.

Gérard attacha aux prébendes du Chapitre, des revenus considérables, en Seigneuries, en maisons, en fonds de terre, & en bénéfices qu'il y fit réunir. Ce Chapitre a toujours joui du droit de nommer à huit Cures, à dix Chapelles de la Collégiale, & à trois autres Chapelles situées ailleurs.

Lorsque l'établissement fut consommé, Gérard fit transférer

dans la nouvelle Eglife, quelques parcelles des Reliques de Sainte Madelaine, dont les Chanoines firent part à d'autres Eglifes du Soiffonnois: Il y a dans l'Abbaye du Charme, un Reliquaire de Sainte Marie Madelaine, qui vient du Mont-Notre-Dame. L'Eglife Paroiffiale de S. Vaft de Longmont à Verberie a long-temps poffédé un Reliquaire de Vermeil, contenant un os de Sainte Madelaine. Ce Reliquaire, après avoir été plufieurs fois mis en gage, fut retiré le vingt-cinq Avril 1455, des mains d'un nommé Jean Bernard, demeurant à Brie-Comte-Robert, moyennant douze écus, au payement defquels Pierre de Capy s'engagea. Ce Reliquaire contenoit auffi un offement de S. Etienne. Il ne refte plus à S. Vaft, qu'une ftatue en pierre de Sainte Madelaine. On conferve à Braine, des cheveux de Sainte Madelaine, ainfi qu'à S. Aubin de Crépy.

Le culte de Sainte Madelaine fit bientôt oublier le nom de Saurele. La Collégiale communiqua fon nom au refte du territoire. Toute la Paroiffe prit celui de Sainte Madelaine-au-Mont, ou du Mont-Sainte-Marie-Madelaine. Le peuple qui aime à abréger, fe contenta d'appeller ce lieu le Mont-Sainte-Marie : & comme le nom de Marie eft auffi celui de la mere de Dieu, on les confondit tous deux dans la fuite, & l'on appella *Mont-Notre-Dame* le lieu en queftion.

Le fecond Concile du Mont-Notre-Dame a été tenu l'an 971 ; quelques-uns le rapportent à l'an 972. Ce Concile fut convoqué à cette occafion (1). Adalberon, Archevêque de Reims, ayant envoyé à Rome des députés vers le Pape Jean XIII, touchant la réforme du Monaftere de Mouzon ; ces députés revinrent au mois de Mai fuivant, accompagnés des Apocrifiaires du Pape. Adalberon affembla à ce fujet un Concile au Mont-Sainte-Marie, dans lequel on fit la lecture du privilége, accordé par le Souverain Pontife au Monaftere de Mouzon (2). Au Spicilege, on place ce Concile fous l'an 973.

Marlot fait mention dans fon Hiftoire de Reims (3), d'un troifiéme Concile affemblé au Mont-Notre-Dame en 977, par l'Archevêque Adalberon, dans lequel on traita de plufieurs affaires, concernant les Monafteres de S. Vincent de Laon & de Mouzon.

Gerbert dans fes Lettres (4), cite un autre Concile affemblé

---

(1) D. Bouq. t. 9. p. 99. & 327.
(2) Tom. 2. p. 574.
(3) Tom. 2. p. 9.
(4) Ep. 44. D. Bouq. tom. 9. p. 286.

au même lieu, aux Ides de Décembre 985. Les Evêques de la province de Reims y assisterent. On y délibéra sur l'état des Eglises, & sur plusieurs affaires publiques & particulieres.

Après la mort d'Arnoul, Archevêque de Reims, l'élection d'Ebalus son Successeur fut conclue dans un Concile tenu au Mont-Notre-Dame l'an 1023. Cette élection avoit éprouvé beaucoup de difficultés (1).

45. Les Conciles de Trosly ont été tenus vers le même temps que ceux du Mont-Notre-Dame, sous l'autorité des Archevêques de Reims. Trosly-Breuil & Trosly-aux-bois n'ont été anciennement qu'un même endroit : Breuil & Broile signifient un bois. Ce sont présentement deux lieux situés à huit cens pas l'un de l'autre, entre Attichy & Retondes, assez près de la rive méridionale de l'Aisne. Ils relevent tous deux de la Châtellenie de Pierrefonds. L'ancien château se voyoit à Trosly-Breuil. D. Germain place ce château à Trosly près Blérancourt; M. de Valois l'a réfuté dans ses réponses, & a prouvé qu'on devoit placer à Breuil, le Trosly des Chroniques.

Avant le gouvernement du Maire Ebroin, la terre de Trosly appartenoit au Fisc (2). Ce Ministre la fit donner à l'Abbaye de Notre-Dame de Soissons. En l'an 858, le Roi Charles le Chauve confirma cette donation. Dans un acte de l'an 883, Trosly-Breuil est appellé *Broilum Compendii*. Il y a toute apparence, que les Rois, bienfaiteurs de Notre-Dame, se réserverent la Justice & la plus grande partie du château de Trosly.

Le vingtiéme jour de Juin de l'an 909, indiction douziéme, Hervé, Archevêque de Reims, tint un Concile à Trosly, composé de ses Suffragans (3). L'Archevêque de Rouen & l'Evêque de Cambray y assisterent. Les Décrets de ce Concile, distribués en quinze Chapitres, font voir la triste situation de l'Eglise & de l'Etat. Les villes dépeuplées, les Monasteres ruinés ou brûlés, les campagnes réduites en solitude, furent la matiere principale des délibérations des Evêques. On s'y plaint du mépris des Loix divines & humaines, de l'intrusion des Abbés laïcs dans les Monasteres, où ils logeoient leurs femmes, leurs enfans, leurs soldats & leurs chiens. Ces Chapitres sont plutôt de longues exhortations que des Canons.

(1) Marlot, tom. 2.
(2) Hist. N. D. p. 32. & 193.
(3) Labb. Concil. t. 9. p. 520.

Un autre Concile fut assemblé à Troſly en 921. L'Archevêque de Sens y préſida, & le Roi Charles le Simple y aſſiſta (1). On y leva à la priere du Roi, l'excommunication portée contre Ereboldus, qui avoit ravi de grands biens à l'Egliſe de Reims.

Balderic ou Baudry parle dans ſa Chronique d'un troiſiéme Concile de Troſly tenu en 924, auquel Sculphe, Archevêque de Reims, préſida. Herbert III, Comte de Vermandois, parut à ce Concile. Le Comte Iſaac y fut condamné à reſtituer les biens, qu'il avoit uſurpés à l'Egliſe de Cambray (2).

Trois ans après ce Concile, le Comte de Vermandois en convoqua un autre au même lieu de Troſly, contre le conſentement du Roi Raoul. On y parla beaucoup de l'élargiſſement du Roi Charles le Simple, que le Comte de Vermandois retenoit priſonnier. Six Evêques ſeulement formoient le Concile, tous ſix de la province de Reims.

L'an 955, le Roi Lothaire aſſembla à Troſly les Etats du Royaume. Les Seigneurs s'y rendirent en grand nombre. On ne connoît ni l'objet, ni l'iſſue de ce Parlement (3).

En 1258, les Seigneurs d'Attichy partagerent la terre de Troſly avec les Religieuſes de Notre-Dame de Soiſſons. Il eſt à croire que ces Seigneurs ſuccédoient aux droits, que les Rois s'étoient réſervés ſur le château & ſur la terre.

46. Les ſix Châtellenies du Valois ont été formées dans le cours du dixiéme ſiécle. Je traiterai au ſixiéme Livre de cet Ouvrage, de la nature, de l'ordre & du nombre des Châtellenies, qui compoſent le Duché de Valois : il ne s'agit ici que de leur origine.

Avant d'entrer dans l'examen de cette origine, on doit ſe repréſenter l'état déplorable, auquel la France avoit été réduite, par les fréquentes incurſions des Normands, & par les factions des Seigneurs, devenus maîtres abſolus dans leurs Gouvernemens, d'Œconomes, & de ſimples *Adminiſtrateurs du miniſtere public*, comme le Roi Charles le Chauve les nommoit encore dans ſes Capitulaires. Temps malheureux de déſordres & de troubles, où l'eſprit d'indépendance & de diſcorde confondoit le droit avec la paſſion, le devoir avec l'intérêt, la bonne cauſe avec la mauvaiſe, où les plus fidéles ſujets ſe virent entrainés, comme malgré eux, par le torrent des partis.

(1) Flod. lib. 4. cap. 16.
(2) Flod. lib. 1. cap. 65.
(3) D. Bouq. tom. 9. p. 640.

M. Bouquet rapporte au regne de Charles le Gros, l'origine des forts châteaux, d'où les Châtellenies ont pris leur nom (1). Il auroit pu la placer sous le regne de Louis le Débonnaire, puisque ce Souverain établit l'usage d'aliéner des terres du Fisc au profit de ses *Fidéles*, & accorda à plusieurs Seigneurs *le droit de Ferté* dans leurs terres (2). On appelloit les forts châteaux *Firmitates*, *Castra*, & *Castella*. D'où l'on a formé les noms de Ferté, de Châtellenie, ou Châtelloye, comme parloient nos peres ; par opposition aux *Palatia Regia*, & aux *Villæ fiscales*, qui n'étoient que des maisons de plaisance, sans fortifications & sans défenses.

L'origine des Châtellenies est clairement expliquée dans le passage suivant (3), d'un Auteur contemporain. » Les forts châ-
» teaux, dit-il, ont été bâtis par les Souverains & par les grands
» Seigneurs, afin d'arrêter les ennemis du dehors dans leurs cour-
» ses, & de les empêcher de faire quelqu'entreprise contre la liberté
» de la patrie, & contre la sûreté publique. On choisissoit pour éle-
» ver ces châteaux, des lieux avantageusement situés, qui pouvoient
» servir de barrieres contre les invasions, après avoir été fortifiés.
» Par une suite imprévue de ces sages précautions, ces forts châ-
» teaux furent changés en des demeures de tyrans, & devinrent
» des retraites de brigands, occupés à lever des contributions arbi-
» traires, dans des pays qu'ils auroient dû protéger & défendre au
» péril de leur vie «.

Bergeron (4) définit la Châtellenie, une haute Justice avec droit d'assise & de ressort, une tour & un château, d'où relevent au moins trois ou quatre Fiefs. Il dit ailleurs, que chaque fort château doit avoir un Châtelain Prevôtal, un Capitaine pour la conservation du pays, une Chapelle de fondation Royale ou Seigneuriale. Quelques-uns ajoutent un Four banal.

Les Seigneurs Châtelains représentoient, succédoient même aux Juges des Maisons Royales, que Louis le Débonnaire nomme *provisores Regii* dans ses Diplômes (5). Au lieu des gages que l'État assignoit à ces Officiers, l'usage s'introduisit dans le Valois, après la fin du neuviéme siécle, de leur donner à chacun soixante livrées de terres avec un ressort, & le droit de Justice sur ces mêmes terres.

(1) Droit public. tom. 1. p. 343.
(2) Theoganus, cap. 19.
(3) Sec. 4. Ben. part. 1. p. 9. 10. 142. n° 13.
(4) Val. Roy. p. 14. 29.
(5) Vita Lud. Pii, an. 853.

L'article XCIII de la Coutume de Senlis contient cette énumération des prérogatives, qui regardent les Seigneurs Châtelains de la Contrée : » Le Seigneur Châtelain peut avoir fous lui, » 1°. Un Haut-Justicier, 2°. un Prevôt ou Garde-Justice, tenant » ses assises, 3°. un Baillif, auquel ressortissent ses sujets, en cas » d'appel ou autrement par réformation. 4°. Il a sceau authentique, » tabellion, droit de marché, quelques-uns ont droit de tra- » vers. 5°. Ils peuvent fonder Prieurés, Collégiales, Hôtels-Dieu, » Maladeries, Tour, Châtel, & s'il leur plaît, Forts & pont-le- » vis. « Bouchel (1) distingue deux sortes de Prevôts Châtelains ; les uns pour les amendes, les autres pour la Justice.

Les titres de Comte & de Vicomte, de Seigneur & de Garde, de Protecteur, de Chevalier *à livrée*, d'Avoué, de Burgare, de Juge, de Proviseur, de Maire, de Capitaine & de Gouverneur, sont des noms synonimes, rélativement aux temps dont il est ici question. Les termes de Comté, Vicomté, Garde, Sauve-garde, Sauvement, Avouerie, Protection, Mandeburde, Châtelloye, &c. désignoient le ressort & les fonctions de ces Officiers. On ne peut rien déterminer sur la nature, sur les prérogatives, ni sur les obligations de ces emplois. Tout varioit à raison des temps & des lieux. Tel Comte qui avoit commencé sa fortune par un Office de Châtelain, parvenoit à rendre son titre héréditaire & presqu'indépendant du Souverain, & prenoit à son tour un *Chevalier* ou un *Garde*, pour gouverner ses Domaines.

Les Officiers qui exerçoient les fonctions de Châtelain, n'en prenoient pas toujours le nom. Le Châtelain de Crépy a porté successivement ceux de *Burgare* & de *Capitaine* ; on appelloit *Garde* ou *Seigneur*, celui de la Ferté-Milon ; *Vicomte*, celui d'Ouchy ; *Chevaliers*, ceux de Pierrefonds & de Neuilly-Saint-Front ; celui du fort château de Bethizy est le seul, qui ait conservé la qualité de Châtelain, depuis l'origine de cette charge.

Après l'établissement des six Châtellenies, le Valois n'eut plus de bornes fixes. Nous le verrons s'étendre depuis le Bourget près Paris, jusqu'aux portes de Reims, & changer souvent de limites. Les Domaines des Seigneurs Châtelains régloient les ressorts des Jurisdictions, & comme ces Domaines éprouvoient des diminutions & des accroissemens, il arrivoit de fréquens changemens dans les Châtellenies.

(1) Comm. p. 498.

47. Les premiers Seigneurs du château de Crépy, dont les noms font consignés dans les monumens, prenoient la qualité de *Dominus*. La Dame Hildegarde, à laquelle commence la suite connue de ces Seigneurs, se qualifioit ainsi; *Domina de crispeïo*. Les sentimens sont partagés sur l'extraction de cette Dame. Les uns la font descendre de Pepin, petit fils de Bernard, Roi d'Italie; les autres de Landry, Comte de Dreux; d'autres enfin lui donnent pour pere, Arnoul le vieux, Comte de Flandres.

Le premier sentiment confond Hildegarde avec l'épouse de Gautier le Blanc, fille d'un Comte de Senlis. Gautier le Blanc, Comte de Crépy ou de Valois, étoit arriere-petit-fils de la Dame Hildegarde. Dans le second sentiment, on prend Adele ou Adelgarde, fille de Landry, Comte de Dreux, épouse de Gautier I, pour Hildegarde, mere de ce même Gautier.

Blondel & la Morliere, Auteurs du troisiéme sentiment (1), n'ont pas fait attention, qu'Arnoul le vieux n'a épousé qu'en 934, Alix de Vermandois, fille d'Héribert III, du vivant de Raoul & d'Hermenfrede, tous deux petits-fils d'Hildegarde, Dame de Crépy.

Hildegarde étoit fille d'Héribert II, Comte d'Amiens. Héribert II avoit pour pere Héribert I, troisiéme fils de Bernard Roi d'Italie, mort en 818. Bernard étoit petit-fils de l'Empereur Charlemagne.

La Seigneurie du château de Crépy s'est ainsi formée.

Sous le regne de Dagobert I, il y avoit à l'endroit où l'on a depuis placé le château de Crépy, un édifice peu considérable, à côté duquel ce Prince fit bâtir une Eglise. On érigea trois Autels dans cette Eglise; le premier, sous le nom de Sainte Croix; le second, sous l'invocation du Martyr S. Etienne; le troisié ne, sous le titre de S. Denys. Cet édifice & les maisons d'a en our formoient comme une Paroisse. On plaça des fonts baptismaux dans cette Eglise, à l'Autel de S. Denys.

Cette portion de Domaine demeura unie au Fisc, jusqu'à la fin du regne de Charlemagne. Il y eut sous le regne de Louis le Débonnaire, plusieurs partages faits en faveur des descendans de Bernard, Roi d'Italie. Ces partages adjugerent à Heribert I & à Heribert II son fils, des domaines situés dans la Picardie, dans la Champagne & dans la Brie. Héribert II possédoit le Comté

(1) Histoire d'Amiens, p. 63.

d'Amiens, quelques terres en Champagne, & le château de Crépy dans la Brie. Héribert II, fut pere de la Dame Hildegarde ou Edelgarde, qu'il laissa héritiere de ses grands biens, & en particulier du château de Crépy, dont elle prenoit le titre.

Quelques-uns prétendent, qu'Hildegarde a été mariée trois fois; la premiere, à Guillaume I, Duc de Normandie; la seconde, à Thibaud le Tricheur, Comte de Chartres & de Blois; & en dernier lieu, à Valeran, Comte de Vexin. Ces personnes commettent un anacronisme de plus d'un siécle & demi. Elles confondent Hildegarde, Dame de Crépy, qui vivoit en l'an 880, avec une autre Dame de ce nom, qui existoit en 1040. Elles ne distinguent pas Valeran Comte de Vexin & de Beauvais, de Valeran, Comte de Meulant, contemporain de l'Evêque Yves de Chartres.

Dès qu'Hildegarde eut atteint l'âge nubile, son pere l'accorda aux recherches de Valeran, Comte de Vexin, déja veuf d'une premiere femme, de laquelle il avoit eu Papia, épouse de Rolond I, Duc de Normandie.

Valeran, Gualeran ou Garnier, étoit fils de Bérenger, Comte de Vexin & de Beauvais, selon D. Toussaint Duplessis, & selon le Cartulaire de Nanteuil. Louvet dans son Histoire de Beauvoisis, & Bouchel sur l'article XXX de la Coutume de Senlis, soutiennent que dans l'origine, le Vexin faisoit partie du Comté de Beauvais; que même il relevoit de l'Evêque de cette Ville pour le spirituel. Ils ajoutent que le Vexin ayant été donné à l'Abbaye de S. Denys par le Roi Dagobert, les Religieux de cette Abbaye firent choix du Comte de Beauvais, en qualité d'Avoué & de Général de leurs troupes.

Lorsque Valeran épousa Hildegarde, il possédoit les Comtés de Pontoise, Mantes, Chaumont & Meulant (1). Il tenoit ces terres en fief de l'Abbaye de S. Denys, comme Général & Porte-Oriflamme de cette Maison. Les Normands étant venu fondre inopinément sur le Comté de Vexin en 885, Valeran assembla les vassaux des terres du Monastere, & marcha aux ennemis, dans le dessein de les combattre. D'abord il eut l'avantage; mais se voyant sur le point d'être accablé par le nombre, il fit sa retraite en bon ordre, & s'enferma dans la ville de Pontoise, qu'il défendit jusqu'à la derniere extrémité. Il lui fallut céder,

(1) Hist. de Pontoise, p. 11.

parce que la place n'avoit ni munitions ni fortifications, capables de résister plus long-temps aux attaques d'une armée presqu'innombrable. Valeran fit une capitulation honorable, & se retira dans Beauvais.

On attribue à ce Seigneur la fondation de l'Abbaye de S. Mellon de Pontoise, de même que la Translation des Reliques de ce Saint, qui eut lieu vers l'an 880.

Hildegarde apporta en dot à Valeran, la Seigneurie du château de Crépy, dont il prit le titre. Valeran de son côté délivra un *Libelle d'osculage* à Hildegarde, par lequel il lui fait présent d'un alleu, suivant la disposition de la loi Salique, qui ordonnoit aux maris de doter leurs femmes. Ce droit d'osculage, établi par la loi Salique, s'est perpétué dans le Valois, où la femme ne devient douagere, que par la consommation du mariage (1). Ce trait nous est connu par un titre de l'Eglise de S. Pierre en Vallée, portant donation par Hildegarde à cette Eglise, de l'alleu qu'elle avoit reçu *de son Sénieur*, en l'épousant. On croit que cette alliance fut contractée vers l'an 885.

Depuis la prise de Pontoise, le Comte Valeran n'eut pas de demeure fixe. Occupé à visiter ses châteaux, il partageoit son séjour entre Amiens, dont il avoit hérité après la mort d'Héribert II, Meulant, Beauvais & Crépy. Il eut un fils de son épouse Hildegarde, qu'il nomma Gautier. Nous appellerons ce fils Gautier I, pour le distinguer de plusieurs Seigneurs, ses descendans, qui ont porté le même nom. Hildegarde survécut long-temps à Valeran. Elle mourut à Meulant le douziéme jour de Novembre, selon le Cartulaire du lieu, où les années ne sont pas marquées.

Gautier I recueillit la succession de son pere & de sa mere après leur mort, & fut Comte d'Amiens & de Crépy, du Vexin, Pontoise, Chaumont, Mantes & Meulant. Il épousa dans un âge peu avancé, Adele fille de Landry, Comte de Dreux. Il en eut trois fils, Hermenfrede, Gerbert & Raoul. Quelques titres de la ville d'Amiens nomment le premier, Gautier, comme son pere, le second Gozefrise, & Raoul le troisiéme.

La ville d'Amiens qui avoit été brûlée une premiere fois par les Normands vers l'an 879 (2), fut presque surprise par un détachement de ces barbares. La frayeur ayant rassemblé dans Amiens une multitude considérable de gens de tout état, qui fuyoient des

(1) Cout. Val. art. 102. 105.   (2) Jperii Chron. Thes. anecd. t. 3. p. 528.

campagnes, la confusion se mit dans toutes les parties de la ville, sans qu'il fût possible au Comte Gautier d'y apporter aucun remede. Le feu prit au milieu du tumulte, & la ville d'Amiens fut une seconde fois consumée par les flammes. Gautier I mourut l'année qui suivit de ce désastre : peut-être fut-il lui-même enveloppé dans cette ruine commune.

Les trois fils de Gautier partagerent entr'eux ses grands biens. Hermenfrede & Gerbert demeurerent en Picardie. Raoul eut pour sa part le château de Crépy, avec les biens que le Comte Valeran son ayeul avoit possédés dans la Brie. Raoul fixa son séjour à Crépy. Hermenfrede mourut peu de temps après Gautier son pere. On croit qu'il décéda près de Paris, & qu'il fut inhumé à côté de l'Eglise de S. Maur des Fossés, avec son épouse, dont on ignore le nom & l'extraction.

L'Auteur d'une vie de S. Maur, publiée en 1640, cite, p. 338, deux statues de cette Eglise, représentant l'homme & la femme. La figure de l'homme est celle d'un Cavalier armé, tenant son bouclier posé sur la cuisse gauche. Ses pieds sont appuyés sur un lyon. La femme est voilée; elle porte une bourse attachée au côté droit.

L'âge de ces deux statues ne fait aucune difficulté (1). Ce sont deux cénotaphes du treiziéme siécle, dressés à la mémoire de deux personnes du premier rang, décédées depuis très-long-temps. L'Auteur de la vie de S. Maur prétend, que ces statues représentent le Seigneur Hermenfrede & sa femme. Ce sentiment paroît fondé. Les Comtes de Vexin prenoient le lyon & le léopard pour symboles. Il y a eu dans l'Eglise de S. Maur plusieurs sépultures des premiers Seigneurs de Nanteuil, issus des Comtes de Vexin. Les cénotaphes, dressés au treiziéme siécle sur des tombeaux du dixiéme, sont communs : on en a des exemples à Nanteuil même.

Hermenfrede mourut sans postérité. Une grande partie de ses domaines revint à Gerbert son second frere, qui n'en jouit pas long-temps; car en 930, Raoul, Duc de Bourgogne, lui enleva la ville d'Amiens. Gerbert ne pouvant supporter cette disgrace, succomba sous le poids de son infortune, & mourut sans laisser d'enfans. Raoul, troisiéme fils de Gautier I, hérita des biens de ses freres. Ce Seigneur continua d'occuper son château de Crépy. Il le fit

(1) Lebeuf, Hist. du Dioc. de Paris, t. 5. part. 2. p. 128.

fortifier, afin de tenir contre les Seigneurs voisins, qui jugeroient à propos de l'attaquer. Raoul vivoit vers l'an 940.

J'ai dressé cette généalogie des premiers Seigneurs de Crépy, sur des mémoires tirés d'Amiens, de S. Arnoul de Crépy, & sur la foi des Auteurs que j'ai cités. Je me suis écarté de Duchesne, qui n'a eu d'autre guide que le Cartulaire de Nanteuil. Ce Cartulaire est ordinairement sûr, mais on y a omis bien des faits. Je ne m'arrêterai pas à réfuter les sentimens opposés au mien : ils renferment trop de contradictions ; des noms mal rendus, des traits avancés sans preuves.

48. Celui qui acheva la Ferté-sur-Ourcq, Hémogaldus ou son Successeur, distribua cette forteresse sur le plan qui suit. Au milieu d'une premiere enceinte de fortes murailles, flanquées de grosses tours, il fit construire un donjon, espéce de citadelle, où résidoient quatre Officiers principaux, qui formoient l'Etat major de la Ferté ; savoir, le Garde, *Custos* : le Veilleur, ou Chevalier du Guet ; *Vigil* : l'Asinaire ou Pourvoyeur, *Asinarius* : le Portier, *Portarius*. On bâtit aussi dans cette premiere enceinte une Chapelle, sous l'invocation de S. Sébastien, patron des Militaires, honoré d'un culte particulier dans le canton, depuis la Translation de ses Reliques à S. Médard de Soissons en 826. On avoit déposé dans cette Chapelle une parcelle de ces Reliques, que l'on conserve encore à la Ferté-Milon, dans la Châsse de S. Vulgis. Les titres nomment cette premiere enceinte *Cingulum minus*, & *Brève Cingulum*.

Une seconde enceinte beaucoup plus considérable, quant à l'étendue, renfermoit le même espace que les murs actuels de la ville de la Ferté-Milon. Les titres nomment cette seconde enceinte *Cingulum majus* (1). Le Seigneur Châtelain, *Dominus Castri*, y avoit son hôtel. Le reste du terrain fut occupé par des familles réfugiées, qui payoient au Gouverneur un droit de sauvement, *salvamentum*. Les maisons, bâties par ces familles, ont été la premiere origine de la haute ville.

A l'endroit le plus large de la prairie, situé sur le bord de l'Ourcq, opposé à la Ferté-Milon, il y a une piéce de prez, qu'on appelle *le Pré de la vieille Ferté*. On en adjuge tous les ans la dépouille, dans une place qui sépare les deux Paroisses de la ville. Les deniers, provenant du loyer, se partagent entre les deux Fa-

(1) Cart. S. Genev. Paris. fol.

briques. De cet ufage, quelques-uns veulent conclure que l'ancienne Ferté avoit été bâtie en ce lieu, ce qui n'eft pas vraifemblable. Outre que cet endroit eft dominé par des hauteurs, le terrain eft mouvant. La Comteffe Eléonore appelle ce prez, *Pratum meum de Caftro*, dans une de fes Chartes (1). La vieille Ferté fubfiftoit alors dans fon entier. On voit à Bethyfi un prez de la Tour, où l'on n'a jamais bâti.

Héribert II, Comte d'Amiens, avoit acquis dans la Champagne & dans la Brie, plufieurs domaines confidérables, foit à titre de bénéfice & d'avouerie, foit à titre d'appanage, ou par achat. La Ferté-fur-Ourcq fut comprife dans ces acquifitions. Il en tranfmit la propriété & tous les droits, à Hildegarde fa fille, Dame de Crépy, lorfqu'elle époufa Valeran, Comte de Vexin. Depuis cette donation jufqu'en 1214, que le Valois a été réuni à la Couronne, les Seigneurs de la Ferté-Milon ont été les mêmes que les Seigneurs de Crépy, fans interruption.

Les difficultés qu'on rencontre, regardent feulement la fuite des Châtelains, Coutres ou Avoués, qui prenoient les titres de *Dominus Caftri*, *Dominus de firmitate*, parce qu'ils avoient leur hôtel dans la grande enceinte. Ces Officiers veilloient, fous les ordres des Seigneurs de Crépy, à la défenfe du pays, & à la fûreté du canton.

Les premiers Seigneurs Châtelains de la Ferté-Milon paroiffent avoir commencé fur la fin de la feconde race, au Chevalier Milon, ayeul ou pere de Thibaud *File-étoupes*, Foreftier du Roi Robert, dont parle Aimoin dans fon Hiftoire (2). *Milon* & *Miles*, fignifioient un Chevalier. On appelloit Thibaud, *File-étoupes*, à caufe de fa chevelure blonde; de même qu'on appella Hugues le Blanc, Hugues de la Ferté-Milon, à caufe de la blancheur de fon teint.

Thibaud eut un fils nommé Guidon, qui vivoit fous Henry I. Templeux avance avec raifon, que ce Guidon eft le même qu'un Teudon de la Ferté-fur-Ourcq, qui vivoit en 1035. Theudon nous eft connu par un trait, qui fait l'éloge de fon humanité (3). En fa qualité de Seigneur Châtelain de la Ferté, il pouvoit exiger des habitans de Marify des corvées & des tributs, que fes Prédéceffeurs percevoient. Il en fit la remife en 1035, par un acte daté du

(1) Chron. Longp. p. 103.
(2) Lib. 5. c. 46.
(2) Cart. S. Genev. Parif. fol. 12. 34.

regne de Henry I ; & de peur que ses Successeurs ne vinssent à revendiquer ces droits, il en fit publiquement l'abandon aux Chanoines de Sainte Geneviéve, établis à Marisy.

Theudon se réserva une redevance plus légitime. Les habitans de Marisy devoient fournir au Seigneur de la Ferté, les fascines & les pieus dont il auroit besoin pendant les temps de guerre, pour fortifier son château. Theudon déclare dans l'acte, que les habitans de Marisy lui continueront les mêmes secours, lorsqu'ils seront nécessaires à l'entretien des palissades & des ouvrages extérieurs de sa Ferté.

Guy ou Teudon épousa une Dame Hodierne, de laquelle il eut ent'autres enfans, Milon dit le Grand, qui fut Seigneur de Montlhery & de la Ferté-sur-Ourcq. Milon le Grand eut quatre fils : il conserva son nom au troisiéme, qui fut aussi Vicomte de Troyes. C'est une question de savoir, lequel des deux Milons pere ou fils, a fait transférer le Corps de S. Vulgis à la Ferté-sur-Ourcq, & a donné son nom à cette forteresse. J'incline pour le pere plutôt que pour le fils.

Milon, surnommé le Grand, à cause de son pouvoir, voulant attirer dans son château de la Ferté le concours des pélerins, qui venoient visiter le tombeau de S. Vulgis à Troesnes, fit lever de terre le Corps de ce Saint. On l'enferma dans un Châsse, que Milon fit transporter avec pompe dans l'Eglise de son château, qui prit depuis le nom de S. Vulgis, quoique consacrée sous l'invocation de S. Sébastien. La date de cette cérémonie nous est inconnue. Elle a dû s'exécuter vers le temps, où la retraite de Simon de Crépy à S. Eugende du Mont-Jura rendit Milon plus absolu, dans la possession de la Ferté-sur-Ourcq & de ses dépendances.

La mort de Milon le Grand, & la retraite du Bienheureux Simon de Crépy, Haut-Seigneur de la Ferté-sur-Ourcq, occasionnerent quelques révolutions dans le Valois. Le Roi Philippe I, profita des circonstances, & fit des arrangemens favorables à son autorité, par rapport aux Seigneuries du Vexin, de Crépy, de la Ferté-Milon & de Montlhery. La double alliance du Comte de Mantes son fils, avec Elisabeth fille de Guy Trousseau, petite fille de Milon le Grand, & du Prince Hugues le Grand son frere, avec l'héritiere de Simon de Crépy, opera un changement qui exclut les Seigneurs de Montlhery, du gouvernement de la Ferté-Milon.

Hugues le Grand, en partant pour la Terre-Sainte, confia la garde du château de la Ferté, à des Chevaliers de la maison de Pierrefonds, issus de Jean, Vicomte de Chelles. Jean de Pierrefonds partoit lui-même avec le frere du Roi. Nous donnerons la suite des Chevaliers, issus de Jean. La plûpart ont porté le surnom de *Turc*. Nous exposerons aussi l'établissement de la Collégiale de S. Vulgis.

49. On pourroit comparer la nombreuse Maison des premiers Seigneurs de Pierrefonds, à cette troupe d'avanturiers fameux, qui au retour de la Terre-Sainte, firent des exploits éclatans dans la Sicile & dans la Pouille, & se signalerent à la défense des Seigneurs, qui imploroient leur secours. Leurs faits d'armes, & leur habileté dans la science militaire, leur ont acquis une réputation digne de leur valeur, & des services importans qu'ils ont rendu.

Après la ruine entiére du Palais du Chesne, les principaux Officiers de ce Palais se fortifierent sur les hauteurs, & se défendirent avec une valeur & une intrépidité, qui leur méritèrent la confiance publique. Ils pourvurent avant tout à la conservation de leurs biens, & chercherent ensuite à se rendre utiles aux Eglises, aux Communautés & aux Seigneurs voisins. Une nombreuse postérité, formée au métier des armes, leur fut une occasion favorable de porter du secours dans tous les lieux du voisinage, où l'on en avoit besoin. Ils eurent aussi le soin de profiter des circonstances, & de former à leurs descendans & à leurs alliés, des établissemens avantageux.

Un Monastere étoit menacé d'une invasion prochaine, de la part des factieux & de la part des ennemis du dehors : on envoyoit à Pierrefonds demander du secours. Un Seigneur alloit à la Terre sainte, ou entreprenoit un voyage de long cours, un voisin plus puissant que lui venoit l'attaquer : il avoit recours au Seigneur de Pierrefonds, ou pour conserver sa terre ou pour la défendre. Le Seigneur ou la Communauté faisoit un traité avec les Seigneurs de Pierrefonds, aux conditions qui suivent.

On convenoit en premier lieu, que la terre ou le château, qui réclamoit la protection du Seigneur de Pierrefonds, releveroit de sa Justice, en premiere instance ou par appel, selon la distance des lieux.

2°. Les Seigneurs de Pierrefonds exigeoient des redevances en fonds de terre, proportionnées au nombre de soldats qu'ils envoyoient

voyoient fur les lieux. Les Chevaliers ne recevoient pas de folde. Celui qui les appelloit à la défenfe de fa terre, en démembroit une portion, qui devoit produire cinquante à foixante livres de revenu par an., douze à quinze cens livres de notre monnoye. Les terres ne s'eftimoient pas à raifon de l'arpent, mais à raifon de leur valeur intrinféque. On nommoit *livrée de terre*, une portion qui produifoit une livre de revenu par an. Soixante livrées de terre fignifioient un fonds d'une ou de plufieurs piéces, qui devoit rapporter à fon poffeffeur foixante livres de rente, monnoye du temps.

On diftinguoit trois efpéces principales de livrées de terre, *libratas terræ*, les livrées à Parifis, les livrées à Tournois, & les livrées à Nerets, trois fortes de monnoye qui avoient plus de cours dans le Valois. Il n'y avoit rien de fixe touchant la paye des foldats: chaque Chevalier commandoit fa troupe. Ou les foldats demeuroient à fa charge, ou le protégé les foldoit, ou enfin les foldats faifoient la guerre à leurs dépens, & ne recevoient pas de folde. Dans le premier cas, le Chevalier recevoit une fomme une fois payée, à raifon du nombre des foldats qu'il amenoit du château de Pierrefonds, ou bien l'on augmentoit le nombre des livrées. Dans le fecond cas, chaque foldat recevoit par jour fon étape, aux dépens du protégé. Le troifiéme cas avoit lieu, lorfque les vaffaux ou les payfans d'un canton fe raffembloient volontairement au moment du danger, fous les ordres du Chevalier, à peu près comme on raffemble nos Gardes-côtes. Ceux-ci combattant pour la défenfe de leurs foyers, faifoient la guerre à leurs dépens, & quelquefois contribuoient aux honoraires du Chevalier.

3°. Les héritages qu'on abandonnoit à chaque Chevalier, lui appartenoient, fans retour de la part du poffeffeur, & à perpétuité. La donation fe faifoit ordinairement, de maniere que le Chevalier paffoit pour avoir reçu du Seigneur de Pierrefonds les terres que le particulier lui délivroit. Ce Seigneur les érigeoit en Fief; & comme la plûpart des militaires qu'on envoyoit, n'avoient aucun bien, ils bâtiffoient un manoir fur les terres qu'on leur accordoit: de-là cette prodigieufe quantité de Fiefs, qui dépendent de chacune des fix Châtellenies du Valois. Tous les Seigneurs confidérables imitoient la conduite des Seigneurs de Pierrefonds. Conduite qui eft la caufe de ce que la Châtellenie de Pierrefonds eft fi étendue.

L'origine des premiers Seigneurs de Pierrefonds est fort obscure. Quelques mémoires sans preuves rapportent la souche de leur généalogie, à un Nicolas I, pere d'un Nicolas II, qui eut quatre fils, savoir, Nivelon I, Thibaud, Gérard & Richard. D'autres prétendent que Gérard & Richard étoient seulement cousins germains de Nivelon & Thibaud, & petit-fils de Nicolas I, par un frere de Nicolas II.

Ces Seigneurs ont été quatre personnages distingués par leurs emplois. Nivelon I devint Seigneur du château de Pierrefonds, après la mort de son pere. Ce nom est un diminutif de celui de Nicolas. Thibaud fut Evêque de Soissons. On croit que Gérard & Richard furent d'abord employés ensemble dans le château de Laon; & qu'enfin l'office de Châtelain de Laon resta à Gérard, à l'exception de quelques droits; & que Richard devint Châtelain de Bethizy, sous le regne de Henry I. Cependant les deux Prevôtés de Bethizy & de Laon demeurerent unies jusqu'au treiziéme siécle. Gérard eut seul dans la suite la Châtellenie de Cherisy ou de Quierzy, dont ses descendans ont pris le nom.

Nivelon I, vint au monde vers le commencement du onziéme siécle. Comme il parut pendant des temps de troubles, où les monumens sont rares, on ignore la plûpart de ses actions. Je ne connois aucun fait qui le concerne, avant 1047. En cette année, le Roi Henry I, assembla au château de Laon, les Evêques & les Grands de ses Etats. Nivelon fut du nombre de ceux que le Prince convoqua. Cette assemblée nous est connue par une Charte dressée à S. Médard de Soissons, & confirmée au château de Laon par le Roi, en présence des Archevêques, des Evêques, des Comtes, & de plusieurs grands Seigneurs qui n'avoient pas le titre de Comtes, mais qui avoient rang immédiatement après eux. La Charte est une restitution à S. Médard, de biens usurpés par les ancêtres d'un Chevalier nommé Hugues (1). Le nom de Nivelon est au bas de cette Charte.

Duchesne & Muldrac attribuent à Nivelon I la fondation du château de Pierrefonds, qu'ils placent sous l'an 1060. C'est une erreur dans laquelle ils sont tombés, en prenant mal le sens de ces quatre mots de l'épitaphe de Nivelon I, *qui fundavit istum locum*. Ces mots ne regardent que l'Eglise de S. Sulpice, fondée par Nivelon, & non pas le château. Le seul trait de la vie de

---

(1) Gall. Chr. t. 9. Instrum. p. 97.

Nivelon qui ait rapport à l'an 1060, est la signature qu'il mit au bas de la Charte, qui regarde la fondation de S. Adrien de Bethizy par le Chevalier Richard, son parent ou son frere.

Nous ne pouvons déterminer le temps, où le premier château de Pierrefonds a été bâti. Il paroît certain qu'il existoit avant la naissance de Nivelon I. Ce château étoit un gros édifice quarré, flanqué de tours, & situé sur la hauteur, à l'endroit même qu'occupe présentement la ferme du Prieuré. Une pente fort roide rendoit cette Forteresse inaccessible de plusieurs côtés. Un grand & majestueux donjon, accompagné de deux tours énormes par leur grosseur & par l'épaisseur de leurs murs, en défendoit l'accès, du côté de la plaine de Béronne. Des fossés profonds, des redoutes, & toutes sortes d'ouvrages avancés couvroient une partie de cette plaine. Celui qui fonda ce château y bâtit une Chapelle, qui fut consacrée en l'honneur de S. Mesmes, Martyr de Paphlagonie. Il choisit pour la placer, l'intervalle de deux tours, à l'endroit du château le moins exposé aux attaques, pendant les siéges qui pourroient arriver (1). Voici l'histoire de ce Saint, telle que je l'ai trouvée dans un manuscrit de S. Pierre en Chastres, qui m'a paru authentique.

S. Mesmes, Mamas, Mamais ou Maxime, naquit en Paphlagonie, province de l'Asie mineure, de Théodore & de Rufine, après l'an de J. C. 250. Dès qu'il eut atteint l'âge de gagner de quoi subsister, ses parens qui n'avoient pas de fortune, lui firent embrasser la profession de Berger. Ils n'avoient rien négligé, pour lui procurer dans son enfance une éducation chrétienne. Mesmes employoit les loisirs de sa profession, à méditer les grandes vérités, dont ses parens l'avoient instruit. Sa vie ressembloit à celle que menoient les Patriarches, pendant ces temps d'innocence, où les Souverains manioient la houlette & le Sceptre. La candeur & la simplicité de ses mœurs, l'assemblage des vertus qu'il pratiquoit, lui avoient acquis la réputation d'un parfait chrétien, quoique dans un âge encore tendre; lorsque l'Empereur Aurélien fit publier un Edit sanglant, contre ceux qui professoient le christianisme.

Le jeune Berger ne tenant à la vie par aucun lien, n'en fut pas intimidé. Il continua de pratiquer ouvertement sa religion. Bientôt il fut arrêté. Après avoir subi les interrogatoires, on lui fit souffrir des tourmens, qu'il endura avec une constance invincible,

(1) Ibid. tom. 10. p. 106.

& auxquels un autre corps que le sien n'auroit pas résisté. Mesmes menoit par état une vie très-dure, exposé jour & nuit aux injures de l'air, sans logement. Les bourreaux mirent en œuvre tous les secrets de leur art, afin de lui arracher le renoncement qu'on demandoit. Ils commencerent à lui déchirer le corps à coups de verges: ils le ténaillerent; & appliquerent sur ses playes des lames ardentes. Son corps, quoiqu'à demi brûlé, & dépouillé d'une partie de ses chairs, conservoit une vigueur, qui étonnoit ses bourreaux. L'un d'eux, las de le tourmenter, le délia, & lui ouvrit le ventre avec une hache d'armes, impatient de ce qu'il n'expiroit pas.

Le Saint sentant tomber ses entrailles, les retint avec ses mains, & gagna une caverne, à deux stades du lieu de son supplice, dans laquelle il rendit l'esprit. On croit qu'il fut martyrisé près de Césarée en Cappadoce, où l'on inhuma son corps, au mois d'Août de l'an 274. L'Eglise honora sa mémoire aussi-tôt après son martyre. Dès que la paix eut été rendue à l'Eglise, il y eut à son tombeau une grande affluence de peuple. Son culte se répandit dans la Syrie & dans la Grece. S. Grégoire de Nazianze parle de ce Saint dans ses Panégyriques (1). La fête de S. Mesmes est marquée au dix-sept Août, dans les anciens Martyrologes. A S. Pierre en Chaftres, on la fait le dix-huit de ce même mois.

Le Corps de S. Mesmes fut transporté à Constantinople, dans un temps où la ville de Césarée étoit menacée d'une prochaine invasion. Il y demeura entier, jusqu'à ce qu'un Seigneur François passant en cette ville, obtint un os du cou, dont il fit présent à l'Eglise de Langres, avant le regne de Louis le Débonnaire. Quelques-uns prétendent, que cette Relique a été apportée de Langres au château de Pierrefonds, au dixiéme siécle. D'autres pensent qu'une nouvelle parcelle de ces mêmes Reliques a été transférée de Constantinople au Palais du Chesne, en même temps que la Relique de Langres, avant le regne de Louis le Débonnaire.

Après que le second château de Pierrefonds eut été bâti, on transféra la Relique de S. Mesmes dans la Chapelle, parce que l'Eglise de l'ancien château tomboit en ruine. Lorsqu'on démantela le second château de Pierrefonds (en 1617), les Religieux de S. Pierre en Chaftres obtinrent la Relique de S. Mesmes,

(1) Orat. 43.

avec les authentiques qui la concernoient. De S. Pierre en Chaftres, la Châsse de S. Mesmes a été rapportée dans l'Eglise Paroissiale de Pierrefonds. Elle a été d'abord exposée au-dessus du maître Autel, d'où on l'a ôtée pour la placer dans la Sacristie : on pourroit la loger plus décemment.

Le Seigneur de Pierrefonds qui bâtit la Chapelle de S. Mesmes,
y fonda quatre Prébendes, qui furent remplies par des Prêtres séculiers jusqu'en 1102. Ces Clercs avoient leur logement à l'Orient
du château.

Nivelon I, trouva les choses en cet état, lorsque la Seigneurie
de Pierrefonds lui échut par le décès de son pere. Il jouissoit de
deux avantages, qui peuvent donner le plus haut dégré de considération dans la société ; il joignoit à de grands biens un grand crédit. On connoît par la Charte de 1047, déja citée, qu'il alloit de
pair avec le vaillant Hugues Bardoul, & avec les premiers Comtes du Royaume. Voici le dénombrement d'une partie de ses
biens.

Il possédoit, outre la terre de Pierrefonds, une portion considérable de la forêt de Cuise & de celle de Retz : les Seigneuries
d'Oudincourt, de Montigy-Langrain, Rheteuil, le Crotoy, Couloisy, Jaulzy, Haute-Fontaine, Taille-Fontaine & Morte-Fontaine : Neuf-Fontaines & Saint Etienne, Champ-Baudon, Chelles, &c. sans les Vicomtés, les Sauvemens, & les Avoueries
qu'il avoit de toutes parts. Une circonstance remarquable, c'est
que dans la plûpart de ses terres, il possédoit les bénéfices, les
Cures, les Prieurés, les dixmes, ne négligeant rien de tout ce
qui pouvoit grossir ses revenus. Une chose le rendoit redoutable
à ses voisins & au Souverain même; il pouvoit en peu de temps
rassembler de ses Avoueries, plusieurs corps de troupes de vassaux, commandés par des Chevaliers exercés dans la profession
des armes.

Quoiqu'il eût reçu de ses ayeux les biens d'Eglise qu'il possédoit, il lui vint sur ce sujet des scrupules qu'il voulut calmer. Il
crut qu'il satisferoit à Dieu & aux hommes, s'il fondoit pour l'utilité des habitans du bourg de Pierrefonds, une Eglise Collégiale,
à la place d'une Chapelle fort étroite, située au bas de la montagne du château. Car indépendamment du château, il y avoit un
bourg de Pierrefonds, peuplé de familles qui avoient abandonné
les campagnes voisines, afin de se transporter avec leurs effets,

dans des demeures plus sûres. Etablies à côté du château, les personnes réfugiées pouvoient recevoir un prompt secours en cas d'attaque, ou se sauver dans la forteresse par des conduits souterrains.

Nivelon I, rebâtit sur un plan régulier la Chapelle de S. Sulpice. Il lui donna l'étendue suffisante, pour contenir les habitans du bourg, dont le nombre croissoit de jour en jour. L'édifice peu élevé, en comparaison des grandes Eglises du treiziéme siécle, comprenoit une nef avec ses bas-côtés, une croisée & un chœur, accompagné de quelques oratoires particuliers. Une voûte en plein ceintre, plus solide qu'exhaussée, regnoit sur toutes les parties de cette Eglise. J'ai vu peu de grands bâtimens, du même âge que cette Eglise, où la pierre de taille soit aussi belle & aussi multipliée. On employoit plus volontiers le moïlon que cette pierre. On voit encore derriere le maître Autel de S. Sulpice, un reste de l'ancien édifice, qui est une portion de bas-côtés, bien conservée.

Le Seigneur Nivelon fonda dans la nouvelle Eglise, un Chapitre de Chanoines, gouverné par un Doyen. Il donna à ce Chapitre la dixme de Pierrefonds, deux fermes avec les terres de leur dépendance, le tiers des dixmes de Montigny, & une partie de celles de Rheteuil, un moulin à S. Etienne, & une portion de bois dans la forêt de Cuise, qu'on a long-temps appellé *le bois des Moines* ; il réunit aussi à ce Chapitre des Autels ou bénéfices, à charge d'ame, qu'il eut scrupule de conserver.

Ces dispositions étant faites, Nivelon conféra la dignité de Doyen à Thibaud son frere, & attacha à cette place, le titre de *Pair de fief & de noblesse* : qualité honorable que Thibaud transmit à ses Successeurs, même au Prieur des Religieux de Marmoutier, qu'il fit venir à Pierrefonds en 1085.

En l'an 1060, Richard I, Châtelain de Bethizy, invita le Roi Philippe I, à la Dédicace d'une Chapelle qu'il avoit fait bâtir. Le Roi parut à la cérémonie, accompagné de la Reine sa mere, & des principaux Seigneurs du Royaume. Le Roi signa la Charte de fondation. On lit, après son nom, ceux des Seigneurs de sa suite. Le nom de Nivelon est écrit entre celui de Thibaud de Crépy Seigneur de Nanteuil, & celui du Châtelain Richard I, son parent.

Nivelon eut cinq fils : Nivelon II, Jean I, Pierre, Ernaud & Hugues, & une fille appellée Marie. Nivelon II succéda à son pere dans ses titres & dans la plus grande partie de ses biens. Jean eut en partage la Vicomté de Chelles & diverses Avoueries ; Pierre paroît avoir été la tige des Avoués de Vic-sur-Aisne. Ernaud ou Arnaud de Pierrefonds n'eut pas de postérité ; Hugues devint Evêque de Soissons ; Marie épousa un Chevalier du pays, nommé Renaud (1).

Le Seigneur Nivelon I, mourut après l'an 1072, comme nous allons le prouver. Son corps fut déposé dans un caveau qu'on voit encore, non dans une Chapelle, comme Bergeron l'avance, mais extérieurement, attenant le collatéral droit du chœur de la Collégiale, qu'il avoit fondée. L'usage ne permettoit pas encore, qu'on enterrât les Patrons laïcs dans les Eglises. On fit graver cette inscription auprès du tombeau. CI GIST NIVELON I, SEIGNEUR DE PIERREFONDS, QUI A FONDÉ CE LIEU, ET QUI A FAIT LE PRIEUR SON PAIR DE FIEF ET DE NOBLESSE. *Hic jacet Nivelo primus, Dominus de Petrâfonte, qui fundavit istum locum, & dedit Priori Paritatem Castri sui & Nobilitatem.* Cette inscription a été recueillie par plusieurs Savans, comme un monument rare & précieux touchant l'ancienne Pairie. Bergeron & Templeux l'ont rapportée dans leurs Ecrits, & D. Martenne dans ses Voyages littéraires. M. l'Abbé Lebeuf l'a copiée sur les lieux. Cette épitaphe ne se voit plus.

On peut prouver par ce monument, que Nivelon I, n'est pas mort avant l'an 1072. Il n'y a pas eu de Prieur à Pierrefonds, avant le temps où Thibaud, frere de Nivelon, abdiqua la dignité de Doyen de S. Sulpice, pour être Evêque de Soissons. Thibaud a été élevé sur le Siége Episcopal de cette Ville en 1072. Par conséquent, le titre honorifique accordé par Nivelon I, à un Prieur de Pierrefonds, ne peut pas être antérieur à cette date.

La Pairie du château de Pierrefonds est une des plus anciennes & des plus nobles qui soient en France. Le nombre des Pairs de Pierrefonds s'est beaucoup accru depuis la mort de Nivelon I, jusqu'au regne de Philippe Auguste. Je n'ai pu déterminer le nombre, qui passoit soixante au treiziéme siécle. Le droit de Pairie appartenoit à certains Fiefs. Il falloit être noble pour l'exercer. Nivelon I, depuis l'abdication de Thibaud son frere, établit que la dignité de Prieur de Pierrefonds donneroit au Titulaire la qualité de noble.

(1) Duchesn. Hist. Chatill. p. 48.

Les anciens Seigneurs de Pierrefonds rendoient la Justice de la manière la plus solemnelle. Lorsque ce Seigneur siégeoit en personne, il paroissoit accompagné des douze anciens Pairs nobles de sa Châtellenie. Le Roturier, possesseur d'un Fief qui donnoit droit de séance, ne pouvoit exercer ce droit. Après que les parties avoient été entendues, on délibéroit : le Seigneur de Pierrefonds recueilloit les voix, donnoit la sienne, & prononçoit. En l'absence du Seigneur, le Bailli faisoit sa fonction. Il avoit voix délibérative avec les Pairs, s'il étoit noble, sinon il s'absentoit pendant les délibérations, & venoit recueillir les voix : ensuite il prononçoit. Cette forme de Jugement duroit encore à Pierrefonds en 1584. Je lis dans le cahier des Assises du mois de Juillet de cette année, que le Seigneur du Fief de Clamecy fut appellé & requis, de prendre séance en qualité d'homme-jugeant, & comme l'un des Pairs du château de Pierrefonds.

Les Juges des Mairies & de toutes les Paroisses de la Châtellenie de Pierrefonds devoient paroître à ces assises. On en faisoit l'appel. Si quelqu'un manquoit de comparoître sans un sujet légitime, on le condamnoit à l'amende. J'ai vu plusieurs Ordonnances du Juge de Pierrefonds, portant injonction aux Maires d'Aconin, d'Ambleny, de Berzy, Charentigny, Cœuvres & Cutry, Pernant, Ploisy, Resson-le-long, Saint Bandry & Saint Etienne, de comparoir aux assises générales du Bailliage de Pierrefonds, comme étant Juges subalternes dans les plus anciennes Mairies de ce Bailliage.

Thibaud de Pierrefonds (1), frere de Nivelon I, naquit au château de Pierrefonds, au commencement du onziéme siécle. Son pere lui voyant des dispositions à l'état Ecclésiastique, les cultiva. Il lui fit conférer la Tonsure Cléricale, & lui donna plusieurs bénéfices dont il jouissoit, quoique laïc. Ayant fondé la Collégiale de S. Sulpice, il nomma Thibaud Doyen du Chapitre. Thibaud occupoit cette place, lorsqu'en 1072, le Siége Episcopal de Soissons vint à vacquer. Quoiqu'issu de parens fort avides de biens d'Eglise, il se déclara l'adversaire des Chevaliers ses contemporains, qui sous de faux prétextes, envahissoient les terres des Ecclésiastiques. La fondation de Saint Jean-lès-Vignes de Soissons est son ouvrage. Cet établissement est dû au zele, avec lequel il engagea le Chevalier Hugues de Château-Thierry, à

(1) Gall. Chr. t. 9. p. 349. t. 10. p. 100. instr.

faire

faire la restitution des bénéfices qu'il possédoit. En 1079, il souscrivit la Charte de fondation de S. Quentin de Beauvais, présentée au Concile de Soissons. Une circonstance remarquable de sa vie est, qu'il choisit pour Aumônier ou Chapelain, Hugues de Châtillon, qui remplit onze ans le saint Siége sous le nom d'Urbain II (1). Il concourut à l'établissement du Prieuré de Coinci, en accordant aux prieres de Thibaud, Comte de Troyes, l'Eglise de Bainson, dont il avoit abandonné l'usufruit à sa Cathédrale. Il donna en dédommagement à son Chapitre, l'Eglise de S. Germain-lès-Compiegne, dix sols de rente sur celle de Longueval ou Longeville, *Longâvalle*, & dix autres sols sur l'Autel de la Fou; trois bénéfices qu'il tenoit probablement des libéralités de son pere. Après avoir mené une vie remplie de bonnes œuvres, il mourut le 26 Janvier 1080.

Comme il s'étoit toujours opposé à ceux qui usurpoient les bénéfices, & qu'il s'étoit déclaré le protecteur des Ecclésiastiques persécutés, sa mémoire a été long-temps en vénération. L'on cite dans la Chronique de Saint Jean-lès-Vignes (2), une Vie de S. Arnoul, Successeur de l'Evêque Thibaud, où l'on donne à celui-ci le titre de Saint.

Il y a deux sentimens sur Jean de Pierrefonds. Bergeron & l'Auteur de l'Antiquité des villes prétendent, qu'il étoit frere de Nivelon I, & de l'Evêque Thibaud, & qu'il partit en 1080 pour la Terre-Sainte. Duchesne, Templeux & Dormay avancent qu'il étoit fils de Nivelon I, & fixent à l'an 1100 son voyage à la Terre-Sainte.

Le second sentiment doit être préféré au premier, quoiqu'il ne soit pas exact sur tous les points. Duchesne & Dormay se fondent sur une Charte, dont les dates varient. Cette Charte est la donation de la Vicomté de Chelles au Chapitre de Soissons. Elle est datée de l'an 1100, épacte sept, concourant avec la sixiéme, indiction sept, l'an 38 du regne de Philippe I, & la septiéme de l'Episcopat de Hugues. Les deux dernieres dates reviennent à l'an 1098, & paroissent préférables à la premiere. C'est pourquoi je placerai ici tout ce qui a rapport à Jean I de Pierrefonds. Je parlerai de Nivelon II au Livre suivant.

50. Dans le partage des biens de Nivelon I, la Vicomté de Chelles échut à Jean son second fils. Chelles est un lieu ancien du Diocese

(1) Chron. p. 43.   (2) Duch. Hist. Chat. p. 24.

de Soissons, & de la Châtellenie de Pierrefonds. Ce nom vient du latin *Cala* ou *Cella*, qui signifioit un Oratoire, une Chapelle, de même qu'*Oratorium*, *Basilica* ou *Bisulca*; avec cette différence cependant, qu'on appliquoit plus ordinairement le nom de *Cella* aux Chapelles, qui avoient servi de retraite aux premiers Chrétiens, dans les temps de persécution.

Chelles est situé sur l'ancienne chauffée Brunehaud, près de Martimont, de Béronne, & du Chêne Herbelot. Dès qu'il fut permis de doter les Eglises, un Seigneur de Chelles donna à l'Eglise du lieu la plûpart des biens qu'il possédoit dans le canton, avec les droits honorifiques qui en dépendoient. Ces biens vinrent au pouvoir du Chapitre de Soissons, parce que le Prêtre desservant de Chelles étoit originairement un Clerc de l'Eglise Cathédrale.

Au commencement des troubles qui agiterent la France pendant plus de deux siécles, le Chapitre de Soissons mit la terre de Chelles sous la protection d'un Comte, auquel il fit présent d'un bien sis à Chelles même, à titre de *Sauvement*. L'autorité de ce Seigneur ne suffisant pas à écarter les partis, le Clergé de Soissons demanda au Seigneur de Pierrefonds un Chevalier, qui devoit se charger de la défense du château de Chelles. Le Chapitre proposoit de donner au Chevalier des fonds de terre, avec la qualité de *Vicomte*. Le Seigneur de Pierrefonds accepta l'offre, & se chargea d'autant plus volontiers de la défense du château de Chelles, que ce château touchoit presque aux dépendances du sien.

Le Sauvement & la Vicomté de Chelles ont été deux Fiefs héréditaires jusqu'au milieu du onziéme siécle. Le Militaire à qui le droit de Sauvement avoit été accordé, eut entr'autres descendans, le Comte Notker & le Chevalier Berolde, qui hérita du droit de Sauvement. Berolde embrassa l'état Ecclésiastique, & fut élû Evêque de Soissons sous le regne de Robert, avant l'an 1015. Il céda à son Clergé son droit de Sauvement, avant l'an 1052, & éteignit ainsi une dette considérable, que le Chapitre devoit acquitter tous les ans.

Jean de Pierrefonds possédoit en 1098, la plus grande partie de la Vicomté de Chelles (1). Manquant de fonds pour son voyage de la Terre-Sainte, il céda son droit de Vicomté à l'Eglise de

---

(1) Dorm. t. 2. p. 57. Berg. Val. Roy. p. 240.

S. Gervais, moyennant seize marcs d'argent & deux sols de cens à ses Successeurs, payables le jour de S. Denys neuf Octobre. Par le même accord, le Chapitre de S. Gervais s'obligea, à faire chanter à son intention une Messe toutes les semaines pendant son absence, à donner un repas à l'issue de la Messe, & à laver les pieds à un pauvre. Les Chanoines s'engagèrent aussi à lui fonder un anniversaire après sa mort. Ce traité fut ratifié par Frédelinde, femme de Jean, par ses cinq enfans, par Pierre, Ernaud, & l'Evêque Hugues de Pierrefonds, tous trois freres de Jean, par six Dignitaires de la Cathédrale, vingt Ecclésiastiques, & seize Chevaliers.

Cette donation n'empêcha pas, que la terre de Chelles ne relevât du château de Pierrefonds, même à plus d'un titre. Cette terre fut toujours soumise à sa jurisdiction, & gouvernée par un Militaire de ce château (1). Je trouve parmi les noms des Chevaliers qui souscrivirent la Charte de l'an 1102, portant donation de S. Mesmes à Marmoutier, la signature d'un Payen de Chelles, Chevalier, *Paganus de Calî.* Lorsqu'Agathe de Pierrefonds épousa Conon, Comte de Soissons, elle conservoit des droits sur la terre de Chelles (2). Elle en fit la remise au Chapitre de Soissons.

Il y eut à Chelles en l'an 1128 un évenement, qui mérite d'être raconté (3). Une femme du lieu ressentit pendant trois semaines, les douleurs de l'enfantement. Au bout du terme, elle accoucha de trois pierres; la premiere, grosse comme un œuf d'oye; la seconde, comme un œuf de poule; la troisiéme, comme une noix. Délivrée de ces trois concrétions, elle mit au monde un enfant qui reçut le Baptême, & qui vécut. L'accouchée, malgré l'épuisement de ses forces, revint en santé. Comme elle attribuoit sa délivrance à un pélerinage, qu'elle avoit promis de faire à Notre-Dame de Soissons, elle se rendit à cette Eglise, accompagnée de ses voisines, & présenta les trois pierres, qu'on enfila, & qu'on suspendit dans un endroit apparent de l'Eglise. Ce trait est raconté dans l'Histoire de Notre-Dame d'après l'Abbé Hugues *Farsitus*, contemporain de S. Bernard.

Lorsqu'on établit le Siége de l'Exemption de Pierrefonds, la terre de Chelles fut mise au nombre de ses dépendances, comme

(1) Gall. Chr. instr. tom. 10. p. 106.
(2) Berg. p. 22. v°.
(3) Hist. N. D. p. 494.

H h ij

étant un bien de la Cathédrale de Soissons. J'ai lû dans un ancien dénombrement, que Chelles dépend de l'Exemption, quant à la partie qui appartient à S. Gervais. En 1680, le Chapitre de Soissons prétendoit Justice, Vicomté, Avouerie, & le cours de l'eau sur le territoire de Chelles : les Gens du Roi de Crépy soutenoient qu'à Chelles il y avoit six Fiefs, dont un seul relevoit du Chapitre de Soissons. Avant 1703, la terre de Chelles se divisoit en deux parties, dont une relevoit de l'Exemption, & l'autre du Bailliage de Pierrefonds, avec Roncherolles, & quelques Fiefs voisins.

Le Seigneur Jean de Pierrefonds, qui a donné lieu à cette digression, partit peu de temps après sa donation. Il mourut l'année même de son départ, laissant de Frédelinde son épouse, deux fils, Hervé & Vermond; & trois filles, Hélisende, Herlinde & Elisabeth. Vermond & Hervé eurent une nombreuse postérité, dont nous parlerons dans la suite.

51. Le magnifique Palais de Quierzy éprouva, sur la fin du neuviéme siécle, le sort commun à toutes les Maisons Royales de la contrée : les Normands le pillerent & le dévasterent. Dépouillé de ses commodités & de ses agrémens, il fut abandonné de nos Rois, & donné en Fief à des Châtelains qui le fortifierent, & se firent appeller *Cherisis*, du nom latin *Carisiacum*, qu'on traduisoit ainsi dans le langage vulgaire.

D. Michel Germain (1) estime, qu'avant Gérard de Cherisy premier du nom, le château de Quierzy avoit été tenu en Fief par son ayeul ou par son pere, à vie seulement. Selon ce sentiment, il faudroit admettre un rejetton de Nicolas I, Seigneur de Pierrefonds, établi à Quierzy, auquel on auroit confié le gouvernement des deux châteaux de Bethizy & de Laon. Il est certain que les premiers Châtelains de Laon sortoient de la Maison de Cherisy, & que pendant long-temps, Bethizy & Laon n'ont fait qu'une même Prevôté. Que Gérard I & Nivelon I, ayent été freres, ou fils de deux freres, c'est ce que je ne puis prouver par des monumens certains. On est seulement assuré qu'ils sortoient d'une même tige.

Gérard de Cherisy, premier du nom, étoit un homme de petite taille, fort mince de corps, d'une intrépidité & d'une vivacité, qui le faisoient généralement redouter. Il n'avoit qu'un œil. Je ne

(1) Diplom. p. 2651.

puis dire s'il avoit perdu l'autre à la guerre ou par accident. Il ne se dissimuloit pas ce défaut, & signoit Gérard le borgne, *Gerardus strabo* (1). Guibert, Abbé de Nogent, le dépeint comme un guerrier formidable, qui intimidoit d'un seul regard, ceux qui lui causoient le moindre sujet de mécontentement. Herman le qualifie noble Prince & Châtelain de Laon. Guillaume de Tyr le met au nombre des premiers Seigneurs François, qui n'avoient pas le titre de Comtes : *inter viros majores qui non erant Comites.*

Vers l'an 1070, Gérard le borgne eut un différend très-vif avec Radbod, Évêque de Noyon. Radbod avoit obtenu du Roi Philippe I le château de Quierzy en pur don, afin qu'il eût la facilité d'y mettre à l'abri ses vassaux pendant les temps de guerre, & d'y transporter les effets précieux de son Eglise, & ceux de son Palais. Quoique Gérard n'eut qu'à vie le gouvernement du château de Quierzy, il en disputa la jouissance à l'Evêque Radbod, & fit tant, que l'Evêque fut contraint de lui donner en Fief héréditaire, le domaine que le Roi venoit d'accorder au Prélat, de la maniere la plus authentique & la plus incontestable.

En l'an 1083, le Roi Philippe I demanda à Giraud, Abbé de Sauve-Majoure, des Moines de son Monastere, afin de les placer à Saint Léger en Laigue. Les Moines se rendirent à la Cour, & reçurent du Roi un Diplôme, qui les mettoit en possession de l'Eglise & de la Maison de S. Léger. Ce Diplôme est signé du Sénéchal, du Connétable, & de plusieurs grands Seigneurs, dont les noms sont placés après celui de Gérard le borgne. La signature de ce dernier est en ces termes : *Gerardus strabo de Cherisiaco.*

Après que la premiere croisade eut été résolue au Concile de Clermont en 1095, sous le Pontificat d'Urbain II, Godefroy de Bouillon qui en fut déclaré le chef, choisit parmi les Seigneurs François, ceux dans lesquels il reconnut plus de prudence & de valeur, pour l'accompagner à la Terre-Sainte. Gérard de Cherisy fut de ce nombre (2).

A son retour de la Terre-Sainte, Gérard revint à Laon, où il reprit ses fonctions de Châtelain. Il termina sa vie par une fin tragique, en l'an 1107. Il avoit des ennemis puissans, qui lui gardoient depuis long-temps une haine mortelle. Ils ne savoient où l'attaquer, ni comment le surprendre, parce que Gérard manioit les

(1) Hist. Montm. p. 28. preuv. hist. Châtill. p. 685.

(2) Guill. Tyr. Gesta Dei per Franc. p. 205. 275.

armes avec adreſſe, & ſe tenoit ſur la défenſive par tout où il alloit, excepté dans les Egliſes (1).

Il avoit la louable coutume, de faire ſa priere à certaines heures, dans l'Egliſe de Notre-Dame de Laon, ſans cortége & ſans
armes. Quelques-uns de ſes ennemis firent le noir complot, de l'y
prendre en trahiſon. Ils choiſirent pour l'exécuter, le temps où
Gérard, proſterné au pied du maître Autel de Notre-Dame, prioit
avec un grand recueillement. Ils ſe jetterent ſur lui, & le perce-
rent de coups. Quoique terraſſé & accablé par le nombre, il eut
la force de ſe débarraſſer & de ſe relever, menaça ſes aſſaſſins de
ſes geſtes, & leur lança des regards qui les effrayerent. Il retomba
ſur le champ en défaillance, à cauſe du ſang qu'il perdoit, &
il expira.

Ainſi finit le vaillant Gérard, l'ennemi du vice, & le fléau des
méchans; victime d'un zele plus ardent qu'éclairé. Guibert, Abbé de Nogent, rend juſtice à ſon intégrité, à ſa grande habileté
dans la ſcience militaire, & à la ſévérité de ſes mœurs. Franc
dans ſes propos, mais trop dur & trop animé, il reprenoit avec
un ton trop amer, ceux qu'il trouvoit en faute. Il aſſaiſonnoit ſes
entretiens de traits mordans; malheur à ceux qui devenoient
l'objet de ſa cenſure; ami zélé des gens de bien, ennemi irrécon-
ciliable des méchans. Quoiqu'il n'en voulût qu'à ceux qui manquoient à la probité, la ſévérité de ſes maximes le faiſoit redouter en tous lieux, ſur-tout dans les trois pays du Laonnois, dont
il gouvernoit la capitale, du Noyonnois où il poſſédoit le château
de Quierzy, & dans le Dioceſe de Soiſſons, où ſont ſitués les
forts châteaux de Bethizy & de Pierrefonds (2).

Il eut un fils, qu'on nomma Gérard le vieux dans la ſuite des
temps. Celui-ci fonda Long-pont, & fut la tige d'une illuſtre
Maiſon, dont les rejettons ſeront ſouvent nommés dans cette
Hiſtoire.

52. L'origine de Bethizy eſt fort obſcure. Son nom vient du latin
Beſtum, qui ſignifie un lieu de pâturage. Avant d'examiner cette
origine, il faut diviſer le territoire en trois parties: qui ſont, Bethizy-Saint-Martin, Bethizy-Saint-Pierre, & le château.

La ſituation de Bethizy-Saint-Martin ſur la chauſſée Brunehaud
eſt un ſujet de croire, que ce lieu a été fondé par les premiers cultivateurs, qui ſont venus dans les Gaules. L'Egliſe de S. Martin

(1) Herm. mir. S. Mar. Laud. t. 1. c. 1. | (2) Guib. de vit. ſuâ lib. 3. c. 5.

avoit le titre de Paroisse dès l'an 1060. J'ai observé que les plus anciens Doyens de Chrétienté, alternatifs entre Bethizy & Verberie, ont été Curés de S. Martin.

Bethizy-Saint-Pierre, ou la Chambrerie, a commencé par une ferme du Fisc, *Prædium*, accompagnée d'un clos de vignes, & de quelques dépendances. Cette métairie demeura au pouvoir de nos Rois depuis son origine, jusqu'au regne de Charles le Simple. Nous apprenons d'une Charte de ce Prince, datée de l'an 907, qu'à la priere du Comte Thierry, Abbé laïc de Mornienval, le Roi donna à ce Monastere plusieurs manses situées en divers lieux de la vallée d'Autonne, une entr'autres à Bethizy (1). Dans la Charte de cette donation rapportée aux Annales Bénédictines, on lit *Vesteriaco* pour *Bistisiaco*. D. Germain, dans son ouvrage sur les anciens Palais, cite une Charte de l'an 1028, où le Roi Robert fait mention du *Prædium* en question, comme d'un territoire contigu au Palais de Verberie (2).

Le même Bérolde ou Giraud, qui avoit une part dans la terre de Chelles, lorsqu'il fut élû Evêque de Soissons, possédoit aussi un clos de vignes à Bethizy, & quelques terres à S. Sauveur, qui paroît avoir reçu de lui son nom de *Giromenil*. Giraud fit présent de son clos de vignes de Bethizy à l'Eglise de Soissons (3). Le Chapitre de cette Eglise tira de Bethizy pendant long-temps, sa provision de vin pour ses usages communs. Giraud mourut en 1052. Cette vigne avoit appartenu au *Prædium* selon toute apparence, & avoit été abandonnée par nos Rois aux ancêtres de Berolde. Ce clos a été l'origine de la Chambrerie de Bethizy, domaine considérable, dont nous parlerons.

On peut expliquer ainsi les premiers commencemens du fort château de Bethizy, d'après le sentiment du P. Mabillon, & de D. Germain, qui en placent la fondation sous le Roi Robert.

Ce Prince ayant perdu son fils ainé Hugues, couronné à Compiegne en 1017, fit sacrer à Reims vers l'an 1026, son second fils Henry I, malgré l'opposition de la Reine Constance son épouse, qui le portoit à préférer Robert son fils cadet, sur l'esprit duquel elle comptoit apparemment exercer le même empire, que sur celui du Roi son mari. Malgré le couronnement du Prince Henry, elle poursuivit son dessein de préférer Robert à son aîné ; & afin de

---

(1) Ann. Bened. t. 6. p. 642.
(2) Diplom. p. 252.
(3) Gall. Chr. t. 9. p. 348.

soutenir sa démarche, elle fit fortifier quelques châteaux, & en bâtit d'autres sur des lieux naturellement fortifiés. On met le château de Bethizy au nombre de ces derniers.

Un tertre élevé de plus de deux cens pieds, & escarpé de toutes parts, dans une vallée fertile, & dont la cime dominoit sur la crête des montagnes voisines, parut aux créatures de la Reine Constance, un emplacement propre à bâtir une forteresse imprenable.

On peut se former une idée générale du fort château de Bethizy, bâti sur le plan de la Reine Constance, en partageant d'abord le tertre en deux parties : l'une regarde le Septentrion, l'autre le Midi. La partie Septentrionale n'offre à la vue, qu'une pelouse de deux cens pieds d'élévation, couronnée d'une tour ovale. L'autre partie étoit couverte de bâtimens, disposés en amphithéatre. Le chemin qui conduisoit au château & à la tour, cottoyoit une pente très-roide. Le corps de logis, composé de plusieurs étages, étoit adossé contre le tertre. Une belle plate-forme paroissoit au-dessus du comble des toits, & regnoit le long de la partie du tertre qui regarde le Midi. C'est-là qu'on bâtit dans la suite l'Eglise de S. Adrien, les logemens des Religieux & l'Hôtel du Châtelain.

Arrivé à cette plate-forme, on avoit encore à gravir une nouvelle pente, avant de toucher au sommet du tertre qui est applati. La surface de ce sommet représente une ovale, autour de laquelle on asît une ceinture de fortes murailles. On dressa au milieu une tourelle en forme de guérite, plus haute du double que les murs du couronnement. Au pied de la guérite, paroissoit l'ouverture du puits, où l'on descendoit jusqu'à l'eau, par deux escaliers collatéraux. Ces escaliers communiquoient à des souterrains spacieux, dont plusieurs avoient une issue dans la campagne, au pied du tertre. J'ai trouvé moyen de pénétrer il y a quinze ans, dans une de ces salles souterraines. Le goût d'architecture des voûtes & des arcades se rapporte visiblement au regne de Robert. Il a tous les caracteres du premier Gothique, qui a succédé en France au goût Romain, après les ravages des Normands.

On construisit un four, qui avoit une issue dans la tour, & une autre issue dans le château. On plaça à côté du four, le logement du Fournier. La charge de Fournier de Bethizy fut érigée en Fief presqu'aussi-tôt après son établissement. Le titulaire de ce Fief se nommoit *Bolengarius*. J'ai vu des actes du treiziéme siécle, où

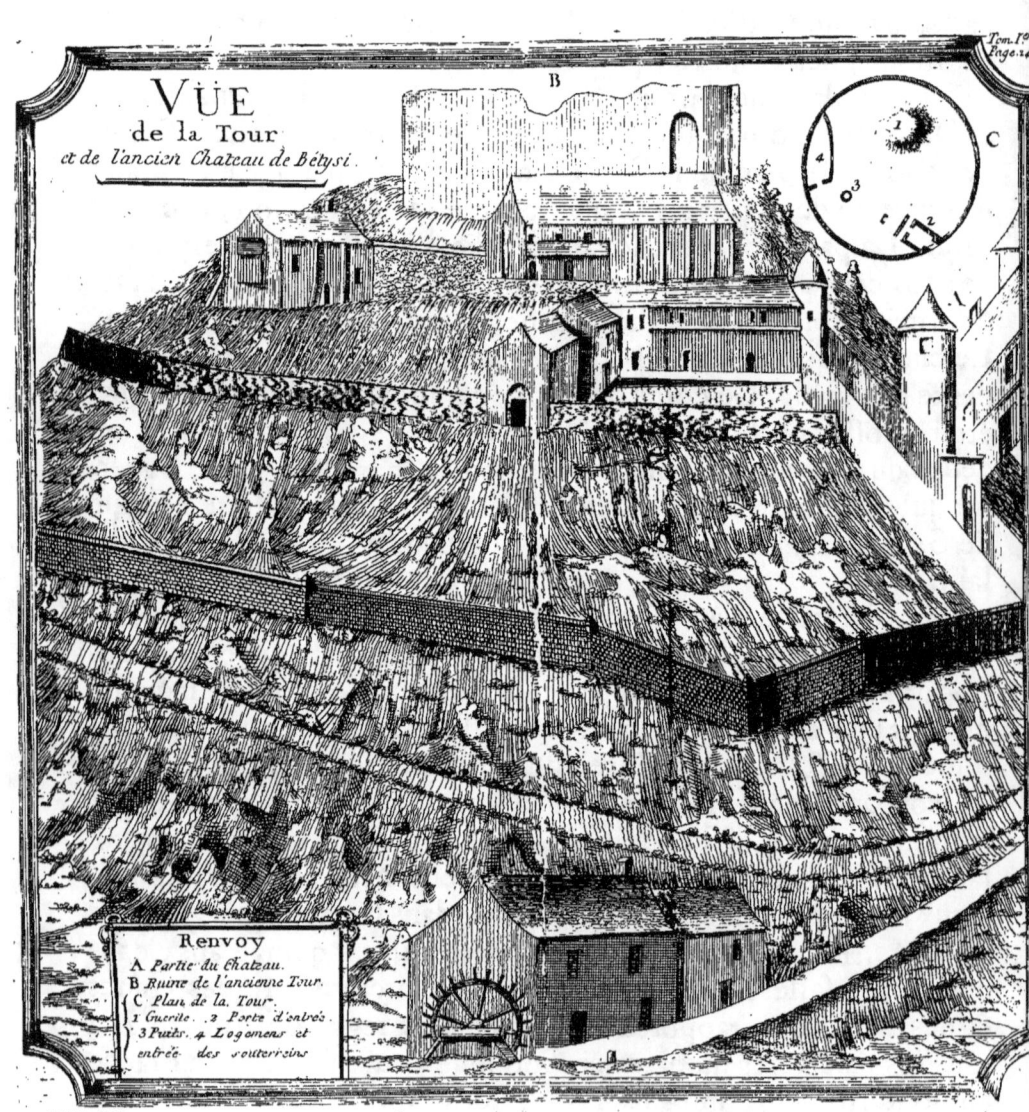

« Boulanger de Bethizy prend la qualité de Chevalier. En 1654, le Fief du Four Bannier de Bethizy confervoit une partie de fes droits, & appartenoit au fieur Nicolas Fricaut. Le titulaire avoit droit de prendre dans la forêt de Cuife, deux charges de bois par jour, telles qu'un fort cheval pouvoit les porter.

On plaça au-deffus de la principale porte d'entrée de la tour une Chapelle, qu'on dédia fous l'invocation de Sainte Geneviéve. On y attacha un revenu de deux muids de bled de mouture, mefure de Paris, à prendre fur le moulin banal de Bethizy, fix muids de vin du cellier du Roi, quatre livres parifis en argent, & dix fols pour le luminaire & la lampe. Ces dix fols pouvoient valoir alors douze à quinze livres de notre monnoye. Cette Chapelle transférée à S. Adrien depuis la démolition de la tour, eft un bénéfice fimple de deux cens livres, à la collation du Duc de Valois.

53. Le Palais de Verberie ne confervoit plus fon ancien éclat. Les Normands l'avoient pillé & dégradé à plufieurs reprifes. Nos Rois ne laiffoient pas de le venir occuper ; mais ils n'y faifoient plus de ces voyages d'appareil, où toute leur Cour les accompagnoit. Frédérune, épouse de Charles le Simple, ayant fondé l'Eglife Collégiale de S. Clément à Compiegne, obtint du Roi fon mari des revenus en rentes & en fonds de terre, dont elle tranfmit la propriété aux Clercs de la nouvelle Eglife (1). Le Roi fit préfent à l'Eglife de S. Clément, par une Charte particuliere, de deux fermes fituées à Verberie, avec fix familles de ferfs, dont on rapporte les noms. Il donne de plus à cette Eglife le jardin même du Palais, fitué entre le corps de logis du château, & le pont de l'Oife, la neuviéme partie des revenus du château, en foin, en feigle, en vin, & enfin un neuviéme dans le droit de travers qu'on percevoit à caufe du pont. Cette donation eft de l'an 919.

Depuis cette année jufqu'au regne de Robert, les Bouteillers de France & les principaux Officiers du Palais de Verberie firent ériger en Fiefs héréditaires, des biens qui leur avoient été donnés à vie feulement. Le reffort de ce Palais, qui avoit été fi confidérable, fous les Rois des deux premieres races, fe réduifoit au principal corps de logis du château.

Robert & Conftance voulant donner un relief à la forterefle de Bethizy, tranférerent en ce lieu le fiége de la jurifdiction, qui

---

(1) Diplom. p. 563.

Tome I.

avoit été jusques-là comme attaché au Palais de Verberie. L'usage d'ailleurs & la sûreté publique demandoient, que la justice fût rendue dans des endroits, où l'on n'eût rien à craindre de la part des vagabonds & des factieux. On forma la jurisdiction de Bethizy, en réunissant sous le même ressort les dépendances des deux territoires de Bethizy & de Verberie, de façon cependant que le titre de Chef-lieu seroit conservé à Verberie. C'est pour cette raison qu'on nomme encore Châtellenie de Bethizy & de Verberie, cette Jurisdiction. On laissa à Verberie un Prevôt & un *Vintre*, charge singuliere, dont nous allons expliquer les fonctions.

La *Vintrerie* de Verberie n'étoit autre chose dans l'origine, que la garde ou la geole des prisons du Palais, situées à Herneuse, à l'extrémité du parc. Comme cette charge réunissoit les fonctions de nos Prevôts des Maréchaux & des Exempts de Maréchaussée, elle fut érigée en Fief, & conférée à des Gentilshommes. Les dépendances du Fief de la Vintrerie consistoient » dans une grande » place aboutissant à l'eau d'Oise, vingt-six arpens de terre, deux » arpens de vignes appellés *Clos de la Vintrerie*. Le Vintre avoit » le droit de prendre à son profit toutes épaves par eau & par terre, » excepté les bêtes à pied fourché, abbonnage de terres tant en la » vallée qu'en la montagne, le tiers du message, cens, rentes & » vinage, & droit de justice dans son Fief, comme il s'étendoit «.

Les vieux titres portent, » Qu'il étoit borné d'un côté par la » forêt de Cuise, de l'autre par la riviere d'Oise & par la Chapelle » de Charlemagne «, qui est l'Eglise paroissiale de S. Pierre. La seule trace qui reste de ce Fief, est un petit canton appellé *Bochet le-Vintre*, à côté des fermes d'Herneuse.

On prétend que ce Fief étoit possédé dès la fin du dixiéme siécle, par un Chevalier de la Maison des Seigneurs de Mello. Les noms des premiers Vintres me sont inconnus jusqu'en 1221. Il est fait mention du Fief de Pierre le Vintre, dans deux titres de l'an 1221 & de 1245, portant donation par le Roi Philippe Auguste aux habitans de Verberie, d'un marais situé près le Fief du Vintre.

Pierre le Vintre épousa une Dame appellée Elisabeth (1), veuve de Pierre de la Ferté-Milon, avec laquelle il donna quelques biens à S. Thomas de Crépy, par acte de l'an 1221, passé devant le Doyen Rural de Verberie.

(1) Cart. S. Thom. n° 163.

En l'an 1245, il y avoit à Verberie deux Chevaliers réſidens, qui prenoient le ſurnom de *Vintres*, Daniel & Pierre. Daniel n'eut qu'une fille. Pierre continua la lignée.

Pierre eut un fils, dont on ignore le nom. Celui-ci eut un autre fils appellé Jean le Vintre, dont il eſt fait mention dans un titre des Mathurins, de l'an 1350. Jean fut pere de N. de Merlo, dit le Vintre, qui vivoit en 1380. Merlo paſſoit pour l'un des braves Chevaliers de ſon temps. Il fut pris en combattant vaillamment contre les Anglois. Après ſa mort, le Fief de la Vintrerie paſſa à Jean le Vintre ſon fils, ſecond du nom, ſurnommé Marc-d'Argent. Jean II après un long procès dont nous parlerons, vendit ſon Fief en 1403, au Duc de Valois, frere du Roi Charles VI. Il eut de la poſtérité. Je lis dans un acte du 5 Juin 1469, le nom d'un de ſes deſcendans, appellé Jean le Vintre, Ecuyer, qui demeuroit à Verberie, où il avoit un patrimoine.

La charge de Vintre obligeoit le titulaire » à fournir au Châte-
» lain de Bethizy des priſons, à faire appréhender au corps, lier
» & renfermer ſous bonne & ſûre garde, les malfaiteurs & les cou-
» pables juridiquement condamnés. « Le Vintre avoit à ſes ordres des Sergens chevaucheurs & des Sergens à pied.

On nommoit en terme de baſſe latinité *Vinctura* & *Caſtellagium*, l'exercice de la charge de Vintre. Le Continuateur du Gloſſaire de Ducange ſemble reſtreindre la ſignification du mot *Vinctura*, à la peine prononcée contre ceux dont on prend les animaux en délit. Ce que je viens d'expoſer fait connoître, que cette ſignification doit être plus étendue.

54. Le Roi Robert mourut au mois de Juillet de l'an 1031. Conſtance ſoutenue d'Eudes, Comte de Champagne, & de Baudouin, Comte de Flandres, voulut accomplir le deſſein qu'elle avoit formé de placer le jeune Robert ſur le Trône, à l'excluſion du Prince Henry, fils aîné du Roi Robert. Elle tenoit ſous ſon obéiſſance les plus fortes places du Royaume (1): les villes de Sens & de Senlis, les forts châteaux de *Bethizy* & de Dammartin, de Coucy & du Puiſet en Beauce. Fiere de ſa puiſſance, elle leva l'étendart contre le préſomptif héritier de la Couronne. Henry ne fut pas intimidé par les préparatifs de la Reine ſa belle-mere. Aidé de Robert, Duc de Normandie, il battit dans trois occaſions le Comte de Champagne, ſoumit les rebelles à ſon autorité, & pardonna

(1). Ducheſn. tom. 4. p. 148.

à son frere. Constance mourut dans ces entrefaites, un an juste après le Roi son mari.

Cette mort causa un embarras extrême aux partisans de Constance. Le Roi pouvoit les perdre sans injustice ; il aima mieux leur pardonner. L'exemple du Comte de Champagne avoit entraîné le Comte de Dammartin, le Comte de Crépy, le Comte de Melun & les Bardouls, le Châtelain de Bethizy, & les Gouverneurs des places que je viens de nommer. Le Roi Henry leur rendit ses bonnes graces, & les reçut au nombre des Seigneurs de sa Cour. Quelques-uns prétendent néanmoins, que les Seigneurs de Crépy perdirent une grande partie de leur Comté de Vexin.

Henry voulant témoigner à ces Seigneurs, combien il comptoit sur la sincérité de leur retour, alla visiter dans leurs châteaux plusieurs d'entre eux. Il fit un voyage à Melun, accompagné d'une Cour nombreuse. On comptoit parmi les Seigneurs de sa suite, Gautier, fils du Comte de Crépy, Eudes, Comte de Dammartin, Dreux de Conflans, & Hugues de Bethizy, fils du Châtelain Richard I. Ce voyage nous est connu par un acte conservé aux archives de S. Pierre de Chartres, passé à Melun le quatre des Ides d'Août. Dreux, Archidiacre de Vexin, avoit dressé l'acte : le Roi le signa, avec les Seigneurs dont je viens de parler.

Le Chevalier Richard, pere de Hugues de Bethizy, avoit été établi Châtelain de la forteresse de Bethizy, du consentement du Roi Robert, par la Reine Constance. Il est qualifié noble & vaillant Chevalier dans les titres. Outre l'honneur de son poste, il jouissoit d'un revenu considérable, attaché à sa place, & aux biens que Mélisende son épouse avoit apportés en dot. Son Fief de Châtelain lui donnoit droit de haute Justice sur ses dépendances, le privilége de prendre dans la forêt de Cuise, le bois à bâtir & le bois à brûler dont il avoit besoin, avec le droit de lever quatre deniers sur chaque fille de joye, qui passoit ou qui séjournoit à Bethizy. Je n'ai pas le dénombrement des biens & des fonds de terre attachés à ce Fief : le Châtelain avoit son hôtel au château, sur la plate-forme qui servoit de repos, en montant du château à la tour. Je lis dans un acte du quinziéme siécle, que cet hôtel *prenoit avec ses cours & jardins depuis la Chapelle S. Adrien, venant droit à la jambe de la porte du château.* Il avoit au Plessier-Châtelain une maison de plaisance, dont le nom rappelle encore le souvenir de son premier possesseur.

Richard acheva sous le regne de Henry I, les parties du château que la Reine Constance avoit laissées imparfaites. Il bâtit à ses frais une Chapelle à côté de son hôtel, & forma le dessein d'y fonder un Chapitre. L'établissement avoit été conduit à sa fin, avant que le Roi Henry I décédât.

Philippe I, fils & successeur du Roi Henry, donna au Châtelain Richard I plusieurs marques de son estime. Richard se disposant à faire consacrer la Chapelle, qu'il avoit fait bâtir entre la tour & le château de Bethizy, invita le Prince à la cérémonie de cette Dédicace (1), qui avoit été fixée au six des Calendes de Juin, c'est-à-dire au vingt-cinq Mai. Henry I n'y parut pas ; il permit à Philippe son fils de le représenter, & à la Reine Anne de Russie son épouse, d'accompagner le jeune Prince. La Dédicace se fit avec pompe. La nouvelle Eglise fut consacrée sous l'invocation du Martyr S. Adrien, par Heddon, Evêque de Soissons, assisté d'Hélinand, Evêque de Laon, & de Frolland, Evêque de Senlis. Plusieurs Seigneurs du premier rang parurent à cette cérémonie : Galerand, grand Chambrier, Thibaud de Crépy, Seigneur de Nanteuil-le-Haudouin, Nivelon I, Seigneur de Pierrefonds, Hugues, fils du Châtelain Richard, Clarus, Seigneur de Versigny, Renaud de Bazoches, Eudes, Comte de Dammartin, & un grand nombre d'autres personnes de la premiere distinction, *multi alii*.

A l'issue de la cérémonie, on dressa un acte, dans lequel on trouve l'énumération des biens, accordés à la Chapelle de Saint Adrien par le Chevalier Richard. On observe que diverses portions de ces biens relevoient de la censive d'Eudes, Comte de Dammartin. Eudes céda tous ses droits par une rénonciation authentique, pour le repos de l'ame de son pere Manassé. On donne au jeune Prince la qualité de Roi, parce qu'il avoit été sacré l'année précédente, du vivant de son pere.

La Charte de fondation est datée du six des Calendes de Juin, indiction quatriéme de l'an 1060. Elle contient deux termes remarquables, *Atrium* & *Parochia*. Le premier signifie le cimetiere ou le parvis d'une Eglise. On n'osoit pas encore inhumer dans les Eglises. L'Evêque Heddon & l'Evêque Hélinand benirent l'*Atrium* de la nouvelle Eglise, pour servir de sépulture au Châtelain & aux personnes de sa maison. La Charte porte que si un

(1) Louvet Hist. 6. t. 2. p. 7. 9. ed. 1635.

étranger, un Chevalier ou telle autre personne désire être enterré dans ce même lieu, il ne sera pas exempt de payer au Prêtre de sa Paroisse les droits qui lui sont dus. Cette restriction regardoit principalement l'Eglise de Saint-Martin-Bethizy. Les Paroisses de campagne étoient encore rares à la fin du onziéme siécle.

Le Roi Henry I mourut à Vitri en Brie, le quatre du mois d'Août suivant. Il avoit eu trois fils de la Reine Anne de Russie, Philippe, Robert, mort en 1060, & Hugues le Grand, qui devint Comte de Crépy. Anne de Russie épousa trois ans après cette mort, Raoul III, Comte de Crépy.

Richard de Bethizy fonda quatre prébendes dans la Chapelle de S. Adrien, & une dignité de Doyen, à laquelle il attacha diverses prérogatives. Il bâtit au Doyen un hôtel à côté du sien, & lui donna un four banal situé aux Courtilles. Il obtint du Roi Philippe I, le Palais ou Maison Royale de Cuise avec ses dépendances. Il en appliqua les revenus au Chapitre de son Eglise, & se fit attribuer l'inspection générale de la forêt de Cuise, le plus bel appanage de cette ancienne Maison. Depuis ce temps, jusqu'à l'établissement des Maîtrises au quatorziéme siécle, la charge d'Inspecteur général ou de Juge gruyer de la forêt de Cuise n'est pas sortie de sa maison : nous parlerons de cette charge importante & de ses prérogatives.

Après une carriere assez longue, le Chevalier Richard se retira à S. Quentin de Beauvais, où il termina sa vie dans les exercices de la vie Religieuse. On lit ce qui suit, dans l'Obituaire de cette Abbaye : *XVII. Kal. Octobris obiit Richardus Castellanus de Bistisiaco Canonicus ad succurrendum.* Il fut inhumé à S. Quentin, & ne jouit pas du privilége qu'il avoit obtenu, d'être inhumé devant la Chapelle qu'il avoit fondée.

Hugues de Bethizy son fils entra en possession de ses charges, dès qu'il eut pris le parti d'embrasser la vie réguliere. Hugues avoit eu beaucoup de crédit à la Cour du Roi Henry I, du vivant de son pere. Il avoit, comme on l'a vu, accompagné ce Prince au voyage de Melun, après la réduction de cette place. Le jour de la Dédicace de S. Adrien, il donna à cette Eglise un pré, sis à Bethizy près la fontaine Thierry. En 1079, il ajouta deux Chanoines réguliers de S. Quentin de Beauvais, aux cinq Chanoines séculiers que son pere avoit fondés. Il ordonna qu'après la mort de chaque Chanoine séculier, on mettroit en sa place un Chanoine régulier de S. Quentin, jufqu'à ce que le Chapitre fût renouvellé. Cette difpofition fut confirmée par une Bulle du Pape Grégoire VII, de l'an 1083. L'Eglife de S. Adrien eft appellée *Cella Sancti Adriani* dans cette Charte. Hugues étoit mort en 1117. Il laiffa un fils qu'il avoit nommé Richard comme fon pere, & que nous appellerons Richard II. On croit qu'il imita Richard I, & qu'il paffa les derniers jours de fa vie à S. Quentin de Beauvais.

De fon temps, les Chanoines de S. Adrien furent troublés dans la jouiffance des biens, qu'ils tenoient des libéralités du Roi Philippe I, & du Chevalier Richard. L'illuftre Ives de Chartres prit la défenfe des Chanoines, & écrivit en leur faveur à Hugues de Pierrefonds, Evêque de Soiffons (1). Il exhorte l'Evêque, dans une de fes lettres qui a été confervée, à prendre le Chapitre de Bethizy fous fa protection, & le conjure d'avoir pour les Clercs de Bethizy des entrailles de pere. *Fratres noftros Biftifiaci pro amore Dei & noftro juvante, contra malèvolorum infeftationes paternè fupportate.*

55. Vers ce même temps, une femme de Verberie appellée Manna, fut miraculeufement délivrée d'un retirement de nerfs, à la guérifon duquel les Médecins avoient renoncé. Cette femme après avoir épuifé toutes les reffources, eut révélation d'aller en pélerinage à l'Eglife Cathédrale de Soiffons, & d'y implorer l'interceffion de la Sainte Vierge, & des Martyrs S. Gervais & S. Protais. Manna accomplit ce qui lui avoit été infpiré, après s'être difpofée au pélerinage par la priere, par les jeûnes, & par les bonnes œuvres. Manna reçut la fanté dans l'Eglife Cathédrale de Soiffons, en préfence d'une multitude de peuple (2).

En reconnoiffance d'un tel bienfait, cette femme fe voua à la Sainte Vierge & aux Saints Martyrs, elle & fa poftérité. En figne de l'obligation qu'elle contractoit, elle fonda une rente de quatre deniers, payable tous les ans à l'Eglife de S. Gervais par elle ou par fes defcendans, fous peine d'excommunication contre celui des fiens qui manqueroit d'y fatisfaire. En l'an 1115, Lifiard de Crépy étant Evêque de Soiffons, l'on comptoit cinq générations iffues de Manna; & l'on tenoit regiftre à la Cathédrale de ceux de fes defcendans, qui avoient payé le cens.

56. Le pays d'Orceois paffa aux Comtes de Troyes, avec Ouchy fa capitale, vers le temps où Crépy & une partie du Valois vin-

---

(1) Ep. 42. aliàs 113. Gall. Chr. t. 9. p. 354. | (2) Dorm. Hift. Soiff. tom. 1.

rent au pouvoir des Comtes du Vexin & d'Amiens. Ces deux Maisons avoient une commune origine. Leurs rejettons descendoient de Bernard, Roi d'Italie, petit-fils de Charlemagne. La Champagne & la Brie appartenoient en grande partie aux Comtes d'Amiens, à la fin du neuviéme siécle. Héribert II ayant laissé Hildégarde héritiere de ses grands biens, cette Dame les porta en dot au Comte Valeran, tige des Comtes de Vexin. Des révolutions arrivées après la mort de Gautier I, priverent les enfans de ce Seigneur d'une grande partie des terres, que leur ayeul avoit possédées dans la Champagne.

En l'an 958, Robert de Vermandois, fils d'Héribert II, s'empara de la ville de Troyes & du Comté de Champagne, qu'il garda dix ans. Le Comte Oldéric gouvernoit alors le pays d'Orceois. Oldéric descendoit d'un de ces Comtes de pays, qui n'étoient que des Intendans sous Charlemagne. Ne pouvant s'opposer aux entreprises des Comtes de Champagne, il consentit à relever d'eux immédiatement, conserva sa qualité de Comte, & garda l'hôtel qu'il occupoit au château d'Ouchy.

Oldéric nous est connu par un titre du Cartulaire de Montier-Ramey (1), daté du château d'Ouchy, *Ulcheïo castro*, le huit des Ides de Juillet, la dixiéme année du regne de Lothaire, qui revient à l'an 964. Il est appellé Comte d'Ouchy dans cette Charte. Il est marqué dans ce titre, qu'il fait présent à l'Eglise en question de quelques biens, du consentement de Robert, Comte de Troyes, son *Senieur*. On y nomme Aimeric, oncle d'Oldéric, & les deux fils de celui-ci, Raoul & Lanulphe.

Robert, Comte de Troyes, mourut sans postérité, l'an 968. Héribert III son frere hérita du Comté de Champagne & de la terre d'Ouchy. Le Roi Lothaire, content de ses services, lui confirma la jouissance du Comté de Champagne, & l'honora du titre de Comte Palatin, que ses Successeurs ont conservé. Héribert mourut au mois de Décembre de l'an 993, & laissa un fils nommé Etienne, qui posséda le Comté de Champagne jusqu'à l'an 1020. La succession du Comte Etienne échut à Eudes II, Comte de Blois, à cause de Leutgarde sa bisayeule, femme de Thibaud I, Comte de Blois. Eudes fut tué dans un sanglant combat près de Bar-le-Duc, le dix-sept Septembre 1037. Ses deux fils, Etienne & Thibaud, jouirent successivement des Comtés de Champagne

(1) Templeux.

& de Brie. Les deux freres prirent parti pour la Reine Conſtance contre le Roi Henry I. Ayant été vaincus, ils ſe ſoumirent, & rentrerent dans les bonnes graces du Roi, Thibaud ſur-tout.

Le Comte Thibaud faiſoit de fréquens voyages au château d'Ouchy. Il prend la qualité de Comte d'Ouchy dans pluſieurs Chartes. C'étoit un Prince pieux, qui tenoit à honneur de ſervir la religion, & de protéger la vertu perſécutée. Il fonda vers l'an 1076, dans ſon château d'Ouchy, une Collégiale de Chanoines ſéculiers (1). Il aſſigna au Chapitre & à l'Egliſe qu'il rebâtit, des revenus en rentes & en fonds de terres, & logea les Chanoines dans ſon château.

Il avoit dans Ouchy un Prevôt, chargé de l'adminiſtration de ſes affaires. Cette charge de Prevôt nous eſt connue par une Charte de l'an 1077, accordée par Thibaud de Pierrefonds, Evêque de Soiſſons. On remarque à la fin de cette piéce, la ſignature d'un Thibaud, Prevôt de Thibaud Comte d'Ouchy : *Signum Theobaldi præpoſiti Comitis Theobaldi d'Oulchy* (2).

S. Arnoul, Evêque de Soiſſons, ayant été exilé de ſa ville Epiſcopale, le Comte Thibaud lui offrit le château d'Ouchy pour retraite. L'exil de S. Arnoul arriva ainſi.

Après la mort de Thibaud de Pierrefonds, le Siége de Soiſſons fut rempli par un certain Urſion, frere de Gervais, Sénéchal du Roi Philippe I, qui avoit été élu par intrigue, contre les diſpoſitions des ſaints Canons (3). Le Pape Grégoire VII, informé de cette élection, ordonna à Hugues de Die, ſon Légat en France, d'aſſembler un Concile, où l'on examineroit l'affaire d'Urſion. Comme on ne pouvoit pas tenir ce Concile ſous l'obéiſſance du Roi Philippe I, le Comte Thibaud offrit ſa ville de Meaux, où l'aſſemblée eut lieu en l'an 1080. On y dépoſa Urſion, & Arnoul, reclus de S. Médard, fut élu Evêque de Soiſſons d'une voix unanime, à la place de l'intrus. Après cette élection, S. Arnoul alla à Soiſſons prendre poſſeſſion de ſon Siége. Gervais vint à ſa rencontre avec des gens armés, & l'obligea de ſe retirer.

Le Comte Thibaud, informé du procédé de Gervais, offrit de nouveau à S. Arnoul ſon château d'Ouchy pour retraite. S. Arnoul accepta l'offre, & établit ſon Siége en ce château. C'eſt à Ouchy que Liſiard de Crépy reçut les ordres ſacrés des mains du ſaint Prélat.

(1) Dorm. Hiſt. Soiſſ. t. 2. ch. 12. 19.
(2) Gall. chr. t. 10. inſtr. p. 99.
(3) Sec. 2. Bened. t. 2. an. 1080.

Un Moine appellé Evroulf, étant tombé malade à Ouchy, S. Arnoul obtint la guérison par ses prieres. Le jour que le Bienheureux Simon de Crépy mourut à Rome, Arnoul eut à Ouchy révélation de cette mort. Ce Saint finit sa carriere dans une ville de Flandres. Sa vie écrite en trois Livres, est conservée dans la Bibliotheque de Long-pont (1). Les deux premiers ont été composés par le Moine Hariulf, le troisiéme par Lisiard de Crépy, Evêque de Soissons.

Thibaud, Comte de Champagne, vécut jusqu'à l'an 1090. Il eut quatre fils d'Alix, seconde fille de Raoul II, Comte de Crépy : Henri, Étienne, Philippe Evêque de Châlons, & Eudes de Champagne. Henri hérita du Comté de Champagne, & vivoit encore en 1125.

La Vicomté d'Ouchy est l'une des plus anciennes de la Champagne. M. Brussel la met au nombre des Vicomtés particulieres, qui ne reconnoissoient d'autres Seigneurs immédiats que les Comtes de Champagne; de même que celles de Bar-sur-Aube, de Châtillon-sur-Marne, de Château-Thierry & de Provins. Elle ne ressortissoit ni à Troyes ni à Meaux, qui étoient les deux Vicomtés générales de la Champagne & de la Brie (2).

Nous avons une suite non interrompue des Vicomtes d'Ouchy, depuis Oldéric, contemporain de Robert Comte de Troyes, qui vivoit en 960, jusqu'à présent. Ces Officiers prenoient d'abord la qualité de Comte. Ce titre qui sembloit confondre le subalterne avec le supérieur, fut changé en celui de *Vicomte* depuis la mort de Lewlf petit-fils d'Oldéric.

Oldéric eut deux fils, Raoul & Lanulphe. Je n'ai rien découvert sur la vie de Raoul. Lanulphe vivoit encore au commencement du onziéme siécle. Il eut un fils nommé Lewlf, qui épousa une Dame Hildearde. Lewlf se qualifioit Comte d'Ouchy. Henry I, Comte de Champagne, faisoit cas de sa personne. Après la mort de Lewlf, Henry lui fonda un anniversaire dans l'Eglise Collégiale d'Ouchy. Il assigna à cet effet une rente de trente sols, monnoye de Provins, sur le péage d'Ouchy, que le Baillif & le Prevôt d'Ouchy devoient tous les ans délivrer aux Chanoines.

Depuis la confiscation de la terre de Neuilly en Orceois sur Hugues le Bâtard, jusqu'à Thibaud Comte de Champagne &

(1) Spicileg. t. 1. p. 633.   (2) Brussel, usag. des Fiefs, p. 676.

d'Ouchy, l'Hiſtoire de ce lieu eſt fort obſcure. Il paroît que cette terre fut rendue de nouveau à l'Egliſe de S. Remy de Reims, qu'elle paſſa par échange, de cette Egliſe aux Seigneurs de Nanteuil-la-Foſſe, & de ceux-ci aux Comtes de Champagne, qui l'annexerent à leur Vicomté d'Ouchy.

Thibaud, Comte de Champagne, qui fonda la Collégiale d'Ouchy, bâtit ou acheva l'Egliſe de S. Remy au Mont de Neuilly. J'ai reconnu à la tour & à pluſieurs endroits de cette Egliſe, un goût d'architecture qui ſe rapporte au temps, où le Comte Thibaud vivoit. Ce Seigneur rendit au Chapitre de Neuilly une partie des biens, qui lui avoient été enlevés.

Quelques-uns expliquent ainſi la réunion de la terre de Neuilly au Comté de Champagne. Ils avancent que cette terre ayant été enlevée à l'Egliſe de Reims par un Comte de Crépy, Raoul II, Comte de Valois & de Senlis, la donna en dot à Alix ſa ſeconde fille, lorſqu'elle épouſa Thibaud, Comte de Champagne.

Le premier château de Neuilly étoit ſitué ſur le Mont-Saint-Remy. Les prédéceſſeurs de Thibaud y entretenoient un Chevalier, qui relevoit du Vicomte d'Ouchy, avec un Prevôt-Receveur. On rendoit dans le château la juſtice aux vaſſaux de la terre, depuis qu'il avoit été fortifié. Ainſi dès le onziéme ſiécle, la terre de Neuilly en Orceois réuniſſoit les deux principales conditions, qu'on jugeoit néceſſaires pour former une Châtellenie, une Collégiale & un fort château.

57. Raoul I, Seigneur de Crépy, recueillit ce qu'il put, de la ſucceſſion de ſes deux freres Ermenfrede & Gerbert. Quoique privé d'une grande partie de leurs domaines, il ne laiſſoit pas de prendre les titres de Comte de Vexin, Pontoiſe, Chaumont, Mantes & Meulant, d'Amiens, Dreux & Crépy. La Morliere, Bergeron & Muldrac n'ont point connu ce Seigneur, quoiqu'il ait été l'un des hommes importans de ſon ſiécle. Ils nomment Raoul I, le Comte de Crépy, qui épouſa la fille de Hilduin, Comte de Breteuil.

Raoul I tenoit une conduite peu conſéquente. Il joignoit à une avidité inſatiable du bien d'autrui, une grande dévotion envers les Saints. Il empiétoit ſans ſcrupule ſur les terres du Roi, des Egliſes & de ſes voiſins, tandis qu'il établiſſoit des pélerinages & des confrairies, & fondoit des Egliſes. Peut-être avoit-il deſſein d'uſer de repréſailles, & de ſe dédommager des biens qui lui avoient été enlevés par de ſemblables procédés.

Il fit transférer les Reliques de S. Arnoul le Martyr dans son château de Crépy, & donna lieu à une foire qui s'est tenue pendant long-temps, durant l'octave de la fête de S. Arnoul en Juillet. On a une Histoire exacte de cette Translation, qui est curieuse dans ses circonstances (1).

Un Prêtre, originaire du Valois, nommé Constance, ne trouvant pas dans sa patrie les moyens de mener une vie commode à son gré, alla chercher fortune dans un autre pays. Il trouva de l'emploi dans une Eglise de la forêt Iveline, où reposoit le Corps de S. Arnoul le Martyr. Constance avoit un génie souple & adroit, que la nécessité rendoit encore plus flexible. Il gagna la confiance des Prêtres desservans de cette Eglise, au point que les clefs du trésor lui furent confiées. Ces Prêtres avoient cru trouver en lui un homme de bon commerce, & d'une fidélité exempte de suspicion.

Constance n'admettoit pas cette maxime, qu'on retrouve sa patrie par tout où l'on rencontre les moyens d'une subsistance honnête. Il aimoit le pays de sa naissance : il ne pouvoit y revenir, sans tomber dans une grande disgrace. L'amour de la patrie, & la crainte de perdre un état certain, se livrerent un long combat dans son esprit. La vue de l'état de misere où il alloit tomber, le retenoit; le souvenir de la contrée où il avoit été élevé, l'y appelloit. Cependant l'amour de la patrie l'emporta; & afin de lever les difficultés de tous les genres, il imagina un stratageme opposé au devoir, à la bonne foi, & aux sentimens de reconnoissance qu'on doit aux bienfaiteurs. Il crut qu'en emportant avec lui les Reliques de S. Arnoul dans sa patrie, on s'empresseroit à lui procurer un établissement conforme à ses désirs.

Rien de plus commun que les vols de Reliques pendant les siécles d'ignorance. Ils passoient pour des ruses permises & agréables aux Saints, pourvu que la violence n'eût aucune part à l'enlévement. Le procédé de Constance eût été excusable suivant les maximes du temps, si en l'exécutant, il n'avoit pas abusé de la confiance, que ses confreres sembloient lui avoir vouée. Voici de quelle maniere il fit son larcin.

Il porta dans le trésor de l'Eglise un sac rempli de laine. Il choisit le temps de l'après-midi, où les Chanoines ses confreres se dédommageoient par un sommeil de quelques heures, de

_____
(1) Boll. Julius, tom. 4. p. 415.

veilles de la nuit. Dans cette Collégiale, comme dans la plûpart des autres, on se levoit à minuit pour Matines. Constance ouvrit le tréfor, & prit la plus grande partie des Reliques de S. Arnoul. Il ôta de son sac la moitié de la laine, y déposa les Reliques, & le remplit ensuite jusqu'au comble, de la même laine qu'il avoit ôtée. Il sortit furtivement avec son sac, & prit sa route vers le Valois.

Les Chanoines à leur réveil trouverent le tréfor ouvert, & ne virent plus qu'une partie des Reliques. L'évasion de Constance décela son larcin. On court à sa poursuite, on l'atteint, on le fouille, on visite même son sac. Comme on ne vit rien à la superficie, & qu'on ne sentît extérieurement, quoique ce soit qui résistât au toucher, on se contenta de lui reprocher sa fuite, & on le laissa continuer sa route.

Après une marche forcée, Constance arriva de nuit à Roquemont, terre ancienne du Valois près de Crépy, qui étoit pour lors un bourg considérable. Il s'y arrêta, tira les Reliques de son sac, & ces Reliques parurent resplendissantes d'une vive lumiere. Constance passa outre, & se rendit à Vez, capitale du Valois, où les Reliques jetterent le même éclat. Il y eut même quelques miracles. Ces choses se passoient pendant la saison de l'Automne.

Le Comte Raoul apprit en son château de Crépy, ce qui venoit d'arriver au bourg de Vez. Soit dévotion, soit intérêt, il sollicita vivement le Prêtre Constance, de venir déposer les Reliques dans la Chapelle de son château, avec promesse de récompense. Celui-ci prêta l'oreille aux propositions du Comte: il consentit à tout, & l'on convint du temps, où les Reliques seroient transferées.

Le vingt-septiéme jour de Septembre de l'an 949, la Translation des Reliques de S. Arnoul se fit de Vez au château de Crépy. Ceux qui les portoient s'arrêterent à Vaumoise, & arriverent le même jour au château de Crépy. La cérémonie du dépôt se fit avec pompe : le Comte Raoul y présidoit. Raoul fonda dans son Eglise un Chapitre de Prébendés, pareil à celui de S. Arnoul de la forêt Iveline au pays Chartrain. L'histoire de cette Translation porte, que cette Eglise étoit placée dans l'angle du château. Le Comte imposa aux nouveaux Chanoines l'obligation de célébrer l'Office tant de jour que de nuit, de recevoir les pélerins dans l'Eglise, & d'exposer à certains jours les Reliques à la vénération des fidéles. Afin que ces Ecclésiastiques trouvassent dans un revenu convenable de quoi subsister, outre le secours des oblations, il donna au nouveau Chapitre la terre d'Oger, avec ses Eglises, ses dépendances & ses coutumes. Par les noms d'Eglises ou d'Autel, il faut entendre des oratoires de dévotion, auxquels la piété des fidéles avoit attaché des revenus. Ceux dont il est ici question, se voyoient entre Oger & Chavercy.

Raoul donna au Prêtre Constance la Cure de Vaumoise, & une prébende du Chapitre, qu'il venoit de fonder. Celui-ci ne jouit pas long-temps de sa bonne fortune. Il se souilla publiquement par une action si honteuse, que le Comte fut obligé de le renvoyer, à la sollicitation de ses Confreres. Constance perdit par un adultere, ce qu'il avoit acquis par un larcin.

Aussi-tôt que les Reliques furent déposées au château de Crépy, il y eut un concours prodigieux de personnes, de tout âge & de toute condition. On prétend qu'il se fit plusieurs miracles, ceux-ci entr'autres.

Un enfant qui avoit été mordu d'un chien enragé, fut guéri par l'attouchement des Reliques.

Une fille possédée du démon avoit des accès si furieux, qu'elle se jettoit sur ceux qui l'approchoient, voulant les dévorer. Elle proféroit des paroles impudiques, & tenoit des propos qui faisoient horreur. On ne pouvoit la contenir qu'en la chargeant de chaînes. Sa guérison paroissoit désespérée, parce qu'on avoit employé sans succès divers traitemens. On la conduisit au château de Crépy, & du moment, où on lui eut appliqué les Reliques de S. Arnoul, elle fut guérie.

Une femme avoit été saisie du malin esprit pendant l'absence de son mari. Celui-ci la fit traiter comme frénétique. Voyant qu'après avoir épuisé toutes les ressources, il n'en pouvoit plus jouir, il la fit conduire à S. Arnoul de Crépy. A la vue de l'Eglise, la malignité de la femme redoubla : il lui prit même d'étranges convulsions. Comme on s'approchoit pour l'exorciser, elle proféra ces paroles d'un ton qui fit trembler les assistans : *Je suis le Diable*. On continua néanmoins les prieres, & la possédée fut enfin guérie par l'attouchement des Reliques.

On invoque S. Arnoul de Crépy, contre plusieurs sortes de maux, & principalement dans les maladies inflammatoires. On n'a pas à Crépy toutes les Reliques du saint Martyr; une partie est restée à S. Arnoul de la forêt Iveline. Nous l'apprenons du procès-verbal d'un Evêque de Chartres, qui en a fait la visite. Les Religieux de Crépy conservent ses principaux ossemens avec son chef.

La plûpart des anciennes foires doivent leur origine à des établissemens de pélerinage, ou à des Translations de Reliques. On appelloit *Landits* ces sortes de foires, *Indicta*, parce qu'elles devoient se tenir dans un lieu, dont on marquoit le contour. Ces sortes de foires étoient rares en France, depuis l'Edit de Pifte, donné en 884, qui proscrivoit toutes celles qui avoient été établies sans permission. Raoul obtint du Roi Louis d'Outremer un Diplôme, qui l'autorisoit à fonder une foire dans Crépy, pendant le temps de l'année où l'on y voyoit une plus grande affluence de peuple. L'établissement convenoit au Comte, parce que les droits de foire lui appartenoient. Il devenoit nécessaire aux pélerins & aux voyageurs, dont le grand nombre demandoit des secours abondans. La Charte du Roi Louis d'Outremer a été perdue: elle est seulement citée dans une autre Charte de Philippe d'Orleans Comte de Valois, datée de l'an 1371.

La foire de Crépy est l'une des plus anciennes de la Champagne & de la Brie. On y venoit de la Champagne par le chemin de Meaux, & des Pays-bas par le chemin de Bapaume ou de Flandres. Ce chemin aboutissoit au-dessous de S. Arnoul, sur la gauche du village de Duvy. Il traversoit la prairie, où il y avoit un pont de plusieurs arches. Il cottoyoit les murs du château. Il entroit dans Crépy par une porte souterraine, à côté de S. Aubin. On a découvert dernierement la porte souterraine & des restes de l'ancien chemin qui étoit encore pavé. Dix-sept villes de Flandres ont soutenu le commerce de cette foire pendant plusieurs siécles. Elle commençoit en Juillet le lendemain de S. Arnoul, & continuoit pendant toute l'octave. Cette foire, l'une des plus considérables des anciennes foires chaudes de Champagne & de Brie, a été la premiere cause de l'accroissement du château de Crépy.

58. Roquemont, dont il est fait mention dans l'histoire de la Translation des Reliques, est une terre du Valois, située sur la gauche du chemin, qui conduit de Verberie à Crépy, à une grande lieue de Bethizy & de Crépy, & à deux lieues de Verberie. Ce lieu dépend du Diocese de Senlis, de la Châtellenie de Verberie, & du Bailliage de Crépy. Il y a plusieurs Roquemonts en France. Roquemont près Crépy est situé sur une hauteur: on le nomme *Rupimons* dans les titres latins.

Trois grands chemins s'y rendoient au milieu du dixiéme siécle. Le grand chemin de Flandres en Champagne, un second chemin qui venoit de la chauffée Brunehaud, & un troisiéme qui est nommé chemin *Pontois* dans un titre de S. Thomas de l'an 1240. Vers l'an 1060, les deux terres de Roquemont & de Nery étoient deux portions du territoire de Bethizy. Depuis ce temps jusqu'au milieu du treiziéme siécle, ces deux terres ont été divisées en un grand nombre de Fiefs, que nos Rois assignoient à chacun des Chevaliers, qu'ils préposoient à la garde du château de Bethizy. De là vient que le nom de Roquemont est commun à plusieurs familles anciennes, qui n'étoient cependant pas alliées.

En l'an 1180, vivoit un Mathieu de Bethizy, Chevalier, qui avoit un hôtel à Roquemont (1). Une partie des dixmes de Nery relevoit de lui en Fief. Au commencement du siécle suivant, Renaud de Roquemont, Chevalier, & Robert de Roquemont, Archidiacre de Senlis, furent mis au nombre des Hommes jugeans de Crépy, à cause de leur Fief sis au Plessis sous Cuvergnon; de même que Jean de Roquemont à cause de son Fief sis à Orouy. Dans un acte du Cartulaire de S. Thomas, daté de l'an 1240, je lis les noms de Jean de Roquemont, dit Galard, de Gilon de Roquemont, de Gautier & Pentecoste de Neuilly près Roquemont. En 1273, les Forestiers du Roi firent défense à Renaud de Roquemont (2), de prendre dans la forêt de Cuise le bois dont il avoit besoin pour son usage. Renaud les traduisit au Parlement de la Pentecôte 1273. Les Forestiers furent condamnés, & le Parlement confirma Renaud dans son droit.

Je trouve dans plusieurs titres sans dates, le nom d'un Raoul de Roquemont, Archidiacre de Senlis, qui possédoit plusieurs Fiefs à Bethizy, à Verberie, & à Villers-Saint-Frambourg (3). Renaud de Roquemont, Abbé de Chalis, gouverna ce Monastere depuis 1496 jusqu'en 1508. A la réformation de la Coutume de Valois, faite en 1539, le Chapelain de la Porte-Pierrefonds à Compiegne déclara qu'il avoit part dans la haute Justice de Roquemont.

Il y avoit à Roquemont sept Fiefs principaux, le grand hôtel, & le petit hôtel dont la censive s'étendoit jusqu'à Verrines: un château fortifié qu'on nommoit *la tour Rocart*; le Fief du Chapelain Royal de Bethizy; le Fief du Chenelet & celui de la Tour-

---

(1) Louvet, t. 2. p. 7.
(2) Olim, t. 1.
(3) Gall. Chr. t. 10. p. 1511.

Choquet.

Choquet. Ces domaines relevoient de la Tour de Bethizy, tant en Fief qu'en arriere-Fief. Suivant une transaction passée vers le milieu du dernier siécle, les habitans de Roquemont sont sujets à la banalité du moulin de Bethizy, & ne peuvent aller à celui du Parc que par tolérance. M. le Comte de Pierrecourt est présentement Seigneur du principal Fief de Roquemont. La haute Justice de tout le territoire appartient au Duc de Valois. Les ruines de Roquemont font connoître, que ce lieu a été considérable. L'Eglise est du treiziéme siécle. Il ne passe plus de grands chemins à Roquemont.

59. Raoul I, vécut plusieurs années après la Translation des Reliques de S. Arnoul. Il ne vit pas les dernieres années du dixiéme siécle. Il laissa deux fils, Gautier qui lui succéda, & Gui ou Gozefrize, qui occupa le Siége Episcopal de Soissons, depuis l'an 972, jusqu'en 995.

Guy fut du nombre des Prélats, qui assisterent au Concile du Mont-Notre-Dame, en l'an 972. En 987, il signa comme témoin (1) une Charte, que le Roi Hugues Capet accorda au Monastere de Corbie. Il est nommé le premier des Suffragans de la Province de Reims, dans une lettre de Gerbert, datée de l'an 991. Son pere & ses ayeux avoient usurpés des biens considérables au Monastere de S. Riquier. Les Religieux de cette Abbaye employerent la médiation du Pape Jean XVI, afin de rentrer, s'il étoit possible, dans leurs premiers droits. Le Pape écrivit à Guy, Evêque de Soissons, d'engager le Comte de Crépy son frere, à rendre aux Eglises ce qu'on leur avoit enlevé. La lettre du Pape est datée de l'an 993. Les Religieux de S. Crépin-le-Grand eurent aussi recours à Guy en un cas tout semblable. L'Evêque détermina le Comte son frere, à restituer à S. Médard un moulin sur la riviere d'Autonne, & diverses piéces de terres situées tant à Orouy, qu'aux Eluats, *apud oratorium & lupi saltum*. L'acte par lequel Gautier remit les Religieux en possession de leurs terres, est daté de l'an 995.

Gautier second, surnommé le Blanc, à cause de sa chevelure ou de son teint, & Gautier le Vieux, à cause du grand âge auquel il est parvenu, fut Comte de Valois, d'Amiens, du Vexin, de Dreux & de Meulant. Il avoit épousé, du vivant de son pere, Adele, fille d'Héribert Comte de Senlis. Duchesne, & la plûpart des

(1) Gall. Christ. t. 9. p. 346.

Compilateurs ont pris le change, au sujet de cette alliance. Ils avertissent, que vers le temps où elle fut conclue, la Seigneurie de Crépy passa aux Comtes de Senlis (1). C'est le contraire. Les Comtes de Crépy ou de Valois entrerent par cette alliance en possession du Comté de Senlis, & continuerent de fixer leur séjour au château de Crépy.

Le Moine Helgaud (2) met le Comte Gautier, au nombre des plus grands & des plus puissans Seigneurs, qui vivoient de son temps. Gautier tenoit un état proportionné à ses grands biens. Il fit plusieurs entreprises considérables, qu'il exécuta avec autant de somptuosité que de goût. Il rebâtit & fortifia le château de Crépy. Il y fonda un Monastere & une Eglise, qui ont été illustrés par des évenemens importans.

On lit dans la Chronique du même Helgaud, qu'un puissant Seigneur nommé Gautier fit bâtir la forteresse de Crépy dans un goût magnifique : *Castrum Crispiacus à Waltero potenti nobiliter constructum*. Le Comte distribua son château sur le plan qui suit.

Il rebâtit l'Eglise dans l'angle du château, à la place de l'ancienne. Il fit élever sur la gauche, un peu plus loin que cette Eglise, un Donjon accompagné de tours énormes : il reste encore quelques portions de ces tours. Le Donjon comprenoit trois corps de logis : deux jardins, séparés par deux gros murs de cloture. On reconnoissoit encore toutes ces parties en 1438, après le troisiéme siége de Crépy. Ce Donjon devoit servir de citadelle au château. Il jetta ensuite les fondemens d'un vaste & magnifique corps de logis, qu'il conduisit à sa fin. Ce corps de logis commençoit à la Porte aux Ointiers, & finissoit au Donjon. La façade regardoit Sainte Agathe. Il mit en jardin tout le terrein de Crépy, qu'on nomme aujourd'hui la Couture. La Porte aux Ointiers est postérieure à ces temps : elle tire son nom de plusieurs Marchands Parfumeurs, *Unctores*, qui demeuroient à côté de cette Porte.

Gautier fit tracer ensuite la même enceinte, qui environne présentement la Ville de Crépy. Dans l'intervalle de cette enceinte & des appartemens du château, il se forma un *bourg* en peu de temps, par l'assemblage d'un certain nombre de familles, auxquelles Gautier permit de bâtir, moyennant une redevance an-

---

(1) Hist. Chat. p. 656. Morliere, Hist. d'Am. p. 64. | (2) Vit. Robert. reg. Duchesn. t. 4. p. 74.

huelle. Le Comte foumit ces familles à un Gouverneur, qui prit le nom de *Burgare*. On détruifit pour former ce bourg, une boiffiere qui tenoit aux jardins du château. On appella fauxbourg, une autre portion de maifons qui fe forma hors de l'enceinte, & à côté des Bordes. Gautier établit dans cette partie un fecond Officier, qui eft nommé *Villicus* dans un titre de l'an 1070 (1).

Les Clercs ou Chanoines, fucceffeurs de ceux que Raoul I avoit placés dans fon Eglife, menoient une vie licentieufe, & fe gouvernoient plutôt en Laïcs déréglés, qu'en Eccléfiaftiques. Gautier les réforma, & les tranfplanta dans le Fief des Bordes, auprès d'une Chapelle de S. Etienne premier Martyr. Il exécuta enfuite un deffein qu'il avoit formé, de mettre des Religieux de l'Ordre de S. Benoît à leur place. Ce renouvellement fe confomma ainfi.

Avant d'appeller à Crépy les Religieux qu'il fe propofoit d'y placer, le Comte leur prépara des lieux réguliers (2) ; il forma enfuite une Communauté de Profès, qu'il fit venir de divers Monafteres. Il leur donna pour Chef le Moine Girard, Religieux de Rebais, homme d'un rare mérite & d'une vie édifiante, doué du talent de porter les autres à la pratique de la vertu, plus encore par fes exemples que par fes difcours, quoiqu'il fût naturellement éloquent. Il avoit puifé ces perfections dans une éducation diftinguée, que fes parens avoient commencé à lui donner dès l'âge le plus tendre.

Girard étoit originaire d'une terre appellée *Jelia*, au pays Chartrain. Il avoit pour pere Fulbert, Seigneur du lieu. Sa mere fe nommoit Adelaïde. Ses parens, après lui avoir donné les premiers principes d'une éducation chrétienne, le confierent aux foins de l'illuftre Gerbert, l'un des grands hommes de fon fiécle, qui, après avoir rempli les Siéges de Reims & de Ravennes, fut élevé enfin au Souverain Pontificat, fous le nom de Sylveftre II. Gerbert avoit alors trois autres difciples, qu'il inftruifoit en même temps que Girard : le Roi Robert, Fulbert qui devint Evêque de Chartres, & Herbert, Juif converti. Girard en quittant Gerbert, paffa dans les écoles de l'Evêque de Chartres, où fa vocation à l'état monaftique fe déclara. Il ne fortit de ces écoles, que pour aller prendre l'habit de religion au Monaftere de Rebais.

(1) Ann. Bened. t. 6. p. 8. Gall. Chr. t. 10. inftr. p. 423. Marlot, t. 2. p. 131.

(2) Spicil. t. 2. p. 287. Ann. Bened. t. 4. p. 203. Sec. 6. Bened. part. 1. p. 361.

Quoiqu'occupé à cacher aux yeux des hommes les vertus qui pouvoient lui attirer quelques dégrés de confidération dans le cloître ou dans le monde, il acquit une réputation de régularité, de modeftie & de charité, qui lui gagna tous les cœurs. Ses perfections éclaterent, malgré l'humilité dont il fe fervoit comme d'un voîle, afin d'écarter les regards. Le Comte Gautier inftruit de fes vertus, le demanda à fes Supérieurs, & l'obtint. Girard arriva à Crépy en 1006.

La bâtiffe de l'Eglife de S. Arnoul de Crépy a duré plus de foixante ans. Il paroît que Gautier le Blanc acheva le Chœur, & qu'il laiffa la Nef imparfaite. Il embellit les dedans de la partie qu'il finit, & plaça la Châffe de S. Arnoul dans un endroit apparent.

Toutes les Eglifes où l'on conservoit des Reliques, comptoient un certain nombre de jours folemnels pendant l'année, auxquels on defcendoit ces Reliques, pour les expofer à la vénération des Fidéles. On ôtoit les offemens de leur Châffe, & on les plaçoit à nûd fur une crédence, qu'on avoit eu foin de couvrir d'un tapis précieux.

Le Comte Gautier, qui ne négligeoit rien de ce qui pouvoit contribuer à rendre le culte de S. Arnoul plus folemnel, fit venir de Gréce un tapis de foye que l'on conferve encore, & qui devoit paffer dans le temps pour un morceau rare & précieux. Ce voîle eft une piéce d'étoffe de foye croifée, à fond bleu, de quatre pieds de haut fur fix de large, femée de léopards paffans, rangés trois par trois, bardés & comme chamarés de rouge & de verd. Deux des trois fe regardent, & touchent de leurs pattes une infcription Grecque, autant de fois répétée qu'il y a de regards. Cette infcription figurée, comme on la voit à côté, fignifie que *fous le regne des Empereurs Chrétiens, Bafile (II) & Conftantin (VII,)* le voîle en queftion a été fabriqué.

Bafile fecond, furnommé le Bulgaroctone, fils aîné de Romain II, Empereur de Conftantinople, déclaré Céfar le vingt-deux Avril 960, & fait Empereur après la mort de fon pere, en Mars 963, couronné feulement le vingt-cinq Décembre 969, mourut l'an 1025. Conftantin VII, frere cadet de Bafile, fut couronné avec lui le vingt-cinq Décembre 969, & mourut en Novembre ou Décembre de l'an 1028.

L'explication de cette infcription, tout-à-fait barbare, eft due aux recherches & à l'habileté de Dom Taffin, auteur du nouveau Traité de Diplómatique, & de M. l'Abbé Barthelemi, de l'Académie des Belles-Lettres. Ces deux Savans ayant jugé fur une fimple efquiffe, que cette infcription rare dans fon genre méritoit d'être fcrupuleufement tranfcrite, M. l'Evêque de Senlis, invité par MM. les Religieux de S. Arnoul, fe tranfporta fur les lieux, & fit l'ouverture de la Châffe, où la piéce d'étoffe eft enfermée. J'ai figuré l'infcription avec toute l'exactitude qui a dépendu de moi; & le fieur Caron, Graveur, l'a parfaitement rendue. La piéce d'étoffe fert de troifiéme enveloppe aux Reliques.

Les étoffes de foye étoient fort rares en France, lorfque le Comte Gautier fit préfent de ce tapis à l'Eglife de S. Arnoul. On n'en fabriquoit pas en Europe; on les tiroit de Gréce & d'Afie. On a quelques exemples d'un pareil préfent, fait à d'autres Eglifes par des perfonnes du plus haut rang. On lit dans Surius, que le Roi Carloman donna à l'Eglife de S. Hubert, *un voîle* qui avoit été ouvragé chez l'étranger : *velum peregrino opere elaboratum*. L'Impératrice Placidie voulant marquer la dévotion qu'elle portoit à S. Germain d'Auxerre, envoya fur les lieux un voîle, qui devoit fervir au même ufage que celui dont il s'agit.

Sous la direction de l'Abbé Girard, le Monaftere de S. Arnoul s'accrut & acquit une réputation de régularité, qui s'étendit en peu d'années (1). Richard Duc de Normandie, ayant deffein de mettre la réforme dans l'Abbaye de Fontenelles, chercha un fujet, auquel il put confier l'exécution de cette entreprife. On lui indiqua Girard Abbé de Crépy, comme un faint Religieux, qui joignoit la prudence au zele, & l'exemple au précepte. Le Duc réfolut d'en faire l'acquifition, à quelque prix que ce fût. Il eftimoit cette acquifition plus qu'une conquête, parce qu'il eft plus glorieux encore de triompher du vice & du déreglement des mœurs, que de fonder un empire de barbares, ou de gouverner un Etat fans police.

Le Comte de Crépy confentit difficilement à perdre l'Abbé Girard. Il céda enfin aux preffantes follicitations du Duc de Normandie, & permit même à quelques Religieux d'accompagner leur Chef. Girard fut regretté dans la contrée, comme un Religieux doué de talens, qu'on trouve rarement réunis dans un même fujet. Il portoit une phifionomie qui prévenoit en fa faveur. Il avoit

(1) Sec. 3. Bened. part 1. p. 367. Spicil. I t. 2. p. 289. t. 3. p. 252.

la voix douce & sonore, parloit avec facilité & en bons termes; excelloit dans l'art du chant & dans tous les genres de littérature, qu'on cultivoit de son temps. L'Abbé Girard se choisit un Successeur, & partit de Crépy en l'an 1027, après avoir gouverné le Monastere de S. Arnoul pendant vingt-un ans.

Il ne regna pas aussi long-temps dans Fontenelles : au bout de quatre années, passées dans le pénible emploi d'établir une réforme, il se trouva un Moine, qui voyant éclater dans son Abbé des vertus opposées à ses vices, forma le noir dessein d'attenter à sa vie. Il choisit pour l'exécution, la nuit du vingt-neuf au trente Décembre de l'an 1031, & assassina son Abbé. Dieu déclara la sainteté de son serviteur par des miracles. L'Abbé Girard fut canonisé comme Martyr de la Regle.

L'Abbé Lescelin succéda à S. Girard dans le gouvernement du Monastere de Crépy. Le Moine Helgaud fait ainsi le portrait de Lescelin dans la Vie du Roi Robert (1).

» Le Seigneur Gautier, fondateur de la noble Abbaye de S. Ar-
» noul de Crépy, a rendu ce Monastere célébre à jamais, par le
» soin qu'il a pris de l'illustrer. C'est lui qui de nos jours a placé
» l'Abbé Lescelin à la tête de cette Maison. Lescelin étoit un
» homme de bon témoignage, un observateur exact de la disci-
» pline Monastique. Il ne se passoit pas d'année, qu'il ne rendît
» visite au Roi Robert. Ce Souverain le recevoit avec bonté, &
» lui faisoit accueil comme à un serviteur de Dieu, & prenoit plai-
» sir à l'entretenir. Leurs discours rouloient sur les choses célestes.
» Robert ne le laissoit jamais aller sans le combler de présens,
» qu'on pouvoit regarder comme des dons célestes, puisqu'ils
» étoient le fruit d'une parfaite charité «.

L'Abbé Lescelin joignoit à l'esprit du gouvernement & aux vertus monastiques le talent de la poésie. Il mit en vers la Vie de S. Arnoul le Martyr, telle qu'on l'avoit alors. Il distribua tout l'ouvrage en quatre chapitres (2). Dans le premier, il raconte en Poëte la naissance de S. Arnoul, son mariage avec sainte Scariberge niéce de Clovis; il fait l'histoire de ses voyages, de ses pélerinages & de son premier retour à Reims. Dans le second chapitre, il traite de son entrée dans l'état ecclésiastique, de sa promotion à l'Ordre d'Exorciste, & du pouvoir qu'il avoit de chasser les démons. Dans le troisiéme, il représente S. Arnoul sortant de

(1) Duchesn. t. 4. p. 74.   (2) Boll. 4. Jul. p. 410. 415.

Reims, & voyageant en divers lieux. Il le suit dans ses pélerinages, à Toulouse, à Poitiers, à Tours où il est fait Évêque, & où, après son intrônisation, il opére des miracles. Dans le chapitre quatriéme, on fait mention de son retour à Reims, de son martyre & de sa déposition dans la forêt Iveline.

Il restoit à exposer, comment le corps de S. Arnoul avoit été apporté du pays Chartrain au château de Crépy. Lescelin, vivement sollicité d'ajouter un cinquiéme chapitre à son Poëme, ne put s'y résoudre. Afin cependant de ne rien laisser à désirer sur ce sujet, il écrivit une description en prose de cette Translation, où se rencontrent plusieurs traits d'histoire très-lumineux : ouvrage qui lui coûta moins de peine, qui est cependant bien préférable au Poëme, par la vérité & par la solidité des matieres.

Le Poëme & la Relation furent reçus avec un applaudissement général. Le Poëme surtout parut un chef-d'œuvre. L'Abbé Lescelin fut le seul, qui sut rendre justice à la foiblesse & à la médiocrité de sa production. Il déclare à la fin de son Poëme, que ses vers & sa composition ont besoin de toute l'indulgence des Lecteurs. L'ouvrage n'est en effet qu'une prose versifiée & mal cadencée. L'Abbé Lescelin mourut à Crépy en 1031, après quatre ans de gouvernement. Les Ecrivains du temps observent comme une chose remarquable, que le Roi Robert, S. Girard & l'Abbé Lescelin, décéderent tous trois la même année ; le Roi à Melun, Girard à Fontenelles, & Lescelin à Crépy. Je vais rapporter sur le Comte Gautier le Blanc plusieurs traits, qui acheveront de le faire connoître.

En l'an 987, le Comte Gautier avoit trois fils, avec lesquels il se rendit à Compiegne, à la Cour du Roi Hugues Capet. Il signa avec eux comme témoin, un Diplôme par lequel le Souverain confirmoit l'Abbaye de Corbie, dans la jouissance de ses biens (1). Ses trois fils sont nommés Gautier, Godefride & Raoul, dans la Charte en question. Ces noms ont changé dans la suite : le premier fut appellé Drogon, & le second Foulques ; le troisiéme conserva son nom de Raoul. Gautier voulant imiter la libéralité du Roi, donna en cette rencontre au Monastere de Corbie, une terre appellée *otmaricourt*, pour l'entretien du luminaire & pour l'encens de l'Eglise (2).

Gautier ne conserva pas jusqu'à la mort ces dispositions favo-

---
(1) Gall. Chr. t. 10. instr. p. 283.   (2) Gall. Chr. t. 9. p. 1272.

rables. En 998, il s'empara de Corbie & de la Vicomté, & commit des vexations sans nombre contre les Ecclésiastiques, sous le nom de Foulques son fils, qui avoit été élevé sur le Siége d'Amiens. Il imitoit la conduite de presque tous les grands Seigneurs ses semblables, qui n'étoit qu'un tissu d'inconséquences, parce qu'ils vivoient sans principe. Ils usurpoient les biens d'une Eglise, & les donnoient à une autre; puis ils les reprenoient à la derniere, qui avoit senti les effets de leur générosité. Le Seigneur Gautier est nommé Comte de Crépy, dans une Charte de 984, dans une seconde (1) de l'an 997, & dans une troisiéme de l'an 1008.

Parvenu à un grand âge, il résolut de partager de son vivant tous ses biens entre ses enfans, à l'exception du chateau de Crépy. Il donna le Comté d'Amiens à Drogon son fils aîné, & à Raoul, celui de Senlis qui lui revenoit du chef de sa mere. Il procura à Foulques de grands revenus en biens d'Eglise. Il avoit eu le secret de le placer sur le Siége Episcopal d'Amiens, dans un âge peu avancé. Le Comte avoit une fille nommée Adele. Il la donna en mariage à Valeran, Comte de Meulant, avec une dot composée d'une partie des biens, qu'il possédoit dans le Vexin.

Je ne puis dire en quelle année le Comte Gautier le Blanc décéda. On ne peut point placer sa mort plutôt que l'an 1027. Son corps fut inhumé dans un caveau à côté de l'Eglise de S. Arnoul extérieurement, à l'endroit de cette Eglise qui a été détruite en 1433.

Drogon conserva le Comté d'Amiens après la mort de son pere. Il avoit épousé Godiove, sœur d'Edouard Roi d'Angleterre, de laquelle il eut deux fils, Gautier & Fulcon. Gautier mourut sans postérité. Fulcon devint Evêque d'Amiens. Drogon décéda après son fils aîné en l'an 1035. Le Comté d'Amiens retourna aux Comtes de Crépy. Nous parlerons avec quelqu'étendue de Raoul II, qui fut Comte de Crépy après la mort de son pere.

Foulques tint une conduite indigne du rang qu'il occupoit. Il dépouilloit les Clercs de son Eglise de leurs biens, pour se les approprier (2). Ives de Chartres le reprend sévérement de sa conduite, dans quelques-unes de ses lettres. Gerbert lui écrivit aussi de son côté, pour lui reprocher son impéritie, son mauvais gouvernement, & plusieurs tours de jeunesse qui le deshonoroient.

(1) Ann. Bened. t. 4. p. 690. | Christ. t. 9. p. 1162.
(2) Morliere, Hist. d'Am. p. 178. Gall.

On croit qu'il se rendit aux remontrances de Gerbert, & qu'il se corrigea. Il avoit beaucoup de crédit à la Cour du Roi Robert (1). Il assista au Sacre de Henry I en 1027, mourut en l'an 1030, & eut pour Successeur, Fulcon son neveu.

60. Les terres de Vic-sur-Aisne & de Berny éprouverent quelques révolutions, pendant le cours du dixiéme siécle. Après la mort du Roi Eudes, un Comte Arnoul se présenta devant le château de Vic-sur-Aisne, qu'il prit d'assaut (2). Il s'empara aussi de la terre de Berny, & jouit de son usurpation pendant quelques années. Les Religieuses de Marchiennes trouverent enfin l'occasion de mettre le Roi Lothaire dans leurs intérêts, & d'obtenir la réparation du tort, qu'on leur avoit causé dans *leur terre d'Aisne :* c'est ainsi que Berny est appellé dans les écrits, qui font mention de ces choses. En l'an 976, le Roi Lothaire fit un voyage à Douay avec Hemma son épouse, & les Religieuses de Marchiennes trouverent un accès favorable auprès de la Reine. Lothaire, à la sollicitation d'Hemma, fit expédier une Charte à Douay même, par laquelle il est ordonné, que la terre appartenant au Monastere de Marchiennes, sera remise avec ses droits & dépendances, à l'Abbesse Judith & aux Freres de la Maison de Sainte Rictrude. On y fait défenses à quelque Seigneur que ce puisse être, de jamais empiéter sur la *terre d'Aisne*, sous peine d'une amende de cent livres d'or ; cinquante livres pour le Roi, & cinquante livres au profit du Monastere. Cette peine d'une amende, au payement de laquelle le Souverain se trouvoit intéressé, retint ceux des Seigneurs voisins, qui avoient le plus d'avidité : ce qui fit que le Monastere de Marchiennes posséda sans trouble sa terre de Berny jusqu'au regne de Louis VII.

On ne rendit pas justice aux Religieux de S. Médard d'une maniere aussi satisfaisante, touchant le château de Vic-sur-Aisne. Il leur fut rendu, pris & repris en diverses rencontres. Un Comte nommé Étienne l'enleva d'abord à S. Médard ; mais *Robert fils de Chapez*, ce sont les termes de la Chronique (3), obligea l'usurpateur à restitution. Un autre Seigneur nommé Hugues s'empara du même château à main armée ; il le rendit de lui-même à S. Médard en l'an 1047. L'année suivante 1048, on tint un Concile à Senlis, où il fut décidé que la terre de Vic-sur-Aisne appar-

(1) Duch. t. 2. p. 841.
(2) D. Bouq. t. 9. p. 640.

(3) Chron. S. Med. an. 1031. Gall. Chr. t. 9. p. 413. t. 10. p. 1163.

tenoit légitimement & sans partage aux Religieux de S. Médard. Les Religieux avoient sollicité cette espéce de confirmation, ne sachant plus à quels moyens recourir, pour se préserver de l'usurpation.

Après la restitution faite par le Comte Etienne, les Religieux qui avoient reconnu dans ce Comte une grande bravoure, lui avoient proposé de prendre la défense du château comme Avoué. Le Comte avoit accepté : mais il s'étoit laissé gagner peu de temps après par le Seigneur Hugues, auquel il avoit livré le château.

Le jour de la Pentecôte de l'an 1049, le Roi Henry I reçut sous sa sauve-garde le château de Vic-sur-Aisne. Il déchargea en même temps le Monastere des corvées & des coutumes injustes, que Robert de Coucy exigeoit tyranniquement des hommes de S. Médard établis à Vic-sur-Aisne.

Après la mort du Roi Henry I, Albéric Seigneur de Coucy empiéta sur les dépendances de la terre & du château de Vic-sur-Aisne, molesta les vassaux de S. Médard, entreprit de les soumettre à sa justice, & exigea d'eux plusieurs droits (1). Le Roi Philippe I, força le Comte Albéric à se désister de ses poursuites, & à rendre à S. Médard dans la quinzaine, les droits qui lui appartenoient, sous peine d'être arrêté & d'être emprisonné à Senlis. L'ordre du Roi est daté de l'an 1066. Ce dernier trait peut être regardé, avec celui qui le précéde, comme l'un des premiers évenemens qui ont préparé l'établissement de l'Exemption de Pierrefonds sous la jurisdiction du Juge Royal de Senlis.

6. Héribert Comte de Senlis étant mort, Raoul de Crépy, fils de Gautier le Blanc, & petit-fils d'Héribert par sa mere, prit possession du Comté de Senlis, avec le consentement de Gautier le Blanc son pere. Il quitta alors le nom de Crépy, & prit celui de Senlis. Il est appellé *Radulphus Sylvanectensis* dans plusieurs Chartes. On le qualifioit de même à la Cour du Roi Robert, auprès duquel ce Seigneur jouissoit d'une grande faveur. Templeux nous apprend, qu'en l'an 1015, le Comte Raoul accompagna le Roi Robert à une expédition qu'il fit en Bourgogne (2).

Raoul, ayant été pourvu du Comté de Senlis, chercha un parti convenable à son rang, à ses inclinations, & aux grands biens qu'il devoit espérer de la succession de son pere. Il porta ses vues sur Ade ou Adée, fille du Comte Hilduin, Seigneur de Breteuil,

(1) Diplom. p. 271.   (2) Templ. p. 140.

de Clermont en Beauvoifis, & de la riche terre de Nanteuil-le-Haudouin. Par cette alliance, Raoul époufoit en quelque forte la flatteufe efpérance, de réunir un jour les deux domaines limitrophes de Nanteuil & de Crépy. Hilduin, informé des deffeins de Raoul, prévint fa demande. Il lui accorda fa fille en mariage, & fit préfent de la terre de Nanteuil à cette Dame, pour lui fervir de dot. Le mariage fut conclu. Cet évenement nous met dans la néceffité de reprendre l'hiftoire de la terre & des Seigneurs de Nanteuil, depuis la fin du neuviéme fiécle.

Sous les Succeffeurs du Roi Charles le Chauve, les Comtes de Ponthieu dépouillèrent les Religieux de Nanteuil d'une grande partie de leurs biens, & leur enleverent la terre de Herly en Ponthieu, que S. Valbert leur avoit laiffée de fon vivant. Guillaume I, qui vivoit en l'an 965, fe fignala fur-tout dans ce genre de conquête. Il eft connu pour avoir pris à main armée, les Comtés de Boulogne & de Térouanne, à leurs poffeffeurs légitimes. Guillaume eut plufieurs fils. On appella l'aîné Guillain, Gilduin & Hilduin, diminutif du nom de fon pere. Ce fils ajouta à fes domaines, les Comtés de Breteuil & de Clermont en Beauvoifis, & en tranfmit la propriété à Gilduin II fon fils. Gilduin II eut deux enfans mâles, Manaffé & Hilduin, qui vivoient fous le regne de Robert en 1029. Les noms de ces deux freres font écrits au bas d'une Charte fignée du Roi Robert & de Conftance, portant confirmation de quelques biens à l'Eglife de Notre-Dame de Chartres (1). Hilduin III eut un fils nommé Evrard, dont les defcendans n'ont point de rapport à notre objet. Adée qui époufa Raoul, Comte de Senlis, devoit être fille de Hilduin ou Gilduin II, Comte de Breteuil & de Clermont, & Seigneur de Nanteuil. C'eft de fon nom ou de celui de fon pere, que Nanteuil a été appellé Nanteuil-le-*Hilduin*, puis Nanteuil-le-*Haudouin*. Bergeron a mal expliqué l'étymologie de ce nom, en le faifant venir de *Haute-doue*, vieux mot qui fignifie *grand douaire* ou *haut douaire*. La terre de Nanteuil n'a pas été donnée originairement en douaire, mais en dot.

Il paroît que les Religieux de Nanteuil fe retirerent à Luxeuil, après avoir cédé à la force, que les Comtes de Ponthieu commençoient à exercer fur eux. Ils abandonnerent à ces Seigneurs les deux terres de Herly en Ponthieu, & de Nanteuil en Brie, bien

(1) Hift. Montm. p. 71.

résolus d'y rentrer, dès qu'ils en trouveroient l'occasion. Ils usèrent, pour enlever ces deux terres à leurs usurpateurs, du stratagême que l'Abbé Girard employa vers le même temps, au sujet de la terre de Rivecourt. Ils prirent à Luxeuil les Reliques de S. Valbert, & les porterent solemnellement à Herly en Ponthieu, comme une nouvelle prise de possession, ou plutôt comme une sommation faite à d'injustes possesseurs, de rendre un patrimoine usurpé (1).

Les Religieux de Luxeuil entrerent processionnellement dans Herly. Le bruit de leur arrivée s'étant répandu dans les lieux voisins, il se fit un concours prodigieux de peuple, qui demanda hautement le rétablissement des Religieux dans un bien, qu'ils avoient reçu de S. Valbert, & dont le Saint les avoit lui-même investi.

Les Intendans préposés à l'administration de Herly, intimidés par la clameur, furent obligés de céder. Quelques miracles arrivés dans ces entrefaites exciterent de plus en plus le zele de la multitude, & confirmerent les Religieux dans la jouissance, qu'ils venoient d'obtenir.

Encouragés par ce succès, les Religieux de Luxeuil résolurent d'aller à Nanteuil, afin de tenter la même expédition. Ils arriverent à la riviere de Marne sans opposition. Les Officiers administrateurs de la terre de Nanteuil, informés de leur dessein & de la route qu'ils tenoient, s'étoient rendus à l'autre bord de la riviere, afin de les empêcher de passer outre. Plusieurs miracles opérés dans le chemin avoient rassemblé à la suite des Reliques une foule de peuple, qui marquoit la meilleure volonté de repousser les efforts des régisseurs, & de surmonter les obstacles qui pourroient arrêter les Religieux dans leur route. Les régisseurs ayant connu le danger de plus près, jugerent à propos de chercher leur salut dans une retraite précipitée. Ils manderent au Comte leur maître la situation de leurs affaires, & furent les témoins involontaires de l'entrée de leurs adversaires dans le bourg de Nanteuil (2).

Les suites de cet évenement ne nous sont pas connues. Il y a toute apparence que les Comtes de Breteuil vinrent en personne sur les lieux, qu'ils combattirent les prétentions des Religieux, & que ceux-ci ayant trouvé de l'appui, il y eut de grands dé-

(1) Sec. 3. Bened. part. 2. p. 457.   (2) Adson. cap. 13, 14.

bats (1). Tout fut terminé vers l'an 1000, par un accord entre le Comte de Breteuil, beau-pere de Raoul II, & les Religieux de Luxeuil. On convint que ceux-ci rentreroient en possession du Monastere & des bâtimens de sa dépendance ; qu'ils desserviroient la Chapelle de S. Georges, & jouiroient d'une portion d'héritage, sur laquelle les Seigneurs de Nanteuil ne pourroient exercer aucuns droits.

Les Comtes de Breteuil exigerent des Religieux une renonciation formelle à leurs prétentions, sur certaines parties de la terre & du château de Nanteuil. Cette espéce de compensation termina tout, & amena une paix durable, dont les deux partis gouterent les fruits, les Religieux sur-tout. Les choses étoient en cet état, lorsque la terre de Nanteuil passa de la Maison des Comtes de Ponthieu, dans celle des Comtes de Crépy.

Le Comte Raoul, depuis son mariage jusqu'à la mort de son pere, partagea sa résidence entre les châteaux de Senlis & de Nanteuil. Il demeuroit plus habituellement dans celui-ci que dans l'autre. Il eut d'Adée son épouse deux fils, Raoul & Thibaud, & deux filles, Constance qui ne fut pas mariée, & Alix, qui épousa Thibaud III, Comte de Champagne.

Ce Seigneur témoigna aux Religieux toutes sortes de complaisance & de bonté. Il acheva à ses frais leur Eglise de Notre-Dame, bâtit les deux tours & le chevet du Chœur. Il fit fondre plusieurs cloches, qu'on plaça dans les deux tours. On conserve une de ces cloches dans la tour de S. Babylas, sur laquelle on lit cette inscription : *Mentem sanctam Spontaneam, honorem Deo, & patriæ liberationem. Radulphus Sylvanectensis nos fecit.* Ce Seigneur prenoit pour armes, si l'on en croit Templeux, l'écusson de gueule à six fleurs de lys d'or, que ses descendans ont conservé.

Raoul perdit son épouse au château de Nanteuil. Il la fit inhumer dans un caveau particulier, à côté des murs du Sanctuaire de l'Eglise de Notre-Dame, extérieurement, sur la droite. On perça le mur, deux siécles après la mort de cette Dame, & on lui éleva dans l'épaisseur du mur sous une arcade, un mausolée qu'on voit encore. La statue est couchée, la tête posée sur un chevet, & les pieds appuyés sur une figure de lion léopardé.

La mort de Gautier le Blanc laissa Raoul II son fils, maître de la Seigneurie de Valois & du château de Crépy. Il quitta le

(1) Hist. de Meaux, t. 1. p. 120.

château de Nanteuil, & vint habiter le lieu de fa naiffance. Il partagea fes biens entre fes deux fils Raoul & Thibaud, à l'imitation de fon pere. Il fépara en deux portions le château de Crépy. Il réferva le corps d'hôtel avec fes dépendances à Raoul fon aîné, & donna le donjon à Thibaud. Il fit deux lots de tous fes bois, & établit un Gruyer pour chaque partie. Il voulut qu'après lui, le Comté de Valois fût poffédé, avec fes annexes & fes prérogatives, par fon fils aîné, à l'exception des terres de Levignen, de Villers-Saint-Georges, préfentement Villers-Cotteretz, Villers-emmi-les-champs, Betz, Morcourt, Bouillanci, Boiffy & Peroi-les-Gombries, Saintines & Nery, qu'il jugea à propos de diftraire du Comté de Crépy, en faveur de Thibaud, à condition cependant que Thibaud tiendroit ces terres en *pairage* du Comté de Crépy. Il ajouta à ces domaines la terre & le château de Nanteuil, avec les reliefs & les prérogatives qui en dépendoient.

Templeux cite un Arrêt de l'an 1328, qui fait mention de cet ancien partage. L'Arrêt déclare que *les faifines de certaines prifes faites* appartenoient au Seigneur de Nanteuil, attendu qu'il tenoit comme pair de Fief, les terres de fa Seigneurie qui relevoient du Comté de Valois, *en vertu de partition faite anciennement entre deux freres*. J'ai lû dans un dénombrement, que de l'ancien château de Nanteuil, relevoient quarante-un grands Fiefs, avec d'autres moindres Fiefs & arriere-Fiefs.

62. Le Comté de Valois ou de Crépy ne fut pas plus de trois ans au pouvoir du Comte Raoul II. Ce Seigneur mourut en l'an 1030, & fut inhumé, non dans l'Eglife de Nanteuil auprès de l'Autel, comme Templeux l'avance; on eût violé une loi qu'on regardoit comme facrée en ce temps-là. Son corps fut dépofé dans un caveau voûté, à côté de la fépulture de Gautier le Blanc fon pere, attenant les murs du chœur de S. Arnoul extérieurement.

Ses vaffaux le regretterent comme un Seigneur équitable, paifible & bienfaifant; humain, ennemi des exactions & des procédés injuftes. Il eut affez de lumiere & de bonne foi, pour adopter les maximes d'une morale, oppofée au fyftême de cupidité, que fes ayeux avoient fuivi. Il avoit pris naiffance au château de Crépy, ainfi que fes deux fils Raoul & Thibaud. En quittant Crépy pour occuper le château de Nanteuil, il avoit emmené Thibaud fon fecond fils, & avoit laiffé Raoul fon fils aîné, fous la conduite du

mte Gautier son pere. On suit presque toujours pendant le
rs de la vie, les impressions qu'on reçoit dans un âge tendre.
ibaud imita les vertus de son pere; Raoul enchérit sur son
ul, dès qu'il fut en son pouvoir de suivre ses inclinations.
ant de passer à ce qui regarde Raoul & Thibaud, nous ferons
lques remarques sur les Seigneuries de Levignen & de Betz,
les deux offices de Gruyers de Valois, & sur les armoiries des
iens Comtes de Vexin & de Valois. Je commence par la no-
des deux terres de Levignen & de Betz.

Levignen & Betz sont deux terres du Duché de Valois, situées,
e sur la grande route de Paris à Soissons, l'autre à côté, entre
nteuil-le-Haudouin & Villers-Cotteretz.

La Seigneurie de Levignen est l'une des premieres terres du
ché de Valois, depuis qu'elle a été érigée en titre de Comté.
e est nommée *Luviniacum* dans les Chartes latines ; *Levignem*
Levignen dans les actes écrits en François. Ce Comté, ainsi
e celui de Nanteuil-le-Haudouin, est une dépendance de la
âtellenie, du Bailliage & de l'Election de Crépy.

Le château de Levignen fut fondé long-temps avant le Palais de
rgny connu dans les chroniques dès le regne de Clotaire I. L'Egli-
dé Levignen est une des plus anciennes du Diocese de ~~Soissons~~ meaux
Palais de Bargny en dépendoit, au commencement de notre
onarchie. Levignen & Bargny ont passé ensemble, du Domaine
nos Rois à celui des Comtes de Valois. Depuis le partage de
oul II, fait avant l'an 1030, jusqu'à l'extinction de la branche
s Seigneurs de Pacy en Valois, la terre de Levignen n'a pas
ssé d'appartenir aux Seigneurs de Nanteuil, à l'exception des
rtions qui en ont été démembrées.

Un accord de l'an 1180, passé entre les Religieuses de Colli-
nces & les Chanoines de S. Aubin de Crépy, fait mention d'une
esure particuliere de Levignen pour les grains : *Sextarium de*
winiaco. En 1222, Philippe I de Nanteuil jouissoit des dixmes
Levignen. En 1225, il chargea cette dixme d'une rente de six
xtiers de bled & de trois sextiers d'avoine. Un titre de l'an
22 nomme la forêt de Levignen, parmi les dépendances de la
igneurie de Nanteuil.

Après le décès de Philippe I de Nanteuil, la terre & le château
Levignen échurent à Thibaud, Chantre de Beauvais, son fils
né. En 1252, Thibaud de Nanteuil chargea la terre de Levi-

gnen d'une rente en bled, au profit de S. Aubin de Crépy. J'ai lû un acte de l'an 1255, dans lequel Thibaud prend la qualité de Seigneur de Levignen. En 1313, un Seigneur de la Maison de Pacy affranchit les habitans de Levignen de toute servitude. En 1484, Jean Gorgias, dit Porc-épi, Ecuyer, Seigneur de Bregy en Multien, fit hommage de la terre de Levignen au Roi Louis XII, au château de Crépy. Au siécle suivant, il y avoit dans Levignen plusieurs maisons Seigneuriales ou hôtels de Fiefs, occupés par des personnes qualifiées. En 1527, le sieur Roger de S. Blaise se qualifioit Seigneur de Levignen & du Châtel. En 1635, Jean d'Autry prenoit le titre de Châtelain de Levignen & de Betz. M. Lallemand de Levignen, ayant réuni la plûpart des Fiefs situés sur le territoire de Levignen en un seul corps de Seigneurie, obtint en 1723, des Lettres patentes datées du mois de Décembre, qui érigent la terre de Levignen en Comté.

L'ancien château de Levignen étoit accompagné d'un donjon, de même que le château de Crépy. Ce donjon consistoit dans une maîtresse tour, flanquée de plusieurs tourelles. On distinguoit dès le quatorziéme siécle, la Seigneurie du donjon de Levignen, de la Seigneurie du château. Les biens qu'on nomme les francs-Fiefs du Valois, relevent de la Seigneurie du donjon. Ce domaine a été possédé par les Comtes & par les Ducs de Valois jusqu'en 1440. Par contrât du treize Décembre de cette année, Charles Duc d'Orléans vendit la Seigneurie de la Tour de Levignen, au sieur Billard Chevalier, avec le droit de travers. Le Prince se réserva la Mairie du lieu. Les héritiers du sieur Billard vendirent ce Fief au sieur de la Noue, qui le céda à Jean Gorgias dit Porc-épi.

64. Betz & Bethizy ont la même étymologie. Ces deux noms signifient un lieu de pâturage. Betz est un lieu fort agréable par sa situation. Le château & les jardins méritent d'être vus. Le château est la résidence des Seigneurs de Levignen. Les jardins sont arrosés par un gros ruisseau. Je n'ai rien découvert sur la terre de Betz, qui remonte au-delà du dixiéme siécle. Les Comtes de Troyes la possédérent en premier lieu, & la céderent ensuite au Seigneur de Crépy. Raoul II fit entrer cette terre dans le lot des biens, qu'il destina à Thibaud I son second fils. Les Seigneurs de Betz ont été les mêmes que ceux de Nanteuil, jusqu'à Gérard VI, fils de Philippe I de Nanteuil.

Il y avoit anciennement huit Fiefs situés dans l'étendue de la terre de Betz : la plûpart des titulaires prenoient le nom de Betz, quoiqu'ils ne fussent pas Haut-Seigneurs de la terre. Ces Fiefs sont, le Bois-Milon, la Mothe, Nantouillet, Vaux, Civoisy, le Fresne, le Chesnoy, & le Vief de Valois ; ils relevoient des Seigneurs de Nanteuil pour la plûpart. Voici les noms de quelques anciens possesseurs de ces Fiefs.

Nous trouvons à la fin d'un accord de l'an 1180, la signature d'un Roger de Betz, qui paroît comme témoin. On lit à la fin du testament de Thibaud III, Seigneur de Nanteuil, rédigé en l'an 1182, la signature d'un Guillaume de Betz. Roger de Betz eut un fils nommé Matthieu de Betz, dont le Fief relevoit de Philippe I de Nanteuil en 1222.

Dans le partage que firent entre eux les enfans de Philippe I, la terre & le château de Betz échurent à Gérard, sixième fils de Philippe. En l'an 1242, Gérard fit présent aux Religieux de Cerfroid, de deux muids de bled hibernage, à prendre sur son moulin de Betz. Après le décès de Gérard, la Seigneurie de Betz vint au pouvoir de Thibaud son frere aîné, Chantre de l'Eglise de Beauvais, & Seigneur de Levignen. En 1262, Thibaud donna aux Mathurins de Paris, tout ce qu'il possédoit à Betz. Les Mathurins jouirent paisiblement jusqu'à la mort de Thibaud, de tout ce que leur avoient donné Gérard & Thibaud son frere aîné.

En 1270, Renaud de Nanteuil, Evêque de Beauvais, intenta un procès aux Mathurins de Paris. Il redemandoit à ces Religieux la terre & le château de Betz, qu'il prétendoit avoir été aliéné, contre la disposition expresse d'un article de la Coutume de Valois. Les Mathurins proposerent un compromis, que l'Evêque accepta. Les parties nommerent arbitre, Gautier de Chambly, Archidiacre de Brie. On convint que la terre de Betz retourneroit à Renaud de Nanteuil, & que celui-ci donneroit aux Religieux en dédommagement, une somme de cinq cent livres tournois. L'Evêque ne jouit pas de son retrait : il fit présent de la terre de Betz au Chapitre de Beauvais par acte de la même année, à la charge de quelques prieres pour le repos de l'ame de Thibaud son frere.

Le Chapitre reçut ce bienfait avec reconnoissance. Il décida que le Prélat jouiroit de la terre & du château sa vie durant, & après lui, ses deux neveux, Jean Evêque de Troyes, & Thibaud le jeune, Chantre de Beauvais, jusqu'au décès du dernier des deux.

La mort de Thibaud le jeune arrivée en 1300, mit le Chapitre en possession du présent de Renaud. Les Chanoines firent valoir pendant quelque temps la terre de Betz. L'éloignement les obligea à la fin de l'affermer à longues années. Les fermiers uniquement occupés de leurs intérêts, laisserent dégrader le château. Le 15 Septembre 1378, le Chapitre passa un bail à cens de douze années, à Jean de Vaucostel ou Vaucobert, des cens, rentes, viviers, eaux, maisons, prez, saulx, main-morte, for-mariage, taillis & autres profits dépendans de la Seigneurie de Betz : le château tomboit en ruine. On lit dans un état dressé en 1394, l'article qui suit : » Item, la court du pourprins où fû le chastel » du Chapitre, est toute pleine de buissons & épines «. Des baux de 1398 & 1415 nous apprennent, que les revenus de la Seigneurie de Betz ne consistoient plus qu'en viviers & en censives. Ces viviers & ces censives furent affermés en 1479 à un Chirurgien de Paris, la somme de cent sols Parisis : circonstance qui fait croire, que le Chapitre avoit aliéné successivement plusieurs portions de cette ancienne terre.

Les Seigneurs particuliers, qui avoient des Fiefs dans l'étendue de ce domaine, chercherent à s'élever, à la faveur de cette décadence. En 1450, Regnaut de Marly prenoit la qualité de Seigneur de Betz, quoiqu'il ne possédât que le Fief du Chesnoy. Il avoit un château sur ce Fief, que Jean & Antoine de Marly ses deux fils occuperent après sa mort.

En 1500, le Chapitre de Beauvais fit saisir le Fief de la Mothe de Betz, parce que le propriétaire avoit manqué de fournir un *homme de Fief*. Ce Fief consistant en un hôtel ou château, des prez, des rivieres & des terres, fut affermé par le Chapitre la somme de huit livres Parisis en 1521, à noble homme Charles du Brissel, Ecuyer, Prevôt de Dammartin. En 1517, Christophe de Campreney, Chevalier, se qualifioit Seigneur de Betz. Le Fief de la Mothe retourna à ses premiers possesseurs. Celui sur qui le Chapitre l'avoit saisi, se nommoit Romain de Betz. Il paroît que depuis la démolition du château, le nom de Betz avoit été donné plus particuliérement au château de la Mothe : plusieurs titres le nomment *Fief de Betz*. Dans un acte de l'an 1527, Louis Romain, Seigneur de la Mothe de Betz, déclare que son Fief releve du château de Levignen. Il y a toute apparence, que les Seigneurs de Levignen avoient alors acquis les droits du Chapitre de Beauvais : en 1578, Louis Romain prenoit le même titre. Betz & Levignen sont encore unis présentement, & appartiennent à M. Lallemant de Levignen, Intendant d'Alençon.

65. Les deux offices de Gruyers de Valois sont une division de l'ancienne charge de Forestier de Mail, dont nous avons parlé à la page 75. Cette division a été une suite du partage des biens de Raoul II entre ses deux fils, & du mariage de sa fille Alix avec Thibaud, Comte de Champagne. Il y eut un accord entre les deux Comtes, qui fixoit les limites des bois de Brie & de la Gruerie de Valois, & qui déterminoit les droits des Seigneurs & ceux que les deux Gruyers devoient exercer.

Le contour de la Gruerie de Valois est ainsi marqué dans les titres. » De la Croix-aux-Pellerins près Crépy, à S. Ladre, Bar-» gny, Anthilly; de l'ormelet de Rouvres jusqu'au gué de Tres-» mes. De Tresmes à la Jargonne, jusqu'à Bouillancy, Nanteuil-» le-Haudouin, Versigny, Saint Samson, Ducy-la-Houatte, Lé-» pinette de Roquemont, d'où l'on tombe à Duvy près la Croix-» aux-Pellerins «. Ce contour contient deux mille six cent cinquante-un arpens cinq perches en bois.

Les Seigneurs de Crépy & de Nanteuil percevoient plusieurs droits dans cette étendue, par le ministere de leurs Gruyers. Ils en affermoient le pacage & les étangs. Toutes les maisons, fermes, hameaux & villages compris dans l'arondissement, devoient censives à celui des deux Seigneurs, duquel ils relevoient. Les habitans du village de Rouvres en Multien devoient au Seigneur de Crépy, » trente-deux poules par an, payables à son » Gruyer *séant* devant la Croix au Bourg, la veille de S. Arnoul » en Juillet, sous peine de soixante sols & un denier neret d'a-» mende «.

Ces habitans devoient un pareil nombre de poules au Seigneur de Nanteuil, le lendemain de Noel; plus, un minot de bled pris à Rouvres par chacun an. Le maître de la ferme du mouton, sise audit Rouvres, devoit *bailler & fournir* au Seigneur de Nanteuil la cage, pour élever ses poulets : trait de simplicité qui marque l'œconomie de ces temps, où les revenus de la terre de Nanteuil passoient de beaucoup le produit considérable, qu'elle rapporte présentement. Le nom de Rouvres vient du mot latin *Robur*, qui signifie un chêne. Ce lieu est nommé dans une Charte de l'an 907, concernant Mornienval (1).

Les deux Gruyers percevoient aussi certains droits en leur nom. En l'an 1120, chaque *hostise* & chaque ménage de la terre de Bazoches près Crépy, devoient aux Gruyers un pain & un denier, à cause de leur droit d'usage en la Gruerie (2).

Ces mêmes Officiers faisoient une *cueillette* générale de grains en certains mois de l'année. Le maître de la ferme du mouton au village de Rouvres devoit leur fournir les sacs, avec les chevaux, harnois & voitures, dont ils avoient besoin. Ils devoient les recevoir dans leur tournée, les loger, les chauffer, donner foin & avoine à leurs chevaux, & du pain à leurs chiens, sans rien exiger d'eux. Cette derniere redevance, toute singuliere qu'elle est, se percevoit dans plusieurs Provinces de France. Nous lisons au Spicilége (*t. 3. p. 399,*) qu'en l'an 1051, Renaud Comte de Bourgogne, remit à ses vassaux, ses droits de *Marescalia* touchant la nourriture de ses chevaux, & les coutumes appellées *Canaria*, qui les obligeoient à nourrir ses chiens.

Les Gruyers jouissoient d'un autre droit tout-à-fait singulier. Tous les ans, le lendemain de Noël, le fermier du moulin bannier de Crépy, situé alors près de Duvy, leur devoit trois pains blancs tenant ensemble, chacun du prix de deux deniers nerets, & un autre denier neret fiché dans chaque pain. » Est tenu ledit
» fermier du moulin, apporter chacun an le *devoir* en question aux
» deux Gruyers, à l'issue de la grande Messe Paroissiale de Duvy,
» & placer lesdits pains sur les pas de la Croix du Cimetiere, sous
» peine de soixante sols & un denier neret d'amende envers les
» deux Seigneurs de Crépy & de Nanteuil, revenant ladite amen-
» de à trente-six sols parisis. Que si les pains ne tiennent pas l'un
» à l'autre, ou que les nerets ne soient pas fichés dans les pains,
» le Bannier payera l'amende de soixante sols & un denier : & au
» défaut du payement du principal & de l'amende, il est loisible
» aux Gruyers de prendre les ferremens & marteaux du bannier,
» les enlever & retenir, jusqu'à ce que le fermier dudit moulin
» ait satisfait au *devoir* «.

Ces deux charges ont été possédées depuis leur division, par des personnes de la premiere distinction. Pierre le Gruyer, huitiéme

(1) Ann. Bened. t. 6. p. 642.   (2) Gall. Christ. t. 10. instr. p. 426.

fils de Philippe I, Seigneur de Nanteuil, tiroit son surnom de sa charge.

66. Les armoiries des premiers Comtes de Vexin & de Crépy sont un point important à examiner. Il peut en résulter des notions intéressantes, propres à jetter un grand jour sur l'origine des armoiries en France.

Les armes sont des symboles permanens, introduits pour caractériser les personnes & pour distinguer les familles. Les emblêmes sont anciennes : les Egyptiens s'en servoient comme de signes propres à désigner les personnes par leurs qualités. Ces signes ne tiroient pas à conséquence ; on ne les perpétuoit pas dans les familles comme des marques d'honneur ; on ne les regardoit pas comme des titres de noblesse, qui rappelloient le souvenir des ayeux.

Les premieres armoiries ont été introduites en France, par le ministere & par l'exemple des Comtes de Vexin & de Valois. L'usage des armes s'est établi par dégré, sur le déclin de la seconde race de nos Rois. Il n'y avoit en France qu'un principal Oriflamme, espéce de banniere de soye, que l'Avoué de S. Denys portoit au bout d'une pique dans les combats, & sur laquelle étoient représentées plusieurs figures de fantaisie. Les monumens nous apprennent, que le privilége de porter l'Oriflamme appartenoit aux Comtes de Vexin, Généraux-nés de l'Abbaye de S. Denys, où l'Oriflamme demeuroit pendant la paix. Le Généralat de S. Denys répondoit à la dignité de Gonfanonier, qui existe encore dans quelques Républiques & dans certaines villes libres : Gonfanon, Oriflamme & Banniere, sont des termes synonimes.

Jusqu'au temps des troubles, il n'y eut gueres en France qu'une banniere, que les Souverains faisoient porter à la tête de leurs troupes, lorsqu'ils marchoient en force contre les ennemis de l'état. Les Normands parurent, qui mirent la Monarchie à deux doigts de sa perte. Les Rois accablés de toutes parts, ne savoient plus à qui faire face. Ils permirent aux Seigneurs particuliers, qui avoient le secret d'ériger leurs bénéfices militaires en Fiefs héréditaires, de rassembler leurs vassaux, & de combattre les ennemis séparément. De cette sorte, chaque terre considérable devint comme une petite monarchie, qui ne relevoit du Roi que pour la forme. Chacun d'eux leva banniere à l'imitation du Souverain, & mit sur sa banniere un signe distinctif, propre à marquer ses inclinations, sa puissance, ou un genre particulier de mérite qu'il tenoit à honneur.

A l'avenement de Hugues Capet au Trône, Gautier le Blanc, Comte de Crépy, possédoit le Comté de Vexin en qualité d'Avoué-né du Monastere de S. Denys. Cette qualité lui donnoit aussi le privilége de porter l'oriflamme de France, & une sorte de supériorité sur tous les porte-bannieres du Royaume.

Hugues Capet & ses premiers Successeurs, voulant donner un appas à l'humeur guerriere des Seigneurs François, qui ne cessoient de chercher dispute aux Souverains, ou qui en venoient continuellement aux armes les uns avec les autres, aviserent l'établissement des tournois; combats simulés qui favorisoient l'inclination des Seigneurs, & les détournoient des occasions de verser le sang. Et afin qu'il y eût plus de rapport entre ces combats simulés & les combats effectifs, il fut permis à chaque Seigneur d'y paroître avec sa banniere & son bouclier, orné du symbole qu'il avoit adopté. La diversité des emblêmes servit à distinguer les Seigneurs les uns des autres.

Dans le grand nombre de ces emblêmes, plusieurs se trouverent ressemblans. Il fallut avoir recours aux métaux, aux brisures, & à divers expédiens, pour distinguer les figures d'animaux, de plantes, &c. qui se ressembloient. Le soin d'établir l'ordre & d'écarter la confusion fut départi au Porte-oriflamme de France, qui jouissoit pour lors des Comtés de Vexin & de Valois.

Ce Seigneur ne pouvant suffire seul aux détails de son emploi, établit des subalternes qu'on nomma *Hérauts*: un seul d'abord, puis plusieurs de suite, à chacun desquels on donna le nom des Provinces principales de la Monarchie. Il appella le premier Valois, du nom de la contrée, où il faisoit habituellement sa résidence. Cette derniere circonstance est attestée par Bergeron, qui écrivoit en 1580 (1). « Encore aujourd'hui, dit-il, nous est délaissée quelque « marque de l'ancienne splendeur du Valois, par l'inscription & « nomination du premier des douze Herauts d'armes, qui par ma-« niere de certain & dextre augure se nomme *Valois*, comme « Chef & Doyen des autres ».

Cette explication fait remonter au-delà des croisades, l'origine des armoiries en France. Il faut de toute nécessité la rapporter aux premiers troubles du gouvernement féodal, après la fin du

(1) Val. Royal, p. 6.

neuviéme siécle. Les armes particulieres des Comtes de Valois & de Vexin existoient dès-lors.

Les Comtes de Valois & de Vexin pouvoient lever trois sortes de bannieres ; celle de France, celle de S. Denys, & leur banniere particuliere, suivant les circonstances. On a tant écrit sur l'ancienne banniere de France, & sur le Gonfanon de S. Denys, qu'il est inutile d'entrer en discussion sur ce sujet. Nous ne nous occuperons que des armes de famille des premiers Comtes de Valois ou de Crépy : deux titres synonimes, que ces Seigneurs prenoient indistinctement.

Les premiers Comtes de Crépy & de la Maison de Vexin avoient pour symbole, le lion, le léopard & le tigre : plus souvent le lion léopardé, que le lion ou le léopard seul. Ces emblêmes marquoient la puissance de ceux qui les prenoient, & leur expérience dans le métier des armes. Plusieurs monumens nous font connoître, que les Seigneurs de Valois prenoient le lion léopardé pour symbole, dès le dixiéme siécle.

L'ancien voile de soye conservé à S. Arnoul, & dont nous avons donné la description, est le reste d'une piéce d'étoffe beaucoup plus longue, sur laquelle on avoit représenté exprès les figures symboliques, qui caractérisoient les Seigneurs du château de Crépy au dixiéme siécle. Les lions léopardés, bardés & affrontés, qui sont semés sur cette espéce de tapis, exprimoient la force & le pouvoir de ces Comtes.

L'Abbé Etienne, Supérieur du Monastere de Bese (1), voulant faire connoître les ayeux de Simon de Crépy, & Simon lui-même avant sa conversion, les dépeint sous l'emblême du léopard & du lion. Il décrit ainsi l'entrée de ce dernier dans le cloître, avec une emphase prophétique : » En ces jours-là, l'époux qui est Je-
» sus-Christ, a fait sortir l'Eglise du fond des antres des lions, &
» des repaires des léopards, retirés sur les hauteurs : ces grands
» du siécle, qui étoient ci-devant de vrais lions par leur cruauté,
» & des léopards à cause de l'assemblage de toute sorte d'iniquité,
» sont devenus par un changement subit, des hommes mortifiés,
» d'une candeur supérieure à l'éclat de la neige ».

Les léopards & les lions désignent ici le pouvoir énorme & presqu'arbitraire des Seigneurs de Crépy. Par les hauteurs, il faut entendre les montagnes & les lieux escarpés, où ces Seigneurs

(1). Achery, Not. ad Guib. p. 596. ad an. 1080.

avoient élevé des forteresses. Cette explication étoit conforme aux devises de ces Seigneurs, excepté que l'Abbé Etienne donnoit un sens odieux à des symboles, dont les Seigneurs de la Maison de Vexin se faisoient honneur.

Les tombeaux, les cénotaphes, & tous les monumens dressés dans les Eglises de Notre-Dame de Nanteuil & de S. Arnoul de Crépy, en mémoire des principaux rejettons de la Maison de Vexin, tant ceux qui existent, que ceux que l'on sait avoir existé avant le dernier siége de Crépy en 1433, étoient & sont encore accompagnés de lions léopardés ou de figures de tigre. Les armes de la Ville de Crépy sont encore un tigre de sable. Au temps de Bergeron, elles étoient les mêmes qu'aujourd'hui.

Damien de Templeux & la Morliere (1) prétendent, je ne sai à quel titre, que les Seigneurs de Crépy, Comtes de Vexin & d'Amiens, ont quitté leurs armes à la fin du dixiéme siécle, pour prendre un écu de gueule à six fleurs de lys d'or, posées 3, 2, 1. Ils semblent fixer l'époque de ce changement prétendu, au temps où Raoul, second fils de Gautier le Blanc, prit possession des domaines de son pere. Ces deux Auteurs, auxquels d'ailleurs nous sommes redevables d'un grand nombre d'excellentes recherches, se sont trompés dans cette occasion.

Les Seigneurs de Crépy & de Nanteuil ont conservé le lion & le léopard dans leurs sceaux & dans leurs armes, jusqu'au commencement du treiziéme siécle, deux cens ans après la mort de Raoul II. Nous observerons que Philippe I de Nanteuil, qui vivoit en 1221, a commencé à prendre les fleurs de lys dans ses armes. C'est un sentiment qui paroît reçu du plus grand nombre des Savans (2), que l'on n'a commencé qu'aux regnes de Louis VII & de Philippe Auguste, à semer de fleurs de lys la banniere de France, quoique les fleurs de lys remontent jusqu'au temps de Charles le Chauve. Combien de familles prenoient & prennent encore les fleurs de lys dans leurs armes, sans être affiliées au trône, & sans avoir eu aucune part à l'ancienne charge de Porte-Oriflamme de France?

Il est probable que la Morliere aura été induit en erreur par Damien de Templeux, & que celui-ci qui avoit visité les lieux, se sera arrêté au tombeau d'Adele, fille du Comte Hilduin, épouse de Raoul II, auquel on remarque des fleurs de lys, de même

(1) Hist. Am. p. 139. 142.   (2) Mem. Acad. B. L. t. 20. p. 591.

qu'à une partie des voûtes de l'Eglife de Nanteuil, que Raoul II paffe pour avoir bâti. L'Eglife de Nanteuil a été rétablie à plufieurs reprifes, & prefque rebâtie au treiziéme fiécle. Le tombeau de la Dame Adele a été conftruit deux cens ans après fa mort.

Il réfulte de cette digreffion, que les anciens Comtes de Valois ont eu grande part à l'établiffement des armoiries en France, qu'ils avoient le lion & le léopard pour armes particulieres, & que leurs defcendans n'ont arboré les fix fleurs de lys, qu'après la fin du douziéme fiécle.

67. On voit des hommes extrêmes dans leurs actions, qui portent le vice ou la vertu à fon comble : on en trouve auffi, mais plus rarement, qui fe font un jeu de paffer du crime à la vertu, & de la vertu au crime ; de la dévotion au facrilége ; de la foibleffe & du fcrupule, au mépris des loix divines & humaines.

Ce dernier affemblage de qualités oppofées fut le caractere de Raoul III, Comte de Crépy & de Valois, du Vexin & d'Amiens, de Vitri, Bar-fur-Aube, Péronne & Montdidier, l'un des plus puiffans Seigneurs & des plus abfolus, qui aient exifté en France. Il eft diverfement nommé dans les auteurs. Les uns l'appellent Rodolphe II, & le confondent avec fon pere. D'autres le nomment Raoul le Grand à caufe de fon crédit, de fes richeffes, & du pouvoir énorme qu'il s'étoit arrogé. Muldrac ne l'a pas diftingué de Raoul I ; c'eft pour ce fujet qu'il lui attribue la tranflation des Reliques de S. Arnoul (1).

Le Seigneur Thibaud de Mailly dans fon roman, qualifie Raoul III, *Comte de Crépy*. Templeux cite deux Chartes, l'une de l'Abbaye de S. Remy de Reims, l'autre de S. Vannes de Verdun, qui donnent à ce Seigneur le même titre. Marlot (2) cite une Charte ancienne, au bas de laquelle on lit le nom de Raoul III parmi les foufcriptions, avec le titre de Comte de Valois, *Comes Vadenfis*. Guibert, Abbé de Nogent-fous-Coucy, trace ainfi le portrait de ce Seigneur (3) : » Il y a, dit-il, encore de nos jours,
» plufieurs perfonnes qui ont vu le Comte Raoul. Elles peuvent
» dire à quel point il avoit fait monter fa puiffance, quelle auto-
» rité il s'étoit acquife, & de quel defpotifme il ufoit. Trouvoit-il
» un château à fa bienféance, il l'affiégeoit ; place attaquée, place
» prife, tant étoit grande fon habileté dans la partie des fiéges.

(1) Cart. S. Arnulp. Crifp. Achery not. ad Guibert, p. 596.
(2) Hift. Ecc. Rem. t. 2. p. 118.
(3) Guib. de vit. fuâ lib. 1. cap. 10.

» De toutes les places fortes qu'il prenoit, il n'en rendoit aucune. Il
» tenoit un rang diftingué parmi les plus grands Seigneurs du Royau-
» me, à caufe de fon extraction. L'alliance qu'il a contractée avec
» la Reine mere de Philippe I, eft la preuve de fa nobleffe «.

On trouve dans le roman de Thibaud de Mailly, un tableau de fa perfonne, beaucoup plus chargé que le précédent. Thibaud le repréfente comme le plus emporté des hommes, & comme un guerrier fougueux, d'une violence fans égale, qui employoit le menfonge & le parjure à l'accompliffement de fes deffeins, & enlevoit des places de vive force à leurs propriétaires, au mépris du droit naturel & de la puiffance fouveraine.

A travers les défauts dont fa vie a été un tiffu, l'on entrevoit quelques bonnes qualités, qui auroient pu percer, s'il n'avoit pas trouvé le principe de fes défauts dans une éducation conforme aux maximes qu'il fuivoit, & s'il eût vécu dans des temps moins orageux. Sous un gouvernement plus abfolu & plus tranquille, il auroit pû être l'épée & le bouclier de l'état, au lieu qu'il en fut le fléau.

Le Comte Raoul III, né & baptifé au château de Crépy, y fut auffi élevé fous les yeux de Gautier le Blanc fon ayeul. Ayant atteint l'âge du mariage, fon ayeul & fon pere lui chercherent un parti convenable à fa naiffance & à la fortune qui devoit lui arriver après leur décès. Le choix de Raoul & de fes parens tomba fur Adelhaïs, fille du Comte Naucher, qui lui apporta en dot les Seigneuries de Bar-fur-Aube & de Vitri. Ses nôces furent célébrées à Crépy. Malgré la bizarrerie de fon caractere, il vécut avec fa nouvelle époufe dans une grande union. Il en eut deux fils & deux filles. Il donna à l'aîné de fes fils le nom de Gautier fon ayeul, & voulut qu'on appellât Simon le fecond. L'aînée des filles nommée Adele ou Hildebrante, époufa Héribert IV, Comte de Vermandois; la feconde fut mariée à Barthelemi de Broyes ou de Beaufort, fils de Hugues I, furnommé Bardoul, Seigneur de Pitiviers (1).

Hugues Bardoul, premier du nom, étoit petit-fils de Renaud Seigneur de Broyes près de Sézannes en Brie, de Beaufort en Champagne, & de Pitiviers au Diocefe d'Orléans. Renaud vivoit fous le regne de Hugues Capet. Il alla à Rome en pélerinage, où il mourut. Il laiffa un fils nommé Ifambert ou Erembert,

(1) Hecmereus, p. 117. ann. 1046.

qui fut pere de Hugues Bardoul, Seigneur de Broyes, Beaufort, Pitiviers & Nogent-l'Erembert. Ce fils joua un grand rôle à la Cour du Roi Robert. Hugues prit le parti de la Reine Constance contre le Roi Henry I, avec plusieurs Seigneurs que nous avons déja nommés. Henry l'assiégea dans son château de Pitiviers. Bardoul soutint les efforts de l'armée du Roi pendant deux ans. Réduit à se rendre par famine, il fut privé de ses honneurs, de ses biens, & banni du Royaume. Cependant le Roi Henry le rétablit peu de temps après, en considération de sa valeur & de ses qualités guerrieres. Depuis ce temps, il accompagna le Roi à une expédition contre le Duc de Normandie, & dans un combat où il fut fait prisonnier. Hugues I, dit Bardoul, fut pere du Seigneur Barthelemi, qui épousa la fille du Comte de Crépy.

Dans un acte de l'an 1064, Barthelemi est qualifié *Chevalier très-noble* (1); & dans un autre de l'an 1081, on le nomme *Chevalier très-fameux*. Il eut de son épouse, fille du Comte de Crépy, une fille, & un fils qu'on nomma Hugues (2), & qui prit le surnom de Bardoul. Quelques-uns ont prétendu, qu'après la mort de Barthelemi, sa veuve avoit épousé Thibaud Comte de Champagne. C'est une erreur qui confond la niece avec la tante. Barthelemi étant mort en l'an 1081, Henry, Comte de Champagne, prit sous sa tutele, Hugues II son fils. Le nom de ce jeune Seigneur est cité dans des titres des années 1081, 1089, 1101, 1110. Il avoit pour armes, ainsi que ses ancêtres, un écu d'azur à trois broyes d'or. Il sera souvent fait mention de cette illustre & ancienne Maison dans cette Histoire, à cause de ses alliances avec les Seigneurs de Crépy.

Raoul III, Comte de Valois, perdit son épouse Adelhaïs en l'an 1053. Les Religieux de Crépy firent à cette Dame de magnifiques obséques. On l'inhuma dans un caveau voûté, à l'endroit qui servoit de sépulture aux Seigneurs de Crépy. Le Comte fit faire à son intention des prieres publiques dans l'Eglise de S. Arnoul. Il fonda un anniversaire, & donna à ce sujet aux Religieux l'Autel de Boneuil, qu'il possédoit. Ce n'étoit pas le seul bien d'Eglise, dont Raoul percevoit les revenus. J'ai compté cinquante-trois bénéfices dont il jouissoit; Abbayes, Prieurés, Chapelles ou Autels, simples & à charge d'ames. Les uns lui avoient été cédés par de

(1) Duch. Hist. Broy. p. 10. Alberic. chron. ann. 1061. Morliere. Hist. Am. p. 64.

(2) Anselm. t. 2. p. 838. 268.

grands Monasteres, afin de mériter sa protection. Les autres lui avoient été offerts, afin d'écarter sa cupidité, comme un appas qu'on donne à une bête féroce, dont on craint les morsures. Il avoit usurpé le reste, à S. Remy de Reims, à S. Médard de Soissons, à Sainte Agathe de Crépy, à Mornienval, &c. Un ancien abus sembloit colorer le passage des bénéfices ecclésiastiques dans les mains laïques. Non-seulement un Seigneur marié possédoit une Cure, un Prieuré, &c. il pouvoit aussi transmettre l'usufruit des Eglises libres à son épouse ou à des femmes ses proches parentes (1).

Peu de temps après la mort d'Alix, fille de Naucher, le Comte de Valois épousa en secondes nôces une Dame, que des titres de la ville d'Amiens surnomment Hahaïs ou Haquenez. Son extraction ne m'est pas connue. Il paroît qu'elle étoit alliée d'assez près aux Comtes de Champagne. Raoul III vécut avec cette Dame dans une parfaite union, l'espace de six années. Engagé après ce terme dans les liens d'un amour illicite, il conçut du dégoût pour son épouse légitime, & chercha à la répudier, afin de contracter un troisiéme mariage, plus conforme à ses inclinations.

Le Roi Henry I avoit beaucoup de confiance dans la valeur & dans l'habileté du Comte Raoul. Ce Seigneur excelloit surtout dans l'art des siéges. Le Roi ayant résolu d'assiéger en personne Château-neuf en Thymerois, nomma le Comte de Valois à la tête des Généraux & des Seigneurs, qui devoient l'accompagner (2). Ce siége eut lieu en l'an 1058. Le Roi avoit aussi auprès de sa personne Thibaud Comte de Chartres, Simon de Montfort, Gualeran de Meulant, & Hugues Bardoul pere de Barthelemi, à qui le Roi avoit rendu ses bonnes graces. L'année suivante 1059, le Roi fit sacrer & couronner dans l'Eglise de Reims Philippe son fils, âgé de sept ans. Il avoit invité à cette pompe les plus puissans Seigneurs de son Royaume. A l'issue de la cérémonie, on dressa un acte, qui constatoit le couronnement du jeune Prince (3). Cet acte est signé du Roi, du Duc de Bourgogne, des Comtes de Flandres & d'Anjou; on lit après ces noms celui de Raoul en ces termes, *Radulphus Comes Vadensis*. Les Comtes de Vermandois, de Ponthieu & de Soissons, signerent après le Comte de Valois. On lit aussi parmi les souscriptions, celle de Hugues, Abbé de S. Arnoul de Crépy.

(1) Bouq. Dr. pub. t. 1. p. 289.
(2) Duch. Hist. Chateauvill. p. 8.

(3) Marlot Hist. Eccl. Rem. t. 1. p. 118.

Le Monastere de S. Martin-des-Champs à Paris ayant été rebâti vers l'an 1060, le Roi Henry I lui donna quelques biens, par un Diplôme signé de sa main & de celle de plusieurs Seigneurs de sa Cour. Le nom de *Raoul Comte de Crépy* paroît après ceux du Roi, de la Reine Anne, & du Prince Philippe son fils. Il précéde ceux du Chambrier, du Connétable, du Sénéchal, du Bouteiller, & du grand Queux (1).

Le Roi Philippe I conserva au Comte de Valois le même crédit, que ce Seigneur avoit eu à la Cour de son pere. En l'an 1062, Philippe accorda un Diplôme aux demandes des Religieux de l'Abbaye de S. Pierre-lès-Chartres. Le Comte Raoul III signa cette piéce comme témoin, avant le grand Chambellan, avant Thibaud de Montmorency, & Adelard Précepteur du Roi (2). Ces traits font connoître la considération, dont ce Comte jouissoit à la Cour, & quel rang il tenoit dans l'état.

Le Comte Raoul ne reconnoissoit de puissance au-dessus de la sienne, que celle qu'il pouvoit faire servir à l'accomplissement de ses desseins. Il ne craignoit ni les armes du Roi, ni les censures de l'Eglise. Il répudia, malgré le Pape & tout le Clergé, son épouse légitime, & contracta une alliance illégitime avec la Reine Anne, mere de Philippe I, malgré le Roi son fils.

Pendant son séjour à la Cour, le Comte avoit lié une connoissance intime avec la Reine Anne de Russie. Après le décès du Roi Henry I, cette Dame s'étoit retirée à Senlis, où le Comte de Crépy la voyoit souvent. Ce commerce de visites ourdit la trame d'une intrigue amoureuse, qui éclata peu d'années après la mort du Roi Henry I, au point que la Reine & le Comte convinrent de s'épouser. La viduité de la Reine favorisoit ce dessein ; Haquenez, femme de Raoul, y mettoit un obstacle invincible. Le Comte résolut de la répudier, sous prétexte du crime d'adultere. L'effet de cette résolution fut très-prompt. Raoul épousa la Reine aussi-tôt après son divorce.

La Répudiée, piquée au vif du double affront qu'on lui faisoit, en l'éloignant & en l'accusant faussement d'adultere (3), alla à Rome porter ses plaintes au Pape Alexandre II. Le Pape l'écouta ; cependant il ne voulut rien prononcer, sans avoir fait faire sur les lieux les informations qui sont d'usage. Il écrivit en France à Ger-

(1) Hist. Montm. p. 74.
(2) Ibid.
(3) Marlot Hist. Eccl. Rem. p. 120.

vais, Archevêque de Reims, & le nomma Commissaire avec l'Archevêque de Rouen. Les deux Prélats ayant rempli leur commission, Gervais récrivit au Pape en ces termes :

» Notre Royaume est agité par de grands troubles. La Reine
» mere a épousé le Comte Raoul, ce qui cause au Roi un déplaisir
» sensible. Les courtisans qui l'environnent, ne sont pas affectés
» de même...... Quant à la Dame que Raoul a répudiée, nous
» avons reconnu que les plaintes qu'elle a présentées à votre Sain-
» teté, sont justes : que c'est à tort qu'on l'a renvoyée, & sous des
» prétextes absolument faux «......

Le Pape faisant droit sur le rapport des Commissaires, ordonna au Comte de reprendre l'Epouse qu'il avoit répudiée, & de renvoyer celle avec laquelle il avoit contracté une nouvelle alliance. Raoul insensible aux avis & aux menaces, persista opiniâtrément dans ses désordres. Le Pape le trouvant inflexible, lança contre lui l'excommunication. Raoul sans s'étonner, persévéra dans son endurcissement.

Cependant le Roi dissimulant son chagrin, recevoit le Comte de Crépy parmi les Seigneurs de sa Cour. Etrange position d'un Souverain, que les circonstances obligent à ménager un sujet, qui n'a pas craint de lui déplaire. La dissimulation, qui est presque toujours un vice chez les particuliers, est souvent prudence chez les Grands. En l'an 1065, le Roi Philippe I fit un voyage à Corbie. Le Comte Raoul l'accompagna avec ses deux fils, Gautier & Simon. Le Roi jugeant à propos d'accorder quelques biens au Monastere de Corbie, fit expédier une Charte qui en contenoit le dénombrement. Le Roi signa cette Charte, & voulut qu'à son exemple, le Comte & ses deux fils écrivissent leurs noms au bas (1).

L'Abbé Hugues, qui avoit succédé à l'Abbé Lescelin dans le gouvernement du Monastere de Crépy, mourut vers ce même temps (2). Il avoit assisté en 1059, au Sacre de Philippe I, au nombre des Abbés les plus distingués du Royaume. Il jouissoit d'une grande considération, tant à cause de l'attachement & de l'estime singuliere que le Comte Raoul lui portoit, qu'à cause de son rare mérite & de ses vertus. Il menoit une vie mortifiée (3) ; à mesure qu'il avançoit en âge, il redoubloit ses austérités.

Quelque temps avant de mourir, il sentit sa fin approcher. Loin

(1) Morliere, p. 181.
(2) Gall. Christ. t. 10. col. 1485.
(3) Marlot. p. 120. Boll. Aug. t. 6. p. 591. 592.

d'appréhender la mort, il la considéroit comme le terme d'un exil, & comme le principe d'une vie qui n'auroit pas de fin. Le désir qu'il conçût de s'unir à Dieu fut si grand, qu'il fit plusieurs pélerinages, pour obtenir une mort prochaine. Il eut spécialement recours à l'intercession de S. Ail, Patron de Rebais. Hugues avoit été élevé dans le Monastere de ce lieu. Il fit à pied le voyage de Crépy à Rebais, quoiqu'accablé d'infirmités. Il y arriva la veille de la Fête de S. Ail de l'an 1065. Il passa quatre jours en prières sur le tombeau du Saint, & revint à Crépy le cinquiéme jour. Il obtint à son retour la grace, qu'il avoit été demander. Il décéda, & Dieu fit connoître sa sainteté par des miracles. L'Eglise l'a mis au nombre des Saints, & a placé sa Fête au mois d'Août.

Le Comte Raoul III fit achever l'Eglise de S. Arnoul, que Gautier le Blanc son ayeul avoit commencée. Il n'épargna rien pour la rendre une des plus belles qu'il y eut en France. L'édifice avoit trente-sept toises de longueur, sur neuf de large, sans croisées. On voyoit alors peu d'Eglises aussi spacieuses. L'architecture de ces temps étoit encore timide, en comparaison de ce qu'on vit sur la fin du siécle suivant & au commencement du treiziéme. La premiere Eglise de S. Arnoul avoit peu d'élévation. Les entablemens commencoient au-dessous des vitraux de la Nef, qui sont tous du treiziéme siécle. Deux bas-côtés, qui regnoient autour de l'Eglise, communiquoient avec la Nef & avec le Chœur, par des arcades en plein ceintre, qu'on voit encore.

Après la mort de Baudouin, Comte de Flandres, arrivée en 1067, le Roi âgé de quinze ans, ne voulut plus de tuteur. Il jugea à propos de gouverner par lui-même. La succession de Baudouin causa de grands débats, auxquels le Roi voulut prendre part. Il se déclara pour Arnoul, contre Robert le Frison qui demandoit la Flandre, conformément au testament de Baudouin son frere. Il y eut entre les troupes de Robert & celles du Roi un sanglant combat, où l'armée de Philippe fut défaite. Robert profitant de sa victoire, alla droit à Vitri qu'il assiégea. La garnison fit quelque défense, & se rendit ensuite. Ce double échec n'abbatit pas le courage du jeune Roi. Il eut recours au Comte de Crépy, auquel il demanda des troupes & l'assistance de ses conseils.

Raoul III qui n'aimoit pas Robert le Frison, saisit avec un double plaisir, l'occasion d'être utile à son Souverain, & d'affermir de plus en plus son autorité & son crédit. Le siége de Vitri fut réfolu. Raoul raffembla les grands vaffaux de fes Comtés, & leva des fubfides extraordinaires. Il prit le commandement de fes troupes, mena avec lui fes deux fils Gautier & Simon, & alla joindre le Roi devant Vitri. Il confia à Gautier fon aîné le commandement de l'avant-garde ; pour lui, il demeura au centre de fon armée, ayant auprès de fa perfonne Simon fon fecond fils.

68. Gautier étoit un jeune guerrier plein de feu, fachant la guerre par principes plus que par expérience. Par tout où il ne voyoit pas le danger en face, il ne le foupçonnoit pas. Se défiant peu de la rufe, il lui fuffifoit de fe mettre en garde contre les forces de fon adverfaire, foit pour attaquer, foit pour fe défendre. Sa hardieffe & fon intrépidité égaloient celles de fon pere. A la fin de fes exercices militaires, il avoit, pour coups d'effai, enlevé de vive force à des Monafteres plufieurs châteaux fortifiés. Raoul aimoit éperdument ce digne héritier de fes fentimens. Il eft ordinaire aux parens, de chérir ceux de leurs enfans qui leur reffemblent le plus, & d'aimer mieux leur voir un penchant pour leurs vices favoris, que pour les vertus qui leur font oppofées. Raoul III penfoit ainfi fur le compte de fon fils Gautier.

Les Généraux de Robert le Frifon, qui connoiffoient ce caractere ardent jufqu'à la fougue, lui drefferent une embufcade auprès de Reims, dans laquelle ils fe douterent que fa vivacité ne manqueroit pas de l'entraîner. Ils firent avancer quelques bataillons d'élite, derriere divers objets qui les mafquoient, & envoyerent en avant une poignée de leurs gens, avec ordre de lâcher pied au premier choc, & de fe replier fur les bataillons, avec lefquels ils feroient face enfuite.

La vue d'un ennemi inférieur en nombre anima le courage du jeune guerrier. Penfant enlever ou tailler en piéces la troupe qu'il découvroit, il fondit fur elle avec impétuofité. Il n'éprouva qu'une foible réfiftance, de la part d'un ennemi difpofé à lâcher pied, afin de lui donner le change. Emporté par fon ardeur guerriere, Gautier pourfuit les fuyards, tombe dans le piége qu'on lui avoit tendu. Les bataillons paroiffent, les fuyards fe rallient, & oppofent au jeune Militaire un front redoutable, foutenu par un nombre de combattans, bien fupérieur au corps de troupes, qu'il commandoit.

Celui-ci oubliant que le courage doit céder au nombre & à la force, lorfqu'il y a un danger évident d'être accablé, foutint fa démarche,

marche, au lieu de se replier sur l'armée de son pere. Il se porte au milieu des bataillons ennemis, & combat comme un lion à la tête des siens. La troupe de Robert le Frison s'ouvrit pour le recevoir, & l'enveloppa. Ce fut alors que percé de coups en un instant, il expira, victime de sa témérité & d'une folle confiance dans sa bravoure, & dans le succès de quelques combats précédens, où il avoit eu l'avantage. Sa mort termina l'action. Sa troupe fut dissipée ou prise, & l'on retrouva le corps du jeune Comte parmi les morts.

Le Comte Raoul apprit en même temps la nouvelle de l'échec & de la mort de son fils. Une douleur plus vive encore que celle des blessures, qui avoient ôté la vie à ce fils, le jetta dans un accablement extrême, plus aisé à concevoir qu'à exprimer. La nature a des droits, qu'elle exerce avec tyrannie. On doit mettre au nombre des plus durs, le tribut qu'elle exige des peres, qui perdent un enfant chéri.

Après avoir donné un libre cours à sa douleur, le Comte de Crépy pensa aux funérailles de son fils. Une foule de réflexions se présenterent à son esprit ; & quoiqu'excommunié & hors du sein de l'Eglise, il consulta & s'informa du sujet, qui avoit pu irriter la Divinité contre lui, & l'affliger d'une telle perte.

Les personnes auxquelles il s'adressa, lui dirent, que cette mort arrivée près de Reims, étoit l'effet d'une juste punition de Dieu, qui avoit voulu venger les Moines de S. Remy de cette ville, des dommages que le jeune Comte leur avoit causés, en leur ravissant à main armée, des métairies, des terres, & même quelques châteaux fortifiés.

Raoul entra dans ces vues, & craignit avant tout pour le salut de l'ame de son fils, lui qui n'avoit aucun soin de la sienne. Il prit des mesures promptes & solides, pour réparer les torts causés à l'Eglise de Reims, & pria les Religieux de S. Remy, d'accorder une place au corps de son fils, dans l'enceinte de leur Monastere, afin qu'il fût d'une maniere plus immédiate sous la protection de S. Remy, & afin qu'au jour du Jugement, ce Saint le secourût de son intercession.

Les conditions étoient trop avantageuses aux Religieux, pour ne pas les accepter. Ils marquerent dans leur cloître un endroit, où le corps de Gautier devoit être inhumé, & le Comte de Crépy y fit creuser un tombeau. Le convoi se fit avec une pompe extraordinaire, qui étoit beaucoup relevée par la préfence du Roi & de tous les Officiers Généraux de l'armée.

Immédiatement après la célébration des obféques, le Comte Raoul accomplit la promeffe, qu'il avoit faite aux Religieux de S. Remy. Il leur reftitua les biens, que fon fils leur avoit ufurpés. Il fit préfent à leur Abbaye du fort château de Buit, *Buxitum Caftrum*, qui fuivant Marlot, a pris depuis ce temps, le nom de *Pompille* (1). Il y a un hameau de *Buit* près de Mornienval, qu'il ne faut pas confondre avec *Buit* près Reims, comme a fait Damien de Templeux. Ce dernier lieu n'a rien de remarquable. Le Comte de Crépy entretenoit dans le château de Buit une garnifon confidérable, commandée par fix Officiers de marque.

La donation du château fut confirmée aux Religieux de S. Remy, par une Charte authentique, à laquelle le Roi mit fa fignature. Cette Charte expofe les circonftances, que je viens de raconter. On y donne le nom de cimetiere au cloître des Moines, où la fépulture de Gautier fut placée : *in cemeterio, id eft claustro Monachorum*. On y fpécifie, que le délaiffement du château de *Buit* a été fait avec le confentement du Comte Simon, frere du défunt, qui lui-même a fait fon préfent par le miniftere de Raoul de Vez; que le Comte Héribert de Vermandois, gendre du Comte de Crépy, & le très-noble Seigneur Barthelemi, fils de Bardoul, fecond gendre de Raoul, ont ratifié la donation, à condition que les revenus du château de Buit feroient employés au foulagement des freres infirmes de l'Abbaye de S. Remy.

Cette piéce importante n'eft pas datée : l'année en eft incertaine & difficile à fixer. Lorfque le jeune Gautier perdit la vie, l'armée du Roi alloit faire le fiége de Vitri. Connoiffant l'année de ce fiége, celle de la mort du jeune Comte nous fera auffi connue. Les uns placent le fiége de Vitri fous l'an 1072 (2). Marlot rapporte ce fiége à l'an 1071. Ces deux dates font poftérieures au double évenement, qui nous occupe. On lit dans la Chronique du Moine Albéric fous l'an 1061, la note fuivante, *Traditio Vitriaci*; & fous une feconde date poftérieure à la premiere de quinze ans, *Redditio Vitriaci*. Mais comme cet Auteur ne range pas toujours exactement les évenemens felon les dates propres à chacun, on ne doit faire aucun fond fur celles-ci.

(1) Hift. Eccl. Rem. t. 2. p. 131. 132. (2) Ann. Bened. t. 5. p. 55.

La Morliere (1) fait mention d'un titre de l'an 1069, qui prouve qu'en cette année, le fils aîné du Comte de Crépy ne vivoit plus. Cette Charte est un acte, par lequel le Comte de Crépy accorde quelques biens à l'Eglise de S. Firmin d'Amiens, du consentement de la Reine Anne son épouse : elle est signée de la main de l'un & de l'autre, *Carta manu meâ scripta & uxoris meæ Annæ.* Le Comte de Crépy délivra cette Charte, pendant un voyage qu'il fit à Amiens, cette même année 1069. Il faut donc nécessairement, que le siége de Vitri & la mort de Gautier soient arrivés ou au commencement de l'an 1069, ou sur la fin de l'année précédente 1068.

69 En ce temps le Comte Raoul tenoit un rang distingué à la Cour du Roi Philippe I. Ce Prince dissimuloit ou avoit oublié la répugnance, qu'il avoit marquée pour l'alliance de la Reine sa mere avec le Seigneur de Crépy. Cette alliance avoit acquis à Raoul un dégré de considération, qui l'élevoit à la classe des premiers Courtisans. Quelques actes lui donnent le titre de Prince.

En l'an 1071, le Roi jugea à propos de confirmer une Charte d'immunité, favorable à l'Eglise de S. Spire de Corbeil, & souscrivit cette même Charte. Les Prélats présens à la Cour signerent après le Roi; & immédiatement après ceux-là, les Princes laïcs, *laïci Principes.* Le nom du Comte Raoul se trouve au nombre de ces dernieres signatures (2).

Nous ne savons pas, si la Dame Haquenez, seconde femme du Comte Raoul, vivoit encore en cette année. Il y a apparence qu'elle étoit décédée, & que cette mort avoit rendu légitime, l'alliance prohibée de la Reine Anne avec Raoul. L'état d'excommunié dans lequel Raoul mourut, sembleroit prouver le contraire; cette difficulté est levée par la remarque de quelques Auteurs, qui annoncent que le Comte fut frappé deux fois d'anathême; la premiere, au sujet de son divorce; la seconde, parce qu'il avoit enlevé de force les villes de Péronne & de Montdidier, qu'il refusoit de rendre à ses possesseurs légitimes.

Haquenez mourut à Paris. On inhuma son corps près le collatéral droit du rond-point de l'Eglise de S. Martin-des-champs. Il paroît, que le chagrin de son divorce avoit accéleré le terme de sa vie, voyant que les premiers chefs de la puissance spirituelle & de la

(1) Hist. d'Am. p. 73. 432.   (2) Hist. Montm. p. 77.

puissance temporelle n'avoient pu parvenir, à la rétablir dans ses droits.

7o. Il y a plusieurs sentimens touchant l'extraction d'Anne de Russie, sur le temps & sur le lieu de sa mort. Les uns prétendent, que son surnom est une corruption de celui de Roucy, & qu'elle avoit pris naissance en France. Ils ajoutent, que le mariage d'une Princesse de Russie avec un Roi de France n'est pas vraisemblable, à cause de l'éloignement des deux Empires, & de la difficulté du commerce dans des temps aussi anciens.

D'autres avancent que la Reine Anne, ne pouvant plus supporter le deshonneur d'une alliance contraire aux maximes de la religion, avoit pris le parti de retourner en Russie l'an 1066. Ce second sentiment est réfuté par le contenu de la Charte de 1069, rapportée dans l'histoire d'Amiens: la signature de la Reine se lit au bas de cette piéce. Voici ce qui est de certain touchant la naissance & le décès de la Reine Anne de Russie, troisiéme femme de Raoul III Comte de Crépy.

M. Gustave Benzelstiern, dans un mémoire imprimé en Dannemark il y a seize ans, prouve clairement que la Reine Anne de Russie avoit pour pere Juriscloth, Roi des Russes, fils d'Uladimire; que ce Souverain avoit trois filles; que l'aînée des trois sœurs avoit épousé Harold, Roi de Norwege; que la seconde avoit été donnée en mariage au Roi de Hongrie; que la troisiéme ayant été recherchée par le Roi de France Henry I, sur la réputation de sa rare beauté, Juriscloth son pere la lui avoit accordée. Gautier Savoir Evêque de Meaux avoit été député en Russie pour en faire la demande, & l'avoit obtenue. Ce voyage de Gautier est attesté par tous les monumens, & eut lieu en 1050.

Après la mort du Roi Henry I, Anne de Russie se retira à Senlis, où elle fonda S. Vincent. Ceux qui révoquent en doute son mariage avec le Comte de Crépy, comme une mésalliance hors de vraisemblance, ignorent que dans ces temps de foiblesse & de confusion, la puissance de certains Seigneurs égaloit & surpassoit quelquefois celle du Roi. Le Comte Raoul III joignoit à cet avantage, celui de la naissance: il descendoit de Charlemagne par Hildegarde ou Hédelgarde, Dame de Crépy. D'ailleurs, Guibert, Abbé de Nogent-sous-Coucy, Auteur presque contemporain, s'explique si clairement sur cette alliance (1), qu'elle ne

(1) De vitâ suâ, lib. 1. cap. 20.

peut être le sujet d'un doute raisonnable. Il qualifie le Comte, *Radulphus de Crispeio vitricus Regis Philippi* : Raoul de Crépy, beau-pere du Roi Philippe. Le Moine Albéric s'explique de même en sa Chronique, *p.* 109.

La Reine Anne, épouse en secondes nôces de Raoul III, mourut en France, & non pas en Russie. L'année de sa mort est incertaine, mais le lieu de sa sépulture est connu. En 1682, le P. Méneftrier, Jésuite, a découvert son tombeau dans l'Abbaye de Villiers, Ordre de Cîteaux, près la Ferté-Alais en Gâtinois (1). Une tombe plate couvroit sa sépulture. La figure de la Reine y étoit représentée, une couronne en tête, de la forme à peu près, des bonnets que les Electeurs de l'Empire prennent pour marque de leur dignité. Sur un retour en demi-cercle, on lisoit ces mots : *Hic jacet Dña Agnes uxor quondam Henrici Regis*, Ci gît la Dame Agnès, ci-devant femme du Roi Henry.

M. Benzelstiern observe dans son Mémoire, qu'on donnoit indistinctement à cette Dame, les noms d'Anne, d'Agnès & d'Adelaïde. Dans la Charte de fondation de S. Adrien de Bethyzi, elle est appellée Agnès.

71. Raoul III donna jusqu'à la fin de sa vie des marques de cette cupidité insatiable, qui le portoit à envahir tout ce qu'il trouvoit à sa bienséance. Les villes de Péronne & de Montdidier étoient deux places importantes, & par les fortifications qui en défendoient les approches, & par le produit de leurs domaines. Raoul déja maître d'une partie de la Picardie, prit, sans forme de procès, la résolution d'unir ces deux villes à ses possessions de la contrée. Péronne appartenoit alors à l'un des descendans d'Héribert I, Comte de S. Quentin ou de Vermandois, qui n'avoit ni les talens ni les moyens de faire face à un ennemi aussi puissant, que le Comte de Crépy. Le Seigneur à qui la ville de Montdidier appartenoit, n'avoit gueres que son bon droit, pour se maintenir dans la jouissance de cette ville & de ses dépendances.

Le Comte qui ne connoissoit aucune des regles de l'équité naturelle, lorsqu'il avoit une fois formé un projet d'invasion, fit les préparatifs nécessaires pour conquérir ces deux villes. Les deux Seigneurs informés de ses desseins, prirent leurs mesures pour opposer à ce redoutable adversaire une longue & vigoureuse résistance, à la faveur des fortifications de leurs villes, qui passoient pour

(1) Journ. des Sav. p. 126. an. 1682. Anselm. t. 1. p. 73.

imprenables. On croit que ces deux Seigneurs avoient donné quelque sujet de mécontentement au Comte de Crépy, mais on n'en a pas de preuves.

Quoiqu'il en soit des motifs & des circonstances, Raoul investit successivement ces deux places. Le premier des deux siéges parut d'abord une démarche téméraire de la part du Comte. Mais celui-ci fit en peu de temps de si belles dispositions, & poussa le siége de Péronne avec tant de vigueur, qu'il surmonta tous les obstacles de la nature & de l'art, & s'empara de la place.

Montdidier eut le même sort que Péronne. Après avoir expulsé de ces deux villes les premiers propriétaires & leurs créatures, il les réunit à ses domaines de Picardie.

La prise de Péronne fit un honneur infini aux qualités guerrieres du Comte de Crépy. Il en prit le surnom de *Raoul de Péronne*, qu'il conserva jusqu'à la mort. La dureté de son procédé déplût aux gens de bien. Les anciens Seigneurs dépouillés de tout, porterent leurs plaintes au Pape, & vinrent à bout de le faire excommunier une seconde fois. Le Comte soutint cette disgrace, & conserva les deux places jusqu'à la fin de sa vie.

En l'an 1074, le Comte Raoul fit un voyage au château de Montdidier. Il y fut attaqué d'une maladie, dont les progrès rapides le mirent au tombeau. Son corps fut inhumé à côté de la Chapelle du château, dans un caveau où il demeura deux ans, jusqu'au temps de son exhumation, dont nous rapporterons bientôt les particularités.

Ainsi finit cet homme extraordinaire, dont la vie fut un tissu d'actions contradictoires, une suite de forfaits & de brigandages, entremêlés de quelques traits d'une dévotion mal entendue, qui consistoit à doter & à orner certaines Eglises, des biens & des dépouilles de plusieurs autres, par forme de restitution: grand homme de guerre & Général accompli, sur-tout dans la partie des siéges: foible & superstitieux dans l'adversité, féroce & impie dans le cours de ses succès, vivant au milieu de ses voisins comme en pays ennemi. L'histoire de son divorce prouve, qu'il avoit des passions.

Il laissa au Comte Simon son fils, des sommes immenses & plusieurs corps de troupes bien aguerris & bien tenus; car ce Seigneur avare d'ailleurs & plein de cupidité, n'épargnoit aucun des moyens, qui pouvoient servir à protéger ses violences. Le dénombrement des bénéfices simples & à charge d'ame qu'il retenoit, seroit long à exposer. Les Comtés de Valois, d'Amiens, de Péronne, de Montdidier, & le Vexin presqu'entier, formoient dans la Picardie, l'arrondissement d'un domaine très-étendu.

Le Comté d'Amiens comprenoit un grand nombre de bourgades, & le Comté de Valois alloit jusqu'aux portes de Reims. On verra bien-tôt, que les terres de Raoul, situées dans la Champagne du côté de Vitri & de Bar-sur-Aube, comprenoient une grande étendue de pays. Le Comte Simon, après sa conversion, dota de ces seuls biens, dix à douze Monasteres, ce qui n'empêcha pas les Bardouls de recueillir après la mort de Simon, une succession considérable, sans toucher aux biens des Monasteres, & sans avoir part aux domaines de la Picardie.

72 La vie paisible que menoit Thibaud de Crépy, premier du nom, Seigneur de Nanteuil, & frere de Raoul III, est la preuve que les liens du sang n'influent pas toujours sur la ressemblance des caracteres. Cette vie fait un contraste frappant avec la conduite du Comte Raoul. Tandis que celui-ci faisoit retentir la France du bruit de ses armes, & que les vassaux de ses domaines gémissoient sous une dure oppression, Thibaud jouissoit d'un parfait repos, s'occupoit du bonheur des siens, & marquoit son respect pour la Religion & pour ses Ministres, par les actions d'une solide piété, & par des libéralités envers les Monasteres & les Églises.

Thibaud ayant été invité à la Dédicace de l'Eglise de S. Adrien de Bethizy, parut à cette cérémonie parmi les Seigneurs, qui composoient la Cour du Roi Philippe I. On lit son nom parmi les souscriptions de la Charte de 1060, par laquelle le Roi confirma sur les lieux la fondation de la Collégiale, que l'on venoit de consacrer. Sa signature paroît immédiatement après celle du grand Chambrier, & avant celle de Nivelon I, Seigneur de Pierrefonds. Dans le titre de fondation de l'Abbaye de S. Jean-lès-Vignes, dressé en 1076, on lui donne le rang de Comte. Il fit achever à ses frais l'Eglise de Notre-Dame de Nanteuil, que le Comte Raoul II son pere avoit commencée, & ajouta deux belles cloches à celles dont Raoul II avoit fait présent. Il améliora les biens des Religieux de Nanteuil, & augmenta leurs revenus du produit des moulins de la vallée Houdry.

Thibaud I ne demeuroit pas habituellement au château de Nanteuil : il passoit une partie de l'année au donjon de Crépy, qui avoit été distrait du château, en vertu du partage dressé par Raoul II. Ce donjon contenoit des appartemens vastes & majestueux, mais il y manquoit une Chapelle Collégiale; établissement, qui passoit alors pour un accompagnement nécessaire à un château fortifié.

L'établissement commença par un nouveau corps de Chapelle, que Thibaud fit élever sur le modéle de celle de S. Adrien de Bethizy. Il la fit dédier, & y transféra les ossemens de plusieurs Saints, qui avoient été mis en dépôt dans le donjon de Crépy, à cette occasion.

Vers l'an 878, les Reliques de S. Aubin, Evêque d'Angers, de S. Tugduald & de S. Brieuc, Confesseurs, & de S. Papuce Martyr, furent transférées de la ville de Chartres, où l'on ne les croyoit pas en sûreté, dans divers lieux fortifiés. De château en château, elles furent apportées à Crépy, vers le temps où le Comte Gautier le Blanc venoit d'achever le donjon de son château, environ l'an 988.

La nouvelle Eglise étoit composée d'un rez-de-chaussée & d'une Chapelle haute consacrée à la sainte Vierge. Thibaud fit placer les Reliques dans la Chapelle basse; & comme S. Aubin étoit le plus connu des Saints que je viens de nommer, la Chapelle basse d'abord, & toute l'Eglise ensuite en prirent le nom. Muldrac conjecture (1) que cette Chapelle fut finie en 1070.

Le culte de S. Aubin est ancien en France & très-répandu. L'on y compte soixante-dix Paroisses, dédiées sous son invocation. Celle de Rozoy-Saint-Aubin, située dans la Châtellenie d'Ouchy, est de ce nombre. Ce Saint, issu d'une famille noble au territoire de Vannes en Bretagne, naquit vers l'an de J. C. 469. On rapporte son élévation sur le Siége Episcopal d'Angers, à l'an 529. Il gouverna l'Eglise d'Angers pendant vingt-un ans, & mourut en odeur de sainteté vers l'an 550, à l'âge de quatre-vingt-un ans. Six ans après sa mort, son corps fut levé de terre en présence de S. Germain, Evêque de Paris. On en détacha dans la suite quelques parcelles, qu'on porta à Chartres, & de Chartres au fort château de Crépy.

Thibaud de Nanteuil survécut peu d'années, à la fondation de l'Eglise de S. Aubin. Il y plaça un Clerc avant sa mort, c'est-à-dire, un Prêtre ou Chapelain, auquel il assigna des revenus fixes.

(1) Valois Roy. p. 34.

L'année

L'année de son décès n'est mentionnée dans aucun titre de ma connoissance. Il vivoit encore après l'an 1074, que mourut Raoul III. Il parvint à un grand âge : ses cheveux blancs lui firent donner le nom de Thibaud le Blanc. Avant sa vieillesse on le nommoit Thibaud le riche, tant à cause de ses grands biens, qu'à cause du bon usage qu'il en savoit faire, & par opposition à l'avarice excessive du Comte de Crépy son frere.

C'étoit alors un usage commun, de donner des surnoms aux personnes de marque. Le surnom se prenoit dans le fond du caractere de la personne, dans une action d'éclat, souvent même dans un défaut du corps. Dès que la voix publique avoit consacrés ces noms, les personnes les plus distinguées ne s'en offensoient pas. Ils joignoient même ces noms distinctifs à leurs signatures. Le fameux Gérard I de Cherisy, surnommé *le Borgne*, signoit *Gerardus Strabo*, comme on en a déja fait la remarque.

Il y a apparence, que le Seigneur Thibaud I décéda vers l'an 1080. Il laissa trois fils (1), qui partagerent sa succession ; Pierre, Adam & Lambert. On lit ces trois noms dans un titre de l'an 1099, qui leur donne à tous trois la qualité d'héritiers de Thibaud. Pierre mourut peu de temps après cette époque, sans laisser de postérité ; Lambert de même.

Adam qui n'avoit d'abord eu en partage que le seul donjon de Crépy, recueillit toute la succession de son pere, & cette bonne fortune lui fit donner le surnom d'*Adam le riche*.

Adam avoit aussi hérité des vertus de son pere. Celles de ses actions qui nous sont connues, donnent de lui l'idée d'un Seigneur libéral & pieux, doux & humain envers ses vassaux, & d'un accès facile.

Aussi-tôt après la mort de Thibaud I, il prit la résolution de donner à l'Eglise de S. Aubin la forme d'une Collégiale. Comme il n'avoit alors qu'une fortune très-bornée, ses moyens ne lui permettoient pas de fonder des prébendes. Il imagina un plan d'association, qui devoit rassembler dans son Eglise à certains jours de la semaine, un Clergé nombreux, composé de Prêtres seulement. Outre l'office solemnel que ces Prêtres devoient célébrer, le fond de l'association exigeoit la pratique de plusieurs vertus morales, & celle de quelques regles, propres à entretenir une union fraternelle parmi les membres de la Société. Cette pieuse union

(1) Cart. Nant. Hist. Meaux, t. 2, p. 15.

parut d'abord aux yeux du public, une parenté spirituelle, pareille à celle qui réunit les enfans sous un même toit & sous les loix d'un pere commun : de là les noms de *Confraternité* ou de *Confrairie*.

La Confrairie aux Prêtres est l'une des premieres, qui ayent été établies en France. L'origine de la plûpart des autres ne remonte pas plus haut que le regne de Louis VII, tandis que celle-ci a été fondée en l'an 1080. Les titres latins la nomment *Confratria & Confraternitas Presbyterorum* : elle est appellée dans les Chartes françoises, *magne Confrairie*, & *Confrairie aux Trouvaires*, c'est-à-dire, *Confrairie aux Prêtres*. Depuis sept cens ans qu'elle subsiste, la forme de son gouvernement n'a pas changé, excepté qu'au douziéme siécle on y admit des Laïcs & des femmes, lorsqu'elle fut transférée de S. Aubin à S. Denys de Crépy. Le Chef s'élit tous les ans, & prend la qualité d'Abbé. On lui choisit deux Assesseurs ou Conseillers, avec lesquels il préside à l'observance des regles & à l'administration des biens temporels.

73 En l'an 1099, le Monastere de Nanteuil avoit déja embrassé la réforme de Cluny, & son premier titre d'Abbaye avoit été changé en Prieuré. Cette circonstance nous est connue par un titre de cette année, expédié sous le nom de Hugues ou Eudes Dammartin. Warmes ou Viarme, Prieur de Cluny, paroît dans cet acte, comme ayant quelqu'autorité sur cette maison. Il est marqué de plus, que cette Maison doit payer à Cluny un marc d'argent chaque année. Une Bulle du Pape Urbain II, datée de l'an 1095, semble indiquer, que la réunion de Nanteuil à l'Abbaye de Cluny avoit déja été effectuée.

L'Eglise de S. Samson près Baron fut soumise au Monastere de Nanteuil, vers l'an 1097, avec les biens qui en dépendoient, à la charge d'une redevance annuelle envers l'Abbaye de Cluny. Cette Eglise avoit été ci-devant desservie par une Communauté réguliere, que les malheurs des temps précédens avoient obligé de réduire à deux Moines; la plûpart des biens ayant été pillés ou envahis. Comme la regle de S. Benoît ne pouvoit pas être observée par deux Religieux, on jugea convenable de réunir Saint Samson à Nanteuil.

Eudes, Comte de Dammartin; Pierre, Adam & Lambert de Nanteuil, tous trois fils de Thibaud le Riche, concoururent à effectuer cette réunion. L'Evêque de Senlis & l'Abbesse de Chelles ayant des droits à exercer sur les biens dépendans de S. Samson

& sur l'Eglise du lieu, on demanda leur consentement.

Mathilde, Abbesse de Chelles, détermina les Religieuses de sa Communauté, non-seulement à trouver bon le changement, mais encore à y concourir de leurs libéralités, par l'abandon de leurs droits. Le désistement de la Communauté de Chelles est constaté par un acte en bonne forme, qui porte entr'autres choses, que l'Abbesse & ses Religieuses renoncent aux prétentions, qu'elles peuvent avoir sur l'Eglise de S. Samson : qu'elles abandonnent au Monastere de Nanteuil la propriété de la grande place située devant l'Eglise, pour la convertir en un cimetiere & en un parvis, *ad atrium constituendum*, sauf les droits de l'Eglise de Baron.

Létalde, Évêque de Senlis (1), accorda aussi son consentement, en qualité de Curé primitif de l'Eglise de Baron. Hubert, successeur de Létalde, poussa plus loin la générosité. Après avoir ratifié par un acte de l'an 1100, ce que son Prédécesseur avoit fait, il déclara que l'Église de S. Samson devoit être regardée, comme un patrimoine de l'ordre de Cluny ; que l'Abbé de ce chef-lieu auroit désormais la jurisdiction spirituelle sur les *sujets* de cette Eglise, & que le Prêtre de S. Samson pourroit exercer les fonctions Curiales & tous autres droits de Chrétienté, *& alia jura Christianitatis*. Cette piéce est adressée à l'Abbé de Cluny.

Tout ceci prouve, qu'on usoit alors d'une grande circonspection, pour empêcher le relâchement de s'introduire dans l'état Religieux. On subdivisoit en quelque sorte les filiations des Monasteres, afin d'ôter aux particuliers tout sujet de se soustraire aux pratiques de la regle. On concevoit, qu'un Religieux livré à lui-même perd bien-tôt l'esprit de son état ; qu'abandonné au désœuvrement ou à la dissipation, ces deux situations fomentent en lui presque toutes les espéces de vices.

74. Simon de Crépy, seul fils du Comte Raoul III, depuis la fin tragique du jeune Gautier, entra en possession, par la mort de son pere, de tous les domaines dont ce dernier Seigneur avoit joui. Simon avoit à la vérité deux sœurs ; mais suivant l'usage, il ne devoit leur revenir, que ce que le Comte leur frere voudroit bien leur céder. En l'année qui suivit la mort de son pere, le Comte Simon de Crépy passoit pour le plus grand terrien, pour le plus puissant & le plus riche particulier du Royaume.

Le Comte Simon avoit pris naissance au château de Crépy, où

(1) Gall. Chr. t. 10. col. 1395. Hist. Meaux, t. 2. n°. 22.

il avoit aussi passé les premiers temps de son enfance (1). Aussi-tôt qu'il eut atteint l'âge de raison, Guillaume le Conquérant, Duc de Normandie, le demanda au Comte Raoul son pere, dans le dessein de prendre soin de son éducation, & de l'instruire dans la profession des armes. Guillaume & Raoul avoient entr'eux des relations intimes. Ils étoient liés de parenté, & par des correspondances habituelles à cause de la proximité de leurs domaines, de la Normandie & du Vexin : & ce qui mérite aussi d'être considéré, ils excelloient tous deux dans la connoissance pratique de l'art militaire.

Guillaume le Conquérant garda auprès de lui le jeune Comte jusqu'à l'an 1064, & le remit ensuite au Comte Raoul qui le lui avoit confié. Raoul III présenta le jeune éleve du Duc de Normandie au Roi Philippe I, qui le combla de caresses, & lui conféra le grade d'Officier général dans ses armées. Il lui destina aussi une place parmi les Barons de son Conseil. Il flattoit ainsi l'amour propre d'un sujet trop puissant, & gagnoit l'amitié du Duc de Normandie, qui avoit commencé à former le jeune Comte (2). En 1065, le Roi ayant résolu de faire un voyage à Corbie, il nomma Simon de Crépy parmi les Seigneurs de sa Cour, qui devoient l'accompagner.

Quoique Raoul affectionnât Gautier son fils aîné plus que Simon son cadet, il eut soin de procurer à ce dernier, tout ce qui convenoit à son rang. Il garda auprès de sa personne Gautier son aîné, comme le présomptif héritier du château de Crépy & de ses principaux domaines, & donna à Simon le château de Vez, après lui avoir formé sa maison. Simon comptoit parmi ses principaux Officiers, un Châtelain, un Voyer, un Sénéchal, & diverses personnes revêtues des charges utiles au service des grands Seigneurs. En 1068, la place de Châtelain de Vez étoit remplie par un Chevalier nommé Raoul, celle de Voyer par un Officier appelé *Erigerus* : le Sénéchal se nommoit Simon, de même que le Comte son maître.

Ces dispositions sont une réfutation bien marquée du sentiment, qui représente le Comte Simon comme un bâtard, dont le Comte Raoul n'avoit jamais pris soin, & qu'on avoit comme abandonné à sa destinée. Les doutes qu'on a tâché de répandre sur la légiti-

---

(1) Vita Simon. Crisp. cap. 6. Alberic, Chr. p. 113.

(2) Alberic, p. 100. Hist. Amiens, Morlicre p. 181.

mité de fa naiffance, font fuffifamment éclaircis dans les Tables chronologiques du P. Labbe; nous citerons plufieurs titres authentiques, où Simon de Crépy eft déclaré fils de Raoul & d'Adele. La meilleure preuve de fa légitimité, eft qu'après la mort de fon pere, il prit poffeffion de tous fes biens, fans appeller à cette fucceffion fes deux fœurs, mariées pour lors à deux Seigneurs puiffans; Héribert Comte de Vermandois, & Barthelemi fils de Bardoul.

Les diftinctions dont Simon fut honoré par les Papes & par les Rois, achevent de diffiper les nuages, que des Auteurs mal informés ont voulu élever fur de fimples probabilités, qui font fans fondement.

Il paroît, que le caractere du Comte Simon étoit moins animé, & moins ouvert, que celui de Gautier fon aîné; mais un jugement fain & des plus folides lui tenoit lieu d'un extérieur brillant & vif, qui en impofe & qui prévient favorablement ceux qui ne font attention qu'aux dehors, & qui portent leurs jugemens fur les premieres apparences.

Dès que le Comte Raoul III eut les yeux fermés, le Roi Philippe I fe crut délivré d'un fujet, dont le caprice & la puiffance énorme pouvoient porter un préjudice à fon autorité. Quoiqu'il fût comme affuré, que le Comte Simon ne fuivroit pas les erremens de fon pere, il prit diverfes précautions pour abaiffer fa puiffance. Il lui fufcita d'abord un ennemi puiffant, dans la perfonne de Barthelemi de Beaufort, Seigneur de Broyes & de Pitiviers, qui avoit époufé la feconde fœur de Simon. Barthelemi enleva de vive force au Comte Simon les trois terres de Bar-fur-Aube, de Vitri & de la Ferté.

Ce coup de main tira Simon comme d'un profond affoupiffement: il prit des mefures très-promptes, pour s'oppofer à de pareilles hoftilités; & pendant qu'il raffembloit fes vaffaux afin d'en former un corps d'armée, il apprit que le Roi lui-même fe difpofoit à l'attaquer. Il remit à un temps plus favorable le foin de reconquerir les trois Comtés, que le Seigneur Barthelemi venoit de lui enlever, & jugea plus à propos d'arrêter l'exécution des deffeins du Roi, qui tendoient à le dépouiller de la meilleure partie de fes domaines.

Les premiers actes d'hoftilité commencerent de la part des troupes du Roi, qui prirent quelques bourgades, & ravagerent quelques portions de cette étendue de pays, qu'on nommoit alors *le Valois* dans le sens général.

Le Comte usa de représailles. Il s'avança sur les terres du Roi à la tête de ses troupes, & envoya en divers lieux des détachemens, qui commirent tous les excès, qu'on se permet en guerre. Cette conduite du Comte fit diversion. Le Roi vint le trouver à la tête de son armée pour le combattre, & Simon l'attendit de pied ferme.

Je ne puis dire, à quel nombre de combattans pouvoit monter chaque armée. On est seulement instruit, qu'il y eut plusieurs chocs, où le Comte Simon remporta l'avantage, & fit plier les troupes du Roi. Ces démêlés causerent des maux sans nombre aux pays, qui étoient le théâtre de la guerre. Le Valois fut en proye, pendant plusieurs mois, à des malheurs de tout genre.

Le Roi voyant qu'il ne pouvoit obtenir, ce qu'il avoit espéré se procurer par la force de ses armes, chercha d'autres moyens de vaincre l'opiniâtreté de son sujet. Il eut recours au crédit de quelques personnes, qui avoient beaucoup d'empire sur l'esprit du Comte, pour lui inspirer des sentimens opposés à ceux qui le faisoient agir. Ces personnes vinrent à bout de persuader à Simon, que c'est dans un sujet, quelle que soit sa puissance, une action contraire au droit naturel, de lever l'étendart contre son Souverain. On lui ajouta, que le Pape désaprouvoit une telle conduite, & que marchant sur les traces d'un pere, qui avoit toujours vécu les armes à la main, il devoit appréhender de mourir comme lui, hors du sein de l'Eglise, & frappé d'anathême.

Simon de Crépy avoit la conscience timorée. Ces propos le jetterent dans une mélancolie & comme dans une mer de scrupules & de pensées diverses, qui lui causoient de grandes inquiétudes sur son salut. Des réflexions sans nombre se présenterent à son esprit. De tous les sujets qui allarmoient sa conscience, l'excommunication de son pere l'affectoit le plus. Il prit le parti d'écrire au Pape, afin de calmer ses agitations. Dans sa lettre, il supplie le Pontife de lui indiquer un moyen efficace de relever, s'il étoit possible, l'excommunication de son pere, & de faire rentrer dans le sein de l'Eglise, celui qui par sa désobéissance avoit mérité d'en être exclu.

Le Pape lui fit réponse, qu'il ne connoissoit que trois moyens d'obtenir ce qu'il désiroit : qu'il devoit avant tout, restituer les biens que son pere avoit mal acquis, & répandre d'abondantes aumônes dans le sein des pauvres : que pour fléchir la colere de Dieu contre son pere, il ne voyoit rien de plus efficace, que de faire célébrer des Messes. Le Pape ajoute, que tant que le corps de Raoul reposera au centre du domaine usurpé, qui avoit été la cause de l'excommunication, ce corps seroit toujours un objet d'horreur aux yeux de Dieu ; qu'il devoit se hâter de le faire exhumer, & de le placer au château de Crépy, dans le lieu qui servoit de sépulture à ses ancêtres.

Le Comte reçut la lettre du Pape avec beaucoup de respect & de satisfaction. Il suivit les avis du Pontife comme des préceptes, & les exécuta sans différer. Il fit dire un grand nombre de Messes, distribua des aumônes, & se disposa à restituer les biens que son pere avoit mal acquis, à ceux auxquels ils appartenoient : & comme la plus grande partie de ces biens avoient appartenus à des Monasteres que Raoul avoit ruinés, Simon forma le dessein de fonder douze Maisons Religieuses, auxquelles il devoit donner ces biens en dot.

Le transport du corps de Raoul, de Montdidier à Crépy, rencontroit de grandes difficultés. Exhumer un cadavre enterré depuis deux ans, c'étoit se préparer le hideux spectacle de toutes les horreurs, que la terre couvre après la mort. Cependant le Comte persista dans son dessein. Il voulut, qui plus est, assister à l'exhumation. Le corps de Raoul fut levé de terre, en présence d'un grand concours de peuple.

Simon n'avoit pas seulement dessein d'accélérer la cérémonie par sa présence : il vouloit voir une derniere fois celui qui lui avoit donné le jour. Il eut cette triste satisfaction, qui coûta cher à ses sentimens. La présence de son pere excitant sa tendresse, il voulut jouir de sa présence une derniere fois, & fit lever le suaire qui couvroit sa face, afin de le contempler. Quel effroi saisit ses sens, lorsqu'il apperçut une tête gonflée de bouffissure dans toutes ses parties, un teint livide, des yeux déja corrompus, des joues & des lévres, qui commençoient à être attaquées de pourriture ! Au premier moment qu'on lui dévoiloit ce triste spectacle, un ver d'une grosseur énorme sortit de la bouche du cadavre, amenant avec lui des morceaux corrompus de sa langue.

Le Comte ne put soutenir long-temps la présence de tels objets. Il s'écria dans les premiers accès d'une surprise mêlée d'une

secréte horreur : » Eſt-ce bien là le Seigneur Raoul mon pere, ce
» Comte ſi puiſſant, ce Guerrier ſi redouté & ſi renommé dans
» l'art des ſiéges ? Lui que la mort a tant de fois reſpecté dans les
» combats, & qui a emporté de vive force tant de châteaux & de
» places fortifiées ? O état déplorable d'un Héros fameux par tant
» d'exploits! Sort étrange d'un guerrier autrefois ſi puiſſant, à qui
» les perſonnes du plus haut rang craignoient de déplaire, que le
» Souverain n'a jamais oſé attaquer, & contre lequel toutes les
» forces réunies de l'Etat n'auroient pu rien opérer qui lui fût con-
» traire « !

Ces réflexions ſont abrégées d'un diſcours très-pathétique, que le Seigneur Thibaud de Mailly met à la bouche du Comte Simon, au moment de l'exhumation de ſon pere. Je rapporterai les premiers vers de ce diſcours, parce qu'ils ſont expreſſifs, quoiqu'écrits dans un ſtile barbare & ſuranné de pluſieurs ſiécles. Thibaud débute ainſi :

Ains vous veuil Amentoivre à Simon de Crépy,   1. Souvenir.

Que li cuens Raoul ſen pere défouy,   2. Exhuma.

Et treuva dans ſa bouche un froy (ſerpent) plus que demy 3. Un ver.

Qui lui rongeoit la lang'dont jura & menty.

Li cuens vit la Merveille, il en fut eſbahy.   4. Frappé d'une ſurpriſe mêlée d'effroi.

Eſt-ce don la men pere, qui tant chaſtiaux Broï ?   5. Aſſiégea & prit.

Ja n'avoit-il en France nuz Prince ſi hardy,

Qui oſa vers li faire, ne guerre ne eſtry.   6. Attaquer, moleſter.

Quan qu'il avoit au ſiec, laiſſa & enhaït   7. Siécle. 8. Conçut de l'averſion.

Si bien le laiſſa voir que ſa terre en guerpit.   9. Il fit l'abandon de ſes terres.

Dedans une foreſt en eſſil s'enfouit,   10. S'enfonça dans une épaiſſe forêt.

Là devint charbonner & tel ordre choiſit, &c.   11. Exerça la profeſſion de charbonnier.

Les quatre derniers vers du diſcours expliquent la converſion, & la retraite du Comte Simon dans les bois, afin de s'y occuper par humilité, aux emplois les plus vils. Nous rapporterons bientôt

tôt plus au long les circonstances de son changement de vie.

Le transport du Comte Raoul, de Montdidier à Crépy, se fit avec beaucoup d'appareil. Les Religieux de S. Arnoul avoient disposé un caveau particulier, pour y placer ce dépôt. Ils reçurent le corps avec toute la pompe, que la présence du Comte Simon sembloit demander; & célébrerent plusieurs Messes à notes, pour le salut d'un homme, qui étoit mort excommunié. La réponse du Pape à Simon fait augurer, que le Comte Raoul avoit donné des marques de repentir au moment de sa mort, & que son salut n'étoit pas tout-à-fait désespéré.

Ce transport solemnel se fit le onze des Kalendes d'Avril de l'an 1076, avant Pâques (1077 selon notre maniere de compter) indiction quinziéme, épacte vingt-trois, l'an seiziéme du regne de Philippe I. Cette date est ainsi exprimée dans les écrits, qui ont été la matiere de ce récit.

A l'issue du convoi, le Comte fit dresser un acte en son nom, dans lequel sont consignés les traits principaux que j'ai rapportés (1). Il fonda un service & des Messes pour le repos de l'ame de son pere, & pour le salut de la sienne; & fit à cette occasion plusieurs présens aux Religieux & à l'Eglise de S. Arnoul. Il donna aux Religieux la terre de Boneuil, & orna leur Eglise de deux candelabres fort précieux. Ces deux présens sont annoncés dans l'acte, que Simon scella de son anneau d'or, afin de lui donner le dernier dégré d'autenticité. Cette piéce est contresignée du Sénéchal & des principaux Officiers de sa Maison. Il y prend la qualité de *Comte par la grace de Dieu :* formule ordinaire en ces temps-là, qui ne tire pas à conséquence. C'est à tort que quelques auteurs mal informés ont prétendu, que les Seigneurs puissans l'employoient, dans la prétention de tenir leurs domaines & leurs Comtés de leur épée & de Dieu seul. L'ambition de Raoul III ne fut jamais portée au point, de vouloir décliner l'autorité du Souverain, à plus forte raison celle du Comte son fils, dans une circonstance où il projettoit de se réconcilier avec le Roi, & avoit conçu le dessein de renoncer au siécle, & de faire à Dieu le sacrifice de tous ses biens.

Le lugubre appareil d'un convoi qui avoit duré plusieurs jours, rassembla dans l'esprit de Simon, une foule de réflexions accablantes, qui le jetterent dans une grande perplexité, touchant le

(1) Achery not. ad Guib. p. 596. Alberic. chron. Sec. 3. Bened. part. 2. p. 371.

Tome I. R 5

genre de vie qu'il devoit embraſſer. Il conſidéroit, qu'en ſuccédant aux grands biens de ſon pere, il courroit de grands riſques pour ſon ſalut. Le hideux ſpectacle de ce pere exhumé, avoit gravé dans ſon imagination des traces, qui ne pouvoient s'effacer, & qui lui cauſoient une mélancolie profonde (1).

Des idées ſombres de ſolitude & de retraite occupoient ſans ceſſe le Comte Simon; & le Roi qui en fut informé, le fit entretenir dans ces penſées. Ses amis au contraire cherchoient à le diſſiper & à l'engager dans les liens du mariage, eſpérant que les ſoins de cet état & la préſence d'une jeune épouſe rameneroient le calme dans ſon eſprit.

Simon écoutoit les deux partis. Cependant il céda aux inſtances de ſes amis, qui le portoient à s'engager dans l'état du mariage. Le choix d'une épouſe ſuccéda pendant quelque temps aux projets de retraite. Comme le jeune Seigneur jouiſſoit de la réputation d'un caractere doux & ſociable, ces qualités qui relevoient l'éclat de ſa naiſſance & de ſa fortune, firent rechercher ſon alliance. Guillaume le Conquérant lui offrit une de ſes filles en mariage. Alphonſe, Roi d'Eſpagne, lui fit propoſer une Princeſſe de ſon ſang. Robert, Prince de la Pouille, fit les mêmes démarches en faveur d'une Dame de ſa maiſon. Le Comte qui préféroit la vertu à la naiſſance & aux richeſſes, ne voulut pas ſe décider ſur un objet auſſi important, ſans avoir préalablement aſſemblé les Barons de ſes domaines, afin d'avoir à ce ſujet leur avis. Quelques-uns lui ayant propoſé la fille de Hildebert, Comte d'Auvergne, comme une perſonne qui réuniſſoit de rares qualités, Simon la demanda en mariage & l'obtint.

Dans la célébration de ſes nôces, le Comte eut ſoin d'écarter, tout ce qui pouvoit avoir la moindre apparence d'une diſſipation exceſſive. Cependant on ne négligea rien de tout ce qui pouvoit relever l'éclat d'une auguſte cérémonie, qui alloit unir par des liens indiſſolubles, deux perſonnes vertueuſes. Un peuple nombreux raſſemblé de toutes parts, & ſur-tout une foule de vaſſaux arrivés pour rendre une ſorte d'hommage à cette alliance, ſe félicitoient par avance, du bonheur que l'union des deux époux ſembloit leur promettre. Ils auguroient toutes ſortes de biens pour leurs enfans, dans la perſuaſion qu'une alliance auſſi accomplie ſeroit le germe d'une poſtérité bienfaiſante.

(1) Alberic. p. 119.

Les sentimens sont partagés sur les suites de ce mariage. Les uns placent immédiatement après la célébration de ces nôces, un voyage du Comte Simon à Rome, où le Pape Grégoire VII l'avoit fait inviter de se rendre. D'autres prétendent que ce voyage eut lieu avant l'exhumation du corps de Raoul III, & que Simon de Crépy partit pour Rome, comme pour faire une réponse verbale à la lettre, que le Souverain Pontife lui avoit adressée.

Les deux sentimens impliquent contradiction, pour des raisons qu'il seroit trop long d'exposer. Ce voyage, s'il a eu lieu, doit être placé dans l'intervalle des fiançailles & de la célébration des nôces: ceux qui en font mention, en exposent ainsi les motifs, les circonstances & les suites.

Le Roi Philippe I, effrayé du succès des armes de Simon, qu'il avoit regardé jusques-là comme un génie borné, & comme un sujet sans talens, conçut beaucoup d'ombrage de l'alliance, qu'il alloit contracter. Comme Simon avoit un fond de religion, accompagné d'une piété affectueuse, il crut que les remontrances du Pape agiroient puissamment sur son esprit, s'il pouvoit obtenir la médiation du Pontife. Le Roi avoit en vue deux objets: le premier, d'obliger le Comte à mettre bas les armes, & à s'abstenir de toute espéce d'hostilités. Le second, de réveiller & de tâcher d'effectuer le projet, que Simon avoit premiérement conçu, de se confiner dans une solitude, ou de prendre l'habit de religion dans un Monastere. Le Pape entra dans les vues du Roi. Le Comte de Crépy s'étant rendu à Rome pour complaire à Grégoire, celui-ci mit tout en œuvre, pour l'amener à ses fins.

Il représenta à Simon, combien il est contraire à l'ordre & aux maximes du droit naturel, qu'un sujet fasse la guerre à son Souverain, qu'une telle conduite le rendoit désagréable aux yeux de Dieu, dont les Rois sont les images & les lieutenans sur la terre. Le Pape ajouta beaucoup de choses, propres à toucher & même à intimider Simon. Dès qu'il le vit ému, il changea de langage, & lui donna des avis paternels, sur les mesures qu'il avoit à garder. Il passa des avis aux ordres, & lui défendit de la maniere la plus expresse, de prendre désormais les armes contre son Souverain, dans quelque rencontre que ce fût. Simon promit tout.

Le Pape alors lui dit, que pour abolir devant Dieu la mémoire du passé, il devoit se soumettre à une pénitence, qu'il alloit lui imposer: le Comte l'accepta. Le Pape content de sa docilité, &

craignant qu'après son retour en France, Simon ne fût détourné de l'accomplissement de ses promesses, par la rigueur des peines canoniques, s'imposa un tiers de la pénitence, & chargea deux Religieux des deux autres tiers. Le Comte par ce moyen fut renvoyé absous.

Grégoire VII content de ce succès, crut à propos de ne rien entamer touchant l'exécution du second objet. Il en chargea deux personnages célèbres en ces temps-là ; Hugues, Cardinal-Evêque de Die, & Hugues Abbé de Cluny, qui se trouvoient à Rome en même temps que Simon. Il leur ordonna d'accompagner le Comte pendant le temps de son retour en France, comme par honneur, & pour prendre soin de sa personne ; mais au fond, pour l'entretenir dans les sentimens qu'il lui avoit inspirés, & pour tâcher de le déterminer à embrasser la vie Monastique : fonction dont le Prélat & l'Abbé s'acquitterent avec tout le succès possible.

Simon de Crépy trouva, à son retour en France, une Cour nombreuse qui l'attendoit (1). Les deux Légats, contens d'avoir fait revivre en lui ses premieres pensées de retraite, sans oser mettre aucun obstacle à la célébration de ses nôces, retournerent l'un à son Abbaye, l'autre à son Diocese. Le Comte de son côté prit la route d'Auvergne, accompagné d'une suite nombreuse, & d'un train proportionné à son état & à sa fortune.

Ses nôces furent célébrées dans le Palais du Seigneur Hildebert. La joye que le Comte d'Auvergne avoit d'abord conçue de cette alliance, fut passagere. La premiere nuit de ses nôces, le Comte Simon persuada à son épouse de garder la continence, & de se consacrer à Dieu chacun dans un cloître. La jeune épouse, dans le cœur de laquelle une éducation chrétienne avoit rassemblés les principes de plusieurs vertus héroïques, ayant donné son consentement aux propositions de son mari, Simon choisit le Monastere de S. Eugende ou S. Oyand au Mont-Jura, & son épouse celui de Lavau-Dieu, dépendance de la Chaise-Dieu.

Le Moine Albéric prétend, que ces deux époux partirent chacun pour sa destination, la nuit même de leurs nôces, à l'insçu du Comte d'Auvergne & des Seigneurs, qui avoient assisté à la cérémonie de leur mariage. Il ajoute que le Comte Simon prit la route du Mont-Jura, accompagné de cinq Chevaliers. Il est plus convenable d'ajouter foi au récit des autres Auteurs, qui supposent la

(1) Guib. de vit. suâ, lib. 1. cap. 10.

résolution prise par les deux époux la nuit de leurs nôces, & exécutée, après avoir employé les moyens convenables à l'exécution de leurs desseins.

Albéric suppose la conversion de cinq Chevaliers, que le Comte Simon détermina à embrasser le même genre de vie, que celui qu'il se proposoit de suivre : ce qui devoit demander quelque délai.

En effet, Simon, non content de la résolution qu'il avoit prise de se sanctifier, en marchant dans la voie du salut, convertit par son exemple & par ses conseils cinq Chevaliers de marque, qui formerent la même résolution que lui. Deux de ces Chevaliers, nommés Raoul & Francon, prirent les devans ; & les trois autres, appellés Robert, Arnoul & Warnier dans la Chronique de Beze, l'accompagnerent. Ils trouverent en arrivant au Mont-Jura, un jeune Seigneur nommé Etienne, qui prit l'habit de religion en même temps qu'eux (1).

Le changement du Comte Simon fit une peine sensible aux parens de son épouse, d'autant plus, que sans se contenter de satisfaire son inclination pour la vie religieuse, il y avoit déterminé leur fille, dont la présence faisoit leur consolation. La haute noblesse du Royaume étoit partagée de sentimens, sur la conduite que Simon avoit gardée. Les uns le blâmoient d'avoir tenu sa résolution trop secréte, sans en faire part à ses proches : d'autres l'excusoient, pensant qu'il avoit voulu prévenir par-là les obstacles, qu'on eût pû mettre à sa conversion. Quelques-uns, édifiés du sacrifice qu'il faisoit de toute sa fortune, & de son renoncement aux honneurs, voulurent l'imiter.

Hugues, Duc de Bourgogne & Comte de Mâcon, touché de cet exemple, alla se faire Moine à Cluny avec plusieurs Gentilshommes, auxquels il avoit inspiré des sentimens pareils aux siens. Il y fut reçu par l'Abbé Hugues, son parent, principal auteur de la retraite du Comte de Crépy. Toutes ces choses se passoient en l'an 1077.

Simon de Crépy passa dans la vie monastique cinq années, pendant lesquelles il arriva plusieurs évenemens, qu'on a peine à ranger sous des dates certaines. Il fit beaucoup de voyages, les uns par ordre de ses Supérieurs, les autres pour satisfaire sa dévotion.

(1) Chron. Besuens. Spicil. t. 2. p. 434.

Il fonda en divers lieux douze Prieurés, un entr'autres dans les affreux déserts de Mouthe. Il consomma sa réconciliation avec le Roi Philippe I, & fit avec ce Souverain plusieurs accords, touchant ses domaines. Le Comte pria le Roi de trouver bon, qu'il cédât à l'Abbaye de Cluny une partie du Comté du Vexin avec la ville de Mantes, & ce Prince lui accorda sa demande (1). Il traita aussi avec les Bardouls, touchant les Comtés de Bar-sur Aube, de Vitri & de la Ferté, sur lesquels il assigna des rentes à la plûpart des douze Prieurés qu'il fonda.

En ce temps, l'esprit de ferveur & de régularité avoit porté la réputation de l'Ordre de Cluny à son comble. L'Abbé Hugues soutenoit cette réputation par un gouvernement des plus sages. Le Comte Simon estimoit personnellement l'Abbé Hugues, comme le principal auteur de sa conversion, & comme le pere commun de tous ceux, qui vivoient sous sa direction dans la retraite. Le choix que Simon avoit fait du Monastere de S. Claude, ne lui permettant pas de se mettre sous l'obédience immédiate du S. Abbé, il voulut se dédommager en quelque sorte, en soumettant à Cluny l'Abbaye de S. Arnoul de Crépy.

Il fit part de son dessein à l'Abbé Hugues, par une lettre remplie de témoignages d'affection & de respect, pour la personne du chef & pour la régularité de tout l'Ordre (2). Il déclare dans cette lettre, qu'il veut subordonner à la réforme de Cluny l'Abbaye de S. Arnoul, fondée dans le château, qu'on nomme *Crispy*; & il prie le S. Abbé d'y envoyer quelques-uns de ses Religieux, pour y introduire sa regle : qu'en attendant sa réponse, il va travailler à obtenir le consentement du Roi, celui de l'Evêque de Senlis & de ses *Hommes*. Cette lettre n'est pas datée.

Simon accomplit sa promesse ; il sollicita les consentemens, qui lui furent accordés. Le Comte s'étoit transporté à Paris pour cet effet. Avant d'en partir, il fit dresser un acte, dans lequel sont exprimées les demandes, qu'on lui accordoit. L'acte fut passé le jour de la Toussaint, dans l'Eglise de Notre-Dame de Paris, en présence du Roi, & non dans celle de Notre-Dame des Champs, où sont présentement les Carmélites, comme le P. Anselme l'a avancé. Le Roi signa l'acte, & après lui l'Evêque de Senlis & les principaux Officiers de la Maison du Comte. L'année n'est pas marquée.

(1) Bibl. Clun. col. 527.　　(2) Gall. Chr. instr. p. 207. t. 10.

L'Abbé Hugues reçut avec joye la lettre du Comte Simon (1). Au lieu des Religieux qu'on lui demandoit, il vint en personne au château de Crépy visiter la Communauté de S. Arnoul, & donner à Simon de nouvelles marques de son empressement, à concourir à l'exécution de ses vues. L'Abbé fut reçu à Crépy avec des distinctions, conformes à la haute idée, que le Comte avoit de ses éminentes vertus. Le peuple bordoit les rues de son passage. Un Chevalier nommé Robert, qui languissoit d'une fiévre invétérée, alla au-devant de lui hors des portes de la ville, & le pria de le secourir de son intercession auprès de Dieu, à l'effet de lui obtenir la guérison de son mal. L'Abbé Hugues reçut le Chevalier avec des marques de bonté, & celui-ci obtint la guérison, qu'il désiroit.

Hugues ayant pris connoissance de la regle & du gouvernement de S. Arnoul, jugea à propos de changer la dignité d'Abbé en celle de Prieur; suppression qu'il opéra dans toutes les Abbayes de sa dépendance, à l'exception de deux ou trois; d'où lui est venu le surnom de *Casse-Crosse*. Il fixa le nombre des Religieux de Crépy à vingt-huit Profès, le Prieur compris (2); il établit, ou plutôt laissa subsister les charges de Prevôt, de Sacristain, de Chantre & d'Infirmier, & ordonna que tous les jours on célébreroit quatre Messes hautes *cum notâ*, dans l'Eglise de S. Arnoul, & deux Messes basses *sine notâ*; qu'on feroit l'aumône deux fois la semaine, & qu'on exerceroit l'hospitalité envers tous les passans, qui se présenteroient. Avant son départ de Crépy, il fonda une Messe pour le Roi de Sicile, dans la même Eglise de S. Arnoul.

Lorsque Hugues de Cluny opéra ce changement, le Monastere de S. Arnoul avoit été gouverné par quatre Abbés consécutifs; S. Gérard en premier lieu, l'Abbé Lescelin, S. Hugues de Crépy, & Raherius, qui paroît avoir abdiqué la qualité d'Abbé, sur les remontrances du pieux Abbé de Cluny. Raherius est nommé Prieur de Crépy dans un titre de l'an 1088, portant donation de l'Eglise de Bazoches à Marmoutier (3). *Raherius Prior de Crispiniaco.* Il eut le Prieur Etienne pour Successeur (4).

Peu de temps après que Simon eut fait profession à S. Claude, ses Supérieurs le députerent au Roi Philippe I, pour obtenir de

(1) Bibl. Clun. col. 424. 441. 449.
(2) Ibid. col. 1712.
(3) Gall. Chr. Inst. t. 10. p. 103.
(4) Ibid. p. 1483. Muld. p. 332.

lui une grâce en faveur de leur Monaſtere. Le Roi tenoit ſa Cour au château de Compiegne. Simon ſe rendit à la Cour en habit de Moine. D'abord on ne le reconnut point. Du moment où il s'annonça pour être le Comte de Crépy, on le préſenta au Roi, & le bruit de ſon arrivée ſe répandit dans toute la contrée.

Après avoir rempli ſa miſſion, il traverſa une partie du Valois, avant de retourner à ſon Monaſtere. Il trouva partout ſur ſon paſſage, une foule de peuple, que la curioſité & le plaiſir de jouir de ſa préſence, avoient raſſemblé. Le contraſte d'un état pauvre & humilié, annoncé par l'habit monaſtique, avec l'état qu'il portoit peu d'années auparavant, cauſoit une ſurpriſe, qui attiroit ſur lui tous les regards.

Les actes de ſa vie ne marquent pas, s'il vint au château de Crépy. On y lit ſeulement, qu'il paſſa à la Ferté-Milon : que le jour de ce paſſage devoit être celui de l'exécution d'un malheureux, qui avoit tué ſon meilleur ami ; apparemment ſans le vouloir. L'action ayant paru graciable au Comte, il accorda à ce malheureux ſa protection, & obtint ſa grace.

Ceux qui rangent ce voyage de Simon de Crépy ſous l'an 1092, tombent dans une erreur manifeſte. Il y avoit alors dix ans, que le Comte avoit terminé ſa vie à Rome, entre les bras du Pape. Les auteurs de ce ſentiment ajoutent, que lorſque Simon ſe préſenta au Roi, ce Prince s'étoit rendu à Compiegne, pour aſſiſter à la cérémonie du dépôt d'un S. Suaire, que les Chanoines de S. Corneille avoient reçu en préſent. Ou la cérémonie du S. Suaire eſt antérieure à l'an 1092, ou il eſt faux que Simon de Crépy ſoit venu trouver le Roi à Compiegne dans cette conjoncture.

L'exemple de S. Arnoul le Martyr, qui avoit paſſé les dernieres années de ſa vie, à viſiter les lieux de piété & les tombeaux des Saints, porta Simon de Crépy, à ſe ſanctifier par ce même genre de dévotion (1). Il entreprit le pélerinage de Jéruſalem, afin de ſatisfaire la dévotion qu'il avoit, de prier ſur les lieux, où J. C. avoit opérés les principaux myſteres de notre rédemption. Arrivé à Jéruſalem, il deſcendit en habit de Moine, à l'hoſpice du Monaſtere de Joſaphat. Ce Monaſtere avoit pour Supérieur l'Abbé Hugues, ancien Profès de S. Arnoul de Crépy. Hugues ignoroit la converſion de Simon : & comme pendant ſon ſéjour à Crépy, il avoit toujours vu le Comte vêtu d'habits magnifiques, au ſein d'une

(1) Cart. S. Arn. Criſp.

Cour brillante, il le méconnut d'abord sous l'habit monastique.

Simon en se nommant, frappa l'Abbé Hugues d'une grande surprise. Il en fut reçu, avec les démonstrations de la joye la plus vive. L'Abbé fit son possible, pour le retenir quelque temps dans son Monastere : Simon se refusa à ses instances. Il alla visiter les saints lieux, & accéléra son retour, sans prendre le temps de se remettre des fatigues de son voyage. L'Abbé Hugues ne pouvant prolonger son séjour, pria Simon de se charger d'une lettre pour le Prieur de Crépy.

Cette lettre que l'on conserve encore, est datée de l'an 1081 : elle porte en substance, qu'il profite de l'occasion du Comte Simon, pour lui envoyer du bois de la vraye Croix, quelques parcelles de l'endroit du Calvaire, où la Croix avoit été plantée ; un morceau du Sépulchre de J. C. un morceau de la Crêche, où il est né, & un autre morceau du tombeau de la Sainte Vierge sa mere. Il finit en marquant, que si le Comte n'avoit pas été si pressé de partir, il auroit joint à ces présens une tenture d'étoffe précieuse, propre à orner l'Eglise de Crépy.

On conserve encore à S. Arnoul de Crépy, les Reliques rapportées par le Comte Simon. Elles sont enchassées dans une Croix de vermeil, d'un beau travail. Elles sont d'autant plus précieuses, qu'elles ont été choisies par un Abbé du premier Monastere de Jérusalem, dans un temps de paix & avant les Croisades d'où sont venues la plûpart de celles que l'on conserve dans les Eglises, & dont l'authenticité n'est pas toujours certaine.

A son retour de Jérusalem, Simon vint à Crépy. Il y séjourna peu. Il retourna au Mont-Jura, & employa à diverses œuvres de piété, le reste de l'année 1081, & le commencement de la suivante. Il varioit ses occupations, de maniere qu'il passoit du cloître à la vie solitaire, & qu'il quittoit les déserts, pour chercher dans les villes & dans les campagnes les ames, qui avoient besoin d'être ramenées de leurs égaremens.

Parmi les exercices du cloître, il choisissoit les plus humilians & les plus pénibles. Passoit-il à la vie solitaire ? il choisissoit les lieux les plus retirés pour y vaquer à l'oraison, ou bien il visitoit dans le fond des forêts, les atteliers des charbonniers & des bucherons, auxquels il demandoit de l'emploi ; comme on ne le connoissoit en aucune sorte, on s'empressoit de le charger d'ou-

Tom. I. S s

vrages pénibles. Simon recevoit le fardeau, & obéiſſoit à ces artiſans, comme à ſes maîtres.

Lorſqu'il alloit dans les campagnes & dans les villes, il les parcouroit en Apôtre. Il ne paſſoit preſqu'aucun jour, ſans gagner des ames à Dieu. Les douze Monaſteres qu'il fonda, furent peuplés de perſonnes, auxquelles il avoit lui-même inſpiré le goût de la vie monaſtique. Il convertit en un ſeul jour ſoixante Chevaliers, qui prirent enſuite l'habit monaſtique par ſon conſeil. Tout ceci montre, que le Bienheureux Simon de Crépy menoit une vie active & continuellement occupée, ſoit dans la ſolitude, ſoit dans le cloître, & qu'il ne ſe contentoit pas d'une oiſive contemplation, perſuadé qu'il n'eſt aucun état dans la vie, où l'on ſoit diſpenſé de chercher à être utile à ſes ſemblables.

En ce temps le Pape Grégoire VII avoit une affaire de la derniere importance à terminer avec Robert, Comte de la Pouille, le même qui avoit offert ſa fille en mariage au Comte Simon. Le Pape conſidérant, que le changement de Simon n'avoit fait qu'augmenter l'eſtime & les égards qu'on lui portoit, lorſqu'il vivoit dans le monde, jugea que ſa médiation lui pouvoit être d'un grand ſecours auprès du Prince de la Pouille. Grégoire manda Simon, & celui-ci ſe rendit à ſes ordres ſans différer (1). Le Pontife ayant expliqué au Comte ſes intentions, Simon partit pour la Pouille, & entama auprès du Comte la négociation, qui faiſoit le ſujet de ſa miſſion. Robert vit le Comte Simon avec une joye ſenſible. Il le reçut avec les témoignages d'une eſtime ſans bornes, fondée ſur l'aſſemblage de ſes vertus. A la premiere expoſition du ſujet qui l'amenoit, il lui accorda toutes ſes demandes.

Le retour de Simon à Rome cauſa au Pape un plaiſir ſenſible. Ce Pontife, plus jaloux du gouvernement temporel des états Chrétiens que du ſpirituel, crut qu'en fixant Simon auprès de ſa perſonne, il pourroit tirer parti de ſon crédit dans bien des rencontres. Il voulut le retenir à Rome, mais Simon le pria avec toute ſorte d'inſtance, de lui accorder la permiſſion de retourner dans ſa retraite.

Le Pape lui répondit, qu'il n'étoit pas en ſon pouvoir de conſentir à un retour ſi prompt; que ſes ſervices pouvant être de quelque utilité à l'Egliſe de J. C. il devoit conſulter Dieu & les Apôtres S. Pierre & S. Paul, ſur la réſolution qu'il avoit à prendre;

(1) Vit. Sim. Criſp. cap. 12. 13. Alberic. chr. p. 125.

qu'avant de se déterminer, il lui conseilloit d'aller prier dans la Confession de S. Pierre, & que suivant les pensées qui lui seroient révélées, il se décideroit à demeurer à Rome, ou à retourner dans sa retraite.

Au lieu de quelques heures de recueillement, que le Pape lui avoit conseillées, Simon passa une nuit entiere dans la Confession de S. Pierre. La fraîcheur de la nuit, dans un climat auquel il n'étoit pas accoutumé, l'attitude dans laquelle il prioit, tantôt à genoux, tantôt prosterné, un reste de fatigue de son voyage de la Pouille, lui causerent une indisposition, dont il ressentit de vives atteintes, en sortant au jour, du lieu de sa priere. La maladie s'accrut en peu de temps, & fit des progrès si rapides, que sa vie se trouva en danger.

Grégoire qui avoit été la cause innocente & involontaire de cet accident, en conçut un déplaisir sensible. Il oublia en quelque sorte sa dignité, afin de procurer en personne au Comte tous les services, que les particuliers se rendent entr'eux pendant leurs maladies. Le mal ayant été trouvé sans remede, le Pape administra le Comte. Il lui donna le Viatique de sa main, fit les prieres accoutumées, & l'exhorta à la mort. Il ne le quitta plus depuis ce temps. Le voyant décliner & prêt à passer, il le prit entre ses bras, & Simon, après quelques momens, rendit l'esprit dans le sein du Pontife, la veille des Kalendes d'Octobre, ce qui revient au trente Septembre, de l'an 1082. Au moment qu'il expiroit, S. Arnoul Évêque de Soissons, qui tenoit son Siége au château d'Ouchy, eut révélation de sa mort (1).

Le Pape prépara au Comte Simon des funérailles magnifiques, convenables au rang qu'il avoit tenu dans le monde, & à l'affection qu'il lui avoit portée (2). Trente Congrégations assisterent à ce convoi, sans compter les Grands & les personnes de la premiere distinction, qui se trouverent à Rome au temps de ces obséques. Le Pape les y avoit invitées. Simon fut inhumé dans le caveau des Papes, honneur extraordinaire, dont on avoit à peine quelques exemples.

Mathilde, Reine d'Angleterre, qui avoit aimé Simon tendrement, conçut une vive douleur de sa perte. Elle envoya à Rome une grande somme d'argent, destinée à lui ériger un monument, digne de sa naissance & de la sainteté de sa vie. Ce monument fut

(1) Gall. Chr. t. 9. p. 351.   (2) Alberic, p. 126.

commencé par les soins du Pape Grégoire VII, qui avoit préparés les plus beaux marbres, pour y être employés. Urbain II, connu sous le nom de Eudes de Châtillon, avant qu'il parvint au souverain Pontificat, acheva ce tombeau, & composa une épitaphe de huit vers latins, qu'il y fit graver. Ces vers sont hexametres & pentametres. Urbain tâche d'y peindre les vertus de Simon, qu'il juge préférables à sa haute extraction. Il met au nombre de celles où il a excellé, l'amour de la pauvreté & de la solitude, le sacrifice de ses biens, le triomphe de son esprit sur les impressions de la chair. Les quatre derniers vers font connoître son second voyage de Rome, sa dévotion au Prince des Apôtres, le lieu de sa sépulture, & l'objet du monument.

Tout le mérite de cette épitaphe, est d'avoir un souverain Pontife pour Auteur. Elle est sans diction, & contient des fautes, qu'on s'est permises apparemment comme des licences poëtiques. Malgré ces défauts, j'ai cru devoir la transcrire ici toute entiere.

Simon habens nomen majorem sanguine claro.
 Francorum procerum pars ego magna fui.
Paupertatis amans, patriam mundumque reliqui;
 Spiritum divitiis omnibus anteponens.
Post ad Apostolicam celestis principis aulam,
 Eximius tanti me patris egit amor.
Quo duce promerear tandem super astra levari.
 Hospitor hic sacras conditus ante fores.

Les Religieux de S. Arnoul, dont le Comte Simon pouvoit être regardé comme le second Fondateur, signalerent leur amour & leur reconnoissance par un mausolée, qu'ils consacrerent à sa mémoire: moins somptueux & moins orné que celui de Rome, il ne laissoit pas d'avoir un genre de mérite. Ils le placerent à l'entrée d'une Chapelle de Sainte Marguerite, qui a été détruite pendant les derniers siéges de Crépy, & dans laquelle étoient les sépultures des Seigneurs de Valois, Comtes de Vexin. Ce mausolée a été conservé. On le voyoit il y a quelques années, à gauche, en entrant dans l'Eglise de S. Arnoul par la grande porte.

Ce monument qui a été remanié au treiziéme siécle, représente un Pape assis (Grégoire VII) revêtu de sa chappe & des ornemens pontificaux, la Thiare en tête. On voit à ses pieds la figure du Bienheureux Simon de Crépy en habit de Moine, à genoux sur un prie-Dieu, les mains jointes & posées sur ce prie-Dieu, la moitié du corps tournée vers le Pape, qui lui présente une Mitre ornée de Fleurs de lys. Derriere le prie-Dieu est une figure de singe, qui foule aux pieds un léopard.

La Mitre fait allusion aux dignités Ecclésiastiques, que le Comte avoit refusées depuis son entrée dans le cloître. Le léopard foulé aux pieds, signifie le mépris, que Simon avoit fait des pompes du siécle, & de tous les biens périssables : nous avons remarqué, que les ancêtres de Simon avoient choisi le léopard pour armes ou symbole. Le singe & les Fleurs de lys ont été ajoutés au treiziéme siécle. A juger de l'extérieur du Bienheureux Simon par la figure qui le représente, il avoit la face pleine, & la taille courte.

Une vie pénitente & sanctifiée par l'assemblage d'un grand nombre de vertus, qui avoient paru avec éclat aux yeux du monde chrétien, & terminée par une mort, qu'on pouvoit regarder comme un sacrifice d'obéissance aux conseils d'un souverain Pontife, devoit nécessairement être couronnée par une canonisation, obtenue par les suffrages du Clergé & du peuple, comme c'en étoit l'usage alors. Simon de Crépy reçut ce tribut d'hommages, peu de temps après son décès.

L'Abbé Châtelain (1) met au vingt-neuf Septembre la Fête du *Bienheureux Simon de Crépy*, „qui fut, dit-il, Comte de Crépy „en Valois, puis Moine de S. Oyand, à présent S. Claude, Fon- „dateur de S. Ivaroles en Champagne, & de plusieurs autres Mo- „nasteres, inhumé à S. Pierre du Vatican, & particuliérement „honoré par les Prémontrés de Vermand en Picardie ; Fondateur „de la Mothe, Diocese de Besançon, Doyenné de Varasque „.

Cette Mothe est le Prieuré de Mouthe en Franche-Comté, où il paroît que le Saint demeuroit plus souvent qu'ailleurs, à cause de l'air de solitude propre à ce lieu. C'est de cet amour de la solitude, qu'il faut interpréter le passage du roman de Thibaud de Mailly, où il est marqué que le Bienheureux Simon mourut à Rome *en guise d'Hermite*. Ce genre de vie doit être rapporté à son séjour de Mouthe, & non au temps qu'il passa à Rome, & pendant lequel il ne s'absenta de la Cour du Pape, que pour aller trouver Robert, Comte de la Pouille.

La fin chrétienne du Comte Simon, comparée avec celle de

(1) Marl. p. 491.

son pere qui mourut excommunié, la violence de l'un, la douceur de l'autre ; la conduite d'un fils qui répandoit libéralement ses richesses dans le sein des nécessiteux, avec celle d'un pere qui dépouilloit jusqu'aux indigens de leurs possessions légitimes, la retraite de Simon dans un Couvent, tandis que le Comte Raoul son pere avoit passé sa vie à usurper les biens des Monasteres, & à vexer les Religieux qu'il dépouilloit, font voir que la Providence sait réserver des remédes proportionnés aux maux extrêmes, &, lorsqu'il en est besoin, opposer l'édification au scandale. Ces alternatives offrent aussi à l'esprit un contraste, qui excite naturellement la surprise : elles montrent que la vie des hommes comparés les uns aux autres, les peres même aux enfans, n'est qu'un tissu de contradictions.

J'ai puisé les faits ci-devant exposés, dans Guibert Abbé de Nogent, & dans les savantes notes du P. d'Achery sur cet Auteur. J'ai beaucoup profité du Cartulaire de S. Arnoul de Crépy, source excellente de beaucoup de faits sûrs & intéressans. J'ai aussi consulté la Vie latine du Bienheureux Simon, qui se trouve à la suite des ouvrages de Guibert, imprimés in-folio en 1651. Cette Vie qui a été tirée par D. Luc d'Achery de la Bibliotheque d'Orcamp, paroît avoir été écrite par un Auteur presque contemporain ; mais les faits exposés sans ordre, ne sont pas rangés sous les dates convenables. Cette Vie est divisée en quinze Chapitres.

En 1728, on imprima à Besançon, une Vie écrite en François du Bienheureux Simon de Crépy, comprenant cent-trois pages in-12. L'Auteur est tombé dans un grand nombre de méprises, faute d'avoir consulté les sources primitives. Il observe sur la fin, que plusieurs miracles éclatans ayant été opérés au tombeau de Simon, le Pape Alexandre II le déclara Saint, & que Grégoire VII le canonisa. Ce sentiment est opposé à la vérité & à la vraisemblance. Le Pape Alexandre II, décéda en 1073, neuf ans plutôt que Simon de Crépy, & Grégoire VII ne lui survécut que trois ans.

L'Auteur ajoute, que dans la suite on transféra une partie du Corps du Bienheureux Simon au Monastere de S. Oyand, & une autre portion dans l'Eglise du Prieuré de Mouthe, où il y a une Chapelle, érigée en l'honneur de ce Saint Fondateur.

75. Sur la fin du onziéme siécle, on réunit aux grands Monasteres, beaucoup de Chapelles & de Prieurés desservis par un seul ou par

deux Religieux. On avoit deux objets, en prenant ce parti. On vouloit en premier lieu, prévenir le relâchement & la vie peu édifiante & toute séculiere des Religieux, qui ne font aſtreints à aucune regle. On empêchoit auſſi par ces réunions, que les Seigneurs laïcs ne vinſſent à s'emparer de ces bénéfices, ſous le prétexte qu'on les deſſervoit mal, & que les intentions des Fondateurs n'étoient pas remplies. Une foule d'exemples de pareilles invaſions avoit rendu le Clergé circonſpect.

Tandis qu'on travailloit à détruire ces abus, les Evêques & les Grands qui faiſoient profeſſion d'une ſolide piété, concourroient ſans le ſavoir, à introduire par leurs libéralités envers les Monaſteres & les Chapitres réguliers, d'autres abus plus grands encore. On s'empreſſoit de réunir à ces Communautés des bénéfices à charge d'ames, dans la perſuaſion qu'une vie exemplaire & mortifiée ſuffiſoit, pour conduire les fidéles dans la voye du ſalut.

Qu'eſt-il arrivé de ce changement? Le contraire de ce qui faiſoit l'objet des vœux & des eſpérances de ces perſonnes pieuſes. On reconnut dans la ſuite, qu'il faut pour la conduite des ames, une expérience qu'on n'acquiert pas dans les cloîtres, & à laquelle il eſt néceſſaire d'être dreſſé de bonne heure, par les préceptes & par les exemples. Tel méne une vie pénitente & mortifiée, qui jettera le trouble & le découragement dans les conſciences par ſes conſeils. Les Ordres les plus fervens ont été ceux où le relâchement a été plutôt introduit; ſource des abus, qui ont porté les Eccléſiaſtiques avides de biens à épouſer ces ordres, dans l'eſpérance d'obtenir quelqu'un des bénéfices qui y ſont attachés. Les Evêques par ces pratiques jointes à l'excès du zele, qui les faiſoit renoncer à leurs droits ſur les Monaſteres, ont préparé des entraves à leurs Succeſſeurs, & ont cauſé un tort infini au gouvernement des ames, en voulant y appliquer le ſceau de la perfection. Parmi les ſages Réglemens du Concile de Trente, on doit compter celui, qui tend à rendre aux ſéculiers le gouvernement des ames, & à rappeller les réguliers dans les cloîtres, pour y vivre ſuivant leur profeſſion.

76. Hilgot, Evêque de Soiſſons, avoit été Chanoine & Doyen de Sainte Geneviéve de Paris, avant d'être élevé ſur ſon Siége. Il conſervoit à ce Chapitre une affection, dont il chercha toujours l'occaſion de donner des marques ſenſibles à ſes anciens confreres (1).

(1) Gall. Chr. t. 9. p. 352.

Il foumit en 1085, l'Eglife de S. Vaft de la Ferté-Milon & celle de Sainte Geneviéve de Marify à ce Chapitre. Les difpofitions où il étoit de concourir à l'ornement de fa Collégiale, eurent leur effet touchant Marify & la Ferté-Milon, après les remontrances de Sevin, Doyen de Sainte Geneviéve.

En vertu de cette donation, Sevin envoya fur les lieux plufieurs Chanoines de fa Communauté, prendre poffeffion. L'on penfa avant tout, à rebâtir l'Eglife qui tomboit de vétufté; elle ne fut pas achevée fur le champ; elle dura plufieurs années à bâtir. L'acte qui met S. Vaft de la Ferté-Milon fous la dépendance de Sainte Geneviéve, porte que l'Eglife en queftion n'étoit pas éloignée de la Ferté. C'eft la même Eglife qu'on voit encore, excepté quelques portions confidérables, qui ayant été ruinées pendant les guerres, ont été rebâties dans des temps poftérieurs. Le plus grand nombre des maifons du lieu environnoient alors cette Eglife. Elles ont toutes été détruites fucceffivement, de façon que l'Eglife de S. Vaft qui en occupoit le centre, eft préfentement ifolée. La ville actuelle de la Ferté-Milon, eft contenue dans la grande enceinte de l'ancienne Ferté. Pendant les temps dont nous parlons, la fortereffe ou Ferté n'avoit de commun avec le bourg de S. Vaft, que la proximité, & la facilité de fervir de refuge aux habitans du bourg, aux approches des ennemis & dans les temps de calamités. Lorfque l'Eglife de S. Vaft paffa fous la dépendance de Sainte Geneviéve, elle jouiffoit du titre de Paroiffe ou d'Eglife Matrice du canton. La Ferté & fes annexes en relevoient. Cette Paroiffe eft encore deffervie par un Religieux de Sainte Geneviéve, & conferve le titre de Prieuré-Cure.

Les députés que l'Abbé Sevin envoya prendre poffeffion de l'Eglife de S. Vaft, fe tranfporterent enfuite à Marify, où ils firent les formalités néceffaires, pour affurer au Chapitre de Sainte Geneviéve de Paris la jouiffance des droits, que l'Evêque de Soiffons avoit accordés.

Le territoire fitué au-delà de l'Ourcq par rapport à S. Vaft de la Ferté-Milon, dépendoit d'une Eglife Paroiffiale de S. Pierre, dont on ignore la fondation. Ce territoire & l'Eglife portoient dès-lors le nom de Charcy. Cette Paroiffe avoit dans fon reffort, une Collégiale ou Monaftere du titre de Sainte Madelaine. On y fuivoit la regle de S. Benoît felon les apparences; ou du moins les Clercs de cette Maifon devoient y être foumis par leur inftitution.

tution. Soit que le nombre des Clercs ne fût pas assez grand pour observer la regle, soit que le relâchement se fût introduit parmi eux, on jugea à propos de les soumettre au Monastere de S. Pharon de Meaux, sur la fin du onziéme siécle.

Je n'ai rien découvert sur cette ancienne Communauté, qui remonte plus haut que cette date. La tour qu'on voit encore à côté de l'Eglise, m'a paru un ouvrage du onziéme siécle commençant. Au temps de la Comtesse Eléonore, il y avoit encore une Communauté de Moines en cet endroit. Ce fait nous est connu par sa Charte aumôniere de l'an 1194, dans laquelle il est marqué, que la Comtesse remet aux Moines de la Ferté-Milon, *Monachis de Firmitate-Milonis*, quatre sols de cens, qu'ils devoient au domaine de son château. Elle accorde de plus aux Religieux de S. Pharon de Meaux, de qui relevoit ce Monastere, la permission d'essarter cent-vingt arpens de bois. Peut-être la Comtesse a-t'elle voulu désigner par cette derniere expression, les Religieux mêmes de la Magdelaine, tirés de la Communauté de S. Pharon.

La même année, où l'Evêque Hilgot soumit les Eglises de S. Vast de la Ferté & de Marisy à Sainte Geneviéve, il accorda une Charte aux Religieux de Marmoutier, pour confirmer la donation, qui leur avoit été déja faite de l'Eglise de S. Sulpice de Pierrefonds. On lit cette condition dans la Charte (1); que le Doyen de Soissons sera à perpétuité la *Personne* de cette Eglise, & qu'en cette qualité, il recevra chaque année cinq sols de cens, qu'il distribuera le jour de S. Gervais, aux Chanoines ses confreres.

77. L'architecture du onziéme siécle est distinguée de celle des siécles suivans, par un caractere de solidité qui surprend. Elle conservoit les principales parties du goût Romain, à l'exception de la noblesse & de l'élévation. Il y a dans plusieurs cantons du Valois, des tours quarrées, des cancels, des portions de croisées & de bas-côtés, qui sont de ce temps. On les distingue par les arcs en pleins ceintres des fenêtres & des voûtes, par le massif & l'épaisseur des murs, & par le peu d'élévation qu'on donnoit aux planchers & aux voûtes. Le massif des murs dispensoit de la nécessité de les soutenir par de gros piliers: les ornemens sont rares dans les bâtimens de cet âge. Dans leur construc-

(1) Gall. Chr. t. 10. instr. p. 100.

tion, l'on n'avoit d'autre but que de les rendre durables. On sacrifioit à l'utilité, la délicatesse & l'agrément. Les maîtres en architecture étoient des génies timides & sans effort, qui travailloient pésamment, sans une connoissance pratique des graces, dont leur art étoit susceptible.

78. L'Abbaye de S. Jean-lès-Vignes de Soissons est située dans le ressort du Duché de Valois, de même que le Fauxbourg qu'elle occupe, & un autre Fauxbourg qui porte présentement le nom de Crise, & qu'on appelloit anciennement Fauxbourg de S. André. On suit dans ces deux cantons la Coutume de Valois. A l'égard de l'Abbaye de S. Jean-lès-Vignes en particulier, plusieurs Ducs de Valois y ont nommé, à cause de leur qualité. Les deux Fauxbourgs de Crise & de S. Jean dépendent de la Châtellenie de Pierrefonds, parce que dans l'origine, les habitans de ces deux Fauxbourgs se sont mis sous la protection des Seigneurs du chef-lieu de ce ressort. La fondation de l'Abbaye de S. Jean-lès-Vignes a été ainsi exécutée.

Il y avoit près de Soissons une Paroisse appellée S. Jean-du-Mont, dont le Prêtre prenoit la qualité de *Cardinal*, dès le milieu du onziéme siécle. Ce nom attribué aux Curés de quelques Paroisses, avoit la même force & la même signification, que celui de *Matrice*, qu'on donnoit aux Eglises Baptismales, pour marquer leur supériorité sur les autres Eglises d'un même canton. Plusieurs Prêtres habitués, qui formoient une espéce de Collégiale dans l'Eglise de S. Jean-du-Mont, aidoient le Cardinal à remplir les fonctions du ministere, & à célébrer l'Office Divin. La Communauté jouissoit d'un revenu très-borné, parce qu'à l'occasion des troubles, une grande partie de ses biens avoit été envahie par des Chevaliers de la contrée, auxquels on n'avoit pu résister. Ces malheurs dont tous les jours on ressentoit les suites, n'empêchoient pas le Cardinal & ses Prêtres de mener une vie réguliere, & de remplir avec scrupule toutes les parties de leurs fonctions. Les grands biens sont des causes de dissipation, qui nuisent à la regle : ils concourent à l'affoiblissement de la discipline. D'un autre côté, un revenu trop borné, suivant la maniere de penser de ceux qui en jouissent, est presque toujours un prétexte de négliger ses devoirs.

Un Chevalier du Soissonnois, appellé Hugues de Château-Thierry, possédoit plusieurs bénéfices, qu'il avoit envahis. Il percevoit les revenus de cinq Autels ou Eglises, situées à Charly, à Montlevon, à S. Agnan en Brie, à Rosoy, à Arthese ou S. Bandry, lieux dépendans du Diocese de Soissons. Hugues, sur les remontrances de Thibaud de Pierrefonds, Evêque de Soissons, se détermina à restituer ces cinq Eglises, à condition que les Prêtres de S. Jean-du-Mont en auroient la jouissance, & que Thibaud les mettroit lui-même en possession. L'Evêque reçut la proposition du Chevalier, & mit ses promesses à exécution, dès qu'il eut obtenu le désistement de Hugues.

Thibaud fit dresser à ce sujet un acte, dans lequel, après une vive sortie contre ceux qui usurpent les biens des Eglises, ou qui les gardent contre le gré des Titulaires ou des Collateurs, il impose au Chevalier Hugues une pénitence, en expiation de sa conduite passée. Il déclare ensuite, que les Eglises déja citées appartiendront désormais aux Clercs & au Prêtre de S. Jean, & afin de donner plus de force à son titre, il obtint du Roi Philippe I, une Charte qui en confirme les dispositions. La Charte du Roi est datée de l'an 1076; on y remarque après la signature du Roi, celles de Thibaud, Seigneur de Nanteuil, de Hugues de Château-Thierry, d'Albéric de Lisy-sur-Ourcq, d'Evrard de Cherisy, & de Guy de Châtillon. Le Roi ordonne, que le Prêtre-Cardinal de S. Jean administrera les revenus de ces Eglises, & qu'il continuera de rendre compte de sa conduite à l'Evêque & à l'Archidiacre.

Le P. Legris, Auteur de la Chronique de S. Jean-lès-Vignes, a voulu, à l'imitation des Auteurs d'Histoires particulieres, insinuer que le Chevalier fondateur de son Abbaye tenoit un rang distingué dans l'Etat. D'autres l'ont confondu avec Hugues Bardoul, premier du nom. Renaud, dans son abrégé de l'Histoire de Soissons, le prétend issu de l'illustre Maison des Comtes de Champagne. Hugues, fondateur de S. Jean, n'étoit qu'un simple Officier, aux ordres des Comtes de Champagne. Il occupoit une place parmi les Chevaliers, que ces Seigneurs préposoient à la garde de leur Vicomté de Château-Thierry, & à la conservation de leurs droits. Thibaud de Pierrefonds qui connoissoit sa valeur, l'avoit chargé de l'Avouerie de plusieurs bénéfices. Le Chevalier, au lieu de la protection qu'on attendoit de ses services, avoit usé de violence & de stratagêmes, pour s'en attribuer les revenus. C'est la raison pour laquelle l'Evêque de Soissons marque tant d'humeur contre lui dans sa Charte.

Ces reproches de l'Evêque doivent être plutôt regardés comme des avis paternels, que comme des invectives. Le Chevalier Hugues eut, depuis cette action, la plus grande part dans l'estime du Prélat : & lorsque Thibaud donna l'année suivante, l'Autel de Bainson à Coincy, il voulut que le Chevalier Hugues signât avec lui, l'acte qui fut dressé à ce sujet (1).

Hugues, tant qu'il vécut, combla de biens les Clercs de Saint Jean-du Mont. Il possédoit un clos de vignes considérable par son étendue, & situé à côté de l'Eglise de S. Jean. Il fit présent de ce clos à la Communauté des Clercs, dont la maison prit à cette occasion le surnom de *S. Jean-lès-Vignes*, qu'elle porte encore.

En 1088, Henry Evêque de Soissons, réunit avec le consentement de son Chapitre, une prébende de sa Cathédrale, à la Communauté des Clercs de S. Jean. Avant la fin de ce siécle, les Papes accorderent plusieurs priviléges à cette Société naissante, qui prit la forme d'un Monastere de Chanoines réguliers. Les Seigneurs de Pierrefonds, les Evêques de Soissons & de Meaux, concoururent par leurs bienfaits à son parfait établissement. Il paroit que dès les premiers temps, la regle de S. Augustin y fut introduite. Cette regle est la base des constitutions actuelles de l'Abbaye.

Les premiers Chefs de cette Congrégation prirent la qualité d'Abbés, titre commun alors à tous les Supérieurs des Communautés & des Associations. Le Chef de la Confrairie aux Prêtres prenoit ce même titre, comme on l'a vu, quoique la supériorité de cet Officier ne durât qu'une année.

Le premier Abbé de S. Jean-lès-Vignes se nommoit Odon. Il n'est rien arrivé sous son gouvernement, qui regarde sa personne. Il eut pour successeur un frere de Henry, Evêque de Soissons, nommé Roger. Celui-ci reçut la Bulle, par laquelle le Pape Urbain II approuva la fondation de la nouvelle Abbaye. Cette Bulle datée de l'an 1089 lui est adressée. En 1093, il souscrivit en ces termes une Charte de l'Evêque Hugues de Pierrefonds, concernant S. Thibaud; *Rogerus, Abbas & Canonicus*. On peut consulter sur les autres particularités de cette fondation, la Chronique de S. Jean-lès-Vignes, composée en latin par le P. Legris, Chanoine régulier de S. Jean, & Prieur de la Ferté-Gaucher. Cet

---

(1) Gall. Chr. t. 10. instr. p. 99.

Ouvrage, imprimé en 1619, forme un volume in-12 de 320. pages.

79. Vers ce même temps, le Monastere de Coincy subit une réforme & un renouvellement, qu'on peut regarder comme une seconde fondation. Sa premiere origine est inconnue. Elle se perd dans les premiers siécles de l'Ere chrétienne. Le bourg est aussi fort ancien.

Le bourg de Coincy a commencé par un château fortifié, & accompagné d'un donjon. Les troubles du gouvernement féodal rassemblerent dans la seconde enceinte de cette forteresse, un grand nombre de familles, qui y bâtirent des demeures. Les Seigneurs de ce fort château fonderent une Collégiale dans cette seconde enceinte, pour l'utilité de ceux qui y étoient établis. La Collégiale fut changée en une Abbaye, que des fragmens de titres appellent *Consiacum*.

En l'an 1072, Thibaud III, Comte de Champagne, renouvella ce Monastere, en lui accordant de nouveaux biens, & en réformant les anciennes constitutions, sur des regles plus parfaites. L'Abbaye fut changée en un Prieuré plus régulier, & plus nombreux que le premier Monastere.

La ville ou bourg de Coincy est située sur le chemin d'Ouchy à Château-Thierry, à six lieues au midi de Soissons, au milieu d'une belle plaine. Ce lieu a donné son nom à plusieurs hommes illustres du treiziéme siécle. On conserve en l'Abbaye de Notre-Dame de Soissons (1), un livre des Miracles de la Sainte Vierge, écrit en vers françois par Gautier de Coincy, Religieux de Saint Médard, vers l'an 1200. Ce livre est orné de figures magnifiquement enluminées. Gautier de Coincy devint Prieur de Vic-sur-Aisne, & mourut en 1233, revêtu de la charge de Grand-Prieur de S. Médard de Soissons.

Gobert de Coincy remplit après lui, la place de Prieur de Vic-sur-Aisne, vers l'an 1214. Gobert avoit fait profession à S. Médard dans un âge peu avancé (2). Il passa comme son Prédécesseur, du Prieuré de Vic-sur-Aisne à celui de S. Médard, & mourut en 1236 au mois de Septembre. On compte parmi les Abbés de S. Médard, un Jérôme de Coincy, qui fut élevé à cette dignité, au mois de Septembre de l'an 1253, après avoir été Prieur de cette même Abbaye. En 1260, vivoit un Gérard de Coincy, qui jouis-

(1) Hist. N. D. p. 62.   (2) Spicil. t. 2. p. 489. 490.

soit d'une grande confidération parmi fes contemporains.

Thibaud III, Comte Palatin de Champagne & de Brie, de Blois, de Chartres & de Tours, eut en l'an 1072 un fils, de la Comteffe Adelaïde fon époufe, qui fut nommé Eudes ou Odon. Thibaud avoit une haute idée de la fainteté de Hugues, Abbé de Cluny. Il crut que s'il pouvoit engager cet illuftre Abbé à adminiftrer le Sacrement de Baptême à fon fils, les vertus du Miniftre ne manqueroient pas d'être une fource de bénédictions & de faveurs, que Dieu répandroit fur la vie du nouveau né (1).

La réforme de Cluny avoit été introduite & reçue dans le Monaftere de Coincy avant cette naiffance, & par conféquent cette Maifon réguliere étoit de la filiation du S. Abbé. Les deux époux fentirent, que les préfens qu'ils feroient à la Communauté de Coincy, feroient cenfés faits à l'illuftre Chef de toute la Réforme. C'eft pourquoi ils donnerent en toute propriété un alleu confidérable, avec le bourg & la terre de Coincy, au Monaftere du lieu. Le Pape Grégoire VII, confirma cette donation par fa Bulle datée de l'an 1077.

Thibaud de Pierrefonds, Evêque de Soiffons, ajouta au riche préfent du Comte de Champagne, l'Autel de Bainfon qu'il ôta aux Chanoines de fon Chapitre. Après la mort de l'Evêque Thibaud, Hilgot fon fecond Succeffeur, réunit au Monaftere de Coincy, quatre Autels fitués le premier à Dormans, le fecond à Cour-Robert, le troifiéme à Janviliers près de Mont-mirel en Brie, le quatriéme à Sermoife près de Braine (2). Hilgot venoit de retirer ces quatre Autels des mains laïques; & afin d'éviter les inconvéniens qui les y avoient fait paffer, il voulut que le Doyen de fa Cathédrale fût à perpétuité la *Perfonne* de ces quatre Autels, fous l'obligation aux Moines de Coincy, de payer annuellement cinq fols de cens à S. Gervais de Soiffons.

Hilgot fuivoit l'exemple de Hugues de Pierrefonds fon Prédéceffeur, qui avoit foumis à Coincy les quatre Autels de Saponay, de Ronchers, de Berny & de Spanlx, fous la redevance de huit fols de cens à S. Gervais, & fous la condition que le *Perfonnage* de ces quatre Autels feroit attribué au Doyen de la même Eglife de S. Gervais.

Le Pape Urbain II, Eudes de Châtillon, qui avoit commencé fa fortune par la place de Sécrétaire de l'Evêque Thibaud de

---

(1) Gall. Chr. t. 9. p. 391.   (2) Gall. Chr. t. 10. inftr. p. 101.

Pierrefonds, confervoit quelques droits fur l'Autel de Bainfon. Il s'en défifta par une Bulle datée de l'an 1096, & confirma la donation de Thibaud (1). Le Prieuré de Coincy compte auſſi parmi fes premiers bienfaiteurs, Etienne de Champagne & Guy de Braine.

Le nombre des Religieux de Coincy ayant été augmenté par S. Hugues en 1072, le Comte Thibaud crut devoir leur prépofer un nouveau Supérieur. Il choifit lui-même le Religieux Bérenger, qui occupoit encore la place de Prieur en 1085. A Bérenger fuccéda Wicher, qui continuoit de vivre en l'an 1110.

Les anciens titres nomment le Monaftere de Coincy tantôt *Abbatiola*, tantôt *Cella*. Le Prieuré de Coincy conferve une Jurifdiction confidérable, qui s'étend fur vingt-une Paroiffes du Diocefe de Soiffons, & fur une autre Paroiffe du Diocefe de Laon. Tous les ans le jour de S. Pierre, Patron de l'Eglife & de la Maifon, le Prieur tient un Synode, auquel les Curés de ces Paroiffes doivent affifter, de même que ceux de Châtillon-fur-Marne, de Melleroy, de Leuvrigny & de Bainfon. Ce Synode fe tient dans le Chapitre de la maifon.

80Après la mort de Simon de Crépy, & même depuis l'exhumation de fon pere & fon entrée au cloître, le patrimoine de ce Seigneur fut comme démembré en une infinité de portions; fans compter les biens qu'il donna aux Monafteres, ceux qu'il affigna aux douze Prieurés de fa fondation, & tout ce qu'il vendit & dont il diftribua le prix aux pauvres. Ses Comtés & fes domaines paſſerent fous la puiffance de différens Seigneurs.

Le Roi entra en poffeffion du Comté de Vexin; & comme la ville de Mantes, l'une des principales dépendances du Comté, avoit été cédée à l'Abbaye de Cluny, Philippe I la retira des mains des Religieux, en les dédommageant d'ailleurs (2). En l'an 1087, la ville de Mantes étoit au pouvoir du Roi, fuivant le rapport de Guillaume de Jumiége.

Les Seigneurs de Ponthieu envahirent le Comté d'Amiens en grande partie; l'Evêque Guy, fils d'Enguerrand I, Comte de Ponthieu, à l'exemple, & peut-être à l'inftigation des autres ufurpateurs, prit part au butin, & réunit à la manfe de l'Evêché d'Amiens, plufieurs héritages confidérables. Cette conduite d'un

---

(1) Duchefn. Hift. Chat. p. 24.
(2) Anfelm. t. 2. p. 267. Olderic Vital.
lib. 2. c. 11. 12. Guill. Jum. l. 7. c. 44.

Evêque, qui auroit dû s'opposer seul aux voies de fait exercées par les usurpateurs, sembla confirmer ceux-ci dans la jouissance de ce qu'ils avoient mal acquis (1). Cependant ils ne retinrent cette proie, que pendant un court espace de temps. Le Comté d'Amiens rentra au pouvoir des héritiers de Simon.

Quant aux domaines situés dans la Champagne, Etienne, fils du Comte Thibaud III, en céda une partie à Hugues Bardoul, second du nom, fils du Seigneur Barthelemi & d'Alix de Crépy. Il garda le reste, comme descendant d'une autre Dame Alix, fille de Raoul II, Comte de Crépy.

Les terres du Valois furent le partage de Hildebrante, sœur aînée du Comte Simon, mariée à Héribert, Comte de Vermandois, du vivant de son frere. Une fille unique sortit de cette alliance; Adéle de Vermandois, qui épousa Hugues le Grand, frere du Roi Philippe I. Ainsi finit, dans la personne de Simon de Crépy, la branche aînée des premiers Seigneurs de Valois, Comtes de Vexin. La branche cadette de cette illustre Maison demeura à Nanteuil, jusqu'à la fin du treiziéme siécle; mais ses rejettons n'eurent aucune part à la succession du bienheureux Simon, pas même aux biens, dont ils possédoient une partie par indivis, avec les Seigneurs du château de Crépy. Ces biens retournerent sans partage, au Prince Hugues le Grand, frere du Roi.

Ives de Chartres, parle en ces termes de l'alliance du Comte Hugues le Grand avec l'héritiere du Comté de Valois : » Il est » venu à notre connoissance, que le Comte de Meulant Guale- » ran veut épouser la fille de Hugues, Comte de Crépy, (Hugues » le Grand.) Ils sont parens de très-près. Des personnes de poids » nous ont assurés, que de Gautier le Blanc, est née la mere du » Comte Gualeran, & que de Gualeran, est sortie la mere du » Comte Robert. Le même Gautier le Blanc a été pere d'un » Comte Raoul, de qui est descendue la Comtesse de Vermandois, » mere de l'épouse de Hugues, Comte de Crépy, dont la fille » veut épouser le Comte de Meulant. « Ce texte justifie la généalogie des premiers Comtes de Crépy, que j'ai établie.

La division des domaines du Comte Simon fut un coup favorable à l'autorité du Roi, qui désiroit depuis long-temps cette espéce de dispersion. Ce Prince influa, autant qu'il put, sur ce démembrement. Ce fut de sa part un procédé judicieux, de s'oppo-

(1) Morl. Hist. Am. p. 190.

fer à ce qu'un seul de ses sujets possédât des biens assez considérables, pour être en état de faire la guerre à son Souverain.

82. Il y a beaucoup d'obscurité sur les premiers Seigneurs de Bazoches. Il paroît qu'avant la fin de la seconde race de nos Rois, la Seigneurie du lieu avoit été donnée aux Evêques de Soissons, & qu'à l'occasion des troubles, ceux-ci choisirent pour défenseurs de leurs domaines, des Chevaliers qui prirent le surnom de Bazoches, du château à la défense duquel on les avoit préposés. Plusieurs traits historiques confirment le sentiment, que la Seigneurie de Bazoches appartenoit anciennement aux Evêques de Soissons.

On lit dans Flodoard (1), que l'Evêque de ce Siége avoit auprès de l'Eglise de S. Rufin, son manoir Episcopal, c'est-à-dire, un château. Un titre de l'an 1093, concernant S. Thibaud, nous fait connoître, qu'en cette année, le même Evêque possédoit un domaine, qui comprenoit une partie du territoire de Bazoches (2). Dormay observe, que de tout temps, les Evêques de Soissons ont eu une supériorité marquée sur les Seigneurs laïcs de Bazoches, qui, en signe de leur subordination & de leur qualité de vassaux, (*Casati*) devoient être du nombre des quatre Chevaliers, qui portoient l'Evêque, à sa premiere entrée solemnelle dans la ville de Soissons.

L'Eglise de Bazoches est le titre du premier Doyenné Rural du Tardenois. Le Doyenné de Fere en est un démembrement. La présence des Evêques, que la proximité de leur château & le soin de leurs affaires amenoient souvent sur les lieux, paroît avoir été le motif, qui aura déterminé à établir ce Doyenné à Bazoches, plutôt que dans d'autres endroits plus considérables du canton. Ces traits réunis marquent une jurisdiction ancienne, une supériorité, un dégré d'autorité, qui caractérisent l'état & la puissance d'un Seigneur. Le domaine que les Evêques de Soissons possédoient à Bazoches, leur avoit été cédé au septiéme siécle par les Archevêques de Reims, qui tenoient cette terre des libéralités du grand Clovis.

Il y avoit à Bazoches deux Collégiales, l'une de S. Rufin au château, l'autre de S. Thibaud dans le bourg. Nous avons exposé l'origine & les premiers accroissemens du Chapitre de S. Rufin:

---

(1) Lib. 4. c. 53.   (2) Dorm. t. 2. p. 73.

cette Eglise fut desservie par des Séculiers, jusqu'à l'an 1136 qu'on la soumît à Marmoutier. Il nous reste à présenter, ce que nous avons découvert sur l'Eglise Collégiale de S. Thibaud.

La fondation de S. Thibaud est très-obscure. Je ne trouve rien qui regarde cette Eglise, avant sa réunion à Marmoutier, qui a été exécutée ainsi.

L'Eglise de S. Thibaud appartenoit à un Chapitre de Clercs séculiers, qui menoient une vie peu conforme à leur état. En l'an 1088, on prit la résolution de mettre des Religieux de Marmoutier à leur place. Rainaud, Archevêque de Reims, & Hilgot Evêque de Soissons, consommerent cette réforme, à l'occasion de la restitution, que fit à S. Thibaud Manassé de Bazoches, des biens ecclésiastiques qu'il avoit usurpés. Ce Seigneur avoit aussi sur l'Eglise de S. Thibaud, des droits légitimes & effectifs, qui rendoient son consentement nécessaire à la réunion. Les deux Prélats obtinrent ce consentement, & dresserent une Charte, dans laquelle l'établissement de la réforme est expliqué.

On spécifie dans cette piéce, que les Religieux nouvellement arrivés de Marmoutier, recevront les oblations; qu'ils auront en leur possession le cimetiere ou parvis de l'Eglise; qu'ils jouiront des biens de cette Eglise, consistant dans un bourg, un moulin, un four, un vivier; beaucoup de coutumes, des vignes, des prés, des terres labourables, & plusieurs maisons (1). On lit parmi les noms qui terminent la Charte de l'an 1088, ceux de Pierre de Bazoches, de Raherius Prieur de Crépy, d'Artaud Prieur de S. Thibaud, & de Guillaume de Pacy.

Peu de temps après la conclusion de cette affaire, Manassé de Bazoches eut quelques différens avec les Moines de S. Thibaud, & profita de la conjoncture, pour enlever à ceux-ci des biens, qu'il trouvoit à sa bienséance. La réflexion rappella ce Seigneur à des sentimens plus équitables. Touché de repentir, il alla trouver Henry Evêque de Soissons (2), & remit à ce Prélat en présence de témoins, les biens qu'il avoit enlevés aux Religieux.

En l'an 1093, on tint un Concile à Reims, la troisiéme semaine de Carême, dans lequel Hugues de Pierrefonds, Evêque de Soissons, proposa de confirmer aux Moines de S. Thibaud, la propriété des biens dont ils jouissoient. Hugues pensoit, que cette for-

(1) Gall. chr. t. 10. instr. p. 103.   (2) Hist. Chat. p. 681.

malité mettroit de plus en plus les Religieux à l'abri des invasions. Il obtint sa demande (1).

Le bourg & le château de Bazoches n'avoient pas encore été fortifiés sous le regne de Eudes. Voici un trait qui semble prouver, qu'ils étoient ouverts de toutes parts (2). Sous le gouvernement de ce Prince, une troupe de ces brigands, qui désoloient les campagnes, entra dans Bazoches pour piller les maisons & faire du butin. Un soldat ayant apperçu une femme qui lui plaisoit, la poursuivit, dans le dessein de la violer. Celle-ci lui ayant d'abord échappé, courut se réfugier dans l'Eglise de S. Rufin, où le soldat entra. Mais par l'intercession des Saints Martyrs, elle fut miraculeusement préservée de la brutalité de cet infâme.

Avant que le château de Bazoches fût fortifié, il y eut plusieurs Translations des Reliques de S. Rufin & de S. Valere, de Bazoches à Reims & à Soissons.

C'est à l'occasion de ces mêmes troubles, que le château de Bazoches fut fortifié. Les Archevêques de Reims & les Evêques de Soissons, excédés des déprédations continuelles, que les troupes des factieux & des gens sans aveu y exerçoient, prirent le parti de donner en Fief une partie de la terre de Bazoches à des Gentilshommes, qui se chargerent du soin de revêtir le château de fortifications, & de mettre le bourg en état de défense (3). Ces Gentilshommes prirent la qualité de Seigneurs de Bazoches, quoique vassaux des Evêques de Soissons ; ce titre leur appartenoit effectivement, à cause de leur Fief & de leur séjour habituel dans le manoir de ce Fief.

Les premiers Chevaliers, à qui la défense du château & de la terre fût confiée, étoient membres de l'illustre Maison de Châtillon-sur-Marne, dont une branche a pris le surnom de Bazoches.

Marlot rapporte (4) après Duchesne, qu'en l'an 909, Hérivée donna à son frere Eudes ou Odon les terres de Bazoches & de Châtillon-sur-Marne. Hérivée tenoit son Fief de Bazoches, de l'Eglise de Reims, de laquelle il étoit réputé bénéficier. L'obligation lui avoit été imposée par les Chefs de cette Eglise, de défendre Bazoches contre les attaques des Normands.

La suite des premiers Seigneurs de Bazoches est interrompue ;

(1) Gall. chr. t. 9. p. 360.
(2) Templ. p. 155.
(3) Duch. Hist. Chat. p. 679.
(4) T. 1. lib. 4. p. 541.

depuis Odon jusqu'à Milès de Châtillon, qui vivoit sous le Roi Henry I. Milès eut deux fils: il donna son nom à l'aîné: le second fut appellé Manassé. Milès II fut marié, & laissa des enfans sous la tutêle de son frere Manassé. En ce même temps vivoient deux Militaires, appellés Renaud & Pierre, qui prenoient tous deux le surnom de Bazoches. Le nom du premier se lit à la fin de l'acte de fondation de S. Adrien de Bethizy, daté de l'an 1060. Pierre paroît au nombre de ceux, qui ont souscrit la Charte de 1088, concernant S. Thibaud. Le premier pouvoit tirer son nom du lieu de Bazoches près de Crépy, qui n'est pas éloigné de Bethizy. Quant au second, ce devoit être un Chevalier, parent ou associé des Gentilshommes Seigneurs de Bazoches. Duchesne place la mort de Manassé sous l'an 1080. Cette date est fausse. Manassé, comme on l'a vu, vivoit encore après l'an 1088.

Milès de Bazoches, second du nom, avoit laissé trois fils; Hugues, Gervais, & Gaucher. Ce dernier fut Prieur de Sainte Gemme. Hugues eut en partage les terres de Bazoches, de Coulonges & de Vauferé. Il eut plusieurs enfans, qui lui succéderent.

Gervais de Bazoches jouit parmi ses contemporains de la réputation d'un rare mérite, fondée sur sa prudence, sur sa bravoure, & sur la réunion de plusieurs belles qualités. On lit son nom au bas d'une Charte de l'an 1102, concernant Rebais, avec le titre de Baron (1). Quelques-uns le mettent au nombre des Avoués ou Vicomtes du Mont-Notre-Dame; leur sentiment nous paroît vraisemblable.

Duchesne écrit (2) qu'en l'an 1096, Gervais accompagna les Princes Chrétiens au premier voyage de la Terre-Sainte. Après que Hugues de Fauquemberg, Prince de Galilée & de Tabarie eut été mis à mort par les Turcs de Damas, Gervais reçut le gouvernement de cette principauté vers l'an 1107. Il remporta sur les Infidéles plusieurs victoires signalées. Les Turcs qui le regardoient comme leur plus dangereux ennemi, le surprirent dans une embuscade, & l'emmenerent prisonnier à Damas.

Les Chrétiens offrirent une grande somme d'argent pour sa rançon, que les Turcs refuserent. Sachant combien Gervais avoit part à l'estime des Princes Croisés, les Turcs demanderent les villes de Ptolémaïde, de Zapha & de Tabarie; ce qu'on ne put

---

(1) Hist. Meaux, t. 2. p. 18. (2) Hist. Chat. p. 680.

leur accorder. Baudouin proposa aux Infidéles une somme de cent bezans d'or, au lieu de rendre ces villes ; les Turcs rejetterent son offre : & outrés du déplaisir de ne pas obtenir ce qu'ils désiroient, ils résolurent d'ôter la vie à Gervais. On conduisit ce brave Officier dans la place publique de Damas, où il fut percé de flêches.

Saboas, le plus puissant d'entre les Turcs, demanda la tête de Gervais, qui lui fut apportée. Il la fit écorcher en sa présence, ordonna que la chevelure fût séchée au soleil, & voulut qu'elle fût portée devant lui au bout d'une pique, en mémoire de l'avantage que les siens avoient remporté sur un aussi vaillant homme.

Fratellus raconte différemment cette derniere circonstance. Il prétend que Gervais fut pris par Tudequin, Roi de Syrie, qui lui fit trancher la tête ; qu'après l'exécution, Tudequin en fit enlever la chevelure, qu'il prit le crâne de cette tête, & que l'ayant fait border d'un filet d'or, & orner de pierres précieuses, ce crâne lui servoit de coupe dans ses repas.

Hugues de Bazoches, frere aîné de Gervais, ne nous est connu par aucune action remarquable. Il est fait mention de lui dans une Charte de l'an 1077, accordée à S. Thibaud par l'entremise de Manassé son oncle. Thibaud, Comte de Champagne, confirma les dispositions de cette Charte, ainsi que Ebles Comte de Roucy, & Hugues de Château-Thierry. Cette piéce fut rédigée en présence de Dreux, dit le Chauve, de Thierry d'Acy, de Milon de Fismes, de Reynier d'Ormont, & de Bernier de Château-Thierry (1). En l'an 1103, Hugues de Bazoches restitua à l'Eglise de S. Rufin & de S. Valere, la dixme du moulin de son château, dont ses Prédécesseurs s'étoient affranchis. Étant au lit de la mort, il fit présent à la même Eglise de cinq sols de rente, à prendre sur le moulin de Tannieres.

Hugues laissa en mourant, une épouse nommée Basile ou Basilie, qui respecta ses dernieres volontés. Basilie augmenta de beaucoup, le legs que son mari avoit fait à S. Rufin. Car au lieu des cinq sols de rente, elle abandonna à cette Eglise, la propriété de toutes les dixmes de Tannieres, à la charge cependant de donner tous les ans un muid de bled aux Religieux de S. Thibaud ; & un demi muid, dont le prix seroit employé au luminaire

(1) Duchesn. ibid. p. 681.

de leur Eglife. Lifiard, Evêque de Soiſſons, confirma toutes ces choſes, par une Charte de l'an 1122.

Baſilie devenue veuve du Seigneur de Bazoches, demeura mere de cinq enfans; ſavoir, quatre garçons, Guy, Gaucher, Hugues, & Girard, & une fille, nommée Hermengarde.

Fin du ſecond Livre.

SOMMAIRE DU TROISIEME LIVRE.

PRÉLUDE contenant un précis des principaux sujets, dont il sera traité dans le cours du troisiéme Livre, p. 343.

1. Hugues le Grand Comte de Crépy, frere du Roi Philippe I, Chef de la branche Royale de Valois-Vermandois, héritier du Bienheureux Simon par son épouse. Ses armoiries, ses actions, p. 344--348. Sa mort & sa postérité, 349. Adéle sa veuve lui succede, p. 351.

2. Puissance des Seigneurs de Pierrefonds. Postérité de Nivelon I. Actions de Nivelon II, p. 352. Formule de donation des biens qu'on abandonnoit aux Eglises, p. 353. Descendans de Nivelon II. Leur rang, leurs actions, leurs alliances, p. 354--357.

3. Origine du Bourget près Paris, due aux Seigneurs de Pierrefonds, p. 357, 358.

4. Domaines & avoueries des Seigneurs de Pierrefonds. Suite des Seigneurs de cette illustre Maison; leur postérité, leurs actions jusqu'à la Dame Agathe, p. 359--361.

5. Terres de Vic-sur-Aisne & de Berny, sous le sauvement des Seigneurs de Pierrefonds. Carrieres de Berny, trait singulier touchant des trésors, p. 361--363. Avouerie de Vic-sur-Aisne. Reliques de Sainte Léocade. Origine du Prieuré du lieu, p. 363--365.

6. Descendans de Jean I de Pierrefonds Vicomte de Chelles, répandus en qualité de Chevaliers, Commandans ou Capitaines, dans différens châteaux du Valois, p. 365, 366.

7. Seigneurs ou avoués de la Ferté-Milon, soumis aux Comtes de Crépy. Officiers du fort château de la Ferté-Milon. Vie du Seigneur Hugues le blanc, p. 367, 368. Fondation du Prieuré de S. Vulgis, p. 369. Suite de plusieurs Seigneurs célebres, Gentilshommes & Chevaliers, qui prenoient les surnoms de *Turc* à la Ferté-Milon. Seigneurie de Charcy, p. 371--374.

8. Division de la ville de Crépy au douzième siécle, en château, donjon, bourg, ville & fauxbourgs. Suite des Burgares de Crépy, p. 376--381. Fief du Criage, fours bannaux, fauxbourgs, p. 382, 383.

9. Renouvellement du Prieuré ou Collégiale d'Ouchy, p. 384, 385. Vicomtes & autres fieffés d'Ouchy. Suite de ces Seigneurs, p. 386--390.

10. Accroissement du château & du bourg d'Ouchy, p. 390, 391.

11. Seigneurs de Nanteuil de la branche de Vexin, depuis Adam le riche. Actions de Lisiard Evêque de Soissons, & de Thibaud II son frere. Clémence de Bar veuve de Thibaud III & mere de Philippe I, p. 392--397. Eglise de S. Aubin de Crépy. Confrairie-aux-Prêtres. Terre de Chevreville. Prieuré d'Auteuil. Eglises de S. Samson, de Silly & de Grand-champ. Etat du Monastere de Nanteuil. Hôpital du lieu, p. 398--402.

SOMMAIRE DU LIV. III.

12. Voyages de nos Rois au château de Béthizy. Origine du droit de commune. Usage de Chevrieres. Siége du château de Béthizy par le Comte de Flandres, p. 402--405. Origine de la Chambrerie. Exemple remarquable des Jugemens par les duels, p. 405--410. Suite des Seigneurs Châtelains du lieu. Collégiale de S. Adrien. Gentilshommes du nom de Béthizy, p. 411--413.

13. Bourg & Châtellenie de Viviers. Collégiale. Reliques de Sainte Clotilde. Origine de l'Ordre de Prémontré, p. 413--418.

14. Fondation de l'Abbaye de Valsery, *ibid*.

15. Division du territoire de Villers-Cotteretz en trois seigneuries, le fief de Nanteuil, la Male-maison, & le canton de S. Georges, p. 420, 421. Conciergerie du château. Seigneurie de la Male-maison. Accroissement de ce château. Voyage du Comte de Flandres & du Roi Philippe Auguste, à la Male-maison, p. 423--426.

16. Translation des Reliques de S. Annobert à Mornienval. Suite des Abbesses du lieu, p. 426--431.

17. Mort d'Adéle veuve du Prince Hugues le Grand. Raoul IV son fils aîné, prend possession du château de Crépy, & succede aux grands biens de son pere. Sa postérité, p. 431--433.

18. Siége de Livry où Raoul IV accompagne le Roy. Séjour du Pape Innocent II au château de Crépy, page 433---435. Divorce de Raoul IV pour épouser la belle sœur du Roi Louis VII. Suites de ce divorce. Excommunication du Comte. Sa réconciliation, ses libéralités envers les Eglises. Sa mort, ses funérailles, p. 437--443.

19. Etat du Monastere de S. Arnoul, Supérieurs de cette maison, p. 443--447.

20. Terres de Long-mont & de Saintines, démembrement du palais de Verberie, p. 447--450.

21. Eglise & seigneurie de Vauxcelles, *ibid*.

22. Terre de Fay. Renouvellement du monastere de Chalis, p. 451--454.

23. Grands Bouteillers Seigneurs de Long-mont, p. 454.

24. Notices sur le lieu de Montespilloy, p. 456.

25. Fondation de l'Abbaye de Lieu-restauré, p. 458.

26. Décadence du palais de Bargny. Mairie du lieu, p. 460.

27. Seigneurs de Braine descendans d'André de Baudiment, Sénéchal de Champagne. Mariage de Robert de France frere du Roi, tige de la branche Royale de Dreux, avec Agnès Dame de Braine. Résidence de ce Prince en cette ville. Vie de ce Seigneur. Château de la Folie. Origine du Prieuré de S. Remy. Fondation de l'Abbaye de Saint Ived. Conversion d'une jeune Juive. Hostie de Braine, p. 462--473. Etat de l'Abbaye de S. Ived composée de deux Communautés. Antiquité du Pont d'Ancy. Postérité de Robert & d'Agnès de Braine, p. 474--477. Vie de Philippe Evêque de Beauvais, p. 477--480.

SOMMAIRE DU LIV. III.

28. Fondation de l'Abbaye de Chartreuve, p. 480.
29. Collégiale du Mont-Notre-Dame, p. 482.
30. Seigneurs de Bazoches, *ibid.*
31. Fondation de l'Abbaye de Long-pont. S. Bernard & Raoul IV concourent à cet établissement, p. 486-490. Retraite de Pierre le Chantre à Long-pont, sa mort, ses écrits, *ibid.* Bienfaiteurs de cette Maison, p. 491, 492,
32. Fondation de l'Abbaye de Val-Chrétien, p. 493.
33. Renouvellement du Prieuré de Coincy, par Thibaud IV Comte de Champagne, p. 495.
34. Valeran Comte de Meulan établi Tuteur des enfans du Prince Raoul IV, *ibid.* Sa mort. Ives de Nesles Comte de Soissons lui succede. Vie de Raoul V Comte de Crépy, p. 497. Sa mort, 497--501.
35. La Maison Royale de Cuise est changée en un Monastere de filles, p. 501. Vie de Sainte Euphrosine; ses Reliques, son culte, p. 502.
36. Mariage de Philippe d'Alsace Comte de Flandres, avec Elisabeth sœur de Raoul V. Son séjour au château de Crépy, p. 503.
37. Fondation de la Collégiale de S. Thomas de Crépy, par Philippe d'Alsace Comte de Flandres, p. 506. Voyage de S. Thomas de Cantorbéry au château de Crépy, p. 508.
38. Eléonore sœur d'Elisabeth, épouse Mathieu Comte de Boulogne, frere du Comte de Flandres, 510.
39. Mort & canonisation de Thomas Becquet Archevêque de Cantorbéry, *ibid.*
40. Cour du Comte de Flandres au château de Crépy, p. 511.
41. L'Eglise de S. Thomas est dédiée sous l'invocation de l'Archevêque de Cantorbéry, *ibid.*
42. Actions de Philippe d'Alsace Comte de Flandres. Son crédit, ses domaines, p. 512.
43. Source des démêles & des hostilités du Comte de Flandres & du Roi Philippe Auguste, p. 513.
44. Dédicace de la Collégiale de Crépy. Statue de S. Thomas de Cantorbéry. Charte de fondation des Prébendes, p. 515--518.
45. Mort d'Elisabeth de Crépy, femme du Comte de Flandres, *ibid.*
46. Premieres hostilités du Roi Philippe Auguste, contre Philippe d'Alsace Comte de Flandres. Faits d'armes de Hélin Sénéchal du Comté de Flandres & Gouverneur de Crépy, p. 519--522. Les deux armées du Comte de Flandres & du Roi Philippe Auguste, la premiere commandée par le Capitaine Hélin, la seconde par Humfroi de Bouchain Général du Roi d'Angleterre, se trouvent en présence dans les plaines d'entre Senlis & Crépy, p. 523, 524. Congrès de la Grange S. Arnoul, où assistent le Roi Philippe Auguste & le Comte de Flandres, avec les principaux Seigneurs de leurs partis. Suites de ce Congrès, p. 526--530.

SOMMAIRE DU LIV. III.

47. Commerce du Valois pendant le douzième siécle. Branches de ce commerce, p. 530--534.

48. La Comtesse Eléonore succede aux droits du Comte de Flandres, & occupe le château de Crépy. Alliance de cette Dame, son caractere, p. 534--536.

49. Etat de la Collégiale de S. Thomas, *ibid*.

50. Hôpital de S. Michel de Crépy, p. 537.

51. Origine & état des Maladeries. Lépreux & caracteres de leurs maladies, p. 539--542.

52. Renouvellement du Prieuré de Long-prez, p. 543.

53. Regle de Fontevrault, introduite à Collinances, p. 544.

54. Rétablissement du Prieuré de S. Nicolas de Courson, p. 545.

55. Premieres communes du Valois, p. 546.

56. Coutumes usitées dans le Valois, p. 549.

57. Confrairie-aux-Prêtres, p. 551.

58. Fondation de l'Ordre des Mathurins à Cerfroid. Constitutions de cet Ordre, p. 552--558.

59. Bourg & seigneurie de Gandelus, p. 558--562.

HISTOIRE
DU DUCHÉ
DE VALOIS.

LIVRE TROISIEME.

Contenant ce qui s'est passé dans le Valois pendant le douzième siécle.

E douziéme siécle a été fécond en établissemens Ecclésiastiques. Le nombre des Fiefs & des arriere-Fiefs s'est aussi beaucoup augmenté : de maniere que la meilleure partie des biens du Royaume tourna au profit de ces deux Etats. Les Croisades & les pélerinages de long cours ont été la cause principale de ce changement.

Un genre de dévotion se saisit subitement de tous les esprits, sans en excepter ceux des Seigneurs, dont les uns conçurent le dessein de restituer les biens qu'ils avoient mal acquis, d'autres s'épuiserent en libéralités pour le salut de leurs ames, d'autre enfin, suivans le torrent qui entraînoit à la Terre-sainte la haute Noblesse de France, vendoient à bas prix leurs domaines aux Eglises, ou composoient avec des Chevaliers subalternes, afin d'avoir de quoi fournir aux frais de leurs voyages, & de pourvoir à la conservation de ce qui leur restoit de biens, pendant leur absence.

Ajoutez à ces conjonctures cette terreur panique de la fin du monde, qui troubla les esprits. On s'empressoit d'obtenir par l'abandon de ses biens, quelques prieres. A peine certains Monasteres pouvoient-ils suffire, à recevoir les grands biens qu'on leur offroit. On donnoit à la fin des métairies considérables, pour quelques oraisons. Il est aux confins du Valois une ferme de quatorze charrues, qui a été donnée à une célèbre Abbaye pour un *De profundis*.

L'Eglise ou l'Etat ont-ils gagné à ce changement? Quelles ont été les suites d'une pareille révolution? La ruine des anciennes familles, le relâchement de la discipline dans les Monasteres déja établis, & un germe de dissipation préparée à ceux qu'on fondoit à grands frais, & qu'on dotoit avantageusement.

La plûpart des Gentilshommes, préposés à la conservation des terres & des châteaux, uniquement occupés de l'avancement de leur fortune, négligerent les intérêts qu'on leur avoit confiés. Plusieurs Seigneurs trouverent à leur retour, une déprédation dans leurs biens, qui réduisit les uns à une affreuse disette, & obligea les autres à user de voyes injustes, afin de réparer leurs pertes.

1. La mort d'Héribert IV, Comte de Vermandois, mari de Hildebrante, avoit précédé de plusieurs années, celle du Bienheureux Simon de Crépy. Héribert & Hildebrante n'eurent pas d'enfans mâles de leur mariage, mais seulement une fille nommée Adele, qui épousa Hugues le Grand, frere du Roi Philippe I. L'année de cette alliance ne nous est pas connue. Nous savons seulement qu'après la mort d'Héribert, Hugues le Grand entra en possession du Comté de Vermandois, & que la retraite & le décès de Simon le rendirent maître du Comté de Valois, ainsi que de la ville & du château de Crépy, où il établit sa résidence. Hugues le Grand est le Chef de la branche Royale de Vermandois & de Valois, qui finit par la mort de la Comtesse Eléonore, arrivée en l'an 1214.

Hugues

Hugues le Grand commença à prendre la qualité de Comte de Crépy, avant la fin du onziéme siécle. On lui donne ce titre dans une Charte de l'an 1095, rapportée au *Gallia Christiana* (1), de même que dans une autre piéce, citée par M. Simon dans son Supplément à l'Histoire du Beauvoisis (2). On a plusieurs souscriptions du Comte Hugues, antérieures à ces deux actes: son nom se trouve parmi ceux des Seigneurs, qui ont assisté à la Dédicace de S. Martin-des-Champs, en l'an 1067 (3). Deux autres Chartes, l'une de l'an 1069, concernant la fondation de S. Martin de Pontoise, & l'autre de 1079, touchant les franchises de de S. Quentin de Beauvais, contiennent son nom; mais ces piéces lui donnent seulement la qualité de frere du Roi. Ainsi l'on ne peut tirer aucune induction de ces signatures, pour connoître en quelle année ce Seigneur a pris possession du Comté de Valois. Ives de Chartres lui donne toujours le titre de Comte de Crépy, dans ses lettres, mais ces lettres sont sans dates.

Il y a apparence, que l'alliance de Hugues le Grand avec Adele fut conclue, depuis la mort du Comte Simon, dans l'intervalle des années 1082 & 1090, & qu'il fut qualifié *Comte de Crépy*, aussi-tôt après son mariage.

Plusieurs Auteurs donnent à ce Prince des armoiries en regle; mais ils ne s'accordent pas sur le blason de ces armes. Les uns prétendent, qu'il les portoit de gueules au château d'or maçonné de sable, & sommé de trois tours de même. D'autres lui attribuent les armes de France actuelles, d'azur à trois fleurs de lys d'or, deux en chef & une en pointe. MM. de Sainte Marthe écrivent, que ce Prince en épousant Adele, avoit adopté ses armes échiquetées d'or & d'azur, en y ajoutant trois fleurs de lys d'or en chef (4). Ce dernier sentiment est le seul, qui mérite attention. Le château sommé de tours, étoit la figure du sceau de la Collégiale de S. Aubin, au quatorziéme siécle. On sait, que les armes actuelles de France ne remontent pas plus haut, que le regne de Charles VI.

Les premiers Comtes de Braine portoient échiqueté d'or & d'azur, de même que les premiers Comtes de Crépy de la branche Royale de Vermandois. Afin d'éviter la confusion, les Comtes de Braine ajouterent à leurs armes une bordure de gueules, &

(1) Tom. 10. inst. p. 207.
(2) P. 36.
(3) Hist. Montm. p. 75. 85.
(4) Anselm. t. 1. p. 532.

les Comtes de Crépy, trois fleurs de lys en chef. On n'avoit pas encore alors des regles fixes, touchant la distinction & l'hérédité des armoiries dans les familles.

Bergeron commence à Hugues le Grand, la suite des Seigneurs de Valois. Il ne paroît pas avoir eu connoissance de ceux qui l'ont précédés.

Hugues le Grand eut, pendant sa vie, beaucoup de respect pour les choses saintes. Il donnoit dans toutes les rencontres, des marques d'une solide piété, & d'un caractere bienfaisant, qui lui gagnoient tous les cœurs. Il acheva l'Eglise de S. Arnoul, à laquelle il manquoit encore quelques ornemens. Il passe pour avoir bâti les deux tours, qui accompagnent le chevet du chœur de cette Eglise.

Quoique le Monastere de S. Arnoul fût soumis au Chef d'Ordre de Cluny, l'Evêque de Senlis avoit le pouvoir d'exercer sur cette Maison bien des droits, par le ministere de l'Archidiacre & des autres Officiers de son Eglise. Ce partage de la puissance spirituelle pouvoit être l'occasion d'un conflict de jurisdiction, propre à troubler la paix, & tout-à-fait nuisible à la regle (1). Les Religieux de S. Arnoul craignant d'essuyer un refus de l'Evêque de Senlis, en s'adressant directement à lui, prierent le Comte Hugues de les favoriser de sa protection auprès de cet Evêque, afin d'en obtenir le désistement des droits, qu'il pouvoit exercer.

Le Comte reçut favorablement les représentations des Religieux, & entra dans leurs vues. Il écrivit à l'Evêque de Senlis une lettre pressante, qui eut son effet. Il demandoit au Prélat par sa lettre, que le Monastere de S. Arnoul fût soumis à tous égards, à l'autorité de l'Abbé de Cluny. L'Evêque accorda tout dans la réponse qu'il fit au Prince : & afin de rendre son désistement plus authentique, il écrivit à l'Abbé de Cluny une lettre, qui exprimoit son consentement, & qui portoit, que désormais, l'Abbé de Cluny auroit sur les Religieux & sur la maison de S. Arnoul, une autorité sans partage : *Sub imperio vestræ dominationis, & sanctitatis subdatur omnibus modis.* La lettre de l'Evêque est datée de l'an 1095.

Hugues le Grand partit pour la Terre-Sainte, l'année suivante 1096 (2). Il chercha à se distinguer dans cette expédition, par des moyens tout différens, de ceux que la plûpart des Seigneurs François employoient, dans le dessein de se faire remarquer. Simple &

(1) Gall. Chr. t. 10. instr. p. 207.   (2) Guib. gest. dei per Franc. lib. 2. cap. 7.

modeste par caractere, il aimoit mieux donner l'exemple d'une conduite soutenue & uniforme dans la pratique des vertus chrétiennes, que d'en imposer par le brillant appareil d'une suite nombreuse. Quoique frere unique du Roi, sa fortune se bornoit aux revenus, qu'il retiroit des deux Comtés de Valois & de Vermandois ; ce qui le mettoit dans la nécessité d'user d'économie, & favorisoit l'éloignement qu'il avoit pour le luxe.

Ses biens, dit Guibert, n'étoient proportionnés ni à sa naissance, ni à son vrai mérite. La plûpart des Seigneurs François l'emportoient sur lui par le train qu'ils menoient, mais le Prince les effaçoit tous par l'éclat de ses vertus, par son intelligence & par sa valeur. L'habileté dont il fit preuve dans plusieurs rencontres, où il donna d'excellens conseils & paya de sa personne, lui acquit la confiance du soldat, & lui mérita le surnom de Grand.

Il eut beaucoup de part à la prise d'Antioche & de Nicée, que les Chrétiens conquirent sur les Infidéles en 1097. Après la victoire que l'armée des Croisés remporta près d'Antioche, les Princes Chrétiens résolurent d'envoyer une députation solemnelle à l'Empereur de Constantinople. On composa cette députation des personnes les plus distinguées de l'armée, & le Prince Hugues le Grand en fut nommé le chef.

Ce choix partoit d'un sentiment unanime, qui plaçoit le Comte au-dessus de tous les Princes Chrétiens. L'opulence & l'éclat des parures, que les premiers Seigneurs de cette Croisade employoient à soutenir ou à relever leur dignité, faisoient bien moins d'impression sur les esprits, ajoute Guibert, que la douceur des mœurs & l'assemblage des belles qualités du Comte de Crépy. Affable & populaire, il étoit aussi doux dans le commerce, que vaillant dans les combats. Il accordoit aux personnes consacrées à Dieu des distinctions, par un principe de religion. Sa sobriété servoit d'exemple. Les Seigneurs du plus haut rang avoient recours à ses conseils dans les conjonctures délicates, & ils y déféroient. Sans la malheureuse affaire où il reçut le coup fatal qui termina ses jours, il auroit été d'un commun accord, déclaré Roi des Etats conquis sur les Infidéles.

On trouve dans le même Auteur (1) un trait, qui fait honneur à la magnanimité de ce Seigneur. Avant que la bataille d'Antioche se donnât, l'armée chrétienne étoit absolument dépourvue de

(1) Guib. ibid. lib. 6. cap. 2. n° 5.

subsistances. La rareté excessive des vivres faisoit, que les plus grands Seigneurs ne pouvoient se procurer, pas même au poids de l'or, ceux qui sont le plus nécessaires à la vie. La misere des Généraux égaloit celle des soldats. L'Intendant du Prince Hugues, sensible à la situation de son Maître qui souffroit une faim cruelle, épuisa toutes les ressources, qui pouvoient lui procurer la découverte de quelqu'aliment. Il trouva à la fin un pied de chameau, qui lui coûta fort cher. Il le fit cuire & le présenta au Prince, qui en mangea avec beaucoup d'avidité. Une indigestion plus dangereuse que la faim, succéda à ce repas. Le Comte tomba plusieurs fois dans des sincopes, accompagnées de symptômes effrayans, & perdit ce qui lui restoit de forces.

Dans cet excès d'accablement, on vint lui annoncer que la bataille alloit se livrer, & on lui ajouta qu'il pouvoit en attendre l'issue sans aucun risque dans Antioche, avec les troupes qui bloquoient le château. Le Prince sembla renaître à ce propos, & donna des marques d'un courage héroïque, qui ranima le peu de forces que son mal avoit comme absorbées. Il fit cette réponse: Je veux, dit-il, paroître à l'action & y payer de ma personne. Si je suis compris dans le nombre des morts, à la bonne heure; je ne puis terminer ma vie par une fin plus heureuse, que celle de la sacrifier aux intérêts de la Religion. Il parut effectivement au combat à la tête des François & des Flamans, qui avoient leur Comte avec eux. Les ordres qu'il donna à propos, la valeur & l'intrépidité qu'il fit paroître & dont il anima les troupes qu'il commandoit, contribuerent beaucoup à décider la victoire en faveur des Chrétiens.

Le Prince à son retour de la premiere Croisade, vint se délasser de ses fatigues au château de Crépy. Il y tenoit une Cour peu nombreuse, mais très-bien composée. La naissance n'étoit pas un titre exclusif pour y être admis: quiconque excelloit dans la pratique des vertus civiles ou militaires, ou dans la littérature, avoit un droit acquis de prétendre à son intimité. L'Abbé de Nogent-sous-Coucy, que nous avons déja cité plusieurs fois, témoigne dans ses écrits, que ce Prince l'honoroit de sa bienveillance & de son estime, qu'il recevoit avec bonté ses visites, & l'admettoit à ses entretiens.

En l'an 1100 ou 1101, Hugues le Grand entreprit un second voyage de la Terre-Sainte, où il n'arriva pas (1). Il fut l'une des vic-

(1). Guib. ibid. lib. 8, cap. 5.

times, que le perfide Empereur des Grecs immola à ses soupçons injustes. Hugues & les autres chefs de l'armée Chrétienne, trompés par les démonstrations d'une fausse amitié, que cet Empereur leur avoit réitérée pendant leur Ambassade au temps de la première Croisade, reçurent de lui des guides, qui conduisirent l'armée Chrétienne dans une embuscade, que les Infidéles avoient préparée. Cinquante mille hommes périrent par les armes des ennemis du nom Chrétien. Hugues le Grand ne demeura pas dans l'embuscade parmi les morts ; mais il reçut un coup de flèche à la rotule du genou, & cette blessure lui causa des douleurs cruelles. On le transporta dans la ville de Tharse en Cilicie, où l'on essaya en vain de tous les remédes, qui pouvoient lui procurer quelque soulagement : il y mourut le 18 Octobre de l'an 1102, à l'âge de quarante-cinq ans (2). Son corps fut inhumé dans l'Eglise de S. Paul. Sa perte causa un déplaisir sensible à tous les Chrétiens d'Outremer. On le regretta dans le Valois & dans le Vermandois, comme un Prince humain & bienfaisant, qui rassembloit des vertus directement opposées aux vices des anciens Seigneurs de ces deux Provinces.

Adele de Vermandois demeura veuve avec trois fils & quatre filles, nés tous sept au château de Crépy. Raoul, l'aîné des Princes, eut la meilleure part des domaines de son pere. Simon, le second, devint Evêque de Noyon. Henry ou Aimery, le troisiéme, eut en partage le Comté de Meulant & la Seigneurie de Louvry en Valois.

Mahaud, l'aînée des quatre filles, fut mariée en 1090, à Raoul Seigneur de Baugency, & fut mere de la Dame Agnès, qui épousa Enguerrand de Coucy. La seconde, épousa Boniface, Marquis d'Italie. La troisiéme, fut mariée à Hugues I, Seigneur de Gournay. Elisabeth, la quatriéme, épousa Robert Comte de Meulant, qui la laissa veuve après peu d'années (2). Cette Dame ayant jugé à propos de contracter une seconde alliance avec Guillaume II de Varennes, Comte de Surrey en Angleterre, le Comté de Meulant que son premier mari lui avoit apparemment assigné en douaire, passa au Prince Henry son frere.

Nous nommerons Raoul IV, le fils aîné de Hugues le Grand & d'Adele, afin de le distinguer des autres Seigneurs de Valois,

---

(1) Robert de Mont. ad an. 1102. (2) Herman. lib. 1. cap. 2.

qui ont porté ce même nom avant lui. Sa vie & ses actions nous occuperont dans un autre endroit de cette Histoire.

Simon, frere de Raoul, ayant fait paroître dès sa jeunesse, quelqu'inclination à l'état Ecclésiastique, reçut la tonsure Cléricale, & fut nommé à la dignité de *Coutre* de l'Eglise Collégiale de Saint Quentin (1). Il passa de cette place à une autre beaucoup plus relevée. Il parvint au Siége Episcopal de Noyon en l'an 1123, dans un âge peu avancé. Hériman ayant à parler de lui, vers le temps où il avoit été inthronisé, l'appelle un jeune homme, *adolescentem*. Simon aimoit beaucoup le séjour de Crépy: il y rendoit à son frere aîné des visites très-fréquentes. C'est lui qui fonda la riche Abbaye d'Orcamp dans son Diocese, en 1129.

C'est aussi à lui que commence la suite des Evêques de Noyon, Comtes & Pairs de France. Ce titre lui fut donné, soit à cause de son rang de Prince, soit dans la vue de le dédommager de la distraction qu'on fit, du Siége de Tournay d'avec celui de Noyon; ce qui ôtoit à sa jurisdiction une étendue de pays considérable (2). Il fit quelques donations à Mornienval, & enrichit de ses bienfaits plusieurs Monasteres du Valois. Il entreprit le voyage de la Terre-Sainte à la suite du Roi Louis VII, en l'an 1146, & mourut à Séleucie l'an 1148. Si le terme de sa vie eût été prolongé, il avoit résolu d'abdiquer sa dignité & de se rendre simple Religieux dans l'Abbaye d'Orcamp. Son corps ayant été rapporté de Séleucie en France, on l'inhuma dans l'intérieur de cette même Abbaye.

Du Tillet appellé Aimeric ou Emeri, le troisiéme fils de Hugues le Grand. On le nomme Henry dans l'acte de l'an 1118, qu'Adele sa mere fit dresser en faveur des Religieux de S. Arnoul. Il est cité au Cartulaire de Philippe Auguste sous le nom de *Henricus de Chaumiaco*. Il est la tige des Comtes de Meulant & de Chaumont en Vexin, dont plusieurs, ainsi que lui, faisoient leur principale résidence au château de Louvry en Valois, dans la Châtellenie de la Ferté-Milon. Nous donnerons la suite des descendans de ce Seigneur.

Dès que la nouvelle de la mort de Hugues le Grand fut arrivée en France (3), Adele sa veuve fit expédier en son nom toutes les affaires, qui regardoient les Comtés de Vermandois & de Valois.

---

(1) Spicileg. 4° tom. 12. p. 468.
(2) Gall. Chr. t. 9. p. 1002. Ann. Bened. tom. 6. p. 96.
(3) Herman. lib. 1. cap. 2.

Elle continua d'occuper le château de Crépy, dont elle se qualifioit Dame & Comtesse. Damien de Templeux cite un titre postérieur à la mort de Hugues le Grand, dans lequel elle se nomme *Comitissa Crispeii.*

Elle donna aux Religieux de S. Arnoul des marques de sa protection en plusieurs rencontres. Elle confirma d'abord leurs priviléges, par un acte en son nom, daté du six des Ides de Décembre de l'an 1102, environ deux mois après la mort du Prince son mari (1). Par un autre acte de la même forme que ce dernier, elle accorda l'année suivante 1103, une prébende de l'Eglise de Saint Quentin en Vermandois, à l'Eglise de S. Quentin de Beauvais. L'acte porte qu'elle a pris à ce sujet, le consentement de ses fils.

Le temps qui adoucit les regrets les plus vifs, changea insensiblement la résolution, que la Dame Adele avoit d'abord formée de demeurer veuve, par attachement & par respect pour la mémoire du Comte Hugues le Grand. De nouvelles considérations firent naître en elle d'autres dispositions, après dix à douze années de veuvage. Renaud II, Comte de Clermont en Beauvoisis, gagna d'abord son estime par une cour assidue, & lui parut à la fin mériter son alliance, à laquelle ce Seigneur aspiroit. Renaud étoit fils de Hugues de Clermont, & de Marguerite, troisiéme fille de Hilduin Comte de Roucy.

L'année des secondes nôces d'Adele est incertaine. On ne doit pas les placer plus tard que l'an 1113. On a la preuve qu'en cette année, elle nomma conjointement avec Renaud son second mari, un successeur à Barthelemi, cousin de Renaud, dans la Trésorerie de S. Quentin en Vermandois (2).

Ce second mariage n'ôta pas du cœur de la Comtesse, les sentimens qu'elle devoit à la mémoire du Prince Hugues le Grand. Elle fonda en l'an 1118, des prieres & des services dans l'Eglise de S. Arnoul, pour le repos de l'ame de ce Seigneur. Elle donna à cet effet aux Religieux de S. Arnoul, du consentement de Renaud & de ses fils, tout ce que les Comtesses de Crépy avoient coutume de posséder au château de cette ville, à Feigneux, à Vez & à Largni. L'acte de donation porte, que la Comtesse accorde aux Religieux ces revenus pour les aider à subsister, à condition qu'elle aura part à leurs prieres ainsi que le Comte son mari, ses trois fils & ses filles (3).

---

(1) Spicileg. t. 3, p. 437. Gall. Chr. t. 10. col. 1485.
(2) Acheri not. ad Guib. p. 597.
(3) Gall. Chr. t. 10. instrum. p. 424.

Renaud & Adele eurent de leur mariage une fille appellée Marguerite, qui épousa d'abord Charles, Comte de Flandres, puis Thierry d'Alsace, qui fut aussi Comte de la même Province. Renaud survécut à Adele. Cette Dame qui vivoit encore en 1123, mourut peu de temps après.

Au lieu de Renaud, quelques Auteurs lui donnent pour second mari, Hugues Champ-d'Avene, Comte de S. Pol. D'autres prétendent, qu'elle épousa en secondes nôces Baudouin d'Ené. Ces deux sentimens, destitués de fondement, n'ont plus de partisans. Après la mort d'Adele, Raoul son fils aîné prit possession du château de Crépy & des domaines qui en dépendoient.

2. C'est principalement pendant le douziéme siécle, que la puissance des Seigneurs de Pierrefonds a été portée au plus haut point. Nivelon II, fils aîné de Nivelon I, entra en possession de la meilleure partie des biens de son pere. Nous avons parlé de ses trois freres Jean, Pierre & Ernaud au livre précédent : il avoit une sœur nommée Marie, qu'on croit avoir épousé le Chevalier Renaud, troisiéme fils de Guillaume, Comte de Soissons (1).

Hugues, quatriéme frere de Nivelon II, ayant été destiné à l'état Ecclésiastique dès son bas âge, devint Evêque de Soissons en l'an 1091, étant encore fort jeune. Plusieurs lettres de l'Evêque Ives de Chartres lui sont adressées. Il consultoit ce savant Prélat, & suivoit ses conseils. Ives, dans une de ses lettres, lui recommande les bonnes lectures, la méditation & l'oraison, de peur que son cœur encore tendre, & son esprit facile à recevoir les impressions, ne donnassent entrée aux passions. Instruit des maximes de la Religion & des devoirs de son état par un maître aussi habile, Hugues de Pierrefonds donna à son frere Nivelon II, plusieurs avis, dont celui-ci profita.

C'est à la sollicitation de l'Evêque son frere, que Nivelon soumit à Marmoutier l'Eglise de S. Mesmes. Hugues de Pierrefonds, sollicité par Ives de Chartres qui avoit été Abbé de S. Quentin de Beauvais, accorda ses attentions & une protection particuliere aux Clercs ou Religieux de S. Adrien de Bethizy. La dévotion du temps le porta à entreprendre le voyage de la Terre-Sainte en l'an 1102. Les fatigues de ce voyage lui causerent une maladie dangereuse, de laquelle il mourut à Aquilée l'année suivante 1103.

(1) Duchesn. Hist. Chat. p. 48. Derm. Hist. Soiss. t. 2. p. 16.

Nivelon

Nivelon II avoit épousé du vivant de son pere (1), Havoise de Montmorenci, fille d'Hervé & d'Agnès. Il eut d'elle quatre fils; Pierre, Ancoul, Nivelon, Drogon, & une fille appellée Adele ou Aveline de Pierrefonds.

La vie de Nivelon II nous est peu connue. L'acte, par lequel Jean I de Pierrefonds donna la Vicomté de Chelles à l'Eglise de Soissons en 1098, le nomme *Nivelo Petra-fontensis Dominus*. Nivelon II signa cet acte comme témoin. En l'an 1102, il se croisa avec Hugues de Pierrefonds son frere, Evêque de Soissons, & entreprit le voyage de la Terre-Sainte. Avant son départ, il soumit au Monastere de Marmoutier la Collégiale de S. Mesmes, établie dans son château de Pierrefonds, avec les biens & les droits qui en dépendoient.

L'acte de cette donation contient les particularités suivantes (2). Il porte, que désormais l'Eglise de S. Mesmes sera desservie par des Religieux de Marmoutier, qui prendront la place des Chanoines séculiers, à mesure que ceux-ci laisseront des prébendes vacantes par décès ou par démission. Nivelon déclare ensuite, qu'il n'est pas le seul auteur de ce changement; que son épouse & ses enfans y ont eu part, & que Hugues de Pierrefonds son frere, Evêque de Soissons, y a beaucoup contribué par ses pressantes sollicitations; que les Gentilshommes de son château l'ont approuvé, de même que tous les notables du bourg de Pierrefonds. Nivelon logea dans son château les premiers Moines, qui vinrent de Marmoutier. La Charte porte, qu'il leur destina un corps de logis attenant l'Eglise, composé d'une sale voutée, destinée aux exercices de la regle & au travail des mains, d'une cuisine, d'un jardin où il y avoit un puits & une terrasse située à l'Orient, qui dominoit sur le chemin public, & dont la vue s'étendoit fort loin.

Les formalités qu'on employa, pour consommer ce changement, sont remarquables. L'acte de donation ayant été dressé & signé dans l'Eglise de S. Sulpice de Pierrefonds, Nivelon le joignit au livre des Collectes, qui lui fut présenté. Prenant ensuite ce livre, il s'avança vers l'Autel, suivi de sa femme & de ses enfans, & le remit entre les mains de Hugues, Prieur du Monastere, en présence de treize Chevaliers, de treize Bourgeois, de Roger son Sénéchal, de Guibert son Ecuyer, & de deux Archers,

(1) Hist. Montm. p. 80.   (2) Gall. Chr. t. 10. instr. p. 106.

à la vue d'une multitude de personnes de tout état, qui assistoient à la cérémonie. La Charte de donation nous a été transmise (1). On lit au bas les signatures de Havoise de Montmorenci, épouse de Nivelon, & de ses quatre fils, celles des treize Chevaliers & des treize Bourgeois.

On a deux confirmations de cette donation (2); la premiere, de Lisiard de Crépy, Evêque de Soissons, datée de l'an 1113 : l'autre de Joscelin, Evêque de cette même Ville, datée de l'an 1144. Elles sont adressées à Guillaume Abbé de Marmoutier, & aux Religieux de S. Sulpice de Pierrefonds. Dans une lettre d'Odon Abbé de Marmoutier, datée de l'an 1136, on qualifie du nom *Cænobia* les deux maisons de S. Sulpice & de S. Mesmes.

L'année même de cette réunion, Enguerrand, Seigneur de Coucy, donna au Chapitre de Soissons le tiers des revenus d'une Eglise, qu'il possédoit à Pierrefonds (3).

On croit, que Nivelon II mourut à la Terre-Sainte la même année, que l'Evêque Hugues de Pierrefonds son frere. Pierre & Nivelon ses deux fils aînés décéderent peu d'années après lui, sans laisser de postérité. Ancoul qui avoit embrassé l'état Ecclésiastique, devint Evêque de Soissons. Dreux ou Drogon succéda à son pere. Il ne faut pas confondre l'aîné de ces quatre fils avec Pierre, Vicomte de Pierrefonds, qui vivoit encore en 1183.

Ancoul de Pierrefonds, nommé Prevôt de Soissons en 1128, passa de cette place à la dignité d'Evêque en 1152, & gouverna l'Eglise de Soissons jusqu'en 1158. C'est le même que Bergeron nomme Arnoul dans son Valois. Il n'étoit pas neveu, mais petit-fils de Nivelon I. On a sur la vie de ce Prélat plusieurs traits, dont les dates ont été conservées (4).

Il confirma la donation de S. Thibaud de Bazoches à Marmoutier, en 1153. Il soumit aussi à cette Abbaye l'Eglise de S. Rufin & de S. Valere. Il contribua beaucoup à l'établissement des Religieuses de S. Jean-aux-bois. En 1158, il donna aux Religieux de Coincy l'Eglise de S. Pierre à la chaux de Soissons, & releva de son excommunication Robert de Dreux, Comte de Braine, frappé d'anathême, à cause des vexations qu'il avoit exercées contre les Religieux de Coincy. Ancoul mourut au mois de Septembre de l'an 1158. Son corps fut transporté de Soissons à Long-

(1) Gall. Chr. instr t. 10. p. 106.
(2) Ibid. t. 9. p. 355-358.
(3) Dorm. Hist. Soiss. t. 2. p. 73.
(4) Gall. Chr. t. 9. p. 360.

pont. Il est inhumé dans le chœur de l'Eglise, auprès du Sanctuaire, du côté de l'Evangile. On dressa, peu de temps après sa mort, un monument de pierre sur son tombeau. Ce mausolée se voit encore; on y lit cette inscription: *Hic jacet Anculphus, Episcopus Suessionensis.*

Aveline de Pierrefonds épousa Jean, Comte de Soissons, de qui elle eut beaucoup à souffrir (1). Le Comte qui n'avoit recherché son alliance que par des vues d'intérêt, afin de jouir de quelques héritages limitrophes à son Comté, lui causa toutes sortes de peines. Il l'accusa publiquement d'adultere. Ce reproche fit dans le public, un éclat scandaleux. L'Evêque Lisiard de Crépy, inquiet du parti qu'il devoit prendre, en écrivit au célebre Ives de Chartres. Il en reçut une réponse sage & satisfaisante, dont il profita. Il eut le bonheur de terminer l'affaire, & de rapprocher les parties.

J'ai lû au Cartulaire de Mornienval, un acte daté de l'an 1122, & passé dans l'Eglise de S. Jean-aux-bois, par lequel Aveline de Pierrefonds donne à Mornienval une piéce de terre sise à Jaulzy, d'une étendue à recevoir trois muids de semence, mesure de Soissons. Cette Dame donna aussi quelques biens au Monastere du Charme. Elle survécut à son mari, & mourut le dix-huit Juin de l'an 1149 ou 1150.

Après la mort de Nivelon II, ses biens vinrent au pouvoir de Drogon I son quatriéme fils. Les deux aînés ne vivoient plus. Ancoul, le troisiéme, content des revenus attachés à sa dignité d'Evêque de Soissons, n'avoit rien réclamé de la succession de son pere. Drogon prenoit aussi la qualité de Seigneur de Virmes. Il épousa Béatrix de Rochefort, Dame de Crécy en Brie, fille de Guy le Rouge, & veuve de Manassé de Tournehem (2).

Drogon ne prit part ni aux Croisades, ni à aucune de ces expéditions de mode, qui mettoient dans la nécessité d'abandonner le soin de ses affaires & de s'expatrier. Il s'occupa presque toute sa vie, du soin d'embellir son château & d'en augmenter les dépendances. Il y tenoit une Cour nombreuse, & partageoit son temps, entre les plaisirs de la table & le divertissement de la chasse. Craint & respecté de ses voisins, à cause des forces qu'il pouvoit rassembler en peu de temps, il alloit de pair avec les premiers Seigneurs du Royaume.

(1) Dorm. t. 2. p. 75. 78.   (2) Hist. Chat. Duc. p. 48. Dorm. t. 2. p. 138.

En l'an 1137, il parut au nombre des Seigneurs, qui formoient la Cour de Thibaud, Comte de Champagne, à Sézanne en Brie. Il y signa comme témoin, une Charte expédiée au nom du Comte de Champagne. Son nom suit immédiatement ceux du Comte de Retest & du Comte de Grandpré, & précéde ceux de Gaucher de Châtillon, de Mathieu de Montmorenci, & de plusieurs Chevaliers de marque (1). On a un titre de la même année, concernant Mornienval, à la fin duquel on lit son nom, avec ceux d'Archambaud, Doyen de Crépy, & de Jean le Turc son parent. En 1144, il fit présent à l'Abbaye de Long-pont de la belle ferme de la Gorge (2). Dans le Cartulaire de Collinances, Drogon & Béatrix son épouse sont mis au nombre des bienfaiteurs de cette maison (3). Il fit présent en l'an 1155, à la priere de l'Abbé Henry, aux Religieux de Valseri, d'un domaine sis à Ambleny, qu'on nommoit le Château, *quod Castellum dicitur* (4).

Il paroît, que la plûpart de ces libéralités étoient des restitutions, ou des présens équivalens à d'autres biens Ecclésiastiques, que Drogon avoit enclavés dans ses domaines. L'usurpation qu'il fit sur les Religieux de S. Pierre en Chastres d'une portion de leurs bois, pour les joindre à son parc, sans forme de dédommagement, donne de sa personne l'idée d'un Grand peu scrupuleux, sur les moyens de s'approprier ce qui lui convenoit.

De son temps, la Châtellenie de Pierrefonds comprenoit une étendue de pays presqu'aussi considérable, que celle qu'elle contient aujourd'hui. Le pouvoir que Drogon y exerçoit, étoit absolu. Les troupes qu'il entretenoit dans ses Avoueries, affermissoient ce pouvoir & le rendoient presqu'arbitraire, soit par rapport à la jurisdiction, soit par rapport au domaine. Dans ses Chartes, il nomme cette étendue, les lieux de sa domination, *in omni loco dominationis nostræ*. Il possédoit une grande partie de la forêt de Retz & plusieurs cantons de celle de Cuise : il entretenoit un Juge-Gruyer, qui présidoit à la police de ses bois ; & ce Juge avoit sous lui, des Sergens à ses ordres. Le nombre des péages qu'il percevoit & des impôts qu'il levoit, exciteroit l'étonnement, si nous nommions tous ceux, dont nous avons connoissance.

Nous ignorons l'année, où Drogon est mort. Béatrix son épouse lui survécut, avec un fils nommé Drogon comme son pere, &

(1) Hist. Montm. p. 99.
(2) Chr. Long. p. 18.
(3) Hist. Meaux, p. 37.
(4) Gall. Chr. t. 9. p. 486.

deux filles, Ade & Marguerite de Pierrefonds. Béatrix parvint à un grand âge. En l'an 1172 elle fit son testament, par lequel elle donne à l'Abbaye d'Hyeres au Diocese de Paris, un bien sis à Bagneux, du consentement d'Agathe sa petite fille (1). Elle étoit alors attaquée d'une maladie, qui la mit au tombeau.

Nous nommerons Drogon II le fils du Seigneur, dont nous venons de parler. Ade de Pierrefonds, sœur aînée de Drogon II, épousa Gautier de Châtillon, second du nom (2), pere de Guy, & ayeul de Gaucher III, qui fut Seigneur en partie de Pierrefonds Gaucher II se trouva avec Drogon I son beau-pere, à plusieurs cérémonies publiques. Ils sont nommés l'un & l'autre, dans une Charte de Thibaud de Crépy de l'an 1134. Ces deux Seigneurs parurent ensemble cette même année à la Cour, que tenoit à Meaux, Thibaud, Comte de Champagne. Trois ans après, ils firent de compagnie le voyage de Sézanne en Brie, dans le dessein de rendre leurs devoirs au même Comte de Champagne. Ce Prince les reçut avec la distinction qu'ils méritoient. Gaucher II fut tué à Laodicée par les Sarrasins en l'an 1147. Ade son épouse vivoit encore en 1162.

Marguerite de Pierrefonds épousa Pierre de Vic-sur-Aisne, duquel elle eut trois fils; Pierre, Milon & Drogon. Milon mourut avant ses deux freres, & fut inhumé à Long-pont (3). L'on a un titre de l'an 1178, dans lequel Marguerite de Pierrefonds paroît avec ses deux autres fils Pierre & Drogon. Ce titre fait présumer, que son mari ne vivoit plus. Marguerite épousa en secondes nôces, un Seigneur de la maison de Chambly, qui vivoit encore en l'an 1196. Pierre, son aîné, devint Vicomte de Pierrefonds. Il signa deux Chartes en cette qualité, l'une de l'an 1183, l'autre de 1184 (4).

3. On rapporte au temps, où Drogon I possédoit le château & la Châtellenie de Pierrefonds, l'origine du Bourget près de Paris, qui en est une dépendance. Ce lieu, quoique bien peuplé, n'est qu'une Succursale du village de Dugny.

Le Bourget a commencé par deux maisons, situées sur la droite du grand chemin, qui conduit de Paris à Senlis. L'une est la premiere maison qu'on rencontre en entrant, & qui porte le nom des Mathurins, auxquels elle appartient. L'autre est l'hôtellerie du

(1) Hist. dioc. de Paris, t. 9. p. 414.
(2) Hist. Chat. p. 30. 33.
(3) Chron. Long. p. 64.
(4) Chron. L. ibid. p. 71. Cart. Ph. Aug. f. 22.

Moulinet d'or, qui a été bâtie fur les ruines d'un ancien Monastere de filles. Ce Couvent exiftoit feul fur le territoire actuel du
Bourget, dans les temps dont il eft ici queftion. Ce Monaftere
pouvoit bien être un démembrement de l'Abbaye de S. Denys,
de laquelle il aura été diftrait, lorfque les Communautés Religieufes ont ceffé d'être doubles.

Ces Religieufes, rebutées de prendre la fuite pendant les troubles, réfolurent de rechercher la protection de quelqu'Avoué puiffant, qui les défendroit contre les partis de factieux & de vagabonds, qui paroiffoient inopinément dans les campagnes, & pilloient les maifons. Elles eurent recours au Seigneur de Pierrefonds, dont le nom & la puiffance donnoient de la crainte aux
partifans. Il y eut un traité entre les Religieufes & ce Seigneur,
par lequel celui-ci s'obligeoit à fortifier le Couvent, & à y placer une garnifon, commandée par un Chevalier de fon château :
les Religieufes de leur côté promettoient de fe foumettre à fa jurifdiction, & de lui abandonner en toute propriété un certain
nombre de *livrées* de terres, & un efpace de terrein autour des
bâtimens du Monaftere, où il pourroit bâtir un bourg.

En vertu du Traité, le Seigneur de Pierrefonds fit entourer le
Couvent de deux enceintes de fortes murailles; & dans l'intervalle de ces deux enceintes, il bâtit quelques logemens, où plufieurs familles du voifinage vinrent fe réfugier. Ce terrein qui s'a-
vançoit en forme d'ovale, du côté de Senlis & vers Paris, fut garni de maifons en peu d'années, à caufe de la fûreté qu'on y trouvoit. Le peuple nomma *Bourget* ce nouvel amas de maifons, du
mot latin *burgum*, par lequel ces fortes d'établiffemens font défignés dans les Chartes anciennes.

Dans des temps poftérieurs, on rapprocha, en faveur de la fûreté publique, le grand chemin, des murs de ce Bourget. On bâtit plufieurs auberges fur la gauche, avec une Chapelle à l'ufage
des particuliers, qui demeuroient hors de l'enceinte du bourg. Les
Seigneurs de Pierrefonds n'ont jamais étendu leur jurifdiction fur
ces maifons; ils l'ont confervée feulement fur celles du côté op-
pofé. Les Ducs de Valois ont long-temps confervé la jurifdiction de la premiere partie du Bourget. Bergeron & Muldrac font
mention de ce droit, que quelques Officiers du Bailliage de Crépy ont encore exercé, au commencement de ce fiécle. Le Bourget eft à plus de quatorze lieues de Pierrefonds.

3. Si l'on fait attention aux autres Avoueries & aux domaines, que Drogon I possédoit par-delà Soissons, l'on concevra qu'il devoit jouir d'un crédit & d'une puissance énormes, sous des Souverains qui n'avoient pas encore recouvré l'autorité, qui devoit leur appartenir.

Drogon II succéda au Seigneur Drogon I, & jouit de presque tous les biens, que son pere avoit possédés. Il prenoit la qualité de Seigneur de Pierrefonds, du vivant de Béatrix sa mere. Il céda cependant à ses sœurs quelques portions des revenus de son pere ; & à l'imitation de ses ayeux, il chercha à s'en dédommager par des usurpations.

Les Chanoines de Sainte Geneviéve de Paris possédoient un Fief, qui avoit titre de *Chastellenie*, au milieu des domaines de Drogon II ; celui-ci s'en empara. Il mit garnison dans le manoir, & soumit à sa jurisdiction tous les hommes de ce canton, qui relevoient de Sainte Geneviéve (1). L'Abbé Odon, Doyen de cette Communauté, sentant parfaitement qu'il n'obtiendroit rien par ses remontrances, d'un usurpateur aussi décidé, employa auprès de lui la médiation de Nivélon de Cherisy, Prevôt de l'Eglise de Soissons, & parent de Drogon.

Le Seigneur de Pierrefonds écouta favorablement les représentations du Prevôt, & rendit à Sainte Geneviéve, en considération de Nivelon, le domaine qu'il avoit usurpé. De peur que Drogon ne revint contre sa promesse, Nivelon engagea ce Seigneur à passer un acte de garantie, par lequel il promettoit de maintenir les Chanoines de Ste Geneviéve, dans la jouissance des biens, qui avoient été le sujet de la contestation. L'acte est daté de l'an 1171.

Les Religieux de S. Pierre en Chastres avoient reçu de Drogon le même traitement, que le Chapitre de Sainte Geneviéve de Paris ; l'issue de leurs sollicitations, pour recouvrer leurs biens, ne fut pas aussi favorable. Drogon avoit enclavé dans son parc de Pierrefonds une partie des bois qui leur appartenoient, & ne vouloit pas consentir à les leur rendre. Il ne voulut même prêter l'oreille à aucun tempéramment. Les Religieux se trouverent dans la nécessité d'attendre, que la mort eût détaché ce Seigneur de ses grands biens (2). L'année de cette mort n'est marquée dans aucun des titres, qui sont venus à ma connoissance. Drogon laissa

---

(1) Cart. S. Genev. Paris, fol. 102.   (2) Cart. S. Petr. à Cast. fol. 22.

héritiers de ses domaines, un fils appellé Nivelon, & une fille qui est la célébre Agathe de Pierrefonds.

Nivelon, fils de Drogon II, est le troisiéme Seigneur de Pierrefonds, qui ait porté ce nom. Il jouit pendant un court espace de temps de la succession de son pere (1). Il épousa une Dame, fille de Dreux de Mouchy, & non de Moucé, comme il est marqué à la page 22 du Valois Royal de Bergeron. Nivelon III mourut, sans avoir eu d'enfans de ce mariage. Son décès rendit sa sœur Agathe, seule héritiere de tous les biens de la branche aînée des Seigneurs de Pierrefonds.

Drogon qui n'avoit pas soupçonné, que Nivelon lui survivroit si peu de temps, avoit conclu de son vivant, le mariage de sa fille Agathe avec le Comte de Soissons, comme une alliance qui devoit être avantageuse à cette Dame. Il paroît même que pour déterminer le Comte de Soissons au choix de sa fille, il avoit promis & cédé au futur époux, une portion de la Seigneurie de Pierrefonds. L'évenement rendit cette alliance beaucoup plus avantageuse à Conon, qu'à son épouse.

L'Auteur de l'Antiquité des Villes range sous l'an 1178, la célébration de ce mariage : cette date est une erreur. Dormay écrit (2), que Conon prenoit la qualité de Seigneur de Pierrefonds, six ans avant la mort d'Ives de Nesle. Une Charte de l'an 1171, accordée en faveur de Long-pont, représente Conon & la Dame Agathe comme unis par les liens du mariage, & même comme étant en possession d'une grande partie de la Seigneurie de Pierrefonds. Cette Charte porte en substance (3), que les deux époux ratifient la donation faite aux Religieux de Long-pont, des fermes de Vauberon & de la Gorge, avec l'usage dans la forêt de Retz. On y ajoute, qu'ils prennent aussi sous leur sauvegarde & protection tous les biens de l'Abbaye, situés dans l'étendue de la Châtellenie de Pierrefonds, de la même maniere que le Comte Raoul de Crépy en avoit agi touchant les biens de la même Abbaye, situés dans ses Domaines. On a deux autres Chartes de Conon & d'Agathe, qui regardent Long-pont, l'une de l'an 1175, l'autre de l'an 1178.

S'il n'y a point d'erreur dans la date des Chartes que je viens de citer, on doit en conclure que Drogon II & Nivelon III mouru-

---

(1) Duch. Hist. Chat. p. 48. Aimoin. cont. lib. 5. cap. 55.

(2) Hist. t. 2. p. 137.

(3) Chr. Long-p. p. 58. 59. 64.

rent en l'an 1174, le pere avant le fils, & que la Dame Agathe leur succéda, sur la fin de cette même année. Le testament de Béatrix, veuve de Drogon I, dressé en l'an 1172, suppose qu'Agathe de Pierrefonds sa petite fille jouissoit pour lors de la Seigneurie de Pierrefonds. Béatrix y fait une donation, à laquelle on déclare, que le consentement d'Agathe étoit nécessaire : on ne parle ni de Nivelon, ni de Drogon son pere.

Agathe de Pierrefonds perdit Conon son mari en 1181. Elle accorda à cette occasion plusieurs bienfaits à l'Abbaye de Longpont, afin d'engager les Religieux à prier pour le repos de l'ame du Comte de Soissons, de Drogon son pere, de Nivelon son frere, & pour le salut de la sienne (1). Elle confirma les Clercs de Sainte Geneviéve de Paris dans la jouissance des coutumes, qu'ils possédoient dans l'étendue de ses domaines, rendit aux Moines de S. Pierre en Chastres les bois, que son pere leur avoit enlevés, & accorda divers priviléges à l'Abbaye de Long-pré. On lit au bas d'une Charte de cette Dame, concernant Long-pré, les noms de Guillaume son Champion, & d'un autre Officier, qui se qualifie Grand Maître de sa maison : *Athleta ejus & Magister ejus.*

Cette Dame mourut, sans avoir eu d'enfans de Conon Comte de Soissons. Sa succession fut partagée entre les héritiers de Jean I de Pierrefonds, les Cherisys & les Châtillons, issus de Gaucher II & d'Ade de Pierrefonds, fille de Drogon I.

5. Nous placerons les faits, qui regardent les terres de Berny, de Vic-sur-Aisne & de la Ferté-Milon, à la suite de ce que nous avons rapporté touchant les Seigneurs de Pierrefonds, parce que ces terres étoient ou sous la sauve-garde de ceux-ci, ou défendues par des Chevaliers issus de leur maison, ou attachées à leur château.

Depuis l'Ordonnance, qui assujettissoit à une amende considérable, ceux qui usurpoient les biens de l'Abbaye de Marchiennes situés à Berny, cette terre n'éprouva aucune espéce de déprédation, de la part des Seigneurs voisins. Le trait qui suit, nous fait connoître, que la double Communauté de Marchiennes avoit à Berny un Econome qui prenoit soin des bâtimens, qui administroit les affaires, & qui faisoit valoir les biens dépendans de cette terre.

---

(1) Dorm. t. 2. p. 137. Tres. des Chart. vol. 7. oblig. 2. n° 6. Cart. Stæ Gen. f. 93. | Cart. S. Petr. à Castr. fol. 22.

L'Econome de Marchiennes établi à Berny, avoit besoin de matériaux, pour réparer un bâtiment. Il fit descendre dans les carrieres du lieu un ouvrier, auquel il ordonna de lui tirer plusieurs blocs de belles pierres. Ces carrieres, semblables à celles qu'on voit aux environs de Paris, n'avoient d'autre entrée, qu'une espéce de puits, dans lequel on descendoit les ouvriers à l'aide d'un treuil, qui servoit aussi à enlever les matériaux du fond de la carriere.

L'ouvrier employé par l'Econome, ayant apperçu une belle pierre à l'un des piliers, qui soutenoient la voûte de la carriere, ébranla cette pierre à coups de masse. Le pilier auquel cette pierre servoit de base, croula subitement, & entraîna dans sa chûte une grande partie de la voûte. L'Econome étoit présent, lorsque ce malheur arriva. Il gémit sur le sort du malheureux ouvrier, qui venoit d'être enseveli sous les ruines de la carriere. Il se hâta d'assembler d'autres ouvriers, auxquels il ordonna de fouiller dans les décombres, moins pour sauver la vie du carrier, que pour en tirer son corps & lui donner la sépulture (1). Quel fut l'étonnement de ces ouvriers, lorsqu'approchant de l'endroit où le carrier étoit engagé dans les ruines, ils entendirent une voix, qui leur demandoit tous leurs soins pour accélérer sa délivrance? Cette priere redoubla l'activité des ouvriers. Le carrier fut trouvé sans fracture d'aucun de ses membres, & même sans contusion, dans l'intervalle de deux rochers, qui s'étoient croisés en tombant.

Le bruit de ce qui venoit d'arriver, se répandit au loin. Des personnes de tout état se rendirent à Berny par curiosité, afin d'apprendre plus sûrement les circonstances de l'évenement, de la bouche de celui même qui avoit été délivré. A ceux qui demandoient au carrier, comment il avoit pu être ainsi préservé de tout accident, celui-ci répondoit, qu'il s'étoit recommandé à Sainte Eusoye de Marchiennes dans l'instant du danger, & qu'il attribuoit son bonheur à son intercession.

Albéric raconte ainsi dans sa Chronique un autre évenement du même temps, qui est tout-à-fait singulier. » A Berny qui est une
» terre du Diocese de Soissons, située sur les bords de la riviere
» d'Aisne, il y avoit un très-long souterrain, où personne n'avoit
» encore osé entrer de mémoire d'homme. Une jeune paysanne,
» à qui sa belle-mere avoit donné une truye à garder, mena paître
» cet animal auprès de l'ouverture de ce souterrain, & l'y laissa.

(1) Boll. Mart. t. 2. p. 461.

« entrer par mégarde. Elle y fuivit l'animal, afin de l'obliger d'en
» fortir. Mais l'obfcurité le lui fit bien-tôt perdre de vue. Les téne-
» bres & l'écho des voûtes, joints à la crainte des mauvais traite-
» mens, qu'elle avoit lieu d'appréhender de la part d'une belle-
» mere, frapperent la jeune fille d'une frayeur fubite, & lui occa-
» fionnerent cette vifion.

» Elle crut appercevoir un vieillard affis & environné de grands
» tréfors. Elle revint fur fes pas toute tremblante, & fut raconter
» à fa belle-mere, ce qu'elle avoit cru voir. Dès ce moment, dit
» la Chronique, elle commença à prophétifer, & prédifoit l'ave-
» nir à ceux qui la venoient confulter.

» Hugues Évêque de Soiffons (je ne fai fi c'eft Hugues de Pierrefonds qui vécut jufqu'en 1103, ou Hugues de Champfleuri qui
remplit le Siége Epifcopal de Soiffons depuis l'an 1159, jufqu'en
1175) » informé de ce qui fe paffoit à Berny, défendit à tous fes
» diocéfains, fous peine d'excommunication, de vifiter cette fille
» & de la confulter. Le démon, ajoutoit l'Evêque, prend mille
» formes différentes pour féduire les fimples. Il déguife fes illu-
» fions de toutes manieres, & il eft dangereux d'accorder la moin-
» dre croyance aux preftiges, dont il eft l'auteur «.

Il n'eft pas marqué dans Albéric, ce que devint cette affaire.
On a lieu de croire, que les menaces & les avis de l'Evêque arrêterent le concours de ceux, qui venoient par curiofité rendre vifite
à la jeune payfanne, afin de la confulter. L'idée de ces tréfors s'eft
perpétuée dans le canton, depuis le douziéme fiécle jufqu'à nos
jours, dans cette efpece de proverbe que les gens du lieu ont
fouvent à la bouche: *Entre Vaux & Berny, font les tréfors du
Roi Henry*. Cet Henry eft apparemment le vieillard, ou le Roi
Henry I, au regne duquel on aura attribué cette hiftoire, qui paroît n'être arrivée que fous le regne de Louis VII. La terre de
Berny étoit alors fous la fauve-garde des Seigneurs de Pierrefonds.

Vers le commencement du douziéme fiécle, l'Abbé & les Religieux de S. Médard de Soiffons voulant fe mettre à l'abri des en-
treprifes des Seigneurs de Coucy, demanderent une fauve-garde
aux Seigneurs de Pierrefonds. Ceux-ci leur envoyerent un Chevalier & une garnifon, qu'ils fe chargerent d'augmenter, felon
les temps & les circonftances, où la garde du château & de la terre
de Vic-fur-Aifne demanderoit plus ou moins de foin. Les Reli-

gieux de leur côté attacherent au gouvernement militaire de leur château, un Fief situé dans la vallée de Montigny près de la Gorge. Le Seigneur de Pierrefonds exigea, que le Chevalier du château fût son homme-lige, & que toute la terre de Vic-sur-Aisne fût soumise à la jurisdiction de sa Châtellenie.

En l'an 1140, ce Fief appartenoit à Milon de Vic-sur-Aisne (1), qui dans un acte de cette année, se qualifie homme-lige de Dreux, Seigneur de Pierrefonds, & transmet la garde du château de Vic-sur-Aisne avec la propriété de son Fief, à Pierre de Vic-sur-Aisne son fils. Pierre épousa Marguerite de Pierrefonds, de laquelle il eut trois fils, que nous avons déja nommés; Pierre II, Drogon & Milon. Drogon fut mis en possession du gouvernement de Vic-sur-Aisne. Hemery (2) rapporte un titre de l'an 1177, qui fait mention d'un Guillaume de Vic-sur-Aisne, contemporain de ces trois freres, *Guillelmus desuper axonam*.

Il faut rejetter comme une opinion insoutenable, le sentiment qui place sous l'an 1136, l'établissement de l'Exemption de Pierrefonds. C'est précisément en ce temps, que la puissance & le crédit des Seigneurs de Pierrefonds ont été portés au plus haut point. Occupés continuellement du soin d'étendre leur jurisdiction, comment auroient-ils souffert, qu'on la démembrât à leur préjudice? L'Exemption établie à Compiegne, est postérieure à cette date de plus de deux siécles.

En l'an 1194 ou 1196, les Religieux de S. Médard jugerent à propos de transférer au château de Vic-sur-Aisne les Reliques de Sainte Léocade. Ils vouloient pourvoir à leur sûreté par ce transport. La cérémonie s'exécuta avec une sorte de pompe. Les Reliques ayant été déposées dans l'Eglise du château, l'Abbé de Saint Médard, Gautier III, établit auprès de l'Eglise une communauté de ses Religieux, qui devoient célébrer l'Office Canonial, & prendre soin de tout ce qui avoit rapport au culte de la Sainte.

Léocade, Léocadie ou Locaye, sont trois noms synonymes, que les légendes donnent à une même Sainte, honorée dans l'Eglise comme Vierge & Martyre. Sa légende apprend, qu'elle étoit née en Espagne dans la ville de Tolede, vers l'an de J. C. 304. Adon & Usuard mettent Sainte Léocade au nombre des Vierges, qui ont confessé la Foi. D'autres Auteurs ajoûtent, qu'elle souffrit le martyre sous Dacien, Préfet de l'Espagne Tarraconnoise. Il est

(1) Chron. Long. p. 19. 63. 64. (2) Aug. Vir. p. 165.

certain, qu'elle termina sa vie dans la ville de Tolede, & qu'après sa mort, on lui décerna un culte public (1).

Lorsque les Sarrasins commencerent leurs irruptions en Espagne (2), on transféra dans le Haynaut les Reliques de cette Sainte. On les déposa d'abord à S. Guilhin près de Mons : c'est du Haynaut, qu'une portion de ces Reliques a été apportée à S. Médard, & transférée dans la suite au château de Vic-sur-Aisne, où la Châsse de la Sainte est demeurée jusqu'en 1590.

6. Il y a beaucoup d'embarras dans la suite des descendans de Jean I de Pierrefonds, Vicomte de Chelles, & second fils de Nivelon I. Jean eut deux fils, Vermond & Hervé, & trois filles que nous avons déja nommées. Vermond fut la tige des Chevaliers-Coutres ou Gouverneurs de la Ferté-Milon sous les Comtes de Crépy. Hervé fut marié de même que son frere, mais il y a tant d'obscurité & de confusion dans la généalogie de ses descendans, qu'on se perd en voulant établir une filiation exacte.

Frédelinde, femme de Jean I, avoit un frere Chevalier, appellé Hildebert, dont on lit le nom parmi ceux qui terminent la Charte de 1102, concernant S. Mesmes de Pierrefonds. On lit aussi ceux de Vermond & de Jean dit le Turc, petit neveu de Hildebert, & fils de Vermond. Hervé, frere aîné de Vermond, ne comparoît pas dans cette Charte; mais on trouve parmi les souscriptions, celle de Rainaud son fils & de Payen de Chelles.

Jean, fils de Vermond, eut une fille nommée Hersende, qui épousa Vermond ou Guermond, Vicomte de Buzanci (3), duquel elle eut quatre fils qui vivoient en 1190, savoir, Hervé de Buzanci, Mathieu d'Artennes, Drogon & Thibaud Chanoine de Soissons. Voici des traits détachés touchant plusieurs Chevaliers de Pierrefonds, qui vivoient au douziéme siécle.

En 1143, Vermond de Pierrefonds signa l'acte (4) par lequel Drogon I permettoit aux Religieux de S. Pierre-en-Chastres, de rentrer en possession des biens qu'il leur avoit enlevés. Dans un autre titre de l'an 1144, il prend la qualité d'homme-lige du même Seigneur. Une autre Charte de l'an 1155, fait mention de deux Chevaliers, Rainaud & Vermond, Fieffés de Louatres. Nous parlerons bientôt de Jean I, dit le Turc.

(1) Muldr. p. 51.
(2) Baillet, 9 Dec.
(3) Chr. Long. p. p. 345.

(4) Cart. S. Petr. à Cast. Ch. Long. p. p. 19. 20. 39.

J'ai eu communication d'un extrait de l'ancien Cartulaire de S. Riquier, qui a été brûlé. J'ai trouvé sous les années 1173 & 1190, les noms de Hugues de Pierrefonds, de Clémence sa femme & de Robert leur fils, de Gaucher, de Guillaume & de Hugues, fils de Guillaume ou de Gaucher, *Hugo filius*.

Hugues de Pierrefonds eut un fils nommé Hervé, qui signa comme témoin conjointement avec Jean de Roye, un acte dressé au nom d'Agathe de Pierrefonds, daté de l'an 1183. Le nom du même Hervé est encore écrit au bas d'une confirmation du même titre (1). Il y a apparence, que Hugues de Pierrefonds étoit fils de Henry de Banru, Chevalier, qui est plusieurs fois cité au Cartulaire de Mornienval sous l'an 1122. Hugues & Hervé ont été successivement Seigneurs en partie de Banru & de Morte-fontaine.

Hervé de Pierrefonds eut un fils appellé Thierry de Banru, dont on lit le nom dans l'Histoire de Châtillon par Duchesne, (p. 687) sous l'an 1188. On donne à celui-ci un fils nommé Thierry de *Voucies*, c'est-à-dire, de Vauciennes, qui vendit en 1225 plusieurs fonds de terres au Monastere d'Avenay (2). Banru est un Fief de la Paroisse de Montigny-Langrain, relevant en plein du château de Pierrefonds. Suivant des déclarations des années 1542 & 1578, 1602 & 1655, la Seigneurie de Roy-Saint-Nicolas, appellée autrefois le Fief des Bourguignons, relevoit de Banru, ainsi que d'autres mouvances moins considérables, dénommées dans ces actes.

Je lis dans un titre de l'an 1163 les noms d'un Drogon de Pierrefonds, fils de Raoul & petit-fils de Simon de Pierrefonds (3). Drogon possédoit un bien à Morte-fontaine. L'acte par lequel Conon Comte de Soissons, & Agathe de Pierrefonds, accorderent en l'an 1171 plusieurs priviléges à Long-pont, fait mention de Philippe & de Landry de Pierrefonds.

J'ai mieux aimé rapporter ces noms séparément, que de vouloir établir des généalogies incertaines sur des probabilités & sur des ressemblances; d'autant plus que dans les temps dont il est ici question, diverses familles de Chevaliers, qui n'avoient entre elles aucune liaison de parenté, prenoient les noms d'un même château, d'un même Fief, celles même dont les chefs étoient simples Chevaliers de garnison. Duchesne n'a pas toujours été

---

(1) Chron. Long-p. p. 71. 75. Gall. Chr. t. 9. p. 363.

(2) Gall. Chr. t. 9. p. 367.

(3) Chron. Long-p. p. 51. 60.

aſſez attentif à obſerver cette regle, établie ſur les faits que j'ai déja rapportés, & ſur ceux que je dois produire encore, au ſujet des forts châteaux de la Ferté-Milon & de Bethizy.

5. Les hauts Seigneurs de la Ferté-Milon n'en prenoient pas le titre, parce que ce domaine étoit uni à la Seigneurie de Crépy & du Valois, dont ces Seigneurs portoient le nom. Ils laiſſoient ce privilége aux Chevaliers leurs ſubalternes. La ſuite des hauts Seigneurs de la Ferté-Milon pendant le douziéme ſiécle, eſt la même que celle des Comtes de Crépy. De Hildebrante, ſœur aînée du Bienheureux Simon de Crépy, la propriété de la Ferté-Milon paſſa à ſa fille Adele, épouſe du Prince Hugues le Grand.

Templeux prétend, que Raoul IV, fils de ce Prince, acquit la Seigneurie de la Ferté-Milon. Son ſentiment n'eſt pas fondé : cette terre lui échut par ſucceſſion, après la mort d'Adele ſa mere, qui avoit épouſé en ſecondes nôces le Comte de Clermont. L'erreur de Templeux vient, de ce qu'ayant eu connoiſſance que la Ferté-Milon avoit appartenu à un Comte de Clermont, il n'a pas fait attention que ce bien venoit au Comte, de ſon épouſe veuve de Hugues le Grand, & mere de Raoul IV.

Raoul eut un fils & deux filles, qui poſſéderent ſucceſſivement le château de la Ferté-Milon. Le fils Raoul V en jouit peu de temps. Eliſabeth, l'aînée des deux filles, ayant épouſé le Comte de Flandres, lui tranſmit la jouiſſance de ce domaine, ſa vie durant. Jacques de Guiſe dans ſa Chronique (1) met la Ferté-Milon au nombre des dépendances du Valois, que le Comte de Flandres poſſédoit vers l'an 1168. Celui-ci y renonça après la mort de ſon épouſe, comme avoit fait le Comte de Clermont après le décès de la ſienne. Ce ſecond délaiſſement rendit la Comteſſe Eléonore, ſœur cadette de l'épouſe du Comte de Flandres, maîtreſſe du château & de la Seigneurie de la Ferté-Milon.

Eléonore uſa en pluſieurs rencontres des droits, qu'elle avoit comme Dame du lieu. En l'an 1184, elle donna à l'Egliſe de Noé-fort vingt ſols pariſis, à prendre ſur le change de la Ferté-Milon, & ſoixante autres ſols dix ans après, ſur la même ferme. En 1194, elle fit préſent à l'Egliſe de S. Vaſt d'un vivier, ſitué près de la Collégiale de S. Vulgis, & d'un muid de bled de rente, à prendre ſur la grange de la Ferté-Milon (2).

Pendant tout cet eſpace de temps, la Ferté-Milon eut des Sei-

(1) Hemereus, p. 163. I. (2) Hiſt. Meaux, p. 70.

gneurs subalternes, qui en portoient le nom. Outre le Garde, le Chevalier du guet, l'Asinaire & le Portier, quatre Officiers titrés dont nous avons parlé, les Comtes de Crépy entretenoient à la Ferté-Milon un Chevalier Châtelain, qui se qualifioit Seigneur du lieu, *Dominus*. On rapporte l'origine de cette charge, telle qu'elle subsistoit au douzième siécle, au temps où Hugues le Grand fit le voyage de la Terre-Sainte, avec Jean I de Pierrefonds, Hugues de Pierrefonds Evêque de Soissons, Gérard de Chérisy, Châtelain de Laon, &c. Hugues le Grand remit le gouvernement en chef de son château à Hugues le Blanc, & quelques parties de ce même gouvernement, aux descendans de Jean I de Pierrefonds, Vicomte de Chelles.

Hugues le Blanc peut être comparé à tous égards, à Richard I, Châtelain de Bethizy. Il tenoit aux Seigneurs de Valois par des devoirs, pareils à ceux qui attachoient Richard aux services des Rois Henry I & Philippe I. Il donna au Prieuré de S. Vulgis la même forme, que le plan sur lequel Richard avoit fondé la Collégiale de S. Adrien.

Je n'ai pû découvrir, de quelle Maison Hugues le Blanc sortoit. Il ne faut pas le confondre, comme ont fait quelques-uns, avec le Comte Hugues le Grand, frere du Roi : ce seroit prendre l'Officier pour le Maître. D'ailleurs, Hugues, frere du Roi, mourut de ses blessures l'an 1102, & Hugues le Blanc vivoit encore en 1122. Hugues le Blanc doit être aussi distingué de Hugues de Château-Thierry, qui fonda S. Jean-lès-Vignes en 1176, & de Hugues de Bethizy fils de Richard. On présume, qu'il tiroit son origine d'une Maison de Gentilshommes, établie au château ou au bourg de Pierrefonds.

Hugues le Blanc épousa une Dame appellée Helvide, de laquelle il eut un fils nommé Guillaume (1). En l'an 1096, ce Seigneur fut présent à la donation, que fit Hugues de Pierrefonds Evêque de Soissons, de l'Eglise de Nogent-l'Artaut, lieu situé sur la riviere de Marne, au Monastere de S. Germain-des-Prez de Paris. Il signa comme témoin, l'acte de donation en ces termes, *Hugo albus*

Depuis la Translation du Corps de S. Vulgis à la Ferté-Milon, la Chapelle du Château avoit été desservie par des Clercs séculiers, qui remplissoient mal leurs fonctions, & qui négligeoient le

(1) Gall. Chr. t. 10. instr. p. 105.

culte

culte de S. Vulgis & de S. Sébastien. Les choses en étoient au point, que Hugues se vit réduit à la nécessité de renouveller la Communauté de ces Clercs, afin de couper racine aux abus.

La vie exemplaire, que menoient les Religieux de la nouvelle Abbaye de S. Jean-lès-Vignes de Soissons, lui fit naître le dessein de placer à S. Vulgis des Clercs réguliers de cette Maison. Il communiqua ce dessein à Hugues de Pierrefonds, Evêque de Soissons, qui entra dans ses vues, & approuva le changement. Hugues le Blanc obtint ensuite le consentement de Pierre III, Abbé de S. Jean, auquel il promit d'augmenter le revenu des prébendes. L'Abbé Pierre jouissoit parmi ses contemporains de la réputation d'un rare mérite & d'une prudence consommée, qu'il avoit acquise sous la conduite de S. Bruno. Il édifioit ses Religieux, plus encore par ses exemples que par ses discours.

Tout ayant été disposé par le concours de l'Evêque, de l'Abbé & du Chevalier, on dressa une Charte, dans laquelle les principales circonstances du renouvellement de S. Vulgis sont exprimées (1). Cette piéce porte en substance, que Hugues le Blanc, Seigneur Châtelain de la Ferté-Milon, conjointement avec Helvide sa femme, Guillaume leur fils, & Sibille leur belle-fille, a remis entre les mains de l'Evêque de Soissons tous ses droits sur l'Eglise de S. Vulgis & ses dépendances, sans se réserver quoique ce soit. On ajoute, que ce délaissement est fait, à condition que Pierre, Abbé de S. Jean, sera mis en possession tant des biens de l'Eglise de S. Vulgis, que des droits cédés par le Chevalier Hugues; & que l'Abbé Pierre enverra à la Ferté-Milon trois Religieux & un Prieur de sa Maison, qui desserviront la Chapelle de S. Vulgis, & exerceront les fonctions Curiales à l'égard des Chevaliers du château, & de ceux de leurs gens, qui demeurent dans l'enceinte de la forteresse.

Hugues le Blanc avoit promis à l'Abbé Pierre d'augmenter le revenu des anciennes prébendes; il remplit sa promesse, & fit présent aux nouveaux Chanoines, d'un four banal, d'un moulin & de plusieurs fonds de terre.

Dix ans après ce renouvellement, Lisiard de Crépy, Evêque de Soissons, confirma tout ce que ses Prédécesseurs avoient fait. Il ajouta des bois aux revenus du Prieuré, & approuva la donation, qu'une Dame Odote avoit faite à l'Eglise de S. Vulgis, lorsque

(1) Chr. S. Joan. in vin. p. 84.

son fils avoit pris l'habit de Religion dans la Maison de S. Jean. Le même Prélat donna aussi l'Eglise de Troesnes à S. Jean. La permission, que Lisiard accorda aux Religieux de S. Vulgis, d'exercer dans le château les fonctions du Ministere, a été la source des contestations qui se sont élevées dans la suite, entre les deux Communautés de Sainte Geneviéve de Paris & de S. Jean-lès-Vignes de Soissons.

L'Eglise Paroissiale de S. Vast appartenoit à Sainte Geneviéve. Lorsque l'Eglise de S. Vulgis fut renouvellée, le Clergé de Saint Vast étoit composé, 1°. d'un Chapitre d'Ecclésiastiques, auxquels Etienne, Abbé de Sainte Geneviéve, donne la qualité de Chanoines dans sa lettre CLIV^e, *Canonicos Firmitatis Milonis*. 2°. D'un Prêtre ou Curé. Il est fait mention de ce Curé, dans un accord de l'an 1158, passé entre les deux Communautés de Reuil & de S. Jean-lès-Vignes. 3°. D'un Chapelain (1). Suivant deux titres de 1172 & de 1177, la nomination du Curé & du Chapelain appartenoit à l'Abbé de Sainte Geneviéve de Paris.

Damien de Templeux met Hugues le Blanc au nombre des Seigneurs, qui ont eu part à la fondation de l'Abbaye du Charme. Une partie des biens, dont Adam de la Croix & Foulques doterent cette Maison dans son origine, étant située sur la censive de Hugues, celui-ci donna son consentement ainsi que Guillaume son fils, par une Charte qu'ils signerent; Hugues & Guillaume firent aussi leurs présens.

Au fond de piété qui portoit Hugues le Blanc à pratiquer ces bonnes œuvres, ce Chevalier joignoit des qualités militaires dont il fit preuve (2). Thomas de Marle, le plus cruel & le plus méchant des hommes, s'étant révolté contre Enguerrand de Coucy son pere, se renferma dans la forteresse de Montagu près de Marchais en Laonnois, avec un corps de troupes composé de Brigands & de scélérats déterminés, que l'espérance de l'impunité avoit rassemblés sous ses ordres. Il faisoit des sorties fréquentes, & non-content de piller, il ravageoit tout par le fer & par le feu, dans les lieux des Dioceses de Laon & de Reims, qui n'étoient pas éloignés de son château. Il pénétra même jusques dans l'Amiennois, où il commit des excès de cruauté. Enguerrand son

(1) Hist. Meaux, t. 2. n° 83. Cart. S. Genev. fol. 68.

(2) Dorm. t. 2. p. 82. ann. 1114.

pere, manquant de secours pour soumettre ce fils dénaturé, pria Hugues le Blanc de le seconder, & celui-ci lui prêta main-forte.

L'Auteur de la vie du Roi Louis le Gros exalte les principales qualités de Hugues le Blanc, comme celles d'un Chevalier généreux & magnifique : ce qu'il rapporte de ce Seigneur, est placé sous l'an 1120 dans son histoire (1). En l'an 1121, Hugues signa l'acte d'une donation faite à Nanteuil, en ces termes : *Hugo qui dicitur Albus*. L'année suivante 1122, il confirma par une Charte signée de sa main, la donation de quelques biens sis au grand Rosoy près d'Ouchy, & assista au contrât, par lequel, à la persuasion de S. Bernard, la Collégiale d'Ouchy fut soumise à l'Abbaye de S. Jean-lès-Vignes. Depuis cette année, je ne connois plus de titres, qui le concernent. On ignore, s'il a eu pour successeur immédiat Guillaume son fils.

De son temps & après sa mort, plusieurs Chevaliers de marque portoient le nom de la Ferté-Milon. L'acte par lequel Lisiard, Evêque de Soissons, confirma la fondation du Prieuré de S. Vulgis, est contresigné de Tesson & de Guérin de la Ferté-Milon, deux Chevaliers du château. Tesson mourut Religieux de S. Jean-lès-Vignes un onziéme jour de Septembre.

En l'an 1131, vivoit un Geoffroi de la Ferté-Milon, qu'on croit avoir été fils de Guillaume, & petit-fils de Hugues le Blanc : mais on n'a rien de certain sur ce sujet. Lorsque le Monastere de Long-pont fut fondé sur les terres de Gérard de Chérisy, ces terres relevoient en plein fief de Geoffroi de la Ferté-Milon (2). La Charte aumônière de la Comtesse Éléonore fait mention d'un Guillaume de la Ferté-Milon, qui vivoit en 1184 ou 1194.

Divers actes du douziéme siécle font mention d'un Gislebert de la Ferté, chef d'une des Familles nobles, dont je viens de parler. Il eut un fils nommé Raoul, qui fonda l'Abbaye de Val-Chrétien en 1134. Gislebert signa l'acte de cette fondation comme témoin, & comme partie consentante aux dispositions de son fils, & au plan dressé par Josselin Evêque de Soissons. Dix ans après la fondation de ce Monastere, Gislebert l'enrichit de plusieurs revenus. Il est cité dans un acte de l'an 1144, par lequel Dreux I, Seigneur de Pierrefonds, fait un présent à l'Abbaye de Long-pont (3).

---

(1) Hist. Meaux, t. 2. n°. 33.
(2) Chron. Long-p. p. 4. Gall. Chr. instr.
t. 10. p. 113.
(3) Chron. Long-p. 20.

J'ai vu aux archives de cette derniere Abbaye un titre de l'an 1145, signé par Eudes de la Ferté-Milon : c'est l'Odon le Turc dont parle Bergeron, petit-fils, à ce qu'on croit, de Jean I Vicomte de Chelles ; fils d'Hervé, & neveu de Vermond.

Ce surnom de *Turc* est remarquable, relativement au temps dont il est ici question. L'étymologie en est incertaine. Vient-il du mot d'*Urc*, qui étoit pour lors le nom de la riviere d'Ourcq & du territoire de la Ferté-Milon qu'elle arrose ; ou des Turcs, que Eudes ou son pere auroient combattu avec avantage pendant les premieres Croisades ; ou enfin d'une complexion mâle & vigoureuse, semblable à celles des barbares de ce nom ? C'est surquoi il n'est gueres possible de prononcer avec certitude. Le second sentiment me paroît plus naturel & plus simple que le premier.

Plusieurs descendans de Vermond ont pris comme ceux-ci le surnom de Turc. Jean II son fils aîné est appelé Jean le Turc dans tous les titres : il mourut en l'an 1154. Jean II eut un fils nommé Raoul le Turc (1), qui lui succéda dans ses titres & dans la jouissance de ses biens. Une Charte d'Ancoul de Pierrefonds, Evêque de Soissons, apprend, qu'en l'année 1154, Raoul le Turc devint Chevalier à la mort de son pere, & qu'il tenoit alors l'Avouerie d'une partie de la forêt de Retz sous le Comte Raoul IV, Seigneur de Crépy & de Valois, qui lui en avoit confié la garde. Raoul avoit pour collégue Vermond son parent, dans l'autre partie de la forêt de Retz. Raoul le Turc est mis au nombre des principaux bienfaiteurs de Long-pont. C'est de lui, que les Religieux de cette Maison tiennent le beau Tréfond de Notre-Dame-en-Retz ou de l'Aumône : il est à croire que le Comte de Crépy avoit donné ce Tréfond au Chevalier Raoul, comme le prix de sa vigilance (2).

Raoul le Turc épousa Adele, fille d'Adam de la Ferté-Milon, peu de temps après la mort de son pere (3). Je crois que cet Adam est l'Odon le Turc de Bergeron, & l'Eudes de la Ferté-Milon, mentionnés dans les titres de Long-pont. Outre la Dame Adele, Adam avoit un fils nommé Thierry de la Ferté-Milon, dont je ne connois pas les descendans. En 1159, Adele de la Ferté-Milon donna au Monastere de Collinances son bois des Closeaux. Adam son pere vivoit encore deux ans après. On a l'acte par lequel, en

---

(1) Chr. Long-p. p. 41.
(2) Chron. Long-p. p. 147.
(3) Hist. Meaux, t. 1. p. 37. Cart. ph. Aug. fol. 136.

l'an 1161, ce Chevalier donna à la Communauté de Collinances (1), du consentement de Thierry son fils, son bois d'Epinay ou des Brousses. On pense qu'il étoit fils de Guérin de la Ferté-Milon, & petit-fils d'Adam de la Croix, qui vivoit encore en 1102.

En l'an 1175, Raoul le Turc confirma par un acte signé de sa main le présent, que son beau-pere, son beau-frere, & Adele sa femme avoient fait à Collinances. Il y ajouta deux muids de bled de rente, à prendre sur la terre de Mareuil. En 1182, il signa ainsi, comme témoin, l'acte dressé par ordre de Philippe d'Alsace Comte de Flandres, pour constater & expliquer la fondation de S. Thomas de Crépy, *Radulphus Turcus*. Le Cartulaire de Mornienval contient une piéce signée par le même Raoul le Turc, portant donation à cette Abbaye d'une rente de dix livres, par Philippe d'Alsace Comte de Flandres.

Raoul jouissoit parmi ses contemporains de la réputation d'un excellent Capitaine. Tout annonçoit dans sa personne un guerrier redoutable par ses talens militaires, par la force & par la vigueur de ses membres, & par les traits d'une phisionomie capable d'intimider ceux qu'il fixoit. Peut-être cet extérieur a-t-il été l'origine de son surnom de Turc.

L'assemblage de ces qualités acquit à Raoul la confiance des Ecclésiastiques, au point qu'il étoit comme l'Avoué général de toutes les Eglises de la contrée. Il avoit le sauvement de Marisy & de tous les biens, que l'Abbaye de Sainte Genevieve possédoit dans le Valois. Il est marqué dans un dénombrement de ces biens, daté de l'an 1183, qu'ils sont sous le domaine & sous l'Avouerie de Raoul le Turc, *de Dominio & advocatione Radulphi Turci*. La Comtesse Eléonore nomme Raoul le Turc dans sa Charte Aumôniere, comme le principal Officier, auquel elle avoit confié la défense de son château de la Ferté-Milon.

Ce Seigneur eut un fils appellé Jean le Turc, lequel fut pere d'un Nivelon le Turc, qui est cité dans plusieurs titres du siécle suivant. Quelques-uns veulent, qu'il n'ait eu que trois filles, mais ils le confondent avec Raoul fils de Gistebert de la Ferté-Milon, Fondateur de Val-Chrétien.

En ce temps, la Seigneurie de Charcy, située de l'autre côté de la riviere d'Ourcq par rapport au château de la Ferté-Milon,

(1) Hist. Meaux, t. 1. p. 137. t. 2. p. 127.

formoit un domaine séparé, d'une grande étendue. Elle comprenoit le territoire, où est présentement placée la Chartreuse de Bourg-Fontaine, avec les dépendances d'un triage, qu'on nommoit alors de la Bonne-Fontaine. Les Religieux de Bourg-Fontaine ont un titre de l'an 1157, dans lequel il est fait mention d'un Gentilhomme nommé Guillard, qu'on y qualifie Seigneur de Charcy.

8. Nous avons donné ci-devant une description complette des Palais du premier ordre, que nos Rois des deux premieres races occupoient, en traçant le plan de l'ancien Palais de Verberie: nous nous proposons de donner ici une idée des parties principales, qui composoient l'ancienne ville de Crépy, afin qu'on ait dans cette description, une connoissance complette de la maniere, dont les villes fortifiées étoient distribuées sous le gouvernement des premiers Rois de la troisiéme race. Le plan que je vais exposer, a subsisté depuis la mort de Gautier le Blanc jusqu'à la fin du treiziéme siécle.

On distinguoit cinq quartiers dans la ville, ou plutôt sur le territoire de Crépy; celui du Donjon, celui du Château, le Bourg, la Ville & les Bordes. J'ai déja marqué les limites de ces différentes divisions, en parlant du renouvellement du château de Crépy sous le Seigneur Gautier le Blanc.

Les Seigneurs de Nanteuil auxquels appartenoit le donjon, entretenoient dans cette espéce de citadelle un Châtelain, qui étoit indépendant des Seigneurs de Crépy, maîtres du château. A la fin du testament de Thibaud III de Nanteuil, dressé en l'an 1182, on lit parmi les souscriptions le nom de Robert son Châtelain, *Castellarius*. On entroit dans l'enceinte du donjon, par la porte souterraine du grand chemin de Bapaume.

L'espace occupé par le château, se terminoit aux premieres maisons de la Ville, à la Poterne, à la Croix-au-Bourg, & à la porte-aux-Ormiers, sur laquelle est présentement placé l'horloge de la Ville. On entroit dans le château par deux portes principales; celle de Compiegne & celle des Pourceaux. Philippe d'Alsace Comte de Flandres & de Crépy, du chef de sa femme Elisabeth, voulant avoir une nouvelle issue du côté du Fief des Bordes, fit percer près de S. Michel une nouvelle porte, qui paroît être celle qu'on nomme aujourdhui Porte du Paon. Une Charte de ce Seigneur & de son épouse Elisabeth apprend, que pour pratiquer cette issue & construire le pont-levis, il avoit fallu abbattre la maison du nommé Herbert le Potier, appartenant à S. Arnoul, & que dans la vue de dédommager les Religieux de ce Monastere, le Comte de Flandres avoit abandonné à Thibaud, Prieur de S. Arnoul, la maison du nommé Baudouin d'Arras, bâtie de l'autre côté du pont, avec la justice de son emplacement. Suivant ce trait, le territoire du château & celui du bourg devoient aboutir en pointe à la porte du Paon.

L'enceinte du Bourg continuoit depuis l'emplacement actuel de la porte du Paon jusqu'à la Croix de son nom, & jusqu'aux murs du château & du donjon. Cette troisiéme portion de Crépy avoit un Gouverneur particulier, auquel les titres donnent les deux noms de *Burgare* & de *Bougre*. Ce dernier terme qui est présentement un mot grossier dans le commerce du monde, n'avoit alors rien de choquant pour les oreilles. La charge de l'Officier auquel on donnoit ce nom, revenoit aux emplois des Burgraves d'Allemagne. Nous aurions désiré pouvoir supprimer cette expression dans le détail qui va suivre ; la nature du récit que nous entreprenons, ne nous a pas permis de le faire. Il y a des rencontres, où la délicatesse du lecteur doit céder aux circonstances ; il n'est ici question que de se transporter en idée dans des temps anciens, & d'adopter pour un instant un terme, qui étoit alors consacré par l'usage.

Les châteaux de Pontoise, de la Ferté-Milon, de Pierrefonds, de Bethizy, & même le Palais de Verberie, avoient chacun un bourg, de même que celui de Crépy. A Pontoise comme à Crépy, il y a eu pendant long-temps une Croix-au-Bourg. Nous avons déja observé, qu'on donnoit le nom de bourg à la partie des forts châteaux, où les habitans des campagnes venoient s'établir pendant les troubles, afin d'être à l'abri des incursions. Ils y bâtissoient des demeures, & payoient des redevances au Gouverneur du bourg, ou au Seigneur du château, ou bien à ceux à qui le Seigneur ou le Gouverneur jugeoit à propos de transmettre la propriété de leurs droits. On appelloit ces habitans *Burgenses* en latin, & *Bourgeois* en François. La charge de Burgare de Crépy revenoit à celle de Châtelain, de Garde ou de Chevalier des autres forteresses. L'office actuel de Capitaine de Crépy répond à l'ancienne charge des Burgares, dont nous allons présenter la suite par ordre de dates.

Dès que le Seigneur Gautier le Blanc eut achevé de fortifier son château, plusieurs familles obtinrent de lui la permission de s'établir au-dedans de la seconde enceinte, en lui payant un droit. Gautier reçut ces familles, & régla le tribut, qu'elles lui devroient. Il préposa un de ses Chevaliers à la garde du bourg, & se réserva le tribut des familles.

Vers le temps où ce Seigneur fit venir l'Abbé Girard & des Religieux de S. Benoît, afin d'établir une Communauté de Réguliers, à la place du Chapitre de Chanoines séculiers qui desservoient la Chapelle de son château, il transmit à la nouvelle Communauté les droits annuels, que lui devoient les habitans du bourg (1). Il obtint à ce sujet le consentement du Roi Robert, & l'agrément du Pape. Adele son épouse s'unit à lui, afin de rendre par son consentement, la donation plus stable encore.

Tant que Gautier vécut, le Chevalier Burgare content de ses appointemens, exerça ses fonctions, & laissa les Religieux dans la paisible possession des droits qui leur avoient été accordés. Nous ignorons le nom du premier Gouverneur du bourg, que Gautier plaça de sa main. Ce premier Officier eut un fils, qui se nommoit Haymon de Crépy (2). Haymon eut deux fils, Arnoul & Hugues. Arnoul eut en partage la terre de Grand-Villers-au-bois, située près de S. Just en Picardie, *Grande Villare.* Hugues succéda à son pere dans son poste de *Burgare* vers l'an 1086.

Hugues après avoir exercé pendant quelque temps ses fonctions, se persuada que les droits perçus par les Religieux sur les habitans du bourg appartenoient à sa charge, & sur ce fondement, il commença à les inquiéter, & à s'approprier le tribut, que devoient annuellement les bourgeois. Hugues ignoroit, que la donation du bourg avoit été faite à S. Arnoul de la façon la plus solemnelle; qu'elle avoit été ratifiée par le Roi & par le Pape, après avoir été conclue en présence & par le ministere des Archevêques de Sens & de Reims.

Après qu'il eut joui quelque temps de son usurpation comme d'un bien légitime, les Religieux de S. Arnoul l'attaquerent. Hugues se défendit d'abord; mais aussi-tôt qu'il eut pris connoissance des titres & des droits de ceux-ci, il se relâcha de ses prétentions. Les Religieux de leur côté, ne voulurent pas le traiter à la rigueur. Hugues consentit de rendre aux Moines ce qui leur appar-

(1) Gall. Chr. t. 10. instr. p. 209. 423.   (2) Archiv. de la Cathedr. de Beauvais.

noit, & ils permirent au Burgare de conserver son hôtel sa vie durant, & d'en transmettre la jouissance à Drogon son fils aîné, sous la simple redevance d'une rente annuelle de trois sols. La convention fut exécutée de point en point. Hugues & Drogon vécurent en bonne intelligence avec les Religieux de S. Arnoul.

Drogon étant mort, les Religieux permirent à sa veuve de demeurer dans l'hôtel, qui à la rigueur, devoit leur revenir, & d'y élever un fils en bas âge, nommé Enguerrand, qu'elle avoit eu de Drogon son mari. La charge de Burgare passa au Chevalier Thiennard de Crépy, qui l'exerça en attendant que le jeune Enguerrand eût l'âge & l'expérience nécessaires, pour remplir cet emploi.

Lorsqu'Enguerrand eut atteint l'âge d'homme, les Comtes de Crépy qui avoient reconnu en lui beaucoup d'intelligence, le formerent aux affaires, & l'envoyerent à Amiens, où il passa dix ans avec la qualité de leur Baron, c'est-à-dire, de leur Conseiller.

Une Charte de l'an 1108 fait connoître, qu'en cette année Enguerrand demeuroit encore à Amiens. Pendant ce temps Thiennard, successeur de Drogon, vivoit de bon accord avec les Religieux, & favorisoit leurs intérêts.

En l'an 1116, Enguerrand quitta la ville d'Amiens, dans le dessein de venir se fixer à Crépy, à l'hôtel que son pere avoit occupé, & où il avoit été élevé. Il entra dans le bourg, accompagné d'un parti nombreux, auquel les Religieux ne jugerent pas à propos d'opposer la moindre résistance. Fier de ce succès, Enguerrand entreprit d'empiéter sur les droits des Moines, & d'étendre son autorité sur la plus grande partie du bourg. Les Religieux voyant qu'ils alloient devenir la victime de leur patience, penserent à contrebalancer le pouvoir, que le jeune Officier vouloit s'arroger. Ils convoquerent dans l'intérieur de leur Couvent une assemblée solemnelle, à laquelle ils inviterent les personnes les plus considérables de la contrée.

Parmi les noms des assistans, on remarque ceux de Clérembaut Evêque de Senlis, de Hugues Prieur de Bethizy, de l'illustre Guibert Abbé de Nogent-sous-Coucy, d'Odon Abbé de S. Crépin de Soissons, de Baudouin Abbé de S. Vincent de Senlis, de Martin Prieur de S. Martin-des-Champs de Paris, de Hilon Prieur de Coincy, d'Artaud Prieur de Nanteuil, sans compter ceux d'un grand nombre d'Ecclésiastiques séculiers & réguliers, distingués par leur mérite, mais qui n'étoient pas titrés.

Tom. I. Bbb

Les Moines de S. Arnoul comptoient dans cette assemblée plusieurs Seigneurs laïcs & quelques Chevaliers, qu'ils avoient disposés à leur accorder leur bienveillance, & à leur donner dans le besoin des marques de leur protection. Adam de Crépy, Seigneur de Nanteuil, Daimbert de Montreuil, Raoul de *Mastroso*, le Chevalier Richard Châtelain de Bethizy, Payen de Chelles, Gautier de Fresnoy, Thiennard de Crépy, & divers particuliers remarquables par leurs emplois formoient la classe des laïcs: le Prevôt Foulques & le Receveur Viard parurent aussi à cette assemblée, afin de s'acquitter de ce qui pouvoit dépendre de leur ministere.

L'affaire qui divisoit Enguerrand & la Communauté de S. Arnoul ayant été mise en délibération, Enguerrand ne fut pas trouvé recevable dans ses prétentions. L'assemblée le manda. Instruit du nombre & de la qualité des personnes qui la composoient, il sentit son crédit anéanti, prit la fuite avec ceux de son parti, & ne reparut plus. Le succès des Religieux ne nuisit en aucune sorte au poste de Burgare: ils concourrurent au contraire avec les Comtes de Crépy à en augmenter les prérogatives.

Thiennard ou Thémard de Crépy jouit de son emploi quelque temps encore après l'assemblée de l'an 1117. Il eut pour successeur Jean le Bougre, dont le nom se trouve dans plusieurs actes. En l'an 1144, Jean signa comme témoin, une Charte que Raoul IV, Comte de Crépy, avoit délivrée en faveur de Long-pont (1). On lit cette souscription *Joannes Bulgarius*, au bas d'une autre Charte, que le même Comte accorda aux Prémontrés de Braine, entre le nom de Thibaud de Crépy, Seigneur de Nanteuil, & celui d'Enguerrand frere du Burgare. Jean possédoit les terres d'Ivort & de Pondront. Il fut marié & eut un fils nommé Ernulphe ou Arnoul. Il est marqué dans une des piéces justificatives de l'Histoire de Meaux (n° 96) qu'Ernulphe fils de Jean *Bugrus* a confirmé à Collinances le présent que son pere avoit fait à ce Monastere, des dixmes d'Ivort, tant en bois qu'en terres.

Le même Arnoul prend le titre de *Bulgarus* à la fin d'une Charte accordée à Mornienval en l'an 1182. Il signa *Arnulphus Vulgrus* la Charte de fondation de S. Thomas de Crépy, avant Raoul le Turc. Le Cartulaire de la Confrairie aux Prêtres commence par une piéce de l'an 1185 de la Comtesse Eléonore, qui est ainsi

(1) Chr. Long. p. p. 14. Gall. Chr. instr. t. 10. p. 118.

contresignée par ce même Arnoul, *Arnulphus Bugarus*. On lit encore son nom, parmi ceux qui sont cités dans la Charte Aumônière de la Comtesse Eléonore de 1194. Il signa *Arnoldus Burgarus* un autre titre de la même année.

Arnoul eut un fils nommé Jean, que nous appellerons Jean II, pour le distinguer de son ayeul. Ce Jean second passoit pour un des hommes édifians de son siécle, à cause de la solide piété dont il faisoit profession. Le Roi Philippe Auguste faisoit cas de sa personne, & le favorisa dans plusieurs rencontres. Le nom de ce Gentilhomme est répété plusieurs fois dans le Cartulaire de ce Prince en ces termes, *Joannes dictus Bougre* (1). On lit dans le résultat d'une enquête faite en 1212 par ordre du Roi, que Jean a droit d'usage dans ses bois d'Ivort. Dans des lettres de l'an 1219, le même Chevalier Jean témoigne, que son droit d'usage lui a été accordé par la Comtesse Eléonore, afin de pacifier les différens qui s'étoient élevés entre lui & Arnoul d'Ivort, qui étoit apparemment son proche parent ou son frere. Il ajoute, que cet usage regardoit tant son château d'Ivort, que le moulin de Pondront. Je parlerai ailleurs de la Seigneurie d'Ivort.

En l'an 1214, il y eut un échange (2) entre le Roi Philippe Auguste & Frere Guérin, Evêque de Senlis, d'une part, & Jean *li B.* de l'autre. Guérin quitta au Roi suivant l'accord, l'hommage que lui devoit Jean II, à cause de son Fief. Le même Chevalier Jean est représenté au Cartulaire de S. Thomas de Crépy, comme un Gentilhomme puissamment riche en fonds de terres, situées la plûpart entre Ivort & Crépy.

Pénétré de l'injustice des procédés de ceux qui enlevoient les biens des Monasteres & des personnes consacrées à Dieu, il tint une conduite constamment opposée à leurs maximes. Il donna des marques de sa libéralité aux Chanoines de S. Thomas de Crépy, aux Religieuses de Mornienval, & à l'Association de la Confrairie aux Prêtres de Crépy, dont il étoit membre. Son nom & son surnom sont écrits en plusieurs endroits du Cartulaire de la Confrairie, comme étant l'un de ses principaux bienfaiteurs. Nous apprenons d'un titre de Mornienval, qu'en l'an 1220 le Chevalier Joannes li Bogres avoit pour épouse une Dame Ermentrude, & un fils appellé Nivelon le Bougre. L'année où mourut Jean II est incertaine.

(1) Cart. Ph.-A. Fol. 131. 136.   (2) Gall. Chr. t. 10. p. 1410.

Nivelon son fils lui succéda dans ses biens & dans sa charge avant l'an 1242. Jean avoit de son vivant associé ce fils à la Confrairie aux Prêtres. Nivelon signe en ces termes un acte de la Confrairie, daté de la même année 1242, *Nivelo Miles de Ponte Rotundo dictus Bougre*. Il ne vécut pas long-temps après cette année, ou il se démit de sa charge. On trouve au même Cartulaire une piéce de l'an 1248, dans laquelle on donne à un certain Arnaud de Vaumoise la qualité de *Burgarez*.

Arnaud de Vaumoise ne vivoit plus en l'an 1268. Le Burgare Pierre lui avoit succédé. Pierre est nommé dans les titres, *Petrus Li B Petrus ly Bulglus*, & *Pierre de aessous la Tour*, parce qu'il avoit de ce côté là son hôtel. Le premier titre qui le nomme, est un contrat de vente, daté du mois de Décembre 1268, portant abandon, moyennant une somme de six livres parisis, d'une place sise aux Courtilles, entre la maison d'Eméline la Reine & celle de Joubert, surnommé le Bogres. Peut-être ce Joubert avoit-il exercé ci-devant les fonctions de Burgare.

Le dernier Burgare de Crépy dont on ait connoissance, se nommoit Robert. On lui donne le surnom de Bougre, dans un titre du mois de Mars 1278, portant amortissement.

Six ans après cette date, Charles de France reçut en appanage le Comté de Valois, & établit sa résidence au château de Crépy. Il abolit la charge de Burgare, & créa à la place de cet Officier, un Capitaine du château. Depuis la réunion des trois Fiefs du Donjon, du Bourg & du Château, qui fut consommée sous le regne de Philippe Auguste, la charge de Burgare n'étoit plus qu'un titre sans fonctions utiles.

La famille des Gentilshommes, qui avoient pris ce titre de pere en fils depuis plus de trois siécles, ne fut pas éteinte : plusieurs de ses rejettons s'établirent à Villers-Cotteretz, à Ivort, à Anthilly. Ils sont souvent cités dans les titres du quatorziéme siécle sous les noms de Boulglards, Boilglands, Boulards & Broilards.

Lorsque les Comtes de Crépy rétablirent la charge de Burgare pendant les premieres années du douziéme siécle, ils y attacherent de fort beaux droits. M. Brussel (1) prétend que de sa nature, cet office se tenoit en Fief, & que de lui sont émanés les droits de Bourgage. M. Bouquet (2) étend les droits de Bourg ou de

---

(1) Tom. 2. p. 845.   (2) Dr. public, p. 211. D. Bouq. t. 9. p. 618.

Bourgage sur les marchés, sur les impôts, sur les monnoies, sur les maisons du bourg & sur les terres.

Le Burgare de Crépy avoit un hôtel à Crépy, & une maison de plaisance à la campagne. Le corps de logis qu'il occupoit dans la seconde enceinte du château de Crépy, étoit appuyé contre les murs de la principale tour du donjon. Ce corps de logis est indifféremment appellé dans les titres, l'hôtel du Burgare, l'hôtel au Boulgle ou l'hôtel de dessous la Tour. Avant que cet hôtel eût été bâti ou destiné au logement du Gouverneur du bourg, on appelloit Place-Boissiere le terrein qui étoit devant. On planta une Croix dans cette place, qui portoit le même nom. La place & la Croix changerent de nom à l'occasion du nouveau logement du Burgare, & sont appellées, Place & Croix aux Boulgles, dans plusieurs actes du douziéme siécle.

Le Burgare avoit une maison de plaisance au Plessis-sous-Cuvergnon, de même que le Châtelain Richard I de Bethizy avoit la sienne au Plessis-Châtelain ; hameau qui retient encore cette seconde dénomination, de la qualité de son premier possesseur. La plûpart des anciens titres nomment le Plessis-sous-Cuvergnon *Plessis au Bougre*, depuis même que ce dernier terme a été mis dans la société, au nombre des mots qu'on ne peut plus proférer décemment. Des actes de la fin du regne de François I l'appellent ainsi : Denys Carrier ne l'écrit pas autrement, dans la liste des lieux du Bailliage de Valois, qu'il a dressée vers l'an 1590.

Le Fief du Burgare sis au Plessis, comprenoit plusieurs arriere-Fiefs dans sa mouvance. Une déclaration fournie au dernier Terrier de Valois, met au nombre des dépendances de ce domaine, un Fief situé au même lieu du Plessis, produisant autrefois dix septiers de bled par an, & deux sols dix deniers parisis de rente. Une autre Déclaration du même temps place dans la même mouvance, le Fief de Renaud de Roquemont sis au Plessis-au-Bougre, & maintenant possédé par les Chartreux de Bourg-Fontaine. Ces deux arriere-Fiefs donnoient rang de Pair & d'homme-jugeant aux Assises de Crépy. On peut consulter sur l'office de Burgare, ce que M. Ducange en dit dans son Glossaire.

Je renvoye touchant l'ancienne ville de Crépy, à ce que j'en ai déja rapporté. Je me contenterai d'y ajouter quelques observations, que je n'ai pas produites. Cette ville avoit un Maire pour Gouverneur. Suivant Chopin, la Mairie de Crépy est l'une des plus anciennes de la Champagne. M. de Valois dans sa notice (*p.* 163) cite des lettres du Roi Louis le Gros de l'an 1119, dans lesquelles il est fait mention de la ville de Crépy sous le nom de *Crispeïum*.

Je n'ai pu découvrir, à quel endroit de l'ancienne ville l'hôtel du Maire étoit situé. Ceux qui le placent à Méremont, n'ont d'autres garants de leur opinion, que l'étymologie du nom. Il est plus naturel de penser, que cet hôtel devoit être placé au milieu de la ville. L'Officier du Criage avoit son manoir, à côté de ce même hôtel.

L'office du Criage étoit tenu en Fief, & donnoit à son possesseur le droit exclusif, » de faire toute proclamation & cri public qui se font de par le Roi en la ville; aucun autre ne pouvant exercer ces fonctions sans le congé du Fieffé : à lui seul appartient de porter le bassin & chandelier, faire ou faire faire les cris des décrets & autres ventes : il prend pour son profit les deniers tombans dans le bassin, fournissant ledit bassin & les chandelles. *Item*, lui est dû une charretée de bois de chaque vente qui se fait en la forêt de Retz, & une buche à choisir de chaque chariot ou charette chargée de bois de cette forêt, entrant par la porte de Long-pont, soit que la voiture doive rester dans la ville, soit qu'elle doive passer outre. Il peut faire moudre son bled pour la nourriture de toute sa famille, à tel moulin que bon lui semble, sans payer mouture : doit jouir le possesseur dudit Fief, d'une rente de deux sextiers de bled à prendre sur la Seigneurie de Rouville «. Ce détail est contenu dans un dénombrement de l'an 1376. Il fait connoître qu'anciennement on érigeoit tout en Fief, jusqu'aux fonctions serviles.

Le Fief du Criage comprenoit deux autres Fiefs dans sa mouvance; la Grand-Maison & le Moulinet. La Grand-Maison après avoir été possédée successivement par plusieurs Chevaliers du nom de Roquemont, a passé aux Fusillers, & de ceux-ci aux Rangeuils. Le Criage & les deux arriere-Fiefs donnoient à leurs possesseurs le droit de Pairie & d'homme-jugeant aux Assises de Crépy.

Suivant divers titres des années 1163, 1271, 1278, 1284, & 1430, les fours bannaux de la ville occupoient un canton situé dans un fond attenant les murs du donjon. L'usage exigeoit qu'on ne souffrît aucuns fours à pain, à chaux ou à plâtre dans l'intérieur des villes, à cause du danger des incendies; d'autant plus qu'alors on bâtissoit plus en bois qu'en pierres. L'Officier qui présidoit à la police de ce canton, se nommoit Boulanger ou Fournier : il jouissoit de divers droits en vertu de sa charge, qu'il tenoit en Fief du Seigneur de Crépy. Le Chapitre de S. Aubin percevoit dans ce canton plusieurs redevances qui ne subsistent plus, depuis que les maisons sur lesquelles on les leur avoit assignées, ont été détruites.

Nous avons rapporté à la page 90 de cet ouvrage l'ancien état du lieu de Bazoches. Suivant un accord de l'an 1120 entre Raoul IV, Comte de Crépy, & les habitans de ce lieu, qui regardoit la ville de Crépy, des habitans avoient été originairement assujettis à de mauvaises coutumes, dont ils prierent le Comte de les décharger. Raoul accorda leur demande, à condition que les Bourgeois du lieu payeroient par chaque ménage une mine d'avoine & une poule à lui & à ses successeurs; & aux deux Gruyers, un pain & une poule. Le Comte dans sa Charte d'exemption (1) sépare en deux classes les habitans de Bazoches, celle des Bourgeois & celle des paysans *rustici*. Bazoches étoit encore un lieu très-peuplé au siécle suivant.

Plusieurs Officiers des Comtes de Valois avoient leurs hôtels à Duvy. Une Charte de l'an 1186, concernant S. Adrien de Bethizy, fait mention de deux Chevaliers, l'un nommé Eustache, l'autre Boulard de Duvy (2). Vers ce même temps, la Comtesse Eléonore fit réparer le Palais de Bouville.

Les dehors de Crépy se divisoient en trois parties. On distinguoit trois sortes de dépendances principales sur son territoire; les Bordes, le Fauxbourg & la Banlieue. Les Bordes étoient les fermes du château, situées près S. Thomas. Le Fauxbourg consistoit dans un amas de maisons, situées extérieurement à côté de la principale porte du Bourg. Ceux qui habitoient cette partie des environs de Crépy, payoient un droit au Burgare. Cette portion de terrein est appellée *forisburgum* dans les titres latins, & *forsbours* dans les vieilles Chartes Françoises; comme qui diroit, dehors du Bourg. On nommoit Banlieue, les hameaux & les censes distribués à une lieue autour de la ville.

Ce plan de l'état de Crépy au douziéme siécle, est à peu près celui des villes les plus considérables de la province. On peut,

---

(1) Gall. Chr. t. 10. instr. p. 423. Berg. Val. Roy. p. 19. 20.

(2) Louvet, Hist. Beauv. t. 2. p. 7. 9.

pour un plus grand éclaircissement, recourir à ce que nous avons exposé, touchant l'origine & la premiere distribution de la ville de Crépy, à la *page* 86 de cette Histoire, & aux *pages* suivantes. Ce partage des villes en plusieurs quartiers convenoit aux circonstances de ces temps de troubles, où le peuple éprouvoit toutes sortes de vexations, & où les Seigneurs les plus modérés se trouvoient dans une nécessité habituelle de se tenir sur leurs gardes, & de veiller, les armes à la main, à la conservation de leurs domaines, & même à la sûreté de leur personne.

9. Le nombre des Religieux de S. Jean-lès-Vignes de Soissons croissoit de jour en jour, parce que la regle de S. Augustin s'observoit dans cette Maison, avec une piété digne des premiers temps du Christianisme. Ce surcroit de Religieux mit dans la nécessité d'augmenter les lieux réguliers, & de rebâtir l'Eglise sur un plan plus vaste. On commença les travaux de l'Eglise (1) en l'an 1108.

L'Eglise du château d'Ouchy étoit desservie par un Chapitre de Chanoines séculiers, pareil à celui de S. Vulgis au château de la Ferté-Milon, que Hugues le Blanc avoit réformé, ou plutôt renouvellé, en mettant à la place des Chanoines séculiers des Religieux de S. Jean-lès-Vignes. S. Bernard, qui avoit été témoin du premier changement, le proposa à Thibaud le Grand, Comte de Champagne, comme un exemple à suivre, en introduisant à la place des Clercs séculiers de son château d'Ouchy, des Chanoines réguliers de S. Jean. Le Comte entra dans les vues du S. Abbé; & après avoir pris sur ce sujet les avis de Hugues le Blanc & de Lisiard de Crépy, Evêque de Soissons, il résolut d'exécuter la réforme, dont S. Bernard lui avoit inspiré le dessein (2).

Le Comte, avant de rien entamer, sollicita le consentement des Chanoines en place, & l'obtint, avec le dénombrement de leurs biens & de ceux de l'Eglise, qui relevoient des domaines de Thibaud, dont ils avoient autrefois fait partie. Le Comte de Champagne remit entre les mains de Lisiard, Evêque de Soissons, l'état de ces biens, & l'Evêque en fit la donation à Gautier, Abbé de S. Jean, qui l'accepta.

Thibaud augmenta le revenu des prébendes. Satisfait de la générosité avec laquelle les Chanoines avoient donné leur agré-

---

(1) Chr. S. J. Vin. p. 80.   (2) Chr. ibid. p. 88. 89.

ment, il décida qu'ils conserveroient leurs prébendes, & qu'ils jouiroient leur vie durant, de l'augmentation qu'il y avoit faite : qu'à mesure qu'un d'entr'eux décéderoit, il seroit remplacé par un Chanoine régulier de S. Jean, jusqu'au parfait renouvellement du Chapitre.

Ces choses furent arrêtées au château d'Ouchy, où le Comte de Champagne tenoit sa Cour. De peur que l'on ne changeât quelque chose à ces dispositions, Thibaud le Grand les fit rédiger par écrit ; il signa l'acte qui les contenoit, & après lui S. Bernard, l'Evêque Lisiard, Hugues le Blanc ; & d'autres Seigneurs écrivirent leurs noms au bas du titre, en qualité de témoins. La piéce originale de cette fondation s'est conservée jusqu'à nos jours : elle est datée de l'an 1122.

Cette piéce ayant été communiquée à l'Abbé Gautier, ce Supérieur envoya un de ses Religieux à Ouchy, afin de prendre possession du trésor & des ornemens de l'Eglise. Romuald, Archevêque de Reims, mit le sceau en sa qualité de Primat à ce renouvellement, par une Charte qui confirma celle de l'an 1122. Le Chapitre d'Ouchy ne fut entiérement renouvellé, qu'en l'an 1150, après la mort ou la démission de tous les Chanoines séculiers, deux ans avant la mort de Thibaud le Grand, Comte de Champagne, arrivée le 10 Janvier 1152.

Ce Seigneur laissa plusieurs enfans de Mahaut son épouse, qui partagerent entr'eux ses états. Henry, l'aîné des garçons, succéda au titre de Comte Palatin de Champagne, que son pere avoit porté, & prit possession du château d'Ouchy. On a de ce Prince une Charte, datée de l'an 1169, par laquelle il donne à Notre-Dame d'Ouchy une demeure seigneuriale à Ciergy, avec les bois du lieu, des terres, des hostises, des bois à Montigny, & le moulin banal d'Ouchy. Il confirme aussi par sa Charte, les changemens faits par Thibaud son pere.

Les Religieux d'Ouchy reçurent de lui plusieurs bienfaits. En l'an 1177, il accorda au Prieur le droit de Justice, à la réserve des appels du duel & des hommes de la terre de Notre-Dame, comme elle s'étend, lesquels ressortiront à la Justice de son Comté : il accorde aux hommes de l'Eglise de Notre-Dame le privilége de n'aller à la guerre, qu'au dernier ban.

Vers ce même temps, une Communauté de Templiers s'établit à Ouchy. Je n'ai pu apprendre aucune des circonstances de sa fondation. Après l'extinction de cet Ordre en France, les biens de la Maison d'Ouchy furent réunis à l'Ordre de Malthe.

L'Eglise paroissiale d'Ouchy-la-Ville fut soumise à S. Jean-lès-Vignes de Soissons, trois ans après celle du château. Elle possédoit originairement des biens considérables, dont elle fut obligée pendant les troubles, de sacrifier une partie pour conserver l'autre. Les Prêtres qui la desservoient, ayant besoin de sauve-garde pendant les guerres civiles, avoient choisi les Comtes de Soissons pour protecteurs. Ceux-ci s'emparerent peu à peu & par dégrés des biens de l'Eglise, de maniere que sous Guillaume, Comte de Soissons, ce Seigneur tenoit l'Eglise paroissiale d'Ouchy-la-Ville en bénéfice, quoique laïc (1). Guillaume eut un fils nommé Manassé, qui hérita de ce bénéfice après sa mort. Manassé ayant embrassé l'état Ecclésiastique, devint Evêque de Soissons en l'an 1106. Afin d'empêcher, qu'après lui, ce bénéfice à charge d'ames ne passât de nouveau dans des mains laïques, il fit présent de l'Eglise au Chapitre de sa Cathédrale, à condition qu'il seroit pourvu à la desserte.

Cette donation n'empêcha pas, qu'après la mort de l'Evêque, un Chevalier nommé Guy du Donjon ne s'emparât des revenus de l'Eglise & n'en jouît de la même maniere que le Comte avoit fait. Cependant, comme Guy étoit sur le point d'entreprendre le voyage de la Terre-Sainte, il conçut quelque repentir de son procédé, & donna l'Eglise d'Ouchy, par un acte en bonne forme daté de l'an 1125, avec celle d'Arcy-Sainte-Restitue, à l'Abbaye de S. Jean-lès-Vignes de Soissons (2).

Le Chevalier Guy empruntoit son surnom de la Seigneurie du Donjon d'Ouchy qu'il possédoit. Il y avoit au château d'Ouchy deux Fiefs ou Seigneuries particulieres; celle du Donjon & celle de la Vicomté (3). Guy vivoit encore en l'an 1156: on a un titre de cette année, qui le nomme *Wido de Dunjun*. La Seigneurie du Donjon d'Ouchy, distinguée comme à Crépy de celle du château, a toujours subsisté depuis Guy : mais les successeurs de ce Chevalier nous sont inconnus jusqu'en 1553. Dans un acte de ce temps, François de Harlus, Seigneur en partie du Plessis Châtelain, prend la qualité de Seigneur du Fief du Donjon d'Ouchy.

Les Vicomtes d'Ouchy étoient les représentans des Comtes

---

(1) Gall. Chr. t. 9. p. 355.
(2) Chron. p. 96.

(3) Gall. Chr. instr. t. 10. p. 123.

de Champagne, & les Gouverneurs de leur château. Nous donnerons une suite complette de tous ceux qui ont possédé cet office, puis son origine jusqu'à présent.

Voici la suite des Comtes, Haut-Seigneurs du château d'Ouchy pendant le douziéme siécle: Etienne Comte de Champagne, tué en 1102 à la même action où Hugues le Grand reçut une blessure mortelle: Thibaud IV & Henry son fils dont nous venons de parler, ont succédé à Etienne. Henry I fut pere de Henry II, qui mourut d'accident en l'an 1197. Thibaud V, frere de Henry II, hérita des biens de celui-ci. Thibaud V avoit épousé en 1195 Blanche de Navarre. Il mourut en 1201, & laissa sous la tutele de Blanche Thibaud VI son fils, qui fut l'unique héritier de ses états.

Les premiers Gouverneurs du château d'Ouchy prencient la qualité de Comtes. Cet usage changea sous Henry I, Comte de Champagne, après la mort du Comte Leulf. Les fonctions & les prérogatives de ces Comtes subalternes ne différoient pas de celles des Vicomtes leurs successeurs.

Leulf emporta, en mourant, les regrets des Comtes de Champagne ses supérieurs, & de tous les vassaux du Comté d'Ouchy. Il avoit épousé une Dame nommée Hildéarde, qui avoit la même part que lui dans l'estime publique. Après la mort des deux époux, on leur fonda par reconnoissance un service commun, suivi de deux repas, dont l'ordre & la dépense sont ainsi réglés dans un titre de l'an 1177.

Au premier repas seront admis sans distinction tous les Clercs qui se présenteront. Les plats seront remplis jusqu'au comble. On donnera pour premier service un plat de porc frais, auquel succédera un autre plat garni de membres d'oyes. On servira pour troisiéme plat, une fricassée de poulets, nourrie d'une bonne sauce liée avec des jaunes d'œufs.

Le second repas sera servi comme le premier, excepté qu'à la place du porc frais, on servira un plat de vache: *ex carne vaccinâ*.

Ceci nous donne une idée des grands repas de ces temps-là. Il paroit, qu'on préféroit les ragoûts & les viandes bouillies aux viandes rôties. On aimoit mieux un seul plat par service, pourvu qu'il fût bien assaisonné & bien garni, que la multiplicité des mets en petite quantité.

Le premier repas se donnoit à l'issue des Vigiles : la portion de vin de chaque convive étoit fixée à un demi septier, dont la qualité devoit être celle d'un bon vin potable, qui tint un juste milieu entre le plus délicat, & celui du plus bas prix : *Quod neque de pejori neque de meliori esse debet.*

Vers l'an 1230, Blanche, Comtesse de Champagne, trouvant que ces deux repas causoient trop d'embarras à ses Officiers, en fit évaluer la dépense. Le prix de chaque repas fut fixé à trente sols, soixante sols les deux, monnoie d'Ouchy. Elle ordonna, que cette somme seroit tous les ans prélevée par le Bailli & par le Prevôt d'Ouchy, sur le grand tonlieu du Comté, & délivrée à ceux qui avoient coutume de faire, dans ces deux rencontres, les honneurs de la table. Cette redevance a été transportée depuis sur les domaines de Neuilly-Saint-Front.

Leulf eut pour successeur Albéric d'Ouchy, premier du nom. Albéric fut un Chevalier sans retenue, qui usurpoit les biens des Monasteres & des Eglises (1). Au lit de la mort, il fut touché de repentir de sa conduite passée. Il rendit à l'Eglise de Nanteuil-le-Haudouin la moitié des bénéfices qu'il possédoit à Auteuil, avec les droits de justice & les autres priviléges qui en dépendoient. La mort d'Albéric I arriva en l'an 1121. Sa veuve Adelaïde & ses enfans firent présent des dixmes de Chouy à la même Eglise de Nanteuil pour le repos de son ame.

Albéric avoit un frere nommé Robert d'Ouchy, qui etoit Prêtre. Robert signe comme témoin un acte de l'an 1122, par lequel Hugues de Bazoches rend à l'Eglise de S. Rufin des biens de cette Eglise, qu'il retenoit injustement (2).

La Vicomté d'Ouchy passa d'Albéric I à Albéric II son fils aîné. Ce dernier est cité dans un titre de Long-pont, daté de l'an 1132. En 1144, il signa ainsi une Charte de Drogon I, Seigneur de Pierrefonds, *Albericus de Ulceïa*. On connoît par un acte de l'an 1156, que ce Chevalier vivoit encore en cette année (3). L'acte expédié au nom d'Ancoul de Pierrefonds porte, que la terre de Parcy où les Religieux de Long-pont ont du bien, appartient au Chevalier Albéric d'Ouchy. On ajoute, que tout récemment le même Albéric Chevalier venoit de céder en Fief la moitié de la terre de Parcy à Renaud & à Vermond, Chevaliers

---

(1) Hist. Meaux, t. 9. n° 33.
(2) Gall. Chr. t. 10. instr. p. 109.
(3) Chron. Long-p. p. 20. 40. Gall. Chr. t. 10. instr. p. 123.

de Loüatres, fils de Pierre, & petits-fils d'Hervin.

En cette année, Albéric II ne possédoit plus la Vicomté d'Ouchy. Cette charge appartenoit au Chevalier Bernier. Un titre du Monastere d'Igny fait mention de ce Vicomte, de Jean son frere, & d'un Philippe d'Ouchy, dont il est principalement question dans cette Charte qui est datée de l'an 1156 (1).

M. de Valois dit avoir lû des lettres de Joslein Evêque de Soissons, datées de l'an 1150, dans lesquelles il est parlé d'un Savaric d'Ouchy, *Savaricus de Ulcheïo* (2). Un titre du Charme porte, que dans le même temps Savaric a fait présent aux Religieuses de cette Maison de la dixme de Pernant, avec le consentement de l'Evêque de Meaux. Il est marqué au Cartulaire de S. Crépinen-Chaye de Soissons, qu'Emmeline, femme de Savaric d'Ouchy, a donné à cette Abbaye seize sextiers de vinage, lorsqu'Adée sa fille y fut reçue converse.

Albéric II eut un fils nommé Barthélemi d'Ouchy, dont il est fait mention dans un titre de Long-pont de l'an 1152. Ce Chevalier est encore connu, par l'accident qui lui arriva, de tuer sans le vouloir, Gaucher de Montmirel, fils d'Elie de Montmirel & de la Ferté-Gaucher. On inhuma Gaucher à Long-pont. Barthelemi vivoit encore en 1163 (3). On croit qu'il fut pere d'Albéric d'Ouchy, troisiéme du nom, auquel on donne dans un titre de l'an 1178, la qualité d'Avoué de Chacrise.

Albéric avoit en cette année plusieurs enfans (4). Il encourut la disgrace de Nivelon de Chérisy, Evêque de Soissons, à cause des violences qu'il exerçoit contre les habitans de Chacrise. Ces habitans ayant porté leurs plaintes au Prélat, celui-ci leur accorda sa protection. Nivelon mit Albéric à la raison, & l'obligea de se renfermer dans les bornes de sa jurisdiction, qu'il vouloit trop étendre. Et afin de prévenir d'autres excès de la même nature, auxquels l'Avoué pourroit se porter, l'Evêque fit dresser un acte de notoriété, qu'il obligea Albéric de signer avec sa femme & ses enfans. Cet acte est daté de l'an 1180. Albéric avoit alors un fils nommé Vermond. Il paroît encore avec toute sa famille, dans une Charte de Long-pont de l'an 1186.

Au Vicomte Bernier, succéda le Chevalier Philippe d'Ouchy, qui pouvoit bien être son fils. On donne à celui-ci la qualité de

(1) Gall. Chr. t. 9. p. 360.
(2) Not. Gal. p. 615. Ren. Hist. Soiss. pr. f. 8.
(3) Chr. Long. p. p. 38. 50.
(4) Hist. N. D. de Soiss. p. 156.

Vicomte d'Ouchy, dans une cession de l'an 1197. Le titre qui exprime la donation porte, qu'en cette année, Philippe a donné à l'Abbaye de Chartreuve cinq hord. & trois quartiers d'avoine, avec cinq quartiers de froment & un brédeling, à l'occasion de la prise d'habit de son fils dans cette même maison. L'on ajoute que le Vicomte a fait ce présent, avec le consentement de Philippe son fils, de Pierre son frere, de Gérard, de Colin & de Jean. Il paroît, que ce dernier est le même Jean Vicomte d'Ouchy, successeur de Philippe, dont il est parlé dans quelques piéces de l'an 1206. Il y a aussi apparence, que le Gérard de la Charte étoit Gérard de Chérisy, troisiéme du nom.

En ce même temps vivoit un Ecclésiastique nommé Raoul d'Ouchy, proche parent de l'Evêque Nivelon. Raoul remplit la place de Prevôt de l'Eglise de Soissons, depuis l'an 1193 jusqu'en 1208. Raoul fonda pendant cet intervalle, la Chapelle de S. Crépin, de S. Corneille & de S. André dans l'Eglise Cathédrale. Il étoit frere d'Aveline de Cramailles Vicomtesse d'Ouchy, que l'Evêque Nivelon nomme sa niéce, dans quelques-unes de ses lettres.

Ces Gentilshommes du nom d'Ouchy étoient presque tous attachés aux Comtes de Champagne & Officiers du château d'Ouchy, où ces puissans Seigneurs faisoient de fréquens voyages & des séjours assez longs.

10. Thibaud IV Comte de Champagne est le premier, qui ait donné à Neuilly la forme d'une bourgade. Ce lieu avoit été jusques-là composé de plusieurs fermes, *Coloniarum*, situées à quelque distance les unes des autres. Thibaud fit bâtir à Neuilly un château, dont on voit encore les restes. Il en jetta les fondemens en pleine campagne, parce que les bâtimens situés sur l'éminence ne lui appartenoient pas. Ce château étoit un édifice quarré, flanqué de huit tours rondes, une à chaque angle & une autre entre deux. Ce qui reste des anciens murs, est un massif fort épais, formé de moilons liaisonnés avec une chaux excellente, & revêtu de pierres quarrées, d'une belle taille & d'une assise bien entendue. Le Comte fit creuser autour du château des fossés profonds, dans lesquels il fit conduire l'eau d'une source abondante, ce qui formoit une espéce d'inondation.

Après que le château eut été achevé, Thibaud y fonda une Chapelle de S. Sébastien pour la commodité de la garnison. Il confia le commandement de cette garnison à un Chevalier de son château d'Ouchy. Cet établissement avoit pour but la conservation de la terre & de tout le canton, contre les incursions des partis qui désoloient les campagnes.

Le Comte auroit pu élever le nouveau château sur la hauteur : mais comme cette portion du territoire de Neuilly étoit un patrimoine, qui avoit autrefois appartenu à l'Eglise de Reims, il ne voulut pas y bâtir. Il fit plus : il forma par délicatesse de conscience, le dessein d'accorder à quelqu'Abbaye les droits qui lui avoient été transmis par ses prédécesseurs sur l'Eglise de S. Remy : il choisit à ce qu'on prétend, l'Abbaye d'Essomes, & mit le Prieuré de S. Remy sous sa dépendance. Le Prieuré-Cure de S. Remy au Mont de Neuilly reléve encore de cette même Abbaye, mais le Titulaire ne conserve plus les droits, que Thibaud avoit accordés à ses prédécesseurs. Il n'est plus Seigneur sur son fonds, & n'a aucun droit de justice sur l'emplacement de sa maison, de son Eglise & de son enclos. Les anciens Prieurs possédoient plusieurs Fiefs à Chivres & à Villers-les-Rigaud; ils avoient un tiers dans la Seigneurie de Gandelus, & une part dans celle de Courchamp.

Après la mort de Thibaud IV, les Comtes de Nevers acquirent une part dans la Seigneurie de Neuilly. Ils en jouirent jusqu'en 1218, que Hervé Comte de Nevers céda tous ses droits sur Neuilly à Madame Blanche Comtesse de Champagne.

Nous n'avons pas une suite aussi complette des Chevaliers, qui ont gouverné le château de Neuilly, que celle des Vicomtes, qui ont été préposés par les Comtes de Champagne, à la garde du château d'Ouchy. Le premier Châtelain de Neuilly dont nous ayons connoissance, se nommoit Guillaume; & vivoit en l'an 1180. Il est appellé *Guillelmus miles de Neuilly* dans un titre de cette année, qui fait partie du Cartulaire de S. Crépin-en-Chaye de Soissons. Guillaume avoit alors un fils nommé Albéric, qui se sentant quelque vocation à la vie réguliere, avoit choisi l'Abbaye de S. Crépin pour retraite.

Le Chevalier Guillaume jouissoit des dixmes de Wichel. Il détacha une partie de ces dixmes, & en fit à l'Abbaye le présent qui étoit d'usage, lorsqu'un séculier ou un laïc prenoit l'habit de Religion. Il fit aussi à cette Maison la remise d'un muid de bled de rente, qu'il percevoit tous les ans, sur une ferme de sa dépendance.

Le titre de l'an 1180 fait auſſi mention d'un autre Chevalier, nommé Hélie de Neuilly. On lit au nombre des ſouſcriptions, qui terminent la Charte Aumôniere de la Comteſſe Eléonore, dreſſée en l'an 1194, le nom d'un Albert de Neuilly Chevalier, qui ſigne immédiatement après Arnoul le Bulgare.

11. A Nanteuil-le-Haudouin, Adam le Riche, Seigneur du lieu & du Donjon de Crépy, paſſoit une heureuſe vieilleſſe exempte d'infirmités. On prouve, que ce Seigneur vécut au-delà de l'an 1121, par des actes dans leſquels il eſt cité comme préſent. Il parut en l'an 1115 & en 1119 à la donation qui fut faite de la terre de Chevreville à l'Egliſe de Notre-Dame de Nanteuil. En 1117, les Religieux de S. Arnoul l'inviterent à l'aſſemblée, qu'ils convoquerent contre le Chevalier Enguerrand, & ce Seigneur s'y rendit. En 1121, il fit un voyage à Soiſſons. Liſiard ſon fils occupoit alors le Siége Epiſcopal de cette ville. Ce voyage nous eſt connu par l'acte d'une donation faite à l'Egliſe de Nanteuil, d'une terre ſiſe à Auteuil près de la Ferté-Milon.

Adam le Riche avoit alors deux fils : Thibaud II qui lui ſuccéda, & Liſiard de Crépy Evêque de Soiſſons. Les Auteurs qui lui donnent un fils aîné nommé Adam, ont été induits en erreur, en ſuppoſant, que les titres dont je viens de parler, ne pouvoient regarder qu'un de ſes enfans. Le grand âge auquel Adam eſt parvenu, concilie tout, & rend inutile l'exiſtence d'un Adam II, Seigneur de Nanteuil. Cette erreur peut venir encore de la lecture peu réfléchie d'un titre de l'an 1153, qui fait mention d'un Adam de Nanteuil. Cet Adam n'étoit que Sénéchal des Seigneurs du lieu. Rien n'indique, en quelle année Adam le Riche eſt mort. Nous parlerons en premier lieu de l'Evêque Liſiard ſon ſecond fils, afin de ne pas interrompre le récit, de ce qui regarde Thibaud II & ſon ſucceſſeur.

Liſiard ou Louiſiard ſont deux diminutifs du nom de Louis. Le nom de Liſiard fut donné au ſecond fils d'Adam le Riche, dans ſa jeuneſſe. Liſiard entra dans l'état Eccléſiaſtique preſqu'au ſortir de l'enfance, & poſſéda des bénéfices. Parvenu à l'âge requis pour le Soudiaconat, il reçut cet Ordre des mains de S. Arnoul Evêque de Soiſſons, pendant ſon exil au château d'Ouchy. Vers l'an 1185, il prit poſſeſſion de la dignité de Prevôt de la Cathédrale de Soiſſons, à laquelle il avoit été nommé. On lui donne la qualité de Prevôt, dans l'acte par lequel Hilgot Evêque de Soiſſons

accorde

accorde à Marmoutiers l'Eglife de S. Sulpice de Pierrefonds.

Le Siége Epifcopal de Soiffons étant venu à vacquer, on jetta les yeux fur Lifiard de Crépy pour le remplir. Lifiard prit poffeffion de ce Siége, en l'an 1108. La troifiéme année de fon Epifcopat, il réunit plufieurs bénéfices aux deux Communautés de Coincy & de S. Jean-lès-Vignes. La maniere dont il s'acquitta de fes fonctions, lui mérita l'eftime publique.

L'illuftre Guibert, Abbé de Nogent-fous-Coucy, étant fur le point de publier fon principal ouvrage, réfolut de le mettre fous la protection de quelque perfonnage du plus haut rang, qui joignit la fcience à la vertu. Il crut trouver dans Lifiard les qualités qu'il cherchoit, & lui dédia cet ouvrage.

Dans l'Épître dédicatoire qu'il adreffe au Prélat, il le loue fur fon ancienne nobleffe, fur fon amour pour les lettres, & fur fon profond favoir. Il met la douceur des mœurs, l'honneur, la bonté d'ame & la modeftie, au nombre des principales qualités qui méritoient à Lifiard l'amour & les refpects du public. Enfin cet Auteur le dépeint comme l'un des Evêques les plus accomplis de fon fiécle (1).

On a de Lifiard un écrit daté de l'an 1113, par lequel il maintient les Religieux de Marmoutiers dans la poffeffion de la Collégiale de S. Mefmes de Pierrefonds, que l'Abbé de Marmoutiers faifoit deffervir par les Moines de S. Sulpice. Hariulf, Abbé d'Aldenbourg, ayant entrepris d'écrire en deux livres la vie de l'Evêque S. Arnoul, dédia cet Ouvrage au Prélat Lifiard, comme à celui des Difciples de ce Saint, qui lui reffembloit davantage par l'affemblage de fes vertus. Lifiard reçut favorablement cet écrit. Après l'avoir examiné, il le trouva infuffifant. Il y fuppléa, en compofant un troifiéme Livre fur ce même fujet, & préfenta cette Vie complette de S. Arnoul au Concile affemblé à Beauvais en l'an 1120, dans le deffein d'accélérer la Canonifation du S. Prélat; ce qu'il obtint.

Il joua un grand rôle dans l'affaire du fameux Abailard portée au Concile de Soiffons; il accorda plufieurs graces & combla de bienfaits les Religieux de Nanteuil-le-Haudouin fa patrie, de même que les Chanoines réguliers du château d'Ouchy. C'eft à fa perfuafion que Hugues de Bazoches fe détermina à reftituer les biens de l'Eglife de S. Rufin, qu'il avoit ufurpés. Le célebre Ives

(1) Guib. Gefta Dei per Franc.

de Chartres faisoit un cas distingué de la personne & des belles qualités de l'Evêque Lisiard. Ses lettres 203, 209, 279 & 280, lui sont adressées. Lisiard mourut le dix-huit Octobre de l'an 1126 (1).

Thibaud II, frere aîné de Lisiard, avoit épousé une premiere femme nommée Mathilde. Cette Dame étoit morte en 1120, avant qu'il entrât en possession des Seigneuries de Nanteuil & du Donjon de Crépy. Mathilde laissa un fils, que nous appellerons Thibaud III. Thibaud II jouissoit alors d'un revenu en fonds de terres, qu'Adam son pere lui avoit assigné. Après la mort de son épouse, il donna aux Religieux de Nanteuil un four banal, à condition qu'ils célébreroient des Messes & feroient des prieres pour le repos de son ame.

Enrichi par la succession de son pere, il pensa à contracter une nouvelle alliance, & épousa Elisabeth de Châtillon. Il en eut une fille nommée Agnès, qui fut mariée dans la suite à Guillaume de Garlande, Seigneur de Livri, & Sénéchal de France (2).

Malgré le présent dont j'ai parlé, Thibaud ne garda aucuns ménagemens avec les Religieux de Nanteuil. Il eut avec eux de grands démêlés, parce que s'étant emparé sans forme de procès d'un terrein qui faisoit partie de l'enclos de leur Couvent, pour aggrandir son château, il refusoit de dédommager les Religieux de leur perte. Ceux-ci trop foibles pour résister aux voyes de fait du Seigneur Thibaud, opposerent à son crédit la protection de l'Evêque de Meaux, qui se chargea de revendiquer les droits qu'on leur avoit enlevés. Cet incident changea les dispositions du Seigneur de Nanteuil, & le rappella à des sentimens plus équitables.

Le mal étoit difficile à réparer, & la restitution du terrein usurpé paroissoit presqu'impossible, parce que Thibaud avoit élevé sur ce terrein un corps de logis, contigu aux autres bâtimens de son château. Quoiqu'il reconnut ses torts, il ne voulut faire aucune démarche auprès des Religieux. Il s'adressa directement à Pierre Abbé de Cluny, dont il obtint la médiation. L'Abbé Pierre calma les esprits, & termina le différend, par un compromis qui porte en substance :

« Que les Religieux auroient la liberté du passage à travers le « nouveau corps de logis : que désormais il seroit permis à tout

(1) Gall. Chr. t. 9. p. 351, & 355. | (2) Ansel. t. 6. p. 31. Templ. p. 144.

» Religieux du Monastere, de faire à sa Maison tel legs qu'il ju-
» geroit à propos, sans que le Seigneur de Nanteuil put réclamer
» aucun droit : que Thibaud céderoit à la Communauté des Reli-
» gieux le droit de *Ban de vin* qu'il faisoit exercer pendant le mois
» d'Août : que le même Seigneur renonceroit au privilége qu'il
» avoit d'emmener à la guerre les hommes du Couvent ; ou qu'il ne
» pourroit en user qu'avec le consentement du Prieur de Nanteuil :
» qu'outre ces dispositions, le Seigneur Thibaud s'obligeroit à
» payer cinq sols de cens annuellement, & qu'il défraieroit les
» Religieux du dommage qu'il leur avoit causé ».

Les Moines de leur côté consentoient, que le Seigneur jouît à ces conditions de l'emplacement usurpé, & se désistoient de tous leurs droits de propriété.

L'acte où ces articles sont contenus, fut dressé en présence de l'Abbé de Cluny, de l'Evêque de Meaux & du Prieur de Nanteuil, d'une part ; & du Seigneur Thibaud de l'autre, accompagné de sa famille, de ses officiers & de quelques amis. Après que l'acte eut été signé, on le porta à l'Église, où les parties se rendirent. On le joignit au Livre des Collectes qui fut ensuite déposé sur l'Autel en présence des Contractans, comme pour lui imposer le dernier caractere d'authenticité. Ces choses se passoient en l'an 1134, selon le Cartulaire de Nanteuil : en 1135, selon D. Toussaint Duplessis, auteur de l'Histoire de Meaux, Tom. 2. n°. 51.

Ce récit contient deux traits remarquables : il prouve que les Moines quoiqu'engagés par des vœux pouvoient tester, moyennant une redevance qu'ils payoient au Seigneur ; 2°. la cérémonie de déposer sur l'Autel les contrats solemnels qui terminoient les contestations, sembloit serrer les nœuds d'une réunion qu'on estimoit sincere & sans aucun retour d'animosité ou de vengeance. Nous avons déja rapporté l'exemple d'une Charte, trente ans plus ancienne que celle-ci, dont les circonstances sont exactement les mêmes.

Thibaud II avoit un train proportionné à son rang & à ses grands biens. Il recevoit à la Cour des Comtes de Champagne les distinctions dues à sa naissance. Il étoit présent à cette Cour, lorsqu'en l'an 1134 le Comte Thibaud confirma par un acte la donation faite aux Religieuses de Fontaine, de la terre de *Noïum*, entre les mains de Manassé, Evêque de Meaux, par Thibaud de

Villemeroi (1). Le Comte de Champagne voulut, que le Seigneur de Nanteuil signât cette Charte, conjointement avec les Châtelains Guy de Vandieres & Thibaud le Fort de Chouy. Quatre ans après, le même Thibaud de Nanteuil signa comme témoin un acte, par lequel Cécile, Abbesse de Mornienval, céde à Raoul Comte de Crépy le moulin de Fonches : son nom est ainsi exprimé : *Theobaldus filius Adam.* En l'an 1148, Raoul IV, Comte de Crépy, donna aux Prémontrés de Viviers le lieu de Javages. Cette donation fut constatée par un acte, au bas duquel on lit le nom de Thibaud de Nanteuil (2). Thibaud II mourut vers le même temps, & eut Thibaud III son fils pour successeur.

Thibaud III épousa Clémence de Bar, fille de Renaud I, Comte de Bar, & de Gislette de Vaudemont. Clémence étoit veuve du Comte de Clermont, duquel elle avoit eu six enfans. Quelques-uns prétendent, qu'avant d'épouser Thibaud III, cette Dame avoit contracté une seconde alliance avec Albéric Comte de Dammartin, dont elle étoit demeurée veuve en 1153 (3).

Plusieurs Chartes font mention de Thibaud III Seigneur de Nanteuil, en 1150, 1153, 1166 & 1177. Le nom de ce Seigneur se trouve au bas d'une autre Charte de l'an 1179, concernant l'Église de Notre-Dame du bois de Vincennes (4). Ce Seigneur ne fit rien de mémorable pendant qu'il posséda la terre de Nanteuil.

Les titres de ce même temps font mention de plusieurs particuliers, qui prenoient le nom de Nanteuil, sans être alliés en aucune sorte aux Seigneurs du lieu. Tels un Vital de Nanteuil, Prêtre, c'est-à-dire, Curé du lieu, un Adam de Nanteuil, surnommé le Sénéchal, un Raoul de Nanteuil dit le Gras, un Guy de Nanteuil dit Pamel : ces noms sont écrits dans deux titres de l'an 1153 (4).

Thibaud le jeune posséda pendant trente-quatre ans, les Seigneuries de Nanteuil & du Donjon de Crépy. Attaqué d'une maladie mortelle dont il prévit les suites, il rassembla sa famille, & déclara qu'il avoit dessein de consigner ses dernieres volontés dans un testament. Il avoit alors trois fils de Clémence de Bar son épouse, Philippe, Guy & Gautier ou Gaucher.

(1) Duch. Hist. Chat. p. 33.
(2) Gall. Chr. t. 10. instr. p. 118.
(3) Duch. H. Ch. p. 638. Ansel. t. 2. p. 268. Templ. p. 142.
(4) Hist. Monim. p. 106.
(5) Hist. Meaux, t. 2. p. 52.

L'Evêque de Senlis informé des difpofitions de Thibaud, offrit fon miniftere. Le Prélat raffembla pour fervir de témoins, les perfonnes les plus qualifiées du canton; Barthelemi de Thury, & Paulin d'Acy, que Thibaud nomma fes exécuteurs; Henry de Mortemer, Gilbert d'Acy, Hugues le Begue, Guillaume de Betz, Lambert du Val, Rainaud de S. Leu, Gérard de Boiffy, & le Chevalier Robert, Châtelain du Donjon de Crépy. L'Evêque étoit accompagné de fes grands Vicaires & de fes Sécrétaires. Clémence de Bar parut à l'acte avec fes trois fils, affiftée d'Elifabeth veuve de Thibaud II, & belle-mere du teftateur, de la Dame Ermengarde de Thury, & d'Elizende fa fœur.

Nous ne rapporterons pas ici les articles de ce teftament; on les retrouvera féparément dans le cours de cet ouvrage, relativement aux lieux & aux perfonnes qu'ils concernent. Les fignatures des Eccléfiaftiques, des Chevaliers & des Dames, préfens au teftament, font toutes au bas de l'acte. L'écrit original de ce teftament eft confervé dans les archives de S. Aubin de Crépy. Il eft daté *du treize des Calendes de Février de l'an 1182 fous le regne de Philippe (Augufte), Philippe d'Alface Comte de Flandres étant Seigneur du Château de Crépy.*

Thibaud furvécut peu à fon teftament: fes trois fils demeurerent fous la tutéle de Clémence de Bar leur mere. On croit qu'avant de décéder, Thibaud avoit fait le partage de fes biens. Il ne l'effectua pas, fa veuve y fuppléa; & il eft certain qu'en l'an 1185, les trois fils de Thibaud avoient des domaines féparés: le Donjon de Crépy & le château de Nanteuil appartenoient à Philippe: Guy étoit Seigneur de Bouillancy, & Gaucher poffédoit d'autres terres.

En l'an 1185, Clémence de Bar fit un accord au nom de Philippe fon fils aîné, avec les bourgeois de la Commune de Crépy (1). Le traité porte, que les bourgeois ne pourront s'étendre ni s'accroître du côté de fa Seigneurie du Donjon, fans la participation expreffe de Philippe; que le nombre des bourgeois demeurera dans l'état ordinaire; qu'après le décès de Clémence, les bourgeois feront tenus de payer tous les ans au jour de S. Remy trente livres de cens à Philippe fon fils, & trente autres livres le jour de Noel fuivant, monnoye de Crépy. On ajoute, que le même Philippe jouit du droit d'Autel & de Juftice dans toute fa terre

(1) Templ. p. 140.

de Crépy, de même que le Seigneur du château ; que les jugemens & les amendes doivent être prononcés équitablement & sans fraude, par les Echevins de la Commune : que moyennant la somme de soixante livres payable en deux termes, Philippe renonce au droit d'employer les hommes de la Commune pour ses propres affaires, hors l'enceinte du bourg. Les bourgeois de leur côté, s'obligent à payer à l'Eglise de S. Aubin, une autre redevance annuelle de cinquante sols le jour de S. Remy.

Bergeron fait mention d'une nouvelle clause (1) qui est, que Clémence abandonnoit aux bourgeois la propriété du cens, qu'ils avoient coutume de percevoir à la porte de Crépy, avec la Mairie & la forêt de Crépy. La porte dont il est ici question, est la porte souterraine de Bapeaume, par laquelle on entroit dans l'enceinte du Donjon : par le mot de *Cens*, il faut entendre un droit de péage. Cet accord fut renouvellé en 1197 & 1199. L'Autel est l'Eglise Collégiale de S. Aubin, dont le Seigneur du Donjon étoit le seul patron.

Cette Eglise fut privée en l'an 1160 de l'établissement de la Confrairie aux Prêtres, qui en étoit le principal ornement (2). On transféra les assemblées de cette Confrairie dans l'Eglise de S. Denys, & l'on établit, que désormais les simples Ecclésiastiques y seroient admis comme les Prêtres, les laïcs même & les personnes du sexe, afin qu'il n'y eût exclusion pour qui que ce soit à l'avantage de participer aux prieres de cette pieuse association.

Cette révolution laissa un grand vuide dans l'Eglise de S. Aubin. Le Seigneur du Donjon voulut réparer cette perte, en attachant à cette même Eglise de nouveaux revenus, qui serviroient à entretenir plusieurs Prêtres. Thibaud III sous qui ce changement arriva, donna quelques biens à S. Aubin pendant sa vie, & laissa à cette Eglise par un article de son testament, la dixme qu'il avoit à Levignen & à Nery : plus, une autre dixme de soixante arpens de bois situés à Fresnoy-les-Gombries, qu'on étoit sur le point de défricher : une rente de cinquante sols sur le péage de la porte extérieure du Donjon : quatre livres de rente, à prendre sur la censive de Levignen, payables le lendemain de Noël.

Les actes où ces donations sont exprimées, portent que le produit de ces dixmes & de ces rentes sera employé à la nourriture

(1) Val. Roy. p. 18.   (2) Muldr. p. 45.

& à l'entretien des Clercs, & à fournir le luminaire nécessaire à la célébration du Service divin.

Immédiatement après la translation de la Confrairie aux Prêtres, il ne resta plus à S. Aubin que deux Chapelains & un Clerc. Le premier des Chapelains se nommoit Hubert, le second Guillaume, le Clerc s'appelloit Arnoul. Les Seigneurs du Donjon avoient leur sépulture à S. Aubin, de même que les Seigneurs du château avoient la leur à S. Arnoul. Il est vrai, que l'épouse de Thibaud I, Seigneur de Nanteuil & du Donjon de Crépy, est inhumée à Nanteuil, par la raison peut-être que la Seigneurie du lieu étoit son patrimoine: mais il paroît que les corps de Thibaud I son mari, d'Adam, de Thibaud II & de Thibaud III, ont été inhumés à S. Aubin, de même que ceux de leurs enfans & de leurs proches. Il ne reste aucune marque de leurs tombeaux, parce que l'Église & les bâtimens qui l'accompagnoient, ont été détruits pendant les guerres du quinziéme siécle, & ont été relevés de fond en comble. Philippe, fils de Clémence & de Thibaud, est le premier, à l'occasion duquel les sépultures des Seigneurs de Nanteuil ont cessé d'avoir lieu à S. Aubin.

Les biens du Monastere de Nanteuil se sont beaucoup accrus pendant le cours du douziéme siécle. En l'an 1115, les Religieux de cette maison reçurent en présent la Cure & la Seigneurie de Chevreville, pour en jouir à perpétuité. Manassé Évêque de Meaux, & Burchard son successeur confirmerent la donation en 1119 & 1120.

Chevreville est une terre du Diocese de Meaux, contigue aux Gombries, & située à une demi-lieue au midi de Nanteuil. La jurisdiction du Curé de Chevreville comprend le village de Chennevieres: l'Eglise de ce dernier lieu est Succursale de l'autre; le Curé de Chevreville a le droit d'en nommer le Desservant. Outre l'Eglise paroissiale, il y avoit anciennement à Chevreville une Chapelle, à côté du logement Seigneurial; les Religieux de Nanteuil l'avoient fait bâtir pour l'usage de ceux d'entre eux, qui résidoient sur les lieux, en qualité d'économes ou d'administrateurs. Cette Chapelle subsistoit encore en 1416. La Communauté de Nanteuil retiroit de cette terre trente septiers de grains, deux tiers en bled & un tiers en avoine, auxquels le Prieur n'avoit aucune part.

Albéric d'Ouchy qui avoit donné en l'an 1121 aux Religieux

de Nanteuil la moitié des bénéfices qu'il possédoit à Auteuil, enchérit peu de temps après sur ce premier bienfait, en accordant aux mêmes Religieux, le droit de justice, les serfs, prez & terres labourables, les moulins, les cours d'eau & les bois qu'il possédoit sur les lieux, avec le quart des dixmes de Chouy & une rente de vingt septiers de grains.

En l'an 1122, Lisiard de Crépy donna au même Monastere l'Eglise d'Auteuil (1). Cette donation a été l'origine d'un Prieuré, formé par le séjour de plusieurs Religieux de Nanteuil, que le Prieur de cette Maison envoya sur les lieux pour desservir l'Eglise & pour faire valoir les biens qui en dépendoient.

Le Prieuré d'Auteuil est ainsi désigné dans la Bibliotheque de Cluny (2). » Auteuil est un Prieuré sous le titre de Notre-Dame. » Il est situé dans le Valois, à une lieue de la Ferté-Milon au Dio- » cese de Soissons. Il dépend de Nanteuil. Il doit y résider trois » Moines & un Prieur «. Il n'y a plus de Communauté à Auteuil; ce n'est qu'un bénéfice simple réuni au Séminaire de Soissons. Il est chargé d'une rente annuelle de vingt livres envers le Prieuré de Nanteuil.

Le lieu d'Auteuil est peu considérable par le nombre de ses habitans. Il a donné son nom à Nicolas d'Auteuil, Trésorier de S. Frambourg de Senlis, qui jouissoit d'une réputation distinguée parmi ses contemporains (3). Nicolas vivoit en 1270. On trouve dans le Spicilege une Lettre, que Pierre de Condé, Chapelain de S. Louis, lui adressa, dans laquelle il lui annonce la mort de ce Prince. Nicolas devint Evêque d'Evreux en l'an 1281. Il fonda un obit à S. Frambourg, avant son décès.

L'Eglise de S. Samson fut presque détruite, peu d'années après sa réunion au Prieuré de Nanteuil. L'Abbé de Cluny la fit relever & en fit présent une seconde fois aux Religieux de Nanteuil par un acte de l'an 1140 (4).

L'Eglise de Silly appartenoit alors à l'Evêque de Meaux : Manassé qui occupoit le Siége Episcopal de cette ville en l'an 1157, soumit au Monastere de Nanteuil cette Eglise avec tous les biens de sa dépendance. Il accompagna ce présent d'une cession de tous les droits, que l'Archidiacre ou lui pouvoient exercer sur ce

(1) Gall. Chr. t. 9. p. 355.
(2) Bibl. Clun. p. 1713.
(3) Gall. Chr. t. 10. p. 1480. Spicil. t. 2. p 559.
(4) Hist. Meaux, t. 2. n° 62. 81. Gall. Chr. t. 8. p. 1614.

bénéfice;

bénéfice; il transmit aux Religieux la nomination à la Cure du lieu, & déclara que ni lui ni ses Successeurs ne pourroient exiger, sous aucun prétexte, les redevances que les Administrateurs des biens de cette Eglise avoient coutume de payer. Il mit pour condition à ce présent, que les Religieux fonderoient à son sujet un Anniversaire dans leur Eglise, après qu'il seroit décédé.

En l'an 1173, Raoul de Souillac, Abbé de Cluny (1), soumit à l'Eglise de Notre-Dame de Nanteuil celle de Grand-Champ. Guillaume, Archevêque de Sens, & Légat du S. Siége, confirma cette réunion en 1176. On peut rapporter à ce même temps l'origine des droits, que les Religieux de Nanteuil avoient anciennement au village de S. Maximin, près de S. Leu, au Diocese de Beauvais. Ils nommoient à la Cure du lieu, alternativement avec l'Evêque Diocésain.

Les noms de tous les Prieurs titulaires, qui ont gouverné le Monastere de Nanteuil pendant le cours du douziéme siécle, ne sont point parvenus jusqu'à nous. Je n'en connois que deux ; l'un nommé Artaud, qui parut à l'assemblée de S. Arnoul de l'an 1117; l'autre est appellé Gaufride, dans la Charte aumôniere de la Comtesse Eléonore, datée de l'an 1194. Ce dernier étoit en même temps Prieur de Crépy. La Bibliotheque de Cluny (*p.* 1451.) fait mention d'un certain Bernard *Abbé*, c'est-à-dire, Supérieur de Nanteuil, sous l'an 1182. Peut-être est-il question en cet endroit d'un autre Monastere de Nanteuil, situé en Normandie.

Il y avoit en l'an 1135 à Nanteuil-le-Haudouin un Curé séculier, qui se nommoit Vital.

L'Hôpital de Nanteuil a été fondé pendant les dernieres années du douziéme siécle, par Philippe I, fils aîné de Thibaud III & de Clémence, Seigneur de Nanteuil & du Donjon de Crépy. Philippe y établit un Chapelain, auquel il accorda une rente de deux muids de bled pour sa nourriture, & six livres en argent par quartier, à prendre sur les revenus de la maison. Cette rente a été changée dans la suite en une pension de deux cens livres, qu'on fit au Chapelain, outre un logement qu'on lui accorda dans l'hôpital. La nomination de ce Chapelain se faisoit autrefois dans l'Eglise de Notre-Dame de Nanteuil, par le concours du Seigneur & des Religieux, qui lui donnoient leurs voix conjointement.

(1) Hist. Meaux, t. 2. n° 129. t. 1. p. 121.

On a une Ordonnance du Roi Louis le Gros, datée de l'an 1119, dans laquelle ce Prince déclare, qu'il prend sous sa protection immédiate le Prieuré de Nanteuil-le-Haudouin, de même que ceux de Crépy, de Coincy, d'Auteuil, de Grand-Champ, & quelques autres Monasteres affiliés à l'Ordre de Cluny (1).

Suivant les dispositions de cette Ordonnance, le Roi s'engage à pourvoir à la conservation des personnes & des biens de ces Monasteres, à repousser la force ouverte de leurs aggresseurs, à condition que les Religieux qui les composent, ne réclameront plus d'autre sauve-garde que la sienne. Cette Ordonnance est le premier coup que Louis le Gros ait porté aux abus du gouvernement féodal, qui rendoient les Seigneurs trop absolus, tant à l'égard du Souverain, que par rapport aux vassaux de leurs Avoueries. Les troupes qu'ils entretenoient dans les terres des Monasteres, leur servoient plus à soutenir les procédés d'un pouvoir arbitraire, qu'à défendre leurs protégés : il étoit facile à plusieurs de faire tête au Souverain, en rassemblant leurs troupes dispersées.

Cette Ordonnance peut être regardée comme une Charte d'exemption ou de commune, relativement aux dépendances qui en font l'objet.

12. Le Roi Louis le Gros aimoit beaucoup le séjour de Béthizy, & en occupoit souvent le château. Outre la sûreté du lieu, ce Prince avoit attenant, la forêt de Cuise qui lui servoit de parc, & dans laquelle il pouvoit prendre commodément le divertissement de la chasse.

En l'an 1108, le Roi Louis donna aux Religieux de S. Adrien des marques de sa bienveillance, en confirmant la donation que son pere leur avoit faite de la Maison Royale de Cuise & de ses dépendances (2).

Il y avoit auprès du château de Béthizy, un bourg disposé comme celui de Pierrefonds. Ce bourg avoit son Eglise, qui étoit dédiée sous l'invocation de S. Pierre, & cette Eglise dépendoit de l'Evêque de Soissons. Lisiard de Crépy, qui occupoit le Siége de cette ville en l'an 1123, forma le dessein d'y établir une Collégiale de Religieux, semblable à celle de S. Sulpice de Pierrefonds, que les Moines de Marmoutiers desservoient alors (3).

Lisiard crut pouvoir exécuter ce dessein, sans sortir de son

(1) Ordon. t. 3. p. 545.
(2) Ann. Bened. t. 6. p. 720.
(3) Berg. Val. Roy. p. 27.

Diocèse, en soumettant l'Eglise de S. Pierre de Béthizy au Monastere de S. Crépin-le-Grand de Soissons, où la Regle de S. Benoît s'observoit avec autant de zele qu'à Marmoutiers. La Charte, par laquelle Lisiard donne à S. Crépin l'Eglise en question, est datée de l'an 1123. L'Abbé de S. Crépin remplit les vûes de l'Evêque, en envoyant sur les lieux plusieurs Religieux, qui y formerent une Communauté sous la direction d'un Supérieur, qui prit le titre de Chambrier, au lieu du nom commun de Prieur.

Lisiard, après avoir pourvû aux besoins spirituels des habitans du Bourg, employa son crédit auprès du Roi, pour leur procurer divers avantages temporels. Le plus considérable des priviléges qu'il obtint, est l'exemption du droit de formariage, & l'affranchissement des servitudes auxquelles ils étoient assujettis, sous le nom spécieux de *Coutumes*. Le Roi, à qui ces droits appartenoient, comme Seigneur du Château & de tout le territoire, accorda la demande de l'Evêque, & rendit aux habitans du bourg de Béthizy une entiere liberté. Cette franchise peupla le bourg de Béthizy d'un grand nombre de familles, qui gémissoient sous l'oppression des Seigneurs voisins. A son avénement au Trône, Louis VII confirma les habitans du bourg de Béthizy dans la jouissance des droits de franchise, que le Roi son pere leur avoit accordés, par une Charte datée de ce Château.

La cérémonie du mariage du Roi Louis le Jeune avec Eléonore, fille & héritiere de Guillaume Duc d'Aquitaine, se passa au château de Béthizy en l'an 1137 : l'Abbé Suger en avoit fait les préparatifs. Le Roi venoit d'essuyer une maladie dangereuse (1) : Suger, après avoir rendu à Dieu de solemnelles actions de graces au sujet du rétablissement de la santé du Roi, partit de S. Denys, & se rendit au château de Béthizy, où il mit le dernier sceau à l'alliance du Prince. Le choix que Suger fit de ce Château pour une pompe aussi grande, semble prouver qu'il devoit être vaste & commode.

Le même Roi Louis VII autorisa en l'an 1152, l'échange que firent les Religieux de S. Adrien avec la Reine Adélaïde sa mere, de la Maison Royale de Cuise, pour des revenus équivalens à ceux que les Religieux retiroient de cette Maison.

On a deux Ordonnances de ce même Prince, datées du châ-

(1) Hist. S. Den. preuv. n°. 132. Gall. Chr. t. 7. p. 372.

teau de Béthizy. La premiere est datée de l'an 1155. L'autre fut délivrée en l'an 1161, en faveur des Religieuses de S. Jean de Cuise, & porte, que tant que le Roi demeurera au château, les Religieuses auront la dixme du pain & du vin qui s'y consommeront : ce qui semble supposer que le Roi ne passoit pas d'année, sans visiter le château de Béthizy (1).

Philippe Auguste, fils & Successeur du Roi Louis VII, faisoit au château de Béthizy de fréquens voyages (2). Il y délivra en l'an 1182 une Charte, en faveur de l'Eglise de Notre-Dame de Paris, touchant un lieu appellé *Chivres*. Dans l'acte original, le nom de Béthizy est écrit *Vistisiaco*. La même année, ce Prince assembla à Béthizy les Grands du Royaume ; il accorda aussi aux habitans de Chevrieres le droit d'usage, par une Charte qui est datée du même château.

Chevrieres est un lieu ancien du Valois, situé près du bois d'Ajeux, au-delà du bord septentrional de la riviere d'Oise. Il reléve de la Châtellenie de Pierrefonds. Les priviléges que le Roi accorda aux habitans de ce lieu, sont énoncés dans une enquête de l'an 1215 (3). Il est marqué dans cette enquête, que les hommes de Chevrieres jouiront en accroissement de leurs hostises, d'un bois situé au-dessus d'*Emereriacum*, à la charge de payer annuellement au Roi le jour de la Toussaint & à ses co-partageans, quatre sols & six mines d'avoine, mesure de Senlis ; plus, quatre chapons le jour de Noël, par chacune des hostises qui existoient, ou qu'on devoit bâtir. On ajoute, que les Gruyers du lieu jouiront de soixante arpens de bois pour leur droit de gruage, & que les hommes de *Rhuys* pourront, si bon leur semble, jouir de la même quantité de bois que les habitans de Chevrieres, en payant la même redevance ; quant au produit de cette double redevance, on déclare qu'il doit être partagé entre le Roi, l'Abbaye de S. Denys & Philippe de Chevrieres, Chevalier, qui a un tiers de la Justice du lieu, & le Roi les deux autres.

En l'an 1183, Philippe Auguste confirma au château de Béthizy les Religieuses de S. Jean de Cuise dans la possession de leurs priviléges & de leurs biens (4) : il augmenta leurs revenus, & leur continua la dixme du pain & du vin, qui seroient consommés pendant son séjour au même Château.

(1) Dipl. p. 252. ann. Ben. t. 6. l. 79. n°. 198.
(2) Lebeuf, Voi. MS.
(3) Cart. Ph. Aug. part. 2. fol. 57.
(4) Dipl. p. 252.

Nous ferons en son lieu le récit du différend, qui divisa le Roi & le Comte de Flandre en l'an 1184. Le Comte se présenta devant la forteresse de Béthizy à la tête d'une armée nombreuse, dans l'espérance d'enlever la place au Roi par un assaut. Ses efforts furent inutiles: la garnison se défendit vaillamment, & donna au Roi le temps de s'avancer avec son armée pour délivrer la place. Le Comte, instruit des mouvemens de l'armée Royale, qui lui étoit supérieure en nombre dans ce moment, leva le siége, & fit sa retraite avec beaucoup de précipitation dans la forêt de Cuise (1).

Le Roi ne laissa pas sans récompense, une défense aussi belle & aussi utile à l'honneur de ses armes. Les habitans du lieu partageoient avec plusieurs Communes des environs le droit d'usage dans la forêt de Cuise, en un canton appellé *les monts de Béthizy*: Philippe Auguste déclara que ces mêmes habitans jouiroient seuls du droit d'usage dans ce canton, & assigna d'autres endroits aux usagers leurs voisins.

Ce Prince vint passer quelque temps au château de Béthizy, l'année qui suivit ses démêlés avec le Comte de Flandre. On a connoissance de ce voyage, par des lettres datées de l'an 1185 ; qu'il fit expédier en ce château pour confirmer la fondation de la Chapelle de Choisi-en-Laigue. On a encore d'autres lettres sur divers objets, expédiées au château de Béthizy au nom de ce même Prince: la plûpart sont datées des années 1189 & 1193 ; celles de 1189 regardent l'Hôtel-Dieu de Compiegne.

En l'an 1200, Philippe Auguste reçut à Béthizy une députation des Suppôts de l'Université de Paris: il fit droit sur leurs plaintes, & rendit une Ordonnance favorable aux Ecoliers de cette Compagnie (2).

Nous avons annoncé la fondation de la Chambrerie, sous l'an 1123. Nous allons rapporter de suite les circonstances qui ont précédé, & qui ont immédiatement suivi cet établissement.

Il est marqué dans un titre de l'an 1107, que Manassé, Evêque de Soissons, a fait présent au Chapitre de S. Gervais d'un Autel sis à Béthizy. Cet Autel est la Chapelle du Clos Bérold, dédiée sous l'invocation de S. Pierre (3). On peut se rappeller ce que nous avons observé touchant ce clos. On lit au Nécrologe de

(1) Guill. Britt. Philip. lib. 1.
(2) Blanch. Comp. t. 1. p. 11.
(3) Gall. Chr. t. 9. p. 355.

l'Eglife Cathédrale de Soiffons, que le même Evêque Manaffé réunit à fon Chapitre les Autels d'Ouchy, de Cuife & de Couvrelles, en même temps que celui de Béthizy.

Le Chapitre de Soiffons jouit pendant vingt ans de l'Eglife & des revenus du clos Bérold, jufqu'à ce que l'Evêque Lifiard eût opéré le changement qui s'effectua en l'an 1123, en faveur du Monaftere de S. Crépin-le-Grand de Soiffons (1). Le nouvel établiffement des Religieux de S. Crépin à Béthizy prit le nom de *Chambrerie*, au lieu du titre de Prieuré, qu'on donnoit aux Communautés de cette efpéce.

Ce nom de Chambrerie peut avoir deux origines: la premiere dans le titre d'un des principaux Officiers réguliers de S. Crépin-le-Grand; la feconde, dans un Fief de la Chambrerie, qu'on ajouta aux dépendances du Clos Bérold, depuis que les Religieux de S. Crépin eurent pris poffeffion de l'Eglife & du Clos.

On donnoit alors, & l'on donne encore dans les grands Monafteres le nom de Chambrier, à celui des Religieux en charge, qui prend foin des affaires & qui reçoit les revenus de la Maifon. Ce titre vient du mot de baffe latinité *Camera*, qui fignifioit un fonds de terre accompagné d'un manoir. Il paroît que la premiere Miffion des Religieux de S. Crépin qu'on plaça à Béthizy, avoit pour objet principal le foin de faire valoir les fonds de terres de la dépendance du Clos Bérold; & que ces Religieux étant par leurs fonctions fous la jurifdiction immédiate du Chambrier de S. Crépin, le Supérieur de la nouvelle Communauté prit le même titre.

Ce Supérieur, qui réuniffoit les fonctions de Prieur, de Curé & de Procureur, a toûjours pris la qualité de Chambrier: Bergeron, qui étoit né a Béthizy, écrit (2) que la Chambrerie eft la Cure primitive de fa patrie. Depuis le départ des Religieux, les Vicaires perpétuels qui leur ont fuccédé dans les fonctions du miniftere, ont pris le nom de *Chambriers*. Renaud Boucher, qui fit élever vers l'an 1520 la belle tour de S. Pierre, eft qualifié *Vicaire perpétuel* & *Chambrier* dans tous les titres du temps.

Il y avoit à Béthizy un Fief de la Chambrerie, diftingué du Clos Bérold, avant l'arrivée des Religieux de S. Crépin en ce lieu: ce Fief tiroit fon nom d'un Chambrier de France, en faveur duquel il avoit été érigé. Les grands Chambriers de la

(1) Muldr. p. 77.   (2) Val. Roy. p. 12.

Couronne avoient ordinairement un Fief & un hôtel auprès des Maisons Royales où les Souverains avoient coutume de séjourner (1). Il y avoit autrefois à Paris un fief de la *grande Chambrerie*, près de Picpus. Le fief de la Chambrerie de Béthizy a toujours relevé immédiatement du Roi, ou des Ducs de Valois. L'Abbé de S. Crépin étoit l'*homme* de ce fief, & en recevoit les foi & hommage. Il est prouvé par des monumens authentiques, que pendant les années 1498 & 1509, l'Abbé de cette Maison reçut plusieurs hommages, pour des biens situés dans l'arrondissement de ce fief (2).

Avant de former la Communauté qui devoit desservir l'Eglise du Clos Bérold, l'Abbé de S. Crépin envoya sur les lieux un de ses Religieux, afin de disposer toutes les choses nécessaires à l'observance de la Regle de S. Benoît : ce Religieux fit construire un corps de logis, composé d'un cloître & de plusieurs dortoirs voûtés, dont on voit encore de beaux restes. On rebâtit aussi à neuf une partie de l'Eglise : le rond-point du chœur actuel de la grande Eglise de S. Pierre, a été construit dans le même temps que les dortoirs & le cloître.

On lit au *Gallia Christiana* (3), qu'en l'année où Lisiard donna le Clos Bérold à S. Crépin-le-Grand, ce Prélat soumit à S. Martin-des-Champs, les autels & le cimetiere du château de Béthizy *atria*. Je n'ai pas appris que les Religieux de S. Martin-des-Champs de Paris ayent possédé à Béthizy des bénéfices ou des fonds de terre ; mais les monumens du temps nous font connoître, que l'Evêque Lisiard donna aux Religieux de S. Crépin établis à la Chambrerie l'autel de S. Martin, qui étoit pour lors la principale paroisse du canton, & dont les dixmes appartiennent encore aux Religieux de S. Crépin.

Il s'éleva en l'an 1134 un différend touchant la Chambrerie de Béthizy, tout pareil à la contestation qui étoit survenue en l'an 1118, entre les Religieux de S. Arnoul de Crépy, & le Chevalier Enguerrand, au sujet du bourg de ce dernier lieu. Le quartier de la Chambrerie de Béthizy étoit un vrai bourg semblable à ceux de Pierrefonds & de Crépy ; & il paroît que l'hôtel du Chambrier avoit été originairement la résidence du Gouverneur de ce bourg.

(1) Brussel. us. Fief. t. 1. p. 645. Hist. Dioc. Par. t. 2. p. 538.
(2) Gall. Chr. t. 9. p. 403.
(3) T. 9. p. 356.

Un particulier de Soiſſons nommé *Alod*, s'étoit maintenu juſqu'à ce temps dans la poſſeſſion de quelques fermages, d'une vigne, d'un droit de vinage & de terrage, qui avoient été accordés à l'un de ſes Auteurs, à vie ſeulement, pour être le prix de ſa vigilance & du ſoin qu'il prenoit de la conſervation du bourg.

Lorſqu'en 1123 les Religieux de S. Crépin reçurent en préſent le Clos Bérold & la Chambrerie, Alod trouva moyen de ſe maintenir dans la poſſeſſion des biens, dont on lui avoit juſques-là toléré la jouiſſance (1). En l'an 1134, Teulf, Abbé de S. Crépin, fut informé que cette poſſeſſion n'étoit pas légitime. Avant de procéder contre ce détenteur, l'Abbé fit d'exactes perquiſitions, afin de s'inſtruire à fond de l'état de l'affaire. Il fit à ce ſujet une formalité qui n'eſt plus dans nos mœurs, & qui avoit lieu alors dans l'ordre judiciaire : il aſſembla les plus anciens Religieux de ſon Monaſtere, & leur demanda, à quel titre Alod jouiſſoit des biens dont je viens de parler. Les anciens répondirent, que la jouiſſance du Bourgeois Alod étoit une uſurpation, & qu'il n'étoit autoriſé par aucun titre, à conſerver l'uſufruit de ces biens. L'Abbé Teulf reçut ces dépoſitions, & prit à ce ſujet le ſerment des mêmes anciens qu'il avoit aſſemblés : formalités qui faiſoit foi & qui ſuffiſoit alors pour terminer un différend, lorſqu'il n'y avoit point d'opiniâtreté dans les parties.

Un Religieux ne ſeroit pas reçu préſentement en juſtice, à dépoſer en faveur de ſon Monaſtere ; ſon témoignage ſeroit récuſé comme ſuſpect, & ne ſeroit d'aucun poids. On feroit encore moins de cas de la déciſion d'un Supérieur de Communauté, qui jugeroit ſur de pareilles dépoſitions, qu'un bien en litige appartiendroit à ſon Monaſtere.

Cet exemple fait connoître, combien on comptoit alors ſur la droiture & ſur la bonne foi des particuliers. Le parjure & le faux ſerment paſſoient pour être des fautes ſi monſtrueuſes & ſi contraires aux loix de l'humanité, qu'on ne croyoit pas qu'un homme pût les commettre avec réflexion. Les temps ſont changés, les mœurs de même. Nos longues formalités de procédures déshonorent plus la condition humaine, par les vices extrêmes qu'elles ſuppoſent, que les Jugemens & les pratiques de ces temps anciens, qu'on nomme des ſiécles d'ignorance & de barbarie. La perfection des jugemens ne dépend pas toujours de l'érudition

---

(1) Mabill. Dipl. Lib. 6. N° 130. p. 600.

&

& de la combinaison des loix anciennes; ils sont d'autant plus équitables, qu'ils sont plus conformes aux regles du bon sens & de l'équité naturelle, & aux premiers principes de la religion.

L'Abbé de S. Crépin, sur la foi du serment de ses Moines, manda le bourgeois Alod, & celui-ci comparut: l'Abbé ordonna au bourgeois de restituer les biens qu'il possédoit sans titre, sous peine d'excommunication. Alod se soumit en apparence, & promit de renoncer à la possession des biens en litige.

Alod étant de retour à Soissons, maria promptement sa fille Adée à un bourgeois de la ville, nommé Vilard de la porte S. Vouay, & donna en dot à cette fille ses biens de Béthizy: il comptoit avoir éludé par ce stratagême, l'effet de sa promesse à l'Abbé Teulf. Il fit plus, il prévint le recours que l'Abbé pouvoit exercer contre lui, par un expédient très-involontaire: il mourut peu de jours après la donation qu'il avoit faite à sa fille.

Vilard, gendre d'Alod, qui ignoroit ce qui s'étoit passé entre l'Abbé & son beau-pere, alla trouver Teulf, & lui demanda l'investiture de son Fief de Béthizy, ce que l'Abbé lui refusa. Vilard insista, & pressa l'Abbé par de vives instances, qui n'eurent aucun effet. Il prit alors le parti de la rigueur, & fit à l'Abbé des sommations juridiques. Teulf, dans le dessein de répondre à ces sommations, convoqua une assemblée générale, à laquelle il cita le bourgeois Vilard à son tour.

Celui-ci présumant que l'issue du *plaid* ne lui seroit pas favorable, rassembla tous ses amis, & forma un nombreux parti, qui devoit l'accompagner à l'assemblée. L'Abbé de S. Crépin ayant eu avis du dessein qu'il tramoit, en informa le Roi Louis le Gros, & supplia ce Prince, de le défendre contre la violence & contre les voyes de fait, que son adversaire lui préparoit. Le Roi trouvant juste la demande de l'Abbé, mande le Prévôt Hugues Acharin, & lui ordonne de se rendre à l'assemblée au jour marqué, d'y présider, & de juger définitivement le différend qui en étoit le sujet.

L'Abbé Teulf & Vilard comparurent devant le Prévôt du Roi au jour marqué. Teulf prenant la parole, demanda à sa partie, de qui Alod son beau-pere avoit acquis le Fief de Béthizy, par qui il en avoit été investi, dans quel temps, & de quelle maniere la cérémonie de l'investiture s'étoit passée.

Vilard répondit, que son beau-pere avoit reçû l'investiture du Fief en question des mains d'Odon, Abbé de S. Crépin. Teulf demanda, que les anciens Religieux de l'Abbaye fussent entendus sur ce sujet : ce qu'on lui accorda. Les Religieux, après avoir prêté serment, déclarerent que l'Abbé Odon avoit cédé le Fief à la vérité, mais que ce délaissement avoit été fait contre le gré de toute sa Communauté. Vilard récusa le témoignage des Religieux, & prétendit que leur déposition ne devoit pas être reçue, dans une cause qui leur étoit personnelle.

Le Prevôt ne voyant aucun moyen d'accorder les parties, ou de concilier leurs intérêts, prononça, que le différend seroit terminé par la voye du duel; ce que Teulf & Vilard accepterent.

Joslein, Evêque de Soissons, le Comte Raynaud & l'Archidiacre Ebolus, ayant appris la décision du Prevôt & la résolution des parties, mirent tout en usage pour détourner l'effet du duel. Ils vinrent à bout de ménager un accommodement entre les parties : on dressa un compromis, qui portoit, qu'Adée, femme de Vilard, jouiroit sa vie durant, de la moitié des biens situés à Béthizy, & que les Religieux de S. Crépin entreroient en possession de l'autre moitié; qu'après la mort d'Adée, sa moitié retourneroit aux Religieux.

L'acte contenant ce compromis, fût signé par les personnes les plus notables des deux partis : on distingue parmi les noms, celui de Hugues Acharin, qui de Juge en dernier ressort étoit devenu médiateur & témoin; de même que celui d'Yves, Maire de Béthizy. Cet acte est daté de l'an 1135, & contient l'histoire du différend que nous venons d'exposer. Le Pere Mabillon rapporte cette pièce dans sa Diplomatique, comme l'un des anciens monumens qui exprime le mieux la forme des jugemens par le duel.

L'Abbé Teulf survécut peu de temps à cet accommodement : il mourut le 16 Mai de l'an 1136. Adée, femme de Vilard, décéda dans le courant de l'année suivante 1137. Ernaud, successeur de Teulf, reprit après le décès d'Adée, la jouissance de la moitié des biens de Béthizy, qui devoient revenir à son Monastere; & afin d'éviter les contestations qui pourroient naître, il obtint en l'an 1138, suivant Bergeron, en 1139, selon les Auteurs 'u *Gallia Christiana* (1), des lettres de Joslein, Evêque de

---

(1) Val. Roy. p. 27. G. C. t. 9. p. 397.

Soissons, par lesquelles ce Prélat assuroit à sa Communauté la propriété des deux parts des terres de Béthizy, qui avoient été ci-devant faites. Depuis ce temps, les Religieux de S. Crépin n'ont plus été troublés dans la jouissance de leur Fief de la Chambrerie, & des biens qui en dépendoient.

Outre les Eglises de S. Adrien, de S. Martin & de S. Pierre, il y avoit sur le territoire de Béthizy quelques Chapelles, dont on ne reconnoît plus de traces. Une Bulle du Pape Eugene III, datée de l'an 1147, apprend que l'Eglise de Montmartre possédoit à Béthizy une Chapelle, dix arpens de prés, & quarante arpens de terres labourables (1).

Hugues de Béthizy, premier du nom, remplit les deux charges de Châtelain de Béthizy, & de Gruyer général de Cuise, après la mort de Richard I son pere. Hugues étant lui-même décédé avant l'an 1117, Richard II son fils lui succéda, dans ses charges & dans ses titres. L'acte dressé dans l'assemblée solemnelle, convoquée à S. Arnoul de Crépy, en l'an 1117 ou 1118, car cette date varie dans les compilations, lui donne la qualité de Châtelain de Béthizy. En l'an 1152, il consentit à l'échange de la maison de Cuise, que la Reine, mere de Louis VII, avoit proposée pour d'autres biens, & signa l'acte, par lequel cette échange fut effectuée (2).

Richard II eut un fils nommé Hugues, & une fille appellée Lucienne, qui épousa Pierre de Béthizy, Prevôt d'Amiens. Hugues II exerça la charge de Chancelier de France sous le regne de Philippe Auguste, vers l'an 1180; après avoir passé la plus grande partie de sa vie dans le monde, il voulut en consacrer à Dieu les dernieres années, & choisit, à l'imitation de son Bisayeul, l'Abbaye de S. Quentin de Beauvais, pour y prendre l'habit de Religion.

En entrant dans cette Maison, il y fit présent d'un revenu annuel de vingt-huit muids d'avoine, afin d'avoir part à perpétuité, aux prieres de la Communauté. L'Obituaire de S. Quentin lui donne la qualité de Chancelier de France, & place sa mort au troisiéme jour des Calendes d'Août : l'année n'est pas marquée. Une Charte du Roi Philippe Auguste, donnée à Fontainebleau l'an 1186, suppose qu'il étoit mort avant cette année.

L'Eglise Collégiale de S. Adrien n'avoit pas encore changé

(1) Le Beuf, Voy. MS.   (2) Ann. Bened. t. 6. p. 720.

d'état depuis son établissement. Hugues II laissa par testament (r) aux Religieux qui la desservoient, des dixmes à Roquemont, une ferme & des dixmes à Champlieu, un muid de bled de rente à prendre sur la dixme de Néry, qu'il avoit acquise de Richard d'Estampes; deux autres muids de bled, qu'il acheta pour cet effet d'un nommé Charpentier, à prendre sur une ferme que celui-ci avoit à Glaignes; plus, six arpens de terres labourables, sises à Cornon, dans la censive de Clémence, Dame de Nanteuil. Hugues fait aux Religieux de Béthizy ce présent, à la charge d'un anniversaire à perpétuité, & d'un repas à l'issue du Service, auquel seront admis sans distinction tous les Clercs, qui auront assisté à l'Office.

Le Chef des Chanoines Reguliers de Béthizy prenoit la qualité de Prieur, depuis que le Chapitre avoit été renouvellé. On a les noms de deux Prieurs de S. Adrien, qui gouvernoient le Chapitre, dans l'intervalle du douziéme siécle : le premier, appellé Hugues, fut présent à l'assemblée de S. Arnoul, tenue en 1117: le second, nommé Pierre, parut comme témoin à l'accord passé l'an 1152, entre la Reine Adélaïde & le Chapitre de S. Adrien, touchant la Maison Royale de Cuise. Les circonstances où ces Prieurs parurent au nombre des Ecclésiastiques & des Nobles les plus qualifiés de la Province, prouvent qu'ils jouissoient d'un haut dégré de considération parmi leurs contemporains.

Lorsque Hugues II se retira dans l'Abbaye de S. Quentin de Beauvais, il avoit trois fils, Lucien, Étienne & Renaud, auxquels il partagea ses charges & son patrimoine. Lucien a été la tige de plusieurs Chevaliers, dont quelques-uns ont rempli l'office de Châtelain : Etienne fut la souche des Gruyers de Cuise : Renaud s'établit dans la Picardie, du côté d'Amiens & de Corbie, & fut revêtu de plusieurs charges importantes, dont il transmit quelques-unes à ses descendans.

Le nom de Béthizy est commun à un bon nombre de Chevaliers, qui vivoient dans le même temps, sans qu'il y eut entre la plûpart le moindre rapport de parenté. On peut les ranger sous trois classes : la premiere, composée des descendans de Richard I, qui sont demeurés dans le Valois, aux environs de Béthizy : la seconde, de ceux de ces mêmes descendans, qui

---

(3) Louv. Hist. Beauv. t. 2. p. 7.

ont été s'établir & qui ont fait souche en Picardie : la troisiéme, des simples Chevaliers préposés à la garde du Château de Béthizy, d'où ils empruntoient leurs noms, suivant l'usage.

Je viens d'exposer les noms des Gentilshommes issus de Richard I en ligne directe pendant le douziéme siécle : on doit placer parmi ceux de la seconde classe, un Roger de Béthizy, qui vivoit pendant les années 1158 & 1177. Il est marqué dans un état des Seigneurs fieffés relevant de l'Abbaye de Corbie, que ce Roger de Béthizy est homme du Monastere à cause de son Fief, pour lequel il est dû à chaque mutation foi & hommage, & cinq sols à l'Abbé de Corbie. Le même état porte, que l'Abbé de Corbie a aussi le droit d'investir de ce Fief *sub annulo aureo*, & que le Titulaire investi est tenu de se rendre aux assemblées de l'Abbaye, lorsqu'il en est requis. Roger devint Prevôt d'Amiens (1) : il exerçoit cette charge en 1177, il fut remplacé par un Chevalier nommé Pierre de Béthizy, qui vivoit en 1195 & en 1211. Ce Pierre de Béthizy est qualifié Seigneur de Roquincourt dans plusieurs titres. En 1195, Pierre signa comme témoin, l'acte d'une donation faite à l'Abbaye du Gard.

On doit mettre au nombre des Chevaliers de Béthizy, qui n'avoient aucune alliance avec les descendans de Richard I, Matthieu de Béthizy, qui tenoit en fief du Roi, une partie de la terre de Roquemont, & un autre Chevalier nommé Nivard de Béthizy, qui possédoit quelques biens à Cornon en l'an 1186. Dans la nouvelle édition des Généalogies du P. Anselme, il est fait mention d'un Chevalier nommé Adam de Béthizy, qu'on dit avoir été pere de Hugues II de Béthizy, Chancelier de France : Hugues, comme on l'a vu, étoit fils de Richard II.

13. Le bourg de Viviers tire son nom de quelques piéces d'eau, qui étoient originairement situées sur son territoire. Les premiers commencemens de ce Bourg sont semblables à ceux de la Ferté-Milon : un amas de maisons, occupées par des bucherons & par des laboureurs, formoit en ce lieu un village peu considérable, lorsque les Seigneurs de cette terre prirent la résolution d'y élever un Château fort. Ces Seigneurs avoient dessein d'assurer cette partie de leurs domaines contre les entreprises de leurs voisins, & contre les incursions des Normands & des factieux.

Nous ne pouvons déterminer le temps où le premier château

(1) Morliere, Hist. Amiens, tom. 1, p. 105.

de Viviers a été bâti : on a lieu de préfumer qu'il y avoit une *Ferté* fur ce territoire, avant le milieu du neuviéme fiécle, & qu'on en augmenta les fortifications, afin d'arrêter les Normands dans leurs courfes. En l'an 845, le Bourg & le château de Viviers faifoient partie des domaines du Seigneur Hémogaldus, qui poffédoit auffi les terres de Marify & de la Ferté-fur-Ourcq. Les premiers Seigneurs de Viviers ayant été les mêmes que ceux de la Ferté-Milon, je renvoye à ce que j'en ai dit, en difcutant ce qui regarde l'origine de cette ville.

L'Office de Châtelain de Viviers eft fort ancien : les premiers Chevaliers qui ont occupé ce pofte, ont prefque tous été tirés par les Seigneurs de Crépy, du château de la Ferté-Milon. Il paroît même que le Gouverneur en chef de la Ferté-Milon *Dominus*, étoit en même temps Seigneur Châtelain de Viviers. Nous n'avons connoiffance que de deux Châtelains de Viviers, qui vivoient à plus de cent ans l'un de l'autre : le premier eft Hugues le Blanc, Seigneur Châtelain de la Ferté-Milon, décédé après l'an 1121 : le fecond eft Hugues Soibers de Laon, qui vivoit en 1250. D. Martene rapporte l'épitaphe de ce dernier, à la page 10 de fes Voyages Littéraires.

Bergeron, dans fon Valois, fol. 43, écrit, que les Seigneurs de Crépy avoient aux environs de leur capitale, deux châteaux qui leur fervoient de maifons de plaifance, Viviers & Villers-Cotteretz ; que Viviers étoit un château fort où ils entretenoient un Châtelain, & Villers-Cotteretz une maifon de plaifance, gouvernée en leur abfence par un Concierge ; que le Prevôt forain de Crépy *alloit par fois à certains jours* tenir fes plaids à Viviers, à Villers, & au bourg d'Acy.

Ce droit du Prevôt forain de Crépy ne nuifoit pas à l'exercice de la jurifdiction ordinaire d'un Prevôt particulier, qui faifoit fa réfidence au château de Viviers. Cette jurifdiction s'étendoit fur Villers-Cotteretz & fur le Prieuré de S. George ; fur la ferme du Prieuré, Pifleu, le fief de Noue, la ferme des Virginettes, Buffi en partie, Dampleu, Longue-avefne, la ferme de Leffart, la ferme de l'Epine, tout le bourg de Viviers avec fes Fiefs & annexes.

Avant la fin du douziéme fiécle, Philippe d'Alface, Comte de Flandre & Seigneur de Valois, du chef d'Elifabeth fon époufe, fit réparer les fortifications du château de Viviers, & en ajoûta de nouvelles ; trouvant ce château trop foible du côté de la Collégiale, il fit conſtruire auprès de l'Egliſe une groſſe tour, contre le gré des Chanoines Réguliers ; ce qui occaſionna un différend très-ſérieux entre le Comte & la Communauté des Chanoines. Ceux-ci ſe plaignoient de ce que la nouvelle tour couvroit une partie de l'Egliſe, & leur cauſoit beaucoup d'incommodités.

Le différend fut à la fin terminé par un accord, portant que Philippe d'Alſace feroit aux Chanoines Réguliers une rente de ſoixante ſols, à prendre tous les ans le jour de S. Remy, ſur les domaines de Crépy. L'acte qui conſtitue cette rente, eſt daté de Villers-Cotteretz le premier Décembre de l'an 1174. Le Comte fonda la même année, un anniverſaire dans l'Egliſe de Viviers, pour le repos de l'ame de Raoul V ſon beau-frere : il aſſigna pour cet effet une rente de trente ſols.

L'Egliſe Collégiale de Viviers a eu les mêmes commencemens & les mêmes accroiſſemens que celle de Mariſy-Sainte-Geneviéve. Les reliques de Sainte Clotilde ayant été levées de terre en même temps que celles de Sainte Geneviéve, on les transféra hors de Paris, à cauſe de la crainte des Normands : les deux Châſſes furent conduites pendant quelque temps par la même route ; ceux qui les accompagnoient ſe ſéparerent en deux bandes, aux environs de Villers-Cotteretz ; les uns continuerent leur chemin juſqu'à Mariſy, les autres prirent ſur la gauche, & vinrent dépoſer les reliques de Sainte Clotilde, dans l'Egliſe du château de Viviers.

Les Eccléſiaſtiques qui avoient accompagné la Châſſe, étoient des Clercs de Sainte Geneviéve de Paris : Hémogaldus leur procura à tous un établiſſement ſolide, & les logea dans ſon château de Viviers. Cet évenement, qu'on peut ranger ſous l'an 845, a été l'origine de la Collégiale du château de Viviers.

Lorſque la crainte des Normands fut paſſée, on prit la réſolution de reconduire à Paris les reliques de Sainte Geneviéve & de Sainte Clotilde, qu'on en avoit transférées. On nomma pour ce ſujet des députés : ceux-ci ſe tranſporterent à Viviers, & redemanderent aux Clercs du château la Châſſe de Sainte Clotilde, qu'ils avoient en dépôt ; ce qui ſouffrit beaucoup de difficultés de la part des Clercs habitués, & ſurtout de la part du Seigneur qui avoit alors le château de Viviers en ſa poſſeſſion. Le Seigneur ſoutenoit, que comme le Chapitre de ſon Egliſe avoit été fondé à l'occasion du culte de Sainte Clotilde, sa Châsse devoit demeurer au château, tant que le Chapitre subsisteroit. Les Députés, de leur côté, revendiquoient les Reliques comme un dépôt qu'on ne pouvoit conserver, sans violer les regles de la bonne foi.

On en vint à un accommodement qui portoit, qu'on feroit un partage des Reliques; que les Clercs de Viviers conserveroient le chef & un bras de la Sainte, & que le reste de ses ossemens seroit remis aux Députés, pour être reconduit & déposé dans l'Eglise de Paris, d'où ils avoient été transférés. Ces deux portions des reliques de Sainte Clotilde sont demeurées dans l'Eglise de Viviers, jusqu'au regne de S. Louis.

Du moment où il fut décidé, qu'une partie aussi considérable des reliques de Sainte Clotilde seroit conservée à Viviers, divers particuliers firent de riches présens à l'Eglise du château, en ornemens, en argent & en fonds de terre. Les troubles ayant reparus dans le canton, vers la fin du dixiéme siécle, les Clercs de l'Eglise mirent leurs biens sous la protection des Châtelains du lieu, se soumettant au tribut qui étoit d'usage. Les Châtelains abuserent de leur pouvoir & de la confiance des Clercs; ils empiéterent peu à peu sur les biens de l'Eglise, & parvinrent par succession de temps, à se les approprier. Hugues le Blanc fut le premier de ces Officiers, qui consentit à restituer une partie de ce que ses prédécesseurs avoient usurpé (1): il en forma le dessein en l'an 1121, & l'exécuta sans différer.

Hugues le Blanc avoit été affermi dans sa résolution par l'Evêque de Soissons Lisiard, & par S. Norbert. Il fit le délaissement des biens qu'il retenoit, de la maniere que ces deux hommes illustres lui prescrivirent. Il déclara par un acte passé conjointement avec Helvide son épouse, en l'an 1121, qu'il transmettoit au Chapitre & à l'Eglise de Viviers, la propriété de plusieurs héritages qu'il désigne; qu'il renonce à la jouissance de ces mêmes biens, dont il fait le dépôt entre les mains de Henry, Doyen de la Collégiale.

Le Doyen Henry étoit l'un des plus vertueux Ecclésiastiques de son temps: il avoit été disciple de S. Norbert, avant la fondation de l'Ordre des Prémontrés. Il étoit né dans les environs de Reims, & avoit été élevé au Monastere de S. Thierry.

(1) Gall. Christ. t. 9. p. 486.

S. Norbert,

S. Norbert, à son retour du voyage qu'il fit à Rome, pour présenter au Pape la Regle de Prémontré, & pour en obtenir la confirmation, communiqua le nouvel institut à Henry son ancien disciple, & aux Clercs de la Collégiale de Viviers. Henry & ses Chanoines reçurent avec respect le témoignage de confiance que S. Norbert leur donnoit : ils méditerent cette Regle, & crurent reconnoître dans tous ses points, autant de moyens de salut pour les Ecclésiastiques qui s'y conformeroient, & autant de sujets d'édification pour les personnes du monde : c'est pourquoi ils l'adopterent avec toute sorte d'empressement.

Le Chapitre de S. Martin de Laon suivit l'exemple de celui de Viviers. On regarde ces deux Communautés comme les premieres de tout l'Ordre des Prémontrés, qui ont embrassé l'Institut de S. Norbert. On doit prendre pour époque du temps où ces deux Chapitres ont embrassé la réforme de S. Norbert, l'année même où ce Saint Fondateur arriva de Rome en France, c'est-à-dire l'an 1126.

Quelques Ecrivains ont supposé à tort, que la réforme de S. Norbert avoit eté introduite à Viviers avant l'an 1126 : ce sentiment est une erreur, qu'on réfute par un titre que Duchesne a extrait dans son Histoire de Châtillon (p. 16) : ce titre porte, que sous l'épiscopat de Joslein, les Chanoines Séculiers, qui desservoient les Eglises de Braine, de la Ferté-Milon, de Pierrefonds & de *Viviers*, ont été remplacés par des Chanoines Réguliers : or Joslein n'a été élevé sur le Siége Episcopal de Soissons qu'en l'an 1126.

Henry, Doyen de Viviers, en changeant de profession, changea aussi de titre, & prit la qualité d'Abbé. Il est ainsi nommé dans la Charte de fondation de l'Abbaye de Long-pont, qu'il signa comme témoin en l'an 1132. Henry reçut en l'an 1141 de Joslein, Evêque de Soissons, l'autel de S. Agnan, qu'il réunit à son Eglise. En 1145, tout l'Ordre de Prémontré choisit l'Abbé Henry pour Député, & le chargea d'aller à Rome féliciter le Pape Eugene III sur son avénement au Souverain Pontificat.

S. Norbert avoit dressé son nouvel Institut de maniere que les femmes pouvoient l'observer de même que les hommes. Plusieurs personnes du sexe, informées de ces dispositions, vinrent trouver à Viviers l'Abbé Henry, & le prierent de les admettre à professer la nouvelle Regle sous sa direction : Henry les reçut,

& les plaça dans un corps de logis féparé, qui tenoit à l'Eglife. Le nombre des Profeffes s'augmenta beaucoup en peu d'années, au point que le bâtiment qui leur avoit été deftiné par l'Abbé Henry, ne pouvoit plus les contenir.

Henry repréfenta au Comte de Crépy Raoul IV, de qui dépendoient la terre & le château de Viviers, la fituation de la feconde Communauté qu'il avoit fous fa direction, & lui demanda un lieu où il lui fût poffible de loger plus commodément les perfonnes qui la compofoient.

Le Comte écouta favorablement les repréfentations de l'Abbé Henry, & lui accorda en toute propriété la terre de Javages, près de Viviers, avec les bâtimens d'une efpéce de cenfe, qui y étoit fituée (1). Raoul voulut accompagner ce préfent de toutes les formalités qui pouvoient en affurer la jouiffance : il fit dreffer un acte, dans lequel il déclare, qu'à la priere de l'Abbé Henry fon intime, il a cédé à ce Supérieur les lieux en queftion, pour fervir de retraite aux fœurs déjà établies dans fon château de Viviers; afin que délivrées du tumulte & des embarras du fiécle, elles puffent remplir en paix les devoirs de leur état, & mener une vie plus commode. Il leur accorda le droit d'ufage en la forêt de Retz, c'eft-à-dire, la permiffion de prendre dans cette forêt, le bois à brûler & à bâtir, qui leur feroit néceffaire.

Cet acte, daté de l'an 1148, eft figné de Pierre, Evêque de Senlis, d'Albéric de Roye, de Thibaud de Crépy, Seigneur de Nanteuil; du Burgare, du Prevôt, & du Chancelier de Raoul.

14. L'Hiftoire Eccléfiaftique fournit un grand nombre d'exemples de Communautés Religieufes affiliées & foumifes à une Abbaye, ou bien à un Prieuré confidérable, d'où elles tirent leur origine; mais il eft rare de voir un Monaftere donner naiffance à une nouvelle Communauté, à laquelle il devient foumis peu de temps après avoir été le principe de fon exiftence. Cette alternative a eu lieu dans le Valois avant la fin du douziéme fiécle, entre les deux Communautés de Valfery & de Viviers : l'Abbaye de Valfery a été ainfi fondée.

L'année même où la Communauté des Religieufes de Viviers fut transférée à Javages, un particulier de la contrée nommé Jean

---

(1) Gall. Chrift. t. 10. Inftr. p. 118.

le Roux, fit préfent aux Chanoines Réguliers de Viviers, d'une maifon & d'un bien confidérable, qu'il avoit dans un lieu nommé *Valfery*, à caufe de fa fituation au milieu d'un vallon où l'on refpiroit un air pur (1). L'Abbé Henry accepta ce préfent avec beaucoup de reconnoiffance; charmé de la pofition & de l'agrément du féjour, il prit la réfolution d'y transférer fon Abbaye, qui, logée dans un fort château, & offufquée par des tours & de hautes murailles, étoit fujette à beaucoup d'incommodités & de défagrémens. Il crut d'ailleurs que la Regle s'obferveroit mieux dans la folitude d'un vallon & auprès des bois, que dans un château fort, au milieu d'une garnifon, dont les fonctions n'étoient propres qu'à troubler l'efprit de retraite.

Henry envoya d'abord fur les lieux quelques Religieux de Viviers, afin de difpofer les changemens qu'il projettoit. En moins d'une année, l'Abbé Henry conduifit fon projet à fa fin: on le prouve par un acte de l'an 1149, dans lequel Henry prend le titre d'Abbé de Valfery.

Plufieurs Auteurs ont recherché la caufe d'une tranfmigration auffi fubite, & en ont donné plufieurs raifons: les uns prétendent qu'elle a été occafionnée par la réfiftance des Religieux de Viviers aux volontés des Comtes de Crépy: les autres rapportent la tranfplantation des Clercs de Viviers à Valfery au différend élevé en l'an 1174, au fujet de la tour. Leur fentiment fuppofe l'extinction totale & abfolue de la Communauté de Viviers. D'autres enfin prétendent que les Prémontrés abandonnerent Viviers, afin de céder à une émeute qui avoit été excitée contre eux. Ces trois raifons ne font pas recevables.

Il eft faux en premier lieu, que les Prémontrés ayent encouru la difgrace des Comtes de Crépy, au temps où le changement a eu lieu. On a une Charte de ce temps, dans laquelle le Comte Raoul IV, Seigneur de Valois, appelle l'Abbé Henry fon intime: c'eft la même Charte par laquelle il lui fait préfent du lieu de Javages. En fecond lieu, il y avoit en 1174, vingt-cinq ans que l'Abbé des Prémontrés de Viviers avoit transféré fon Siége à Valfery: d'ailleurs, le différend dont on parle, avoit été terminé par un compromis. En troifiéme lieu, ceux qui fuppofent une émeute, n'en expofent ni la date, ni les circonftances. Le compromis de l'an 1174 prouve que la Communauté

(1) Gall. Chrift. t. 9. p. 487.

de Viviers n'a été ni éteinte, ni expulsée. On verra bientôt que cette Communauté subsistoit encore sous le regne de S. Louis.

Il est donc nécessaire de rapporter la cause du changement arrivé en l'an 1149, aux motifs que j'ai expliqués : les attraits d'un séjour commode & gracieux, & l'avantage d'une retraite exempte des embarras, du tumulte & de la dissipation d'un château fort, où les puissans Seigneurs de Crépy venoient de temps en temps séjourner avec toute leur Cour.

En l'an 1153, l'Abbé Henry donna sa démission. L'Abbé Etienne lui succéda : celui-ci ne parut pas avec le même éclat que son prédécesseur, quoique doué des qualités qui sont nécessaires à un Supérieur. Etienne est nommé dans une Charte de l'an 1154, expédiée par ordre d'Ancoul de Pierrefonds, en faveur de Long-pont. La qualité d'Abbé de Valsery lui est donnée dans cette piéce, quoique Henry son prédécesseur conservât le même titre : on a en effet un acte de l'an 1155, expédié au nom de Dreux, Seigneur de Pierrefonds, dans lequel on appelle Henry, Abbé de Valsery ; il est question dans cette Charte, d'une piéce de terre sise à Ambleny, que Dreux donne en présent à l'Abbaye de Valsery.

L'année où mourut Henry, est incertaine : le Nécrologe de Valsery marque seulement, qu'il décéda le troisiéme jour des Calendes de Septembre : il fut regretté de ses Religieux & du public, comme un Supérieur d'une vie exemplaire, qui joignoit à un grand fond de charité pour le prochain, un cœur sensible à la misere des pauvres, & plein de compassion pour les affligés. On peut le regarder comme le fondateur des Prémontrés de Valsery & de Viviers.

15. Nous avons déjà observé, que le territoire actuel de Villers-Cotteretz étoit divisé en trois portions ; la premiere appartenant aux Moines de S. Georges ; la seconde aux Seigneurs de Nanteuil & à leurs Avoués ; la troisiéme aux Seigneurs de Crépy. Le gros des maisons étoit rassemblé entre le Prieuré & l'emplacement du château actuel, & c'est proprement à cet amas de maisons, qu'on donnoit le nom de *Villers*, qui dans le langage de ce temps-là, signifioit un hameau, un village.

L'Hôtel du Fief des Seigneurs de Nanteuil étoit situé au-delà du village, par rapport au Prieuré de S. Georges.

La Male-maison, qui étoit un château dans les regles, & qui formoit avec ses dépendances le domaine des Seigneurs de Crépy, paroissoit à côté de la place actuelle du château, près de l'Eglise paroissiale de S. Nicolas. Nous allons rapporter sur chacune de ces trois portions de domaine, les traits qui les concernent.

Les Religieux de S. Georges perdirent, pendant les troubles du dixiéme siécle, une grande partie des biens qui leur avoient été concédés par le Roi Charles le Chauve. Cette infortune leur étoit commune avec la plûpart des autres Monasteres de la contrée. Dans les actes d'un Concile national tenu à Meaux en l'an 1082, l'on déplore les malheurs qui avoient réduit les Communautés Regulieres à ces extrémités : on se plaignoit de ce que dans le plus grand nombre des Maisons Religieuses la Regle de leur institution ne s'observoit plus. Après avoir examiné les moyens qu'on pourroit mettre en œuvre pour remédier à un si grand mal, on décida, que toutes les Communautés dont les revenus ne pourroient pas suffire à l'entretien de dix Religieux, seroient soumises aux deux Chefs-d'ordre de Marmoutier ou de Cluny, ou à l'un des Monasteres considérables de leur dépendance (1). Le Prieuré de S. Georges subit la loi commune, & fut soumis au Monastere de la Chaise-Dieu en Auvergne, dépendance de Marmoutier.

Au commencement du siécle dont nous écrivons l'Histoire, Raoul IV, Seigneur de Crépy & de la Male-maison, favorisa beaucoup les Religieux de S. Georges, & augmenta leurs revenus (2). Il leur confirma en l'an 1137 la jouissance du tréfonds de S. Georges, & leur accorda des droits de chauffage & de pacage dans la forêt de Retz, avec la troisiéme partie de la justice de Villers. Philippe d'Alsace & la Comtesse Eléonore donnerent aux mêmes Religieux plusieurs marques de leur protection, en considération de ce qu'ils avoient permis qu'on bâtît une Chapelle à côté du château de la Male-maison; qui étoit compris dans la jurisdiction spirituelle de leur Eglise de S. Georges.

Ce que les Seigneurs de Nanteuil-le-Haudouin possédoient à Villers-Cotteretz au dixiéme siécle, se réduisoit à des droits de

(1) Hist. Meaux, t. 1. p. 250. Muldr. | (2) Muldr. ibid.
p. 66. & 67.

relief : ils avoient tranfmis la propriété de prefque tous leurs droits utiles aux Avoués ou Concierges du lieu, qui étoient des Chevaliers Officiers de leur Maifon.

La premiere origine des *Concierges* de Villers-Cotteretz eft fort obfcure : on peut cependant l'expliquer en obfervant, que les Moines de S. Georges ayant choifi pour Avoué un des Chevaliers attachés au fervice des Seigneurs de Crépy & de Nanteuil, cet Officier fut prépofé en même temps à la confervation du domaine de fes Maîtres, & de ceux des Religieux, pendant les guerres civiles du dixiéme fiécle, & qu'il reçut de chaque poffeffeur un bien qu'on lui érigea en Fief, pour être le prix de fa vigilance.

Je nomme cet Officier Concierge quoique ce fût un Gentilhomme, parce que ce nom fut attaché à fa place pendant plus de fix fiécles, & qu'on le qualifioit encore ainfi, lorfque Bergeron écrivoit fon Abrégé Hiftorique du Valois.

Ce Gentilhomme eut fon hôtel féparé de la Male-maifon, jufqu'au temps où S. Louis réunit à ce dernier château les portions de Fiefs, qui avoient été attachées à cette charge. Le Titulaire de cette place fixa depuis, fon féjour à la Male-maifon. Après que François I eut fait bâtir le château qu'on voit encore, on changea le titre de Concierge en celui de Gouverneur, le pofte étant devenu plus important & plus diftingué, par la qualité des perfonnes qui chercherent à le remplir.

On ne manque pas de monumens, pour connoître que la charge dont il eft ici queftion, exiftoit dès le milieu du dixiéme fiécle; mais aucun titre ne cite les noms de ceux qui l'ont poffédée avant le milieu du douziéme : elle appartenoit alors à une famille de Chevaliers originaires de Duvy près Crépy, qui prenoient le furnom de Broilard & de Boulars, & dont plufieurs avoient été Sénéchaux des Seigneurs de Nanteuil.

Une Bulle du Pape Eugene III, datée de l'an 1148, fait mention d'un de ces Chevaliers (1) nommé Adam Broflard, qui tenoit en Fief de Gérard le Vieux plufieurs héritages fitués du côté de Villers-Cotteretz & de Long-pont. Le même Adam reparoît dans une Charte de l'an 1153, avec le titre de Sénéchal de Thibaud, Seigneur de Nanteuil, & figne cette Charte comme témoin. En l'an 1156, ce même Gentilhomme céda au Lieu-

---

(1) Chron. Long-p. p. 27.

restauré, du consentement de son fils, tout ce qu'il possédoit en rentes & en fonds de terre auprès de la Bonne-fontaine, avec son vivier & son bois de S. Christophe. Adam finit sa vie à l'Abbaye de Long-pont, où il s'étoit retiré par un mouvement de religion. L'on conserve à Long-pont un titre de l'an 1177, qu'il signa ainsi, conjointement avec le fameux Pierre le Chantre, *Adamus Bruslardus*.

Dans la Charte accordée à S. Adrien de Béthizy par le Roi Philippe-Auguste, en l'an 1186, on lit les noms d'un Raoul Boulard de Duvy, & d'Alerme Boulard, son beau-frere. Dormay parle dans son Histoire (1), d'un second Adam Boulard, Chevalier, qui fut choisi en l'an 1225, pour terminer comme arbitre, un différend que Raoul, Abbé de S. Jean-lès-Vignes, avoit avec le Comte de Soissons, touchant un droit de Justice. Il paroît que ces Chevaliers étoient tous parens; je n'ai pû connoître à quel dégré. Nous parlerons de leurs descendans au Livre suivant.

Le nom de Male-maison, *Mala-domus*, est commun à plusieurs Fiefs situés dans le Valois: l'étymologie de ce nom est douteuse; on en donne diverses explications. La plus probable est celle qui suppose que cette dénomination vient, de ce que les manoirs de ces Fiefs avoient servi de retraite pendant les guerres, à des troupes de brigans & de factieux, qui envoyoient des partis faire du butin, & ravager les lieux d'alentour.

Il y a un Fief de la Male-maison, au dessus de Nanteuil-la-Fosse. Le Fief de Bruyeres, près de Limé, portoit autrefois le nom de Male-maison. L'on voyoit anciennement près de Braine, sur les bords de la petite riviere de Vesle, du côté de Courcelles, les ruines d'une Male-maison, qui avoit été un château fort, entouré de larges fossés que la Vesle remplissoit de ses eaux.

La Male-maison de Villers ne devint un lieu remarquable, qu'après avoir reçû les embellissemens & les augmentations, que le Comte Philippe d'Alsace & la Comtesse Eléonore y ajoûterent: ce n'avoit été jusque-là, qu'une métairie ordinaire, dans laquelle les Comtes de Valois prenoient leur repos de chasse.

Nous n'avons ni la description, ni le plan des nouveaux bâtimens, que Philippe d'Alsace ajoûta aux anciens : il paroît qu'il fit construire à neuf un nouveau corps de logis pour son usage,

(1) Hist. Soiss. t. 2. p. 213.

qu'il abandonna son ancien logement à un Concierge, & le reste de la métairie à un fermier. Le premier Concierge résident à la Male-maison de Villers, en prit le nom, & le transmit à ses descendans.

Le nouveau corps de logis ayant été achevé, Philippe d'Alsace trouva qu'il étoit trop éloigné de l'Eglise de S. Georges, la seule du territoire où l'on pouvoit se procurer les secours spirituels; car le Comte avoit un grand fonds de piété, & il faisoit ses délices de sa nouvelle Maison de plaisance, tant à cause du bon air, qu'à cause du divertissement de la chasse, auquel il aimoit à s'exercer : ces deux motifs le portoient à multiplier ses voyages, & à prolonger ses séjours.

L'envie qu'il avoit d'éloigner tous les obstacles qui pouvoient le détourner de ses devoirs de Chrétien, lui fit naître le dessein de bâtir une Chapelle à côté du nouveau corps de logis : il prit à ce sujet l'avis & le consentement des Religieux de S. Georges, qui déférerent à ses vûes, à condition que la nouvelle Eglise seroit dédiée sous l'invocation de S. Maur, l'un des Saints de leur Ordre ; que le Prêtre desservant de cette Eglise seroit soumis à la jurisdiction spirituelle de leur Prieuré ; que le Prêtre ou Curé de S. Georges auroit tous les droits de Curé primitif. Le Comte souscrivit à ces conditions, & fonda la Chapelle.

Le Comte désirant pourvoir à l'utilité publique, en même temps qu'il cherchoit sa commodité, érigea en titre la place de Desservant de sa Chapelle, au lieu d'employer dans le besoin, les Chapelains qu'il avoit à sa suite : il attacha à cette place de Desservant une rente de dix muids de froment, à prendre sur la ferme de Mornienval & sur le moulin de Pondron.

L'Eglise de S. Maur n'a jamais joui du titre ni des priviléges de Paroisse : elle a toujours été un secours de S. Georges. L'Eglise de S. Nicolas, qui lui a succédé, n'a joui que fort tard du droit de Paroisse. Lorsqu'en 1635, les Religieuses de S. Remy de Senlis prirent possession des bâtimens du Prieuré de S. Georges, les habitans de Villers-Cotteretz déclarerent (1) « que l'Eglise de ce Prieuré avoit été, de toute ancienneté, la paroisse du lieu ; & qu'auprès de cette même Eglise, sont inhumés dans le cimetiere leurs ancêtres ». Le Prieur de S. Georges avoit conservé jusqu'à ce temps le droit d'officier trois fois l'an,

(1) Muldr. p. 66 & 67.

dans l'Eglife de S. Nicolas, à la Touffaint, à Noël, & le jour de la Tranflation de S. Nicolas, en conféquence d'un accord paffé le 28 Juillet 1526 : avant cet accord, le Prieur de S. Georges officioit dans l'Eglife de S. Nicolas fept fois l'an.

Le Comte Philippe jouit à peine l'efpace d'une année, de ce renouvellement de la Male-maifon. Son époufe Elifabeth, du chef de laquelle il tenoit le Comté de Valois, étant décédée, il fut dans la néceffité de céder la Male-maifon à la Comteffe Eléonore fa belle fœur.

Ce que je viens d'expofer fait voir combien Muldrac a eu tort d'avancer, qu'à la Comteffe Eléonore étoit dûe la fondation de la Chapelle de S. Maur. Dans les Regiftres *olim* du Parlement de Paris, il eft marqué en termes exprès, que c'eft Philippe d'Alface Comte de Flandre, qui a fondé la Chapelle de Villers, & qu'il y a établi un Chapelain. Le trait fuivant, qu'on trouve énoncé dans les mêmes Regiftres, aura pû induire Muldrac en erreur.

Après que la Comteffe Eléonore eut pris poffeffion du château de la Male-maifon, le Curé de S. Georges lui repréfenta (1), que lorfqu'il avoit donné fon confentement à l'établiffement de la Chapelle de S. Maur, il n'avoit pas prévû que cette fondation diminueroit un jour fes revenus : la caufe de cette diminution n'eft pas expliquée. La Comteffe entra dans les vues du Prêtre de S. Georges, & lui accorda un dédommagement de quatre mines de bled de rente, à prendre fur le moulin de Coyoles, *quia Capellam fieri conceffit*.

Eléonore doubla en même temps les revenus du Deffervant de S. Maur : elle ordonna, qu'au lieu de dix muids de froment, on lui délivreroit tous les ans vingt-trois muids de la même nature de grains, qui feroient pris fur fa ferme de Mornienval & fur le moulin de Pondront.

Ces difpofitions font confirmées par la Charte aumônière de l'an 1194. Cette piéce fait mention d'un muid de bled de plus, qu'elle accorde aux Religieux de S. Georges, fur fa grange de Villers : cette grange de Villers étoit comme la baffe-cour du château de la Male-maifon.

Le Roi Philippe-Augufte ne fe plaifoit pas moins au château de la Male-maifon, que le Comte de Flandre : il y fit plufieurs voyages, avant que cette Maifon de plaifance eût été réunie à

(1) Chron. Long-p. p. 100.

sa Couronne, par le décès de la Comtesse Eléonore sa cousine. Le Cartulaire de ce Prince (1) contient une Ordonnance datée de la dix-septiéme année de son regne, qui revient à l'an 1196: elle regarde l'Eglise de S. Jean de Laon, & finit par ces termes: *Datum apud Villare-Col-de-Retz*. Cette piéce est ornée du Monograme du Prince, & signée de Guy, grand Bouteiller, & de Matthieu Comte de Beaumont, grand Chambrier.

Ce séjour du Roi, accompagné des grands Officiers de sa Couronne, suppose un château considérable par son étendue & par ses dépendances, qui passoit pour être le chef-lieu de tout le territoire. Villers-Cotteretz ou Col-de-Retz a toûjours été depuis ce temps un nom générique, qui comprenoit le village de S. Georges, la Male-maison, les Fiefs des Seigneurs de Nanteuil, & ceux des Concierges ou Châtelains du lieu.

16. Nous n'avons trouvé dans les monumens concernant Mornienval, aucun évenement important, depuis le milieu du onziéme siécle jusqu'à l'an 1122, qui est, dans l'Histoire de cette Abbaye, une époque remarquable par la Translation des Reliques de S. Annobert, Évêque de Séez en Normandie.

Après que S. Annobert eut été mis au nombre des Saints, son corps fut levé de terre & renfermé dans une Châsse : on déposa cette Châsse dans une Eglise, que la Légende de ce Saint ne nomme pas. Cette Église étant tombée dans le plus grand appauvrissement, les Prêtres qui la desservoient prirent les Reliques du Saint, & les porterent de province en province, afin d'exciter la charité des fidéles, & de recueillir des aumônes abondantes : ils suivoient les grands chemins, & traversoient les lieux considérables de chaque contrée (2).

Comme ils parcouroient la chauffée Brunehaud, qui conduit de Senlis à Soissons, ils apprirent qu'il y avoit assez près de cet ancien chemin une grande Abbaye, occupée par des Religieuses qui exerçoient l'hospitalité. Le Chef de ceux qui accompagnoient la Châsse de S. Annobert, envoya prier l'Abbesse de Mornienval, de le recevoir avec sa compagnie pour une nuit seulement. Pétronille (c'étoit le nom de l'Abbesse) reçut avec bonté le Député, lui offrit des logemens & son Eglise pour y déposer les Reliques. Sur le rapport de l'Envoyé, les Ecclésiastiques qui composoient le convoi, se rendirent à Mornienval,

(1) Part. 1. fol. 11. Part 2. fol. 33. (2) Ann. Bened. t. 6 p. 44.

où l'Abbesse Pétronille les reçut avec tous les égards qu'ils pouvoient attendre. On déposa les Reliques de S. Annobert sur une crédence qu'on avoit ornée & placée au milieu du chœur, & l'on distribua des logemens dans le bâtiment des hôtes, aux Ecclésiastiques qui les accompagnoient.

Le lendemain, ces mêmes Ecclésiastiques se présenterent de grand matin à l'Abbesse Pétronille, afin de lui témoigner leur reconnoissance de son obligeante réception; après en avoir pris congé, ils se transporterent à l'Eglise pour enlever la Châsse & passer outre: mais, ô prodige! la Châsse fut trouvée si pesante, qu'il ne fut plus possible de la changer de place. Il fallut céder, & le gîte d'une seule nuit coûta à ces hôtes la perte de leur trésor.

Cette perte, ajoûte l'Auteur de la Légende, qui étoit un Chanoine de l'Abbaye, coûta aux passagers des sanglots & des regrets amers; mais plus leur douleur étoit vive & leur tristesse accablante, plus notre joie étoit grande, & notre satisfaction complette. Tandis qu'ils pleuroient amérement, nous nous félicitions d'un évenement, qui alloit donner à notre Maison un nouveau dégré d'illustration.

En effet, cette aventure causa aux deux Communautés des Religieuses & des Chanoines une joie inexprimable. Ils célébrerent le miracle par des fêtes solemnelles, par des Cantiques & par des chants d'allégresse. La Châsse devenue plus légere fut enlevée de la crédence & placée dans un endroit du chœur, où elle pouvoit être apperçue des fidéles. La présence d'un dépôt si précieux attira dans l'Eglise de Mornienval un grand concours de pélerins.

Toutes ces choses se passoient pendant les premiers jours du mois de Septembre de l'an 1122. Il est marqué dans le Nécrologe de l'Abbaye de Mornienval, que le dépôt ou Translation des Reliques de S. Annobert arriva le jour des Calendes de Septembre, c'est-à-dire, le premier jour de ce même mois. On en a toujours fait la fête à pareil jour, tant que l'Abbaye a subsisté. A Notre-Dame de Soissons, la même fête se célebre le seize Mai, le lendemain de S. Maxime. Nous avons remarqué, que les deux Abbayes de Soissons & de Mornienval ont toujours été en société de prieres, & que la même regle s'observoit dans les deux Maisons.

Regnault rapporte au second Concile de Nicée (1), la séparation des doubles Communautés d'hommes & de femmes, qui formoient les grands Monasteres. Sa proposition est vraie, si l'on en-
tend par cette séparation, l'habitation dans l'enceinte d'un même
corps de logis & l'assistance aux mêmes exercices. Elle est sans
fondement, si il veut conclure de la décision de ce Concile, que
toutes les Communautés doubles devoient être réduites à une
seule Communauté de personnes du même sexe. La Regle de Mornienval seroit une preuve du contraire.

Les deux Communautés de Mornienval subsistoient au douziéme siécle, sur le même pied qu'on voit encore aujourd'hui
l'Abbaye de Notre-Dame de Soissons & le Chapitre de S. Pierre-
au-Parvis ; excepté que les Religieuses de Mornienval menoient
la vie de Chanoinesses & n'étoient pas cloîtrées. La supériorité
générale appartenoit à l'Abbesse ; le Doyen du Chapitre des
hommes n'exerçoit sa jurisdiction que sur ses Chanoines, sur le
Curé, sur les Chapelains, & sur les Prêtres habitués de l'Eglise
de S. Denys : nous allons exposer séparément ce qui regarde ces
deux Chapitres.

Avant la Translation des Reliques de S. Annobert, l'Abbaye
de Mornienval étoit tombée dans un oubli total. Les monumens
n'en font plus mention, depuis le temps où son Eglise fut achevée. La suite de ses Abbesses ne commence qu'à l'an 1122. Celles
qui ont gouverné cette maison depuis la suppression des Abbés
laïcs jusqu'à cette année, nous sont inconnues. Depuis que la
Regle de S. Benoît avoit été rétablie, la Communauté des Dames
avoit été beaucoup augmentée : le nombre des Religieuses ne fut
fixé qu'après le milieu du douziéme siécle, & quatre Dignitaires
présidoient à l'observance de la discipline monastique, & à l'administration des biens temporels ; une Abbesse, une Prieure, une Tré-
foriere & une Préchantre.

L'Abbesse Pétronille sous qui arriva le dépôt des Reliques de
S. Annobert, gouverna sa Communauté avec beaucoup de sagesse & d'œconomie, elle reçut des biens considérables de plusieurs Seigneurs voisins, pour servir à l'entretien de ses Religieuses & à la décoration de son Eglise. Dreux, Seigneur de Pierrefonds, lui fit présent, l'année même où elle reçut les Reliques,
d'une terre sise à Jaulzy, contenant trois muids de semence, me-

---

(1) Hist. Soiss. p. 51.

sure de Soissons (1). Agathe de Pierrefonds confirma cette donation dans la suite, en présence de Baudouin de Bérogne, de Dreux de Courtieux, & de Henry de Banru, Chevaliers.

Après la mort de Pétronille, la dignité d'Abbesse de Mornienval fut remplie par une Dame nommée Cécile, qui gouverna la Communauté des Religieuses avec beaucoup d'édification. Les Evêques de Senlis jouissoient des revenus d'une des prébendes de l'Eglise de Mornienval. Clérembaud, Evêque de cette Ville, renonça à ce droit par considération pour l'Abbesse Cécile, & déclara son désistement par un acte. Pierre, son successeur dans le même siége Episcopal, confirma ce désistement par une Charte datée de l'an 1137. Cette Charte fut dressée en présence d'Archambaud, Prieur de S. Arnoul de Crépy, de Drogon Seigneur de Pierrefonds, de Jean le Turc, de Guichard Maire de Mornienval, & de Thierry le Cuisinier. L'année suivante 1138, Simon Evêque de Noyon, fils de Hugues le Grand Comte de Crépy, fit présent à Cécile & à sa Communauté de quelques portions de dixmes.

A Cécile succéda l'Abbesse Mathilde, pendant les premieres années du regne de Louis VII. Mathilde obtint la réunion de l'Eglise de Bettancourt à son Monastere. Pierre Evêque de Senlis confirma cette réunion (2). L'Abbesse Mathilde vivoit encore en 1159. On le prouve par un accord qu'elle fit avec Ansel, Trésorier de S. Frambourg, & avec Ebroin, Chancelier de Notre-Dame de Senlis, touchant les dixmes de Plally.

Cette Dame ne survécut pas plus de deux ans à cet accord. Sa dignité étoit possédée en l'an 1161 par Pétronille II, qui gouverna pendant long-temps. Pétronille reçut en l'an 1176 une Bulle du Pape Alexandre III, qui assujettissoit son Monastere à toutes les parties de la Regle de S. Benoît. Cette Bulle porte encore, que l'Eglise des Religieuses est bâtie sur un fond de leur censive ; que ces Religieuses ont le *personnage* de l'Eglise Paroissiale de S. Denys, & le tiers des dixmes de cette Eglise, le droit d'usage en la forêt de Cuise, une portion de dixmes dans les Coutures du Comte & aux Essarts, une autre dixme à Fresnoy sur la terre de la Comtesse. On ajoute, que la Communauté de ces mêmes Dames possede le village de Bettan-

---

(1) Gall. Chr. t. 9. p. 449. Cart Morn. n° 32.　(2) Gall Chr. t. 10 p. 1474.

court avec l'Eglise du lieu, dont elles ont aussi le personnage (1).

Après la mort de Pétronille, Agnès de Viri fut élue Abbesse de Mornienval : les actions d'Agnès ne nous sont pas connues. L'écriture de sa tombe indique, qu'elle décéda pendant les dernieres années du douziéme siécle. On croit touchant son extraction, qu'elle appartenoit à la Maison de Hangest, & qu'elle étoit proche parente d'un Chevalier, dont on voit le tombeau à droite en entrant dans l'Eglise Abbatiale par le grand portail, à côté de la tribune.

On prétend, que la statue couchée sur le tombeau est la représentation de Florent de Hangest, Sire de Viri, qui vivoit en l'an 1175. Florent fut aux croisades. Il assista au siége d'Acre où il perdit la vie, en l'an 1191. Son corps entier, selon les uns, son cœur seulement, selon d'autres, ayant été rapporté en France, on l'inhuma dans la grande Eglise de Mornienval.

La figure de ce tombeau représente un Chevalier haut de taille, couvert d'une cotte d'armes, & ceint d'un cordon garni de mailles, les éperons aux pieds, & une espéce de sceptre à la main, terminé par un fleuron qui ressemble à une fleur de lys. La main droite de la statue pose sur un écu de forme triangulaire, sur lequel on voit une croix chargée de cinq coquilles. On ne lit aucune inscription autour de ce tombeau.

En ce temps, le Comte & la Comtesse de Flandre firent présent à l'Abbaye de Mornienval de dix livres de rente. L'Abbesse & les Religieuses avoient deux Maires pour l'administration de leur temporel : l'un résidoit à Mornienval, l'autre à Bettancourt (2). Les fonctions sacerdotales étoient exercées dans la grande Eglise des Religieuses par plusieurs Prêtres, dont le chef prenoit la qualité de Chapelain de l'Abbesse.

Il ne faut pas confondre les Chanoines de Mornienval avec les Chapelains. Les Chanoines avoient leur Eglise à part sous le titre de S. Denys : ils célébroient l'Office Canonial. Trois classes d'Ecclésiastiques, distingués les uns des autres par leurs fonctions, formoient le Clergé de cette Eglise. Le Corps des Chanoines avoit le pas sur les deux autres. Ce Corps avoit pour chef un Doyen; un Curé & deux Prêtres exerçoient les fonctions du ministere dans Mornienval & dans plusieurs hameaux du territoire. Ils avoient dans l'Eglise de S. Denys un autel particulier.

(1) Cart. Morn. n°. 2. (2) Cart. S. Thom. n°. 56.

Après les Prêtres occupés à ce ministere, venoient les Chapelains, chargés d'acquitter les fondations & les Messes, & d'assister à certains Offices. La preuve de cette distribution du Clergé de S. Denys est contenue dans plusieurs titres, que j'ai parcourus.

Le Cartulaire de Mornienval renferme deux Chartes, l'une de l'an 1166, l'autre de l'an 1173, qui font mention d'un Ecclésiastique nommé Richard, auquel on donne la double qualité de Doyen & de Chanoine *Decanus* & *Canonicus*. Le même Richard est encore appellé Doyen de Mornienval dans une Bulle du Pape Alexandre III. J'ai lu à la fin d'un acte de l'an 1173, les deux signatures suivantes, *Petrus Sacerdos* & *Fulco Sacerdos*, tous deux attachés au service de l'Eglise Collégiale de S. Denys. L'accord des Religieuses passé en l'an 1159 avec les Chanoines de S. Frambourg de Senlis, est signé par deux témoins; l'un nommé *Ramerus*, qui se qualifie Chanoine; l'autre témoin étoit un Prêtre nommé Richard, Chapelain de l'Abbesse. Les Chapelles des deux Eglises de Mornienval n'étoient pas des bénéfices simples, comme presque toutes celles de nos grandes Eglises : il falloit avoir reçu l'Ordre de Prêtrise pour les posséder.

17. On ne sait pas en quelle année précisément décéda la Comtesse Adéle, veuve de Hugues le Grand, & femme en secondes nôces de Renaud, Comte de Clermont en Beauvoisis. Templeux range cette mort sous l'an 1123. Il y a tout lieu de croire qu'elle est arrivée trois ans au moins plutôt que cette date. Adéle conserva tant qu'elle vécut ses domaines du Valois & du Vermandois : Raoul IV son fils n'en jouît qu'après sa mort. Comme on a des titres de l'an 1120, qui prouvent que Raoul IV exerçoit alors dans le Valois l'autorité seigneuriale sans aucune réserve, il faut en conclure que la Comtesse Adéle ne vivoit plus en cette année, & que le Prince Raoul son fils aîné est entré en possession du Comté de Valois en l'an 1120 au plus tard.

Les Auteurs contemporains de ce Seigneur lui donnent différens surnoms dans leurs écrits. Robert du Mont l'appelle Raoul le Vieux, à cause du grand âge où il parvint.. Depuis le fameux siége de Livry où il perdit un œil, on le nomme dans les Chartes, tantôt Raoul le Vaillant, tantôt Raoul le Borgne. Le Pape Innocent II l'appelle Raoul de Péronne dans une de ses Bulles de l'an 1136. Il est surnommé dans la Chronique de l'Abbé Robert, tantôt Comte de Montdidier, tantôt il est qualifié Sénéchal. Dans la Charte d'exemption que ce Seigneur accorda aux habitans de Bazoches près Crépy, en 1120, il prend le double titre de Comte de Vermandois & de Seigneur du château de Crépy. Bergeron cite un accord de l'an 1139, dans lequel on lui donne la double qualité de Comte de Vermandois & de Valois; c'est aussi le titre par lequel on le distingue le plus ordinairement dans les Chartes.

Le Comte Raoul IV avoit pris naissance au château de Crépy, & y avoit reçu une éducation convenable à son rang. Il épousa en premieres nôces une Dame, sur l'extraction de laquelle on n'a rien de certain. De Serres prétend qu'on la nommoit Gilotte, & qu'elle étoit fille de Roger, Seigneur de Château-Briant : ce sentiment n'est pas suivi (1). D'autres la font descendre des Comtes de Bourgogne. Dutillet l'appelle Eléonore, & dit qu'elle étoit fille de Thibaud, Comte de Champagne.

Le Comte Raoul signala sa prise de possession du château de Crépy & du Comté de Valois par un acte de générosité, qui fait honneur à son humanité. Il déchargea les habitans de Bazoches de servitudes & de corvées très-dures, que ses prédécesseurs avoient toujours exigées. Et afin que cette remise ne fut pas regardée comme un bienfait passager, il fit délivrer une Charte à ces habitans, dans laquelle leur nouveau privilége d'exemption est exprimé.

Cette Charte porte, que le lieu de Bazoches appartient à l'Eglise de Senlis (2); que Raoul remet aux habitans leurs anciennes redevances, à l'exception des coutumes suivantes qu'il se réserve. Les familles qui viendront s'établir à Bazoches, payeront chaque année quatre piéces de monnoyes *nummos*, pour le droit d'usage dans les bois de Crépy, & seront sujets à la bannalité du moulin de la Carriere. Cette piéce est adressée à Clérembaud Evêque de Senlis. La restriction du Comte à l'égard des nouvelles familles avoit pour objet d'empêcher, que le droit d'usage du bois à bâtir & à brûler ne fit venir à Bazoches un trop grand nombre d'habitans : ce qui eut nui à la population des lieux voisins, & eut causé un dommage considérable dans les bois de Crépy.

Les Légendes qui font mention de l'établissement de l'Ordre des Mathurins, prétendent que le Comte Raoul eut un fils

(1) Spicil. t. 12. p. 480. (2) Gall. Christ. t. 10. instr. p. 426.

& une fille de son premier mariage. Elles ajoutent, que l'on donna au fils le nom de Hugues, & que cette fille fut appellée Rose : que Hugues instruit par S. Bernard, renonça au monde & se retira dans une forêt du Valois, pour y mener la vie hérémitique ; qu'il changea son nom de Hugues en celui de Félix, & que du pays où il établit sa retraite, il prit le surnom de Félix de Valois, & fonda l'Ordre des Mathurins conjointement avec Jean de Matha, dans un endroit peu éloigné de son hermitage (1). La fille reçut d'abord le nom d'Élisabeth, puis celui de Rose en entrant dans l'Abbaye de Chelles près de Paris, où elle embrassa la vie monastique.

On trouve dans les sources que nous venons de citer, qu'après avoir passé plusieurs années au Monastere de Chelles, dans les exercices d'une vie édifiante, elle fonda au Diocese de Sens un Monastere de filles, à Rosoy en Gatinois. Cette Maison est présentement ruinée. Les Religieuses ont été transférées à Ville-Chasson, puis à Moret depuis la suppression de cette seconde Abbaye. Il y a encore présentement un pélerinage à Rosoy, qui subsiste depuis le temps, où la Fondatrice fut déclarée Sainte sous le nom de Sainte Rose.

Il est certain que le Bienheureux Félix de Valois a existé, & qu'il a eu la plus grande part à la fondation de l'Ordre des Mathurins ; mais nous prouverons, qu'il ne tenoit par aucune sorte d'alliance aux Seigneurs de Valois, de la branche Royale de Vermandois.

Quant à Sainte Rose, il est prouvé par des titres authentiques, qu'elle vivoit au onziéme siécle, long-temps avant que le Comte Raoul eût épousé sa premiere femme. J'ai reçu des lieux, des mémoires positifs sur ce sujet. Je n'en ferai pas l'analise, parce que la fondation de l'Abbaye de Rosoy est une matiere étrangere à cette Histoire.

Il résulte de ces deux points, que le Comte Raoul ne paroît pas avoir eu d'enfans de son premier mariage, & que tout ce que l'on a raconté à ce sujet, doit être attribué à une pieuse crédulité, qui a confondu les temps, les personnes & les lieux.

18. Les Auteurs ne sont pas d'accord sur les raisons, qui ont occasionné le fameux siége de Livry, en l'an 1128. C'est à ce siége que le Comte de Crépy mérita le surnom de Vaillant (2). Les

(1) Ansel. t. 1. p. 539. Hist. Dioc. Par. t. 6. p. 60. | (2) Ansel. t. 6. p. 198. 733.

nouveaux Editeurs du P. Anselme attribuent la cause de ce fameux siége au divorce de Raoul de Vermandois Comte de Crépy, avec sa premiere femme : mais ce divorce n'eut lieu que dix ans après, en 1138. L'Abbé Suger apprend, qu'il fut résolu à l'occasion d'un différend, qui s'éleva entre le Roi Louis le Gros & Amauri Comte de Montfort (1). Le Roi d'Angleterre, le Comte de Champagne & Guillaume de Garlande, prirent le parti du Comte de Montfort.

Le Roi Louis le Gros, pour faire tête à cette ligue, assembla une armée nombreuse, & manda le Comte de Crépy auprès de sa personne, afin de dresser conjointement avec lui, le plan des opérations convenables aux circonstances. Il fut décidé que la campagne commenceroit par le siége du château de Livry ; place forte & très-importante, où les ennemis du Roi avoient rassemblé une partie de leurs forces. Après avoir fait les préparatifs nécessaires, Louis le Gros accompagné du Comte Raoul, conduisit son armée devant le château de Livry, & employa pour le réduire, toutes les ressources de l'art militaire. On inventa même quelques machines, qui devoient être d'un grand secours aux assiégeans. L'Officier qui commandoit dans le château de Livry, fit les plus belles dispositions pour une longue & vigoureuse résistance.

Le Roi croyant pouvoir emporter la place d'assaut, dirigea sa premiere attaque avec une activité & une bravoure incroyables. Il paya de sa personne & s'exposa, afin d'animer ses troupes à bien faire. Le Comte de Crépy agit de même. Emportés l'un & l'autre par leur ardeur au milieu du danger, & dans le fort de l'attaque, ils furent payés de cet excès de bravoure. Le Roi fut blessé d'un carreau à la cuisse, & le Comte de Crépy reçut à la tête un coup qui lui fit perdre un œil ; accident qui lui a fait donner depuis le surnom de *Borgne*. Cependant le château de Livry fut pris & rasé.

Deux ou trois ans après ce siége, il y eut à Rome un schisme fameux par la concurrence de deux contendans à la Papauté ; Innocent II & Anaclet. Innocent se sentant trop foible pour résister à son adversaire, céda au temps & vint se réfugier en France, après en avoir prévenu le Roi Louis le Gros. Ce Prince venoit de perdre Philippe son fils aîné, qu'il avoit déja fait sacrer à Reims.

(1) Duch. Recueil. t. 4. p. 306.

Le Pape avoit choisi la ville de Reims pour s'y fixer, en attendant le rétablissement de ses affaires. Dès qu'il y fut arrivé, le Roi prit la résolution de profiter de la circonstance, pour faire sacrer Louis son second fils par les mains du Souverain Pontife. On n'épargna rien, afin de rendre la cérémonie très-pompeuse.

Lorsqu'on eut tout disposé, le Roi se rendit à Reims avec le Prince son fils, au milieu d'une Cour brillante & nombreuse. Le Comte Raoul qui n'avoit pas moins de goût & de délicatesse, que de bravoure & d'habileté dans la profession des armes, fut chargé de l'ordonnance de cette pompe, & s'en acquitta avec un succès, dont le Pape & le Roi furent également satisfaits.

Après que la cérémonie du Sacre eut été terminée, le Roi partit de Reims accompagné de son fils, & suivi de sa Cour. Il laissa auprès du Pape le Comte de Crépy, pour lui faire compagnie, & pour lui procurer toutes les choses qui seroient convenables à la dignité du Chef visible de l'Eglise. Raoul fit quelque séjour à Reims auprès du Pape. Comme il ne trouvoit pas dans cette ville, les mêmes facilités de remplir avec honneur la commission du Roi, que dans le vaste château de Crépy, il invita le Pape à se transporter dans le lieu de sa résidence. Le Pontife reçut l'offre, & se rendit à son invitation. Raoul conduisit Innocent, de Reims au château de Crépy.

Pendant le séjour du Pape dans la capitale des Domaines de Raoul (1), Simon Evêque de Noyon, & frere de ce Seigneur, vint annoncer à Innocent II, que son Eglise Cathédrale venoit d'être consumée par les flammes, avec une grande partie des maisons Canoniales. Il venoit aussi concerter avec lui les moyens de réparer les pertes, que cet incendie avoit occasionnées. Innocent II entra dans les vues de l'Evêque, & écrivit aux Archevêques de Rouen & de Sens une lettre, par laquelle il exhorte ces Prélats, à concourir au rétablissement de l'Eglise de Noyon. Cette lettre est datée du château de Crépy le cinq des Calendes de Juillet : l'année n'est pas marquée.

Pendant ce même temps, le Pape reçut des impressions favorables à l'Ordre de Cluny, dont il donna depuis des marques sensibles. On a de lui une Bulle datée de l'an 1136, qui confirme à l'Abbé de Cluny quelques dépendances de son Monastere, situées près de Montdidier, dans les domaines du Comte Raoul (2).

(1) Gall. Chr. t. 9. p. 1031.   (2) Bibl. Clun. p. 1402.

Les fonctions que le Comte Raoul exerça au Sacre du Prince fils du Roi Louis le Gros, ont fait croire que ce Seigneur avoit agi comme Sénéchal en cette rencontre. C'est sur ce fondement que les Continuateurs du P. Anselme prétendent, qu'il possédoit cette charge en titre dès l'an 1131. Marlot embrasse le même sentiment au second Livre de son Histoire de Reims. Bergeron rapporte à l'an 1133, l'évenement qui mit ce Seigneur en possession de la charge de Sénéchal.

Il se peut faire que du moment où les Garlandes ont encouru la disgrace du Roi, on leur ait interdit toutes fonctions à la Cour, & que dès-lors le Comte de Crépy leur ait été suppléé. La charge demeura comme attachée à leur Maison jusqu'en 1150. Ils la tenoient en Fief des Comtes d'Anjou (1). Le plus ancien titre qui donne au Comte Raoul la qualité de Sénéchal, est daté de l'an 1141. Ce titre est une Charte délivrée par le Roi Louis VII, pendant un voyage qu'il fit à Niort & dans le Poitou (2). On a une autre Charte de l'an 1150, qu'il signe comme Sénéchal. C'est le Diplôme par lequel le Roi mit des Religieux de S. Benoît à Saint Corneille de Compiegne, à la place des Chanoines que Charles le Chauve y avoit fondés.

Ce fut en ce même temps, qu'arriva le divorce du Comte avec sa premiere femme. Plusieurs grands Seigneurs prirent le parti de la Répudiée contre Raoul ; & le même Pape Innocent II que Raoul avoit reçu avec magnificence dans son château de Crépy, fut contraint de lancer à deux reprises les foudres de l'excommunication contre ce Seigneur, auquel il avoit accordé peu d'années auparavant son amitié & son estime.

La Reine épouse de Louis VII, avoit une sœur cadette, fille comme elle de Guillaume Duc d'Aquitaine & de Guyenne, & Comte de Poitiers. Raoul épris de la beauté de cette sœur de la Reine, résolut de l'épouser, quoiqu'uni par les liens du mariage avec une épouse légitime, qui tenoit par des alliances aux premieres Maisons du Royaume. Le Comte n'avoit qu'un moyen d'arriver à son but : c'étoit d'obtenir la dissolution de son premier mariage, qu'il prétendoit être nul pour cause de parenté.

Il s'adressa pour cet effet à Simon son frere Evêque de Noyon ; à Barthelemi Evêque de Laon, créature d'Adele sa mere qui avoit

---

(1) Robert. de Mont. Chron. an. 1169. Duch. Hist. Mont. preuv. p. 44. Hist. p. 102. | (2) Gall. Chr. instr. t. 10. p. 121.

avancé sa fortune, & à Pierre Evêque de Senlis, dans le Diocese duquel étoit situé le château de Crépy. Prévenus en faveur du Comte, ces trois Evêques reçurent ses raisons, & concoururent à l'exécution de ses vues. Ils reconnurent qu'il étoit parent de son épouse à un dégré prohibé, qui rendoit nulle à tous égards l'alliance qu'il avoit contractée.

Muni de la décision des trois Prélats, le Comte se sépara de sa premiere femme, & épousa sans délai la belle sœur du Roi que les uns nomment Alix, d'autres Pétronille (1).

Le divorce du Comte de Crépy fit un grand éclat. La Répudiée piquée au vif d'un tel traitement, résolut de s'en venger. Elle mit dans ses intérêts les Comtes de Champagne & de Bourgogne. Plusieurs grands Seigneurs, ses proches parens, se joignirent à elle, & porterent au Pape les plaintes les plus vives touchant l'affront qu'elle recevoit, sans l'avoir mérité. S. Bernard prit aussi part à la situation de cette Dame : il appuya ses demandes de son crédit auprès du Pape, & écrivit à son sujet ses Lettres 216 & 217, dans lesquelles il expose les circonstances du divorce qu'il condamne : il blâme ouvertement la conduite des Prélats, qui avoient prêté leur ministere à une action si inique.

Le Pape Innocent II adressa au Comte des avis paternels, & chercha toutes les voyes de conciliation, qui pouvoient ramener Raoul des égaremens où sa passion l'avoit entraîné.

Rien ne put vaincre l'opiniâtreté de Raoul : le Pape voyant qu'il ne gagnoit rien, & que ses remontrances ne pouvoient le déterminer à briser les chaînes qui le tenoient asservi, prononça contre lui une sentence d'excommunication. Cette sentence lui fut notifiée par Ives Cardinal Prêtre, & Légat du S. Siége. Il suspendit les trois Prélats de leurs fonctions Episcopales, & leur fit signifier cet interdit par le même Cardinal Légat (2). Ces choses se passoient pendant les années 1141 & 1142.

Le Comte de Crépy n'étoit pas un de ces esprits endurcis, qui se portent au crime par plaisir; il n'avoit rien de ce caractere intraitable, que Raoul III l'un de ses prédécesseurs avoit fait paroître, après que le Pape l'eut frappé d'anathême. Il eût désiré pouvoir allier son divorce avec les regles prescrites par les

(1) Albéric, Chron. ann. 1152. Du Tillet, Recueil, p. 74. Hist. de Meaux, t. 2. n° 157.
(2) Gall. Chr. t. 9. p. 531. 1002. 1400.

faints Canons. La paffion chez lui lutta quelque temps contre le devoir. Il fit enfin fa foumiffion au S. Siége entre les mains du même Légat, qui lui avoit fignifié la décifion du Pape, & fut relevé des cenfures de l'Eglife.

Cette converfion ne dura point. Séduit par les charmes de l'époufe dont on le privoit, il reprit pour l'autre fa premiere averfion, & s'en fépara de nouveau : ce qui rendit le Comte une feconde fois l'objet des cenfures de l'Eglife. Le Pape, fucceffeur d'Innocent II, le frappa d'un nouvel anathême. La converfion de Raoul, le pardon du Pape, la rechute du Comte & fa perfévérance dans fes liaifons avec la belle fœur du Roi, remplirent l'intervalle qui s'écoula entre les années 1142 & 1147, où la premiere époufe de Raoul termina fa vie. Cette mort réhabilita, pour ainfi parler, la feconde alliance du Comte : rien ne s'oppofa plus à ce qu'il reçût le pardon de fes fautes. Afin d'obtenir plus aifément ce pardon & le retour des bonnes graces du Pape, il fit aux Monafteres & aux Eglifes des largeffes immenfes, fit conftruire plufieurs Temples avec une magnificence digne d'un Roi.

Il bâtit l'Eglife de Long-pont, l'un des plus beaux édifices du Royaume. Il fonda le Monaftere du Lieu-reftauré, combla de bienfaits les Religieux de S. Jean-lès-Vignes de Soiffons, & donna au feul Monaftere de S. Arnoul de Crépy plus de mille fols de rente (1), tant en cens qu'en fonds de terre. Pierre le Vénérable, Abbé de Cluny, nomme dans une de fes lettres le Comte Raoul, parmi les principaux bienfaiteurs de fon Ordre (2). Il remit aux Religieux de S. Pharon de Meaux toutes les coutumes, qu'il avoit droit de percevoir fur leurs biens d'Eftavigny.

Ives, Légat du S. Siége, témoin de fes libéralités & de fes bonnes œuvres, le reçut à pénitence, & le releva de l'excommunication qu'il avoit encourue.

Toutes fortes de confidérations engageoient le Légat à ufer d'indulgence : le Comte Raoul n'avoit plus les mêmes occafions de chûte ; il avoit racheté fa faute par d'abondantes aumônes & par des monumens, qui font encore des marques fubfiftantes de fa piété & des motifs d'édification pour les fidéles. Il n'avoit pas diffamé, comme Raoul III, l'époufe dont il s'étoit féparé ; l'avis & le confentement de trois Evêques diminuoient beaucoup la gravité de fa faute ; & quoiqu'une paffion violente eut été le mo-

(1) Spicileg. t. 2. p. 332. t. 3. p. 495.   (2) Hift. Meaux, t. 2. n° 71.

bile de son action, il est certain qu'il y avoit entre sa premiere femme & lui quelqu'affinité.

Depuis la prise du château de Livry, le Comte de Crépy donna plusieurs preuves de ses talens militaires. Il aida le Seigneur Hugues le Blanc à réduire Thomas de Marle, ce fils dénaturé qui avoit pris les armes contre Enguerrand de Coucy son pere. Il lui enleva la Fere, & reprit sur lui le Comté d'Amiens, qui avoit été pendant tant de temps au pouvoir des Comtes de Crépy ses prédécesseurs. Il défit Thibaud Comte de Chartres, dans un combat qui se donna près du Puiset en Beauce, & vainquit Guy de Rochefort, l'un des plus puissans ennemis du Roi (1).

C'est une question qu'on a voulu rendre problématique, savoir si au départ du Roi Louis VII pour la Terre-Sainte, le Comte Raoul gouverna le Royaume, conjointement avec l'Abbé Suger. Les savans Auteurs du *Gallia Christiana*, (*t.* 7. *p.* 374) s'inscrivant en faux contre l'ancienne opinion de croire, que le Comte avoit été déclaré Régent du Royaume pendant l'absence du Roi Louis le Jeune, prétendent que l'Abbé Suger a été seul premier Ministre pendant cet espace de temps, & que Raoul n'a eu aucune part au gouvernement.

Que le Comte Raoul ait exercé un pouvoir absolu & exclusif en qualité de Régent pendant l'absence du Roi, c'est un sentiment que quelques-uns ont soutenu, mais que nous abandonnons. Que Raoul ait été entiérement subordonné à Suger, comme étoit Samson Archevêque de Reims, & qu'il n'ait joui que d'un pouvoir emprunté sous le bon plaisir de l'Abbé de S. Denys, c'est un second sentiment contradictoire au premier, auquel on peut opposer de graves autorités & de fortes raisons.

Duchesne écrit, (2) que le Roi Louis le Jeune allant à la Terre Sainte, chargea du gouvernement de ses Etats la Reine sa mere, Raoul Comte de Vermandois & de Valois, & Suger Abbé de S. Denys. Ce que Duchesne avance est fondé sur les monumens. On connoît par la quarante-uniéme lettre de Suger (3), que le Comte Raoul avoit part au ministere pendant le séjour du Roi à la Terre-Sainte. On a plusieurs lettres concernant les affaires de l'État, qui sont adressées au Comte & à l'Abbé Suger conjointement. Les Auteurs de ces lettres parlent au pluriel.

(1) Ansel. t. 1 p. 153. t. 6. p. 36.
(2) Hist. Montm. p. 101.
(3) Duchesn. Hist. Franc. scrip. t. 4. p. 506. 511.

Nous avons observé que Raoul IV fit bâtir de somptueux édifices, qu'il fit des largesses & des fondations considérables. Jacques de Guise, cité par Hémery dans son Histoire de S. Quentin, apprend que ce Seigneur amassa des biens immenses, & qu'il laissa à ses enfans une très-riche succession. Ces circonstances supposent, que ce même Seigneur a eu grande part au maniment des Finances, qui sont l'une des parties essentielles du gouvernement. Ajoûtez, qu'indépendamment des dispositions particulieres du Monarque, sa charge de Sénéchal, son rang de Prince, ses qualités guerrieres, la confiance dont le Souverain l'honoroit, l'avoient comme initié dans le ministere.

Ces considérations nous semblent rétablir l'ancien sentiment, qui donne au Comte Raoul la qualité de Régent du Royaume pendant l'absence du Roi Louis VII. Ce titre ne fut pas pour le Comte un sujet d'exercer avec empire l'autorité qui lui avoit été confiée. Il agit de concert avec la Reine mere & avec l'Abbé Suger, pour remplir les vues de celui qui l'avoit rendu dépositaire de sa puissance. Raoul se comporta dans toutes les rencontres comme un Ministre sans ambition, intelligent & intégre, malgré les grands biens qu'il amassa. Il les reçut en grande partie des libéralités du Roi, & ne fit aucune des fondations éclatantes dont nous avons parlé, sans son consentement.

Quelques Auteurs ont prétendu, que Péronelle ou Pétronille de Guyenne, seconde femme de Raoul & belle sœur du Roi, mourut du vivant de son mari; & que ce Seigneur épousa en troisiémes nôces Laurence d'Alsace. Ils ajoûtent, que Laurence, après avoir été séparée pour cause de parenté d'avec Henri III Duc de Limbourg, avoit contracté une autre alliance avec Juvin de Gand, Seigneur d'Aloft, dont elle eut un fils nommé Thierry: que Laurence survécut à Raoul & épousa Henri Comte de Namur & de Luxembourg, & qu'elle mourut en 1170 (1): ce sentiment est appuyé sur une ancienne généalogie des Comtes de Flandre, & sur la Chronique de Guillaume de Nangis. Cette Chronique étant lue sans attention, semble favoriser cette même opinion, qui cependant est fausse.

Il est certain que Pétronille de Guyenne eut une fille posthume du Comte son mari : c'est la célébre Comtesse Eléonore. Ce seul trait bien prouvé détruit tout ce qu'on peut avancer en fa-

(1) Thesaur. Anecd. t. 3. p. 387.

veur du troisiéme mariage du Comte de Crépy. Il paroît que l'Auteur de la généalogie des Comtes de Flandre a été induit en erreur, par l'alliance contractée entre Philippe d'Alsace, fils aîné de Thierry Comte de Flandre, & Elisabeth fille aînée de Raoul Comte de Valois. Le sentiment que je propose a été embrassé par du Tillet, dans son recueil des Rois (*p.* 74.).

Raoul IV mourut comme il avoit vécu depuis sa réconciliation avec le Pape, & depuis sa soumission aux loix de l'Eglise Romaine. Il conserva jusqu'au dernier moment les sentimens d'un cœur tendre & affectueux envers le Créateur, & d'une résignation parfaite à ses ordres. Il avoit été entretenu dans ces sentimens par les Religieux de S. Arnoul de Crépy, qui en tout temps avoient éprouvé de sa part les effets des dispositions les plus favorables. Il donna en leur considération à l'Abbaye de Cluny cinq cent marcs d'argent d'un seul article, sans compter les présens qu'il fit en particulier à la Maison de S. Arnoul.

Les Religieux de Crépy de leur côté lui témoignerent leur reconnoissance avec un zele & un dévoûment, qui ne laissoient rien à désirer. Aux approches de ces instans terribles, qui précédent la séparation de l'ame & du corps, ils redoublerent leurs soins, & vinrent à bout de procurer au Comte les consolations les plus douces, & tous les secours spirituels qu'une ame peut attendre des plus saints & des plus zélés ministres. Raoul rendit l'esprit entre leurs bras.

Aussi-tôt que ce Seigneur eut les yeux fermés (1), l'Ordre entier de Cluny lui rendit des honneurs, qu'il n'accordoit qu'aux Souverains. On n'épargna rien à Crépy pour célébrer ses obséques avec la plus grande pompe. On lui fit un Service solemnel; & son corps fut inhumé avec cérémonie dans l'endroit, qui avoit servi de sépulture aux Comtes de Valois ses prédécesseurs. On lui éleva un Mausolée, qui fut détruit en l'an 1431, à la prise du château de Crépy par les Anglois.

Pierre le Vénérable, Abbé de Cluny, en reconnoissance des bienfaits dont le Comte avoit comblé son Ordre, envoya une lettre circulaire dans toutes les Maisons Religieuses de sa dépendance, afin qu'on y fît des prieres solemnelles pour le repos de l'ame d'un protecteur aussi généreux. Il voulut qu'on célébrât à son intention un *tricennaire* à Cluny & un *tricennaire* à Crépy;

(1) Spicileg. t. 3. p. 495. t. 2. p. 332.

qu'on dît trente Meſſes dans chacune de ces deux Maiſons, pendant trente jours conſécutifs. Il ajouta, que chaque Prêtre de Cluny diroit en ſon particulier trois Meſſes hautes; que les Religieux qui ne ſeroient pas Prêtres, réciteroient trois fois les ſept Pſeaumes de la Pénitence; que tous les Prêtres de la Réforme qui n'auroient aucune part aux deux tricennaires, diroient chacun deux Meſſes.

L'Abbé Pierre preſcrit par la même lettre, que par-tout où l'on fera un Service ſolemnel pour le repos de l'ame du Comte, on employera les mêmes cérémonies, qu'aux Services des Têtes couronnées; & que le jour du Service, on donnera un repas à trois pauvres. Il ajoute, qu'outre les prieres & les cérémonies ci-devant ordonnées, il y aura dans chaque Monaſtere de la Réforme un annuel de Meſſes, afin d'obtenir du Tout-puiſſant qu'il place le Comte en la compagnie de ſes élus, & au nombre de ceux qu'il a prédeſtinés à la vie éternelle.

Les Auteurs ne ſont pas tous d'accord ſur l'année où le Comte Raoul IV mourut. Robert Abbé du Mont S. Michel, rapporte cette mort à l'an 1151 dans ſa Chronique. Guillaume de Nangis range ce même évenement ſous l'an 1152. Il y a lieu de croire, que Raoul IV décéda ſur la fin de l'année 1151, ou au commencement de la ſuivante. Cette époque eſt confirmée par une Charte concernant Valſery, de l'an 1153, dans laquelle il eſt marqué, que le Comte Raoul étoit décédé depuis deux ans, *infrà biennium* (1).

Si l'on en croit Muldrac, qui tourne tout à l'avantage de ſon Monaſtere, le Comte Raoul IV a été inhumé à Long-pont dans l'Egliſe du lieu, qu'il avoit fait bâtir: ce ſentiment eſt détruit par pluſieurs raiſons. L'Egliſe de Long-pont n'étoit pas encore achevée, lorſque Raoul décéda. On n'inhumoit pas encore dans les Egliſes les corps des Seigneurs laïcs. Raoul V fils du Comte, eſt inhumé dans le cloître de Long-pont, quoique l'Egliſe fût achevée lorſqu'il mourut. Les Auteurs de ce ſentiment ont confondu le Prince Raoul IV avec Raoul le Vieux Comte de Soiſſons, qui eſt inhumé dans le cloître de Long-pont, à côté du jeune Raoul, fils du Comte de Crépy.

Une preuve poſitive, que le Comte Raoul IV n'a pas été inhumé à Long-pont, mais à S. Arnoul de Crépy, eſt le témoi-

(1) Spicileg. t. 3. p. 9.

gnage de la Comtesse Eléonore, fille posthume de ce Seigneur, qui, dans une Charte délivrée en 1187, déclare formellement (1) que son pere & sa mere (Raoul & Pétronille) sont inhumés à S. Arnoul de Crépy.

Raoul IV en mourant laissa un fils, qui avoit été nommé Hugues comme son ayeul, & qui prit le nom de Raoul après la mort de son pere. Il laissa aussi une fille nommée Elisabeth, & sa femme enceinte d'une seconde fille, qu'on appella Eléonore. Plusieurs Auteurs ne donnent au Comte Raoul que deux enfans, parce qu'il n'avoit effectivement qu'un fils & une fille existans, au moment de son décès. Le jeune Raoul hérita du château de Crépy avec la plus grande partie des domaines de son pere. Elisabeth épousa Philippe d'Alsace Comte de Flandre; Eléonore eut plusieurs maris.

Quoiqu'on n'eut encore alors rien de bien fixe touchant la forme & l'hérédité des armoiries, les Généalogistes s'accordent à donner pour armes à Raoul IV, un écu échiqueté d'or & d'azur avec trois fleurs de lys d'or en chef. Ils prétendent que Pétronille son épouse portoit ses armes de gueule au léopard d'or, armé & lampassé d'azur (2).

Tout ce que nous avons rapporté jusqu'ici touchant la personne & les actions de Raoul IV, offre à l'esprit les principaux traits qui caractérisent un grand Seigneur, humain & doux dans le commerce de la vie. Il avoit un fond de religion qui le rappella des égaremens d'une passion, qui captive les cœurs tendres dès qu'elle les a une fois saisis. Sa naissance étoit des plus illustres, puisqu'il avoit un Roi pour ayeul. Ses qualités guerrieres & politiques sont connues par les actions qu'il a faites, tant en paix qu'en guerre, & sur-tout pendant le temps de la Régence, où il déféra tout pour le bien de l'Etat, aux conseils & à l'administration d'inférieurs, en qui il reconnoissoit des lumieres supérieures aux siennes. Prince aussi excellent dans le cabinet qu'à la tête des troupes; plus parfait cependant, s'il eut eu la force de secouer le joug d'une passion impérieuse, qui le rendit l'objet des censures de l'Eglise & du blâme des gens de bien. Pieux & libéral, il racheta ses fautes par des aumônes, & emporta dans le tombeau les regrets de tous les Ordres de l'Etat.

19. Le cas particulier que Raoul IV faisoit des Religieux de

(1) Gall. Chr. t. 10. instrum. p. 223. (2) Ansel. t. 1. p. 533.

Crépy, est un éloge complet de la régularité qui s'observoit dans cette ancienne Maison. Quoique le nom du Monastere de S. Arnoul ne se trouve pas dans la liste des dépendances de Cluny, dressée en 1095, il étoit dès-lors soumis à ce chef d'ordre depuis plus de vingt ans. Pierre le Vénérable en parle dans une de ses lettres comme d'un lieu ancien, qui dépendoit de l'Abbaye de Cluny : *antiquitùs constructum & Cluniacensi Ecclesiæ subditum* (1).

Etienne I, premier Prieur titulaire de cette Maison depuis l'extinction du titre d'Abbaye, vivoit encore en 1102. Il avoit été placé à la tête de sa Communauté par S. Hugues Abbé de Cluny, vers l'an 1080. Il reçut un morceau de la vraye Croix, qui lui fut envoyé de Jérusalem par Hugues, Abbé du Mont-Thabor. L'usage commençant à s'établir d'exposer à la vénération des fidéles les reliques dans les caisses, d'où on les tiroit ci-devant, pour les placer à découvert sur des crédences, on se vit dans la nécessité d'orner ces mêmes caisses de dorures & de peintures.

Le Prieur Etienne voulut se conformer aux coutumes des autres Eglises, il fit faire une Châsse de bois, dont les écrits du temps donnent une pompeuse description. Cette Châsse qu'on voit encore, est cependant d'un prix médiocre : ce n'est autre chose qu'une cassette de bois en tombeau, sans moulures & sans ornemens de sculpture. Elle est peinte en rouge au-dedans. Les dehors sont dorés d'une maniere fort simple, & décorés de quelques figures peintes sur le bois.

La Translation des Reliques de l'ancienne caisse dans la nouvelle Châsse s'exécuta avec cérémonie, en présence de Thibaud Abbé de Pontoise & d'une nombreuse assemblée, le même jour du mois de Septembre que Raoul I avoit choisi, pour faire venir de Vez à Crépy ce précieux dépôt.

Les Religieux de S. Arnoul reçurent à cette occasion plusieurs présens considérables. On leur donna en bénéfices une Eglise de S. Germain, située près du château de Pontoise, & une autre Eglise appellée Moremoutier, avec deux autels qui sont nommés dans les titres, l'un Garmigni, l'autre Villers.

La Chapelle de Sainte Marguerite fut construite ou réparée vers le même temps par les soins du Prieur Etienne, au milieu

(1) Spicileg. t. 3. p. 495.

de l'emplacement où étoient les sépultures des Comtes de Crépy. Cette Chapelle ne subsiste plus depuis l'an 1433 ; elle étoit située à l'Orient, derriere la tour septentrionale qui accompagne le chevet du chœur de S. Arnoul. On y éleva depuis plusieurs Mausolées, qui ont été detruits pendant les guerres. Il n'est échappé au désastre, que la portion du Mausolée de Simon de Crépy, dont nous avons déja parlé.

Les listes des Prieurs de S. Arnoul ne marquent pas, en quelle année Etienne mourut. Quelques-uns lui donnent pour successeur un Religieux nommé Odon, qui devint Abbé de S. Crépin-le-Grand de Soissons dans la suite.

Odon, qu'on nommoit aussi Eudes, fut remplacé par Hugues premier du nom, sous qui s'est tenue l'Assemblée de l'an 1117, contre les prétentions injustes du Chevalier Enguerrand. L'année suivante 1118, il reçut de la Comtesse Adéle, veuve de Hugues le Grand, la donation que cette Dame fit à son Monastere de tous les revenus qu'elle possédoit à Crépy, à Feigneux, à Bonneuil & à Largny, tant en fonds de terres qu'en fermages, afin d'avoir part aux prieres des Religieux de Crépy & de toute la Congrégation de Cluny.

Le Monastere de Crépy avoit alors dans sa dépendance, plusieurs Maisons qui lui étoient soumises. Dans la Charte du Roi Louis le Gros, datée de l'an 1119, portant droit d'exemption en faveur de plusieurs Maisons de la réforme de Cluny, l'on fait mention de celle de S. Michel de Francieres, Diocese de Beauvais, située près de Compiegne, de celle de Notre-Dame de Vernelle au Diocese de Meaux, & du Prieuré de Sainte Agathe de Crépy, où il y avoit deux Moines, de même que dans les deux autres Maisons (1).

Le Prieur Hugues I mourut vers l'an 1120. Il fut successivement remplacé par Richard I, Imare & Hugues II qui, en l'an 1133, eurent un différend avec le Comte Raoul IV, touchant la place du marché de Crépy. Le Roi Louis le Gros accorda les parties. Le gouvernement du Monastere de Crépy passa de Hugues II à Hugues III, qui abdiqua en l'an 1147, pour être fait Abbé de S. Germain-des-Prez. Il fut suivi du Prieur Simon qui présida aux funérailles de Raoul IV, de Milon & de Thibaud, l'un des illustres Supérieurs qu'ait eu la Maison de S. Arnoul.

(1) Bibl. Clun. p. 575.

Thibaud fut élu Supérieur de Crépy en 1161 ou 1162. Il fit un voyage à Ancône en 1170, comme Député, lorsqu'il fut question de fonder en cette ville un Monastere de l'Ordre de Cluny (1). Il fit paroître en cette rencontre beaucoup de capacité, & donna des preuves d'une prudence consommée. Après son départ d'Ancône, Guillaume Evêque de cette ville, témoigna qu'il avoit pris un plaisir singulier à l'entretenir; qu'il avoit conçu de sa personne l'idée d'un excellent Religieux, doué d'une belle ame & d'éminentes qualités : *Multis & excelsis virtutibus decorato.* Plusieurs Monasteres envierent aux Religieux de S. Arnoul, un Supérieur aussi parfait, & le demanderent pour vivre sous sa discipline.

Thibaud ne pouvant se refuser aux instances de quelques-unes de ces Communautés, devint successivement Abbé de S. Basle, de S. Crépin-le-Grand de Soissons, & fut enfin élû Abbé de Cluny. Cette derniere dignité, l'une des plus considérables de l'état monastique, ne lui ôta pas le souvenir de la place qu'il avoit occupé à Crépy. Il fit plusieurs voyages au château de cette derniere ville, autant par zele & par attachement pour les Religieux de S. Arnoul, que pour faire sa cour au Comte de Flandre, qui en occupoit le château.

On a plusieurs titres signés de Thibaud Abbé de Cluny, pendant son séjour à Crépy. Il assista à la consécration de l'Eglise Collégiale de S. Thomas en l'an 1182, & signa vers ce même temps quelques Chartes, délivrées en faveur des Religieuses de Collinances (2). Thibaud mourut Cardinal.

Les talens ne se communiquent pas, mais ils peuvent être mis au grand jour & perfectionnés par les soins qu'on prend de les cultiver & de les produire. Thibaud ayant été nommé Supérieur de S. Arnoul, choisit pour Sous-Prieur un Religieux de la maison, nommé Ranulphe. Il le forma au gouvernement, & à l'administration des affaires. Ranulphe avoit une belle main & écrivoit en perfection. Il renouvella les Livres du chant & de la psalmodie, & transcrivit plusieurs Livres édifians. On conservoit encore à S. Arnoul, il y a quelques années, un Breviaire écrit de sa main (3). Ce Breviaire a ceci de particulier, que le Calendrier & le Propre ne sont pas ceux de Cluny.

---

(1) Bibl. Clun. col. 1432. Rob. an. 1181.
(2) Hist. Meaux, t. 2. n° 148.
(3) Le Beuf. Voy. Manus.

Il écrivit auſſi une Bible en trois volumes, où ſe trouve le fameux paſſage de la premiere Epître de S. Jean. Il fit rebâtir le réfectoire, & mit un nouvel ordre dans la diſtribution des aumônes.

L'activité avec laquelle Ranulphe ſe livroit au travail, abrégea ſes jours. Il mourut pendant que Thibaud étoit encore Prieur de Crépy. C'eût été un digne ſucceſſeur de ce grand homme, s'il lui eût ſurvécu. On fonda à Ranulphe un anniverſaire en reconnoiſſance de ſes ſervices, avec un repas à l'iſſue de l'Office, dont l'Aumônier de S. Arnoul devoit faire les frais : *Congruam procurationem.*

Etienne II prit la place de Thibaud, lorſque celui-ci paſſa de Crépy à Soiſſons. Etienne ne fit rien de mémorable, non plus que ſes Succeſſeurs Hubert ou Imbert, Richard, Garnier & Geoffroi qui étoit en même temps Prieur de Nanteuil. Imbert reçut une Bulle du Pape Luce III, en l'an 1184, & obtint de la Comteſſe Eléonore, en l'an 1187, le droit d'uſage, en un canton de la forêt de Retz (1).

20. L'ancien Palais de Verberie ſubſiſtoit encore; mais il ne conſervoit plus rien de ſon premier état. On diviſoit ſon territoire en trois parties qu'on nommoit, les terres de Saintines, de Fay & de Long-mont. Ces trois terres, à l'exception du corps de logis du château, appartenoient ou aux Seigneurs de Nanteuil, ou aux grands Bouteillers, ou aux Maiſons de S. Corneille de Compiegne & de Chalis, dès l'année même qu'on y introduiſit des Moines de Cîteaux.

La terre de Saintines comprenoit une partie du territoire de Nery, Géromenil ou S. Sauveur, Noë-Saint-Martin & Villeneuve en partie. La terre de Fay, *terra de Fayaco*, renfermoit la Borde, Trumilly, Verrines, Huleu, Monteſpilloy, même Chamicy & Reuilly. On diſtinguoit deux *Long-monts*, en la vallée & en la montagne; *Longus-mons in valle*, & *Longus-mons in colle*. Le Long-mont de la vallée s'étendoit juſqu'au Fay d'une part, ſur Vaucelles & ſur S. Vaſt de l'autre. Le Long-mont de la colline comprenoit partie de Nery & Roquemont, Glaignes & Sery.

Le nom de *Saintines* vient de la ſituation du château, chef-lieu du territoire, dans une vallée de marais, au milieu d'une

(1) Gall. Chr. inſtr. t. 10. p. 223.

isle entourée des eaux de la riviere d'Autonne. Le lieu de Saintines est placé dans la vallée d'Autonne, entre Béthizy & Verberie. Le château & une portion des bois de la forêt de Cuise qui en dépendoit originairement, sont encore appellés château de l'isle & bois de l'isle dans les titres. On écrivoit primitivement *Sain-isle* pour Saintines. Le premier de ces deux noms, est formé de deux mots de basse latinité, *Saina* & *Insula*, dont le premier indique un terrein marécageux, & l'autre une portion de terre au milieu des eaux. Plusieurs Géographes ignorant cette explication, ont écrit *Saintives* sur leurs cartes, comme pour marquer un lieu dont l'Eglise avoit été sous l'invocation de ce Saint de Bretagne.

Templeux dit que Saintines est une Seigneurie, possédée autrefois avec celle de Neri par les Seigneurs de la Maison de Crépy-Nanteuil. Je n'ai rien découvert touchant les temps où le premier château de Saintines a commencé d'être bâti. Je pense qu'il n'a pas reçu la forme d'un château avant le regne de Robert, sur la fin duquel la Reine Constance fit construire la forteresse de Béthizy. L'emplacement actuel du château de Saintines appartenoit au Roi, qui en fit présent à un Chevalier de Béthizy, pour être le prix de ses services, & ce Chevalier y bâtit un manoir.

On peut regarder Thibaud I, Seigneur de Nanteuil, comme le premier, en faveur de qui nos Rois jugerent à propos de distraire de leur domaine la terre de Saintines. Thibaud n'avoit pas encore épousé l'héritiere du Comté de Nanteuil. Il n'étoit que simple Chevalier, jeune encore, & sous la puissance de Raoul II Comte de Senlis son pere, qui devint ensuite Comte de Crépy.

Thibaud eut de son épouse un fils nommé Adam, auquel il donna comme en appanage la terre de Saintines. Adam renouvella l'ancien manoir : il bâtit un château & un donjon sur les fondemens duquel celui d'aujourd'hui a été élevé. Il en prit le surnom d'Adam de l'Isle : une Charte de l'an 1069 le qualifie ainsi. On voit encore des restes de mur au midi du château & sous le clocher de la paroisse, qui sont de son temps (1). Sa souscription à cette Charte est précédée de celles de Hugues le Grand, frere du Roi & mari de sa cousine Adele de Crépy, de Valeran grand Chambrier, de Guy le Bouteiller, & de quelques autres Seigneurs.

(1) Hist. Montm. p. 77.

Devenu possesseur de la terre de Nanteuil après le décès de son pere, il ne laissoit pas de venir occuper de temps à autre le château de Saintines. Afin de rendre plus commode la communication d'un lieu à l'autre, il fit dresser un grand chemin, dont on voit encore les restes, dans une gorge qui aboutit au chemin de Verberie à Saintines.

Thibaud II fils d'Adam, & Thibaud III, ont possédés successivement la terre & le château de Saintines. Damien de Templeux cite un titre de l'an 1175, qui qualifie Thibaud III, Seigneur de la terre de Saintines. J'ai lu une Charte originale de l'an 1177, portant que le Roi Louis le Jeune, a accordé au Chevalier Thibaud III & à ses Successeurs à perpétuité, pour leurs hôtes de Néry & de Saintines, le droit de couper en la forêt de Cuise le bois vif dont ils auroient besoin pour bâtir, & celui qui leur seroit nécessaire pour se chauffer. La Charte ajoute, que le Roi accorde cette permission, à condition que les vassaux des deux terres payeront à leur Seigneur une nouvelle redevance. Thibaud III obtint deux ans après, le même droit d'usage pour les habitans de Géromenil.

Philippe de Nanteuil, premier du nom, fils aîné de Thibaud III, fut dans sa jeunesse l'un des Chevaliers du fort château de Béthizy & Seigneur de Saintines. Après la mort de son pere, arrivée en l'an 1182, il prit possession de la terre de Nanteuil, & donna quelque temps après le château & une grande partie de la terre de Saintines à Guillaume son cinquiéme fils, qui vivoit encore au siécle suivant.

Les titres font mention de plusieurs Chevaliers, qui possédoient divers Fiefs sur le territoire de Saintines, au temps dont il est ici question: tel un Guillaume le Loup qui vivoit en l'an 1137. Guillaume eut un fils nommé Guy, qui fut grand Bouteiller de France, & Seigneur de Saintines en partie, comme son pere. On lit dans une enquête de Philippe Auguste, dressée en l'an 1215, le nom d'un Hugues de Lisle, qui possédoit un Fief à Saintines, ainsi qu'un autre Chevalier nommé Pierre le Loup, qui vivoit encore en 1230.

Thibaud de Nanteuil Evêque de Beauvais, fils de Philippe I, & frere de Guillaume de Crépy, possédoit à Saintines une portion d'héritage dont il fit présent à son Chapitre, vers le temps où il lui donna la dixme de Géromenil. Les descendans de Richard I, Châtelains de Béthizy, jouiſſoient auſſi pour lors, de quelques biens érigés en Fief ſur le même territoire. Les Chartes nous apprennent, que ces biens leur venoient du chef de Méliſende, femme du Châtelain Richard I.

On a toujours diſtingué le château de Saintines du reſte de la terre ; encore aujourd'hui le château reléve de Néry, & la terre dépend de la tour de Béthizy. Cette différence de relief vient de ce que, dans l'origine, nos Rois abandonnerent l'iſle du château, ſans aucun retour, aux Seigneurs de Nanteuil, tandis qu'ils ſe réſerverent la propriété immédiate de la terre de Néry & de ſes annexes, afin de pouvoir en démembrer dans l'occaſion le nombre des livrées de terres qu'il étoit d'uſage d'accorder aux Chevaliers prépoſés à la garde des foreterreſſes du canton.

Les deux terres de Ville-neuve ſur Verberie & de Noë-Saint-Martin étoient deux autres annexes de Néry, dont pluſieurs portions furent ſucceſſivement démembrées en faveur du même uſage. Il eſt parlé, dans une enquête du même Prince faite en 1215, d'un Hugues de Villeneuve. On lit dans un compte rendu à Philippe Auguſte en 1202, le nom d'un Baudoin de Noë, qui payoit au Roi une redevance annuelle de cent cinq ſols. Il ſuffiſoit qu'un Chevalier poſſédât quelques livrées de terre ſur une Seigneurie, pour qu'il en prit le nom. Une donation de la terre de Noë-Saint-Martin, datée de l'an 1270, porte que le revenu de cette terre eſt eſtimé la valeur de trente livrées ; qu'elle avoit été ci-devant acquiſe par la Dame d'Erménonville du Chevalier Jean de Tharcy, couſin de Renaud Evêque de Beauvais, qui s'en étoit réſervé l'uſufruit ſa vie durant.

Il y a apparence, que Renaud rentra en poſſeſſion de cette terre, ou qu'il s'étoit réſervé la propriété d'une de ſes portions. Un article de ſon teſtament daté de l'an 1183 annonce, qu'il donne à la Fabrique de S. Pierre de Beauvais, la terre qu'il poſſédoit à Noë-Saint-Martin près Verberie.

21. Ce Prélat poſſédoit auſſi la Seigneurie de Vauxcelles, dont le territoire eſt contigu à celui de Saintines. Le nom de ce lieu vient de ſa poſition dans une vallée, & d'une très-ancienne Chapelle, *Cella*, dont on peut rapporter l'origine aux premiers temps du Chriſtianiſme. Elle eſt préſentement détruite : les biens qui en dépendoient, ont été uſurpés ou diſſipés. Le teſtament de Renaud nous apprend, qu'en l'an 1284, l'Egliſe de Vauxcelles

étoit desservie par plusieurs Chapelains, auxquels ce Prélat accorde une place pour bâtir. Renaud possédoit la Seigneurie de Vauxcelles sans partage. Cette Seigneurie lui valoit dix-neuf livr. qui jointes à vingt-cinq livres qu'il retiroit de sa part de Saintines, & à huit livres de loyers qu'il recevoit de la moitié du moulin de Néry, faisoient une somme de cinquante deux livres de revenu, qu'il percevoit tous les ans dans ce canton.

22. Fay, Fayel, la Faux & Feux, sont des noms de lieux, qui ont une même origine. *Fagus*, mot latin qui signifie un faux, un hêtre, en est la racine. On distinguoit trois Fays dans le canton dont l'Histoire nous occupe : le grand Fay, *Terra de Fayaco*, le petit Fay & le Fayel.

Le grand Fay n'est plus présentement qu'une ferme située près de Saintines. Le petit Fay étoit un Fief situé près Francourt. Les propriétaires du petit Fay ont été pendant long-temps possesseurs de l'hôtel & du Fief du Tertre. Avant l'an 1335, Jean de Roquemont acheta l'hôtel du Tertre avec ses dépendances, & en fit présent aux Religieux de Chalis. Le Roi Philippe de Valois en confirma la donation par une Charte.

Le Fayel étoit un Fief déja subsistant au douziéme siécle. Il est fait mention dans une Charte de la Comtesse Eléonore, concernant Saint Quentin, d'un Chevalier nommé Autbert, qui possédoit le Fief & le château du Fayel, de même que d'un certain Thibaud de Sery, aussi Chevalier (1). Le Fayel forme aujourd'hui un village, dont l'Eglise est une Succursale de Rivecourt. On y voit un très-beau château, qui est comme le chef-lieu de plusieurs terres voisines, parce que le Seigneur qui y réside ordinairement, est possesseur de ces terres.

Nous avons déja annoncé ces trois *Fays*, à la page 175 de cette Histoire : nous entrerons dans quelque détail sur le grand Fay, parce qu'il a été un domaine considérable, & parce que sa réunion à Chalis a été le principe de la réputation & des richesses, qui ont rendu ce Monastere l'un des plus distingués du Royaume. Ces sortes de détails font aussi connoître, par quels dégrés les domaines des anciens Palais ont été démembrés; les changemens & les dégradations auxquels les établissemens les plus brillans sont sujets.

Les titres distinguent dans le grand Fay l'hôtel, c'est-à-dire,

---

(1) Hist. Meaux., t. 2. n° 127.

le corps de logis du château, d'avec ses annexes, qui consistoient dans une ferme attenant le château *Grangia*, une Borde *Borda*, & une Boissiere *Boisseria*. Le ressort de la terre étoit borné par les deux territoires de Long-mont, & s'étendoit jusqu'à Brasseuse, Montespilloy, Roquemont, Vérines, &c.

Les ruines qu'on voit encore sur l'emplacement de l'ancien château de Fay, & qui étoient beaucoup plus considérables sur la fin du dernier siécle, annoncent que ce lieu avoit été couvert d'une longue suite de bâtimens. On a trouvé, il y a vingt ans, autour de la ferme actuelle, des aquéducs, des tuyaux de plomb, & divers conduits souterrains, construits pour distribuer l'eau dans toutes les parties du premier château. Le puits est très-profond, parce que Fay est situé sur une montagne. Il est revêtu de belles pierres de taille d'un beau poli. On descendoit autrefois jusqu'à l'eau de ce puits par un escalier de pierre collatéral, qui communiquoit aussi avec plusieurs réduits souterrains couverts de voûtes solides.

Le château de Fay fut bâti originairement, comme pour servir d'accompagnement au Palais de Verberie. Vers la fin du dixiéme siécle, le domaine de ce château fut érigé en une terre Seigneuriale, & donné en Fief aux grands Bouteillers de la Couronne. En l'an 1127, la terre de Fay appartenoit à un Seigneur appellé Barthelemi de Fourqueux, qui selon les apparences, étoit alié à la Maison des Bouteillers de ce temps-là.

Le Roi Louis le Gros, voulant renouveller la maison de Chalis, & en faire un Monastere considérable, acquit de Barthelemi de Fourqueux, l'hôtel & la grange de Fay, qu'il donna en présent à cette Maison, à l'imitation de ce qu'avoit fait le Roi Robert un siécle auparavant, en faveur des Clercs de S. Corneille de Compiegne, en rachetant le Fief de la Tour pour leur en attribuer la propriété. Chalis étoit alors un Prieuré de l'Ordre de S. Benoît, dépendant de l'Abbaye de Vézelay. Les Religieux qui l'occupoient, avoient à peine le revenu nécessaire pour une honnête subsistance.

Louis le Gros ayant perdu le Prince Charles son frere, qu'il aimoit tendrement, résolut de lui donner, même après sa mort, des témoignages sensibles de son attachement. Il crut perpétuer sa mémoire & procurer à son ame les secours spirituels dont elle pouvoit avoir besoin, s'il changeoit le Prieuré de Chalis en une

Abbaye considérable, qui porteroit le nom d'un frere qu'il avoit tant chéri. C'est pourquoi il donna à cette Maison religieuse, les trois terres de Fay, de Comelles & de Vaux-Laurent, & voulut que l'on changeât l'ancien nom de *Calisium* en celui de *Carolilo-cus*, comme qui diroit, la Communauté ou l'Abbaye de Charles (1).

Fay étoit sans difficulté la plus considérable des trois terres, que les Religieux de Chalis reçurent en présent. Le Cartulaire de cette Abbaye commence à l'année de la donation du Roi Louis le Gros. Ceux qui l'ont rédigé, l'ont divisé en trois parties. La premiere est annoncée sous le titre de *Fayaco*.

L'exemple du Roi fut suivi par plusieurs Chevaliers de la contrée, qui imiterent sa générosité. En l'an 1137, Guillaume le Loup de Saintines ou de Senlis remit aux Religieux de Chalis une redevance annuelle que ceux-ci payoient, à cause du terrein sur lequel leur maison étoit bâtie. Il prit à ce sujet le consentement de Guy son fils aîné & de sa femme Adeluya. L'année suivante 1138, le Roi Louis VII confirma la donation de la terre de Fay, que son pere avoit faite. Il désigna cette terre en ces termes : *Terram juxta Bestisiacum quæ vocatur Fay*. Je retrouve la même désignation dans un dénombrement de l'an 1464, où il est marqué, que les Religieux de Chalis ont au-dessus de Béthizy & de Saintines un hôtel & grange appellés le grand Fay (2).

La Charte de confirmation du Roi Louis le Jeune fait mention d'une terre située à Villeneuve, de laquelle Josselin de Dammartin avoit fait présent à Chalis (3). Il y eut en 1166 un échange conclu entre Guy le Bouteiller, fils de Guillaume le Loup, & les Religieux de Chalis, d'une terre, d'une vigne & de quelques biens sis en la vallée de Vauxcelles, pour un clos situé entre Fay & *Henri Vilers* : ce dernier lieu est probablement le village de Vilers près de Brasseuse. Quatorze ans après cet échange, le clos en question appartenoit à un particulier nommé Hardouin Liesquarz, qui le donna en aumône à Chalis l'an 1180, avec six arpens de terre qu'il possédoit près de Fay.

La terre de Fay, avec les biens dont je viens de donner le dénombrement, ont été pendant long-temps la plus forte partie du revenu de l'Abbaye de Chalis. Ils suffisoient, joints au tra-

(1) Gall. Chr. t. 10. p. 1508.
(2) Archiv. S. Petri Bellov.

(3) Gall. Chr. instr. t. 10. p. 212.

vail des mains, pour faire subsister une Communauté nombreuse. On suivoit encore l'usage des siécles précédens, savoir, que quand une Communauté Religieuse recevoit en présent un domaine, accompagné de fermes & de terres labourables, le Supérieur envoyoit sur les lieux un certain nombre de Religieux, de Servans & de domestiques, pour en faire valoir les dépendances. L'Abbé de Chalis, suivant cet usage, envoya successivement à Fay plusieurs Religieux, tant Clercs que Servans, qui, au commencement du treiziéme siécle, formoient une Communauté de douze Moines. Ils avoient alors une vaste Eglise, qui sert actuellement de grange à la ferme de Fay. On voyoit encore les restes des cloîtres & les lieux réguliers, il n'y a pas cent ans. Chalis tiroit de Fay ses provisions de bled, & toutes les choses nécessaires à la vie, excepté le vin des Messes & des hôtes, que l'on faisoit venir d'ailleurs. L'on peut avancer sans craindre d'exagérer, que la donation de la terre de Fay à la Maison de Chalis a opéré le renouvellement, qui d'un Prieuré pauvre & sans réputation, a rendu cette Maison l'un des plus célebres Monasteres de France.

23. On peut recourir touchant l'antiquité de la terre de Longmont, à ce que nous en avons dit à la page 6 de ce volume. Le nom de Long-mont étoit au douziéme siécle un terme générique, commun à plusieurs terres situées depuis Roberval & Rhuys jusqu'à Saintines, le long des montagnes. On appliquoit plus particulierement ce nom à l'étendue des trois Paroisses de S. Germain, de S. Vast & de S. Pierre de Verberie.

Les Fiefs & les fonds de terres situés dans cet arrondissement appartenoient aux mêmes maîtres, que ceux des deux terres de Saintines & de Fay ; les Bouteillers, l'Evêque de Senlis & les Moines de Chalis y avoient la plus grande part. Ces portions sont autant de démembremens de l'ancien palais de Verberie, qui ont passé du domaine de la Couronne au Châtelain & aux Chevaliers d'armes du château de Béthizy, & de ceux-ci aux Bouteillers de Senlis.

En l'an 1172, Guy le Bouteiller *guido pincerna* (1) donna en aumône à Chalis la part qu'il avoit dans la terre de Long-mont en la montagne, du consentement de Marguerite son épouse, de Guy & de Guillaume ses deux fils. Il ajouta pour surcroit de

---
(1) Cart. Carol. Fayac. n° 29.

présent au même Monastere la portion de Néry, qui avoit ci-devant appartenu à Mélisende, apparemment l'épouse de Richard I Châtelain de Béthizy : ce qui feroit presque soupçonner que les Bouteillers de Senlis avoient la même origine, que les premiers Châtelains de Béthizy. Un Evêque d'Amiens donna aussi à Chalis vers le même temps, un bien situé au Tertre, peu distant de l'Eglise de S. Vast de Long-mont.

Depuis l'an 1172 jusqu'en 1180, le même Guy le Bouteiller, fils de Guillaume le Loup, eut cinq fils. Il nomma Renaud, le quatriéme, & Nivelon, le cinquiéme ; il eut aussi une fille qui fut appellée Adeluya. Guy déclara par une Charte de l'an 1180, qu'il tenoit quitte l'Eglise de Chalis de toutes les redevances qu'elle avoit coutume de lui payer, à cause des biens qu'elle possédoit au Long-mont dans la vallée, excepté trois clos de vignes que les Religieux avoient auprès du Tertre. Il déclara aussi avoir touché une somme de cent soixante livres pour l'abandon de ces droits (1).

Suivant un dénombrement de l'an 1182, cité dans une Bulle du Pape Luce III, l'Eglise de Senlis possédoit au Long-mont & à Saintines, à Roquemont près de Chavercy, vers Crépy, du côté de Bazoches, les autels d'Oger-Saint-Mard & de Duvy avec leurs dépendances, l'Eglise de Trumilly avec la Chapelle de Vérines, *de Veterinis*, le village même de Vérines avec sa Justice ; des hostises ou fermages, des terres, des coutumes, des droits & des rentes (2). L'Evêque avoit à Vérines un droit de procuration, qu'il remit aux habitans en 1206, moyennant un cens de 20 sols parisis, payable en Juin le jour de S. Gervais.

On connoît par un article du Testament de Renaud de Nanteuil Evêque de Beauvais, que dès l'an 1170, ce Seigneur avoit perçu pendant sa vie une rente de cent sols parisis sur la terre de Long-mont : que ces cent sols lui étoient payés tous les ans des deniers du Bouteiller *de Bursâ buticularii*. On ajoute, que cette rente avoit été retraite par le Prélat de la noble Dame d'Ermenonville sa proche parente, qui l'avoit acquise du Chevalier Jean de Thury.

En l'an 1173, Anselme le Bouteiller, Chevalier, vendit à Robert de Cressonsart Evêque de Senlis, tout ce qu'il possédoit à Verberie & sur la terre de Long-mont, à Raray & à Huleu, en

(1) Gall. Chr. t. 10. instr. p. 435. (2) Gall. Chr. ibid & t. 10. p. 1407.

terres, vignes, prés, maisons, Justice & censive, moyennant la somme de 1200 livres : le contrat de vente est daté du mois de Juillet. Cette vente se fit du consentement du Roi Philippe le Hardi, de qui les terres en question relevoient, à cause de la tour de Béthizy & du château de Verberie. L'Eglise de S. Vast située au centre du territoire de Long-mont, relevoit de l'Evêque de Soissons pour le spirituel & pour le temporel. Les possessions que cet Evêque avoit auprès de l'Eglise, & l'emplacement même de l'Eglise, étoient dans la censive des Bouteillers.

Le territoire du Long-mont s'étendoit jusqu'à Reuilly, Chamicy & Montespilloy du côté de Senlis. On peut consulter sur ce que nous avons rapporté touchant Reuilly & Chamicy la pag. 28 de ce volume. Nous allons donner une notice de Montespilloy, parce que nous parlerons souvent de ce lieu à l'occasion des guerres.

24. Bergeron a cru expliquer l'étymologie de Montespilloy en nommant ce lieu *Mont aux pillards*. Cette origine n'est pas absolument destituée de vraisemblance, parce que la fameuse tour dont on voit encore les restes, a souvent servi de retraite à des partis & à des troupes de brigands. Mais on nommoit déja ce lieu Montespilloy, avant les troubles auxquels l'explication de Bergeron fait allusion. Des titres des onze & douziéme siécles nomment ce lieu *Mons speculatorum*. La position de Montespilloy est sur une hauteur. On donnoit anciennement les noms de *spicula* & *spicla* aux hauteurs fortifiées, où l'on plaçoit des redoutes pour donner des signaux, & pour observer les marches des armées. La tour de Montespilloy domine sur une grande partie du Valois & du Comté de Senlis.

Au temps de Létaldus (1) Doyen de S. Frambourg de Senlis, qui vivoit en 1076, Foulques, Trésorier de la même Eglise, donna à cens un bois sis à Montespilloy pour quatre s. de rente, à Guidon fils de Gautier, à condition qu'après le décès de Guidon & de son héritier, le bois retourneroit à l'Eglise de S. Frambourg.

En l'an 1180, Guy le Bouteiller donna aux Religieux de Chalis tout ce qu'il possédoit au bois de Tremblay, avec une partie de la forêt d'*Espilloir* (2). Un dénombrement des biens de l'Eglise de Senlis dressé en 1182, met l'autel de Montespilloy

(1) Gall. Chr. t. 10. p. 1473. 1479. | (2) Ibid. inst. p. 435. 220.

de

de *Monte spiculatorio*, au nombre des bénéfices dépendans de cette Eglise. Vingt-neuf ans après, Gaufride Evêque de Senlis (1) porta les Chanoines de sa Cathédrale, à abandonner les droits qu'ils avoient sur l'Eglise de Montespilloy, à l'Abbé & aux Chanoines réguliers d'Hérivaux.

L'Evêque faisoit cette demande à l'occasion de la mort du Curé de Montespilloy ; il désiroit que ce bénéfice fut réuni à l'Abbaye d'Hérivaux, dont le Supérieur enverroit un de ses Religieux sur les lieux, pour y exercer les fonctions du ministere. Le Chapitre de Senlis se rendit aux désirs de l'Evêque. Il consentit à la réunion, à condition cependant qu'il conserveroit le droit d'investir le Régulier desservant ; que ce Régulier seroit l'Office & s'acquitteroit des fonctions du ministere ; qu'il dépendroit de la Jurisdiction de l'Evêque pour le spirituel, & qu'il releveroit du Chapitre quant au temporel, & payeroit tous les ans dix sols de cens, cinq sols à Pâques & cinq sols à Noël : qu'il prêteroit serment à l'Archidiacre, au Doyen & au Chapitre. On ajouta, que si l'Abbé d'Hérivaux jugeoit à propos de déplacer le Régulier, le successeur qu'il enverroit contracteroit les mêmes obligations en entrant en place.

Les revenus de cette Cure furent augmentés dans la suite, par plusieurs donations faites en divers temps. En 1266, Béatrix, femme de Guillaume de Senlis, Seigneur de Brasseuse (2), donna au Chanoine de Montespilloy huit arpens de terre situés entre Raray & Brasseuse. J'ai lu un titre de l'an 1268, où ce même Seigneur, mari de Béatrix, est appellé Guillaume Chevalier, Sire de *Montespilloir*.

Il y avoit alors à Montespilloy un château fort, très-ancien, qu'on démolit au siécle suivant pour construire un château neuf, auquel la tour dont on voit de si beaux restes servoit de citadelle ou de dongeon. Ce château & celui de Chaversy ont long-temps été les deux principales forteresses de la contrée. Il en sera souvent question dans cette Histoire.

Je suis ici la loi que je me suis imposée, de donner la notice des lieux qui ont été remarquables, ou par des évenemens intéressans, ou par la qualité des personnes qui les ont possédés, ou par des circonstances qui peuvent jetter quelque jour sur l'origine & sur la généalogie des grandes maisons, ou enfin, qui

(1) Ibid. p. 1407. instr. p. 227.   (2) Ansel. t. 6. p. 266.

peuvent prévenir ou applanir des difficultés touchant les affaires, tant publiques que particulieres. Nous pensons que dans un Ouvrage tel que celui-ci, il est essentiel d'allier, & souvent même de préférer l'utilité à l'agrément, & de faire plus de cas des suffrages du petit nombre de ceux qui aiment les recherches instructives, que des louanges des lecteurs désœuvrés, qui n'estiment que ce qui les flatte, ou qui réveille par des traits vrais ou faux, mais saillans & extraordinaires, un esprit appesanti par le loisir d'une vie oisive.

25. L'Abbaye de Lieu-restauré a été fondée au douziéme siécle, sur le territoire du château Royal de Boneuil. Il y avoit dans l'emplacement où elle est bâtie, une Maison de Gentilshommes accompagnée d'une Chapelle. L'origine de l'un & de l'autre est inconnue. La Chapelle avoit été autrefois dotée de biens-fonds & de rentes. La plus grande partie de ces biens étoit passée au pouvoir de quelques Officiers du château de Boneuil, par usurpation ou par accord (1).

En l'an 1131, Luc de Roucy, Chanoine de Laon, demanda cette Eglise au Comte de Crépy Raoul IV, avec promesse de la faire desservir par des Chanoines Réguliers de l'Ordre de Prémontré. Le Comte de qui dépendoit cette Chapelle, l'accorda au pieux Ecclésiastique, dont il désiroit favoriser le dessein. La concession de Raoul ne fut effectuée que sept ans après, en l'an 1138. Joslein Evêque de Soissons, ayant joint ses sollicitations à celles du Chanoine de Laon, obtint du Comte la donation de plusieurs biens, tant en rentes qu'en fonds de terre, dont on annexa les revenus à cette Chapelle.

Le renouvellement de l'Eglise demeura imparfait jusqu'à l'an 1145, où le Comte Raoul prit la résolution de relever de leurs ruines les bâtimens, qui avoient autrefois servi de logemens aux Clercs de cette Chapelle. Ce rétablissement est l'origine du nom de *Lieu-restauré*, comme qui diroit un lieu *rétabli*, *rebâti* ou *réparé* : dénomination que l'Abbaye conserve encore.

Le Comte unit aux biens de la nouvelle Maison les dixmes de Bargny & d'autres revenus, par le ministere de Pierre Evêque de Senlis. L'Evêque fut aussi chargé d'exécuter le renouvellement de l'ancienne Communauté dans toutes ses parties. Pour remplir à ce sujet les vues de Raoul, il remit à Luc Abbé de

(1) Gall. Chr. t. 9. p. 502.

Cuiſſi les biens & la Maiſon de Lieu-reſtauré, pour y placer des Religieux de ſon Ordre. Luc raſſembla dans cette Maiſon une Communauté de Prémontrés, auxquels il donna un chef nommé Haymon avec la qualité d'Abbé.

Haymon reçut l'année même de ſon inſtallation, une Bulle du Pape Eugene III, qui confirmoit ſon élection, & approuvoit la donation des biens, dont la nouvelle Abbaye venoit d'être pourvue. Haymon augmenta les biens de ſa Communauté. Il reçut en préſent un pâturage ſis à Boneuil, des ſavars au même lieu, quelques terrages, un ſaut de moulin, des dixmes à Feigneux & à Vaumoiſe. Il ſe fit aſſurer la jouiſſance de ces biens par des actes en bonne forme, que S. Bernard ſigna comme témoin, ainſi que l'Abbé de Cuiſſi, l'Abbé de Long-pont & quelques autres Eccléſiaſtiques diſtingués (1).

La Réforme de Prémontré admettoit à l'obſervance de la Regle les femmes comme les hommes : uſage qui faiſoit revivre la diſcipline des premiers Monaſteres. Dès l'an 1146, il y avoit une Communauté de Sœurs au Lieu-reſtauré. On l'apprend d'une Charte de Joſlein Evêque de Soiſſons, qui porte, qu'en cette année, deux ſœurs de Jean de Cormelles ont pris l'habit de Religion ; l'une Eliſabeth, au Monaſtere de Lieu-reſtauré ; l'autre nommée Sybile à l'Abbaye de Braine (2).

Sous le gouvernement de l'Abbé Haymon & de ſes ſucceſſeurs Odon, Herbaut, Foulques, Hugues & Martin, la Communauté de Lieu-reſtauré reçut en préſent des dixmes, des terres & des rentes. Amaury Evêque de Senlis lui accorda deux ſixiémes de dixmes. Vers l'an 1157, Adam le Roux de Crépy donna en aumône au Lieu-reſtauré, tout ce qu'il poſſédoit de dixmes à la Bonne-fontaine. Guy le Roux ſon fils donna à la même Abbaye tout ce qu'il avoit au même lieu, en terres cultivées & incultes avec un vivier. On appelloit alors *Bonne fontaine*, l'emplacement actuel de la ferme de Béſemont près de Bourg-fontaine.

Anſelme fils de Payen Gruné, Adam Boulard, Henri & Bernard de Piſſeleu, donnerent, à l'exemple de Guy le Roux, tout ce qu'ils poſſédoient aux environs de la Bonne-fontaine, en bois, terres & landes propres à eſſarter. Adam de Betz avoit à Ormoy un bien, dont il fit préſent au même lieu. Matthieu

(1) Muldrac, p. 32.   (2) Chron. Long. p. p. 24.

Comte de Beaumont donna, conjointement avec la Comtesse Eléonore son épouse, quatre-vingt arpens de bonnes terres. La Comtesse avoit beaucoup d'égards pour les Religieux de cette Communauté naissante. Parmi les souscriptions de sa Charte aumôniere, on lit le nom de Martin, Abbé de Lieu-restauré.

Ces donations occasionnerent quelques différens, entre les deux Communautés de S. Arnoul de Crépy, & de Lieu restauré. Ils furent assoupis par des arrangemens, par des partages, & tout-à-faits terminés par une transaction passée en l'an 1192, entre l'Abbé de Cluny & Martin Abbé de Lieu-restauré. Les Bénédictins de Crépy possédoient sur le territoire de Nanteuil, les biens que Simon de Crépy leur avoit donnés (1).

Bergeron, Bouchel & Muldrac, ont commis des fautes considérables, en voulant expliquer le nom & la fondation de Lieu-restauré. Bergeron avance, que cette Abbaye a été fondée en l'an 1130, & que dans la suite, le Comte Raoul en a relevé les ruines. L'Evêque Joslein & le Comte Raoul étoient contemporains. Bouchel a confondu le Comte Raoul IV avec Raoul V son fils. Muldrac appelle Raoul I notre Raoul IV, & oublie l'Evêque Joslein, qui eut tant de part à la fondation. Presque tous les biens dont je viens de faire le dénombrement, ont été remis d'abord entre les mains de l'Evêque Joslein, pour être annexés à la manse de la nouvelle Abbaye.

26. En ce temps l'ancien Palais de Bargny étoit réduit à un état d'anéantissement, qui permettoit à peine de connoître s'il avoit existé. Ce lieu consacré dans nos fastes par tant d'évenemens honorables, avoit subi le sort de ces anciennes maisons Royales dont il ne reste plus de traces, dont la situation est un problême parmi les Savans, & une matiere à discussion. C'est que rien n'est à l'abri de l'injure des temps, qui brisent les Sceptres, renversent les Trônes, & détruisent jusques dans leurs fondemens les palais les plus superbes.

Plusieurs causes ont concouru à la destruction du Palais de Bargny. Ce Palais ayant été donné avec ses dépendances au Monastere de S. Denys, les Religieux de cette Abbaye négligerent l'entretien des bâtimens, & songerent uniquement à tirer parti des droits utiles. Lorsque la terre de Bargny passa aux Comtes de Valois, il eut été besoin de le rebâtir de fond en comble pour

(1) Archiv. Bourg-f. Gall. Chr. t. 9. p. 503.

pouvoir l'occuper. Comme ces Seigneurs avoient ailleurs plusieurs châteaux, celui de Bargny leur devenoit inutile. Ils abandonnerent au Maire du lieu ce qui restoit de l'ancien corps de logis. Le village s'est formé des débris de ce château, dont le principal édifice étoit placé à côté de l'Eglise actuelle du lieu. Cette Église étoit la Chapelle du Palais. Elle fut donnée en l'an 1145 avec ses revenus à l'Abbaye de Lieu-restauré, par Raoul IV, Comte de Vermandois & de Valois (1). Elle fut érigée en paroisse en l'an 1238, par distraction de Levignen. On venoit de la rebâtir lors de cette érection. L'Evêque de Meaux en avoit alors le patronage. Au mois de Janvier de l'an 1238, avant Pâques, Pierre Evêque de Meaux transmit ce droit de patronage à l'Abbé de Lieu-restauré. Il conserva pendant onze ans un droit de procuration. Michel, Abbé de Lieu-restauré, acquit ce droit de l'Evêque de Meaux au mois de Janvier 1249, 1250, avant Pâques (2).

L'office de Maire de l'ancien Palais de Bargny continua de subsister malgré la destruction du château. Le Titulaire de cette charge conserva son droit de Jurisdiction sur vingt-une paroisses, qui avoient été le ressort du château. Ce Maire devint l'Officier des Comtes de Valois, du moment où la Seigneurie & la haute-Justice du lieu furent transmises à ces Comtes.

Les Seigneurs de Crépy placerent la Mairie de Bargny au nombre des Justices subalternes, qui devoient ressortir aux assises du Bailliage général de Valois. Ces Seigneurs démembrerent en divers temps des portions de la terre de Bargny, qu'ils donnerent en Fief à des Officiers ou à des Chevaliers leurs vassaux.

Après la mort de Raoul IV & de Raoul V son fils, la Comtesse Eléonore donna en aumône aux Religieuses de Long-prez les pains de coutume qu'elle avoit à Bargny. La redevance des pains de coutume marquoit, selon M. Brussel (3), que l'on avoit battu monnoie dans les lieux où on les percevoit.

La Comtesse avoit pour grand Queux, un Officier nommé *Guigerus*, & quelquefois Guillaume dans les Chartes Françoises. Satisfaite de ses services, elle lui accorda pour récompense le Fief de Bargny; apparemment la Mairie du lieu. J'ai lû dans un titre de l'an 1198, le nom de ce même Officier, qu'on y qualifie Sei-

---

(1) Muldr. p. 50. Gall. Chr. t. 9. p. 503. | Chr. t. 8. p. 1626. t. 9. p. 503.
(2) Hist. Meaux, t. 2. n° 326. Gall. | (3) Us. des Fiefs. p. 525.

gneur du Fief de Bargny. Dans un second acte de la même année, Guillaume prend la qualité de Seigneur du Fief de Bargny, qu'il reconnoît devoir aux libéralités de la Comtesse.

Une piéce des archives du Valois nous apprend, qu'en l'an 1002, l'Ordre militaire de S. Jacques de l'épée, établi en Espagne, avoit un bien à Bargny. Nous apprenons d'une enquête, faite par ordre de Philippe Auguste en l'an 1215, que du temps de Raoul V, d'Elisabeth & d'Eléonore ses deux sœurs, les hommes de la Mairie de Bargny, devoient voiturer à Crépy par corvées, l'avoine & le bled de rente, que les Comtes de Valois percevoient dans le canton. Ces habitans avoient la permission de prendre dans la forêt de Retz, les bois qui leur étoient nécessaires pour fabriquer leurs voitures.

On lit dans une autre enquête du même Prince les noms d'Odon de Bargny, déposant pour le temps de Raoul V; de Vivien & de Regnaut de Bargny, déposans en faveur de Philippe I de Nanteuil, touchant les droits qu'il avoit sur un bois appellé *Hyen sylva*. Je ne connois point ce nom de lieu. Ce pourroit bien être le triage appellé *Braisilva* dans les anciens titres. Ce *Bray-sylva* étoit situé entre Nanteuil & le village de Bray (1).

Un titre de l'an 1288, fait mention d'un Ecclésiastique de marque, appellé Renaud de Bargny, Archidiacre de Sézannes en Brie, Diocese de Troyes. Renaud laissa en mourant, deux cens livres pour fonder une Chapelle dans l'Eglise de S. Thomas de Crépy.

En l'an 1322, les Comtes de Crépy possédoient encore la plus grande partie de la Seigneurie de Bargny. J'ai lû dans le répertoire de Charles de Valois, pere du Roi Philippe de Valois, qu'en cette même année, Raoul Mauvoisin de Vez devoit au Prince Charles six sextiers de grains, pour vingt-quatre arpens de terres en friche, sis aux savars de Bargny. La Seigneurie de Bargny est partagée présentement entre l'Abbé de Lieu-restauré & les Chartreux de Bourg-fontaine.

27. La suite des Seigneurs de Braine n'a plus rien d'obscur, depuis le temps où André de Baudiment epousa la Dame Agnès de Braine. Nous avons déja rapporté quelques traits touchant ce Seigneur. Comme les circonstances de sa vie sont peu connues,

(1) Gall. Christ. t. 10. p. 219. instrum.

nous allons rapporter tout ce que nous avons pu découvrir à son sujet.

Une Charte de l'an 1120, & une autre qui est sans date, font mention, qu'André de Baudiment étant avec l'Abbé d'Igny au Mont-Notre-Dame, a donné en aumône à l'Abbaye d'Igny, tout ce qu'il possédoit sur le territoire de Ressons. On lit parmi les signatures de la seconde Charte, le nom d'un Payen de Braine, *Paganus de Braná*. André de Baudiment est encore cité dans une Bulle du Pape Innocent II, datée du quatre des Ides de Décembre 1132. Cette Bulle est une confirmation des biens, qui avoient été donnés par différens particuliers à la nouvelle Abbaye d'Igny. Le nom d'André de Baudiment paroît aussi dans une Charte de l'an 1123, concernant S. Martin-des-Champs. On lit dans cette même piéce, celui de Thibaud Comte de Champagne, dont André étoit Sénéchal (1).

En l'an 1137, André de Baudiment avoit quatre fils & trois filles. L'aîné des garçons s'appelloit André comme son pere; le second Thibaud; Gui le troisiéme; Valeran le quatriéme. André embrassa l'état monastique dans l'Abbaye de Pontigni ordre de Cîteaux. Au renouvellement de la maison de Chalis, André fut choisi pour la gouverner en qualité d'Abbé. Il se rendit recommendable par un conduite très-réguliere, qui remplit les espérances qu'on avoit conçues de lui. Quelques-uns prétendent qu'il étoit né d'un premier lit, avant que le Sénéchal son pere eut épousé Agnès de Braine.

Thibaud (2) passa une partie de sa vie dans le monde, sans contracter d'alliance. Agnès de Braine sa mere ayant jugé à propos de se retirer au Monastere de Fontenille, pour y finir sa vie sous l'habit de l'Ordre de Prémontré, Thibaud l'y suivit & imita son exemple.

Guy fut marié, & hérita en 1137 de tous les biens de son pere. Nous parlerons bientôt de son alliance & de sa postérité.

Valeran fut d'abord destiné à l'état Ecclésiastique, dans le seul dessein d'être pourvu de bénéfices (3). Il avoit à peine atteint l'âge de raison, qu'on le revêtit de la dignité d'Abbé du Chapitre de S. Martin d'Epernay. Après avoir joui des revenus attachés à cette dignité, il abdiqua par scrupule en l'an 1128, à la

---

(1) Hist. Meaux, t. 2. n° 350.
(2) Gall. Chr. t. 9. p. 482.
(3) Gall. Chr. t. 10. p. 1128.

perfuafion de S. Bernard, & fe fit Moine à Clairvaux. L'année même de fa profeffion, S. Bernard le détacha avec douze Religieux de fon Ordre, pour aller occuper l'Abbaye d'Orcamp, que l'Evêque Simon, frere du Comte de Crépy, venoit de fonder. Il bâtit l'Eglife de la nouvelle Abbaye, & la fit confacrer par Renaud Archevêque de Reims, affifté de plufieurs Suffragans.

Sous fa direction, la Regle de Cîteaux fleurit dans Orcamp, au point que fa Communauté faifoit l'admiration de toute la contrée. Il s'acquit par fon intelligence & par fes vertus, la réputation d'un des plus grands maîtres de fon fiécle dans la vie fpirituelle. Plufieurs Maifons Religieufes s'adrefferent à lui pour avoir de nouvelles regles de conduite. Il leur envoya les Statuts de fa Communauté. Les Monafteres de Beaupré & de Froidmont au Diocefe de Beauvais, & celui de Mortemer au Diocefe de Rouen, fe foumirent à la Regle d'Orcamp.

L'Abbé Valeran mourut à Igny le 27 Juin 1142, d'une pleuréfie qui l'y furprit. Son corps y eft inhumé (1).

Les trois filles d'André de Baudiment embrafferent l'état du mariage. Euftache l'aînée époufa d'abord Eudes, Comte de Corbeil, & enfuite Guillaume de Garlande, Sénéchal de France & Seigneur de Livry. Helvide ou Havoife la feconde fut mariée à Guy de Dampierre, & Hubeline la troifiéme, à Gautier Comte de Brienne.

André de Baudiment ayant formé le deffein de fe retirer dans un Monaftere, pour y mener la vie réguliere, exécuta ce deffein en l'an 1137. Il fit un abandon de tous fes biens à Guy fon fils, & alla prendre à Clairvaux l'habit de Religion. Agnès de Braine fon époufe demeura plufieurs années dans le monde, & fuivit à la fin le pieux exemple de fon mari. Ils moururent l'un & l'autre dans leur retraite, Agnès à Fontenille, André à Clairvaux (2).

Guy avoit époufé une Dame nommée Alix, avant que fon pere fe retira à Clairvaux. Il en eut trois enfans; deux garçons & une fille. Hugues l'aîné des garçons fut furnommé le Blanc, à caufe de fon teint. Hugues reçut de Guy fon pere la Seigneurie de Chery : il mourut fans poftérité du vivant de fon pere. Guidon fon cadet décéda de même fans avoir pris d'alliance. La fille à laquelle on avoit donné le nom d'Agnès fon ayeule, devint

(1) Marlot. t. 2. p. 869. app.   (2) Marten. Voy. Litt. p. 26.

par

par ces deux morts seule héritiere présomptive des grands biens de son ayeul & de son pere.

Guy de Braine est peu connu par ses actions (1). Milon Comte de Bar-sur-Seine lui demanda sa fille Agnès en mariage, & l'obtint. Guy survécut peu d'années à cette alliance; il mourut en 1144, avant Alix son épouse.

Le Comte Milon eut deux filles de son mariage, Perronelle & Marie : celle-ci mourut sans alliance. Perronelle épousa Hugues du Puiset, Vicomte de Chartres, qui devint Comte de Bar-sur-Seine après la mort de Milon son beau pere.

En l'an 1109 vivoit un Chevalier nommé Raoul de Braine, qui donna un Fief à l'Abbaye de S. Médard de Soissons (2). Plusieurs titres font mention d'un Pierre de Braine, qui vivoit en ce même temps. Je ne sai s'il appartenoit à la Maison de Baudiment, ou s'il tiroit son origine des mêmes ayeux, que l'épouse d'André de Baudiment (3). En l'an 1134, Pierre de Braine parut avec son épouse à l'acte de fondation de l'Abbaye de Val-Chrétien. On lit son nom au bas de cet acte, *Petrus de Braná*. Pierre possédoit entre autres biens le tréfonds de Démentart, dont il fit présent à l'Abbaye de Long-pont. Cette donation est rapportée dans une Bulle du Pape Eugene III, de l'an 1148. Il est aussi fait mention de lui dans un titre de l'Abbaye d'Igny, daté de l'an 1150. Ce titre porte, que l'Abbaye a reçu en présent des revenus en fonds de terres, qui relevoient du Fief de Pierre de Braine, *de cujus feodo omnia erant*; & que Pierre a bien voulu en ratifier la donation. Il ne paroît pas que Pierre de Braine ait eu de la postérité.

Agnès de Braine perdit Alix sa mere & Milon son mari, à peu de temps l'un de l'autre. Le Comte Milon étoit mort en l'an 1150. On le prouve par une Charte de cette année, délivrée par Joslein Evêque de Soissons, portant que la Dame Agnès a donné à l'Eglise de Braine la pêche, le fond & le cours de l'eau d'un étang sis à Cuissy, & une rente à prendre sur l'autel de Bruyeres, afin qu'en considération de ce présent, les Religieux de Braine fissent des prieres pour le repos de l'ame du Comte de Bar son mari.

Le veuvage de la Dame Agnès dura peu. Les biens immenses

---

(1) Gall. Chr. t. 10. instr. p. 110.
(2) Gall. Chr. t. 9. p. 415.
(3) Gall. Chr. t. 10. instr. p. 113.
Muldr. Val. Roy. p. 140. 147.

qu'elle avoit recueillis des succeſſions de ſon pere, de ſon ayeul, de ſes oncles, de ſes freres & même du Comte Milon, la rendoient l'une des héritieres les plus opulentes du Royaume. Ces biens furent un appas pour Robert Comte de Dreux, frere du Roi Louis VII, ou ſi l'on veut, un ſecond motif de rechercher l'alliance de la jeune veuve, qui avoit d'ailleurs toutes les qualités d'une femme vertueuſe (1). Robert fit la demande de cette Dame. L'accord fut conclu, & le mariage célébré en l'an 1152, comme Templeux & Ducheſne l'ont très-bien remarqué, & non pas en l'an 1153, comme Muldrac l'a avancé. Robert eſt la tige de la branche royale des Comtes de Dreux & de Braine, & de celle des Comtes de Bretagne, iſſus de Pierre Mauclerc ſon petit-fils. Les Comtes de Dreux n'ont preſque pas ceſſé de réſider au château de Braine, juſqu'à l'extinction totale de cette illuſtre branche.

Damien de Templeux obſerve, que la Seigneurie de Braine n'a jamais été érigée en titre de Comté, par un diplômé émané de quelqu'un de nos Rois. Ce titre lui eſt venu de la qualité des premiers Seigneurs de la maiſon de Dreux. Robert I prenoit, immédiatement après ſon mariage avec la veuve du Comte Milon, le titre de Comte de Dreux & de Seigneur de Braine. Depuis qu'il eut diſpoſé de ſes domaines de Dreux en faveur de ſon fils aîné, vers l'an 1184, il commença à ſe qualifier Comte de Braine. Il prit les armes de ſon épouſe, échiquetées d'or & d'azur à la bordure de gueules.

Le Comte Robert, héritier par ſa femme des grands biens des anciens Seigneurs de Braine, n'imita pas leur conduite envers les Monaſteres & les Egliſes. Il chercha au contraire les occaſions d'aggrandir ſes domaines, au préjudice de pluſieurs Communautés Religieuſes voiſines de ſon château de Braine. Il trouva peu de réſiſtance dans quelques-unes de ces Communautés. Les Moines de Coincy furent moins patiens que les autres. D'abord ils ſe récrierent contre les vexations du Prince, puis ils porterent leurs plaintes à Rome, ſur le refus que fit le Comte, de reſtituer ce qu'il leur avoit enlevé. Les choſes en vinrent au point, que Robert fut frappé d'excommunication par le Pape.

Rappellé à des ſentimens plus équitables par les peines de l'anathême, il offrit à Ancoul de Pierrefonds Evêque de Soiſſons,

---

(1) Templ. p. 156. Duch. Hiſt. Dreux. p. 19. Muldr. p. 122. Chron. Long-p.

de restituer ce qu'il avoit mal acquis, pourvu qu'on lui promit de le relever de l'état d'excommunié. Ancoul souscrivit à la proposition du Comte, & reçut de ce Seigneur tout ce qu'il avoit usurpé à Coincy. L'Evêque rendit publique la réconciliation du Prince, par une lettre datée de l'an 1158. Il annonce dans cette lettre, que Robert ayant satisfait à l'Eglise, il a été absous des peines prononcées contre lui, à cause de ses usurpations & de sa désobéissance (1).

Robert ne fit presqu'aucune action d'éclat. Tout ce qu'on sait de lui se réduit à des faits peu importans (2). En l'an 1179, il fonda dans l'Eglise de S. Ived de Braine quelques prieres, pour le repos de l'ame du Prince Henry son frere, Archevêque de Reims. L'acte de cette fondation porte, qu'elle a été faite du consentement d'Agnès son épouse, de Guillaume son fils & de ses autres enfans. En l'an 1180, le Comte accorda à la ville de Dreux une Charte de commune & de franchise, qui commence ainsi : *R. par la patience de Dieu, Comte de Dreux & de Braine.* Quatre ans après, il maria Robert son fils aîné avec Yoland de Coucy, & lui donna le Comté de Dreux. Il ne se réserva que le Comté de Braine.

Dans un titre de l'an 1186, Robert I est nommé conjointement avec Agnès son épouse, qui prend la qualité de Dame héréditaire du château de Braine. Ce titre est signé de Maître Gautier Médecin du Comte, & d'Oilard Châtelain de Braine. Il porte, que du consentement de Guillaume, Jean & Robert leurs fils, le Comte & la Comtesse de Braine font la remise aux Religieux de Long-pont de quelques droits de mouvance qui leur étoient dûs, à condition que ces Religieux feroient dans leur Eglise les mêmes prieres pour le repos de l'ame de Pierre leur fils, que celles qui étoient d'usage lorsqu'un Abbé de la Maison décédoit (3). Il ne faut pas confondre ce jeune Seigneur avec le Pierre de Braine, dont nous avons parlé plus haut.

On a du Prince Robert I deux autres Chartes, datées de l'an 1187 : l'une est le contrat d'une rente qu'il constitue à ses deux filles, Marguerite & Béatrix, Religieuse du Charme, sur le travers de Braine : l'autre, qui est peu remarquable, est signée de ses trois fils, Robert, Guillaume & Jean (4). Robert I fonda la

(1) Gall. Chr. t. 9. p. 361.
(2) Hist. Dreux, p. 22.
(3) Chron. Long-p. p. 79.
(4) Duch. Hist. Dreux, p. 22.

Collégiale de S. Thomas du Louvre à Paris la derniere année de sa vie, & décéda le 11 Octobre de l'an 1188.

Après la mort du Comte, la Dame Agnès sa veuve fit quelques actions de marque. Elle renouvella le Prieuré de S. Remi de Braine, bâtit le château du Haut, qu'on nomme aujourd'hui *la Folie*, fit clore de murs le parc du château de Braine, & bâtit le moulin de Quinquempoix sur la riviere de Vesle.

Quelques mémoires qu'on m'a communiqués touchant le Prieuré de S. Remi de Braine, annoncent qu'il a été fondé par Agnès de Braine, veuve du Prince Robert I : c'est une erreur. Matthieu Herbelin ne parle en aucune sorte de cette fondation. La Comtesse Agnès n'a fait que décorer ce Monastere par ses bienfaits.

L'origine de ce Prieuré se perd dans les premiers siécles de notre Histoire. La tradition du pays prétend, que la premiere Communauté de S. Remi a été établie par Chilpéric I Roi de Soissons. L'on y suivit d'abord la Regle de S. Benoît. Les Religieux reçurent ensuite la réforme de Cluny. Comme ils vécurent plusieurs siécles sans rivalités, sans prétentions, & sans avoir aucuns différends avec leurs voisins, les anciens titres ne font point mention d'eux. Ils ne commencent à être connus dans les monumens, que vers le temps où l'Abbaye de S. Ived fut fondée, parce que les actes de cette fondation font mention de quelques biens limitrophes à ceux de S. Remi.

Je n'ai pu découvrir sur cette Communauté, que trois anciennes Chartes des années 1141, 1257 & 1264. La premiere nomme seulement quelques portions de terres, dont jouissoient les Religieux de S. Remi. On lit dans la seconde, que l'Abbé & les Religieux de S. Remi possédoient le moulin neuf de la ville. La derniere, datée du mois de Mars, porte que Marie Comtesse de Dreux & de Braine a reconnu, que les maître, freres & sœurs de l'hôpital de Braine, sont sujets à la banalité des fours du Prieuré de S. Remi, & qu'ils sont tenus de payer tous les ans huit sextiers de bled à ce bénéfice.

Sur la fin du treiziéme siécle, la Communauté perdit le titre d'Abbaye avec une partie de ses biens. On la soumit au Monastere de la Charité-sur-l'Oire, & il n'y eut plus à S. Remi de Braine, qu'un Prieur & un Sacristain. Nous rapporterons dans les Livres suivans, diverses particularités touchant les droits de ce Prieuré.

Le château du Haut, *castrum de Celso*, a été bâti par Agnès de Braine après la mort du Comte Robert I, pour servir comme de citadelle à la ville de Braine & à son château. L'édifice ayant été brûlé en 1423, nous ne pouvons pas en donner une description complette. Les murs qui ont été conservés en grande partie, sont assis sur un rocher de quarante pieds de hauteur, entouré d'un fossé large & profond, taillé à vif dans le roc. Ces murs flanqués de plusieurs tours, d'une hauteur & d'une épaisseur considérables, étoient défendus par une seconde enceinte garnie de tours, & d'ouvrages extérieurs.

La hauteur sur laquelle on voit encore les restes de cette espéce de forteresse, est située à trois cens toises au couchant de Braine. On prétend qu'anciennement, le château du Haut communiquoit avec la ville de Braine par des souterrains. Il a été érigé en Fief & séparé du domaine de la terre de Braine, pendant une longue suite d'années. Il est présentement réuni à la Seigneurie de cette ville.

Agnès de Braine, veuve du Prince Robert, acheva avant son décès l'établissement de l'Abbaye des Prémontrés de Braine, que son pere & sa mere avoient commencé à former. Nous avons différé jusqu'ici à parler de cette fondation, afin de rapporter de suite les principales circonstances qui ont été l'occasion de son établissement, & qui l'ont conduit à sa fin.

La Communauté des Clercs qui desservoient l'Eglise Collégiale du château de Braine, après avoir plusieurs fois changé de regle, depuis la Translation des Reliques de S. Ived, jusqu'au temps où André de Baudiment entra en possession de la ville & du Comté de Braine, avoit fini par n'en plus avoir. Les Clercs du château menoient une vie relâchée & scandaleuse, & ne gardoient plus aucune des pratiques qui avoient été prescrites au temps de leur institution. Le mal étant extrême, André de Baudiment jugea plus à propos de supprimer le Chapitre que de le réformer. (1).

André consulta sur ce sujet Joslein Evêque de Soissons. Joslein avoit des droits à exercer sur l'Eglise de S. Ived de Braine, en sa qualité d'Evêque de Soissons, de même que le Chapitre de sa Cathédrale (2). Joslein conseilla au Seigneur de Braine, de renouveller le Chapitre de S. Ived au lieu de le supprimer. Il l'engagea

(1) Templ. p. 156. (2) Dorm. t. 2. p. 71.

à augmenter le revenu des prébendes, & lui promit de faire à l'Eglise de S. Ived, conjointement avec les Chanoines de Soissons, l'abandon de tous les droits qu'ils pouvoient exercer. André qui n'avoit que des vues de perfection, déféra aux avis de l'Evêque, & accepta la condition qu'on lui proposoit. Il fit un sort aux Chanoines pour les engager à remettre leurs prébendes. Il augmenta le revenu de ces prébendes, & chargea Josselin du renouvellement de sa Collégiale. Ces choses se passoient en l'an 1130.

L'Evêque crut, qu'en substituant des Chanoines réguliers aux séculiers qu'on venoit de déposséder, il tariroit la source des anciens abus, & préviendroit ceux qui pourroient naître.

Les Ordres Religieux étoient alors fort multipliés, sans être tous également recommandables par une conduite édifiante, & par la pratique des vertus monastiques. Les plus anciens n'observoient plus les regles de leur institution : quelques-uns de ceux dont la fondation étoit plus récente, donnoient déja prise au relâchement ; ceux qui avoient été les plus parfaits dans l'origine, ne conservoient plus rien de leur premier état. C'est qu'il faut des secours surnaturels & un détachement bien rare de toutes les affections humaines, à ceux qui font profession de s'élever au-dessus de tous les penchans qui flattent le tempéramment ou l'amour propre.

L'Ordre des Prémontrés qui ne faisoit que de naître, paroissoit avec un éclat plus solide aux yeux de Joslein, que cette ferveur passagere, qui avoit accompagné les commencemens des autres Ordres Monastiques. La circonstance fixa son choix. Il plaça dans la Collégiale du château de Braine autant de Religieux Prémontrés, qu'il y avoit de prébendes. Il donna à ces Religieux un Chef nommé Gislebert, avec la qualité d'Abbé. André de Baudiment & la Dame Agnès son épouse approuverent cette installation, & accorderent aux Religieux de nouveaux bienfaits. Ils leur donnerent la redixme de tout le territoire de Braine, avec les dixmes de S. Aubin, apparemment Rosoy-Saint-Aubin ; à la charge de leur faire tous les ans un anniversaire après leur mort. Cette fondation s'exécute encore présentement, tous les ans le seize de Juillet. Les dixmes de S. Aubin furent enlevées aux Prémontrés de Braine, peu d'années après cette donation. On ne les leur restitua qu'en l'an 1197 : ces dixmes étoient alors au pouvoir d'un particulier nommé Hugues de Guny : Nivelon de Chérify Evêque de Soiffons, contraignit ce particulier de les rendre aux Religieux de S. Ived.

Joflein confirma la donation du Seigneur de Braine, par une Charte qu'il fit expédier, & par laquelle il donne lui-même a la nouvelle Abbaye, quelques revenus qu'il poffédoit à Hoftel (1).

Guy de Braine combla les Prémontrés d'attentions, après la retraite de fon pere & de fa mere. De fon temps, la nouvelle Communauté reçut en préfent toutes les dixmes de Blanzy, excepté la part de l'Eglife du lieu, celle du Prêtre de cette Eglife, & celle de la Couture S. Rufin (2).

Les Religieux de S. Ived mettent au nombre de leurs premiers bienfaiteurs, le Roi Louis VII qui leur donna les dixmes de Vailli ; le Chapitre de S. Corneille de Compiegne, qui leur céda la Chapelle de Bouqui ; Renaud Comte de Soiffons, qui leur accorda quelques terres de fes domaines, & d'autres particuliers moins connus, qui facrifierent une partie de leur fortune, à la fatisfaction d'avoir part aux prieres des nouveaux Réguliers de Braine.

Une Charte de l'an 1141 nous apprend, que parmi les biens donnés à S. Ived, les Prémontrés avoient des terres limitrophes à celles que les Bénédictins de S. Remi poffédoient auprès du moulin de ce nom. Cette Charte eft fignée de Renaud Comte de Soiffons, de Gérard de Cherify, de Pierre de Braine, du Seigneur Hellon de Villers, d'Adon de la Cour-Landon, & de Jacques de Ribemont. La proximité des biens occafionna un différend entre les deux Communautés de S. Ived & de S. Remi ; l'affaire dura plus de dix ans. Ancoul de Pierrefonds Evêque de Soiffons, la termina en l'an 1153.

Les Prémontrés eurent auffi quelques conteftations avec les Chanoines du Mont-Notre-Dame, touchant les dixmes. Joflein Evêque de Soiffons, accorda les parties dès l'an 1140.

Agnès de Baudiment ou de Champagne favorifa beaucoup les Prémontrés de Braine après la retraite de Guy, & même après qu'elle eut époufé Robert I frere du Roi. On rapporte l'hiftoire de l'Hoftie miraculeufe, à l'année même de fes fecondes nôces avec le Comte de Dreux. Les circonftances de cet évenement varient dans les écrits de ceux qui nous l'ont tranfmis ; nous nous

(1) Gall. Chr. t. 9. p. 358. 364.   (2) Ibid. p. 360. t. 10. inftr. p. 116.

conformons ici à ce que D. Martenne en raconte dans ses Voyages (1).

Il y avoit à Braine plusieurs familles Juives, dont les unes vivoient de leur trafic; les autres étoient assujetties à la servitude. Il se trouva dans une de ces familles, une jeune Juive d'une rare beauté, dont les charmes firent une forte impression sur l'esprit de la Comtesse de Braine. Une seule difficulté empêchoit la Comtesse, de donner à sa vive amitié tout l'essort qu'elle auroit désiré. Cette belle figure cachoit une ame infidéle, souillée du péché originel, & rebelle à la loi de grace.

Pour laver ces taches, la Comtesse entreprit de convertir la jeune infidéle à la foi. On la catéchisa d'abord avec assez de succès: on vint à bout de lui inculquer les principaux mysteres de notre Religion, excepté celui de l'Eucharistie. La Juive déclara, que jamais elle ne pourroit se déterminer à croire la présence réelle, si elle ne voyoit Jesus-Christ à la place de l'Hostie, sous la figure humaine.

Comme cette apparition ne pouvoit s'effectuer sans un miracle, on eut recours aux jeûnes, aux processions, aux prieres solemnelles pour l'obtenir. Ce miracle ne pouvoit arriver qu'à la Messe. On choisit pour la célébrer, le plus recommandable des Religieux de S. Ived par sa piété & par ses mérites. Le jour de cette Messe ayant été indiqué, Henri de France Archevêque de Reims, frere du Roi & du Comte de Braine, s'y rendit. Il assista à la Messe, accompagné d'Ancoul de Pierrefonds Evêque de Soissons, de Pierre Abbé de Braine, & d'une Cour composée de personnes du plus haut rang. On permit aux familles Juives l'entrée de l'Eglise de S. Ived.

Au moment de l'élévation, Jesus-Christ parut à la place de l'Hostie, sous la forme d'un enfant, & disparut presqu'aussi-tôt, de maniere qu'il ne resta plus que les espéces de l'Hostie consacrée, entre les mains du Prêtre. La Juive ne put tenir contre cette apparition: elle se convertit, demanda le Baptême, & un grand nombre de Juifs suivirent son exemple.

On montre dans le trésor de S. Ived, le calice qui servit à la célébration de cette Messe. La coupe de ce calice contient un petit Reliquaire de philagrame en or, qui s'éleve du fond, de quatre à cinq pouces. L'Hostie étoit placée dans ce Reliquaire. Dom

(1) Tom. 1. p. 33.

Martenne

Martenne dit, qu'on la voyoit encore entiere de son temps, qu'elle étoit de la grandeur d'un denier, & qu'elle avoit onze lignes de diamétre. Il ne reste plus présentement de cette Hostie, qu'un peu de poussiere. On avoit gravé ces deux vers à côté de l'Hostie:

Ad vitem vitæ sitientes oro venite,
Et vinum licitè de verâ fugite vite.

On établit une Confrairie en mémoire de ce miracle. Elle est autorisée par plusieurs Bulles des Papes. Les Confreres font tous les ans une procession solemnelle, le Dimanche dans l'Octave de la Fête-Dieu.

La chasuble qui servit à célébrer la Messe où le miracle arriva, est un monument qui mérite d'être vu. Elle est ornée de figures en broderie d'or; ces broderies sont relevées par l'éclat de pierres précieuses enchassées dans l'or. Le fond de la chasuble est une étoffe croisée de soye cramoisi, semée de figures de lions affrontés par couples, brochés en or-trait, d'une grande fraîcheur. Autour de l'ouverture par où le Prêtre passe la tête, & le long du derriere de cette chasuble, regne une large bande engreslée & remplie de semences de perles fines en plein, avec d'autres perles rondes & grosses, en espace les unes des autres sur la bordure. Il y reste quelques autres pierres précieuses, mais en petit nombre: on s'apperçoit qu'il y en avoit beaucoup. Sur le devant on remarque la figure d'un Séraphin, & à l'opposite celle d'un *Agnus Dei*, toutes deux aussi brodées en perles fines.

Cet ornement est un des plus riches & des plus anciens, qu'on ait conservé jusqu'à nos jours. On prétend qu'il a été donné à l'Eglise de S. Ived par l'Archevêque de Reims frere du Roi.

Les premiers Abbés de S. Ived de Braine n'ont rien fait de mémorable pendant leur gouvernement. On lit le nom de Gislebert premier Abbé de Braine, au bas de la Charte de fondation de l'Abbaye de Long-pont, dressée en l'an 1132. Gislebert eut pour successeur l'Abbé Pierre, auquel Joslein adressa deux Chartes; l'une en 1141, l'autre en 1145, par lesquelles ce Prélat confirme les Religieux de Braine dans la jouissance des biens attachés à leur maison. La seconde de ces deux piéces, est signée de Normannus Chancelier de l'Evêque, de Hugues Abbé de Prémontré, de Gautier Abbé de S. Médard de Soissons, d'Ives Comte de Soissons, de Gérard de Chérisy, de Pierre & de Barthelemi de Braine, d'Enguerrand Martifarz & du Prevôt Payen. L'Abbé

Pierre mourut la même année qu'André de Baudiment, en 1145.

Les Abbés Raoul, Guéric, Baudoin, Hugues, Louis, Guillaume, & Pierre II, ont remplacé succeffivement Pierre I. On peut voir au *Gallia Christiana* (1), ce qui eft arrivé à Braine fous le gouvernement de ces Abbés, les donations qu'ils ont reçues, les acquifitions & les tranfactions qu'ils ont faites.

Le Monaftere de Braine étoit double dans fon origine, de même que les autres Abbayes de Prémontrés. Les Religieufes occupoient un bâtiment féparé par un mur, du corps de logis des hommes. Ce bâtiment touchoit au cloître des Religieux. La Communauté des femmes exiftoit dès l'an 1140. On l'apprend de deux titres datés de cette année ; l'un eft une tranfaction entre les Chanoines du Mont-Notre-Dame & les Religieux de Braine. L'autre eft une piéce déja citée, qui porte qu'en cette année, Sybille fille de Jean de Cormelle, a pris l'habit de Religion à S. Ived de Braine. On voit encore dans la baffe-cour de l'Abbaye de Braine, le corps de logis des premieres Religieufes.

Ces Sœurs de l'Ordre occuperent ce bâtiment pendant peu d'années. La Comteffe de Braine leur donna pour retraite, une efpéce de cenfe nommée Bruyeres, fituée au pied du Mont-Notre-Dame, à une demi-lieue de Braine. Il y avoit une Chapelle en ce même lieu.

Il y a une paroiffe de Bruyeres près de Val-Chrétien, qui eft du Valois, de même que la cenfe en queftion. En l'an 1589, le Curé de cette Paroiffe paya fix livres onze fols quatre deniers pour les députés du Duché de Valois aux Etats de Blois. Je ne fai, auquel de ces deux Bruyeres il faut appliquer, ce qui eft rapporté de la donation faite par Agnès de Braine de l'étang de Cuiffy aux Religieux de S. Ived. L'acte de cette donation fpécifie, que la Dame Agnès en a dépofé l'acte fur l'autel de Bruyeres (2).

En l'an 1154, la Communauté des Religieufes de Braine, étoit tout-à-fait établie à Bruyeres. Cette particularité nous eft connue, par une donation de la Comteffe de Braine aux *Religieufes de Bruyeres*, d'un étang fitué à Ancy, où l'Abbaye de S. Ived poffede encore une ferme.

Ancy ou le Pont-d'Ancy, eft un lieu fort ancien. On y paffoit autrefois la Vefle fur un pont, dont on appercevoit encore les débris il y a quelques années. On a trouvé auprès de ce pont en

(1) Tom. 9. p. 490.   (2) Gall. Chr. ibid.

démolissant de vieux murs, des membres de statues mutilées ; beaucoup de tuiles canelées très-épaisses, des bris de marbre de toutes les sortes. Un paysan de Limé, creusant, il y a quinze ans, un fossé assez près de l'ancien pont, brisa d'un coup de hoyau un vase de verre, semblable à une grande bouteille, qui étoit rempli d'ossemens. Il déterra un peu plus loin, des os d'homme, d'une grandeur extraordinaire. On a mesuré un *Tibia*, qui avoit vingt-deux pouces de longueur.

Tous ces monumens nous ont paru de trois âges différens. Nous croyons, que les ossemens d'une grandeur extraordinaire appartiennent au temps, où les Gaulois se gouvernoient selon leurs loix. Les ossemens renfermés dans des urnes de verre, de même que les statues mutilées, sont postérieures au regne d'Auguste. Les tuiles canelées sont communes dans le Valois, sur plusieurs emplacemens qu'on sait avoir été habités sous les Romains du Bas-Empire, un peu avant la fondation de la Monarchie Françoise.

La réunion des circonstances fait présumer, qu'il y avoit eu d'abord en ce lieu, une habitation de Gaulois; qu'on y avoit bâti une maison de plaisance, après le regne d'Auguste; & que cette maison aura été détruite ou endommagée, au temps de l'établissement de la Monarchie Françoise : dans l'obscurité de temps aussi reculés, on ne peut marcher, pour ainsi-dire, qu'à tâtons. Faute de faits certains, il faut s'aider de conjectures. J'ai cru devoir rapporter ici ces antiquités, parce que je n'aurai plus occasion de parler du pont d'Ancy. Je reviens au Couvent de Bruyeres.

Je n'ai pu savoir, combien de temps la Communauté de Bruyeres a subsisté. Il n'y a plus qu'une ferme à Bruyeres : elle appartient aux Prémontrés de Braine. On voit encore à côté de cette ferme, des débris de l'ancien Monastere. On lit aux Annales de Prémontré, que les biens de la Communauté de Bruyeres ont été changés en un bénéfice simple, qui appartient au Séminaire de Soissons.

La jeune Juive convertie par les soins d'Agnès de Baudiment Dame de Braine, mourut à ce qu'on prétend, peu de temps après le Comte Robert I. Son corps fut inhumé dans le chœur de l'Eglise de Braine, en un endroit où l'on voyoit autrefois une pierre plus longue que large, sans inscription, entre la tombe d'Agnès & celle de Robert II son fils.

Duchesne assure, qu'Agnès de Baudiment, veuve de Robert I

Comte de Dreux, vivoit encore en 1202, quatorze ans après fa mort du Prince fon mari. On connoît, qu'elle étoit décédée en l'an 1217, par l'acte d'une donation faite à S. Germer par Philippe de Braine Evêque de Beauvais, de plufieurs meubles qu'il avoit hérité de la fucceffion de la Comteffe fa mere.

Agnès étant morte, fon corps fut inhumé au milieu du chœur de l'Eglife de Braine. Ce qu'on lit à ce fujet dans les Voyages de D. Martenne, que cette Dame eft inhumée au milieu du cloître de l'Abbaye, eft vifiblement une faute. On couvrit fa fépulture d'une tombe qu'on voit encore. L'effigie de la Comteffe eft repréfentée au naturel fur cette tombe : elle eft relevée en boffe : la tête de l'effigie eft d'une grande beauté. La tombe eft de pierre dure, fans infcription & fans date. Le bas n'eft qu'ébauché.

La Comteffe laiffa dix enfans, fix fils & quatre filles, qui partagerent fa fucceffion. Robert l'aîné des mâles, qui avoit reçu en partage le Comté de Dreux du vivant de fon pere, hérita du Comté de Braine, après le décès de la Comteffe fa mere. Philippe le fecond des garçons, & Henry le troifiéme, embrafferent l'état Eccléfiaftique. Philippe devint Evêque de Beauvais, & Henry Evêque d'Orléans. Guillaume de Dreux, Jean & Pierre de Braine, trois autres fils d'Agnès & de Robert I, font peu connus par leurs actions. Guillaume mourut fans alliance avant l'an 1208, & fut inhumé à Long-pont. Il eft fait mention de Jean dans une Charte de l'an 1187. Cette piéce qui eft en même temps fignée de Robert & de Guillaume, eft le feul monument où le nom de Jean foit écrit. Pierre de Braine eft cité dans un titre de l'an 1179, comme étant poffeffeur d'un Fief fitué du côté du tréfond de Démentard. La ferme de Démentard & une grande partie du tréfond relevoient de ce Fief (1). Pierre mourut en l'an 1186, fuivant la Chronique de Long-pont, qui fe trouve à ce fujet en contradiction avec le titre de l'an 1187, déja cité. Nous avons remarqué, que Pierre de Braine fut inhumé à Long-pont, avec des honneurs extraordinaires.

Robert, Philippe & Henry, nous font beaucoup plus connus que leurs freres. L'article de Robert II nous occupera dans un autre endroit de cette Hiftoire. Nous allons rapporter les principaux traits, qui caractérifent plus particuliérement la vie de Henry & de Philippe.

(1) Chron. Long-p. p. 67. 79.

Henry de Dreux entra dans l'état Eccléfiaftique, par inclination & par choix. Il fut d'abord Archidiacre de Brabant dans l'Eglife de Cambrai. Il paffa de cette dignité à celle d'Evêque d'Orléans, en l'an 1186. Depuis fon inthronifation, il reçut de Pierre de Blois une lettre, par laquelle cet homme célebre l'engage à folliciter le Roi Philippe Augufte fon coufin germain, à demander au Clergé de France des prieres, plutôt que des fecours d'argent, pour lever une armée contre les Sarrafins (1). Henry entreprit le voyage de Rome en 1198, pour travailler à la délivrance de Philippe fon frere, que les Anglois tenoient prifonnier. Arrivé à Sienne en Tofcane, il fut attaqué d'une maladie qui le mit au tombeau, le vingt-cinq Avril de la même année 1198. On rendit à fa mémoire, tous les honneurs qui étoient dus à fon caractere & à fa naiffance. On l'inhuma dans l'endroit, qui fervoit de fépulture aux Evêques du lieu. Agnès fa mere vivoit encore. Elle fonda un Service pour le repos de fon ame dans l'Eglife Cathédrale de Reims (2).

Rien n'eft plus commun que de voir des fujets engagés dans un état contre leur inclination, contre leur gré, contre leur vocation. Les parens qui forcent leurs enfans à embraffer un genre de vie contraire à leurs difpofitions, à leurs talens, à leur caractere, perdent ces enfans, fe manquent à eux-mêmes & à la fociété. Tel auroit excellé dans la profeffion des armes, qui deshonore l'état Eccléfiaftique, par une vie diffipée, & par une conduite oppofée aux bienféances, qu'un Miniftre des Autels doit garder pour l'honneur de fon caractere. Voici un exemple de cette conduite.

Philippe de Dreux naquit au château de Braine, avec un génie & des qualités directement oppofées au genre de vie, que fes parens lui firent embraffer dans la fuite. Dès qu'il eut atteint l'âge & les forces néceffaires, il prit parti dans les armées, & fit le voyage de la Terre-fainte, où il donna des preuves de bravoure & d'habileté dans la profeffion des armes. A fon retour en France, il vit fon oncle Henry Archevêque de Reims, qui l'engagea par des raifons de fortune, à fe faire Eccléfiaftique. Philippe fut nommé Evêque de Beauvais en l'an 1176, & prit poffeffion de fon Siége en 1180 (3).

Il eut part aux plus grands évenemens de fon temps, militaires

---

(1) Petr. Blef. p. 112. an. 1188.
(2) Gall. Chr. t. 8. p. 1456.

(3) Duch. Hift. Dreux, p. 31.

& civiles. Il assista au Couronnement de Philippe Auguste, c
Pair de France. En 1182, il fit le voyage de S. Jacques en G
Le Roi Philippe Auguste & le Roi d'Angleterre étant parti
la Terre-Sainte, l'Evêque de Beauvais les y suivit, & s'exp
combattant vaillamment pour les interêts de la Religion.
heureux qu'à ~~son premier voyage~~ [iére croisade], il fut pris par les Infidéles
conduit prisonnier à Babylone : il se retira de leurs m
prix d'argent, & revint en France. En l'an 1193, il unit la
mie de Gerberoy à son Siége de Beauvais.

Les Rois de France & d'Angleterre, après avoir marché
accord contre les Infidéles, se diviserent entre eux. Les
raux du Roi d'Angleterre pousserent leurs partis jusqu'aux
de Beauvais. A la vue des ennemis, l'Evêque sentit renaî
ardeur guerriere, & oublia sa dignité. Il rassembla à la hâ
corps de milice bourgeoise, qui n'avoit jamais vu l'ennemi

Quoique le nombre des Anglois fût supérieur à celui du cor
bourgeois, l'Evêque résolut d'exécuter une sortie. Il se couvr
ne armure complette ; le bouclier au bras, le casque en tê
corps couvert de la même cotte d'armes qu'il avoit portée à l
re-Sainte. Il s'avança avec beaucoup d'intrépidité à la tête
troupe, pour charger les Anglois. Ceux-ci reçurent les bourg
avec une fierté qui les effraya. La troupe de l'Evêque lâcha
sans écouter la voix de son Chef, qui faisoit les derniers e
pour rallier les fuyards. Le bataillon fut dissipé : ceux qui
rent pas le temps de se sauver dans la ville, furent faits prison
l'Evêque lui même tomba au pouvoir des Anglois, tandis
cherchoit à rétablir le combat.

Le Chapitre de Beauvais écrivit au Pape, pour le prier d'
nir du Roi d'Angleterre, la délivrance de son Evêque. H
Evêque d'Orléans, entreprit le voyage de Rome, dans le d
d'accélérer le moment où Philippe son frere devoit être r
dans son Siége.

Le Pape adressa au Roi d'Angleterre un Bref, par leque
prie, avec toute sorte d'instance, de rendre la liberté à l'Ev
de Beauvais *son fils, son cher fils*. Le Roi d'Angleterre en
au Pape la cotte d'armes de l'Evêque, & chargea son dépu
porter ces paroles au Pontife en la lui présentant : *Tunica fi
hæc est?* Reconnoissez-vous la Tunique de votre fils ? Le P
qui le député raconta de quelle maniere l'Evêque avoit été

répondit: ce n'est plus ni mon fils, ni celui de l'Eglise, c'est un soldat de Mars & non de Jesus-Christ; qu'il se rachete à prix d'argent. Le Roi d'Angleterre exigea six mille marcs d'argent, que l'Evêque paya.

Ce contretemps ne guérit pas l'Evêque de sa manie pour la profession des armes. Il marcha contre les Albigeois en l'an 1212, & combattit contre eux avec beaucoup de valeur.

Au retour de cette campagne, il eut un différend très-vif avec le Comte de Boulogne (1). Celui-ci ayant attiré le Comte de Clermont dans son parti, l'Evêque appella à son secours ses neveux, fils de Robert II Comte de Braine. Le Comte de Boulogne commença les hostilités. Il prit & rasa un fort qui appartenoit à l'Evêque. Le Prélat secouru de ses neveux, usa de représailles: il enleva de vive force un fort appartenant au Comte de Boulogne, & le rasa. Cette petite guerre dura peu: les parties en vinrent à un accommodement.

Le Pape apprenant que l'Evêque de Beauvais avoit oublié ses anciennes infortunes, & continuoit de mener la vie d'un militaire, au lieu d'édifier son Clergé & son peuple par une conduite exemplaire, lui écrivit une lettre fort vive, par laquelle il lui défendoit de porter l'épée. L'Evêque prenant à la lettre la défense du Pape, s'abstint de porter l'épée & de manier cette arme. Il se fit faire une masse d'armes garnie de picots & de pointes, & s'en servoit au lieu d'épée. Il suivit Philippe Auguste aux guerres de Flandres, parut avec éclat à la mémorable journée de Bouvines & paya de sa personne avec un courage héroïque (2). Il assomma un grand nombre d'Anglois, & terrassa Etienne Longue-épée Comte de Salisbury, frere naturel de Jean Roi d'Angleterre. Il ne lui ôta pas la vie: il le fit prisonnier & le livra à Jean de Nesle. Il assista en l'an 1216, en qualité de Pair de France, au fameux jugement de Melun, touchant la Comtesse de Champagne. En l'an 1217, il fit son testament. Il donna à son Chapitre, des dixmes qu'il possédoit à Chévrieres, & fit présent à l'Abbaye de S. Germer d'une pièce de vaisselle d'or, qui lui venoit de la succession de la Comtesse de Braine sa mere.

On trouve dans les Décrétales, plusieurs rescrits des Papes Alexandre III & Innocent III, adressés à Philippe Evêque de Beauvais. La plus remarquable des circonstances de sa vie, est:

---

(1) Rigord ad an. 1212. (2) Guill. Britto, Ph. lib. 10.

l'établissement de la publication des bancs de mariage, pour la sûreté des conjoints & pour l'utilité publique (1).

Sa déférence, son respect pour les avis des Papes, & ses attentions pour le maintien de la discipline Ecclésiastique, lui font beaucoup d'honneur assurément : mais ces perfections prouvent seulement qu'il avoit beaucoup d'esprit & de jugement, & ne le disculpent pas de la faute qu'il fit d'entrer dans l'état Ecclésiastique, par égard pour des avis qui n'étoient fondés que sur des vues d'intérêt. Celles de ses qualités qui causerent un scandale général, eussent été regardées comme des graces d'état, s'il eût continué de suivre la profession des armes qu'il avoit d'abord embrassée. Il mourut à Beauvais au mois de Novembre de l'an 1217; regretté de ses diocésains, à cause de ses vertus civiles, & d'un caractere bienfaisant, qui le portoit à prévenir ceux qu'il pouvoit obliger.

28. La fondation de l'Abbaye de Chartreuve a suivi de près l'établissement des Prémontrés de Braine. Chartreuve est un lieu ancien. Ses noms latins, *Cartovorum*, *Castrovorum* & *Cartovra*, sont composés des deux mots, *Castrum* qui signifioit un château fortifié, & *Evora* ou *Euvre*, qui dans l'ancien langage signifioient une forêt. La situation de Chartreuve autorise cette explication.

Il y a apparence, que le premier château de Chartreuve avoit été bâti par les Romains. Sa premiere origine n'a pas d'époque certaine. Après la conquête des Gaules par les Francs, ce lieu devint une terre du Fisc (2). Cette terre fut donnée aux ayeux du Seigneur Gomnoald. Celui-ci vendit ce domaine, sur la fin du septiéme siécle, à S. Rigobert Archevêque de Reims, moyennant une somme de cinq cens sols d'or, que le saint Prélat lui paya comptant. S. Rigobert fit présent de cette terre à son Archevêché.

Vers le temps où la terre de Braine fut enlevée aux Archevêques de Rouen, des Chevaliers, vassaux des Comtes de Vermandois, ravirent à main armée la terre de Chartreuve aux Archevêques de Reims; les terres de Chartreuve & de Chéry passerent de ces Chevaliers au pouvoir des Comtes de Champagne, & de ceux-ci, aux Seigneurs de la terre de Braine.

Après la mort du pere de la Dame Agnès, qui épousa André de Baudiment, les terres de Chartreuve & de Chéry échurent à

(1) Gall. Chr. t. 9. p. 732.   (2) Flodoard. lib. 2. chap. 11.

Hugues

Hugues le Blanc frere d'Agnès. Hugues forma le deffein de placer des Religieux à Chartreuve, avant que l'Abbaye de Braine eut été fondée; mais il mit plufieurs années à l'exécuter. Quelques Auteurs ayant égard au temps où Hugues forma fa réfolution, ont avancé que l'Abbaye de Chartreuve eft le premier Monaftere de Prémontrés, qui ait été fondé au Diocefe de Soiffons. Cette fondation eft poftérieure à celle de Valfery, établie d'abord à Viviers (1).

Hugues de Chéry eut befoin pour exécuter fon projet, du confentement de Guy fon frere & de la Dame Agnès de Braine fa fœur, parce que les biens qu'il fe propofoit de donner en dot au nouveau Monaftere, dépendoient en partie de ces deux perfonnes. Hugues demanda auffi le confentement de Henry I Roi d'Angleterre, qui avoit apparemment quelques prétentions à exercer fur les mêmes biens. Il obtint ce qu'il défiroit.

Guy de Braine, dont il eft ici queftion, doit être diftingué de Guy de Baudiment, fils d'André, qui poffèda la terre de Braine après le décès de fon pere. L'un étoit l'oncle, l'autre le neveu. Guy de Braine, frere de Hugues & d'Agnès, eft cité fous le nom de *Vido de Breina* dans une Charte de l'an 1123, concernant le Monaftere d'Igny. Il eft marqué dans cette piéce, que Guy a fait fon préfent à cette Abbaye, fous le bon plaifir du Seigneur Thibaud Comte de Champagne (2). Guy mourut fans poftérité, de même que Hugues le Blanc fon frere. Les biens de ces deux Seigneurs revinrent à Agnès leur fœur, avec les droits particuliers que Hugues s'étoit réfervés fur l'Abbaye de Chartreuve. C'eft par cette raifon, que les Comtes de Braine font encore reçus à Chartreuve comme Patrons, lorfqu'ils s'y préfentent: ce qui arrive ordinairement aux mutations.

Hugues, après avoir affuré un fond de fubfiftance aux Religieux qu'il vouloit faire venir à Chartreuve, choifit le chef qui devoit gouverner la nouvelle Communauté en qualité d'Abbé. Il jetta les yeux fur un Prémontré nommé Odon, qui avoit la réputation d'une rare intelligence & d'une vie exemplaire. Odon fut chargé de l'achevement des lieux réguliers & de l'inftallation des Religieux, qui devoient compofer la nouvelle Communauté. Nous ignorons en quelle année Odon mit fin à l'établiffement de l'Abbaye de Chartreuve. Les Abbés fes fuccef-

(1) Gall. Chr. t. 9. p. 483. t. 10. inftr. p. 128. | (2) Gall. Chr. t. 10. inftr. p. 110.

seurs n'ont rien fait qui mérite d'être rapporté. Sur la fin du douziéme siécle, Philippe d'Ouchy fit présent à Chartreuve d'un revenu en grains, lorsque Philippe son fils prit l'habit de Prémontré à Chartreuve.

Odon forma une Communauté de femmes dans l'enceinte de son Monastere. Cette Communauté subsistoit encore à Chartreuve en l'an 1197. Le trait qui suit, en est la preuve.

Il est marqué dans une Charte de Fulbert Évêque de Térouanne, datée de cette même année 1197, que Fulbert & sa femme Hercea se sont retirés à Chartreuve avec Doline leur fille; qu'ils ont donné tous leurs biens à l'Abbaye avec ces restrictions; 1°. que Fulbert & sa femme demeureroient dans l'Abbaye sans prendre l'habit de l'Ordre, & qu'ils y meneroient la vie séculiere; 2°. que Doline leur fille prendroit l'habit de Religion, & suivroit la Regle des Sœurs de l'Ordre; 3°. que le pere & la mere de la Religieuse conserveroient leur vie durant une partie de leurs biens, pour lesquels ils payeroient à l'Abbaye une rente annuelle d'un marc d'argent.

Les Religieuses furent transférées quelques temps après en un endroit situé entre Chartreuve & Chéry, à un demi quart de lieue au nord de Chartreuve. Il n'y a plus présentement qu'une métairie en cet endroit, qu'on nomme la *ferme des Dames*, ou *les Dames sous Chery*. L'ancienne Eglise subsiste encore, avec quelques portions des lieux réguliers.

29. Les Chanoines du Mont-Notre-Dame eurent plusieurs contestations avec les premiers Prémontrés de Chartreuve & de Braine, touchant des biens limitrophes. Ces contestations furent terminées par une transaction passée en l'an 1140, entre l'Abbé des Prémontrés de Braine & Thomas, Doyen du Mont-Notre-Dame. L'acte dont on a encore l'original, porte que les Chanoines du Mont-Sainte-Marie cédent aux Religieux de Braine le moulin de Joye, à condition que les Religieux payeront annuellement aux Chanoines, une rente de sept muids & demi du plus beau froment, qui sera récolté sur les terres de la ferme de Bruyeres.

Ce moulin de Joye subsiste encore. Il est situé au bas du Mont-Notre-Dame, sur la petite riviere qui sépare les deux territoires du Mont-Notre-Dame & de Quincy. Il y avoit autrefois près de ce moulin un *pont de Jouise*, où passoit le grand chemin de Paris à Reims : on gagnoit Ouchy, en montant la boulerie de Tannieres.

Le Doyen Thomas, qui conclut l'accord dont on vient de parler, étoit un Ecclésiastique vertueux, pour qui l'Evêque Josselin avoit une grande estime. Il survécut peu d'années à cet accord. Après sa mort, son Chapitre rendit à sa mémoire les honneurs qu'il avoit mérités. On l'inhuma dans l'Eglise, & l'on plaça à côté de son tombeau une épitaphe, dont l'inscription est conçue en ces termes :

Est homo vermis, humus est, & mundi gloria fumus,
Et presens vita, transit ut umbra cita.
Pes, tutela, manus, Cleri fuit iste Decanus,
Pauperis & baculus, quem tegit hic tumulus.
Cum nulli sensus mortem demat neque census
His Thomas nituit, qui tamen ecce ruit.

Ces vers, quoiqu'assez mal tournés, font un éloge complet du Doyen Thomas. Ils le représentent comme le pere des pauvres, comme l'ami & le défenseur de ses Confreres. L'Eglise où ce Doyen fut inhumé, étoit la même qui avoit été bâtie par Gérard de Roussillon, Fondateur du Chapitre. Les vers que nous venons de transcrire, sont parfaitement bien figurés en caracteres moitié romains, moitié gothiques, avec beaucoup d'abbréviations & de liaisons. L'épitaphe se voit encore dans la croisée gauche de la grande Eglise du Mont-Notre-Dame, au dessous de la voûte. Elle est dans un sens renversé (1).

30. La Maison des Seigneurs de Bazoches se perpétua pendant tout ce siécle, par une illustre & nombreuse postérité. Hugues de Bazoches, dont nous avons parlé au Livre précédent, eut quatre fils ; Guy, Gaucher, Hugues II & Gérard, & une fille nommée Ermengarde, dont il est fait mention dans un titre de l'an 1134. Guy de Bazoches eut des descendans, dont nous allons parler.

Gaucher eut en partage les terres de Coulonges & de Pouilly, avec une portion de la Seigneurie de Bazoches. Il confirma les donations faites a S. Rufin par son pere. Il donna en l'an 1134, à l'Eglise de S. Thibaud, un moulin situé sur la chaussée

(1) Duch. Hist. Chat. p. 68.

de Bazoches. On conserve un acte de l'an 1141, par lequel il donna un pré à l'Eglise de S. Ived de Braine. Il mourut sans enfans en 1148.

Hugues II épousa l'héritiere de la Vidamie de Châlons. Je n'ai rien découvert sur Gérard.

Guy de Bazoches entra en possession de la plus grande partie des domaines de son pere. Quelques titres du temps portent, qu'il restitua à l'Eglise de S. Thibaud la dixme de Corthain, que son pere avoit usurpée, & qu'il la donna à un Chevalier de son château, nommé Isuard, pour lui tenir lieu de quinze livres. Guy remboursa le Chevalier, & rendit la dixme. Afin de réparer le tort que l'usurpation de son pere avoit causé à l'Eglise de S. Thibaud, il donna à cette Eglise la dixme de son alleu de Parthy. Il épousa Hermengarde de Roucy, de laquelle il eut deux fils; Hugues de Bazoches, & Gervais qui lui succéda.

Hugues se fit Moine à l'Abbaye d'Igny, sans vocation pour l'état qu'il embrassoit. Ce Religieux n'est connu que par un crime énorme. Il attendit & tua dans un dortoir de son Monastere, Gérard Abbé de Clairvaux.

Gervais de Bazoches épousa du vivant de son pere, une Dame nommée Havoise. On lit dans un acte de l'an 1154, que ce Seigneur confirma les Religieux de S. Ived de Braine dans la jouissance de tous les biens qu'ils possédoient à *Chortiaut*, apparemment Courteau. L'acte qu'il fit dresser à ce sujet, fut passé en présence de Guillaume Abbé de Chartreuve, & d'Ancoul de Pierrefonds Evêque de Soissons. En l'an 1161, il constitua une rente à l'Eglise de S. Rufin pour l'entretien d'une lampe, qui devoit brûler jour & nuit devant une Image de J. C. L'année de sa mort est incertaine.

Havoise son épouse lui survivoit en l'an 1169, avec six fils & deux filles, qu'ils avoient eu de leur mariage. Nicolas, l'aîné des six garçons, succéda à son pere dans la plus grande partie de ses biens.

Guy le second fut Chanoine de Soissons; Gaucher le troisiéme mourut jeune, & fut enterré à S. Rufin; Gautier le quatriéme prit le parti des armes & devint Chevalier. On lit son nom dans un acte de l'an 1169. Milès le cinquiéme fut fait Abbé de S. Médard de Soissons. Robert le sixiéme fut marié, & eut un fils qu'on nomma Pierre de Bazoches. Fauque de Bazoches, l'aînée des deux filles, fut mariée en premieres nôces à Renaud de Courlandon, & en secondes nôces, à Raoul de Séry. Alix de Bazoches, sœur cadette de Fauque, épousa le Seigneur de Balaam, dont elle eut quatre fils.

Nicolas possédoit la Seigneurie de Bazoches dès l'an 1169. Il passa en cette année un compromis avec les Religieux de S. Ived de Braine, touchant des terres situées à Barbonval, Longueval & Serval. Il épousa en 1188, Agnès de Chérisy, fille de Gérard III. Il en eut une fille & six fils. La fille prit le nom d'Agnès, & épousa d'abord Raoul de Château-Porcien; puis Erard Seigneur d'Aunay, après la mort de Raoul.

Nicolas, l'aîné des six garçons, succéda à son pere. Nous le nommerons Nicolas second, pour l'en distinguer. Gautier de Bazoches, troisiéme fils de Nicolas I, eut en partage la terre de Villesavoye, & fit branche dans la Maison de Bazoches. Les cinq autres enfans embrasserent l'état Ecclésiastique. Jacques de Bazoches fut Evêque de Soissons. Gervais de Bazoches, second frere de Nicolas II, devint Archidiacre de cette même Ville. Nivelon, cinquiéme fils de Nicolas I, fut Chanoine de la même Cathédrale & Archidiacre, ainsi que Gervais son frere. Gérard le cinquiéme, fut nommé à un Canonicat de la même Eglise de Soissons, & fut élevé dans la suite sur le Siége Episcopal de Noyon.

Jacques de Bazoches a été le plus illustre de cette nombreuse Famille. Il fut d'abord pourvu de la dignité de Trésorier de la Cathédrale de Soissons, & nommé ensuite Evêque de cette Ville en l'an 1219. La circonstance de son Episcopat qui l'a rendu plus célebre, est le choix qu'on fit de sa personne pour sacrer le Roi S. Louis, en l'an 1226. Le Siége de Reims étoit vacant. En 1223, il acquit de Mélisende de Chérisy sa tante, un revenu de dix-huit muids de froment & de dix-sept muids d'avoine, à prendre sur la maison de Long-pont. Gobert de Chérisy son oncle, ratifia cette vente. En 1227, l'Evêque Jacques de Bazoches consacra la grande Eglise de Long-pont, en présence du Roi S. Louis. Il mourut après l'an 1241.

Les biens de l'Eglise de S. Rufin de Bazoches, qui avoient suffi dans l'origine à l'entretien de soixante-douze Clercs, ne produisoient plus qu'un revenu modique au douziéme siécle (1).

(1) Ann. Bened. t. 6. p. 280. 671.

Les premiers fonds de cette Eglife avoient été ufurpés en grande partie. La diminution du produit avoit impofé la néceffité d'éteindre foixante Canonicats, & de n'en réferver que douze.

Vers l'an 1136, Joflein de Vierzy Evêque de Soiffons, reçut du Roi la permiffion de réunir à Marmoutier la Collégiale de S. Rufin de Bazoches. Il obtint auffi les autres confentemens néceffair s. Voici quelles furent les conditions de cette réunion (1).

L'Evêque convint avec Odon Abbé de Marmoutier, que l'Eglife de S. Thibaud déja occupée par des Religieux de fa Maifon, feroit foumife à celle de S. Rufin : que les Chanoines féculiers de S. Rufin conferveroient leurs prébendes jufqu'à la mort, & qu'à mefure que chacun d'eux décéderoit, il feroit remplacé par un Moine : que les Chanoines & les Moines vivroient féparément; que le plus nombreux des deux corps feroit l'Office Divin dans le chœur, & l'autre dans la nef : que le premier jouiroit des droits de nomination & des priviléges des Dignités; que cependant les legs pieux feroient divifés en deux parties égales.

Ces particularités font contenues dans une lettre de l'Abbé Odon, adreffée à l'Evêque de Soiffons. Odon témoigne au Prélat, que le Monaftere de Marmoutier eft redevable aux Evêques fes prédéceffeurs, de la réunion des Eglifes de S. Thibaud de Bazoches, & de S. Sulpice de Pierrefonds, à fa Communauté.

31. Chaque fiécle a eu fon genre de dévotion. Il n'y en a pas où les fondations de Monafteres ayent été auffi multipliées, que pendant le douziéme. Trois grands Ordres Religieux partageoient l'eftime & les libéralités des perfonnes pieufes; les Bénédictins, les Bernardins & les Prémontrés. Parmi ces Monafteres, les derniers établis avoient toujours plus de part aux aumônes des fidéles que les autres, parce que les premiers commencemens font toujours accompagnés de plus de ferveur.

L'Abbaye de Long-pont a été fondée avec beaucoup de fomptuofité & de magnificence. Elle tient encore un rang diftingué parmi les Maifons religieufes de la filiation de Clairvaux.

Avant que ce Monaftere fût fondé, il y avoit un village de Long-pont & une Eglife paroiffiale, à côté de l'emplacement actuel de l'Abbaye. L'origine de ce village eft fort obfcure. Il paroît que dans les premiers temps il faifoit partie du domaine des Seigneurs de Crépy. Ces Seigneurs le donnerent en Fief à quel-

(1) Gall. Chr. t, 9. p. 357.

ques-uns de leurs Chevaliers de la Ferté-fur Ourcq, qui partagerent cette terre entre eux. Les principales portions de cette terre furent réunies par le pere d'Agnès de Long-pont, femme de Gérard de Chérify, fils de Gérard le Borgne. Lorfque l'Abbaye fut fondée, une grande partie de la terre relevoit de Geoffroi de la Ferté-Milon. Agnès de Long-pont porta ce domaine en dot à Gérard de Chérify, lorfqu'elle l'époufa. Comme Gérard appartenoit à la Maifon des Seigneurs de Pierrefonds, il obtint des Seigneurs de Crépy, que fon Fief de Long-pont relevât par la fuite de la Châtellenie de Pierrefonds. Le nom de Long-pont avoit été donné à cette terre, parce qu'on arrivoit au village par une longue chauffée, percée de plufieurs arches qui repréfentoient un pont.

L'Eglife paroiffiale du lieu avoit joui anciennement de gros revenus, que les Chevaliers de la Ferté-Milon avoient envahis. La plûpart de ces biens étoient parvenus par fucceffion à Gérard, mari d'Agnès de Long-pont. Gérard poffeda longtemps ces biens, fans favoir qu'ils avoient été ufurpés. L'Evêque de Soiffons le lui fit connoître, & lui donna des avis. Gérard reçut avec docilité les remontrances du Prélat ; car il avoit hérité de fon pere les fentimens d'une éminente piété (1). Le Siége Epifcopal de Soiffons étoit pour lors occupé par Jofcelin de Vierzy, le pere ou le reftaurateur de tant de Monafteres.

Jofcelin propofa à Gérard de placer à Long-pont des Religieux de Cîteaux, au lieu des Clercs féculiers qui deffervoient originairement l'Eglife. L'Evêque obtint fa demande, & penfa à fonder à Long-pont un Monaftere, où l'on obferveroit la Regle de Cîteaux. Comme les biens qu'on alloit reftituer, ne pouvoient fuffire à la fubfiftance d'une Communauté nombreufe, il donna à l'Eglife de Long-pont deux charrues de terre, dépendantes de la ferme de Morambeuf, paroiffe de Vierzy. Ancoul de Pierrefonds Prevôt du Chapitre de Soiffons, & Nivelon de Chérify Archidiacre du Diocefe, poffédoient l'un & l'autre quelques biens dans le canton. L'Evêque les engagea à en faire le facrifice à l'Eglife de Long-pont. Matthieu de Louatre & Renaud fon frere, voulant avoir part au nouvel établiffement, céderent des terres & des prez, des étangs & des bois, qu'ils avoient à Favieres. Ces particularités font rapportées dans un écrit daté de l'an 1132,

(1) Chron. Long-p. Sueff. p. 28.

qu'on doit regarder comme la Charte de fondation de l'Abbaye de Long-pont. On lit au bas les signatures de Burchard Evêque de Meaux, d'André de Baudiment, & de Geoffroi de la Ferté-Milon. Le Roi Louis le Gros approuva les dispositions de cet écrit, par un Diplôme daté de l'année suivante 1133. Le Pape Innocent II ratifia tout, par sa Bulle de l'an 1141.

L'Evêque de Soissons fit venir des Religieux de Cîteaux à Long-pont, avant la fin de l'an 1132, 1133, avant Pâques. On lit dans la Chronique de Guillaume de Nangis (1), que l'Abbaye de Long-pont a été fondée le jour de Pâques; ce qui signifie que l'on a commencé ce jour-là d'y observer la Regle. Il doit être ici question de la fête de Pâques, premier jour de l'année 1133.

Rien ne fait connoître qu'on ait bâti de nouveaux logemens pour recevoir les Religieux de Cîteaux. Il y a apparence que ces Religieux occuperent en premier lieu, les logemens qui avoient autrefois servis aux Clercs de l'Eglise de Long-pont. Ils passerent près de dix ans, privés d'une Eglise spacieuse & de logemens sains & commodes.

S. Bernard qui vivoit pour lors, prit beaucoup d'intérêt à cette fondation. Comme l'établissement ne pouvoit être réputé consommé, sans le renouvellement de l'Eglise & des lieux réguliers, il chercha quelque puissant Seigneur qui fût assez opulent, pour entreprendre à ses frais la construction d'une Eglise & des lieux claustraux propres à faciliter l'observance de sa Regle. Il profita habilement d'une conjoncture, que son grand crédit rendit favorable à l'exécution de ses desseins.

Le Prince Raoul IV., Comte de Crépy, frappé d'excommunication à cause de son divorce, cherchoit à rentrer dans le sein de l'Eglise. Avant de le recevoir à pénitence, on lui imposa plusieurs obligations, parmi lesquelles on prétend que S. Bernard fit inférer celle de bâtir l'Eglise & le Monastere de Long-pont. D'autres assurent, que le Comte choisit de son propre mouvement, ce genre d'expiation. Quoiqu'il en soit des circonstances & des motifs, Raoul fit jetter les fondemens de la grande & magnifique Eglise de Long-pont, vers le temps où il fut relevé de son excommunication par Ives, Légat du saint Siége.

L'Eglise de Long-pont est un des beaux vaisseaux du Royaume. Elle est bâtie dans un grand goût, avec autant de solidité que

(1) Spicileg. t. 3. p. 5.

de délicatesse. Elle a trois cens vingt-huit pieds de long, & quatre-vingt-huit pieds de large, sur quatre-vingt quatre pieds d'élévation en-dedans œuvre. La croisée est longue de cent cinquante pieds, n'ayant été bâtie que pour l'usage des Religieux dans une espèce de solitude ; le Chœur en occupe la plus grande partie ; la Nef est peu considérable. Au-dessus des arcades, par lesquelles la Nef & le Chœur communiquent avec les bas-côtés, regne une galerie fermée dans tout le contour de l'Eglise. Les galeries fermées sont un ornement d'architecture commun aux grandes Eglises, qui ont été bâties sur la fin du douziéme siécle. La croisée est terminée par deux roses d'un beau travail ; une troisiéme rose qui sert d'ornement au grand portail, donne beaucoup de jour à l'entrée de la Nef. Les voûtes sont éclairées par des vitraux très-bien percés & très-bien ménagés. Originairement les roses & les vitraux étoient des grisailles de gros verres, enchassés dans des cadres de bois, comme à Pontigny & à la Cathédrale de Soissons. Les murs, quoique d'une grande portée, n'ont presque pas de fondation.

Tout l'édifice ne fut pas achevé du vivant de Raoul IV Comte de Crépy. Ce Prince eut seulement la satisfaction de finir les principaux lieux réguliers. Ces lieux sont spacieux, dégagés, bien voûtés. Ils passent pour les plus beaux de tout l'Ordre de Citeaux. Les trois dortoirs ont été achevés du vivant de Raoul, ainsi que le réfectoire, qui est une belle salle, assez spacieuse pour contenir deux cens convives. Les dortoirs ont été dégradés pendant les guerres de Religion.

Alix ou Pétronille, seconde femme de Raoul, qui avoit été le sujet du divorce de ce Seigneur, eut beaucoup de part à la fondation de Long-pont. On apperçoit à l'extrémité des jardins de cette Abbaye, un pan de muraille surmonté d'une cheminée à tuyau rond. Cet ancien mur est le reste d'un hôtel, que cette Dame fit bâtir, afin d'être témoin de plus près des vertus des premiers Religieux, & de s'édifier de leur vie exemplaire. Après la mort de Pétronille, la Comtesse Eléonore sa fille occupoit cet hôtel, lorsqu'elle venoit rendre visite aux Religieux de Long-pont. Ce corps de logis fut accordé dans la suite aux Evêques de Soissons, auxquels il servit long-temps de Maison de plaisance.

Les pierres qui ont servi à la construction de tous les bâtimens, ont été prises dans des carrieres, qu'on voit encore aux environs de l'Abbaye.

Le Monastere de Long-pont acquit des biens immenses, avant la fin du douziéme siécle. Raoul IV y fit présent des deux plus riches fermes de son Comté de Vermandois ; Héronval & le Tronquoy. Il exempta les Religieux de tous péages dans l'étendue de ses domaines. Raoul le Jeune son fils leur accorda le droit de pacage & d'usage dans ses forêts. Elisabeth, sœur ainée du jeune Comte, donna aux mêmes Religieux la riche métairie de Morambeuf avec la Justice du lieu. Eléonore sa sœur, Dreux Seigneur de Pierrefonds, & les Seigneurs les plus puissans de la contrée, comblerent à l'envi le nouveau Monastere de leurs largesses. En l'an 1191, les Religieux de Long-pont reçurent en présent les deux fermes de Vauberon & de la Gorge.

Le premier Abbé régulier de Long-pont fut placé de la main de S. Bernard. Le Saint choisit Hugues Pipars, Prieur de son Abbaye de Clairvaux. Hugues abdiqua volontairement en l'an 1145, & eut pour successeurs Baudoin, Geoffroy & l'Abbé Girard, qui a été l'un des grands hommes de l'Ordre de Citeaux. Lié d'une étroite amitié avec S. Bernard, il fut aussi le fidéle imitateur de ses vertus. Après la mort du pieux Abbé, il écrivit sa vie sous le titre de *gesta sancti Bernardi*. Les Abbés Alexandre, Hugues de Cassel, Hugues de Troyes, Hugues de S. Quentin & Adam, le remplacerent successivement.

Le fameux Pierre le Chantre parut à Long-pont, sous le gouvernement de l'Abbé Adam. Pierre ayant formé le dessein de passer les dernieres années de sa vie sous l'habit & sous la Regle de Citeaux, choisit l'Abbaye de Long-pont pour retraite. Pierre étoit né à Reims. Il quitta sa patrie pour venir faire à Paris son cours de Théologie. Il prit les dégrés de Docteur dans la célebre Université de cette Ville. Il fut élevé par son mérite à la dignité de Chantre de l'Eglise Cathédrale. Pierre occupoit cette place, lorsqu'on le nomma Evêque de Tournai, d'une voix unanime. Sa modestie ne lui permit pas de déférer aux empressemens du Clergé & du peuple, qui l'avoient choisi : il refusa. Il consomma, pour ainsi-dire, son renoncement aux honneurs, en partant de Paris pour se rendre à Long-pont. Il prit avec lui tous les ouvrages qu'il avoit composés, & les retoucha pour la plûpart. On conserve encore ces mêmes Ouvrages manuscrits dans la Bibliotheque de Long-pont.

Muldrac s'étend beaucoup sur la vie & sur les écrits de Pierre le Chantre, dans la Chronique de Long-pont (1). Il rassemble sur cet homme illustre, tous les témoignages qu'il a pû trouver. Pierre mourut à Long-pont en odeur de sainteté en l'an 1197, avant la fin de son Noviciat. Ses Ouvrages ne sont pas à l'abri de tout soupçon d'erreur. Pierre le Chantre est accusé par plusieurs Théologiens, d'avoir cru que la consécration des deux espéces Eucharistiques est indivisible.

Les Religieux de Long-pont inhumerent son corps dans leur cloître, à côté de la porte de l'Eglise. On lit cette inscription au-dessus de son tombeau : *D. O. M. Hic jacet Petrus Cantor, Parisiensis Doctor celeberrimus, qui in Episcopum Tornacensem electus, humiliter declinavit, & suis auditoribus scientiæ ac normæ morum exiflens, assumpto in hoc Monasterio, Cistercienfi habitu, vitam beato fine complevit,* 14. *Cal. Jun.* 1180 La date de cet épitaphe est fausse : il faut 1197 au lieu de 1180.

Son corps ayant été levé de terre, fut placé dans une Châsse de bois, qu'on a attachée à l'un des piliers du Sanctuaire, avec cette inscription.

Hoc jacet in loculo Petrus venerabilis ille,
Egregius Cantor, Parisiense decus.

A la fin du douziéme siécle, le nombre des Religieux de Long-pont montoit à deux cent : on y voyoit arriver de toutes parts des personnes de diverses conditions, qui venoient demander l'habit de l'Ordre. Les Religieux étoient divisés en quatre classes ; la premiere composée des Prêtres, c'étoit la moins nombreuse ; la seconde, formée des Clercs ou Religieux de Chœur, soit qu'ils eussent reçus quelqu'ordre inférieur, ou qu'ils fussent *in viâ*. Les Freres convers, Lais ou Servans, formoient la troisiéme classe. On les nommoit aussi *Freres rendus*. La quatriéme classe étoit un état mixte. On portoit l'habit de l'Ordre, sans être engagé par des vœux solemnels. Ces sortes de prises d'habit étoient ordinairement l'effet d'un vœu prononcé à l'article de la mort, ou dans un danger urgent. Selon la nature & les conditions du vœu qui avoit été formé, les personnes qui s'étoient obligées, ou pratiquoient certaines parties de la Regle, ou se

(1) pag. 110. & sqq.

retiroient dans le Monastere auquel elles s'étoient vouées. On donnoit a cette classe de Pénitens, le nom de *Monachi ad succurrendum.* Ce genre de dévotion avoit pareillement lieu dans les Monasteres de filles. On recevoit à Mornienval des Religieuses *ad succurrendum* ou *in articulo mortis.*

Gérard II de Chérisy, qui contribua le plus par ses libéralités à la fondation de l'Abbaye de Long-pont, parvint à un âge fort avancé : ce qui lui fit donner le surnom de Vieux. Le même principe de Religion, qui l'avoit porté à sacrifier une partie de ses biens à l'établissement d'une Communauté réguliere, le détermina à imiter dans la retraite, les exemples de vertu qui l'avoient d'abord édifiés. Il partagea ses biens entre ses enfans, & prit la résolution de consacrer à Dieu ce qui lui restoit de vie. Agnès son épouse, prit part à sa résolution. L'un & l'autre entrerent à Long-pont dans le même temps, & y prirent l'habit de Cîteaux. Gérard & Agnès moururent à Long-pont. Le Nécrologe de l'Abbaye donne à Gérard la qualité de Moine *ad succurrendum.*

Joslein de Vierzy Evêque de Soissons, mourut en l'an 1151, après vingt-cinq ans d'Episcopat. Son corps fut déposé à Long-pont, & conservé jusqu'à ce que la grande Eglise eût été bâtie. On l'inhuma dans le Sanctuaire, où l'on voit encore son tombeau : distinction bien rare, dans un temps où les Status de l'Ordre de Cîteaux défendoient encore d'inhumer qui que ce soit dans les Eglises, à l'exception des Rois, & des Fondateurs qui mouroient revêtus de dignités Ecclésiastiques. Joslein méritoit à tous égards, les distinctions dues aux Fondateurs. On lit sur son tombeau une inscription, dans laquelle on le loue d'avoir introduit à Long-pont des Religieux de Cîteaux, & d'avoir été le pere de plusieurs Maisons Religieuses.

Il y a deux Maisons de Long-pont dans l'Isle de France ; celle dont nous venons d'expliquer la fondation, & une autre située sous Mont-l'Héry. La premiere est du Diocese de Soissons & de la Filiation de Clairvaux. L'autre dépend du Diocese de Paris, & appartient à l'Ordre de Cluny.

Le P. Muldrac, ancien Prieur de l'Abbaye de Long-pont, a composé une Chronique, qui contient les principales Chartes qu'il a trouvées dans les Archives de sa maison. Il a aussi expliqué fort au long l'origine de cette même Abbaye, dans un Chapitre de son Valois Royal.

32. Val-Chrétien est un lieu situé à l'une des extrémités du Valois, sur la riviere d'Ourcq, au pied d'une montagne; proche de Fere en Tardenois; à six lieues de Soissons, & à quatre lieues de Château-Thierry.

On prétend que cet endroit a pris le nom de Val-Chrétien, parce que les premiers Chrétiens des Gaules y avoient un rendez-vous, où ils s'assembloient pendant les persécutions des Empereurs Romains. L'Eglise de Val-Chrétien passe pour avoir été l'une des premieres bâties du canton.

Cette Eglise fut d'abord pourvue de biens considérables, dont elle fut ensuite dépouillée pendant les troubles. On ne trouve dans les monumens rien de positif à ce sujet, avant le temps où elle fut donnée à des Religieux de l'Ordre de Prémontré.

Vers l'an 1134, le Chevalier Raoul de Cramailles, fils de Gislebert de la Ferté-Milon, possédoit assez près de l'Eglise de Val-Chrétien un Fief de Reincourt, consistant en trois cens arpens de terre, vingt-cinq arpens de prés, cent arpens de bois, & un moulin sur l'Ourcq, qui est présentement en masure : cette masure conserve encore le nom de Reincourt. Raoul avoit aussi, comme Seigneur de ce Fief, le cours de l'eau, un jardin, des friches, quelques hostises ou fermages. Ayant conçu la dévotion de fonder un Monastere à Val-Chrétien, il remit son Fief entre les mains de l'Evêque Joslein, & le pria d'effectuer son dessein. André de Baudiment, Seigneur de Braine, approuva cette donation. Le Fief de Reincourt relevoit de lui.

Raoul ajouta dans la suite quelques biens aux dépendances de ce Fief; mais il se réserva son hôtel, un pré, quelques arpens de terres, & chargea son présent d'une rente viagere de quatre muids de méteil, de trente livres en argent, dont on devoit payer moitié à Gisele son épouse, si cette Dame lui survivoit. Il se réserva aussi le revenu de deux prébendes, & demanda que ceux de ses descendans nés ou à naître, qui voudroient prendre l'habit de Religion & faire profession dans le nouveau Monastere, y fussent reçus jusqu'au nombre de sept, sans rien payer.

Il stipula dans l'acte de donation, que faute par les Religieux de remplir ces obligations, il pourra les rassembler en Chapitre, & leur présenter l'acte de donation : que sur leur refus d'y satisfaire, le Chevalier Raoul pourra arrêter les revenus du Fief & de tout son legs, jusqu'à ce qu'il soit remboursé de sa créance :

claufe finguliere, qui fuppofe dans les membres d'une Communauté qui n'exiftoit pas encore, un principe de mauvaife foi & des fubterfuges, oppofés aux premiers principes de la Religion, de l'honneur & de la probité. Raoul étoit maître de fon bien : pourquoi le facrifier au préjudice de fes enfans à des Eccléfiaftiques, dont il foupçonne la bonne foi? S'il croit les Religieux honnêtes gens, pourquoi tant de défiance? Lorfque Raoul fit cet abandon, il avoit une femme & trois filles.

L'acte de cette donation fut dreffé en préfence de Renaud Archevêque de Reims, d'Urfus Abbé de S. Remi, de Gireme Abbé de Chartreuve, de Godefroi Abbé de Château-Thierry, & du Prémontré Urfus, que Gautier Abbé de S. Martin de Laon avoit envoyé, pour être le chef de la Communauté qu'on devoit établir. Plufieurs laïcs diftingués parurent à cet acte ; Pierre de Braine accompagné de fon époufe ; Hugues le Blanc Seigneur de Chéry, Giflebert de la Ferté-Milon, Hubert & Albéric d'Ouchy.

Après que cette affaire eut été confommée, Urfus, défigné Abbé du nouveau Monaftere, raffembla plufieurs Religieux, qu'il avoit fait venir de S. Martin de Laon & de quelques autres Maifons de fon Ordre. Urfus jouit pendant fept ans de la dignité d'Abbé. Il eut pour fucceffeurs les Abbés Grimaldus, Maurice, Barthelemi, Vautier & Odon.

Plufieurs perfonnes de marque ajouterent de nouveaux revenus à ce préfent du Chevalier Raoul. Guy de Garlande donna plufieurs terres. Giflebert de la Ferté-Milon fit préfent d'un Fief, qu'il avoit à Cramailles. Robert I Comte de Braine donna une ferme de deux charrues, fituée à la Belle-fontaine. Thibaud Comte de Troyes tranfmit à la nouvelle Communauté la propriété de fon moulin de Choifeul près de Dormans, & de la ferme de Sainte Croix avec trois charrues de terres, qui en dépendoient.

On établit à Val-Chrétien une Communauté de femmes : elle y fubfifta dix ans, dans le meme enclos que les hommes. On les fépara enfuite, & l'on transféra les femmes à la ferme de Sainte Croix, après y avoir pratiqué toutes les commodités qui parurent néceffaires à l'obfervance de la Regle.

Le Pape Eugene III confirma la fondation de Val-Chrétien par une Bulle datée de l'an 1147, & adreffée à Maurice Abbé du lieu.

33. Le Prieuré de Coincy prit de nouveaux accroissemens pendant le cours du douziéme siécle. Thibaud IV, Comte Palatin, de Champagne & de Brie, confirma par une Charte les donations faites à ce Prieuré, par son ayeul & par son pere (1). Il s'engagea pour lui & pour ses Successeurs à ne rien demander autre chose à cette Maison, qu'une mesure de vin & un pain, moins comme une redevance, que comme une preuve & un monument de la piété de ses peres. Le Comte approuva aussi, en présence de la Comtesse Mahaud son épouse, d'Hély de Montmirel, de Hugues de Château-Thierry, & de Hugues de Lisy-sur-Ourcq, les donations faites par Guy de Braine.

En l'an 1110, Wicher Prieur de Coincy, rentra par la protection de Lisiard de Crépy Évêque de Soissons, dans la jouissance de plusieurs bénéfices, qui apparemment avoient appartenus autrefois à la Communauté de Coincy. Ces bénéfices étoient situés à Crésancy, à Condé en Brie, à Vauciennes près Damery, *Wlcenis*, & à Celles près de Condé, *Kalet*.

Lisiard céda quelques redevances qu'il avoit à prendre sur ces bénéfices, à condition que les Religieux de Coincy payeroient tous les ans dix sols de cens au Chapitre de Soissons, le jour de sa naissance pendant sa vie, & le jour de son anniversaire après sa mort.

Wicher eut pour successeurs pendant ce siécle, les Prieurs Hugues, Barthelemi, Anscher, Vaucher, Girard, Guillaume & Jean I, auquel est adressée une Bulle du Pape Urbain III, datée de l'an 1186. Jean transigea l'an 1204, avec l'Abbé d'Igny, touchant les dixmes de Condé.

34. Raoul IV Comte de Crépy, avoit laissé en mourant, un fils & une fille sous la tutele de Valeran Comte de Meulant. Son épouse Pétronille de Guyenne ou de Poitiers étoit enceinte de la Comtesse Éléonore, dont elle accoucha l'année même de cette mort. Jacques de Guise observe, que le jeune Raoul n'avoit pas encore un an accompli, lorsqu'il perdit le Comte son pere. Élisabeth sa sœur aînée, n'avoit gueres que deux ans (2).

Valeran Comte de Meulant, méritoit la confiance que le Comte Raoul lui avoit marquée, en mettant sa famille sous sa tutelle (3). Il étoit neveu du Comte, & cousin germain de ses pu-

---

(1) Gall. Chr. t. 10. instr. p. 107. 110.
t. 9. p. 391.
(2) Hemer. p. 163.
(3) Robert Demont. Dutillet, p. 74.

pilles. Quoiqu'il fût encore jeune, il avoit le bon sens, l'intelligence & la prudence de l'âge le plus mûr. Brave de sa personne, il possédoit la science militaire aussi parfaitement qu'un ancien Capitaine. Lorsque le Comte Raoul mourut, il avoit déja obtenu plusieurs grades dans les armées, sans faveur, par le seul mérite de ses belles actions. Il avoit acquis l'estime publique sans partage, non-seulement dans son Comté de Meulant; il jouissoit de la réputation la plus flatteuse dans toute la Normandie. Hémery rapporte dans son Histoire de Saint Quentin plusieurs vers d'un ancien roman, dans lequel Valeran est représenté comme un jeune Seigneur qui avoit déja mérité par des faits d'armes éclatans, l'estime du Roi & la confiance des troupes.

> *Bacheler su de joene Jouvent*
> *Honc de la force, nous graignor hardement.*
> *Devant Candie porta son bras sanglant,*
> *En la bataille ot près de notre gent.*
> *Li Roi commande s'arriere-garderie,*
> *A Galeran de Meulant o se fie,*
> *A lui se tiennent tous ceux de Normandie.*
>
> Roman. apud Hemer. p. 161.

Valeran donna, dans l'administration des biens immenses de ses pupilles, des preuves du discernement le plus parfait. Il falloit un Seigneur tel que lui, parce que le Comte Raoul IV avoit laissé de grandes sommes d'argent, dont un tuteur moins scrupuleux que Valeran, auroit pu faire usage pour son compte, en attendant la majorité de ses pupilles. Il employa ces sommes à l'augmentation & à l'amélioration des terres & des biens dont il avoit le gouvernement. Il acquitta les dettes du Prince son oncle, & fit quelques acquisitions.

Il signala son humanité & sa tendresse, par les soins paternels qu'il prit de la santé du jeune Raoul, qui avoit apporté en naissant de grandes infirmités. Peut-être en auroit-il arrêté le cours par la sagesse de ses traitemens, s'il eût joui d'une plus longue vie. Valeran mourut à la fleur de l'âge. Les enfans du Comte de Crépy, n'ayant pas encore l'usage de la raison, ignorerent la perte qu'ils faisoient. Leur tutelle passa au Seigneur Yves de Nesle Comte de Soissons.

L'année

L'année de ce changement eſt incertaine. On a une Charte de ce Comte, datée de l'an 1153, par laquelle il confirme aux Religieux de Viviers, les donations que Raoul IV leur avoit faites. Mais comme le Seigneur de Nanteuil paroît avec lui dans cette Charte, qui d'ailleurs ne contient rien qui marque l'autorité d'un tuteur, on ne peut pas en conclure, que le changement fût alors effectué.

Je ne connois rien de plus ancien ſur ce ſujet, qu'un acte de l'an 1157, par lequel le jeune Raoul donne à Collinances le tiers des dixmes d'Antilly, & une rente de quelques muids de bled, qu'un certain Pierre de Meulant avoit reçus en préſent du Comte ſon pere (1). Cet acte eſt ſigné d'Ives de Neſle & d'Albéric de Roye. Ives prend la qualité de tuteur dans un titre de l'année ſuivante 1158, concernant le Monaſtere de S. Prix (2).

Quoique le jeune Raoul V eût une ſœur aînée, tous les actes qui regardent l'adminiſtration des biens de la ſucceſſion du Comte ſon pere, ſont dreſſés en ſon nom. Comme mâle, il devoit poſſéder les Comtés, les terres titrées, & la plus grande partie des domaines de ſon pere.

Raoul V, ſurnommé le jeune, tant à cauſe du bas âge où il prit poſſeſſion de ſes grands biens, qu'à cauſe du peu de temps qu'il vécut, & par oppoſition à la grande vieilleſſe de ſon pere, étoit né au château de Crépy. Il vint au monde avec une complexion très-délicate. On prétend même, qu'il apporta en naiſſant la lépre éléphantine, qui paſſoit alors pour la plus dangereuſe de toutes les eſpéces. C'eſt par cette raiſon qu'il eſt appellé Raoul le Lépreux dans pluſieurs titres. Le ſurnom de Lépreux lui eſt donné dans des piéces du Cartulaire de Philippe Auguſte.

Son bas âge & ſa ſanté l'exclurent pendant long-temps du gouvernement de ſes propres affaires. Le Comte Valeran régla ainſi l'adminiſtration de ſes biens. Il partagea ſes domaines en pluſieurs diſtricts. Il établit dans chacun un Conſeil de *Barons*, qui avoient le pouvoir de terminer les affaires courantes. Les membres de ces conſeils ſont nommés *Barones, Conſules, homines Conſulari poteſtate*, par les Écrivains du temps. Dans les cas extraordinaires, le gouverneur ou le tuteur du Comte ſe tranſportoit ſur les lieux, & préſidoit aux aſſemblées des Barons.

Le jeune Comte avoit un conſeil particulier de Barons, pour

(1) Hiſt. Meaux, t. 2. n° 82.   (2) Chron. Long-p. p. 44.

le seul Comté de Vermandois. Il paroît que ce conseil se tenoit ordinairement à Saint Quentin. A l'égard du Comté de Valois, il étoit gouverné par les principaux Officiers du Prince ; le Bailli, le Sénéchal & le Chancelier. Les départemens de ces Officiers ne nous sont pas bien connus. La décision des affaires contentieuses appartenoit au tribunal des Pairs de Fiefs.

Ives de Nesle ne changea rien aux sages dispositions du Comte de Meulant : il eût encouru le blâme des gens de bien, en refusant de suivre les erremens d'un si grand homme.

En l'an 1158, le même Comte de Soissons convoqua à Saint Quentin, une assemblée extraordinaire des Barons du Comté de Vermandois, à laquelle il présida. Il avoit invité à cette espéce de Cour pléniere, les plus qualifiées des personnes qui prenoient part à la tutele du jeune Prince. Cette assemblée nous est connue par un résultat, concernant la Communauté des Religieux de Saint Prix. Le Prieur de cette Communauté ayant une grace à demander, se présenta à l'assemblée : l'on dressa un acte à ce sujet, dans lequel ce Prieur est nommé : cet acte finit ainsi : » Fait & arrêté en » présence du Seigneur Ives de Nesle, gouverneur du Comté de » Vermandois, & en présence des Barons de ce Comté, dont les » noms s'ensuivent : . . . Ratifié de l'autorité des témoins & par » la puissance Consulaire, *Consulari potestate :* « c'est-a-dire, de l'avis des Barons. Les Barons du Vermandois exerçoient les mêmes fonctions à peu près, que les Pairs de Fiefs du Valois.

Le Comte de Meulant n'avoit fait l'emploi que de la moindre partie des trésors, que le pere du jeune Raoul avoit laissés. Ives de Nesle administra le reste, avec une fidélité scrupuleuse. L'Abbréviateur de Jacques de Guise observe, comme une exception très-rare, dans des temps où la cupidité obsédoit presque tous les états, le militaire sur-tout (1), que le Comte de Soissons ne détourna pas à son profit, une seule obole des trésors du jeune Prince.

La réputation que le Comte Valeran avoit si bien méritée dans la profession des armes, écarta d'abord les prétentions de plusieurs Seigneurs, qui n'avoient rien de plus à cœur, que de profiter de la minorité du jeune Prince, pour empiéter sur ses domaines, & pour reculer à son préjudice les bornes de leurs possessions. La mort de ce Seigneur changea leurs dispositions : elle leur inspira

---

(1) Abbrev. Jac. Guis. lib. 9. c. 71.

des sentimens ambitieux, & fit éclore le germe d'une cupidité qui leur étoit comme naturelle. Ils respectoient les belles qualités d'Ives de Nesle, mais ils ne le craignoient pas.

Ives instruit de leurs desseins, prévint les effets d'une espèce de ligue, que plusieurs Seigneurs avoient formée, afin de s'approprier par la force & par la fraude certaines possessions du jeune Comte, qu'ils trouvoient à leur bienséance. Le Comte de Soissons prit chacun d'eux séparément, mit les uns à la raison, & punit les plus opiniâtres.

Muldrac prétend, qu'en l'an 1163, Ives de Nesle ne géroit plus les affaires du Comte de Valois (1). Il appuye son sentiment sur une Charte de cette année, qui est au nom du jeune Comte. Muldrac n'avoit pas observé, que Raoul V n'avoit encore qu'onze ans, lorsque cette Charte fut dressée; & que presque tous les actes que le Comte de Soissons a fait expédier touchant les deux Comtés de Vermandois & de Valois, sont au nom du jeune Prince: la Charte citée par Muldrac, est signée du Comte Ives de Nesle & d'Albéric de Roye, de même que celle de l'an 1157.

Il paroît certain que Raoul V a été marié, mais on varie beaucoup touchant l'épouse qu'on lui choisit (2). L'Auteur de l'ancienne Généalogie des Comtes de Flandres, qui est rapportée au Spicilege, marque que Marguerite d'Alsace fille du Comte Thierry, a épousé Raoul fils de Raoul le Comte. L'Auteur ajoute, que comme l'un des deux conjoints n'étoit pas nubile, on différa de les laisser habiter ensemble: que dans cet intervalle, le jeune Raoul fut frappé de lépre, & qu'il mourut de cette affreuse maladie: qu'après sa mort, Marguerite d'Alsace épousa Baudoin de Hainaut, duquel elle eut une nombreuse postérité.

On m'a fait part de la copie d'un ancien titre de la ville d'Amiens, dans lequel on lit le fait que je viens d'énoncer, avec ses circonstances; excepté qu'au lieu de Marguerite, on lit Laurette d'Alsace. Peut-être ce changement de nom est-il une faute de Copiste.

Dormay écrit, (3) que Raoul V ayant atteint l'âge de vingt-cinq ans (c'est quinze ans) on lui chercha une épouse; & qu'au temps qui avoit été fixé pour la cérémonie de son mariage, il fut attaqué de la lépre, & mourut sans postérité.

---

(1) Chron. p. 5.
(2) Thes. anecd. t. 3. p. 389.

(3) Hist. Soiss. t. 2. p. 121.

On lit dans l'Histoire généalogique du P. Anselme, que le jeune Comte a été marié deux fois (1), la premiere à Margüerite d'Alsace fille de Thierry; la seconde à Sybile d'Anjou, qui après la mort de Raoul, épousa le Comte de Haynaut en l'an 1194.

Quelques-uns de ces sentimens impliquent contradiction. Pour les concilier avec plusieurs traits que j'ai déja rapportés, on doit penser que le jeune Comte fut affligé presqu'en naissant, de la lépre éléphantine, & qu'il en fut guéri pendant quelque temps : qu'on profita de cet état de santé pour le marier; qu'au milieu des préparatifs de ses nôces, il fut frappé de nouveaux accès de lépre, qui le mirent au tombeau.

L'année & les circonstances de sa mort sont incertaines. L'Abbréviateur de Jacques de Guise écrit, qu'après avoir langui d'une maladie chronique qui le retenoit continuellement au lit, il décéda sous la tutele du Comte de Soissons, Ives de Nesle. Gilles de Roye cité par Hémery, rapporte la mort du Comte, à l'année où Thierry Comte de Flandres fit son quatriéme voyage à la Terre-Sainte; ce qui revient à l'an 1169. Meyer prétend (2) que Raoul V, mourut avant l'âge de puberté. Muldrac (3) avance, que ce jeune Seigneur a survécu quinze à seize ans au Comte son pere, & qu'il décéda vers l'an 1168. Ce dernier sentiment nous paroît le plus sûr.

Raoul V, surnommé le jeune & le lépreux, mourut au château de Crépy. Son corps, déposé d'abord à S. Arnoul, fut transporté à l'Abbaye de Long-pont, où il reçut les honneurs de la sépulture. On l'inhuma dans la partie du cloître, qu'on nomme encore de la Lecture ou de la *Collation*, à côté de la porte de l'Eglise, dans l'épaisseur d'un gros mur, auquel le cloître est comme adossé. Son tombeau est orné de figures, qui nous ont paru avoir été sculptées peu de temps après sa mort. L'inscription de ce tombeau est tout-à-fait moderne, elle est conçue en deux vers.

Fratri juncta soror, Comiti Comitissa Radulpho
Nobilis Elienor, hîc tumulata jacet.

Cette inscription suppose, que Raoul & sa sœur Eléonore sont inhumés dans le même tombeau. Nous prouverons au Livre suivant, que la Comtesse Eléonore est inhumée dans l'Eglise du Parc-aux-Dames près de Crépy. Ainsi Raoul V repose seul dans son tombeau.

(1) Tom. 1. p. 534.
(2) Bouchel. p. 12.
(3) Val. Roy. p. 114.

Les biens du jeune Raoul retournerent à Elisabeth sa sœur aînée, qui avoit épousé Philippe d'Alsace, Comte de Flandres, frere de Marguerite d'Alsace, que la mort du jeune Comte rendit veuve, sans postérité.

35. Après la mort du Roi Louis le Gros, la Reine Adélaïde sa veuve obtint la jouissance des domaines de la ville de Compiegne, & se retira dans cette ville. Nous avons parlé à la page 57 de cet ouvrage, de l'acquisition qu'elle fit de l'ancien Palais de Cuise en l'an 1152. Après en avoir joui peu de temps, elle changea ce Palais en un Monastere. Telle fut l'occasion de ce changement.

Il y avoit auprès de la maison de Cuise, une Communauté de filles, fort ancienne, & trop nombreuse relativement au peu d'étendue des bâtimens qu'elles occupoient. Adélaïde qui avoit beaucoup d'égards pour les personnes consacrées à Dieu, fit transférer la Communauté de ces Religieuses dans son Palais de Cuise. Elle leur abandonna l'Eglise de ce château pour y célébrer l'Office Divin, & fit construire des dortoirs qu'on voit encore. Informée que le bâtiment de l'Eglise menaçoit ruine, elle la fit relever de fond en comble, avec la tour qui sert encore de clocher. On garnit les vitraux de grisailles, comme à Long-pont (1).

En l'an 1154, la Reine Adélaïde fût attaquée de la maladie, qui la mit au tombeau. Avant de mourir, elle pria son fils le Roi Louis VII, de prendre soin de l'achévement du Monastere qu'elle venoit de fonder, & de pourvoir à la subsistance des Religieuses qu'elle y avoit établies. Le Roi exécuta les dernieres volontés de sa mere. Il prit la Communauté de S. Jean de Cuise sous sa protection, & lui accorda la dixme du pain & du vin, qui se consommoient pendant son séjour aux Palais de Compiegne, de Verberie & de Béthizy. Le Roi assura aux Religieuses de Cuise la jouissance de son bienfait, par une Charte datée de l'an 1155. Les Seigneurs de la Maison de Pierrefonds firent aussi leurs présens au nouveau Monastere, en rentes & en fonds de terres, à condition cependant que ces biens & la plûpart des possessions de cette Maison releveroient de leur Châtellenie (2).

Dès qu'on vit le Roi & les Seigneurs de Pierrefonds accorder leur protection au nouveau Monastere, un grand nombre de

---

(1) Ann. Bened. tom. 6. p. 710.
(2) Gall. Chr. t. 9. p. 454. t. 10. instr. p. 123. Diplom. p. 278.

personnes du sexe vinrent de toutes parts à S. Jean-au-bois, demander l'habit de Religion. L'on reçut les premieres qui se présenterent. Lorsqu'on se fut apperçu que cette dévotion dégénéroit en un concours, qui multiplioit les charges du Monastere au-delà de ses revenus, le Roi rendit une Ordonnance, par laquelle il enjoint à l'Abbesse de S. Jean-au-bois, de ne recevoir aucune Novice avant que le nombre des Religieuses eut été réduit à quarante. Cette Ordonnance est de l'an 1175. L'Eglise que la Reine mere n'avoit pas eu le temps de finir, fut achevée. On y éleva trois autels : le premier sous l'invocation de S. Jean-Baptiste, Patron de l'ancienne Chapelle ; le second sous le titre de Saint Quentin ; le troisiéme sous l'invocation de Sainte Marguerite (1).

Le Roi Philippe Auguste accorda aux Religieuses la même protection que son pere. On a une Charte de ce Prince, datée de l'an 1180, par laquelle il leur donne à perpétuité, la dixme du pain & du vin du château de Choisy, & de sa maison de Pierrefonds (2).

La premiere Abbesse à qui le gouvernement de S. Jean-au-bois fut confié, se nommoit Rosceline. Elle reçut plusieurs Bulles des Papes, & quelques Ordonnances du Roi Louis VII, touchant les constitutions de sa Communauté. Le Pape Alexandre III la qualifie Abbesse de S. Jean-Baptiste de la Maison du Roi, dans une Bulle datée de l'an 1175. Les Evêques de Soissons lui adresserent plusieurs Chartes, relatives aux affaires de sa Maison (3).

Rosceline obtint de deux Evêques de Noyon, Renaud & Etienne, des gratifications & des fonds, pour l'entretien & pour les habillemens de ses Religieuses. Elle eut beaucoup de part à un évenement mémorable, qui rendit sa Communauté célebre dès sa premiere origine : elle trouva le moyen de fixer dans son Abbaye les Reliques de Sainte Euphrosine, que le Roi Louis VII avoit apportées de la Terre-Sainte.

Le culte de Sainte Euphrosine commençoit à s'étendre en France, tant à cause des circonstances merveilleuses de la vie de cette Sainte, qu'à cause de la dignité du Prince qui l'avoit établi.

Sainte Euphrosine prit naissance à Alexandrie, vers l'an de Jesus-Christ 413. Son pere nommé Paphnuce, présida lui-même

---

(1) Ann. Bened. ibid. Val. Roy. p. 7.
(2) Ann. Bened. t. 6. p. 519.
(3) Gall. Chr. t. 9. p. 454.

à son éducation. Dès qu'Euphrosine eut atteint l'âge d'être mariée, plusieurs jeunes gens la demanderent. Elle avoit alors pris la résolution de mener la vie solitaire; mais la crainte qu'elle avoit de déclarer ses sentimens à son pere, homme entier & absolu, qui ne vouloit trouver aucune résistance à l'accomplissement de ses volontés, l'obligea de garder un profond silence sur ses desseins.

Euphrosine voyant approcher le moment où son pere avoit résolu de l'engager dans les liens du mariage, se coupa les cheveux, prit un habit d'homme, & alla se présenter à l'Abbé Théodose, pour être reçue au nombre de ses Moines. L'Abbé lui permit de prendre l'habit de l'Ordre, & lui donna le nom de Smaragde. La Sainte prit le parti de déguiser son sexe, parce qu'en entrant dans un Monastere de filles, il ne lui auroit pas été possible de se soustraire aux recherches de son pere.

Smaragde soutint les épreuves du noviciat avec la plus grande ferveur. On l'admit à faire profession. Comme le changement d'habit ne changeoit pas son sexe, Euphrosine conçut de justes scrupules de passer sa vie, quoiqu'inconnue, au milieu d'une Communauté d'hommes. Elle demanda à l'Abbé Théodose la permission de mener la vie de reclus, ce qui lui fut accordé. Elle soutint ce genre de vie pendant trente-huit ans, avec une patience toujours égale.

Arrivée à ce terme, elle fut attaquée d'une maladie mortelle. Paphnuce vivoit encore. Il avoit toujours présent à l'esprit le souvenir de sa fille qu'il croyoit décédée; trente-huit années n'avoient pas encore adouci en lui les regrets de sa perte. Euphrosine conçut le dessein de donner à son pere, le spectacle attendrissant de se faire connoître. On avertit Paphnuce, qui se rendit au reclusoir & reconnut sa fille. La double situation d'une fille mourante, qui revoit son pere après une absence de trente-huit années, & d'un pere qui retrouve une fille chérie qu'il croyoit perdue, pour la perdre dans quelques momens sans espérance d'aucun retour, se conçoit mieux qu'elle ne peut s'exprimer.

Paphnuce, après la mort d'Euphrosine, imita son sacrifice. Il prit l'habit de Religion, & mourut dans le même Monastere où sa fille avoit fait profession.

La sainteté d'Euphrosine fut déclarée presqu'aussitôt après sa mort, par un miracle éclatant. Son culte s'étendit rapidement dans tout l'Orient, où sa Fête a été long-temps fixée au vingt-cinquiéme jour de Septembre.

On n'est pas d'accord sur les circonstances, qui ont précédé & qui ont accompagné la Translation des Reliques de Sainte Euphrosine en France. Les uns prétendent, que ces Reliques furent conservées dans la ville d'Alexandrie, jusqu'au temps de la Croisade, à laquelle le Roi Louis VII eut part : que ce Prince ayant obtenu des Chrétiens d'Alexandrie le corps de la Sainte, il le fit transporter en France. D'autres avancent, que le corps de Sainte Euphrosine fut d'abord transféré d'Alexandrie à Rome, & que le Roi Louis VII le reçut du Pape en présent, un onziéme jour du mois de Février.

Les sentimens sont encore partagés touchant les circonstances, qui ont fait passer les Reliques de Sainte Euphrosine au pouvoir des Religieuses de S. Jean-au-Bois. Les uns assurent, que l'Abbesse Rosceline demanda au Roi Louis VII la Châsse de Sainte Euphrosine, & que ce Prince accorda cette Châsse à l'Abbesse. D'autres racontent ainsi l'histoire de la Translation des Reliques, du Palais du Roi à S. Jean-au-Bois.

Le Roi avoit destiné la Châsse de la Sainte à une Eglise qu'il faisoit bâtir à Reims. Lorsque l'Eglise fut achevée, il fit remettre cette Châsse à des Députés de cette Eglise, qui se chargerent de la conduire avec la décence & les honneurs convenables. Les Députés déposerent le corps de Sainte Euphrosine sur une voiture qu'ils avoient préparée, & prirent la route de Reims par la chaussée Brunehaud, le seul chemin public de la contrée où l'on pouvoit voyager commodément.

Les conducteurs arriverent à la nuit assez près de S. Jean-au-Bois. L'Abbesse Rosceline eut, dit-on, révélation du passage de ces Reliques ; on ajoute même, que du moment où la voiture entra sur la partie du territoire de S. Jean-au-Bois, que la chaussée traverse, les cloches sonnerent toutes seules, c'est-à-dire, qu'on ne vit personne sous le clocher qui les sonnoit.

Rosceline fit inviter les conducteurs à venir prendre quelque repos dans son Monastere : ce que ceux-ci accepterent. Ils avoient laissé la voiture sur le grand chemin, où ils se proposoient de retourner, après quelques heures de délassement. Mais Rosceline fit tant d'instance aux voyageurs pour les engager à passer la nuit au Couvent, que ceux-ci ne purent se refuser à la politesse

de

de son procédé. L'Abbesse envoya deux Novices au chariot, avec ordre de prendre les Reliques, & de les apporter dans l'Eglise du Monastere. Ses ordres furent ponctuellement exécutés.

L'hospitalité que Rosceline exerçoit avec un si grand zele, partoit d'un principe d'intérêt, & d'un désir ardent d'acquérir, à quelque prix que ce fût, la propriété des Reliques. Soit qu'elle fût assurée du consentement du Roi, soit qu'elle eût gagné les conducteurs, les Reliques de Sainte Euphrosine demeurerent dans l'Eglise de S. Jean-au-bois, où il s'établit un pélerinage, qui s'est soutenu par la dévotion des fidéles, jusqu'en 1631, que les Religieuses furent transférées à Royal-lieu.

On fait encore à S. Jean-au-bois la fête de Sainte Euphrosine, le Dimanche après la *Quasimodo*. On rend le même jour à cette Sainte un culte beaucoup plus solemnel, à Royal-lieu. Avant la Translation des Reliques à S. Jean-au-bois, on célébroit cette Fête le onze Février. On va en pélerinage à Sainte Euphrosine de Royal-lieu pour la fiévre.

L'Abbesse Rosceline parvint à une vieillesse fort avancée. Elle gouvernoit encore le Monastere de S. Jean-au-bois en l'an 1190. Après sa mort, elle fut remplacée par les deux Abbesses Perronelle, & Hildéarde de Verberie.

36. Avant que le Comte Raoul V épousât Marguerite d'Alsace, fille de Thierry Comte de Flandres, Philippe d'Alsace, fils aîné de Thierry, avoit demandé l'alliance d'Elisabeth, sœur aînée de Raoul, & l'avoit obtenue. L'année de son mariage avec cette Dame n'est pas fixée d'une maniere invariable dans les Auteurs & dans les Chartes (1). La plûpart prétendent, que la cérémonie des nôces avec Elisabeth se fit à Beauvais en l'an 1156. Elisabeth n'avoit pas encore atteint l'âge nubile.

Thierry pere de Philippe d'Alsace, comptoit parmi ses ayeux, Baudoin bras de fer Comte de Flandres; Sybile son épouse, mere de Philippe, étoit fille du Comte de Jérusalem, & tante paternelle de Henry Roi d'Angleterre; elle descendoit de Charlemagne, à cause du mariage du Comte Baudoin avec Judith fille de Charles le Chauve.

Philippe d'Alsace avoit deux freres, Mathieu & Pierre, lorsqu'il épousa Elisabeth. Matthieu fut Comte de Boulogne, & contracta, après le mariage de son frere, la même alliance avec

---

(1) Hemer. p. 164. Robert Demont. an. 1164. Thesaur. Anecd. t. 3. p 387.

Eléonore sœur d'Elisabeth & du Comte Raoul V. Pierre d'Alsace entra d'abord dans l'état Eccléfiastique fans vocation : il quitta cet état, pour époufer la Comteffe de Nevers. Ces alliances tendoient, fuivant la remarque de Robert Dumont, à réunir au Comté de Flandres les domaines de Péronne, de Saint Quentin, & toutes les poffeffions que Raoul IV avoit acquifes ou héritées du côté des Pays-Bas. Philippe & Elifabeth vécurent quelque temps féparés l'un de l'autre.

En l'an 1157, Thierry Comte de Flandres, entreprit le voyage de la Terre-Sainte, avec Sybile fon époufe. Avant de partir, il mit ordre à fes affaires, & pria le Roi d'Angleterre de prendre foin de fes Etats, ainfi que de fon fils & de fa jeune bru. Le Roi d'Angleterre répondit à la confiance, que le Comte fon oncle lui avoit témoignée.

On lit aux Annales de Flandres, qu'en l'an 1158, Philippe d'Alsace fit un voyage dans le Comté de Crépy. Il y venoit apparemment rendre vifite au Comte fon beau-frere, dont la foible fanté étoit pour lui un fujet d'inquiétude & d'efpérances : Raoul V n'avoit pas de plus proche héritier qu'Elifabeth fa sœur aînée, femme du Comte Philippe.

L'Auteur de l'Hiftoire de Meaux rapporte parmi fes preuves, (n° 93) une piéce fans date, concernant le Couvent de Fontaine-les-Nonains. On lit dans cette piéce, que Philippe Comte de Flandres par la grace de Dieu, & Elifabeth fon époufe, ont donné à cette Maifon cent fols de rente, à prendre fur le domaine de Crépy. On juge que cette piéce eft de l'an 1160. Raoul le jeune vivoit encore. Si cette date eft certaine, la donation prouve que les sœurs de Raoul, avoient une part dans la Seigneurie de Crépy.

On prétend, que pour lors Raoul V occupoit le château de Crépy, que le Comte de Flandres demeuroit au Palais de Bouville, & que la Comteffe Eléonore habitoit un vafte hôtel près Sainte Agathe, auquel fon féjour a fait donner le nom d'hôtel de la Comteffe. Trois Maifons auffi illuftres devoient répandre un grand éclat fur la ville de Crépy.

37. Le Comte de Flandres projetta dès ce temps, de fonder à Crépy une Collégiale de Chanoines féculiers, fous l'invocation de S. Etienne premier Martyr. Il n'avoit été queftion d'abord, que de réparer une ancienne Chapelle de ce nom, que Gautier le

Blanc avoit fait transférer dans la partie extérieure du château, qu'on nommoit *les Bordes*, comme qui diroit la basse-cour ou les fermes.

Tout ce qu'on nomme présentement fauxbourg de S. Thomas, étoit alors un amas de fermes : une partie du territoire qu'elles occupoient ayant été données en fief par les Seigneurs de Crépy à des Officiers de leur château, on appella ce même endroit le Fief des Bordes. Ce nom fut changé pour un temps en celui de Fief des Foucards, parce que des particuliers de ce nom l'ont possédé pendant une longue suite d'années. En 1571, le possesseur de ce Fief avoit un four banal pour l'usage de ses vassaux. Son domaine comprenoit quatorze maisons, douze jardins, une cour, une place & l'hôtel de Dunkerque. Ce Fief est présentement possédé par les Religieuses de S. Michel, qui doivent à ce sujet homme vivant & mourant au Seigneur de Crépy. Bergeron qui écrivoit en 1580, dit que de son temps, » se voyoient encore d'un » côté ès fauxbourgs de Crépy, les granges & métairies près Saint » Thomas, & de l'autre côté, les censes & métairies de Méremont »; ce qui prouve, que les fermes de l'ancien château n'avoient pas été toutes détruites par les Anglois au siécle précédent.

Le Comte choisit cet emplacement, comme le plus commode qu'il pouvoit trouver sur le territoire de Crépy, pour élever un grand & somptueux édifice, avec divers accompagnemens; tels qu'un cloître pour les Chanoines, & un hôpital pour les pélerins, pour les passans & pour les pauvres.

Il ne paroît pas que Philippe d'Alsace ait rien exécuté, avant la mort de Raoul son beau-frere : il dressa seulement le plan de ses opérations, & commença d'amasser les matériaux nécessaires.

Ce plan d'embellissement & d'aggrandissement de la ville de Crépy étoit la suite d'un autre plan que Philippe d'Alsace avoit formé, d'établir son séjour au château de cette ville. Ce séjour le rapprochoit de la Cour de France, où il avoit un grand crédit. Le Roi Louis VII mettoit en lui toute sa confiance & suivoit ses avis, parce qu'il retrouvoit dans ce Seigneur, la prudence & les talens qui lui avoient rendu si chers les services de l'Abbé Suger & de Raoul IV Comte de Crépy, dans les fonctions du ministere qu'ils avoient exercées.

Le Comte Philippe méritoit ces égards, à cause des belles qualités qu'il réunissoit. Jacques de Guise le dépeint comme un Seigneur noble, défintéreffé, bienfaifant, judicieux, & d'un efprit pénétrant: humain, populaire, & d'un accès facile: brave de fa perfonne, & plein de fentimens d'honneur, d'équité & de religion.

Philippe d'Alface ne conclut rien d'important à Crépy, avant la mort du Comte fon beau-frere (1). Cette mort arriva la même année, que celle du Comte Thierry fon pere; de forte qu'il hérita dans le même temps du Comté de Flandres de fon chef & comme aîné de fa maifon, & du Comté de Valois, du chef de fon époufe Elifabeth. On lit dans les écrits de Jacques de Guife, qu'après la mort du Comte Raoul, Philippe d'Alface Comte de Flandres, réunit fous le même arrondiffement, les villes d'Amiens, de Saint Quentin, Montdidier, Péronne, Roye, Breteuil, Ribement & Nefle, avec leurs dépendances; qu'il prit auffi poffeffion du Comté de Crépy, qui comprenoit alors la ville & le château de ce nom, Mareuil, Villers-Cotteretz avec toute la forêt de Retz, Reteuil, Viviers & la Ferté-Milon. Pierrefonds ne faifoit pas encore partie du Valois; le bourg & la Châtellenie dépendoient de Seigneurs particuliers. Ouchy & Neuilly appartenoient aux Comtes de Champagne, Béthizy & Verberie étoient au Roi.

Philippe d'Alface entra en poffeffion du Comté de Flandres, immédiatement après la mort de fon pere. Dès qu'il eut terminé les affaires de cette fucceffion, il reparut à la Cour du Roi Louis VII, & vint prendre poffeffion du château de Crépy, devenu vacant par la mort de fon beau-frere. En l'an 1169, il reçut dans ce château la vifite de S. Thomas de Cantorbery, que fes démêlés avec le Roi d'Angleterre avoient obligé d'abandonner fon Siége & de s'expatrier. Je ne ferai pas ici l'hiftoire de ces démêlés: je n'en rapporterai que les traits néceffaires à l'intelligence de ce que je dois expofer.

Thomas Becquet Archevêque de Cantorbery, Primat d'Angleterre, tiroit fon origine d'une ancienne famille de la petite province du Vimeux en France, qui y poffédoit la terre de Plouic, paroiffe de Vifmes. Sous le regne de Charles VIII, cette terre paffa de la Maifon de Becquet dans celle d'Acheux, par le mariage d'Antoinette Becquet Dame de Plouic avec le Seigneur Pierre d'Acheux. J'ai extrait cette particularité d'un mémoire manufcrit, qui donne pour armes à la Maifon de Becquet, l'écu

(1) Robert. de Mont. ad ann. 1168. Mayer fol. 49.

d'azur aux barres d'argent; ou bien freté d'argent & d'azur.

Elevé fur l'un des premiers Siéges du monde chrétien, Thomas s'appliqua à répondre à l'idée avantageufe que le Clergé & le peuple avoient conçue de lui, il fe montra dans toutes les rencontres le zélé défenfeur de fon Clergé & de fes immunités, autant par devoir & par principe, que par attachement & par reconnoiffance.

Le Roi d'Angleterre, ayant formé le deffein d'attaquer les immunités de l'Eglife de Cantorbery, trouva dans Thomas un Prélat inflexible, prêt à tout facrifier, fa vie même, pour affurer à fon Clergé la jouiffance de fes priviléges. Les chofes en vinrent au point, que Thomas n'eut pas d'autre parti à prendre, que celui de paffer en France.

Philippe d'Alface envoya au-devant de Thomas, jufqu'au port où il devoit débarquer. L'Archevêque fut reçu avec les diftinctions dues à fon caractere & à fes vertus : on le conduifit à l'Abbaye de S. Bertin, d'où il partit après quelques jours, pour fe rendre à l'Abbaye de Pontigny. De Pontigny il vint à Crépy, afin d'y rendre fes devoirs au Comte de Flandres, aux ordres duquel il devoit la réception avantageufe, qu'on lui avoit faite fur les côtes de France. En partant de Pontigny, il avoit formé le deffein d'aller de Crépy à Soiffons, pour y prier auprès du tombeau de S. Grégoire, fondateur de l'Eglife d'Angleterre, & de S. Draufin, qu'on avoit coutume d'invoquer dans les combats (1).

Le Comte reçut le Prélat dans fon château, avec les témoignages de la plus fincere amitié. Thomas paffa plufieurs jours au château de Crépy, dont il admira la force & la belle diftribution. Le Comte de Flandres eut la complaifance de le conduire partout, & de lui montrer les embelliffemens qu'il avoit fait ajouter, tant au-dehors qu'au-dedans du château.

On travailloit à la conftruction de l'Eglife, que le Comte avoit réfolu d'élever dans le Fief des Bordes, en l'honneur de S. Etienne premier Martyr. L'Archevêque, à la vue des préparatifs & du plan de l'édifice, conçut une grande idée du bâtiment qui devoit être exécuté. Il prit de là occafion de faire fa Cour au Prince qui l'accompagnoit, en louant fa magnificence, fon goût, les fentimens de piété qui le portoient à faire une œuvre auffi excellente.

(1) Duch. Script. Hift. Fr. t. 4. p. 467. Reg. Hift. Soiff. p. 40. Hift. N. D. Soiff. p. 154.

Il demanda au Comte, en l'honneur de quel Saint il se proposoit de dédier la nouvelle Eglise : au premier des Martyrs, repartit le Comte. A quel premier Martyr, reprit l'Archevêque en plaisantant ; *est-ce à celui qui a été*, ou *à celui qui sera*, car il y aura encore bien des Martyrs dans le monde ? en effet, les guerres des Croisades augmentoient journellement le nombre des Martyrs. Ce propos ne tira pas à conséquence pour le moment ; on eut occasion de le rappeller dans la suite.

38. Tandis que ces choses se passoient, la Dame Eléonore perdit le Comte de Nevers son mari. Le Comte de Flandres avoit eu de son épouse Elisabeth, un fils & une fille, qui étoient morts en bas âge. La santé foible & languissante de cette épouse ôtoit au Comte toute espérance d'avoir de la postérité. Voulant prévenir autant qu'il se pouvoit, les suites de la mort de son épouse, qui devoit lui imposer l'obligation de rendre les domaines du Vermandois & du Valois, s'il la perdoit sans enfans, il ménagea l'alliance de la Dame Eléonore, avec Mathieu son frere, Comte de Boulogne. Cette alliance eut lieu ; mais le Comte de Boulogne ne fut pas plus heureux que son frere : il n'eut pas d'enfans de la veuve du Comte de Nevers.

39. Après quelques années de séjour en France, l'Archevêque de Cantorbery repassa en Angleterre, & mit fin à la vacance de son Siége. Quoique le Roi eût été le principal auteur de ce rétablissement, il conçut une nouvelle aversion pour le Primat, qui paya de sa vie la haine que le Monarque lui portoit. L'Archevêque fut assassiné dans son Eglise ; & comme ce meurtre avoit été occasionné par la fermeté avec laquelle le Primat avoit résisté aux volontés du Roi, pour sauver les immunités Ecclésiastiques, le Clergé d'Angleterre regarda sa mort comme un vrai martyre. Le Pape & le Clergé de France porterent le même jugement. Cette mort arriva le vingt-neuf Décembre de l'an 1170, suivant l'opinion commune, en 1171, selon Robert Dumont & le Moine Albéric. On lit ce passage dans le Cartulaire de S. Thomas de Crépy ; le cinquiéme jour après Noël, en la cinquiéme Férie de l'an 1171, le Bienheureux Thomas souffrit le Martyre. L'écriture de ce passage est du treiziéme siécle.

Ce tragique évenement fut suivi de plusieurs miracles, qui parurent au tombeau du S. Archevêque. Ces miracles accélérerent sa canonisation : le Pape Alexandre III le mit au nombre des

Saints, deux ou trois ans après sa mort.

40. En ce temps le Comte de Flandres faisoit un séjour presqu'habituel au château de Crépy. Le Cartulaire de Valsery contient une Charte, datée de l'an 1174, que ce Seigneur délivra, pour confirmer la donation que le Comte Raoul IV avoit faite à cette Abbaye, de soixante sols de rente, à la charge d'un anniversaire. Il ajouta au présent du Comte, soixante autres sols de rente à prendre sur les cens de Crépy.

Bergeron semble trouver mauvais (1), de ce qu'alors le Comte de Flandres menoit à Crépy le train d'un Monarque, & de ce qu'il disposoit comme en Souverain, des Fiefs, des Seigneuries, des villages même du Comté de Valois, en faveur de ses créatures. Bergeron interprete mal les actions du Comte. Loin de chercher à empiéter sur les droits du Roi, il lui faisoit sa Cour & l'aidoit de ses conseils. En l'an 1177, il fit avec le Roi le voyage de la Terre-Sainte, d'où il revint l'année suivante 1178 (2).

41. En l'an 1179, Philippe d'Alsace passa en Angleterre avec le Roi Louis VII, pour visiter le tombeau de S. Thomas de Cantorbery, que de nouveaux miracles rendoient de jour en jour plus célebre. La présence de ce tombeau, & le concours des personnes de tout état qui venoient y faire leurs prieres, imprimerent dans l'esprit du Comte un respect extraordinaire pour la mémoire de ce Saint, qui avoit été son ami & son hôte.

Etant de retour en France, on lui rappella le propos que le Saint lui avoit tenu, en visitant la grande Eglise que l'on commençoit à bâtir dans le Fief des Bordes. Le Saint avoit demandé au Comte, à quel premier Martyr il comptoit faire dédier cette Eglise, *ou à celui qui avoit été*, ou *à celui qui devoit être*: & à ce sujet, on fit observer au Comte, que S. Thomas avoit été le premier Martyr connu & canonisé depuis son passage au château de Crépy. Le Comte saisit cette explication, comme une occasion favorable de payer à la mémoire du Saint un tribut solemnel. Il déclara, que la grande Eglise qu'il faisoit élever, n'auroit pas d'autre patron que le Saint Martyr de Cantorbery. Cette résolution fut exécutée deux ans après, lorsqu'on fit la Dédicace de l'Eglise des Bordes.

42. Le Roi Louis VII fit couronner Philippe Auguste son fils, après son retour d'Angleterre. La cérémonie du Sacre se passa à

(1). Val. Roy. p. 33. (2) Meyer fol. 50.

Reims; Henry Roi d'Angleterre, y parut comme Duc de Normandie; Philippe d'Alsace Comte de Flandres, porta l'épée Royale.

Louis VII survécut peu de temps à ce couronnement. Il mourut le dix-huit Septembre de l'an 1180, des suites d'une paralysie qu'il avoit contractée à son voyage d'Angleterre. Il avoit prévenu ce dernier moment (1), en mettant ordre aux affaires de l'Etat. Il avoit chargé le Comte de Flandres de la tutele du Prince son fils, dont il étoit le parain : il le chargea aussi de la Surintendance de son éducation, au rapport de Guillaume le Breton dans sa Philippide. Ce Poëte dit en propres termes, que Philippe Comte de Flandres, fut tuteur, gouverneur & parain du jeune Prince; *cujus erat tutor, didascalus atque patrinus.*

Afin d'attacher de plus en plus le Comte de Flandres aux intérêts de l'État & à la personne de son fils, il lui accorda la propriété des Comtés de Valois & de Vermandois. L'acte de cette donation fut ratifié par Philippe Auguste, la premiere année de son regne.

Le Comte voulant affermir de plus en plus son crédit à la Cour de France, & cimenter les donations qui lui avoient été faites, usa de l'autorité que lui donnoit sa qualité de tuteur, pour faire épouser au jeune Roi Philippe Auguste, Isabelle sa niece, fille de Baudoin Comte de Haynaut. La Reine mere appréhendant que cette alliance ne rendît le Comte de Flandres trop absolu, mit tout en œuvre pour faire rompre le mariage projetté. Elle vouloit écarter le Comte de Flandres, faire passer le maniement des affaires au Comte de Champagne, sous le nom duquel elle espéroit gouverner. Cependant le mariage se conclud, sans avoir égard à son opposition.

Outrée de dépit, la Reine forma une ligue contre Philippe d'Alsace, composée du Comte de Champagne, dans les Etats duquel elle se retira, du Roi d'Angleterre, & du Comte de Sancerre qu'elle fit le chef de la faction. Il y eut quelques hostilités de la part du Comte de Sancerre. Le jeune Roi aidé des conseils du Comte de Flandres, punit la témérité du Comte de Sancerre, & déconcerta tous les projets de sa ligue. Le Roi d'Angleterre fut forcé d'accepter la paix. Le Comte de Champagne ne pouvant opposer que de foibles efforts aux volontés du Roi, abandonna

(1) Rigord. apud Duch. t. 5. p. 7.

ses

ſes projets. Le mariage du Roi avec la niéce du Comte de Flandres fut célébré à Bapaume, le Lundi de *Quaſimodo* de l'an 1180. Philippe d'Alſace donna à cette occaſion, le Comté d'Artois à ſa niéce. L'année ſuivante, les deux Epoux furent couronnés à S. Denys, le jour de l'Aſcenſion vingt-neuf Mai. Philippe d'Alſace porta une ſeconde fois l'épée Royale (1).

On rapporte à l'année qui ſuivit ce couronnement, les premiers démêlés du Roi Philippe Auguſte avec Philippe d'Alſace Comte de Flandres. Nous en expoſerons les circonſtances avec d'autant plus de ſoin, qu'elles ont été négligées par les Compilateurs : les principales ſcenes de ces diſſentions ſont arrivées dans le Valois.

43. La défaite du Comte de Sancerre ſembloit avoir affermi la puiſſance du Comte de Flandres, à un point qui devoit ôter à ſes ennemis toute eſpérance de le ſupplanter. Le Comte lui-même penſoit ainſi, & conçut à ce ſujet les ſentimens d'une parfaite ſécurité, qui lui fut très-funeſte.

La Reine mere ne pouvant détruire l'aſcendant, que le Comte de Flandres avoit pris ſur l'eſprit du jeune Roi, eut recours à l'entremiſe de Raoul de Coucy & des fils d'un certain Robert Clément, que le Roi écoutoit, qu'il aimoit, & auxquels il ſe livroit volontiers (2). La Reine ayant attirés ceux-ci dans ſon parti, leur inſpira la plus grande oppoſition aux deſſeins du Comte de Flandres : elle épuiſa toutes les reſſources, pour engager ces jeunes gens à diminuer l'attachement & la confiance, que le jeune Prince témoignoit au Comte de Flandres ; elle leur fit connoître le rôle qu'ils devoient jouer, & leur dicta les diſcours qu'ils devoient tenir au Roi, pour lui rendre ſuſpect ſon adverſaire.

Les jeunes confidens, devenus créatures de la Reine, eurent avec le Roi des entretiens, qui lui enleverent en peu de jours, l'eſtime & l'attachement qu'il avoit preſque voués au Comte de Flandres. Ils lui repréſentoient, qu'ayant atteint l'âge de ſeize ans, il pouvoit & devoit gouverner ſes Etats par lui-même, & mettre à profit les talens, que la Providence lui avoit départis : que ſa déférence aux vues & aux procédés du Comte de Flandres ne pouvoit manquer de devenir funeſte à ſes Etats & à ſes peuples : que dès le vivant du Roi Louis VII, le Comte avoit abuſé

---

(1) Rigord. ibid. Dutillet. Recueil des Rois, p. 93.

(2) Theſaur. Anecd. t. 3. p. 490. 1425. Meyer ibid.

de la confiance de ce Monarque, pour ourdir la trame d'un systême politique, qui devoit tourner tout entier à son avantage : qu'on voyoit ce systême se développer de proche en proche, à proportion que le pouvoir & le crédit du Comte augmentoient : ils rapprochoient aussi sous les yeux du Roi, les différentes acquisitions que Philippe d'Alsace avoit faites, comme pour servir d'arrondissement à son Comté de Flandres; le mariage de sa sœur Marguerite avec Raoul V, & l'alliance affectée du Comte de Boulogne son frere avec Eléonore sa belle sœur. Croyez-vous, ajoutoient-ils, pour jetter de plus forts soupçons dans son esprit, croyez-vous que c'est sans dessein, qu'il a quitté sa Cour & ses palais de Flandres, pour venir s'établir au château de Crépy, l'une des principales forteresses de la contrée ? Soyez assuré que s'il paroît si assidûment à votre Cour, c'est moins pour rendre hommage à la majesté du Trône, & par attachement à votre personne sacrée, que par l'appas d'une ambition démésurée, qui l'y retient & qui l'y fixe.

Ses domaines bornés ci-devant par le Comté de Péronne & par une partie de l'Amiennois, s'étendent présentement au-delà des rives de l'Oise & de l'Aisne : il demandera bientôt la Seine, pour séparation de vos Etats & des siens, & ne manquera pas de revendiquer la moitié de votre Capitale comme un patrimoine. Hâtez-vous de rentrer dans des domaines si mal acquis, si vous voulez épargner à vos peuples les suites funestes des dissentions domestiques. Il possède en propre, à la vérité, les Comtés de Valois & de Vermandois, en vertu d'une donation du feu Roi que vous avez ratifiée; mais c'est surprise. C'est un accord entre particuliers qui ne doit pas tenir, parce qu'un Monarque ne peut pas aliéner les domaines de l'Etat, sans que ses sujets y consentent.

Qu'attendez-vous, pour éloigner du Trône un Ministre insinuant & ambitieux qui cherche à l'ébranler ? Vous ne pouvez favoriser ses intérêts, sans nuire à ceux de vos peuples, sans offenser la tendresse d'une mere, contre laquelle ce Gouverneur impérieux veut vous inspirer des sentimens contraires à ceux que l'Auteur de la nature a gravé dans tous les cœurs, sans manquer enfin à toute votre auguste Maison, & sans vous manquer à vous-même.

Ces réflexions placées à propos, & comme inculquées dans l'esprit du Roi, pendant l'absence du Comte de Flandres, changerent fes difpofitions. Il ne regarda plus le Comte que comme un ennemi caché, capable de tout facrifier à fon ambition. Quoique déja imbu des premiers principes de cette haute politique, qu'il fit briller dans le gouvernement de fon Royaume, & bien convaincu, qu'il eft des raifons d'Etat, auxquelles la reconnoiffance, l'attachement & les intérêts perfonnels doivent céder, Philippe Augufte prit avec peine, le parti de fe déclarer contre un oncle, un tuteur, un ancien ami de fa perfonne & du Roi fon pere.

La rupture fut réfolue, mais avec des modifications, des précautions qui fembloient refpecter les bienféances, & épargner au Roi les reproches d'ingratitude, que fa conduite auroit pu lui attirer, s'il eût déclaré fubitement la guerre au Comte. Le Roi ayant affemblé fes Barons à ce fujet, leur témoigna fon embarras, & les pria de chercher un tempéramment, qui ménageât fa délicateffe.

Le Comte de Clermont en Beauvoifis, Raoul de Coucy, & les fils de Robert Clément, tenoient le premier rang dans ce Confeil. On épargna au Prince le déplaifir de déclarer la guerre au Comte de Flandres, mais on convint que le Comte de Clermont commenceroit les hoftilités, fous des prétextes imaginaires; qu'il prendroit de vive force la ville de Breteuil, comme pour agacer le Comte de Flandres, & que du moment où Philippe d'Alface armeroit pour fe défendre, le Roi prendroit le parti du Comte de Clermont, & fe déclareroit contre lui.

44. Pendant que ces chofes fe tramoient, le Comte étoit au château de Crépy avec fon époufe Elifabeth, & avec une Cour nombreufe. Il y faifoit les préparatifs néceffaires pour une Dédicace folemnelle de l'Eglife Collégiale de S. Thomas. Ce Seigneur avoit raffemblé à cet effet un grand nombre de perfonnes du plus haut rang, parmi lefquelles on comptoit Henry Evêque d'Albano, Légat du Pape & Cardinal de l'Eglife Romaine, Thibaud Abbé de Cluny, Jofeph de Bruges, Godard de Gand, Hélin Sénéchal de Flandres & Gouverneur de Crépy, Gautier d'Arras, le Seigneur Raoul le Turc, Barthelemi de Thury, Arnoul le Burgare, Thibaud d'Oger, Lambert Leminier; fans parler d'Evrard Chapelain du Comte, & de tous les Officiers qui compofoient fa Maifon & qui, dans les cérémonies, paroiffoient à fa fuite.

Le Comte avoit accéléré le temps de la cérémonie, à cause de la mauvaise santé d'Elisabeth son épouse, qui lui causoit de vives allarmes. Il s'en falloit beaucoup, que l'Eglise de S. Thomas fût achevée sur le plan que ce Seigneur avoit fait tracer : les ouvriers n'avoient fini que la nef, la tour & les deux portails ; la croisée & le chœur restoient à construire ; il paroît même qu'on n'avoit pas encore posé les fondemens du chœur. Il fit fermer par une cloison légere cette partie construite, en attendant que le reste fût bâti.

Cette nef pouvoit passer dans le temps pour un excellent morceau d'architecture ; les grandes Églises étoient encore rares. L'édifice réunit la solidité de l'ancien gothique & la délicatesse du nouveau. Les grands arcs des fenêtres sont en plein ceintre ; le goût de l'ogive ne faisoit que commencer alors. Ce qui reste de la grande tour, donne une idée très-relevée de la magnificence avec laquelle elle avoit été bâtie. Les Architectes y avoient prodigués les ornemens de pilastres, de moulures & de sculpture.

Il y a dans ce bâtiment, deux morceaux remarquables ; un pilier sur lequel les Sculpteurs ont représenté une danse de personnes qui se tiennent par la main. L'autre morceau, est la statue de S. Thomas de Cantorbéry, représenté au naturel.

Le pilier sur lequel on voit la danse, est placé à côté de la Chapelle Paroissiale, à droite en entrant au chœur. La danse est figurée sur le chapiteau. On croit qu'elle est l'emblême de la joye que David fit paroître, lorsqu'il dansa devant l'Arche. Il y a dans le Royaume plusieurs grandes Eglises, où l'on voit un pilier chargé de ce même symbole. Le pilier de l'Eglise de Crépy est plus menu que ceux qui l'accompagnent. Une tradition fabuleuse porte, que ce pilier est creux, & qu'il contient dans sa capacité, une lampe qui brûle depuis la fondation de l'Eglise : qu'au moment où la lumiere de cette lampe finira, tout l'édifice croulera.

La statue de S. Thomas de Cantorbéry est un morceau rare & précieux, dont on n'a pas assez de soin. Cette statue qui est de pierre, a été faite par ordre du Comte de Flandres ; ce Prince n'épargna aucun frais, pour qu'elle fût ressemblante. Il choisit le plus habile Sculpteur de son temps, & l'envoya en Angleterre, afin de rassembler sur les lieux, tous les enseignemens qu'on pouvoit recueillir, sur les traits & sur la figure du Saint. Cette statue est placée entre les deux impostes du portail collatéral qui regarde le midi. Lorſque nous l'avons examinée, le nez avoit été emporté d'un coup de pierre. C'eſt la partie la plus facile à réparer. Je lis dans l'extrait d'une vie manuſcrite de ce Saint, compoſée par Jean de Sariſbury, & conſervée à Pontigny, que Thomas avoit la douceur peinte ſur la phyſionomie : qu'il avoit le viſage plein, l'air mâle, le nez aquilin & un peu recourbé, *naſo eminentiore & parum inflexo.*

La conſécration de l'Egliſe de S. Thomas ſe fit de la maniere qui étoit uſitée dans ces temps-là. Le Légat du Pape y parut, Henry Evêque de Senlis en fit la cérémonie. Dès que la pompe eût été terminée, le Comte de Flandres raſſembla dans la même Egliſe, les plus qualifiées des perſonnes qui avoient aſſiſté à la Dédicace, & l'on dreſſa en ſa préſence & en ſon nom la Charte de fondation du Chapitre.

Cette Charte porte, que Philippe d'Alſace & la Dame Eliſabeth ſon épouſe ont fondé en l'honneur du Martyr S. Thomas de Cantorbéry une Egliſe Collégiale, auprès des murs de leur château de Crépy : que le Chapitre de la nouvelle Egliſe ſera compoſé de dix Chanoines, dont cinq ſeront Prêtres, trois Diacres & deux Soudiacres : que chaque Prêtre aura en augmentation des anciennes prébendes vingt livres de rente, les Diacres quinze livres, les Soudiacres douze livres : que ces rentes ſeront perçues ainſi qu'une autre rente de dix livres pour le luminaire, ſur les revenus du domaine de Crépy ; vingt livres de ce temps là peuvent revenir à quatre cens livres de notre monnoie : le marc d'argent ne valoit que cinquante ſols : on continue ainſi.

L'un des Chanoines aura le titre de Doyen ; un autre aura la qualité de Prevôt du cloître, & percevra une rente de cinq ſols pour honoraire de ſa charge. Cet office de Prevôt répondoit à la charge de Portier dans les grands Monaſteres. Le Prevôt prêtera ferment tous les ans au Doyen & au Chapitre, & promettra de garder le cloître avec fidélité & avec exactitude : il ne ſouffrira pas qu'on y diſe ou qu'on y commette rien qui ſoit contraire à la décence. Il ne permettra à qui que ce ſoit de ſortir à des heures indues. S'il éprouve quelqu'oppoſition à l'exercice de ſes fonctions, il en fera ſon rapport au Chapitre.

La nomination aux Canonicats appartiendra au Seigneur de Crépy. Chaque Chanoine deſſervira ſa prébende en perſonne. Après la mort du premier Doyen, ſon ſucceſſeur ſera nommé par le Chapitre. Les Chanoines auront la liberté de montrer à lire, & de tenir les Ecoles de Crépy. Ils feront exempts de la Jurifdiction laïque, eux, leurs ferviteurs & leurs biens. Ces articles font la fubftance de la Charte de fondation.

L'Eglife de S. Thomas de Crépy eft la premiere, qui ait été dédiée fous l'invocation de ce Saint (1). Sa Dédicace a été comme le fignal d'une dévotion, qui s'eft généralement répandue. Les Religieux de Nanteuil fonderent dans leur Eglife de Notre-Dame, une Chapelle en l'honneur de ce même Saint, & ils ajouterent une leçon de fa vie à leur Légendaire. Philippe II de Nanteuil fonda dans la fuite une Meffe quotidienne à cette Chapelle, qui ne fubfifte plus. Elle étoit placée au côté droit de la principale porte de l'Eglife.

La Collégiale de S. Thomas du Louvre à Paris a été fondée vers l'an 1188, par Robert I Comte de Braine, à l'imitation de la Collégiale de Crépy (2). L'Eglife paroiffiale de Rofoy en Multien ayant été rebâtie vers ce même temps, fut auffi dédiée fous l'invocation de S. Thomas le Martyr. Les paroiffes de Montmagny & de Viliers-le-fec au Diocefe de Paris, font dédiées fous l'invocation de ce Saint. Raoul Évêque de Lifieux confacra dans l'Abbaye de Préaux un autel, fous le titre de S. Léger d'Autun & de S. Thomas de Cantorbéry. La Chapelle du château de Tillet, entre Mello & Soufriviere, eft dédiée fous l'invocation du même Saint.

45. Elifabeth de Crépy, femme de Philippe d'Alface Comte de Flandres, décéda l'année même de la Dédicace de S. Thomas de Crépy. Le Comte fon mari ayant été rappellé de Crépy en Flandres, par des affaires qui demandoient fa préfence, prit la route de cette Province par Arras. Il avoit avec lui fon époufe. Philippe d'Alface fit quelque féjour en cette Ville, qui lui avoit appartenu avant qu'il en eut fait la donation à fa niéce, époufe du Roi Philippe Augufte. Elifabeth tomba malade à Arras, & y mourut le vingt-fix Mars, jour du Vendredi Saint de l'an 1182, 1183 avant Pâques.

Muldrac (3) prétend, que le corps de cette Dame fut rapporté à Long-pont pour y être inhumé : il indique même l'endroit de fa fépulture, devant la Chapelle de S. Bernard & de S. Sé-

(1) Baillet, 29. Dec. n°. 39.
(2) Duch. Hift. Dreux, p. 23.
(3) Val. Roi. p. 114.

bastien. Il fait même la description de sa tombe.

La loi qu'on s'imposoit alors, de ne pas inhumer les femmes dans les Eglises, seroit une raison suffisante de révoquer en doute sa description. L'on a des témoignages plus positifs, qui prouvent que la Comtesse Elisabeth a été inhumée dans la ville même où elle est décédée.

Claude Hémery (1), qui écrivoit son Histoire de S. Quentin en 1640, rapporte qu'en l'an 1600, des ouvriers enlevant un pavé devant le maître autel de la Cathédrale d'Arras, trouverent une tombe d'airain, sur laquelle on lisoit cette inscription : *Anno Domini 1182 obiit Elisabeth uxor Philippi Flandriæ & Viromandiæ Comitis, filia verò Radulphi Viromandiæ Comitis, quæ in præsenti sepulchro quiescit.* Le P. Anselme explique autrement la découverte de cette tombe (2). Il dit qu'en creusant le vingt-six Novembre de l'an 1683, pour inhumer le corps du Prince Louis de Bourbon, Comte de Vermandois, fils légitimé de Louis XIV, on découvrit le monument. L'une de ces deux dates est fausse. L'erreur est sûrement du côté du P. Anselme. Hémery n'auroit pas imaginé cette découverte, quarante ans avant qu'elle eut eu lieu.

46. La mort de la Comtesse de Flandres, arrivée dans des conjonctures où l'on avoit conjuré la perte de son mari, fut pour le Roi Philippe Auguste une occasion plausible d'éloigner le Comte de Flandres. Il le fit sommer de rendre les Comtés de Vermandois & de Valois, qu'il n'avoit possédés que du chef de la Dame Elisabeth son épouse. Il déclaroit, que cette Dame étant morte, les intérêts de sa Couronne demandoient, qu'il rendit ces deux Comtés à la Comtesse Eléonore sa belle sœur.

La Comtesse Eléonore étoit sans enfans ; & comme il y avoit toute apparence qu'elle décéderoit sans postérité, les deux Comtés devoient retourner au Roi, qui étoit son plus proche parent. Philippe Auguste & la Comtesse avoient le Roi Henry I pour souche commune.

Le Comte de Flandres fit une réponse fort simple aux prétentions du Roi. Il lui manda, que les Comtés de Valois & de Vermandois lui ayant été donnés en toute propriété par un diplôme du Roi son pere, que lui-même avoit ratifié depuis son avénement à la Couronne, il devoit les conserver ; que même

(1) p. 170.   (2) t. I. p. 534.

on ne pouvoit pas l'en priver sans injustice.

Tandis que ces pour-parler se passoient, le Comte de Clermont se présenta à la tête d'un corps de troupes devant le château de Breteuil, qui appartenoit au Comte de Flandres. Il n'éprouva presque pas de résistance, parce qu'on ne l'attendoit pas.

Cet acte d'hostilité tira Philippe d'Alsace comme d'un profond assoupissement. Il avoit ignoré jusques-là tout ce qu'on avoit tramé contre lui à la Cour; les intrigues de la Reine mere, les menées du Comte de Champagne, & les mauvais services que les fils de Robert Clément lui avoient rendus auprès du Roi. Il ne fit plus difficulté de croire que ses ennemis l'avoient supplanté, & que le parti opposé au sien avoit prévalu pendant son absence. Il mit sur pied le peu de troupes qu'il put rassembler, bien résolu d'arrêter les progrès de l'aggresseur, jusqu'à ce qu'il eut fait venir de Flandres des corps de troupes plus nombreux. Hélin, Sénéchal de Flandres & Gouverneur de Crépy, occupoit le château de cette Ville, lorsque les hostilités du Comte de Clermont commencerent. Philippe d'Alsace le fit avertir de se tenir sur ses gardes, & de prévenir, s'il pouvoit, les desseins que ses ennemis formeroient contre cette place.

Hélin ou Elin tiroit son origine, à ce qu'on prétend, de Bettancourt, village situé auprès de Mornienval. Après avoir fait ses premieres armes sous des Chevaliers du château de Crépy, les Religieuses de Mornienval le prirent pour leur Avoué, & lui confierent la garde de plusieurs terres de leur dépendance. Elles lui accorderent aussi la charge particuliere de Maire de Bettancourt. Elles intéresserent sa fidélité, en lui abandonnant un corps d'hôtel qu'il fit fortifier, & autour duquel plusieurs maisons s'amasserent, & formerent un hameau qui subsiste encore sous le nom d'*Elincourt*. L'hôtel conserva pendant long-temps le nom de *voûtes d'Hélin*, parce que le Chevalier Hélin y avoit pratiqué des souterrains voûtés, afin de rendre son château plus commode & plus fort.

Hélin eut des descendans qui se fixerent à Mornienval, & qui conserverent une partie des biens, que les Religieuses lui avoient donnés en Fief. Le dernier de ses descendans se fit Ecclésiastique, & devint Chanoine de Mornienval. Il fit présent à son Chapitre du droit d'Avouerie, qu'il avoit reçu de ses peres par succession. Il se nommoit Jean Hélin, & vivoit en 1245
&

& 1250. (1). On croit, qu'il avoit pour pere un Guy de Bettan-court, dont il est fait mention dans le compte général rendu au Roi Philippe Auguste, en 1203. Guy est employé dans ce compte pour dix livres (2).

Philippe d'Alsace, de qui les Religieuses de Mornienval relevoient, à cause de sa qualité de Comte de Valois, s'attacha Hélin par ses bienfaits. Il obtint ensuite des Religieuses, que ce Chevalier passât à son service. Il le nomma Gouverneur de Crépy, & lui conféra ensuite la dignité de grand Sénéchal de Flandres. Hélin possédoit ces deux charges, lorsque le Comte de Clermont commença ses hostilités.

Hélin ayant reçu la nouvelle de la prise du château de Breteuil, fit assurer le Comte de sa fidélité & de sa vigilance. Il lui conseilla de partir pour la Flandres sans différer, d'en amener des troupes, de se faire un parti, & de visiter en revenant toutes les places fortes, qui étoient en son pouvoir.

Le Comte suivit de point en point les avis de son Sénéchal. Il vit les principaux Seigneurs voisins de ses domaines, qu'il mit de son parti. Il en obtint des secours d'hommes & d'argent, & revint à la tête d'une armée de trente à quarante mille combattans. Il visita les places d'Amiens, de Montdidier & de Péronne, dont il trouva les fortifications en bon état.

Les principaux Seigneurs qui se rangerent du parti de Philippe d'Alsace, furent le Comte de Sancerre, le Comte de S. Pol, Henry de Louvain fils de Godefroy, Hugues d'Oisy Châtelain de Cambray, & Jacques d'Avesnes. Plusieurs de ces Seigneurs commandoient en personne les troupes, qu'ils avoient fournies au Comte de Flandres.

Pendant son voyage de Flandres, Philippe d'Alsace avoit confié au Comte de Haynaut le commandement des troupes qu'il avoit rassemblées, pour arrêter les progrès des armes du Comte de Clermont. Il donna ordre à ce Général de le venir joindre avec son corps de troupes, d'autant plus que le Comte de Clermont s'étoit retiré des environs de Breteuil.

Il avoit été résolu dans le Conseil du Roi, que du moment où le château de Breteuil auroit été pris, le Roi se déclareroit pour le Comte de Clermont, & qu'il enverroit un détachement mettre le siége devant le château de Crépy. On lit dans les Annales

(1) Cart. Morn. n° 55. (2) Bruffel. Uf. des Fiefs, p. CLXX.

de Nicolas Trivet, que les Barons & les meilleurs Capitaines de Philippe Auguste détournerent ce Prince de l'entreprise, parce que ce château étoit revêtu de fortifications, qui le rendoient presqu'imprenable, & parce que le brave Hélin le défendoit avec une garnison nombreuse (1). On jugea plus à propos d'envoyer des troupes assiéger le château de Sancerre, afin que le Comte occupé à défendre ses propres domaines, ne pût aller au secours du Comte de Flandres, avec les forces qu'il avoit. On vouloit aussi punir ce Comte, qui après avoir été l'un des zélés partisans des intérêts du Roi, avoit embrassé le parti de Philippe d'Alsace.

Hélin sut en habile Capitaine profiter de cette espéce de diversion des troupes du Roi, qui n'étoient pas encore toutes réunies (2). Il sortit de Crépy avec la plus grande partie de sa garnison, prit la route de Clermont, & grossit son détachement d'un bon nombre de vassaux du Valois, qui se rendirent volontairement à ses ordres. Hélin surprit le Comte de Clermont. Il ravagea son territoire, pilla & brûla ses campagnes. Il passa aux domaines de Raoul de Coucy, l'un des Barons du Roi; il y fit un butin considérable, & brûla tout ce qu'il ne lui fut pas possible d'emporter. Il revint ensuite au château de Crépy à la tête de son détachement, sans avoir essuyé de perte.

Albéric Comte de Dammartin avoit pris depuis peu le parti du Roi, & se disposoit à faire une irruption dans le Valois. Hélin prévint ce Comte. Il reprit le commandement du même détachement qui avoit ravagé le Clermontois, & parut inopinément devant le fort château de Dammartin à la pointe du jour; le Comte Albéric dormoit d'un profond sommeil. Hélin prit le château d'emblée avec tant de vigueur, que le Commandant de la garnison n'eut pas le temps d'informer le Comte Albéric de ce qui se passoit. Hélin après avoir forcé les ouvrages avancés, alla droit au corps de logis du château, où il pénétra avec tant de secret & d'habileté, qu'il prit au lit le Comte Albéric, & l'emmena prisonnier.

Ce coup du Sénéchal de Flandres rompit les premieres mesures, que les Barons du Roi avoient prises. Le Roi fut obligé d'avoir recours à la défensive, & de demander du secours aux

(1) Spicil. t. 2. p. 164.   Anecd. Spicil. Ibid.
(2) Généal. Com. Fland. Meyer. Thes.

puissances voisines. Il conclut un traité d'alliance avec le Roi d'Angleterre & avec Richard son frere Duc d'Aquitaine, rappella le Comte de Clermont du territoire de Breteuil, & rassembla auprès de Senlis une armée, pour arrêter les courses du Général Hélin, qui avoit déja mis l'allarme dans toutes les terres de la contrée appartenant au Roi. Philippe Auguste prit le commandement de cette armée, qui montoit à trente ou trente-cinq mille hommes, après qu'il eut reçu les secours que le Roi d'Angleterre & le Duc d'Aquitaine devoient lui fournir.

Cependant le Comte de Flandres s'avançoit avec une armée plus nombreuse que celle du Roi. Fier de sa puissance, & comptant sur l'habileté de ses Généraux, il cherchoit à braver les troupes du Monarque, & à intimider les peuples par un appareil aussi effrayant qu'extraordinaire. Il avoit placé dans son avant-garde des chars, armés en guerre à la façon des anciens. On voyoit sur ces voitures des figures hideuses, de toute grandeur & de toute espéce, qui jettoient des flammes, poussoient des tourbillons de fumée, & lançoient des feux de toutes parts. Le Comte arriva sans obstacle avec cette armée dans les plaines de Crépy, où le Sénéchal Hélin l'attendoit. L'armée de Philippe Auguste étoit campée aux environs de Senlis, entre cette Ville, Baron & Montespilloy. Elle couvroit, au rapport des Ecrivains du temps, une étendue de quatre mille.

Si l'on en croit Meyer, l'armée du Comte de Flandres alloit à près de deux cens mille hommes : ce qui est exagéré. Les deux armées, après la jonction des secours qu'elles attendoient, pouvoient monter chacune à trente-cinq ou quarante mille combattans ; celle du Comte étoit plus nombreuse que celle du Roi.

Deux grands Généraux commandoient ces armées : le Roi avoit confié pour le jour de la bataille, le commandement de la sienne à Humfroi de Bouchain, le meilleur Capitaine du Roi d'Angleterre : Hélin avoit été chargé par le Comte de Flandres, de commander en chef le jour de l'action.

Pendant que ses troupes prenoient quelque repos dans les plaines de Sainte Agathe, de Duvy & de Trumilly, & que son Général disposoit tout pour une action, le Comte de Flandres alla avec un gros détachement se présenter devant le château de Béthizy, dans le dessein de surprendre cette place, comme Hélin avoit fait au château de Dammartin. Béthizy appartenoit au Roi, & ne saisoit pas encore partie du Valois. Le Comte trouva dans la garnison & dans les fortifications du lieu, une résistance qu'il ne put surmonter. D'ailleurs Humfroy de Bouchain vint en personne au secours de la place, avec un corps supérieur à celui du Comte. La garnison fit une sortie vigoureuse, que Humfroi protégea; elle enfonça le détachement de Philippe d'Alsace, dont les débris, & le Comte lui-même, se sauverent à la faveur de la forêt de Cuise. Cet échec fit beaucoup de tort au Comte de Flandres: il rallentit l'ardeur de ses troupes, & donna du cœur à celles du Roi. Guillaume le Breton, dans sa Philippide, vante la levée du siége de Béthizy, comme une action presque décisive, qui couvrit de gloire les armes de Philippe Auguste.

Un malheur imprévu causa au Roi une douleur des plus accablantes. Il perdit par un accident, son Général Humfroy de Bouchain. Ce triste évenement lui ôta la résolution qu'il avoit prise de marcher en force à l'ennemi.

Hélin qui n'ignoroit pas les dispositions du Roi, crut devoir profiter d'une circonstance aussi favorable que la mort de Humfroy, pour livrer bataille à l'armée Royale. Quoique l'ardeur du Comte de Flandres fût rallentie depuis l'échec de Béthizy, il se rendit aux remontrances de son Sénéchal. Le Roi prit aussi son parti: on se disposa des deux côtés à une action générale.

Vers le milieu du grand chemin qui conduit de Senlis à Crépy, l'on apperçoit à un quart de lieue dans les terres, derriere un moulin à vent, un pan de mur qui est isolé. Cette ruine est le reste d'un ancien château, que les titres appellent *Grange S. Arnoul*. Les deux armées s'avancerent jusqu'au château; l'armée du Roi couvroit la plaine qui s'étend vers Senlis; l'armée du Comte s'étendoit du côté de Crépy, de Trumilly & d'Oger-Saint-Vincent. Hélin pressoit l'action: le Comte laissoit agir son Général. Le Roi ne faisoit paroître ni timidité ni confiance. Lorsque tout eut été disposé pour le combat, les deux armées se rangerent en bataille.

On demeura deux jours entiers en présence, sans que l'on en vint aux mains. Le Roi avoit parmi ses Officiers généraux & parmi ses Barons des gens sages, qui le voyoient avec regret prendre les armes contre un Seigneur puissant, qui lui avoit servi de pere. Le Comte de Flandres avoit pareillement dans son armée, des amis sinceres, attachés à sa personne & aux deux Etats, qui auroient défiré trouver un tempéramment pour concilier les intérêts des parties.

La surféance de deux jours fut pour ces personnes une occasion favorable, d'exécuter le louable projet qu'elles avoient conçu, de rapprocher les Princes, & d'épargner le sang.

On représenta au Roi le danger qu'il alloit courir, s'il venoit à perdre la bataille : qu'il avoit tout à craindre de l'habileté du Capitaine Hélin, auquel il ne pouvoit plus opposer personne, depuis la perte qu'il avoit faite du brave Humfroy de Bouchain : que pour conserver deux coins de terre, dont on ne lui contestoit pas la souveraineté, il couroit risque de perdre une grande partie de sa Monarchie : que le Comte de Flandres n'étoit pas aussi odieux, qu'on s'efforçoit de le peindre à ses yeux : qu'on l'avoit attaqué sans le prévenir : que les premieres hostilités exercées par le Comte de Clermont, sans déclaration de guerre, donnoient atteinte aux premiers principes du droit naturel : que ce Comte avoit plutôt agi par des raisons d'antipathie contre Philippe d'Alsace, pour servir la haine de la Reine Mere, & la jalousie des fils de Robert Clément, que par un zele sincere & par les motifs d'un véritable attachement à sa personne, ou par intérêt pour le bonheur de ses peuples.

Ces réflexions proposées au Roi avec la force & la candeur qui distinguent les grandes ames, lorsqu'elles sont chargées de ménager les intérêts publics contre les artifices de la ruse & de l'envie, firent impression sur l'esprit de Philippe Auguste.

Les gens de bien qui avoient quelqu'ascendant sur le Comte de Flandres, rassemblerent sous ses yeux tous les motifs, qui pouvoient le déterminer à accepter une entrevue avec le Roi, & à renoncer à une partie de ses vues. Les raisons sur lesquelles ils insistoient davantage, rouloient sur le peu d'expérience du jeune Prince, sur la légéreté d'un âge, facile à recevoir les premieres impressions qu'on lui présente, pour peu qu'elles ayent quelqu'apparence du bien public. On lui observoit, que l'acte de donation sur lequel il se fondoit, avoit été fait sans connoissance de cause par le Roi Louis VII, au préjudice de la Comtesse Eléonore, que cette donation frustroit des deux domaines du Vermandois & du Valois.

Ces considérations ne purent déterminer le Comte de Flandres à se relâcher de ses prétentions. Mais il accepta une entrevue avec le Roi, dans celui des lieux voisins du champ de bataille, qu'il lui plairoit indiquer. Les amis du Comte & ceux du Roi choisirent la Grange S. Arnoul, espéce de château dont je viens de parler. On disposa les choses, de maniere que l'entrevue des deux Princes devoit être un congrès.

L'assemblée eut lieu, presqu'aussitôt qu'elle eut été indiquée. Le Comte de Flandres ouvrit la séance, en demandant que le Roi lui garantît la propriété des Comtés de Valois, de Vermandois & d'Amiens, aux mêmes clauses qui lui avoient été accordées par le feu Roi, & que Philippe Auguste lui-même avoit confirmées, l'année de son avénement au Trône.

Matthieu Comte de Beaumont, que la Comtesse Eléonore avoit épousé en troisiémes nôces, après la mort du Comte de Boulogne, frere du Comte de Flandres, combattit la proposition de Philippe d'Alsace comme une demande injuste, qui privoit la Comtesse Éléonore son épouse d'une succession légitime. Le Roi approuva l'observation du Comte de Beaumont, & soutint que les deux Comtés de Vermandois & de Valois devant être réunis à la Couronne après la mort de la Comtesse, si cette Dame n'avoit point d'enfans, d'où il concluoit que ses domaines étoient des domaines inaliénables, qu'il ne pouvoit céder sans nuire à ses peuples.

Cependant le Comte de Flandres ne vouloit rien céder, fondé sur le diplôme de Louis VII, qui lui accordoit la propriété des deux Comtés.

Les amis du Roi & ceux du Comte de Flandres virent avec le plus grand déplaisir, les parties persister dans leurs sentimens, sans vouloir prêter l'oreille aux voyes de conciliation. Comme la mi-Décembre étoit passée & qu'on touchoit aux fêtes de Noël, on engagea le Roi & le Comte à conclure une tréve, qui devoit durer jusqu'à l'Epiphanie, & même jusqu'après les fêtes de Pâques, tant par respect pour les saints Mysteres dont l'Eglise fait mémoire pendant cette partie de l'année, qu'à cause des rigueurs d'une saison, où l'on avoit peine à trouver des fourages.

En effet, toute l'Isle de France étoit dévastée, peu de campagnes avoient été ensemencées depuis l'expédition du Comte de Clermont. Le Capitaine Hélin avoit enlevé les magasins & les provisions des fermes, dans ses trois irruptions du Clermontois, du Vermandois & du Servais.

La tréve fut proposée contre le gré d'Hélin, qui demandoit ou la paix, ou la guerre. L'armée du Roi avoit été levée à la hâte, ce Prince n'avoit plus de Général, & fes provifions ne lui permettoient pas de foutenir plus long-temps le poids de la guerre. Cependant la tréve fut acceptée. Le Comte prit avec fon armée le chemin de Bapaume ; il fit trois divifions ; il marqua des cantonnemens à la premiere, aux environs de Montdidier ; il plaça l'autre à Péronne, la troifiéme à Bapaume. Cette tréve ruina les affaires du Comte, & rétablit celles du Roi. Quelques écrits placent dans cet intervalle la mort du Capitaine Hélin.

Philippe Augufte n'attendit pas, que le Comte de Flandres revint dans le Valois pour l'attaquer. Il conduifit fon armée dans l'Amiennois, à l'expiration de la tréve, & écarta ainfi du centre de fon Royaume, une guerre qui pouvoit devenir opiniâtre & ruineufe.

Le Roi avoit formé des magafins, & avoit fait fes provifions, lorfqu'il fe mit en marche pour combattre les Flamands. Le Comte manquoit de tout ; & foit que fon Sénéchal ne vécut plus, ou qu'il eut quitté fon parti, fes affaires étoient mal en ordre. Le Roi vouloit le combat ; le Comte qui ne fentoit pas affez la difficulté de fa fituation, ne demandoit pas mieux que d'en venir aux mains.

Déja les deux armées fe trouvoient en préfence dans une plaine, entre Amiens & Gerberoy, lorfque les mêmes perfonnes qui avoient ménagé l'entrevue de la Grange S. Arnoul, déterminerent le Roi & le Comte à renouer les premieres négociations. La ville d'Amiens fut choifie, pour être le lieu de la nouvelle conférence. Il y eut de grands débats entre le Roi, le Comte de Flandres & le Comte de Beaumont. Après de vives difcuffions, les perfonnes qui affiftoient au Congrès en qualité d'amis, de médiateurs ou d'arbitres, trouverent les raifons du Comte de Beaumont préférables à celles du Comte de Flandres. Philippe d'Alface céda avec la plus grande peine. Il ne fe rendit, que lorfqu'il eut vu tous fes amis blâmer fes fentimens & approuver ceux du Roi.

On en vint à un accommodement, qui portoit en fubftance, 1°. que Philippe d'Alface Comte de Flandres céderoit les Comtés d'Amiens & de Vermandois, & qu'il recevroit en échange un revenu proportionné à celui qu'il retireroit annuellement de ces deux domaines. Le temps fut marqué auquel Philippe d'Alsace devoit remettre au Roi la ville d'Amiens & toutes les dépendances de ce Comté : 2°. que la Dame Éléonore entreroit en possession du Comté de Valois, immédiatement après la signature du traité ; & que dans le cas où cette Dame décéderoit sans enfans, le Valois retourneroit à la Couronne avec la Ville de Saint Quentin, & tout ce qu'elle auroit possédé dans le Vermandois.

C'est ainsi que le Comté d'Amiens sortit de la Maison de Crépy ; à laquelle il avoit appartenu, depuis le mariage d'Hildégarde Dame de Crépy avec Valeran Comte de Vexin, jusqu'à la mort du bienheureux Simon de Crépy ; & depuis le mariage de Hugues le Grand frere du Roi Philippe I, avec Adéle de Vermandois, jusqu'à la conclusion du traité d'Amiens, qui arriva après la Fête de Pâques de l'an 1184. J'ignore le jour où ce traité fut signé.

Il est difficile d'assurer, combien de temps ont duré les démêlés de Philippe Auguste avec le Comte de Flandres. Il nous a paru, que les premiers actes d'hostilités avoient commencé par l'entreprise du Comte de Clermont, au mois d'Octobre de l'an 1182 ; & que le Roi ne se déclara ouvertement contre Philippe d'Alsace, qu'après la mort d'Elisabeth, femme de ce Seigneur, arrivée le jour du Vendredi Saint de l'an 1183.

Jusqu'au temps où le Comte de Flandres eut amené dans les environs de Crépy l'armée qu'il avoit levée dans les Pays-bas, ce qu'on nommoit alors le Comté de Valois ne souffrit presque rien des atteintes de la guerre, mais tout le Vermandois, le Clermontois, une partie du Beauvoisis, le Servais & une partie du Parisis, furent ravagés, dans des mois où les fruits de la terre sont encore fort éloignés du point de leur maturité.

On lit dans Rigord un trait, qu'il rapporte comme une merveille, sous l'an 1183, 1184 avant Pâques. Dans tous les lieux, dit cet Auteur, où l'armée du Roi devoit passer, on prit la précaution de couper les moissons qui étoient en herbes : on avoit agi de même dans les cantons, où l'armée du Comte de Flandres devoit séjourner. Après que les deux armées eurent été licentiées, les moissons repousserent avec une nouvelle force, & vinrent en maturité par-tout où le Roi avoit conduit son armée ; pendant que dans les campagnes où le Comte avoit fait passer ses troupes, on ne fit point de récolte ; le peu qui reparut après
une

une nouvelle pouffe, fut defféché par les rayons brûlans du foleil. Rigord, dit que ce trait lui avoit été fouvent raconté par des Chanoines d'Amiens, comme un prodige qui fembloit défapprouver la conduite de ceux qui avoient pris parti pour le Comte, & favorifer ceux qui avoient tenu pour le Roi.

En abandonnant le Comté de Valois & le fuperbe château de Crépy, le Comte de Flandres fit un facrifice qui lui coûta cher. Le déplaifir qu'il en conçût, le porta à rompre entiérement avec le Roi Philippe Augufte; & afin de n'avoir plus avec lui aucunes relations, il fit hommage de fon Comté de Flandres au Roi d'Allemagne, fils de l'Empereur Frédéric (1).

Les Auteurs, d'où nous avons tiré tout ce que nous venons de rapporter, varient beaucoup fur les dates. Nous avons arrangé les faits dans l'ordre qui nous a paru le plus naturel. Les jugemens que ces mêmes Auteurs portent fur la perfonne & fur les qualités du Comte de Flandres, font tout-à-fait oppofés. Les Écrivains attachés aux intérêts du Roi Philippe Augufte, repréfentent le Comte de Flandres comme un vaffal ambitieux & rebelle aux ordres de fon Souverain; commandé par une cupidité défordonnée, & par un défir infatiable de tout envahir; courtifan plus intéreffé que fincere; jouant la probité, l'honneur & l'amitié; tuteur dénaturé, abufant de fon autorité, pour s'approprier une partie des biens de fon pupille.

Les Ecrivains Flamands rendent bien le change aux Auteurs François. Ils dépeignent Philippe Augufte comme un jeune Prince, qui ne craignoit pas de manquer aux premiers devoirs, que la nature impofe aux pupilles envers ceux qui les ont gouvernés. Ils accufent le Roi de perfidie, pour avoir manqué aux claufes d'un traité folemnel, que lui-même avoit ratifié. Ils font marcher de pair leur Comte avec le Roi, & repréfentent Philippe d'Alface comme un Souverain, qui ne devoit à Philippe Augufte qu'un fimple hommage libre, qu'il aima mieux porter à l'Empereur ou au Roi d'Allemagne, depuis que le jeune Prince lui avoit manqué.

Ces jugemens font outrés de part & d'autre. Il eft certain, à tout prendre, que l'ambition du Comte de Flandres étoit balancée, corrigée même par d'excellentes qualités. Pieux, brave & généreux, il étoit humain, populaire & d'un accès facile. Tant

(1) Robert de Mont. an. 1184.

que son crédit s'étoit soutenu à la Cour de France, il avoit toujours pris plaisir à accorder des graces & à répandre des bienfaits. L'ambition qu'on lui reproche, est d'avoir voulu conserver les Comtés d'Amiens, de Vermandois & de Valois, après la mort de son épouse Elisabeth. On ne lui en auroit pas contesté la jouissance, si cette Dame eut vécu, ou si elle avoit laissé des héritiers capables de lui succéder. Quel crime faire à un Grand, qui cherche à réparer ses pertes, à rétablir les espérances dont il est frustré par des accidens, & à conserver des domaines qu'il a embellis, & dont la propriété lui a été accordée ?

A considérer les choses politiquement, Philippe Auguste avoit sujet d'écarter du centre de ses Etats un Seigneur aussi puissant : c'étoit prudence. Philippe d'Alsace, qui n'avoit rien à se reprocher du côté de la fidélité qu'il devoit au Roi, avoit raison de tout mettre en œuvre pour conserver des domaines, qui lui avoient été accordés & garantis : c'étoit justice. L'un & l'autre doivent être considérés sous différens rapports : on ne juge pas les Grands & les Souverains comme le reste des hommes.

47. Le commerce devint florissant dans le Valois pendant le cours du douziéme siécle, surtout depuis l'établissement des sociétés anséatiques, & depuis que le Comte Philippe d'Alsace eut fixé son séjour au château de Crépy. La Flandres étoit un pays de commerce, après que Baudoin le jeune eut accordé vers l'an 960, aux trafiquans de ses Etats, la protection & les facilités dont ils avoient besoin.

Dès que les foires de Champagne eurent été établies, il y eut une route de communication entre les deux provinces : elle passoit par Crépy. Il est fait mention plusieurs fois dans les registres *olim*, de dix-sept Villes des Pays-bas, qui formoient une espéce de *hanse*, & dont les Marchands passoient tous les ans par Crépy, pour se rendre aux foires de Champagne. *Decem & septem villæ quæ venerant quotannis ad nundinas Campaniæ.*

Cette grande route étoit le chemin de Bapaume, dont j'ai déja parlé plusieurs fois. Philippe d'Alsace la fit embellir & réparer en plusieurs endroits, sur-tout dans la prairie qu'on traverse pour aller de S. Arnoul au chemin Pontois, & dans les marais de Roberval & de Noé-Saint-Martin. Le Comte levoit des droits sur cette chaussée.

On faisoit deux classes des foires de Champagne & de Brie ;

on appelloit foires chaudes, celles d'Eté, & foires froides celles qui se tenoient pendant l'Hyver. La foire de S. Arnoul en Juillet, étoit du nombre des foires chaudes. Nous ferons connoître dans un autre endroit de cette Histoire, en quoi consistoit le commerce réciproque de la Champagne & de la Flandres. Les productions naturelles du Valois étoient alors les mêmes qu'à présent.

On établit deux foires dans le Valois pendant ce siécle, une à S. Jean-au-bois le jour de Sainte Euphrosine, une autre à Mornienval dans l'octave de la fête de S. Annobert. Il y avoit à Ouchy & à Pierrefonds, deux forts marchés toutes les semaines; & un autre à Viviers les Mardis.

Les terres payoient la dixme, & quelques-unes la *rédixme*, qui étoit un dixiéme de la dixme. En l'an 1175, Raoul le Turc donna au Monastere de Collinances la rédixme de ses terres de Mareuil, avec une autre portion de dixme, & la rédixme de cette même dixme.

On voyoit sur les ruisseaux & auprès des rivieres, beaucoup de tanneries, & dans les bois plusieurs fonderies.

Les défrichemens furent nombreux dans le Valois, pendant le douziéme siécle: ceux qui ne considerent les Ordres Religieux que du côté de l'inaction qui regne présentement dans la plûpart, seront surpris d'apprendre, que l'on doit aux Moines de ce temps-là une grande partie des défrichemens & la perfection de la culture des terres. On ne voyoit point de Monasteres un peu nombreux, qui n'eût ses manufactures d'étoffes, ses atteliers, & ses familles de serfs occupés aux métiers propres aux usages les plus communs de la vie. On employoit aux défrichemens les serfs les plus vigoureux. Chaque Monastere ressembloit à une colonie, ceux sur-tout que l'on fondoit loin des villes, auprès des bois, dans les vallées. Chaque attelier avoit pour chef un Frere servant; souvent les Religieux par un esprit d'humilité, se mêloient avec les serfs, & se livroient au même travail & aux mêmes fonctions.

On distinguoit deux sortes de fermiers, les libres & les serfs. Le fermier libre étoit un citoyen, qui louoit une ferme moyennant une redevance annuelle, en argent ou en nature de grains. On donnoit les noms de manses ou masures, d'hostises ou d'hospices, aux fermes occupées par les Serfs, qui avoient pour dépendances un certain nombre d'arpens de terres. L'hostise, prise suivant la signification stricte de ce nom, devoit être une portion de terrein contenant douze arpens, au milieu duquel on avoit bâti une retraite à l'usage du Cultivateur. Si le Serf Cultivateur avoit des enfans robustes, & aussi exercés que lui au travail, on augmentoit le nombre des arpens de terre, & alors on nommoit *familles* ces sortes de fermages.

Les Juifs avoient la plus grande part, tant au commerce extérieur, qu'au commerce intérieur du Royaume, actif & passif. On distinguoit deux sortes de Juifs, les libres & les serfs. Les Juifs libres étoient tous marchands de profession, & conduisoient seuls le commerce extérieur. Ils faisoient presque toutes leurs emplettes dans les pays, que nous nommons présentement les Echelles du levant. Ils revenoient de foire en foire dans le centre du Royaume ; & après avoir parcouru les principales foires de la Champagne, ils passoient en Flandres, par la route que je viens de nommer. Ils avoient un entrepôt de marchandises à Crépy, pour lequel ils payoient de gros droits. Ils avoient aussi des comptoirs à Pierrefonds, à Verberie, à Béthizy, à la Ferté-Milon & à Braine. Ils étoient assujettis dans chaque endroit à des regles particulieres touchant le commerce. On avoit un sceau particulier pour les obligations qu'ils passoient ou que l'on contractoit avec eux. On lit au Cartulaire du Roi Philippe Auguste, (fol. 97, 146.) un réglement portant, que dans chaque bonne ville on établira deux charges de Prud'hommes pour tenir le sceau des Juifs : que l'un gardera le scel & l'autre le racloir, *rallum*. Il y avoit à Béthizy une ferme du sceau des Juifs, & une autre à Pierrefonds. Le Frere Haimard, dans son état de l'an 1202, tient comte au Roi Philippe Auguste du produit provenant du sceau des Juifs de Béthizy.

La plus grande partie des Juifs du Valois étoit assujettie à la servitude. Ils habitoient un quartier particulier dans tous les lieux de leur résidence. A Verberie, les Juifs du Roi logeoient dans une rue près du château, à laquelle on donne encore le nom de rue des Juifs dans des contrats du siécle passé. Les Juifs de la Comtesse de Braine, épouse de Robert I Comte de Dreux, occupoient une rue entiere dans Braine. Leur Synagogue étoit dans un endroit, qui est présentement une tannerie. Les Seigneurs de Crépy avoient aussi plusieurs familles de Juifs à la Ferté-Milon. Dans une des premieres piéces du Cartulaire de Philippe Auguſte, on fait mention d'un Juif ſerf du Roi, appellé *Léon de Pierrefonds*.

Les Seigneurs ſe vendoient les uns aux autres, & trafiquoient de ces familles Juives. Ce trafic s'exerçoit à peu près comme celui des négres de nos colonies.

On excédoit d'exactions & de mauvais traitemens les Juifs commerçans. Un premier coup d'œil ſemble condamner la conduite des Seigneurs & des Grands, des Miniſtres même qui agiſſoient ainſi : les faits hiſtoriques autoriſent à porter un jugement tout différent, du procédé des Seigneurs. Les Juifs vivoient comme en pays ennemi, à la vérité ſans forces & ſans crédit : mais ils n'épargnoient ni la fraude ni le parjure, pour tromper habituellement les acheteurs, auxquels ils ne manquoient jamais de ſurvendre. Ils tenoient pour maxime, qu'ils devoient traiter les Chrétiens, comme Dieu leur avoit permis autrefois d'agir avec les Egyptiens.

Cinq ſortes de monnoies étoient reçues dans le Valois : les ſols pariſis, les ſols tournois & les ſols nérets; les eſpéces de Châlons & de Provins, ſelon les lieux. On comptoit par ſols pariſis, dans les châteaux & dans les Maiſons Royales ; à Béthizy, à Pierrefonds, à Verberie. Le ſols tournois avoit cours dans Acy en Multien, & la monnoie néret, à la Ferté-Milon & à Crépy. Bouchel, ſur l'article VII de la Coutume de Valois, écrit que la monnoie pariſis valoit un quart en ſus du ſol tournois, & le tournois un quart plus que le néret.

On comptoit par ſols nérets, dans l'étendue du pays qu'on appelloit plus particuliérement alors le Comté de Valois. On les nommoit auſſi, ſols de Crépy, *ſolidos Criſpeii & Criſpeïenſis monetæ*. Nicolas Oreſme explique fort clairement, l'origine & l'uſage des ſols nérets ou noirets, *nigellorum*. Comme on mêloit dans ces eſpéces beaucoup plus d'alliage que dans les autres, elles avoient un œil plus terne & plus *noir*. Les loix permettoient l'uſage des nérets, dans les villes & dans les cantons où le tranſport des matieres demandoit plus de frais. Bouchel diſtingue deux ſortes de nérets, le pariſis & le tournois.

La monnoie de Provins avoit auſſi cours aux environs de Crépy. Dans l'acte par lequel Raoul IV impoſa une redevance aux habitans de Bazoches, il eſt marqué que les amendes du lieu ſeront payées en monnoie de Provins. En 1194, la Comteſſe Eléonore laissa aux Religieuses de Fontaine soixante sols de Provins, à prendre sur le péage de la Ferté-Milon. Les sols de Provins étoient d'un usage plus commun, dans les lieux dépendans du Comté de Champagne, à Ouchy & à Neuilly par exemple. La Charte de Commune de Crépy fait mention d'une redevance qu'on payoit en monnoie de Châlons.

48. Lorsque le traité d'Amiens fut conclu, la Comtesse Eléonore avoit déja contracté quatre alliances avec différens Seigneurs. Elle avoit épousé en premieres nôces, Godefroy Comte d'Ostrevant, fils de Baudoin Comte de Haynaut (1); & en secondes nôces, Guillaume IV Comte de Nevers, qui décéda en l'an 1170. Après la mort de Guillaume, elle avoit pris pour troisiéme mari, Matthieu Comte de Boulogne, frere de Philippe d'Alsace Comte de Flandres. Matthieu ayant perdu la vie au siége de Dringcourt en 1173, Matthieu III Comte de Beaumont, fils de Matthieu II, grand Chambrier de France, avoit recherché l'alliance de la Comtesse Eléonore, & l'avoit obtenue. Le Comte de Beaumont vivoit depuis près de dix ans avec la Dame Eléonore, lorsqu'Elisabeth Comtesse de Flandres vint à décéder.

Immédiatement après cette mort, Matthieu Comte de Beaumont prit la qualité de Seigneur du Valois, plus d'un an avant la conclusion du traité d'Amiens. On le prouve par une Charte de l'an 1183, rapportée par Muldrac dans sa Chronique, p. 74. Cette Charte commence ainsi: *Matthæus Comes Bellimontis & Dominus de Valesio : Eleonora Comitissa Bellimontis hæres & Domina Valesiæ*. On a une autre piéce de cette année, qui donne aux deux époux les mêmes titres (2). Ils confirment par cet acte un présent ci-devant fait aux Religieuses de Fontaine par le Comte & par la Comtesse de Flandres. On attribue aussi au Comte Matthieu, le surnom de Grand. Le même Seigneur est encore qualifié Comte de Valois, *Comes Valesiæ*, dans deux autres titres de l'an 1184, qui paroissent antérieurs à la conclusion du traité d'Amiens (3).

Dès qu'il eut été décidé dans la conférence d'Amiens, que Philippe d'Alsace n'avoit aucun droit de son chef sur le Comté de Valois, Matthieu Comte de Beaumont cessa de prendre une

(1) Gall. Chr. t. 10. instr. p. 441. | (3) Gall. Chr. t. 10. instr. p. 441.
(2) Hist. Meaux, t. 2, n° 157.

qualité, qui appartenoit sans partage à la Comtesse son épouse ; au moins ne trouve-t-on rien depuis le traité d'Amiens, où ce Seigneur continue de prendre le même titre, que dans les Chartes dont je viens de parler ; il signe par-tout comme Chambrier. Il ne prend que cette qualité dans le titre de fondation du Parc, quoiqu'il paroisse conjointement avec Eléonore son épouse.

Rigord & le Moine Albéric louent le Comte de Beaumont, comme l'un des vaillans hommes de son siécle (1). Il vivoit encore au temps de la bataille de Bouvines. Il parut à cette journée célebre, & y fit preuve d'un courage héroïque. Bouchel dit avoir vu un sceau de ce Seigneur au bas d'une Charte de l'an 1206, sur lequel il est représenté à cheval, armé de toutes piéces, tenant à la main gauche un écu chargé d'un lion, avec cette légende, *Sigillum Comitis de Bellomonte* (2). Il ne faut pas le confondre avec Matthieu de Montmorenci, comme ont fait quelques Auteurs : celui-ci prenoit pour armes les seize alérions. Cette erreur est venue, de ce que ces deux Seigneurs paroissent ensemble dans quelques Chartes (3).

La Comtesse Eléonore, épouse du Comte de Beaumont, joignoit à une piété tendre & affectueuse, de l'esprit & des connoissances. Elle aimoit surtout la poësie, & parloit sa langue avec une grande pureté. Ses libéralités aux Monasteres & aux Eglises prouvent ses sentimens de religion, son respect pour le culte divin & pour le service des autels.

La protection qu'elle accordoit aux Ministres de l'Eglise, ne préjudicioit en aucune sorte au zele qu'elle avoit, de contribuer à l'avancement des sciences & de la littérature. Bergeron la met avec raison en parallele avec l'illustre Jeanne de Provence, qui commença à tirer notre poësie du cahos, en protégeant les troupes des Troubadours & des Chanteres. Eléonore préféroit les sujets de religion aux matieres profanes. Le Roman de Sainte Geneviéve qui fut reçu avec tant d'applaudissement par les amateurs du treiziéme siécle, fut composé à la persuasion de la Comtesse, & par un effet de sa protection. Ce Roman commence ainsi :

La Dame de Valois me prie
De mettre en bon Roman la vie,
D'une Sainte que moult el' clame.

(1) Duch. t. 5. p. 596. Albéric, p. 480. | (3) Hist. Montm. p. 74.
(2) p. 22. Cout. Senl.

C'eft-à-dire, la Dame de Valois m'ordonne d'écrire en bon ftile, la vie d'une Sainte, dont elle implore fouvent l'interceffion.

Immédiatement après le traité d'Amiens, il y eut un accord particulier entre le Roi Philippe Augufte d'une part, le Comte & la Comteffe de Beaumont de l'autre, touchant les deux Comtés de Vermandois & de Valois. Ce traité fut paffé fur la fin de l'an 1184, ou au commencement de l'année fuivante 1185. On n'a pas cette piéce entiere; on ne la connoit que par quelques extraits fort fuccints. Elle portoit entr'autres chofes, que le Comte de Beaumont ne prendroit plus la qualité de Seigneur de Valois, que ce titre feroit réfervé à la Comteffe fon épouse; qu'Eléonore cédoit au Roi la propriété du Comté de Valois, à condition qu'elle en auroit l'ufufruit fa vie durant, & qu'elle pourroit aliéner en œuvres pies plufieurs portions des domaines du Valois, jufqu'à la concurrence de trois cens livres, environ fix cens livres de notre monnoie.

Cet accord épargnoit à Philippe Augufte le défagrément de craindre, qu'après la mort de la Comteffe fa coufine, le Comte de Beaumont ne voulut exercer des prétentions femblables à celles du Comte de Flandres, en vertu d'une donation de fon époufe, ou de quelques autres formalités imprévues. Les puiffans Comtes de Crépy avoient caufé tant d'embarras aux Rois prédéceffeurs de Philippe Augufte, que ce Prince vouloit prévenir jufqu'aux apparences du même défagrément. Cet accord fut modifié & renouvellé plufieurs fois, en 1191, 1194, 1195. Bergeron rapporte au temps de cet accord, la réunion du Valois à la Couronne: ce fentiment n'eft pas exact, à moins qu'on ne diftingue une réunion de droit & une réunion de fait. On peut ranger la premiere fous l'an 1184; la feconde n'eut lieu qu'après la mort de la Comteffe Eléonore, vers l'an 1214.

49. Une Charte de l'an 1184, de Henry Évêque de Senlis, apprend qu'en cette année, l'Eglife de S. Thomas n'étoit pas achevée (1). Ce Prélat ayant un droit à percevoir fur le terrein où cette Eglife étoit bâtie, en fit la donation au nouveau Chapitre. Il réunit auffi à la même Eglife l'autel, c'eft-à-dire, l'Eglife de S. Germain de Boifgland. Ces donations & celles dont nous allons parler, furent confirmées par plufieurs Bulles (2). Le

---

(1) Gall. Chr. t. 10. p. 440.   (2) Cart. S. Thom. Crifp.

Comte de Beaumont fonda la Chapelle de S. Eloi dans S. Thomas vers ce même temps. Gaufride Evêque de Senlis, successeur de Henry, établit deux nouvelles prébendes, une de Diacre, l'autre de Soudiacre. Il décida, qu'à l'avenir le Doyen de S. Thomas tiendroit sa dignité en Fief de lui & de ses successeurs, & qu'il en feroit hommage. Eléonore fit son présent particulier, & donna au Chapitre une rente de cinq muids de bled sur un moulin de Crépy, avec la permission de faire pêcher pendant deux jours, dans l'étang d'Antilly.

L'Evêque Gaufride fit quelques réglemens, dont voici la substance : le Chanoine auquel on conférera une prébende Sacerdotale, sera obligé de prendre l'ordre de Prêtrise dans l'année, ou bien il perdra les revenus attachés à sa place. L'année canoniale commencera le jour de S. Remy. La résidence de rigueur sera de deux cent soixante jours. Si un Chanoine meurt après Noël, ses revenus courront jusqu'à la demi-année, au profit de ses héritiers : s'il meurt après Pâques, ses héritiers recevront l'année pleine : la dignité de Doyen étoit alors remplie par un illustre Ecclésiastique, nommé Pierre, dont nous parlerons souvent dans cette Histoire.

50. La fondation de l'Hôpital de S. Michel de Crépy est aussi ancienne, que le rétablissement du château de cette ville par le Comte Gautier le Blanc. On doit en placer la premiere origine, au temps où le culte de S. Arnoul a commencé à s'établir dans Crépy.

La commodité, les besoins même des pélerins, qui venoient en foule rendre leurs hommages aux Reliques de S. Arnoul, demandoient qu'outre les auberges il y eût un hospice général & gratuit, en faveur des voyageurs sans moyens.

Les Seigneurs du fort château de Crépy, intéressés par toutes sortes de motifs à entretenir ce concours, consacrerent à l'utilité des pélerins, une grange vaste, dépendant d'une de leurs fermes des Bordes. Les pélerins qui voyageoient sans provisions, vivoient pendant leur séjour à Crépy, des aumônes du Comte & de celles des personnes charitables, qui prenoient part à leur situation.

Lorsque le commerce eut établi une communication habituelle entre les provinces de Flandres & de Champagne, le nombre des passans qui occupoient l'hospice, s'augmenta. On pensa alors à procurer à ces paſſagers, deux ſortes de ſecours, les ſpirituels & les temporels. On bâtit une Chapelle à côté de l'hoſpice, pour la commodité des malades & des pauvres; on nomma des adminiſtrateurs, qui devoient préſider à la répartition des aumônes; & des femmes infirmieres, qui devoient prendre ſoin des malades & des indigens. Ces changemens n'ont pas d'époques certaines.

Tant que l'inſtitut des Béguines ſubſiſta, l'on prit des femmes de cet Ordre, pour gouverner l'Hôpital de Crépy. Elles furent dépoſſédées & excluſes de leurs fonctions, lorſqu'on les abolit ſous le Pontificat de Clément V, parce qu'elles refuſoient de s'incliner & d'adorer Jeſus-Chriſt à l'Elévation.

On ne voit pas, que cet Hôpital ait été doté d'aucune rente, avant que Philippe d'Alſace, Comte de Flandres, eut pris poſſeſſion du château de Crépy. Peu de temps après ſon avénement, ce Seigneur donna, du conſentement de ſon épouſe Eliſabeth, onze livres de rente à cet Hôpital, & une charretée de bois à prendre tous les jours dans les bois de Crépy. L'acte de cette conceſſion porte, que l'Hôpital eſt ſitué près de S. Thomas, & qu'il eſt gouverné par un Maître, *Magiſter*.

Le Comte & la Comteſſe de Beaumont accorderent au même Hôpital, une rente de treize muids de bled froment, deſtinés au ſoulagement des pauvres. Comme le Chapitre de S. Thomas avoit la meilleure part dans le gouvernement de l'Hôpital, & que le maître de cette Maiſon étoit un ſujet tiré de leur corps, ils prétendirent que le préſent devoit leur appartenir.

Henry Evêque de Senlis donna un réglement ſur ce ſujet. Il décida, que dix des treize muids de froment appartiendroient au Chapitre; qu'on employeroit deux autres muids au ſoulagement des pauvres; que le treiziéme ſeroit vendu, & que le produit ſerviroit à acheter l'huile & le luminaire, néceſſaires à la célébration du Service Divin dans la Chapelle de l'Hôpital. L'Evêque fit auſſi les réglemens qui ſuivent.

Tous les jours il y aura dans la Chapelle de l'Hôpital, une Meſſe des morts chantée à notes, précédée de Vigiles à neuf leçons, & ſuivie de Recommandaces, à l'intention du pere, de la mere, du frere, de la ſœur, des premiers maris de la Comteſſe, & de Henry Roi d'Angleterre: les Chanoines de S. Thomas auront les deux tiers des offrandes faites à l'Hôpital; la Chapelle de S. Michel profitera de l'autre tiers. Le Prêtre ou Desservant de cette Chapelle sera toujours un Chanoine de S. Thomas ; & au cas qu'il survienne quelque procès entre les Religieux de S. Arnoul & le Chapitre, & que les autres Chanoines soient contraints de contribuer à l'achevement de l'Eglise de S. Thomas, le Chanoine Desservant sera excepté. La Comtesse Eléonore accorda quelques autres rentes au même Hôpital, tant en bled qu'en argent.

Les Hôpitaux de S. Michel, de la Ferté-Milon, de S. Nicolas de Verberie, de Béthizy, de Braine, de Pierrefonds, d'Ouchy, du Mont-Notre-Dame, de Bazoches, de Tresmes, &c. ont été originairement des hospices, destinés aux mêmes usages que celui de Crépy.

51. Les Hôpitaux changerent de nature pour la plûpart, après le retour des premieres croisades. On y admit les lépreux pendant quelque temps. On les en expulsa ensuite, & on les plaça dans des hospices, qu'on bâtit dans les plaines, à cause de la qualité contagieuse de leur maladie. On distingua alors deux sortes d'Hôpitaux ; les Maisons-Dieu & les Léproseries. Les Maisons-Dieu servoient de retraite aux voyageurs, aux passans, aux pauvres, aux pélerins, qui visitoient les lieux de dévotion dans l'intérieur du Royaume. On les y traitoit même de toutes les maladies, qui n'avoient point de rapport à la lépre. Sur les premiers indices de lépre, on les transféroit dans les Maladeries hors des Villes.

On distinguoit deux sortes de lépre ; la cutanée & l'éléphantine. La lépre cutanée n'étoit à proprement parler qu'une dartre vive, qui attaquoit d'abord la peau des *narilles*, que les Latins nomment *lepor*, d'où est venu le nom de lépre. Par-tout où le mal s'étendoit, la peau se séchoit, & devenoit farineuse ou s'enlevoit par écailles. Cette incommodité défiguroit affreusement, quoiqu'elle ne fût pas dangereuse.

La lépre éléphantine est appellée *la plus horrible des maladies* par Falcon, dans son Commentaire sur la Chirurgie de Guy de Chauliac. Tels étoient, suivant cet Auteur, les symptômes & les effets de cette lépre. » Les pieds, dit-il, ainsi que les mains, » enflent à tels gens. La peau de leur corps s'en va par écailles. » Les cheveux leur tombent, leur bouche s'empuantit, leurs » dents branlent, toutes les parties charnues de leur corps ne sont

» à proprement parler qu'un ulcére, & il croît fur ces parties
» des puſtules groſſes comme des châtaignes, d'où flue continuel-
« lement un pû infect. Le malade eſt en proye aux accès des
» paſſions les plus brutales, auſſi nomme-t-on ce fléau *grande ma-*
» *ladie.* » Cette qualification a été l'origine du nom de *Maladerie*, qu'on donne encore aux anciennes Léproſeries.

On diviſoit chaque eſpéce de lépre en deux natures; la lépre
de naiſſance & la lépre d'accident. On apportoit l'une en venant au monde, l'autre ſe gagnoit par la débauche, ou par le
paſſage d'un pays chaud dans un climat plus froid. On remarquoit, que plus un lépreux étoit attaqué dangereuſement, plus il
avoit la fureur de ſe mêler avec les ſains : d'où eſt venu l'ancien
proverbe, que *ladres & larrons veulent tout le monde pour compagnons.*

Cependant les loix leur défendoient de paroître dans la ſociété;
les perſonnes ſaines les fuyoient comme des peſtiférés. L'extérieur d'un lépreux inſpiroit tant d'horreur, qu'on regardoit comme l'effet d'une charité héroïque, l'action de lui porter quelques
ſecours dans les plus grands dangers. On raconte dans la vie du
bienheureux Jean de Montmirel, comme un trait tout-à-fait rare
& preſque ſans exemple ; qu'ayant rencontré un lépreux qui pé-
riſſoit faute de ſecours, il eut la force de panſer ſes playes, & de
l'embraſſer, par un mouvement de la charité la plus parfaite. On
obligeoit les lépreux à porter des cliquettes, pour avertir les ſains
qui venoient à leur rencontre, de s'éloigner, ou de ne pas approcher d'eux.

Dormay obſerve fort à propos (1), que les Léproſeries n'ont pas
été fondées, comme les Monaſteres auxquels on affectoit des rentes & des fonds de terre : mais que preſque toutes ont commencé
par des aumônes manuelles, par des contributions volontaires,
& par des taxes que les habitans d'un canton s'impoſoient, pour
prévenir les accidens d'une maladie auſſi horrible. Ce n'eſt gueres
qu'à la fin du douziéme ſiécle, que l'on commença d'attribuer des
rentes & des fonds de terres à ces hoſpices.

Au temps de Matthieu Paris, le nombre des Léproſeries de la
Chrétienté montoit à plus de dix-neuf mille. Les lieux du Valois où l'on établit des Maladeries vers la fin du douziéme ſiécle,
ſont, Crépy, Béthizy, Verberie, la Ferté-Milon, Braſſoire Pa-

(1) Tom. 2. p. 188.

roisse de Mornienval, Rosoy en Brie, Acy en Multien, Houllon Paroisse de Mareuil près de la Ferté-Milon, Ouchy-le-château, Neuilly-Saint-Front, Pierrefonds, Courtieux, Viviers, Chelles, Bonneuil, Chéfy en Orceois, Charly, le Mont-Notre-Dame, Chéry, Nogentel, l'Huis, Artennes, Tigni, Pont-Archer, le Puy d'Ambrieres, Vic-fur-Aisne, Autresches, Bazoches, Brassoire, Coyoles, Housses, Nanteuil-le-Haudouin, Largny, Ressons-le-long & Braine.

Il y avoit une police particuliere touchant la conduite des lépreux & le gouvernement des Léproseries. Voici ce que je trouve à ce sujet dans un ancien manuscrit, concernant la plûpart des Maladeries dont je viens de parler.

Dès qu'un particulier commençoit à être frappé de lépre, on le séparoit de la société ; on lui bâtissoit une loge dans le canton le plus voisin de sa demeure, qui avoit été consacré au séjour des lépreux : les Maladeries n'étoient que des amas de loges, auprès desquelles il y avoit ordinairement une Chapelle, dédiée sous l'invocation du Lazare, de la Magdelaine ou de Sainte Marthe. Le lépreux avant de quitter sa demeure, se formoit une espéce de pacotille des choses dont il avoit besoin pour subsister. Les piéces de ménage qui lui étoient nécessaires, sont ainsi désignées dans quelques écrits du temps.

» Cy ensuivent les choses que ung mesel (un lépreux) doit
» avoir, avant qu'il entre en l'hôtel où il doit être mis.

« Premier : une tarterelle, souliers, chausses, robe de camelin,
» une housse & un chaperon de camelin, deux paires de drapeaux,
» un baril, un entonnoir, une courroie, ung couteau, une écuelle
» de bois.

» Item. On lui doit faire une maison & un puits. Il doit avoir
» un lit étoffé de coute, coussin & couvertures, deux paires de
» draps à lit, une huche ou un escrin fermant à clef, une table,
» une selle, une lumiere, une poële, ung andier, des écuelles à
» mengier, ung bassin, ung pot à mettre cuire sa chair «.

Les personnes opulentes, qui avoient eu le malheur de contracter cette infâme maladie, s'enfermoient chez elles, & se faisoient traiter, ou bien elles se retiroient à la campagne. C'est ainsi que le jeune Comte Raoul V avoit passé les dernieres années de sa vie. La triste situation à laquelle il avoit été réduit, fut la premiere cause des libéralités de ses deux sœurs Elisabeth & Eléonore, envers les établissemens qui servoient de retraite aux lépreux.

Elisabeth fonda le Chapelain des lépreux de Houllon. La Comtesse Eléonore donna aux lépreux de la Ferté-Milon dès l'an 1184, deux muids de bled; autant à ceux de Houllon, & huit mines de la même nature de grains : elle fonda un Chapelain à la Ferté-Milon, auquel elle assigna vingt muids de bled à prendre sur le moulin du Pont de Val, avec une charretée de bois à quatre chevaux par semaine : au Chapelain de Houllon, quatre mines de bled à prendre sur la ferme de Mareuil ; aux lépreux de Ressons-le-long dix muids de bled. Dix ans après, la Comtesse donna par surcroit aux lépreux de la Ferté-Milon, son prez du château & deux muids de grains de plus, sur la ferme de Mareuil, avec une voiture de bois par semaine : elle fit le même présent à ceux de Houllon. Elle assigna à ceux de Crépy, deux muids de bled sur le moulin de la ville ; aux lépreux de Largny, cinq muids de bled sur celui du lieu, & cent sols sur le péage du château (1).

Nous n'avons, sur chacune des Maladeries que je viens de nommer, presqu'aucun enseignement. Ce que j'ai pu découvrir, se réduit à un titre de l'an 1223, touchant la Maladerie de Mornienval, que desservoit alors un Chapelain nommé Richard. La Léproserie de Nanteuil-le-Haudoin fut fondée par les Seigneurs de cette terre. Celle de Verberie fut bâtie au douziéme siécle, auprès d'une ancienne Chapelle de S. Martin, dont on changea le titre en celui de S. Lazare & de Sainte Magdelaine. J'ai lû dans un acte de l'an 1539, que la Maladerie de Verberie avoit été anciennement composée d'une Eglise, sous le titre de Sainte Marie-Magdelaine, d'une ferme à côté, qui pour lors tomboit en ruine, & de huit cens arpens de terres, avec une maison ou infirmerie pour les ladres.

Le défaut d'enseignement vient de l'horreur, qu'inspiroient ceux que cette maladie attaquoit : le seul souvenir de leur état faisoit frémir. On se mettoit peu en peine de ce qui pouvoit les concerner. Dans les situations extrêmes, on passe facilement de la compassion à l'horreur. On regardoit les lépreux comme des spectres ambulans, ou plutôt comme des cadavres déja corrompus, qui exhaloient des vapeurs mortelles.

52. Les Religieuses de Fontevrault furent établies vers le même temps, dans les deux Maisons de Long-prez & de Collinances.

(1) Chron. Long-p. p. 100.

Le nom de Long-prez vient d'une longue prairie, à la tête de laquelle est situé le Monastere de ce nom, au pied d'une montagne. L'installation des Religieuses a été moins une fondation, qu'un renouvellement, ou plutôt un changement d'une Communauté d'hommes en une Communauté de femmes.

Depuis un temps immémorial, il y avoit en cet endroit un Chapitre de Clercs réguliers, dépendans du Monastere de S. Médard de Soissons. Le Comte de Flandres & la Comtesse Elizabeth son épouse avoient un grand respect pour les constitutions de Fontevrault. En l'an 1182, ils firent présent à la Maison & à l'Eglise du chef d'Ordre, d'une rente de vingt liv. Il paroît que dès cette année, le Comte de Flandres forma le projet de placer à Long-prez une Communauté de Fontevrault: la maladie de son épouse & la guerre qui suivit sa mort, l'obligerent de renoncer à son premier dessein.

La Regle de Fontevrault étoit, pour ainsi-dire, le contraire de celle de Prémontré, & de la constitution des anciennes Abbayes de l'Ordre de S. Benoît. Robert d'Arbrissel avoit prescrit que le Monastere de Fontevrault seroit double; mais que la Communauté des hommes seroit subordonnée à celle des femmes: que les femmes seroient gouvernées par une Abbesse, & les hommes par un Prieur: que les hommes s'exerceroient au travail des mains.

Matthieu Comte de Beaumont & la Comtesse Eléonore son épouse, effectuerent le projet du Comte de Flandres. Dès l'an 1184, ils firent réparer la Maison de Long-prez, l'augmenterent, & rebâtirent à neuf l'Eglise, que l'on dédia sous l'invocation de Sainte Anne & de la Trinité. (1) Ils firent ensuite plusieurs donations au nouveau Monastere, avant de former les deux Communautés, qu'ils se proposoient d'y introduire. Ces donnations consistent en une charrue de terre, un moulin, le Fief & le vivier d'Haramont, trois muids de froment à prendre sur le moulin de Pondront, cinquante muids de bled sur la grange de Feigneux, quarante livres sur les péages de Crépy, le droit de pâturage en la forêt de Retz, & la permission d'y prendre une charretée de bois par jour, vingt muids de grains sur le moulin de Vez, avec l'étang du même lieu, le Fief de Baudrimont, sur lequel est bâtie la maison, les pains de coutume de Bargny, ceux de Mareuil & de Chouy, avec la cave; les pains d'Haramont & de Largny.

(1) Muldr. p. 50.

Suivant un titre de l'an 1189, Bernard de Muret donna en aumône à Long-prez une somme d'argent & quelques terres, pour servir de dot à sa fille, qui venoit d'y prendre l'habit de Religion. En l'an 1190, le Pape Clément III confirma par une Bulle du quinze Janvier, toutes les dispositions précédentes. Cette Bulle suppose, que la Comtesse Eléonore avoit fondé seule le Monastere de Long-prez (1) : parmi les signatures qui terminent la Charte aumôniere de l'an 1194, on lit le nom de Richard Prieur de Long-prez.

53. La même Regle de Fontevrault commença d'être observée à Collinances, vers l'an 1184. La Maison de Collinances a eu deux origines, qu'il est nécessaire d'expliquer.

Templeux fait venir le nom de Collinances, de sa situation entre deux montagnes. Il nous paroît plus naturel de le déduire, du terme de basse latinité *Colonantia*, diminutif du mot *Colonia*, qui signifioit une métairie.

On bâtit en ce lieu une Chapelle, je ne sai à quelle occasion, avant la fin du onziéme siécle. Les Fondateurs y attacherent des biens, dont quelques Chevaliers de la Ferté-Milon s'emparerent. Ces biens échurent à Adam de la Croix par succession. Adam plaça à Collinances, du consentement d'Eve son épouse, une Communauté de Sœurs, qui devoient célébrer l'Office canonial. L'Eglise étoit dédiée sous l'invocation de la Sainte Vierge. Cette premiere fondation arriva vers l'an 1102. Muldrac observe en plaisantant, qu'on devroit regarder la premiere Communauté de Collinances, comme la plus ancienne du monde, puisqu'elle a eu Adam & Eve pour fondateurs. Collinances est une dépendance du Diocese de Meaux.

Avant l'an 1154, Manassé Evêque de Meaux, confirma les Sœurs de Collinances dans la jouissance de tous les biens qui leur avoient été donnés (2). En 1157, Raoul le jeune, surnommé le Lépreux, accorda quelques muids de bled à Collinances, avec le tiers de la dixme d'Antilly. L'acte porte, que l'Eglise est sous l'invocation de la Sainte Vierge, & qu'on y fait l'Office canonial tous les jours. En 1159, Eve ou Adelette de la Ferté-Milon donna à l'Eglise de Collinances son bois des Closeaux; & Adam son frere fit en même temps présent à la même Eglise de son bois d'Epinay ou des Brousses (3).

(1) Chron. Long-p. p. 178.
(2) Gall. Chr. t. 8. p. 1614.

(9) Hist. Meaux, t. 2, n° 32, 26,

Vers l'an 1160, l'Eglise de Collinances fut rebâtie ou réparée en grande partie. Rainaud Evêque de Meaux en fit la Dédicace, l'année suivante 1164 le dix Octobre. Le nouveau Temple reçut à cette occasion plusieurs présens, en argent, en meubles, en bois & en fonds de terre. En l'an 1172, Adele Vicomtesse de Meaux, ajouta à ces biens un fonds de terre très-étendu; & trois ans après, Raoul le Turc accorda à la même Eglise un droit de terrage, une rédixme & quelques rentes à Mareuil (1). Philippe d'Alsace lui assigna en 1182 dix livres de rente, sur le travers de Crépy. La Comtesse Éléonore fit la remise d'un droit, qu'elle avoit à prendre sur les terres de la Communauté. Elle ajouta une rente de deux muids de bled & de cinq muids d'avoine.

Les Seigneurs de Nanteuil fonderent quelques services dans l'Eglise de Collinances vers ce même temps. J'ai vu une quittance de l'an 1192, par laquelle Sœur Isabeau de Garges, Prieure de Collinances, reconnoit avoir reçu vingt livres, pour l'acquit des fondations faites en son Eglise par les Seigneurs de Nanteuil.

Je n'ai pu découvrir, en quelle année les Religieuses de Fontevrault furent installées à Collinances. On a une Bulle du Pape Alexandre III, datée de l'an 1181, & adressée à Helvide Prieure de Collinances, mais elle n'explique pas, de quel Ordre étoit cette Helvide. Il est certain qu'en l'an 1185, la Regle de Fontevrault s'observoit à Collinances. Un titre de cette année (1) fait mention d'un Prieur de cette Maison, nommé Martin. La Communauté d'hommes, suppose celle des femmes déja établie. Nous continuerons ailleurs l'histoire de ce Monastere.

54. Le Prieuré de S. Nicolas de Courson a été rebâti vers la fin du douziéme siécle. Son origine est fort obscure. Sa position auprès de la chaussée Brunehaud fait penser, que son emplacement a été habité, dès que les Romains eurent fait percer, sous le regne d'Auguste, les principaux chemins publics qui traversoient la Gaule Belgique. L'Eglise du lieu passe pour avoir été fondée pendant les premiers siécles de l'Ere Chrétienne. Placée au milieu des bois, sans fermeture & sans défense, les Religieux de cette Maison ont toujours été exposés aux malheurs des guerres & aux déprédations. On rapporte la premiere destruction du Monastere de S. Nicolas

---

(1) Gall. Chr. ibid. p. 1615. Hist. Meaux, t. 2. p. 122.

(2) Hist. Meaux, t. 2. n° 136. 148. 163.

de Courson aux derniers ravages des Normands. Son rétablissement arriva deux siécles plus tard.

En l'an 1198, la Comtesse Eléonore fit présent aux Religieux de S. Nicolas en Cuise de trois muids de bled, à prendre tous les ans sur les moulins de Crépy. L'Eglise & la Maison venoient d'être rebâties. Il y avoit un nombre de Religieux, suffisant pour observer la Regle. Ce nombre ayant été diminué dans la suite des temps, le Prieuré fut soumis à l'Abbaye de Marmoutiers dont il dépend encore. Mes recherches sur cet ancien bénéfice n'ont pu me procurer d'autres traits, que ceux que je viens d'exposer.

Muldrac écrit, (p. 74.) que de son temps il n'y avoit plus à S. Nicolas de Courson ni Religieux ni Prêtres ; il parle d'un monument de pierre élevé de terre, devant le maître autel de la Chapelle, représentant, dit-il, la majesté d'un Roi qui tient son sceptre à sa main, mais sans mémoire, sans épitaphe. Ce monument se voit encore, sans sceptre, sans majesté, sans aucun caractere qui puisse faire connoître en quel temps il a été élevé. Il y avoit autrefois sur ce tombeau, une inscription, qui est présentement effacée.

55. Les Chartes primitives des Communes du Valois ont été concédées, ou sous le regne de Louis le Gros, ou sous celui du Roi Louis le Jeune. Philippe Auguste n'a fait que les renouveller. L'objet de ces pieces est important. La tyrannie des Seigneurs avoit été portée à son comble, depuis le premier déclin de la seconde race de nos Rois au temps de Charles le Chauve, jusqu'à la mort du Roi Philippe I. Les peuples gémissoient sous les loix inhumaines de la servitude, de la main-morte & du formariage, & qui pis est, les Seigneurs après avoir vexé leurs vassaux par des corvées, leur faisoient subir de mauvais traitemens : ils insultoient même à la majesté du Trône.

Les servitudes consistoient dans l'esclavage & dans la déshérence. Le nom de *Main-morte* vient de l'usage odieux où l'on avoit été, de couper la main droite d'un serf décédé, pour la présenter au Seigneur, qui de ce moment s'emparoit de tous ses effets, au préjudice & à l'exclusion des enfans de l'homme mort. La loi du formariage rendoit nuls tous les mariages, que les serfs pouvoient contracter à l'insçu ou contre le gré de leurs maîtres.

Les droits de Commune ne sont au fond, que des exemptions & des sauve-gardes accordées par nos Rois, pour repousser la violence & l'injustice, & pour assurer la perception de leurs redevances.

Chopin écrit (1), que la Commune de Crépy est l'une des plus anciennes du Royaume. On pense avec raison, que le premier privilége en a été concédé, d'abord aux habitans du bourg de Crépy, ensuite à tous ceux de la banlieue, vers le temps de l'assemblée tenue à S. Arnoul en l'an 1117, contre le Burgare Enguerrand, qui vexoit les Religieux & les habitans de Crépy. Bergeron dit, que le Roi Philippe Auguste, suivant les erremens de ses prédécesseurs, octroya aux bourgeois de Crépy le droit de Commune & d'assemblée en corps de Ville, avec la Jurisdiction ordinaire.

On appelloit *burgenses* & *bourgeois*, les habitans du bourg. La banlieue comprenoit les fermes, les maisons de campagne, les hameaux & quelques villages situés à une lieue autour de la ville. Après la mort de la Comtesse Eléonore, Philippe Auguste établit au château de Crépy le siége de cette Commune : c'est pour ce sujet, que les privilégiés sont appellés presque partout, *homines seu manentes de circà castellum*.

La premiere Charte de Commune de Crépy se réduisoit à trois articles : le premier regardoit la sûreté publique, & accordoit aux habitans du bourg & de la banlieue le droit de *clameur* : espéce de signal ou de réclamation contre la violence & les traitemens injustes, soit des Seigneurs particuliers, soit des voisins trop puissans. On invoquoit par cette clameur le secours du Capitaine commandant les troupes du Roi. Ce Capitaine marchoit au persécuteur, à la tête d'un corps de troupes proportionées à sa puissance. Si le persécuteur refusoit de lâcher prise, de réparer le tort qu'il avoit fait, on l'assiégeoit dans sa maison, qu'on rasoit ensuite, s'il avoit persisté jusqu'à la fin dans sa révolte. Ce même article exemptoit les bourgeois & les manans de la banlieue, de la main-morte & du formariage.

Le deuxiéme article permettoit à ces bourgeois, de tenir des assemblées, & de former parmi eux un corps de Magistrature, pour rendre les jugemens, & pour concerter les mesures convenables au bien public. Ce corps étoit composé d'un Maire, de huit Echevins ; qu'on nommoit aussi Jurés, parce qu'ils prétoient serment en entrant en charge, d'un Receveur qu'on appelloit aussi Argentier. Quinze hommes jugeans, ou quatorze sans y compren-

(1) Chop. l. 3. tit. 20. Berg. Val. Roy. p. 39.

dre le Bailly, formoient le Tribunal de la Commune. On prétend que ce nombre fut déterminé, fur celui des Juges d'Ifraël. Ce Tribunal connoiſſoit des délits, des affaires civiles & criminelles, à l'exception de trois chefs, le meurtre, le rapt & l'homicide. Le meurtre étoit le cas d'un homme, qui avoit été meurtri de coups. L'homicide étoit l'action de celui qui ôtoit la vie à un autre. Le rapt eſt le crime d'un homme qui enléve de force une perſonne du ſexe. On nommoit *cas Royaux*, ces trois circonſtances: il n'y avoit que le Bailly du Roi qui en pouvoit connoître. Après que le Roi Philippe Auguſte eut réuni le Valois à ſa Couronne, les matieres contentieuſes touchant le droit de péage, devinrent un quatriéme *cas Royal*. Ces droits avoient appartenu aux Seigneurs du château & du donjon qui les affermoient. On ne reprochoit à ces Seigneurs aucune exaction, mais ſeulement aux fermiers de ces redevances.

Dans le même temps que le Roi accorda ſa protection aux bourgeois de Crépy, le Seigneur du château & celui du donjon firent un accord avec ces bourgeois, par lequel tous les droits de coutume étoient réduits à une rente de ſoixante liv. quatre-vingt muids de grains, meſure ou *ſacs* de Gatinois, dix muids de vin meſure de Laon, quatre-vingt livres monnoie de Châlons, en quatre termes, & trois cens poules. Ces Seigneurs cédoient auſſi par cet accord la Juſtice ordinaire du bourg, & ne ſe réſervoient que celle de l'enclos du château.

La Charte de Commune accordée aux bourgeois de la Ferté-Milon, ne différoit de celle de Crépy, que par rapport aux redevances. Les bourgeois de Pierrefonds obtinrent la même exemption de la main-morte & du formariage, moyennant une rente de vingt livres. Bergeron fait remonter juſqu'à l'an 1123, l'établiſſement de la Commune de Béthizy (1). Il dit que les Lettres en furent expédiées au château même. Le Maire de cette Commune eſt cité dans le compromis de l'an 1135, paſſé entre l'Abbé Teulf & le bourgeois Vuilard. Bergeron ajoute, qu'en l'an 1138, le Roi Louis VII renouvella aux Moines de S. Crépin de Soiſſons la permiſſion qui leur avoit déja été accordée, de diſpenſer de ſervitudes leurs ſujets, étant hors l'enclos du château.

J'ai lû une Charte de l'an 1221, qui ſuppoſe la Commune de Verberie déja formée. Le Maire du lieu avoit ſon hôtel auprès

(1) Valois Roy. p. 27.

du paſſage d'un ruiſſeau, qu'on nomme encore *Pierre la Maireſſe*. Dans les anciennes Chartes, les gens de cette Commune ſont appellés *hommes & manents de la bonne ville*. M. Bruſſel prétend, que le titre de *bonne ville* ſuppoſe l'exiſtence d'une Commune (1). Outre le Maire, il y avoit à Verberie un Prevôt-Garde-Juſtice, apparemment pour les affaires du Roi & pour l'enclos du château.

Comme les lieux d'Ouchy & de Neuilly appartenoient aux Comtes de Champagne, nos Rois n'ont pas exercé la même autorité que dans les lieux précédens.

Il y a du côté de Braine pluſieurs villages, qui partagent encore entr'eux un droit de Commune fort ancien : ces villages ſont, Preſles & les Boves, Cys, Ru & S. Mard. Je n'ai trouvé ſur ce droit, qu'une Charte de l'an 1286, portant confirmation par Jean de Dreux, Sire de Braine & de S. Valery, d'une vente faite par Gaucher de Châtillon aux Jurés de cette Commune, de tous les hommes & femmes de corps qu'il avoit auxdits lieux ; & en outre, de tous les héritages qu'il poſſédoit, moyennant la ſomme de deux mille livres tournois. Les habitans de ces villages ont ſoin de ſe faire confirmer dans leurs privilèges, au commencement de chaque nouveau regne.

On ne pouvoit établir les Communes, que du conſentement du Roi. Les habitans de Chelles s'étant immiſcés de nommer un Maire & des Jurés, ſans la participation du Roi Philippe le Long, ce Prince ſévit contre les gens du lieu, caſſa le Maire & les Jurés, fit briſer leur ſceau, & défendit aux habitans de s'aſſembler (2). On donnoit auſſi aux Communes le nom de *Jurées*.

56. Les Coutumes en France ſont preſqu'auſſi anciennes que la Monarchie. Marculfe en parle dans ſes formules (3). On pourroit même faire remonter ces Coutumes au temps des Gaulois, qui vivoient avant la conquête des Gaules par Jules Céſar. Ce que ce grand homme raconte dans ſes Commentaires des uſages des Gaulois, qui avoient dans chaque bourgade des loix municipales particulieres, eſt aſſez conforme à l'idée qu'on doit ſe former de notre droit coutumier du douziéme ſiécle.

Les Coutumes conſidérées dans un ſens plus reſtraint, pour des recueils écrits, des uſages propres à certains diſtricts, ne remon-

---

(1) Tom. 1. p. 525. tabl. p. 19.
(2) Hiſt. Dioc. Paris, t. 6. p. 58.

(3) Lib. 1. cap. 12. lib. 2. form. 8.

tent gueres plus haut, que l'établissement des premieres Communes. Beaumanoir qui écrivoit dans les temps & sur les lieux dont nous parlons, définit la coutume : « Chose générale, maintenue de » si long-temps, comme il peut souvenir à un homme sans nul » débat. Il ajoute, qu'il y a cette différence entre coutume & » usage, que *coutume est à tenir*, & *usage se prescrit* ». Telle a été dans le Valois l'origine du droit municipal ou coutumier.

On appella d'abord *consuetudines* certaines redevances Seigneuriales, telles que les corvées, les amendes, les émolumens provenant de plusieurs formes judiciaires, touchant les successions, les contrats, les péages, &c. Sous les Rois de la troisiéme race, on commença à distinguer deux sortes de coutumes, les *bonnes* & les *mauvaises*. On nommoit bonnes coutumes, celles dont il résultoit un avantage pour la police, pour la sûreté publique, & pour l'utilité de ceux qui s'y soumettoient. On appelloit mauvaises coutumes, les corvées, les servitudes, les charges & les impositions extraordinaires. Le principal objet de l'établissement des Communes fut de fixer les unes & d'anéantir les autres. On commença dès-lors à rédiger les Coutumes de chaque lieu.

Bergeron cite un ancien regiſtre, qui avoit pour titre, *Des coutumes de Vermandois & de Valois*. Ce recueil devoit avoir été composé depuis la réunion du Vermandois & du Valois, entre l'an 1083 & l'an 1168, où mourut Raoul V. Ce coutumier contenoit des loix générales & des loix particulieres pour chaque lieu.

Les regles générales s'observoient par-tout. L'article CII de la Coutume de Valois, qui fait dépendre de la consommation du mariage le droit de la femme sur son douaire, étoit représenté par la loi qui établissoit le droit d'*osculage*. *Voyez la page 227 de cette Histoire*. Nous avons au treiziéme siécle un exemple de la loi coutumiere, qui défend aux testateurs de léguer plus du quint de leurs propres. Une Charte du Chapitre de Beauvais porte, qu'en l'an 1271, Thibaud de Nanteuil Chantre de Beauvais, donna, sur la fin de sa vie, la terre de Betz aux Mathurins de Paris. Après la mort de Thibaud, Renaud de Nanteuil son frere, Evêque de Beauvais, revint contre cette donation. Il la fit déclarer nulle, parce que la terre de Betz avoit été la partie la plus considérable des biens de son frere, & que selon les Coutumes du Valois, *secundum usum & consuetudinem patriæ*, un testateur ne pouvoit pas aliéner plus du quint de ses propres, *ultrà quintam partem hereditatis suæ.* Voici un exemple du retrait lignager, qui se rapporte à l'an 1183.

La Dame d'Erménonville, parente du même Evêque, avoit donné ou vendu une piéce de terre, située à Noé-Saint-Martin ; plus, cent sols parisis de rente sur la terre du Long-mont : Renaud jugea à propos de retraire ces deux objets, comme proche parent de la Dame, *retraximus jure propinquitatis.*

Chaque chef-lieu avoit son cahier particulier de coutumes locales, touchant les péages, les redevances, les monnoies, la police des chemins, &c. Ces Coutumes étoient des observations jettées sur le papier, sans ordre de matieres : de là vient, que malgré deux ou trois rédactions des Coutumes de Valois, il y a si peu d'ordre & si peu de principes.

Philippe de Beaumanoir se plaint de ce désordre. Il ajoute, que les matieres étoient si variées dans les cahiers & *les droits si divers*, qu'à peine trouvoit-on dans toute la France, deux Châtellenies *qui usassent d'une même coutume.* Cette diversité causoit beaucoup d'embarras aux Juges supérieurs. Ces Officiers se trouvoient souvent dans la nécessité de renvoyer sur les lieux la discussion des affaires compliquées : c'est ainsi que le Parlement de la Pentecôte de l'an 1279 renvoya une cause au Prevôt de Crépy, pour être jugée selon la Coutume de la Province, *de consuetudine patriæ.*

Tout ceci fait connoître, combien Ricard & Loisel se sont égarés dans leurs disputes sur la Coutume de Senlis, en confondant sur ce sujet les usages de nos peres sous le gouvernement des Princes Gaulois, sous les Romains & sous les trois races de nos Rois. On peut considérer la Coutume de Valois sous trois âges ; depuis l'établissement des Communes jusqu'en 1406, depuis cette derniere année jusqu'en 1539, & depuis cette époque, qui est celle de sa derniere rédaction, jusqu'à présent.

57. Depuis la Translation de la Confrairie aux Prêtres à S. Denys de Crépy, on y admit toutes sortes de personnes, sans distinction d'état ni de sexe. En l'an 1185, on commença un très-beau Cartulaire écrit sur vélin : ce Recueil est un des précieux monumens de la province : nous le citerons plusieurs fois.

Des personnes du plus haut rang prirent part à cette association, avant la fin du douzieme siécle : Philippe d'Alsace & la Comtesse Elisabeth son épouse y furent admis, & firent à la Confrairie leur préfent. Philippe I Seigneur de Nanteuil, fes deux freres Guy & Gaucher de Crépy & la Comteffe Eléonore imiterent le Comte & la Comteffe de Flandres. Eléonore donna à cette compagnie un muid de bled fur le moulin de Crépy, & prit pour témoins de fa réception, Pierre Doyen de S. Thomas, fon Bailly, Anfelme Doyen d'Ivort, Dreux Abbé de Long-pont, Arnoul le Burgare, Raoul le Turc, Lambert le Minier.

Je trouve auffi parmi les noms des confreres, celui de Dreux de Buffi homme-lige du Seigneur de Nanteuil, & celui de Guillaume, grand Queux de la Comteffe.

L'Eglife de S. Denys eft appellée dans les titres de ce fiécle tantôt Matrice, tantôt Moutier. Une Bulle du Pape Alexandre III, datée de l'an 1162, la nomme Eglife Matrice, c'eft-à-dire Baptifmale, fuivant la glofe des Clémentines. (1) Une autre Bulle du même temps donne à Sainte Agathe le nom d'Eglife Paroiffiale; d'où l'on peut conclure, qu'il y avoit alors à Crépy deux Paroiffes. La Charte déja citée de l'an 1185, porte qu'au cas où la Confrairie feroit transferée de S. Denys dans une autre Eglife, le Prêtre du Moutier, *illius Monafterii*, jouira du préfent fait à la Confrairie, à la charge d'un anniverfaire pour la mere de la Comteffe. Le nom de *Monafterium* fe donnoit quelquefois aux Eglifes Paroiffiales, de là l'ancien proverbe de *mener l'époufe au Moutier*, c'eft-à-dire, à l'Eglife pour fe marier.

58. Dans le grand nombre des Monafteres du douziéme fiécle, on n'en trouve prefqu'aucun, qu'on ait fondé pour le foulagement temporel de la fociété. La retraite, la priere & la contemplation, partageoient la vie des Moines, & des Chanoines réguliers; & l'état Religieux ne procuroit au refte des hommes, que les fecours fpirituels de l'édification & de la priere.

L'Ordre des Mathurins fut d'abord fondé dans le même efprit de retraite & de contemplation, mais diverfes conjonctures ont changé la nature de fa premiere inftitution, & l'ont rendu une fource de fecours temporels pour le foulagement des infirmes, des pélerins, des voyageurs, de ceux fur tout, qui croyoient combattre pour la défenfe de la foi, en prenant part aux croifades. Ces guerres ont ceffé; prefque tous les hôpitaux confiés aux Trinitaires ont été fupprimés; & excepté les voyages que font de temps en temps quelques Religieux pour la rédemption des captifs, cet

(1) Lib. 5. tit. 10. cap. 1. Muld. p. 29.

Ordre comme tant d'autres, n'a plus pour objet, que l'utilité des particuliers, qui en suivent la profession.

Un Hermite du Valois nommé Félix, homme simple & craignant Dieu, menoit une vie pénitente, dans des bois dépendans de la Ferté-Milon, assez près du bourg de Gandelus, sur le bord du Clignon. Les habitans du canton appelloient *Cerfroid* le lieu de cette retraite, parce qu'on y voyoit souvent des cerfs, qui venoient se désaltérer au ruisseau. Cette explication de l'étymologie de Cerfroid nous a paru plus naturelle que les autres : Robert Gaguin en est l'Auteur.

Si l'on en croit quelques Légendes, Félix étoit issu du sang Royal, & avoit eu pour pere Raoul IV Comte de Valois & de Vermandois, petit-fils du Roi Henry I; & pour mere, la Dame Eléonore, fille de Thibaud IV Comte de Champagne, que Raoul jugea à propos de répudier dans la suite. On ajoute, que Félix étoit né à Amiens le neuf Avril 1127; qu'il fut élevé à Clairvaux sous les yeux de S. Bernard, avec Henry de France fils du Roi Louis le Gros, & frere de Robert I Comte de Braine; que S. Bernard le voua à la Sainte Vierge, & qu'après avoir mené dans Clairvaux la vie monastique, il obtint de son pere spirituel, la permission de se retirer dans les bois, pour y vivre seul, loin du commerce des hommes.

Le plus ancien témoignage, par lequel on prétend justifier cette extraction, est tiré d'un propre des Saints de l'Ordre des Trinitaires, dressé en Angleterre en 1432. Gonsalés d'Avila & Pédro Lopez de Altuna, Ecrivains Espagnols, l'Auteur de l'Histoire de Séville, du Boulay, le P. Ange Manriquez dans ses Annales de Citeaux, & le Continuateur de Baronius adoptent ce sentiment, mais sans examen & sans discussion. Ils confondent l'Hermite Félix, qui selon eux porta le nom de Hugues dans sa premiere jeunesse, avec Raoul V, auquel on donna le même nom du vivant de son pere Raoul IV, Comte de Valois. Nous avons déja produit quelques réflexions sur ce sujet.

Le surnom de Valois a été donné à Félix, à cause de l'emplacement de sa solitude. Il n'est pas le seul, qui ait porté ce nom. L'on conserve dans le trésor de l'Abbaye des Bénédictins de Montreuil-sur-mer le corps d'un *Saint Valois*, Breton d'origine, qui avoit eu le nom de Gwinolé dans le monde.

Quand même on pourroit conserver au bienheureux Félix de Valois l'extraction qu'on lui attribue, l'éclat de ses vertus doit

Tom. I.   A a a a

l'emporter sur l'éclat de sa naissance. Les partisans de son culte gagneront plus à imiter ses perfections, qu'à soutenir le préjugé d'une haute extraction.

Un Docteur de l'Université de Paris, nommé Jean de Matha, fils d'Eusême & de Marthe, né à Faucon à l'extrémité de la Provence, apprit avec beaucoup d'édification la vie que menoit le bienheureux Félix, & résolut de l'imiter. Il alla le trouver, & le pria de l'admettre à sa société. Félix reçut Jean de Matha, avec les témoignages d'une amitié fraternelle : ces deux pieux personnages passerent ensemble trois ans dans la solitude de Cerfroid. On nomme encore l'endroit qu'ils habitoient, *le champ des Hermites*, & l'on y a planté une Croix (1).

La réputation des Solitaires s'étendit. On fut d'abord pénétré de respect pour le genre de vie qu'ils menoient. Ensuite plusieurs personnes se présenterent à eux, & les prierent de les recevoir comme disciples. Jean & Félix virent bien, qu'en proposant leur conduite pour regle, ils alloient devenir les Chefs d'un nouvel Institut : c'est pourquoi ils résolurent d'entreprendre avant tout, le voyage de Rome, afin de consulter le Pape. Ils arriverent dans la Capitale du monde Chrétien le vingt-un Janvier, jour de Sainte Agnès, en l'an 1198.

Le Pape Innocent III venoit d'être élevé sur la Chaire de S. Pierre. Il reçut les Solitaires avec une bonté paternelle. Il leur accorda un entretien, dans lequel Jean de Matha raconta au Saint Pere la vision qu'il avoit eue autrefois, d'un Ange vêtu de blanc, portant une croix de deux couleurs sur la poitrine. Quelques jours après cet entretien, le Pape eut la même vision en célébrant la Messe, mais plus détaillée & accompagnée de nouvelles circonstances. L'Ange lui apparut vêtu d'une longue robe, ayant sur la poitrine une croix à huit points, mi-partie de rouge & d'azur, les bras croisés. Il tenoit d'une main les fers d'un Chrétien captif enchaîné, & de l'autre, un esclave Maure aussi enchaîné, l'un à sa droite, l'autre à sa gauche, comme pour les échanger.

Le Pape regarda cette vision, comme un signe sensible de la volonté de Dieu ; il voulut que les Religieux du nouvel Ordre fussent habillés comme l'Ange de la vision ; qu'ils fussent occupés du soin de racheter les captifs chrétiens, & qu'ils demeurassent sous la protection de la Sainte Trinité. Il ordonna, dit Gaguin, qu'ils

(1) Hist. Meaux, t. 1. p. 179.

ne porteroient pas d'autre nom, que celui de Religieux de la très-Sainte Trinité pour la rédemption des captifs, *Monachos sanctissimæ Trinitatis de redemptione Captivorum*. J'ai vu un acte de l'an 1270, dont le sceau avoit pour inscription ces deux mots, *redemptionis Captivorum*. L'Ange est représenté dans le champ du sceau.

On croit que la maison de Cerfroid a commencé d'être bâtie dès la fin de l'an 1198, ou l'année suivante. On doit le supposer d'après ce passage de la Chronique du Moine Albéric, qui répond à l'an 1198. » En cette année, dit cet Auteur, l'Ordre des Freres » de la Trinité a été fondé par maître Jean de France, avec le » secours du Pape. Maître Jean établit son Chef-d'Ordre dans un » champ, dont un Chevalier, nommé Roger, lui avoit fait présent, » en reconnoissance de ce qu'il en avoit été guéri de la lépre «. D. Toussaint du Plessis prétend, que la maison de Cerfroid fut bâtie à une demie lieue du champ des Hermites.

Jean & Félix revinrent en France, sans avoir obtenu du Pape des constitutions détaillées. Innocent se contenta de leur nommer deux Commissaires; Eudes de Sully Evêque de Paris, & Absalon Abbé de S. Victor. L'Evêque & l'Abbé dresserent un certain nombre de points de discipline, dans lesquels ils étendoient beaucoup l'utilité de l'Institut. Ils envoyerent au Pape ces articles, qui imposoient trois sortes d'obligations aux Profès du nouvel Ordre : la célébration de l'Office Monastique, le soin des Hôpitaux & le rachât des captifs chrétiens. Le Pape fit rédiger ces articles dans la forme convenable, les revêtit du sceau de son autorité, & les envoya à Jean & à Félix. Tels étoient les principaux points de cette Regle. (1).

Les Religieux feront les trois vœux de pauvreté, de chasteté & d'obéissance. On fera trois parts des revenus de chaque Maison. La premiere servira à l'entretien des Religieux, la seconde sera employée aux besoins de l'hôpital & des pauvres, la troisieme sera réservée pour la rédemption des captifs.

Chaque Maison sera composée de trois Clercs & de trois Lays: elle sera gouvernée par un Procureur, qui prendra la qualité de Ministre. Les Religieux porteront un habit long de laine blanche, une cucule, une pélice, & un haut de chausse *braya*, avec lequel ils coucheront, sans matelats, sans lit de plume, sans chevet, excepté dans les cas de maladie.

(1) Gall. Chr. t. 8. instr. p. 554.

Ils feront leur voyages fur des ânes, qu'on leur prêtera, qu'on leur donnera, ou qu'ils éleveront. Il leur est défendu de monter fur des chevaux; même d'en nourrir dans leurs Maisons. Que celui qui ne travaille point, ne mange point. Chaque Religieux aura fon office. Le silence fera obfervé à l'Eglife, au réfectoir & au dortoir. Le Ministre général, assisté de trois Ministres particuliers, pourra dépofer les Supérieurs de Maifons, qui mériteront l'exclufion. Les Freres lays porteront la barbe. Je passe beaucoup d'articles, concernant les jeûnes, le gouvernement des Hôpitaux, & touchant la célébration de l'Office divin.

Le Moine Albéric fait deux réflexions fur la difcipline de cet Ordre. Il prétend, que fa conftitution emporte avec elle trop de diffipation: mais il loue l'efprit d'humilité, d'épargne & de fimplicité, qui le caractérife.

Nous fommes fort éloignés de foufcrire au premier fentiment du Moine Albéric. La retraite & la contemplation peuvent fanctifier les particuliers, qui ont reçu la grace de s'y livrer avec fruit; mais quelle utilité les infirmes qui languiffent, ceux qui ménent une vie pénible fous un dur efclavage, les pauvres enfin qui font les membres de Jefus-Chrift, retirent-ils de ce genre de perfection? Cette réflexion n'eft-elle pas une condamnation de tous les Ordres Hofpitaliers, dans un temps où la Chrétienté en retiroit tant d'avantages? Quels fléaux plus durs à fupporter, que la fervitude & les maladies? On peut oppofer à l'opinion d'Albéric un jugement tout contraire, & dire qu'il n'y a point d'état plus difficile à foutenir, que la vie contemplative; qu'il faut un courage héroïque & des graces d'état, pour éviter les diftractions, qui font un genre de diffipation bien plus funefte, que les occupations de ceux, qui fe dévouent au foulagement des malheureux, & au bien public.

L'âne dont on prefcrit l'ufage aux nouveaux Religieux, a été fort mal-à-propos pour bien des Auteurs, un fujet de plaifanter. L'âne étoit une monture ordinaire en Orient, où les chevaux font beaucoup plus rares que dans les contrées d'Occident. C'étoit la fuite d'un ancien ufage, même parmi les perfonnes riches de la Paleftine, d'employer les ânes, comme nous les chevaux. Pour donner une grande idée de Jaïr, l'un des Juges qui gouvernerent le peuple Juif, l'Ecriture dit, qu'il avoit trente fils montés fur trente ânes, & chefs de trente villes. Il eft dit d'Abdon un autre des Juges, qu'il avoit quarante fils & trente petits fils, montés fur foixante-dix ânes, & dans le Cantique de Débora, les Chefs d'Ifraël font décrits, montés fur des ânes polis & luifans. Le Moine Adaman apprend, que les perfonnes les plus diftinguées ne faifoient pas fcrupule de monter fur des ânes, & que ces animaux loin d'être l'objet du ridicule qu'on leur donne de nos jours, rendoient au commerce du Levant des fervices journaliers pour le tranfport des marchandifes & des convois.

Les ânes pafferent en France pour des animaux utiles & eftimables, depuis l'origine de la Monarchie jufqu'au treiziéme fiécle. Les Abbés des Monafteres s'en fervoient fouvent dans leurs voyages & dans leurs vifites, tant parce que cette voiture eft plus douce & moins couteufe que le cheval, que parce que J. C. lui-même s'en étoit fervi dans un jour de triomphe.

La journée du chemin d'un âne étoit fous le regne du Grand Clovis, une façon d'eftimer les quantités de terres, comme on fait aujourd'hui par le nombre des charrues (1). L'on a une Charte du même Clovis, par laquelle ce Prince donne au Monaftere de Réome dans le Tonnérois autant d'arpens de terre, qu'un Abbé monté fur fon âne, peut en parcourir dans une journée. On lit dans la vie de S. Germain, que ce Saint Prélat faifoit tous fes voyages fur des ânes.

Sous le Roi Charles le Chauve, il y avoit en France des Comtes & des Vicomtes afinaires (2). Sous Philippe Augufte, on évaluoit certaines quantités de bois par *afness*, ce qui fignifioit la charge d'un âne. J'ai lû une Charte de ce Prince, qui permet à quelques Chevaliers de la vallée de Pompoint, de prendre dans la forêt d'Halate tous les jours, chacun pour fa part, autant de bois que fon âne en pourra porter. L'*afnée* eft encore une mefure de grains & une mefure de vin, dans le Laonnois & dans le Mâconnois. La Fête des ânes confidérée dans fon origine, fuppofe que ces animaux ne paffoient pas pour des bêtes auffi ignobles que de nos jours. On peut confulter fur cette Fête, le Gloffaire de Ducange.

Les Seigneurs de Crépy entretenoient encore au treiziéme fiécle quatre Officiers principaux, dans leur château de la Ferté-Milon; le troifiéme fe nommoit l'*Afinaire* ou l'*Afnier*. Les noms de l'*Afnier*, fi communs dans quelques provinces, font connoître

(1) D. Bouquet, t. 4. p. 615. an. 496.   (2) Ibid. t. 8. p. 470. 473.

qu'anciennement, on ne regardoit pas l'éducation des ânes comme un foin plus aviliffant, que le traitement des chevaux. Il faut conclure de tout ceci, qu'au temps où l'Ordre des Trinitaires a été fondé, l'âne n'étoit pas un objet de mépris, & qu'on ne lui donnoit pas comme aujourd'hui, le dernier rang parmi les quadrupedes. Nous commettons certainement une injuftice, en méprifant un animal auffi patient & auffi utile. Au refte, il ne faut pas défefpérer, qu'il ne reprenne un jour faveur; on le choifit fouvent préférablement au cheval, parce qu'il eft doux & tranquille.

Cette monture des Trinitaires leur fit donner pendant quelque temps le nom de Freres aux ânes: l'Auteur de la Chronique de S. Médard femble rapporter cette qualification aux premiers temps de l'Ordre: il s'exprime ainfi fous l'an 1198, *Hoc anno cæpit & inftitutus eft Ordo SS. Trinitatis quem folebant appellare, afinorum, eò quod afinos equitabant non equos.*

Dès que Jean & Félix eurent reçu du Pape la Regle qui leur avoit été promife, en partant de Rome, ils firent à Cerfroid les difpofitions néceffaires, pour recevoir les difciples qui fe préfentoient. Jean de Matha partit enfuite pour Rome, laiffant à fon Collégue le foin de bâtir & de pourvoir aux premiers befoins du nouveau Monaftere. Jean obtint du Pape une Bulle de confirmation, qui lui eft adreffée, fans que Félix y foit nommé. Le Pape lui donna toutes fortes de marques de confiance. Il l'envoya en Dalmatie, pour préfider à un Concile de difcipline Eccléfiaftique. Jean de Matha n'avoit encore alors que quarante ans; Félix avoit le double.

Innocent III, défirant retenir Jean de Matha auprès de fa perfonne, lui donna l'Eglife de S. Thomas des Formes, & lui permit d'y établir une Communauté de Trinitaires. Pendant l'abfence de Jean de Matha, Félix de Valois reçut plufieurs préfens en argent & en fonds de terres. Le Roi Philippe Augufte & Marguerite de Blois accorderent plufieurs bienfaits à fon Monaftere. Jean de Montmirel lui abandonna la proprieté du champ des Hermites, qui contenoit deux arpens. Roger le lépreux contribua aux frais des bâtimens. Les Seigneurs de Gandelus, iffus des Vicomtes de Meaux, ont comblé cette Maifon de leurs bienfaits. (1).

59. Gandelus eft un ancien domaine qui fut autrefois annexé au

(1) Gall. Chr. t. 8. p. 1735. Chron. Long-p. p. 135.

Valois. Il est situé sur le ruisseau du Clignon, à trois lieues Sud-est de la Ferté-Milon, & à une lieue & demie de Cerfroid. Il est nommé *Grandeluco* dans les Chartes latines. Ce nom à fait penser à quelques Auteurs, que ce lieu avoit commencé dans les temps du paganisme, par un bois sacré, autour duquel on avoit assemblé plusieurs maisons. L'on n'a d'autre garant de cette origine, que l'étymologie du nom.

Sous nos Rois de la seconde race, le bourg de Gandelus faisoit partie du pays d'Orceois. Il vint au pouvoir des Comtes de Troyes, en même temps que les châteaux d'Ouchy & de Neuilly. Ces Comtes dans la suite des temps, donnerent la terre de Gandelus en Fief à leurs Vicomtes de Meaux. Gandelus appartenoit à Jean de Montmirel, lorsque l'Ordre de la Rédemption fut fondé. Jean étoit un Seigneur pieux & libéral, observateur scrupuleux des regles de la justice.

Ses ancêtres avoient eu part à la déprédation de l'ancienne Abbaye de Chésy en Orceois. Il regarda l'établissement des Trinitaires, comme une occasion favorable de réparer les torts de ses ayeux, en comblant de bienfaits les premiers Profès d'un Ordre aussi utile.

De son temps, il y avoit un Chevalier de Gandelus nommé Simon, qui tenoit apparemment de lui quelques portions de cette terre. Il possédoit aussi une part de dixme à Bésu S. Germain. (1) Simon vivoit en 1205. On a des actes de 1210, 1218, 1219, dans lesquels Gandelus est appellé *Grandeluco*. Des titres de l'Abbaye de Notre-Dame de Soissons de l'an 1234, font mention d'une mesure de Gandelus pour les féves & pour les grains. (2) En l'an 1292, Gandelus avoit passé de la Maison de Montmirel dans celle des Chambly : Oudard de Chambly prend la qualité de Seigneur de Gandelus dans un contrat de cette année, portant vente à l'Abbaye de Notre-Dame de Soissons de sa terre de Coupru. Suivant une piéce que j'ai trouvé parmi les manuscrits de feu M. Ducange, le même Oudard de Chambly céda en l'an 1302 au Roi Philippe le Bel, le château de Gandelus avec ses dépendances, moyennant une rente annuelle de deux mille livres sur le trésor Royal.

L'année suivante 1303, le Roi Philippe le Bel donna à Gaucher de Châtillon Connétable de Champagne (3) les châteaux

---

(1) Hist. Chât. p. 688.
(2) Hist. N. D. p. 182. 328.

(3) Blanc. compil. p. 35. Duch. Hist. Chât. p. 330. preuv. p. 202.

de Gandelus & de Rofoy, en échange des Châtellenies de Châtillon & de Crécy. Il y a au tréfor des Chartes (1) un accord en Parlement de l'an 1212, touchant les ponts & la chauffée de Chéfy en Orceois & les moulins de Gandelus. En 1315, Charles Comte de Valois, acquit par un échange (2) avec le Prieur de Sainte Agathe de Crépy, la terre du milieu du pont de Gandelus. En 1318, le jour de l'Epiphanie, Gaucher de Châtillon Comte de Portien (3) & Connétable de France, accorda aux Religieux de Long-pont la permiffion de bâtir au-deffus de la porte du bourg, qui fermoit le marché du côté de leur maifon. Suivant un autre titre de l'an 1328, ces mêmes Religieux poffédoient à Gandelus plufieurs corps de logis, attenant le château.

Le Roi Charles IV confirma, à fon avénement au Trône, les Seigneurs de Châtillon dans la poffeffion de la terre de Gandelus. (4) Une ordonnance rendue par ce Prince en fon grand-Confeil au bois de Vincennes, le cinq Avril 1321, porte que le Roi Philippe, pere *du Roi Monfieur*, a reçu de Oudart de Chambly les terre & château de Gandelus, & qu'il en a fait préfent à Gaucher de Châtillon Connétable de France (5). En 1340, vivoit un Jean de Gandelus, qui fonda un anniverfaire dans l'Eglife Cathédrale de Soiffons.

A Gaucher de Châtillon fuccéda Jean de Châtillon fon fecond fils, qui fit branche dans fa Maifon, fous le nom de Gandelus. Jean fut Grand Queux, puis Grand Maître de France, Lieutenant Général du Duc d'Orléans, frere du Roi Jean. Il fe qualifioit Seigneur de Gandelus, Dury & Brumetz (6). En 1348, Jean de Châtillon fit un accord avec les Religieux de Cerfroid, le jour de S. Martin d'Hyver, touchant des bois & un droit d'ufage à Chéfy en Orceois. En 1383, il donna en aumône quelques pièces de terre à cette même Maifon : il vivoit encore en l'an 1386.

Jean de Châtillon avoit épousé Ifabeau de Dampierre, dont il eut une fille unique, appellée Jacqueline de Châtillon. Jacqueline époufa Jean de la Bove dit Barat, Seigneur de Bazoches, & mourut fans poftérité, le huit Septembre de l'an 1393. Elle eut pour héritier Charles de Châtillon fon oncle, qui devint Seigneur de Gandelus.

(1) Vol. 1. Val. 1. n° 52.
(2) Repert. inutil. c. n° 2.
(3) Chron. Long. p. p. 326 329.
(4) Ordon. tom. 1. p. 763.
(5) Ord. ibid. Gal. Chr. t. 9. p. 385.
(6) Duch. Hift. Ch. p. 551 559.

Charles vendit la terre de ... Comte de Valois, frere du Roi Cha... vingt-neuf Août 1397. Le Roi par ses ... 1399, érigea en titre de Pairie, les Seigneuries ... & de Ferté en Tardenois avec leurs dépendances ... par son testament de l'an 1403, donna la terre de Ga... Comte de Vertus son second fils (2). Par de nouvea... gemens, cette même terre passa à Marguerite de Val... sœur du Comte, lorsqu'elle épousa Richard Comte ... gne. Catherine de Bretagne, l'une de ses fi... point d'épouser Jean de Châlons, reçut en dot la ... de Gandelus. Jean de Châlons eut des descendans ... Seigneurs engagistes de la Ferté-Milon, & qui con... cette terre.

 La propriété des domaines de Gandelus sortit de la Maison de Châlons, avant la fin du seizième siécle. En 1562, ... me de Montmorency (4) prenoit la qualité de Seigneur de Gandelus. Magdelaine de Montmorency, sa fille, porta cette terre en mariage à Henry Duc de Luxembourg, & m... au mois de Décembre de l'an 1615. Depuis cette mort jusqu'à présent, Gandelus a toujours appartenu à des Seigneurs de la Maison de Gêvres. Blanchard dans sa compilation ... cite des Lettres-patentes du dix Mars 1651. ... de René Potier Comte de Tresmes, qui ordonnent que déso... mais la Seigneurie de Gandelus relevera ... grosse tour du Louvre à Paris.

 J'ai crû devoir donner cette suite des ... Seigneurs de Gande... lus, parce que les notions que je viens de ... s'appliquent à plusieurs évenemens, que je rapporterai dans les livres sui... vans.

 L'établissement des Mathurins, qui a ame... sur le bourg de Gandelus, parut, lorsque le ... finissoit. Nous avons seulement exposé ici la naissance de cet Ordre; nous ferons connoître au Livre suivant ses ... accroissemens. Nous différons de les rapporter de suite ... afin de varier les matieres, que pour conserver la ...

(1) Ordonn. t. 8. p. 331.   (3) Ansel. t. 1. p. 463.
(2) Hist. Eccl. de Paris, p. 330.   (4) Hist. Monim. p. 464. 466.

... Liv. III.

... que nous nous sommes pres-
... que Livre de cet Ouvrage, jusqu'à la
...
... avons traité de cette origine avec quelqu'étendue ;
... que le sujet regarde une Société régulière très-répandue :
... ef-lieu étant situé au centre du Valois, la connoissance
... ux & des monumens nous a fourni diverses particula-
... qui ne sont pas exposées ailleurs avec exactitude.
... terminerons ici le premier volume de cette Histoire.

Fin du troisième Livre.

www.ingramcontent.com/pod-product-compliance
Lightning Source LLC
Chambersburg PA
CBHW050106230426
43664CB00010B/1454